WÖRTERBUCH ZU KRISTIAN VON TROYES' SÄMTLICHEN WERKEN

VON

WENDELIN FOERSTER

REVIDIERT UND NEUBEARBEITET VON

HERMANN BREUER

5., UNVERÄNDERTE AUFLAGE

MAX NIEMEYER VERLAG TÜBINGEN 1973

Die erste und zweite Auflage (Halle 1914 und 1933) erschienen als
Band XXI der Romanischen Bibliothek
begründet von Wendelin Foerster, fortgeführt von Alfons Hilka

3. Auflage 1964
4. Auflage 1966

ISBN 3-484-50006-9
© Max Niemeyer Verlag Tübingen 1973
Alle Rechte vorbehalten · Printed in Germany
Druck: fotokop wilhelm weihert kg, Darmstadt
Einband Heinr. Koch Tübingen

Abkürzungen

a. = aucun, a.e = aucune
A. = Akkusativ
ac. = aucune chose
adj. = Adjektiv, adjektivisch
adv. = Adverb, adverbial
ähnl. = ähnlich
anal. = analogisch
andl. = altniederländisch
ano. = altnordisch
ar. = arabisch
art. = Artikel
Artusr. = Artusritter
bet. = betont
bez. = beziehungsweise
C = Cligés
d. = das, dieses
D. = Dativ
dass. = dasselbe
dgl. = dergleichen, desgleichen
dial. = dialektisch
e. = etwas
ẹ = offenes langes e aus latein. betontem a in offener Silbe, wie W. Foerster zuletzt Zs. 35 (1911), 477, Anm. 3 nochmals gemahnt hat
E = Erec
eb. = ebenda, ebenfalls, ebenso
eig. = eigentlich
eina. = einander
f. = für, weiblich
fg. = folgend
fig. = bildlich
frk. = fränkisch
fut. = Futurum
G = Gral
g. = gegen
gall. = gallisch
Gam. = Gamillscheg

gel. = gelehrt (mot savant)
gen. = genannt
ger. = Gerundium
GGA = Göttingische Gelehrte Anzeigen
h. = haben
Hg. = Herausgeber
Hs. = Handschrift
ib. = ibidem
id. = dasselbe
inf. = Infinitiv
int. = Interjektion
ipf. = Imperfekt
ipt. = Imperativ
ir. = irisch
j. = jemand
K = Karrenritter
k. = Konjunktiv
kjz. = konjiziert
kl. = klassisch
Königr. = Königreich
komp. = Komparativ, komparativisch, Kompositum
kond. = kondizional
konj. = Konjunktion, konjunktional
kons. = Konsonant
L = Löwenritter
l. = lies
-l. = -lich
Litbl. = Literaturblatt
m. = männlich, mit
ma. = machen
mgr. = mittelgriechisch
ML = Meyer-Lübke
mlt. = mittellateinisch
mndl. = mittelniederländisch
N. = Nominativ
n. = Neutrum, neutral (absolut)

nddeu. = *niederdeutsch*
neb. = *neben*
neg. = *Negation, negativ*
npr. = *neuprovenzalisch*
o. = *oder, ohne*
obl. = *casus obliquus*
osk. = *oskisch*
p. = *Partizip*
pf. = *histor. Perfekt*
pik. = *pikardisch*
pl. = *Plural*
poss. = *Possessiv, possessivisch*
pr. = *Präsens*
prp. = *Präposition, präpositional*
r. = *reflexivisch*
rz. = *reziprok*
s. = *sieh, sein*
S. = *Seite*
-s. = *-seits*
sb. = *Substantiv, substantivisch*
sg. = *Singular*
spr. = *sprich*
st. = *statt*
superl. = *Superlativ, superlativisch*
Sw. = *Suffixwechsel*

syn. = *Synonym, synonymisch*
tr. = *transitiv*
u. = *und*
unbet. = *unbetont*
ups. = *unpersönlich*
v. = *von, vom*
V. = *Variante*
vb. = *verbal*
vgl. = *vergleiche*
Vo. = *Vokativ*
vok. = *Vokal*
vor. = *vorig*
W = *Wilhelmsleben*
W. = *Weise*
w. = *werden*
-w. = *-wort, -wechsel*
wie. = *wieder*
Wtb.[1] = *Kristianwörterbuch 1. Aufl.*
z. = *zum*
ZffS = *Zeitschrift für französ. Sprache u. Literatur*
Zs. = *Zeitschr. f. roman. Philologie*
zur. = *zurück*
zus. = *zusammen*
zw. = *zwischen*

Hinweise für die Benützung

I *bedeutet Lied* I, II *bedeutet Lied* II. — *Ein* * *verweist auf die Anmerkungen der großen, ein* † *auf die der kleinen Ausgaben.* — *G *bedeutet: soll in der nächsten Gralausgabe wegfallen.* — *Ein:* hinter Ziffer bezeichnet Stellung im Reime. — *Wörter aus der Karrenritterfortsetzung des Gottfried v. Leigni (ab Vers 6150) und sonstige nicht bei Kristian erscheinende Formen sind durch* [] *gekennzeichnet.* — *Der leichteren Auffassung wegen ist die Präposition* a *als* à *gedruckt.*

Im Bedarfsfalle suche man

	Wörter mit	ai		*als solche mit*	ei, e
	,, ,,	al	,,	,, ,,	au
	,, ,,	c	,,	,, ,,	ch, qu
	,, ,,	de-	,,	,, ,,	des-
	,, ,,	ei	,,	,, ,,	oi, e
	,, ,,	em, en	,,	,, ,,	an
	,, ,,	eu	,,	,, ,,	ou, o
	,, ,,	g	,,	,, ,,	j
	,, ,,	h	,,	,,	*ohne* h
	,, ,,	ie	,,	,,	*mit* e
	,, ,,	k	,,	,, ,,	c, ch, qu
	,, ,,	m + *Labial*	,,	,, ,,	n + *Labial*
	,, ,,	oe	,,	,, ,,	ue
	,, ,,	ol	,,	,, ,,	ou
	,, ,,	ou	,,	,, ,,	o
	,, ,,	qu	,,	,, ,,	c
	,, ,,	rr	,,	,, ,,	r
	,, ,,	s	,,	,, ,,	ss
	,, ,,	y	,,	,, ,,	i,

zuweilen auch umgekehrt!

Die Etymologie der Verba mit den Präfixen a-, antre-, de-, des- *usw. ist zumeist beim Simplex zu suchen.*

Da reflexivische Verba im Infinitiv das soi *verlieren, sind neutrale Infinitive manchmal unter* r. *statt* n. *zu suchen.*

In der großen Erecausgabe sind für Vers 3817—5240 der kleinen Ausgabe die Versziffern um zwei niedriger.

a¹ *int. s.* ha.
a² (ad), *s.* le, *prp. bezeichnet*: **1.** *Ort* (*wo* ?) à une chapele L 5454, à cort real G 65 *V.*, à (*Text* an) la cité d'O. G 9101 *V.*, à la perche *auf der Stange* E 577, à moi *bei mir* G 3821 *V.*, à lui *bei ihm* E 654; (*wohin* ?) au chastel *zu dem Schlosse* L 3143, à lui *zu ihm* L 1261, à son chief *unter seinen Kopf* E 3096; (*wodurch* ?) passer à la fenestre K *4724; (*woraus* ?) au pot L 2858; (*worin* ?) à deus bacins E 495; **2.** *Zeit* (*wann* ?) à cele feste L 5, à un mardi L 3142, au tans novel *im Lenz* E 27, à sa vie *zu s.en Lebzeiten* K 4255; (*wobei* ?) à la premiere anvaïe L 4522; (*für wann, welche Zeit* ?) à demain L 3876. 5523 (*s. Litbl.* 1919, 98), à l'andemain E 68, à toz jorz *für immer* E 598, à ceste semainne W 1758; **3.** *Zugehörigkeit* (*wessen* ?) fille à roi E 52 (*vgl.* f. de roi E 79), les armes au chevalier E 2954, *ähnl.* L †211. G 74; **4.** *Begleitung* (*womit* ?) à cinc çanz chevaliers E 1966, à De m. *Gott* L 4627, à grant ost L 1262. 1636, à serjanz et à chevaliers L 3144, *zugleich kennzeichnend* Chevalier au Lion L 5821. 6491, *ähnl.* E 1711f., *s.* atot; **5.** *Werkzeug* (*womit* ?) à ses danz L 3515, à l'espee G 1525, à mes mains G 8771, *s.* atot; **6.** *Beschaffenheit* (*was für ein* ?) anel à une esmeraude G 711, à or *aus Gold* E 102. 2148; **7.** *Art u. W.* (*wie* ?) à pié *zu Fuß* L 4524, à consoil *insgeheim* L 1597, à certes *im Ernst* L 6163, à jeus *scherzw.* L 6162, à grant enor L 1576, à gr. angoisse L 4356, à gr. painne L 1302, à gr. deduit E 63, à repos L 3478, *ähnl.* L 2357. 3579. 3813. 3816, à doble (*s. d.*) *doppelt* L 5593; (*wem gemäß, zufolge* ?) à ces ansaingnes *auf Grund dieser Anzeichen* G 788, à son chois *nach s.em Belieben* L 5461, à vostre congié L 5463, au mien cuidier L 87, à la moie foi L 3618, à bien et à foi *gut u. ehrl.* L 6383, à mon los L 1930, à vostre pleisir E 1287, à san *vernunftgemäß* E 5, à mon sans L 1314; **8.** (*prädik.*) *Richtung, Bestimmung, Zweck* (*wozu* ?) estre à enor *zur Ehre gereichen* L 6377, venir à pleisir E 8, avoir à per *zur Gemahlin bekommen* L 5488, desirrer à seignor L 5476, *ähnl.* L 2074. 3318; *bloße Eigenschaft* (*als was* ?) conoistre a.

à mauvés L 1859, soi savoir à mesfeite *sich schuldig wissen* L 1789; **9.** *Vergleich* (*wem g.über?*) à cesti E 426; **10.** *persönl. Beziehung prandre anhatine* à a. L 4076, pęs avoir (trover) à a. L 1431. 5632. 6771; **11.** *in dopp. Verwendung* (li hon a apris) à delit vivre = à v. à delit L 3578; **12.** *konj.* à ce que *indem, während* L 2250. 6146, *wobei* G 7021, *abgesehen davon, daß* W 2516, à tot ce que *obschon* L 1469 — *s.* tenir, tesmoignier.

aage, *V.* eage (*aetaticu) *m. Alter, Lebenszeit* E 91. C 325; son ~ G 2908 *V.*, tot son ~ G 1488. 2908, an trestot son ~ G 4729. 7362 *zeitlebens, immer*, an mon ~ *zu meiner Zeit* G 426, *s.* auques, de grant aaige *betagt* G 7530 *V.*; *s.* vivre.

aais- *s.* aeis-.

aamer (ad-āmare) a. *j. lieben* G 544 *V.*

aancrer (a-+ ancrer < ancre) *r. ankern* G 3006.

aati- *s.* anhati-.

[abaer (a- + b.) *tr. herbeisehnen* K 6853 *V.*]

abai (*v. fg.*) *m. Gebell* E 135 *V.*

abaier (?), 6. *pr.*-aient E 121: *bellen.*

abandon (*v. fg.*) *m. Freigabe* E 4425; à a. *ungehindert* E 975 *V.*

abandoner (à ban d.) **tr.** *überlassen* E 6607, *preisgeben* L 5655, *zum besten g.* E *17. 6160, *verl.* E 2058, (*Schiff*) *treiben l.* W 2318, à a. que *überl., freistellen* G 4950. 5416; **r.** *sich hing.* C 3167; -né à joie *außer sich vor Freude* K 3938, -nee de mantir *verlogen*, garce -nee *feile Dirne* W 1152.

abasmer *s.* anbaussemer.

abataillié *m.* batailles (*s. d.*) *versehen* G 1345.

abatre (abbátt[u]ĕre) **tr.** *zu Boden werfen, hinabw., herunterschlagen, aus dem Sattel heben* E 786, (porte) *herabsausen lassen* G 2480, (arbres) *niederlegen* L 501, (*Zelt*) *abbrechen* E 4117, *abschlagen* E 3816. L 4214, (cri) *zum Verstummen bringen* G 5410 *V.*; **r.** *sich niederlegen* C 3422 *V.*, *hinfallen* G 7357 *V.*, *rz. eina.'zu B. werfen* E 5997; -tu (meison) *zus.gesunken* G 1754 *V.*

[abē] (abbáte), *N.* ábes (ábbās) L 5118; *A. pl.* ~z E 6858. C 3330: L 2158 *Abt.*

abeesse (-tĭssa) *Äbtissin* W 178.

abeïe (-tīa) *Abtei* E 3139:, abaïe G 1757, abahie W 1149 *V.*

abeissier (*ad-bassiare?) **tr.** *senken* G 939 *V.*, (*Brücke*) *niederlassen* G 3387, (*Unwetter*) *beenden* W 2361, (*Schmerz*) *stillen* L 1311, *erniedrigen* E 2548. L 20; **n.** *abnehmen* C † 2698. 5012. 5905 *V.* 6072; **r.** *sich bücken* C 3422 *V.* G 1624. 6874, à ac. *nach e.* E 3072.

abelir (à bel -ir), 6. *pr.*-issent L 5230:, *gefallen* E 6054. C † 37. 3871. L 236. 476. 1419.

abęt (*v. -ter zu ano.* beita) *List, Schlich* G 215:, par ~ K 4912: *V.*

abevrer (*ad-bĭberare), 6. *pr.* aboivrent E 2099; *tränken* E 4898. C 4383. G 6273 *V.*; *fig.* K 2708.

abisme (abў̆ssu × ?) m. Abgrund, Hölle L 2789: abonder in Überfluß da s. E 4064. C 4342.
aborrer s. anb-.
abosmé (?) kummervoll L 2280 V. zu assomé.
abregier (abbrĕviare) tr. verkürzen K 4438 V.
abrivé (zu brif schnell; s. brive) schnell, hitzig E 3539. K 223⁶² V. 3512, (lion) G 8699 V.
açaindre (ad-cĭngere) tr. umgeben G 6668, einschließen G 2427; n. sich in die Runde erstrecken K 1745.
acc- s. ac-.
accidant (-dente) Anzeichen C 1598.
acener (*ad-cĭnnare) a. j. ein Zeichen geben G 1878 V.
aceré (ăciarătu) stählern L 5624.
acesmer (ad - *cĭsm - are) tr. schmücken, aufputzen E 3577. L 1887. G 102. 1796, (Essen) zurüsten G 1559 f. V.; -mé gerüstet G 2432 V.
achanter (*ad-canthare) tr. beiseite legen G 8530 V.
acheison, V. achaison, ac(h)oison, ochoison (occasione u. *acc-) f. Gelegenheit, Grund, Anlaß, Vorwand E 6479. C 1385. G 2178. 4057, Fall C 3058, Schuld, Verbrechen E 3472. L 4602, par itel ~ bei dieser Gelegenheit G 7094 V., prandre ~ de die Gel. ergreifen zu G 8575 V.
acheisoner (v. -on) tr. beschuldigen L 1915.
acheminer (v. chemin) r. sich aufmachen G 2721 V. 6657 V.; estre bien -né auf gutem Wege s. K 1584 V.
acheter (*ad-căptare st. accept-), 6. pr. achatent G 6062:, kaufen, erwerben, -langen C 4700: K 1760. L 2883, büßen G 6062.
achever (zu chief), 3. kond. pik. acieveroit G 8016 V., tr. vollenden K 2843 V.
acier (ăciariu) Stahl E 768. C 3778, fin ~ G 2033, ~ bien fait G 2666 V.
acliner (ad-clīnare) r. sich lehnen, sich (ver)neigen E 1184 V. C 1876 V. 3422 V. K 4602. G 1967; tr. E 3048 V.
acoardir (v. coart) r. feige w. E 2104; -di feig C 3568. K 5742.
acoillir (*ad-cŏllĭg-ire), 2. pr. aquiaus L 5139, 3. aquiaut C 2266, aquelt E 3839 V., akiut G 5238 V., 6. acuellent C 2400, 3. k. acuelle C 391, p. acoilli G 9164 V., tr. empfangen, aufnehmen, hinzuziehen E 5484 V. C 2266, anfallen, -greifen C 3794. L 5139, ac. sich zuz. G 1022; son chemin G 5238 V., sa voie G 3422 V., la voie G 9164, son veage C 2400 s.en Weg nehmen; (sa proie) zus.raffen L 1359; r. sich aufmachen C 4222. L 5178. G 5242 V., vers G 3422. (V. à) 5238, à la voie L 3416, à ac. beistimmen C 6344, s. escoillir.
acointable (v. -tier) liebenswürdig E 2418. C 955, de sage dit E 2418 V.
acointance (eb.) Zus.treffen C 523, Bekanntschaft, Vertraulichkeit, Zutraul- C 1292. K 594 V. L 2395. 6485; C 3218 V. zu bonté; avoir l' ~ de a. G 4490.
acointe (ad-cōgnitu) Bekannter, Vertrauter, Genosse E 3878. C 4872. L 4826. G 4500.

acointier (v. vor.) **tr.** kennen lernen L 6245 V. 6728, bekannt ma., m.teilen E 3755: 6103 V. C 3289; **r.** à a. bekannt w., sich anfreunden m. C 394. G 2857, anbinden m., angreifen C 1785, de la (V. sa) lance G 5572; **n.** (inf.) anbändeln C 658 V.; sb. à l' ∼ beim Bekanntw. II 45 V.
acoise, acoisier s. aqueisier.
acoler (*ad-collare) tr. umhalsen E 1258. C 3361. L 2463; n. herzen G 2361.
acomancier (a- + c.) tr. beginnen E 6475 V.
acomander (a- + c.) tr. befehlen, heißen K 5084 V.
[acomeniier], acumen- in estre -iié die Kommunion empfangen G 6512 V. 6978 V. 7060 V.
aconpaignier (v. conpaing) tr. begleiten C 5835, j. sich beigesellen, zum Gespielen ma. C* † 767. W *1436; r. à a. sich j. anschließen C 4258. 4260. G 2883 V.
aconplir (*ad-complire?) erfüllen K 1052 V. L 3250.
aconsiure, p. -seü, einholen, erreichen E 4089. 4382 V. K 604. 6421 V., überführen G 5982 V.
aconter tr. erzählen E 4676 V. K 6434 V. L 102 V., berichten E 4550 V. G 2228 V. 2847 V. 5308 V. 8807 V.; r. sich abzählen? C 2882 V.
acontrer (ancontrer × a-?) sb. Begegnung C 4896 V.
açoper, 3. pr. açope G *628; n. straucheln G 678 V.; r. str. C *1540: L 3097 V. G 678; s. çoper u. gr. C S. LVII, 10.
acopler (*ad-cōpulare) tr. zus.binden W 706; r. zus.stoßen C 3733.

acor (a- + cǫr?) m. Zipfel G 3346 V.
acoragier (v. corage), p. -gié entschlossen C 3704.
acordable (v. -der) de sages diz versöhnl. E 2418 V.
acordance (eb.) Versöhnung K 594, (mus.) Tonstimmung E 6770 V.
acǫrde (eb.) Versöhnung, Übereinstimmung, Eintracht, Frieden K 3443. L 1968. 6771. 6779; feire ∼ einen Vergleich herbeiführen C 2563. 4182. 4191, metre ∼ Fr. stiften L 6322, fig. W 2336, bastir pęs et ∼ W 3894.
acorder (concordare × *a-chord-?), 1. pr. acǫrt L 37, **tr.** versöhnen K 3915; n. einen Vergleich darin herbeiführen, schlichten C 4944; **r.** sich vergleichen, -söhnen, -tragen, übereinstimmen E 6771. C 157. K 3444. L 37, sich verabreden C 5435, à ac. sich abfinden m. C 3150, es zufrieden s. E 3163 V.; estre -dé sich einigen, versöhnt s. C 2576. 2581. L 2036.
acorer (*ad-cŏrare?) tödl. betrüben o. kränken C 4478. L 1478; p. acoré, L 2280 V.
acouré schmerzerfüllt L 5211. G 376. 8460. 8070.
acǫrre (accŭrrĕre), 3. pr. acǫrt C 6180, 6. acǫrent C 6349, herbeieilen C 5132; r. G 1070.
acorsé (v. cǫrs[1]) in schnellem Lauf L *3523.
acoster (*ad-cŏstare) tr. anpressen C 4688 V., beiseite legen G 8530, sor drängen g. L 3516; r. sich anlehnen C 5602 V., sich nähern G 7261 V., sich niederlassen neben C 599, delez a. sich an die S. j.s begeben G

5292; -té à *angelehnt an* K 3588*V*.

acostumance (*v. fg.*) *Gewohnheit* L 3583.

acostumer (*v. costume*) *tr. sich e. angewöhnen* E 1808*V*. L 2524. 5447. G 7497; avoir -mé *e. gewohnt s.* C 5844. W 64. G 3257; -mé *de gewöhnt an* E 3265; -meemant *in gewohnter W.* K 3537.

acoter (ad-cŭbĭtare) *r. sich hinlegen* E 3274. C 5162. K *5554. L *5368, *sich anlehnen an* C 5602*V.*, *n.* (*inf.*) *untergehen* (*Sonne*) C 4875*V.*; acouté *angelehnt* G 7510ᵃ*V*.

acouchier *niederkommen* W 66.

acravanter, *V.* agraventer (*st. *acrevanter v. crevant v. crever*) *tr. zu Boden werfen* C 1752.

acreanter *gewähren, versprechen, zusichern* E 2692. L 1950; *s.* agraanter.

acrever (a- + cr.) *anbrechen* (aube) G 5475*V*.

acrochier (zu croc) *n. hangen bleiben* W 744:

acroire (ac-crēdĕre), 6. *pf.* acrurent E 2111:, *tr. entleihen* E 2111. C 4083. K 2687, *verl.* L 1886; feire ∼ *glauben ma.* E 6923. G 8600. ∼ me fist por voir G 8594.

acroistre (ac-crēscĕre), 3. *ipf.* acreissoit C 98, *n. wachsen* C 591*V*. 596*V., tr. vermehren* E 246*V*. 332*V*. 6325*V*. C 98.

acroper (*v.* crope), 3. *pr.* acrope (*V.* agrupe) G 628: *V., n. in den Hinterbeinen einknicken, sich hinsetzen.*

acuelle(nt) *s.* acoillir.

acum- *s.* acom-.

acuser *tr. anklagen* C 474*V*. 3034*V*. 3828*V*. L 1463*V*. G 5207*V*.; *s.* ancuser.

adanter (*ad-dent-are?*) *auf die Zähne, zu Boden werfen*; *rz.* C 1751.

ades (?) *sogleich* E 255. C 3187. L 2518, *immerfort* E 4134. W 62. C 601. L 5627, *ununterbrochen* K 422. *2213, *immerhin, doch* C 2812; *tot* ∼ L 2781. G 2016.

adeser (*ad-dēnsare), 3. *pr.* adoise G 6583, *tr. berühren* C 6445*V*. L 5677, *treffen* E 5948. L 4235, a. (*V.* à a.) *j. tr.* G 5015; à a. W 1319. C 5705. L 2462, à ac. L 919 *an e. rühren*; *r.* (*verderbt*) G 5015*V*.

adestrer (*ad-dextrare) *tr. j. an der rechten S. begleiten, führen* E 764. G 8458.

adevancir (*v.* devant *nach* avancier, -ir + a-), 6. *pf.* -cirent, *V.* -chierent C 2003: († 4919) *tr. j. zuvorkommen.*

adeviner *tr. erraten* L 4271*V*. G 4314*V*.

adober (*ad-bubb-are) *tr. ausrüsten, wappnen, z. Ritter schlagen* E 6071. C 137. G 290. 469. 7602, a. chevalier G 465.

adoctriner *unterweisen* G 8185*V*.

adois- *s.* adeser.

adolchier *s.* adoucir.

adolé (*zu* duel) *betrübt* C 222*V*. K 4273.

adonc (a- + d.), E 1293*V*. 5670*V*. G 599*V*. adont, E 4932. W *3129. C 853: adons (+ -s) E 6156*V*. K 797. 2867: L 408: 2936: 4901: G 927. 5748 adonques (×onques *v.* ŭnquam), *damals* E 2826, *alsdann, darauf* E † 4932, *nunmehr* G 599*V*. 3744*V*.

adoner *r.* à ac. *sich widmen* G 5439*V., sich hingeben* C 3150*V*.

adon(que)s, adont *s.* adonc.
adosser (*v.* à dǫs) *tr.* (*rückseits*) *stützen* C 1244.
adoucir, C 3253 *V.* adolchier *u.* adocier (*zu* douz), 3. *pr.* adoucist, *tr. versüßen* C 3253; *n.*| *süßer w.* L 2515. II 43.
adrecier, E 6486 *V. pik.* aderchier, 3. *pr.* adresce G 4318:, **tr.** *richten, hinwenden* L 3058, a. *hinführen* G 3800, a. *des* (*V.* à) *armes unterweisen in* G 1284, ac. *e. wie.-gutmachen* G 8876, (paroles) (*wie. zurecht*)*setzen* E 6486 *V.*; **r.** *sich* (*zu*)*wenden* C 2920. L 3345. G 6778, vers a. G 8395, *sich aufma.* G 8284, *anstürmen* E 2186. C 3426. 4704, *sich hinfinden* L 4881, *einen Richtweg nehmen* K *1384.
adresce (*v. vor.*) *f. Richtweg* K 1513 (*vgl.* *1384).
adroit (*ad-dīrēctu*) *gewandt, flink, tüchtig* E 150. C 1208. L 230. (cheval) G 4421, *schmuck* E 748. 769. 5717.
aduré (obdūratu × ab-) *abgehärtet, ausdauernd* L 5617.
aé (aetate) *m. Alter, Leben* E 5406. K 1661. L 1681.
aeise, aaise (à eise) *Behaglichkeit* G 1935 *V.* (*m.*) 2090 *V.* 3484 *V.*; *vgl.* K *1601.
aeisemant (*v. fg.*) *Möglichkeit* G 3543; feire ~ à a. *j. Pflege angedeihen lassen* G 4000.
aeisier (*zu* à eise) **tr.** a. *es j. behagl. ma.* E 4001. G 1931, *j. pflegen* E 5246. G 3482; **r.** *es sich bequem ma.* E 6454, *sich ergötzen* E 2442. G 2913. 5919; aeisié (*davor bien,* mout) *wohl versehen* C 6381. G 5428, *gut eingerichtet* G 1340, *wohlhabend*

G 1909, *behagl., wohl versorgt, gut aufgehoben* C 5587. L 4897. G 7210. 7476, estre aeisié de *imstande s. zu* K 952 *V.* (*Hs.* aissies). G 3109, *glückl. s. zu* G 4966 *V.* (*Hs.* aise).
aerdre C 2360: L 6448:, aherdre (*ad-ĕrgere st.-ērĭgere), 3. *pr.* aert: vert(!) G 5871, *tr. fassen, ergreifen* K 1164. L 4222. 5634; *r.* à ac. *sich festhalten an* C 6448, *sich -krallen* G 8706 *V.*, *sich an e. ma.* C 2360; *p.* aers à ac. *anschließend an* L 306.
aeschier (ad-ēscare) *tr.* de *m. Köder behängen* G 3008; 3. *pr.* aesse *ködern* W 1286: *V.*
aesmer (ad-aestĭmare) *schätzen* E 3578 *V.*
afai- *s.* afei-.
afamer (*ad-fămare) *tr. aushungern* E 5403. G 2591.
afeblir (*zu* foible), 6. *pr.* -issent, *n. schwach w.* E 971. 3801 *V.*; *p.* -bli C 281.
afebloiier (*eb.*), 6. *pr.* afeblïent *u.* afoibloient E 971 *V.*, *n. schwach, schwächer w.* E 3801. K 3640. 3644.
afeire (à f.) *m. Angelegenheit, Sache, Geschäft* E 109. C 2585. L 3671, *Zurüstung* G 4152 *V., Tun u. Treiben* G 317. 322. 1959, *Art* E 2145, *Stand* E 649. 6012. 6651; tant d' ~ *solch ein Erfolg* G 7363, de put ~ *niederträchtig* W 1497, avoir grant ~ de a. *j.s sehr bedürfen* L 5100.
afeitemant (*v. fg.*) *Befinden* G 8174 *V., feine Bildung* E 1744. C 5168.
afeiter *s.* afiter.
afeitier (*ad-factare) *tr. zurechtma.* E 4230 *V.*, (bras)

wie.einrichten G 4344 V.; r.
sich zurechtma. E 2636, sich
gut entwickeln W 1397, à a.
sich versöhnen m. K 3210;
p. -ié gefällig C 5942, (fein)
gebildet, vornehm, höfl. W
*1361. L 241. G 6647, bien
-ié E 1547. C 185. G 5821,
miauz -ié G 7543, mal -ié
G 522. 9035.
aferir, 3. pr. afiert, r. (Licht)
eindringen C 730 V.; n. sich
passen? G 538; ups. pa.,
sich schicken, zukommen E
3507. C 3878. L 2130, totes
enors i afiert G 538 V., an-
gehen L 5169, à a. à (V. de)
+ inf. j. zustehen, -kommen
G 9204.
afermer (affïrmare) tr. festigen
E 5227 V.
afiancier (a- + f.) in feire ~ à
a. que j. zusichern lassen,
daß G 2700 V.
afficier verderbt? G 522 V.
aff- s. af-.
afiche (v.fg.) f. Schließe G 7994:
afichier, 6. pr. aficent C 1086 V.,
tr. befestigen, schließen G
7994, bekräftigen, versichern
E 3624. 6103. C 2216. K
633. G 1900, beruhigen K
2234⁰ V., = ? G 2794 V.; r.
sich fest stützen, stemmen auf
E 3605. C 1892. G 7177.
7336. 8518, sich anstrengen
C 6076, que sich versteifen
auf G 6008.
afïer tr. geloben, versichern, zu-
E 3773 V. 6280 V. C 1086.
L 5561, à Deu l'affi ich ver-
sichere es bei Gott G 1008 V.,
a. de ac. j. e. zusi. L 4458, a.
sich verloben m. L 2066; r.
sich in Sicherheit wiegen
C 6304 V., en sich verlassen
auf C 760 V. G 8791 V.
afiert s. aferir.

afiner (à fin) n. enden K
3212 V.; tr. be- G 4037 V.
afit (ad-fĕctu) Schimpf W
1033. C 2948. 6589. K 5700.
G 5449 (V. afflit):; vgl. L
*70.
afiter (v. vor.) beschimpfen,
höhnen W 1032: L *1351 (V.
afeitant).
afiteus (eb.) beleidigend L *70.
afoler (zu fol), 3. k. afot L 3793,
tr. niedertreten G 4194 V., übel
zurichten, halb totschlagen
E 2750. C 512. K 2415. L
1022, töten E 945; r. (de
duel) C 5897, rz. L 6116; p.
-lé de duel G 376 V., m. Ver-
wundeter, -stümmelter C
1348. L 3189.
afonder (*ad-fŭndare) n. unter-
tauchen K 5130.
afot s. afoler.
afrainne s. afrener.
afranchir (zu franc) tr. frei-
lassen C 5644 V.
afrener (*ad-frēnare), 3. pr.
afrainne L 4349 zügeln.
afronter (*ad-frontare o. à
front?) a. j. die Stirn ein-
schlagen E † 4866. 6494, an-
greifen L 3793 V., vorgehen
g. G 2875; s. esfr-.
afubler (ad-fibŭlare), 3. pf.
afluba G 1953 V., ac. um-
hängen, anlegen E 1639. L
232, ac. à a. G 6876, a.
bekleiden G 1554; r. sich ein-
hüllen G 6896.
agaitier s. agueitier.
agarder (a- + g.) tr. sehen G
5031 V., erblicken G 3467 V.,
betrachten E 2006 V. C 261 V.
K 5937; s. esg-.
agencir s. ajancier.
agenoillier, ajen- (zu genoil) r.
niederknieen C 336. G 1967.
8273 V. 8715; n. (: acọle) G
8273 V.; sont agenoilliees

G 7938 *knieten nie.*; *p. pf.*
L 4389. G 1974.
agraanter C 107 V. 1842 V. *zu* acreanter.
agraventer *s.* acravanter.
agreer (*ad-grātare ?), 5. *pr.* agraiez C 4263 V., *n. gefallen* C 256. 919. G 7628; *tr. gestatten* C 4263 V.
agrever (*ad-grĕvare *st.* -grav-) *bedrücken* C 5691; *p.* -vé C 619 V.
agruper *s.* acroper.
agu (acūtu) *scharf, spitz* E 3584. C 1245. L 304, *eifrig* K 3158.
agueitier (*ad-waht-are) *tr. be-, auflauern, überfallen* C 5839. K 4281. L 914. G 5822, a. *hinschauen auf* G 1736 V.; *n. wachen* G 5144 V., à ac. *auf e. lauern* G 1736.
aguęt (*v. vor.*) *Auflauern* E 2420, *Warte, Wache, Lauer, Hinterhalt* E 3030. C 1866. L 916. G 8863.
aguille (acūcŭla *st.* acū-) *Nadel* E *2643: L 5422.
aguisier (*acūtiare), 6. *pr.* -sent L 1464: *tr. stacheln.*
ahan, C 3148 V. haan (*v. fg.*) *Mühe, Mühsal, Pein, Widerwärtigkeit* C 579 V. G 7956; *s.* treire.
ahaner (*zu ano.* afanna *Feldarbeit tun*) (ses tieres) *bestellen* G 83 V.; *r. sich abmühen* C †3853.
ahat- *s.* anhat-.
ahi *int.* E 921 V. L 2263. 3199. G 1282 V. 5875 V. 5955 V. 7147 V. 8069 V. 8421 V.; *s.* haï.
aïde (*zu* eidier) *f. Hilfe* K 1079f. V. [*6345]. G 536 V. 1658 V. 2421 V. 6855 V.; *s.* aïe.
aid- *s.* eid-.

aïe[1] *s.* eidier.
aïe[2] (*zu* eidier) *f. Hilfe* E 3911: C 1760: L 510: 2937: 3374: 3643: G 779: 2146: I 8. 37:, *Gehilfe* L 3038. 3047; estre an ∼ *beistehen* C 5981, n'avoir nule ∼ de ac. *sich nicht zu helfen wissen m.* C 1588:; *s.* aïde, ayeue.
aige[1] ? C † 1245 V.; aige[2] *s.* eve.
aigle *s.* ęgle.
aignel, eign- W 3241 (ăgnĕllu), *N.* -iaus *Lamm* E 4434. C 3851; *Lammfell* W 3241.
aignelęt (*v. vor.*) *Lämmchen* L 5278.
aigue *s.* eve.
[aiguille] *s.* aguille.
aiiens, aiiez *s.* avoir.
ail (āliu, alliu), *A. pl.* auz *m. Knoblauch* E 5208.
aillors (ăliōrsu) *anderswo* C 2254. L 1384, *anderswohin* E 3156; ∼ que ci G 6792, ∼ de ci G 4687 V. 6792 V., par ∼ *einen anderen Weg* G 4885 V.
aim, aimme(nt) *s.* amer.
ains (ainz × onc ?, *Ebeling Zs.* 43, 285), II 36 V. *u. sonst* ainc je(mals), *m. neg.* nie-(mals) E 30. C 4330. K *183. L 473. II 33. 36 V., *in keiner W.* G 2719 V., ∼ mes E 1105. 4923. G 176. 1187. 3438. 7108 *nie bisher*, ainc puis ne *nie seit-* G 6384. 8784 V.
aint *s.* amer.
ainz (*antius > (*prov.*) anz × puis ?, *vgl.* K *183), *zuweilen st.* ains, **prp.** *vor* E 3456. 5218 V. C 1647. 2394. 5777. G 2701 V. 4722 V. 6858 V.; **adv.** *früher, vorher* C † 5198, or ∼ -hin G 7773 V., ∼ que il *eher als er* L 685, ∼ hui que demain

lieber heute als morgen L 5004, qui ~ ~ *um die Wette* E 4204. C 4695. L 3258, à l' ~ qu'il *pot* G 1112. 6030 V. 8714 V.; **konj.** *eher, lieber, vielmehr, sondern* E 1001. C 4156. L 144, ~ ... mes vielm. G 6516, ~ que m. k. *eher als, bevor* E 385. C 11. L 65.

ainzné *erstgeboren, älter* L 4710. 6171. G 464. 477. 4983; *sb.* G 8138.

aiole (*ăvĭŏla) *Großmutter, Ahne* G 8273:

aïr (*v.* aïrer) *Ingrimm, Wut* E 868 V. 2866: L 4523, par ~ C 1776 V. 2924 V.

aire *s.* eire, er.

aïre (*v. fg.*) *in par ~ grimmig* G 4303 V. (*g. Reim*).

aïrer (ad-irare), 1. *pf.* aïrai (*V.* aïrié) G 3890 V., *r. aufgebracht w., ergrimmen* C 1930. G 4248.

aisible (*zu* eise) *wohltuend* C 3120 V. *zu* peisible.

aissele (*v.* ais; *s.* es) *Brettchen* G 4312: V.

aï(s)t *s.* eidier.

[ajancier, agenc-] (*ad-gĕnĭtiare) *neb.* [ajancir, agencir], 3. *pr.* ajance *u.* C †4920: V. agencist *r. sich fein benehmen, sich anstrengen; s.* rajancier.

ajornee (*v. fg.*) *Tagesanbruch* E 68. 3120. W 2289. 3035. K* 5783. L 4029; *vgl.* anj-, *m. dem es in Hss. stets wechselt.*

ajorner (*ad-diŭrnare?) *n. tagen* E 69. 5271. C 2026. G 2069; à l' ~ G 2070, à l'-nant G 5475.

ajoster (*ad-jŭxtare) *tr. andrücken* C 4688, *hinzufügen* L 6818, a. *umgeben, -drän-*

gen? K 5072 V.; *n. sich versammeln* E 2136; *r. sich zum Tjost anschicken, zus.-stoßen* E 5010 V. 5015; ajousté *versammelt* G 8892 V.

alainne[1] (halēna *v.* ănhēla, *s. Gam.*) *Atem* E 6001. C 5461. († 5894). W 2756. L 6156. G 6928, d'une ~ G 2665 V., à douce ~ *gelassen*? G 9060 V.; *langgezogener Ton* L 4868.

alainne[2] *s.* alener.

alaisier *s.* esleisier.

alee (*v.* aler) *Gehen* C 1819.

alegemant (*v. fg.*) *Erleichterung* [K 6646:]

alegier (allĕviare), 3. *pr.* aliege C 5071, *tr. erleichtern* L 5068; *n. leichter w., nachlassen* C 846. 5071. W *531.

alegremant (*v.* *alegre, aliegre *v.* *alĕcru? *st.* alăcre) *Fröhlichkeit* K 6646: V.

aleier *s.* aliier.

aleitant (*v.* aleitier *v.* allăctare) *sb. Säugling* G 457.

alemant (alamannu *v.* aleman) *deutsch* C 3960.

alemele ([ill]a lāmĕlla) *Klinge* L 4242.

alener (*alenare *st.* anhēlare), 3. *pr.* alainne, *n. schnaufen* E 2081.

aler (*allare *v.* ambŭlare), 1. *pr.* vois G 2957: 3427: 5803:, 2. vas E 1032: L 5131:, ves W 1596, 3. va E 2671: 4453: L 5509: G 857: 6741: 6915:, vet (vait) E 1425: 3442: C 5284:, 4. alomes W *1927:, alons E 1129; 1. *k.* aille E 633: I 11 V., auge G 2097 V., voise E 3914 V. G 2097. 7015, 2. ailles G 6791:, voises G 6442 V., 3. aut E 637: 958: C 902: L 1540: 1852: G 6998: 8191:

8285:, aille E 2703: 3080: C 79: 5549: 6476: L 5605: G 2611: 4697: 4731: 5097: 6112: 6162:, voise E 4915. 5701: C 1102: 5473: 6519: L 1063: G 5948: 6084:, voist G 4734*V*. 5228*V*. 5701*V*. 5999*V*., 5. alez G 569, aillez G 6898ᵃ*V*., ailliez G 569*V*. 2116, ailloiz G 569*V*. 3651. 8786*V*., voisiez C 5477. G 619*V*., 6. voisent L 2325. G 4745*V*. 6086*V*.; 1. *ipf.* aloie E 251; 5. *fut.* iroiz E 215. L 597. G 1519, *m.* i: i irai G 495*V*. 2263, j ira G 857*V*. 1957*V*., i iroiz G 7629 (*V.* ïeroiz, ïerez, iriez), i iront G 304; 1. *kond.* iroie E 108:; 4. *pf. k.* alissoms, -ons, -ions G 4940*V*., 5. -iez G 4940. 6714*V*., alesiez G 3651*V*., 6. alissiént E * † 1450:; *ipt.* va L † 328, va(s) i G 6448*V*. 9204*V*., va te voie G 691*V*., *s.* dire, 4. alon *wohlan* G 4647*V*.; a alé G 6916*V*., ont alé L 3772; **n.** *gehen*, ~ et venir *kommen u. ge.* G 7582, *laufen* G 2204, *reiten* G 2175, leissier ~ *abschießen* G 1113, (lion) *loslassen* G 8703, *vorge.*, *handeln* G 5126*V*., *verlaufen* L 1192. G 4636, -*streichen* E 3439, an ~ *gehen* G 5568. 8279, *wegge.* E 3666. 3863, *s.* gast, à *a. zu Leibe ge.* L 4553*V*., *s.* bataille, el lit G 8259*V*., ancontre a. C 3782, = *j. entg. handeln* G 1620*V*., aprés a. *j. nachge.* G 1042*V*.; **ups.** *ge.* G 857*V*. 8562*V*. 8850, bien va ? (*s.* prẹs *adv.*) E 1001, à a. *erge.* L 6344. G 857; **tr.** (*m. A. des Inhalts*) *durchwandern* C 4730; **r.** an ~ *aufbrechen,*

wegziehen E 75. C † 6673. L 187, *fliehen* C 2947, *einherzie.* E 3663 (*m. A. des Inhalts*). 3703, par le conte *sich an die Erzählung halten* W 6, atot l'enor de *m. allen Ehren hervorge. aus* E 633; estre alé *verloren s., dahin s.* C 5377. K 3029. L *3118, *verstorben s.* G 2932*V*., tant est de vos là chose alee *dahin ist es m. eurer Sache gekommen* L 1912; *das Zeitw. umschreibend: m. inf.* L 2820. G 657. 662. 664. 6714, j'irai doner = donrai G 5544, *m. ger.* E 2466. C 3241. K 3359f. L †1351, *bei r. Zeitw.* G 1353. 5784*V*., *m. Verlust des r. pron.* W 2599 (*s. Herr.A.* 132, 95), an alant *beim Ge.* G 5784*V*.; tost alant *hurtig* L 2227. G 7195*V*.; *sb.* li ~ s G 7628, l' ~ s G 1696*V*. *das Ge.*, à l' ~ *auf dem Hinwege* G 5321f.*V*.

alerion (*zu frk.* *abal-ato) *m.* *ein Raubvogel* L 487.

alẹte (*ālĭtta), *V.* el- (*vor.* × ẹle) *Flügelchen* E 1307.

alëure (*allatura* [*s.* aler] *o.* anblëure × aler) *Gangart:* grant ~ *schnell, eilig* E 254. C 5664. L 935. (*V.* boene) G 629, la grant ~ W 631 (*doch s. Herr. A.* 132, 341f.), moutgrant~E 254.W 631*V.* alever (ad-lĕvare) *tr. erhöhen* G 6627, *stolz ma.* E 2606*V*., (costumes) *einführen* E 1808.

alie (*alisia ?) *Elsbeere* W 435; *vgl.* alue².

aliege *s.* alegier.

aligot *s.* harigot.

aliier [aleier ?, *s.* C †1344) (alligare), 6. *pr.* alïent C 2824: *verbinden, -einigen.*

alissiént s. aler.
alixandrin *alexandrinisch* G 3328.
aloc, aloques s. aluec.
aloé s. alué.
aloe (ălauda) *Lerche* E 4437: C 6432. K 2758; V. aloue C 6432 V. 6441 V.
aloę̄ (alŏē) *Aloë* E 5565: aloer (ad-laudare) *anraten* E 1808 V.
aloęte (v. aloe) *Lerche* C 6441; s. olęte.
alogier (v. loge) r. *sich (in Zelten) lagern* C 1261 V.
aloie s. aler u. aliier.
aloigne (v. aloignier) *in* sanz ~ o. *Umschweife* G 8274 V.
aloignemant (eb.) *Entfernung* C 5208 V.
aloignier (zu loing) tr. (lance) *einlegen* E 2862. 4998. C 3582. 3592. L 2248, n. *ausbleiben* C 5448 V.; s. esl-.
aloiier (aloer v. ad-lŏcare [vgl. K *6342] × estoiier?) *verwahren* C †4392.
alonge (v. -gier v. *ad-longare st. elongare) f. *Aufschub* C 2233 V. 6288 V.
aloser (v. los) tr. *rühmen* L 2188, *in Ruf bringen* G 6627 V.; r. *sich rü.* L 5096, *Ruhm erlangen* C 159. G 2038; -sé *berühmt* C 4917. L 1855.
alques s. auques.
alt- s. aut-.
alué, aloé [zweisilbig] (ăĭ-ōb) m. *freies Grundstück (G.satz Lehen)* L 1404 V., A. sg.
alués G 3530 V.
alue¹ (alūta) *Alaunleder, Schreib- (Art Pergament)?* K *5277.
alue² (s. alie) f. *Elsbeere in* il ne m'an est à une ~ es berührt mich nicht weiter G 8946:

aluec (s. iluec) *nur in* G 5462 V. ~ que *sobald als*, G 5859 V. aloc, G 9168 V. aloques *dort*, G 3633 V. ci eluec, *sonst m.* -s: (i)ci alués u. ci elués (G 7509 V. *auch* eslués u. elors) *eben hier* K *2895: 5351. G 3529. 3821. 7509: 8767.
alumer (*ad-lūminare st. illūm-) tr. *anzünden* L 5448, *erleuchten* C 5843, *begeistern* W 369; n. *entbrennen* C 591. 596 V., *leuchten* E 4938. 5129; r. *sich entz.* L 1777; p. -mé *entbrannt* G 6273 V.
alun (alūmen) m. *Alaun* W 2005. 2267.
amable (ămabĭle) C 956 V. zu amiable.
amain(ne) *etc.* s. amener.
amanbrer (*ad-měmŏrare) ac. à a. j. e. *ins Gedächtnis rufen* G 6694; estre amembré de e. *im Sinne h.* G 6693 V.
amande (v. -der) f. *Genugtuung* G 4782, *Buße* L 1996.
amandemant (eb.) *Genugt.* K 4496 V. G 4568.
amander (ēmĕndare × ad-), 3. pr. k. amant E 514, tr. ac. (ver)*bessern, ändern* E 4422. C 784. L 2098, (fig.) *verschönen* K *2692, (wieder)gutmachen* L 4155. G 6151. 8876, nel puis ~ *ich kann nicht anders* G 2843, *büßen für* L 1992. 1994, a. *trefflicher ma.* G 2884, j. *Besserung bringen* G 3586, j. *helfen können* G 7632 V., se Deus m'amant *so mir Gott helfe* G 218. 237. 2954; **n.** *Genugt. geben* G 6378, à a. L 1791. G 3945, à a. j. (auf)helfen K 910, ~ *besser w., sich (ver)bessern* E 4761. C 4574. L 2489, de ac. *durch e. gewinnen* G 1383, ~ ge-

deihen W 1358; r. *sich verb.*
L 2098. 2437.
amandise (*v. vor.*) *Genugtuung*
G 4782 V.; or prendez l' ~
nehmt mich in Buße G
8960 V.
amandrir (*v.* mandre, *s.* menor), 3. *pr.* ame(nd)rist II
43 V., *n. sich verringern* G
8207c V. II 43 V.
amanevir (manɒjan) *in* estre
-vi *in Form s.* G 2448 V.
amanrai *etc. s.* amener.
amant[1] *s.* amander.
amant[2], *N.* -nz L 2605, *Liebender* C 573.
amantevoir L 6470 V. *u. anal.*
-toivre E 1119 V. (ad mente
hăbēre), 1. *pf.* -tui [K 6399],
p. amentëu L 39 V., *tr. erwähnen u.* K 39 V. *im Gedächtnis erhalten.*
amaricon *s.* pliris.
amasser (*ad-massare?) tr. *anhäufen, versammeln* E 320.
C 165. L 460. G 2474 V.?,
flüssig machen W 2008; n.
sich (ver)sa. L 1178. G 5498;
r. *sich sa.* W 3293; feire ~
zus. kommen lassen G 4886;
-ssé *versammelt* L 4676. G
5781.
amb- *s.* anb-.
ame, G 7624 V. alme, G 1399 V.
arme (ănĭma) *Seele* E 3029,
par (*V.* por) m' ~ G 7794,
par l' ~ Deu G 1398, randre
l' ~ (*V.* s' ~) G 6805.
ameçon (*zu* hāmus) *m. Angelhaken* G 3009, peschier à l' ~
G 3504. 3519.
amedui *s.* anbedui.
ameigniez *s.* amener.
amener (*ad-mĭnare), 1. *pr.*
amain E 1196:, 3. amainne
E 719:, 3. *k.* amaint E 718:
u. G 5669 V. amagne, amoigne, 5. ameigniez E 4085,

1. *fut.* amanrai E 1040, *tr.
hin-, herbeiführen* E 848. C
1444f., an ~ m. *sich fü.,
wegfü.* E 3244. C 1345, a. à
a. an sa prison E 1196.
[amenuïr] (*zu* menu), 3. *pr.*
amenuïst *kleiner w.* II 43 V.
amenuisier (a- + m. *v.* *mĭnūtiare) *tr. verringern* L 3282 V.
G 2017.
[ameor], *N.* -ẹrre (ămātor)
L 2723: *Liebender.*
amẹr[1] (ămāru) *bitter* C 2135.
G 482. 728, *hartherzig* G
1363a V., *Wortspiel m.* amẹr[2]
C 552.
amẹr[2], 1. *pr.* aim, G 5346 ain,
3. aimme, G 5857 ainme,
5. amez, 3. *k.* aint C 3225:,
5. amoiz E 2727, 5. *pf. k.*
amissiez E †3371, *lieben,* ~
miauz *lieber sehen* G 5929.
amertume (ămāritūdine) *f. Bitterkeit* C 3103.
ametite, *V.* -tiste, amatiste,
amestice (amethistu) *f. ein
Edelstein* E 6808:
ametre (ad-mĭttere), 3. *pf.*
amist, ac. à a. *zur Last
legen* W *2994. K *4939. L
*†3675. L[4] †4324, *vorwerfen*
G 4773 V., un blasme à a.
G 5195, soi ~ le pris *sich
den Preis zuschreiben* G
8133.
ami *Freund, Liebender, Geliebter* E 53. C 1394. L 1060,
(*Anrede*) G 844.
amïable (ămīcabĭle) *liebenswürdig* C 956: K 3294 V.;
~ mant E 4082. [K 6701].
amie *Freundin, Geliebte* E 204,
estre ~ à a. G 8938, (*Anrede*) G 767. 7200.
amissiez *s.* amer.
amist *s.* ametre.
amistié, C 2477 V. -té (*ămīcĭtate) *f. Freundschaft* E

1466. L 6323, feire ~ à a. j.
Fr. bekunden 3273 V.
amonestemant (v. fg.) Ermahnung, Rat C 2619. L 3652.
amonester u. C 89 V. -nn- (*admŏnestare), tr. ermahnen L 1596, ac. à a. j. e. anraten G 5288.
amont s. mont.
amonter (à mont) tr. erhöhen G 6627 V.
amọr f. Liebe, Minne L 20, Gunst L 140, A. (z. T. pl.) ~ s E 2092. 2141. C 446: 980: 1598: 3113(?): 3909. L 13: 1373. 1444 V. G2637 V. 5458 V. 9013. I 18 V.; m. Liebesgott C 518 (vgl. à lui 521). 573, personif., aber f. L 1357. 1366. 1377. 1386. 1395, par ~ aus L., in L. E 3925. G 5458 (V. amors), par ~ s (V. por ~) G 9013, in Güte C *942, im guten L 4782, por ~ de zuliebe E 1319, pour moie amour G 8484 V., por la moie ~ G 5492, por l' ~ de moi G 5367, ähnl. G 7499 (u. V.). 8775 (u. V.). 8596, por l' ~ Dieu G 1398 V.; avoir l' ~ de a. G 5472, feire ~ L. erweisen G 8195 V., amer d' ~ s zärtl. lieben E 2434:, d'autel ~ m. solcher L. W 40; s. Herzog Zs. 47, 115.
amoreus, G 8329 V. -ou- (*ămorosu) minnebeflissen L 5394.
amorir (a- + m.) sterben K 5689 V.
amoronge (amoreus + Sw.) minnebeflissen L 5394: V.
amorter (*ad-mort[u]are?) tr. tödl. schwächen C 6210:
amuïr (*ad-mūtire) n. verstummen C 1586:
amuser (*ad-mūsare) tr. hinhalten, zum besten h., betrügen C 4434. K 2659. L 2465; -sé betrogen K 5945.
an[1], N. anz Jahr E 90, antrer an mal an schlecht fahren G 7278.
an[2] (în) prp. bezeichnet 1. Ort, Sitz u. fig. Träger einer Eigenschaft, Beziehung, Handlung u. dgl.: (wo?) (flors) an (V. à) cez arbres G 8484, an la cort bei Hofe E 84, an cort real G 65, (anel) an son doi G 550. 3879, an la forest E 65, (wohin?) saillir an piez E 4199, metre s'antante an a. L 5726, (wobei?) trover pẹs an a. L 2666 V., trover enor (ehrenvolle Behandlung) an a. L 779, ähnl. L 782. 3252, rien ne gaeignier an ac. nichts gewinnen bei E 2756, estre bien mariee an a. L 2065, faillir an a. bei j. fehlen L 2512, soi avillier an a. sich m. j. erniedrigen L 4119; 2. das Objekt (worauf?): droit en nule joie L 1448 V.; 3. Zweck, Bestimmung: anvoiier an presant E 5232, an dons L 3072, an guerredon E 3183, an toz guerredons L 3071, apeler an sorenon L 6492 V., an vostre aïe L 2937; 4. Art u. W.: an anblee (s. d.) u. an larrecin L 1573; 5. ein verbbild. Element: avoir ac. an embatu verachten E 2; vgl. el[2] u. es[1].
an[3] G 4290:, am G 8883 V., ent G 3808 V., si'n L 1619 V. (ïnde) urspr. örtl., so bei aler, amener, monter, porter u. a. (s. d.), übertragen in G-Verhältnis, auf Person bezogen *G 343. G 543, pleonast. (prolept.) E (*5146). †5148. C 2413. 3588. 4502. †6311.

W 1586 (*s. Herr. A.* 132, 346). *3247. K 4997. L 6793. G 4675. 7774. 8336; *davon* E 18, *infolgedessen, deswegen, darüber* E 291. C 1279. W 78, *hierin* E 308. C 2297. an⁴, G 15 V. uom, G 1468 V. hom (hŏmo, *unbet.*) *man* G 320: 841: 6092:, l'an E 1520: G 1683:, l'on E *2030:; *noch* = *der Mensch* L 2513 (V. hons, om).

anbarrer (*v.* barre) *tr. einschlagen, zertrümmern* E 2246 V. [K 7080]. L 5582 V. 6120 V.

anbatre (*in-bátt[u]ere) **tr.** *hineinschlagen, -stoßen, -treiben* E 3615. 3799. 3824. K 2709. 2740. G 7859, *es portes* E 2233, a. an *j. hinführen auf* G 7220, an un si dur (trop felon) trot *bringen in* G 7220 V.; **r.** *eindringen, sich hineinstürzen, herfallen über* E 3799 V. C 1977. 3459. L 932, (*einen Weg*) *einschlagen* G 3675 V. 5126. 7220 V., *geraten in* L 5261; estre enbatu *sich herbemüht h.* E 3273⁷ V.

anbaussemer, V. abasmer (*inbalsămare) *tr.* (*fig.*) *versüßen* L 2628.

anbedeus, -dui *s.* andeus.

anbelir (an bel -ir), V. ab- (*s. d.*) C †37, 3. *pr.* embelist G 7320 V., *tr. schmücken* E 5573. C †37 V. 313 V.; *n. schöner w.* C 1567, *gefallen* C †37. G 766 V. 7320 V. 8096.

anbes (ambas) *f. beide in* d' ∼ parz C †3556. 4040; ∼ deus *s.* andeus.

[anbesoignié], K 292 V. enb- (*v.* besoingne) *beschäftigt*.

anblee (v. *fg.*) *in* an ∼ *verstohlen, heimlich* C 1218. 6300 V. K 6053. L 1573, an ∼ s (V. amblee) G 8858; à ∼ C 6300 V. K 6053 V. L 64, *unerwartet* G 2426.

anbler¹ (in-vŏlare) **tr.** *stehlen, entwenden* E 1514. C 3885. L 1213, *rauben* G 1826, *unterschlagen* E 2076. G 5084. 5225, *pass. verschwinden* L 5069; **r.** *sich davonst.* C 1809. L 723. 5923. G 8943, + an E 6328.

anbler² (ambŭl-are) *im Paßgang gehen* (*reiten*) E 5182. K 2802. L 3059; amblant G 7262 V.

anblëure (*-atūra) *Paßgang* E 159. C 3687. L 2706; l' ∼ *im P.* G 630 V. 6683 V., grant ∼ E 2768 V. G 7143.

anbloïr (esbloïr × an-), 3. *ipf.* -ïssoit, *heller w.* C 1567 V.

anborrer (*s.* borre), V. ab-, esb- *tr. vollstopfen* L⁴ †598.

anboschié (in-*bŏſt-atu) *v. Wald umsäumt* C 3632 V.

anbracier (*in-bracchiare) *tr. umarmen, küssen* E 4160. 4918 V. C 1640. L 886, par le col G 1976, par la janbe G 5334; l'escu K 2683. 5950. G 8394. 8840.

anbriconer (*zu* bricon) *tr. betören* L 3923.

anbrunchier, -on- (*s.* bronchier) *tr. a. zus.sinken lassen* G 1107 V., *n. einsinken* E 982. C 3599 V.; *r. sich verbeugen* G 3779, *einsi.* E 982 V., *trauig w.* L 4217 V. 5207, *schmollen* K 3959; *feire* ∼ L 4205 V. 4217 V. G 1107.

anbuignier (*zu ahd.* *buṅga, nfr.* bigne) *tr. einbeulen* E 2246, *n.* L †842. 5582. 6120.

ançaindre (ĭncĭngĕre), 3. *ipf.* enceignoit, *tr. umgeben* G 6668 V.

ancaïner *s.* anchaener.

ançainte (ĭncĭncta *ungegürtet*) schwanger W 616 V., ～ de mit G 8759 V.
ançans (ĭncēns-u) m. *Weihrauch* E 5565.
ançanser (-are) tr. *einräuchern* E 5564.
ançansier (*-ariu) *Weihrauchfaß* L 1169.
ancele (*ancĕlla st. -ĭlla) *Magd, Dienerin* E 4368. 4946: K 2837.
ancerchier (*ĭn-cĭrcare) tr. *suchen, nach j. fragen* E 5594 V. C 4405, *aufstöbern* W 12.
ancesserie (v. fg.), d' ～ v. *alters her* C †2463.
ancessor (antecessōre) pl. *Vorfahren* C 2465. L 6548.
anchaener (*ĭn-cătēnare) tr. *anketten* K 3076. G 8701.
anchantemant (ĭncanta-mentu) *Zauber* C 3029. 3198. 6662. K 2350. G 7545; pl. G 7604. 7833.
anchanter (-re) n. *Zauberkünste vorführen* E 2041; tr. *be-, verzaubern* C 3341. L 1130.
anchapeler tr. m. *einem chapel (s. d.) bedecken* G 3088.
anchargier (an + ch-) tr. *auf sich laden* C 3995. L 4416, (fer) *hämmern*? C 4079 V.; -giee de schwanger m. G 8759.
anchaucier (*ĭn-calciare) tr. *verfolgen, bedrängen* E 2894, + derriere 3046, *angreifen* C 2049.
anchauz (v. vor.) *Verfolgung* W 2729, *Angriff* C 1517 f. V. 4090 V.
[ancheitiver], enchait- (*zu* cheitif) tr. *in Gefangenschaft bringen* K 5338 V.; vgl. K *1584.
ancheoir (*ĭn-cădēre), p. enchaü C 5107 V. *sich ereignen*; p. encheü K 331 V. *zu* chanpcheü.
ancherir (v. cher) r. *an Wert gewinnen* L 2098.
anciien, V. encia(in)ne, anchiain(n)e, ancia(i)ne (*antianu) *alt* C 24. G 7574.
anciieneté (v. vor.) f. *Alter* W 1072.
ancisier (anciser v. *ĭncīsare + Sw.), 1 Hs. ancisiez: copez, tr. *einschneiden* G *6939; V.
anclin (v. fg.) *gebeugt* L 3962; vgl. †3753.
ancliner tr. *neigen, senken, niederdrücken, -ziehen* E 1754. 3048. 6005. L 3397, *sich vernei. g., sich -beugen vor* E 1184. 3514. C 1619. 2840. K 4670 V. L 2059. G 6357 V. 7939; n. à E 705. C 4279. L 5799. G 2890. 5384. 6357. 7923. 7939; r. *sich vernei.* E 1184 V., *sich bücken* C 1876. 3422.
anclor(r)e (*ĭn-claudere), 3. pr. -ot E 3724, k.-oe C 1983:, 3. pf. -ost L 1709, p. -os E 5745 V. 6482 V. L 220:, ipt. -oez L 5567, tr. *einschließen* C 878.
anclume (ĭncūdine × ĭnclūsa, *Rohlfs Herr. A.* 159, 97) f. *Amboß* C 4078.
ançois s. einçois.
ancomancier (an + c.) tr. *beginnen, anfangen* E 3633. 6475 V. C 1519. 4645. L 103. 4134. G 8. 5173 V. 8890 V.; à + inf. K 2455 V. L 2695.
anconbremant (v. fg.) *Behinderung* G 8916.
anconbrer[1] (*zu* combre *Verhau* v. *komberos) tr. *belästigen, bedrängen, ermüden* E 1704. C 747. K 5968.

anconbrer² *s. fg.*
anconbrier (*v.* anconbrer¹),
-brer C 272 *V.*, enconbrer
G 2156: *V. Last* G 1665 *V.*,
Hindernis, Schaden E 5476.
C 269. (†1121). 2680. L 910,
Behinderung G 1717. 2157.
8916.
ancontre¹ (*ĭncontra) **prp.**
(*ent*)*g., g.über, auf... zu*
E 364. C 1213. L 635, ~ lui
G 8991 *V.*, ~ de a. *g. j.*
G 1621, ~ mont *hinauf* G
1786 *V.*, ~ val *hinab* G
6699 *V.*; **adv.** *entg.* E 1681.
C 3939. L 3300, *dag.* C 4653.
G 1648 *V.*(?). 2603; aler ~
a. G 6053, soi lever ~ a. G
3541, venir ~ à a. E 3968 *V.*,
estre ~ a. *j. entg. handeln*
G 1621; *s.* dire.
ancontre² (*v. fg.*) *f.* ? (*m.* E
2991 *V.*) *Begegnung, Kampf*
C 3684. 4697. L 1867, *m.*
Gegner C 4654; à l' ~ *entg.*
E 161. C 3683. L 3788, aler
à l' ~ G 4586 *V.*, à a. G
4516. 7328, venir à l' ~ à a.
G 1789. 4263 *V.*; par grant
~ *in scharfem Zus.stoß* G
4263 *V.*
ancontrer (*ĭncontrare), 2. *fut.*
-terras K 344, *tr. j.* (*an*)*trefen, begegnen, auf j. stoßen* E
2191. C 2258, *j. angreifen*
C 3722. G 2445, (*m. Axt*) *tr.*
K 1176, *e. erlangen* E 5820;
ups. zustoßen E 6021.
ancopler (*zu* cople *Koppel*) *tr.*
(*die Meute*) *koppeln* W 2664.
ancoragier (*v.* corage) *tr. ermuntern* G 7754 *V., p. -ié gewillt* E 2979. C 3704 *V.* G
7754.
ancore (? + hōra) G 1246 *V.*,
~ s C 432: 789: *G 348. W
1158. 2116. 2133. 3008. K
146. 2484. G 5624. 7613,

ancor (*s. Herr. A.* 132, 344)
E 5785: C 4790: L 1416:, oncore (× onc) G 1216 *V.*, oncor G 9018 *V.* (*immer*) *noch,
bisher* E 50. 529, *u. doch
noch* L 1271, *außerdem* E
1282. W *2157 *V.* G 4110,
schon G 8276; ~ à tant *bereits jetzt* E 5930, ne onques
~ *noch nicht* W 622 (*kjz.*).
G 2613; *s.* anquenuit.
[ancornillier], enc- (*ĭncornĭcŭlare) *m. Zacken besetzen*
L 5516 *V.*
ancortiner (*v.* cortine) *tr. m.*
Teppichen behängen E 2336.
2367 *V.* 3440 *V.* K 4756.
[ancosdre], enc- (*ĭn-cōns[u]ĕre) *tr. hineinnähen* C 1160 *V.*
ancoste (*v.* coste) *prp. neben*
G 8000.
ancouper (ĭn-cŭlpare) *tr. beschuldigen* C 561. K 4920;
r. K 4202.
ancovir *tr. begehren* E 3290.
4724.
ancre (ancŏra) *f. Anker* C 275.
ancroissement (*v. fg.*) *Krachen*
G 2223 *V.*
ancroistre (ĭn-crēscĕre) à a.
verdrießen L 2782.
ancui, G 665 *V.* anqui, enqui
(? + hŏdie) *heute noch* E
4351. C 4782. L 3241. G
665. 2125, ancore ~ L 5024.
ancuser (ĭn-cūsare) *tr. anklagen, beschuldigen* C 474. L
1463 *V.* 1643. 4397. 4981.
G 5207, *offenbaren, verraten*
C 2332. 3832. 6629. [K *6955].
andemain (an + d.) *m. der
morgige Tag* E 68; *adv.* l' ~
am nächsten T. E 69. C 136.
L 793. G 2597.
andemantre (an + d.) G 2827:,
~ s L 1845, en dementres
E 4748 *V. adv. dieweil, inzw.*;
konj. ~ s que E 4672 *V.*

L 4787. G 7041. 7071 während.
andemantiers (z. vor.) adv. dieweil, inzw. E 4325. C 4597. G 756. 1576. 3988 V., konj. ~ que während E 4674. G 4747 V., vgl. entrementiers.
andeus (ambōs dŭōs) beide A. m. E 1520. C 1595. L 820, A. f. E 2200. C 2882. L 2252. G 6555, N. f. E 890; andui N. m. E 152: L 2670: 3749:; anbes deus A. f. E 2160. 2260. 3028, N. f. E 3803, anbedeus A. f. E 3028. C 1757. L 1519, N. f. (V. amedeus) G 8297, A. m. E 2359. C 1787. L 951. G 2502. (V. amedeus) G 4980 V.; anbedui N. m. E 745: C 2247. L 2670:, amedui G 1832 V. 3320 V. 5228 V., emmedui G 8368 V.
andevancir C 2003 V. = adev-.
andit (ĭndĭctu) in monter l' ~ ? G 4984 V., s. landi.
ando(c)triner tr. unterweisen C 2290. G 8185; s. doctriner.
andormie (v. fg.) f. Schlaftrunk C 5244.
andormir (ĭn-dŏrmire) r. einschlafen C 1667. *6171. L 52.
[andoucir] (zu douz), 3. pr. endoucist süßer w. II 43 V.
androit¹ (*ĭn dīrēctu, -o) prp. gegen, ~ midi E 3124 (aber an droit midi genau mittags E 1518), ~ le col just am Halse L 3501, ~ de moi was mich betrifft C 797. L 1698. G (V. ~ moi) 4938; adv. ici ~ G 6190 V., si (= ci) ~ eben hier G 5126 V., iluec ~ G 6851, ja ~ allsogleich E 1053 V. C 6012. G 7322, par ~ le feu geradeswegs am Feuer vorbei G 3194 V.

androit² (*ĭn dīrēctu) m. rechte, obere S. E 2642, an nul ~ ne auf keine W. C 2325, an toz -oiz in jeder Hinsicht C 4775, por cel ~ aus diesem Grunde G 1878 V.
andui s. andeus.
anduire (ĭn-dūcere) tr. verputzen G 4896; r. einschlüpfen E 4983 V.
andurer, G 776 V. end- (ĭndūrare) tr. erleiden L 5117, aushalten C 5802. L 5618, zustandebringen E 6378; n. Bestand h. G 3270.
ane (ănăte) f. Ente C 3854: G 7482 V. 8539 V.
[aneantir], V. anïentir (v. à neant) G 2018 V. tr. aufbrauchen.
anee (*annāta) Jahr G 2283.
anel (ānĕllu), N. -iaus, G 5776 V. eniaus Fingerring L 1033. G 710.
anelet (v. vor.) Ring(lein) W 2484. 2505. K 2348 V. L 1023. 1026. G 730: 9010.
anemi (nach Wtb.¹ S. 222*) Feind E 4346, Teufel E 4893. L 1220. G 8604 V., Unhold L 4173.
anemie Feindin C 5159. L 1450.
anfance (infantia) Kindesalter E 6053, Jugend C 2878, kindl. Zeug K 1736 V. G 5377, Unüberlegtheit, Dummheit C 226. K 228. L 5295; pl. kindl. Spiele K *1657; d' ~ seit der Kindh. E 6053 V. C †3003. W *1407. G 1848 V., de s' ~ E 6053 V., des (V. des s') ~ G *1448.
anfant (infante), N. anfes (infans) Kind, Jüngling, Junker E 1396. C 2972. G 5358; anfes m. = Mädchen G 5363; avoir anfant ein K. bekommen W 54, est anfes

ist wie ein junger Mann?
(*Hilka: kindlich*) G 8169.
anfanter (*v. vor.*) *tr. gebären*
W 498. 617. G 6276 (*V.* ~
an *erzeugen aus*, ~ an *geboren w. v.*, ~ à fil *als Sohn gebären*).
anfantin (*eb.*) *im Kindesalter stehend* G 7579 *V.*
anfantosmer (*in-phantasmare) *tr. behexen* L 1221.
anfer (infĕrnu) *Hölle* L 944. G 4619. 6288; *Vorh.* G 586.
[anfermer], enf- *tr. einschließen* [K 6383 *V.*].
anfermerie (*infĭrmaría) *Krankenstube* L 6498.
anfermeté, C 637 *V.* enfrem-, C 872 *V. N.* anfertez (infĭrmitate) *f. Krankheit* C 637. 872.
anferrer (*in-fĕrrare) *r. sich aufspießen* E 3781.
anfes *s.* anfant.
anflamer (inflammare) *n. sich erhitzen* E 3345, *brennen* K *1772, *aufflammen* G 73; -mé *begierig* C 1990, *aufgebracht* G 964. 5041 (*V.* enflambé).
anfler (in-flāre) *n. anschwellen* W 2297; anflé *geschwollen* E 5976 *V.*, *aufgeblasen* L 4103, *-gebracht* G 963f. *V.* 5041 *V.*
anfoillu (*in-fŏli-ūtu *o.* an + f.) *belaubt* C 6403 *V.*; *s.* enfueillie.
anfoïr, 3. *pr.* -fuet L 1341:, 6. anfueent C 6100. L 1248:, *p.* -foï C 6099, *tr. begraben* L 1404.
anfondre (in-fŭndere) *n. steif w.* G 7962; (li sans) anfont (*V.* en font) *wird steif ib. V.*; -du *v. Staupe befallen* G*3705.
anforcier *n. stärker w.* W*2296 f. G 2606. 5107; *r. sich an-*

strengen (*abmühen*) E 908 *V.* 3059 *V.* C 6232 *V.*, *stärker w.* G 2606 *V.*; *tr. vergewaltigen* K 1321 *V.*; cort enforciee *Galahoftage* G 2755 *V.*
anforester (*zu* forest) *in* estre-té *im Forst verschwunden s.* E 3545.
[anformer], enf- (in-fōrmare) *tr. belehren* G 6483 *V.*
anfraindre (*in-frangĕre), 6. *pr.* -freignent L 5582 *V. tr. zerschmettern.*
anfrener (in-frēnare), 3. *pr.* -frainne E 1413:, *tr. zäumen* E 3697. 3958. K 245 *V.* L 2620.
anfue(en)t *s.* anfoïr.
angagier, C 5494 *V.* engaigier (*ĭn-wɑb-icare) *tr. verpfänden* E 517.
angarde (*zu* garde) *f. Anhöhe, Warte* C 1493. G 2987. 6523. 6539. 7076.
ange, L 4065 *V.* -gle, G 138 *V.* -gre *u.* enge (angĕlu) *Engel* G 138.
[angelé], eng- (an + geler) *gefroren* G 4169 *V.*
angevin (*Andecavīnu) *angevinisch; m. eine Münze* K 1285.
angigneus (ĭngĕni-osu) *erfinderisch* E 6717.
angignier (*-are) *tr. betrügen* E 6625. C 6612, *überlisten* G 117 *V.* 5822 *V.*, *herauskommen* C 4405 *V.*; engignié *listig* G 9036 *V.*
angin(g), enging *u.* E 2046 *V.* engien (-u) *List* E 2380[19] *V.* C 2022, *listiger Plan* G 4946 *V.*, *Tücke* C 1866 *V.*, *sinnvolle Vorrichtung, Maschine* C 1245 *V.* 5592. L 925. G 7526, *Musikwerkzeug* E 2046 *V.*
anglaiver (*v.* glaive) *in* estre

-vé *auf eine Lanze gespießt
w.* E 3781 *V.*
angle¹ *s.* ange.
angle² (angŭlu) *Winkel* L 1127,
Ecke d. Schachbretts G *8428.
anglet (*v. vor.*) *Winkelchen* L
1265 *V.*
[anglotir], engloutir (ĭn-glŭt-
tire) *tr. verschlingen* E 2498 *V.*
anglove, *V.* englouve, englu(i)-
ve (*zu* ĭnglŭvie) *gierig* C
5793:; *s. Herzog Zs.* 47, 118.
angoisse (angŭst-ia) *Not* G
7957 *V., Angst, Aufregung,
Schmerz* E 2572. C 609. L 14,
Qual, Marter C 6022. 6056.
(à grant ∼) L 4635, *verzwei-
felte Anstrengung* E 3612.
5955. C 1913. (à grant ∼) L
4356, ∼ de mort G 584.
angoisseus (*-iosu) *geängstigt,
bekümmert* E 2696. C 2989.
L 547, *v. Zweifel geplagt* L
6483, *elend* G 3514, *angst-
reich* G 584 *V., beängstigend*
G 2476 *V.;* ∼ ement *inbrün-
stig* G 2058ᵇ *V., beängstigend*
G 5695 *V.*
angoissier (-iare) *tr. bedrängen,
ängstigen* E 2540. L 1464,
quälen G 815; *n.* E 121 *V.;
r. sich verzweifelt anstrengen*
C 2074. L 2251, *sich über-
anstr.* L 4481.
angoler (*ĭngŭllare *v.* in-gŭ-
lare × collu, *ML*³) *tr. in das
Maul nehmen* W 779. L
3385 *V.*
angrant *s.* grant.
angreignier (*ĭn-grandiare),
3. *pr.* -aingne, *tr. vergrößern*
E 246. 290. 2015. G 1300 *V.,
-schönern* E 6943 *V., n. grö-
ßer w.* G 2606.
angreissier (*ĭn-grassiare *st.*
-crassare) *tr. fett ma.* L 3484.
angrés (ĭngrĕssu), G 2476: *V. f.*
∼ se, *heftig, hitzig,* (be)-
gierig, *wild, ungestüm, roh*
E 798: C 4686. K 304: L 838.
G 5936, *blutgierig* L 1092,
aufsässig, feindl. C 3822.
angresser (*v. vor.*) *n. dahin-
jagen* E 121, à a. *j. m. Bitten
bestürmen* C 2643; *tr. verfol-
gen* W 2727:, *bestü.* E 4782;
r. sich anstrengen (*beeilen*)
E 4748. 6370. K 3932.
angresseté (*eb.*) *f. Heftigkeit*
C 2645.
[angrever], engr- *tr. verschlim-
mern* E 920 *V.* C 646 *V.*
anhaïr *tr. Haß g. j. fassen* E
2790. C 476.
anhardir (an + hardir *v.* *ḫarb=
jan), 3. *pr.* -dist C 1678, *tr.
a. de ac. ermutigen zu ib.;
r. sich erkühnen* L 327, (*inf.*)
kühn w. E 2220 *V.*
anhatie C 4804:, *V.* (h)aatie
(*v.* anhatir) *in* par ∼ *in
Kampfesgier.*
anhatine C 4970: L 4706:, *V.*
enh-, ah-, (h)aatine *u.* C
4970 *V.* L 132 *V.* G 1248 *V.*
ataïne (*eb.*) *gehässiger An-
griff* L *†132. (par ∼) G
1248:, *Kampf* C 4970:, *Streit*
K *3212, *Wettk.* (*Turnier*)
K 5387—6089, par ∼ *um
die Wette* L 4255:, prandre
∼ à a. *j. angreifen* L 4706:,
tenir ∼ de ac. vers a. *m. j.
wegen e. hadern* K 4445.
anhatir, *V.* enhastir, a(h)atir
(ad + ano. etia-atta-att) *tr.
herausfordern* C 3460 *V.* (a.
de behorder) C †*2879 (*vgl.*
L *†132); *r. sich anheischig
ma.* C †3460; aati *eifrig* E
5937 *V.*
anheitier, *V.* enhaitier *n. ge-
fallen* C 892.
[anherbi], enh- (*zu* herbe)
begrast C 3632 *V.;* *V.* en-
herbé, -bu G *1753 *V.*

— 20 —

anhermi (*ĭn-ĕrēmītu) *vereinsamt* C 3632. G(*V*. enhermé) *1753.

anjandrer, G 6276*V*. engen- (ĭn-gĕnerare) *tr. erzeugen* G 3436.

anjoindre (ĭn-jŭngĕre) *tr.* ac. à a. *auferlegen* G 3983. 6432.

[anjonchier], enj- *tr.* (*eig. m. Binsen*) *bedecken* K 1210*V*.

anjornee (*v. fg.*) *Tagesanbruch* E 68*V*. 3120*V*.; par l' ~ *in der Frühe* G 4164*V*.

anjorner (ajorner × an- ?) *tagen*; *sb.* K 2996*V*. 3515*V*. L 4029*V*.; *s.* anuitier.

anjusque *s.* jusque.

anlacier (ĭn-laciare *v.* -lăquĕare) *tr. umstricken* K 5761*V*. C 3804.

anliié (ĭn-lĭgatu) de *gefesselt m.* G 6273.

anluminemant (*v. fg.*) *Glanz* G 648.

anluminer (ĭn-lūmĭnare *st.* ill-) *tr. erhellen, verklären* E 432. C 194. 820. L 2405. G 4206*V*. 4452. *7905; *bemalen* C 5561. L 1415; -né *strahlend* E 6842. G 2804ᵇ*V*., *geschmückt* G 7686.

anmaler (*v.* male) *tr. einpacken* G 4144.

anmeller (*s.* sanc mesler) *in* li sans anmelle, enm- (= an melle ?) G 7962*V*.

anmi (ĭn mĕdiu) *prp. inmitten, mitten in* (*auf*) E 170. C 3741. L 211, droit (*V.* enz, tot, tres) ~ G 8515; ens enmi le lit G 670*V*., *ähnl.* G 3005*V*.; *adv.* anmi C 1686. L 929, an mi C 1413; *s.* mi.

annegié *verschneit* G 4169.

an(n)or *s.* enor.

anoiliié, *v.* en(e)ulié, anhulïé (*ĭn-ōleatu) *in* estre ~ *die hl. Ölung erhalten h.* G 7059.

anomer *aufzählen* G 1889*V*.

anoncier, anun- (an-nŭntiare; *kl.* ū) *tr. ankündigen* E 6486*V*. C 6191*V*.

anpaindre (ĭm-pĭngere), 3. *pr.* enpeint K 2756*V*., *tr. stoßen* E 4881. G 4267, *m. Schlägen bedrängen* K 2756*V*., (jus de) *herabstoßen* C 4796; *r. sich stürzen* C 4696. [K 7056].

anpainte (*v. vor.*) *Stoß, Hieb* E 955. C 3712: L 4486*V*.

anpalir, *V.* emp- *n. erblassen* C 281*V*. 543. 1568*V*. 3872*V*.; *s.* ap-.

anpanre *s.* anprandre.

anpanser (ĭm-pēnsare) *tr. an e. denken* G 6704*V*., *sich ausde., planen, vorhaben* E 3340. C 1113. 5297*V*. K 2282*V*.

anparlé (*zu* parler) *in* bien ~ *redegewandt* G 8271.

anpereor, *N.* -rere G 3317, *Kaiser* E 1812. C 47. 51. L 5482. G 6630ᵈ*V*.

anpererriz, C 50*V*. empereriz, -per(r)eïs, -preeris (ĭmpĕratrīce) *Kaiserin* L 2064.

anperial, *V.* emp-, imp- (-iale) *kaiser-, fürstlich* C 5136. L 2360.

anpire (-iu) *Kaiserreich* E 2432. C 56; *s.* Rome.

anpirier (*v.* pire) *tr. verschlimmern,* (be)*schädigen, übel zurichten, verwunden* E 3792. C 724. K 886. 1637. L 854:, *entstellen* G 2801. 5406, *quälen* E 5678; *n. schlechter w.* C 1566. L 1373; *r. sich verletzen* K 4753; *p.* -ié de *beschädigt an* E 5625.

[anplaindre], ampl- (an + pl.) (*inf.*) *klagen* G 3750*V*.

anplastre (emplastru) *m. Pflaster* E 5203. C 648*V*. K 1350.

anple (amplu) *weit, groß* K 1163; *sb. m. breiter Teil* E 4051.

anpleidier ac. vers a. e. *durch Fürsprache bei j. erwirken* W *2334, V. apl- (*s. d.*).
anplir (*ĭmplire) *tr. er-, anfüllen* C 4341. G 4146; *n. sich f.* E 4747.
anploiier (ĭm-plĭcare), 3. *pf.* anplea L 1622, -oia E 5686, *tr. an-, verwenden, anbringen* E 756. L 377 (*s.* †1005), *verleben* G 6236, cọs (*Hiebe*) L 841. 6247, bien ~ G 3152, mal ~ *vergeuden* G 4253. 8934.
anpoignier (ĭm-pŭgnare), 3. *pr. k.* -oint L 1030:, *tr. in die Faust* (*Hand*) *nehmen* L 2247. G 3193, tenir sa lance empoigniee G 2662 V.
anpoisoner (*zu* poison) a. *vergiften* II 29.
anporter *ist zu trennen in* an (ĭnde) *u.* porter, *doch* G 2801 V. *tilgen, aufheben.*
anprandre, 5. *pr. k.* -preigniez L 3738, 6. *pf.* -pristrent E 2128, *p.* -pris E 4257, *tr. unternehmen* E 5634 V. C 85. L 317. II 40, *über-* L 4770; sa voie E 3142, bataille E 2704. K 4948. L 3738, *s.* estọr, guerre, joie G 8985, à feire ac. L 2033; -pris de feu *brennend* E 3714 V.
anprẹs¹, em- (aprẹs × fg. ?) V. *zu* aprẹs, *adv. darnach* K 250 V.; *prp. nach* W *2786 V. K 3630 V.
anprẹs², enprẹs (*ĭn prẹssu) *prp. dicht an,* (*nahe*) *bei, neben* K 1159. L 3501 V. G 8758 V.; *s.* prẹs.
anpresser (ĭm-prẹssare) *tr. bedrängen, zusetzen* C 2644. W 2728; *s.* apr-.
anprisoner (*v.* prison) *tr. gefangen nehmen* G 2006; *p.* -né [K 6229]. L 3593.

anprunter (*ĭm-prō-mūtuare) *tr. leihen, borgen* E 3576 V. K 2687. L 6707.
anquenuit (*anque ? ha ? nŏcte) *diese Nacht* L 610. 1838. 3230. 4891. G 1836 (*V.* encor nuit). 5630 V.
anquerre G 6569: 7507:, -querir G 3306ªV. (*ĭn-quaer-ĕre bez.* -ire), 3. *pr.* -quiert E 6472, 2. *pf.* -queïs G 4660: 6412, 3. -quist, 5. -queïstes G 8728, 3. *k.* enqueïst G 322 V., *p.* -quis C 6494, (*vor Fragesatz:*) *erforschen* G 2531, *fragen* C 289. (*dabei* à a.) L 4899. G 3253. 3461. 8728; à a. + que-*Satz* E 6204. G 4028 V. (*dabei noch* de a.) E 4686; de a. *nach j.* K 5154 V.; de ac. *nach e.* C 5168. 5196, ac. (*nach*) *e. fragen, e. erforschen* E 1913 V. C 3301. L 5254. 6337. G 187. 6412, *e. durchstöbern* W 12, ac. à a. *j. e. fragen* E 6472. C 5169. K 2091. G 3418. 4099, *j. um e. bitten* G 5623 V., a. *befragen, aus-* C 5196. K 2089.
anqueste (*ĭn-quaesĭta) *f. Nachforschung* K 5242:
anqui (? + ĭbī), en- E 3195 V. 3966 V. 3996 V. L 970 V. G 340 V. 2650 V. 6851 V. *hier, dort;* d'~ *en avant künftig* G 2930 V.; *s.* iqui.
anraciner (*v.* racine) *n. Wurzel fass.* W 1402, *einwurz.* C 651.
anragier (*v.* rage) *rasend w., n.* E 4970. G 2593 (vif), *r.* C 3946 V. G 2593 V.; chien -ié (*Schimpfw.*) G 5956; *s.* esr-.
anreidie (*v.* roide) *Halsstarrigkeit, Frevelmut* K 2472: 3251.
anresnié (*p. v.* anresnier *zu* reison) *verständig, wohlerzogen* K *2558.

anrievre (*ĭn-rĕprŏbus) *halsstarrig, trotzig, tückisch* E 1016: C 4545: (*6175). K 3222: L *6175. G (*V.* enrievle) 6007.

anroïllié, *V.* enruïllié (*v.* roïlle) *verrostet* K 5138 *u. V.*

[anrumillié], enr- (*v.* ruïm *v.* rūbĭgĭne × *vor.*?) *dass.* K 5138*V.*; *s. Wtb.*[1] *s. v.*

ansaingne[1] *s.* anseignier.

ansaingne[2] (in-signia) *f. Abzeichen, Merkmal* E 6554, *Anz.* K 4794. G 788. 894, *Feldz., Fahne, Fähnlein, Abteilung* E 2138. C 3680. L 2509. G 1437, *Feldgeschrei* C 3561*V., Lanzenwimpel* G 4254; oïr ~ s de a. v. j. *erfahren* *G 343.

ansanble (in-sĕmel *neb.* in-sĭmul) *adv. zus., auf einmal, gleichzeitig, zugleich* C 107. L 5243. G 4977, metre ~ *vereinigen* G 1874; ~ o (o *in* H*ss.* oft ausgelassen) *prp. zus. m.* E *†78. 699. C 238. L 5068. G 3599 *V.* 7499 *V.* 8147, *bei* G 4694 *V.*; d'~ o lui *v. ihm weg* E 6043.

ansancmesler (*s.* sanc, mesler) *in estre -lé geronnenes Blut bekommen* (*h.*) G 7962 *V., ib.* enssammeller ? *n.*

ansanglanter (*v.* sanglant) *tr. m. Blut beflecken* L 6272; *p. -té blutig* E 1156. G 4809 *V.*

anseeler, *V.* ensaieler *tr. eindrücken* G 5049 *V., befestigen* E 1666.

anseignemant (*v. fg.*) *Unterweisung* G 7208.

anseignier (*in-signare), 3. *pr. -saingne tr. e. zeigen, angeben, lehren* E 6415. C 3008. L 2537, à l'ueil *deutlich z.* G 3634ª *V., j. unterweisen, le.* E 6741. C 683. G 8187, as armes G 1285 *V.*, d'armes G 1506. 1523, d'avoir ostel *eine Unterkunft nachw.* G 3025 *V.*, (*fig.*) *anspornen* L 2; an lui n'a qu' ~ E 5224, bien -ié *wohlunterrichtet* (*-erzogen*) E 3271. L 242. G 5297.

anseing (*v. vor.*) *Unterweisung* G 119.

anseler (*in-sĕllare) *tr. satteln* E 733. L 270. G 3380.

ansemant *s.* einsi.

anserir (*in-sērire) *n. Abend w.* E 900. 5632 *V.*; *sb.* G 5110:; *vgl.* W *2661; *s.* asserir.

anserrer (an + s.) *tr. einschließen, -sperren* C 4718. K 2367. L 5569; *r. sich einzwängen* L 5612.

anservir (in-servire) a. j. *dienen* G 4133 *V.*

ansevelir (in-sĕpĕlire; *s. A.* Schulze Z*ff*S 39, 182) *begraben* C †6068 *V.*

[ansïanteus], ens-, *nördl. st.* escïenteus (*v.* escïant) *de bedacht auf* L 4650 *V.*

ansi, ansin(s) *s.* einsi.

[ansiure], ens- (*in-sĕquĕre) a. j. *folgen* E 6211 *V.*

ansọr (in-sŭper), *V.* ensor(e) *in* ~ jọr *tagsüber* C *6419 *u. V.*

[ansorquetọt], ens- (an sor que tọt) *vor allem* C 6603 *V.*

ansus *s.* sus.

antachié *s.* antechié.

[antaille], ent- (*v. fg.*) *f. Schnitzarbeit* C 774 *V.* K 223⁹² *V.*

antaillier (an + t.) *tr. einschneiden, schnitzen, zimmern* E 5338. 6726 *V.* 6881. C 5550 *V.* G 7683.

antain (ante *v.* ămĭta + -ain) *Tante* G 8273 *V.*

antalanter (*v.* talant) *tr. aneifern* C 1070; *ups.* à a. G

2134 V.; -té *gewillt, geneigt, begierig* E 4497. L 2338. G 2132. 5575.
[antalanteus], entalenteuse (*v. vor.*) *begierig* L 4649 V.
antancion (ĭntentione) *Zweck, Absicht, Meinung, Sinn* C 4410. W 1529. L 1275, *Anstrengung* K 29, par ~ C 2247 V. *zu* par contençon, par (*V.* por, en) tel ~ *zu dem Zweck* G 5646.
antandre (ĭntendĕre), 3. *k. pr.* entenge G 3865 V., *ipt.* or m'entent (*V.* or i entent *u.* ore entens) G 6439, **tr.** *hören, vernehmen* E 3628. C 135. L 149, *e. anhö.* C 2485, *verstehen* L 154. G 7837 V. (à ce *hieraus*), *meinen* G 9065, qu'i (*V.* en, là) antandiiez *was dachtet ihr euch dabei* G 7741, ac. à ac. *e. mit e. bezwecken* G 5643, i ~ mal *es böse meinen* G 6812, mal à ac. *e. übel auffassen* C 5156; **n.** *zuhö.* G 3844, antandez ça G 5336. 5344 V., à a. *auf j. hö.* C 192 V., à ac. *auf e. hö.* G 489, *e. anhö.* G 3844, *auf e. achten* C 408. L 156, *nach e. trachten, sich auf e. verlegen* E 5351. C 172, à feire ac. E 11. G 2558. 7658, *verlangen zu* G 187, an a. *s.e Gedanken auf j. richten* W 1098; **r.** à ac. *sich auf e. verlegen* C 4406 V., à + *inf. damit beschäftigt s. zu* G 7658; feire ~ *zu verstehen geben* C 4539, feire ac. -dant (*V.* ontondre) à a. *j. e. zu verst. geben* W 1217. G 2042.
antandue (*v. vor.*) *Sinn*; metre s' ~ an + *inf.* E 2440.
antante (ĭntendĭta) *Aufmerksamkeit, Spannung, Streben, Bemühung* E 412. C 2317;

solonc m' ~ *soviel ich weiß* E 5199 V.; metre ~ à *Fleiß verwenden auf* E 2380^{12} V., i metre s' ~ G 2680 V., metre s' ~ à + *inf.* I 5, an + *inf.* L 228. 5376.
antantif (ĭntentīvu), *f.* -ive *angespannt, eifrig beschäftigt* K 567. 3594.
antaschier (*zu ahd.* tɑʃʃɑ *Tasche*?) *tr. auf sich nehmen* L *3174, *angreifen* G 2445 V.
antasser (*v.* tas) *tr. zus. drängen* L *3217; *p.* -ssé de *voll v.* [K 6260:].
ante (*v.* enter *v.* ĭm-pŭtare) *f. gepfropfter Baum* E 6618. C 6402.
antechié, ent- (*v.* teche) *befleckt, -haftet* C 557. W *660. 1167. G 6273 (*V.* entuchié), *angegriffen* G *6939, *malveisement* ~ *m. Fehlern beh.* G 7105 V., le miauz ~ *der Ausgezeichnetste* L 2923.
anteimes, *V.* entaimes, ente(i)mes, ante(s)mes, entesme(s) (?) *zumal, noch obendrein* C *6603. K *494. 3353.
anterin (*ĭntĕgrĭnu) *ganz, aus einem Stück* E 6874. C 2337. [K 6855:], *vollkommen* G 6468.
anterrai *s.* antrer.
anterrer (*ĭn-tĕrrare) *tr. beerdigen* E 4705 V. C 3189. G 3643.
anteser (*ĭn-tēnsare) *n.* (*zum Schlagen) ausholen* L 4236.
antester (*ĭn-tĕstare *st.* tēst-) *tr. betäuben* L 6252.
antier, E 1154 V. enter (ĭntĕ. gru) *ganz, heil, unversehrt vollständig, -kommen* E 3803, C 726. K 3464. L 186, trestot ~ G 6221; ~ emant G 4522 V.
[anticier] (*in-tītiare), 3. *pr.* -ice, *tr. hetzen* W *2610.

antor (in torno) *adv. in der Runde, ringsum* E 2409. C 1686. L 1139, *umher* G 3951; *prp. (rings)um, um . . . herum, bei* E 5272. C 1447. L 447, *etwa* G 8232 *V.*; entor deus els E 5327 *V. zu antre* deus; *s.* desservir, tor.

antordre (in-tŏrquĕre), *p.* -ors (*V.* entort) G 4255 *tr. aufrollen.*

antr(e)- *einander*; *s.* L †815.

antr'abatre *rz. eina. herabschlagen* C 1751.

antr'acointier *rz. sich m. eina. bekannt ma.* E 3276. L 2441; *zus.treffen* C 3583 *V.*

antr'acoler *rz. eina. umarmen* C 5129. L 6369.

antr'aconpeignier *rz. eina. begleiten* C 1750. L 4945; *vgl.* entrecompaignier.

antr' acorder *tr. mit eina. aussöhnen* L 6169; *rz. zus.stimmen, sich einigen* C 5234 *V.* L 466.

antr'adeser, 6. *pr.* -doisent, *rz. eina. berühren* W 1316:

antr'aerdre *rz. sich eina. fassen* E 5995.

antr'afoler, L 6194 *V.* antrefoler *rz. sich eina. schlimm zurichten* L 3269. 6167:

antrailles (ĭntralia *v.* ĭnterānĕa × ?) *pl. Eingeweide* E 3780. L 4531. G 36; *koll.* antraille [K 7098: *V.*].

antr'amer *rz. eina. lieben* E 2478.

antr'anbatre *rz. eina.* (*D.*) *hineinstoßen* K 3605.

antr'ancontrer *rz. zus.treffen, eina. tr. (begegnen)* E 2353. 6452. C 3583 *V.* G 2784; *n.* (*inf.*) L 912.

antr'anpirier *rz. eina. übel zurichten* L 6194.

antr'anvaïr *rz. auf eina. eindringen* K 2714.

antr'anvïer (*zu* anvïer *v.* ĭnvītare) *rz. eina. einladen* E 3774.

antraper (*ĭn-trapp-are), *V.* atr- (*ad-tr.-) *tr.* (*in der Falle*) *fangen* E 5101. [K *6734].

antr'aprochier *rz. sich eina. nähern* C 1748.

antr'aresnier *rz. eina. anreden* L 6111.

antr'assaillir *rz. eina. angreifen* E 5972. K 5024.

antr'avenir *rz. zus.kommen* C 5128 *V.*, *zu eina. passen* C 5234.

antraverser *tr. querlegen* K *1076.

antre (ĭnter) **prp.** *unter, zw.* E 616, ∼ lor braz E 4738, ∼ ses bras G 2059 *V.*, ∼ ses mains G 7097, *während* E 4853, ∼ braz eina. *in den Armen* E 2477, d' ∼ *aus der Mitte v. . . . weg* K 37. L 43. 2796, par ∼ *zw. . . . durch* L 5193, mout a ∼ *es ist ein großer Unterschied zw.* L 2191, ∼ *aus unter eina.* W 53, *mit eina.* L 1106, ∼ *aus deus selbander* E 1517 *V.* 3438. L 5107, ∼ aus trois *ihrer drei zus.* E 6511; **konj.** ∼ *. . . et sowohl . . . als auch, beide* E 2311. C 1559. W 1794. K 3299. L 4111. G 7998; *s.* antredeus.

antrebander *rz. eina. (die Wunden) verbinden* E 3928.

antrebatre *rz. eina. bekämpfen* L 6340 f.

antrebeisier *rz. eina. küssen* E 2351. C 5129. L 6115. G 5835.

[antrebras], entr- G 7698 *V. zu* antrelaz.

antrecomander *rz. eina. befehlen*, à Deu G 6331, *o.* se *in* à Deu sont -dé E 3930 (s'ont

nur im Norden möglich, s.
L †2795); s. antr'estre.
antreconbatre rz. eina. bekämpfen L 281.
antreconjoïr rz. eina. begrüßen E 6594. L 6317. G 4507.
antreconoistre, 4. pf. -nëumes rz. eina. erkennen E 2348. L 5998.
antrecontraliier rz. eina. befeinden L 3270.
antrecontrer für antr'anc. rz. m. eina. zus.treffen E 2353 V. C 3583(!). L 912 V.
antrecosdre, p. -su, tr. dazw. nähen C 1160.
antredemander rz. sich g.seitig fragen G 6332 V.
antredemener grant joie eina. liebkosen G 5836 V.
antredeus (ïnter dŭōs) adv. dazw. C *2389 V. K *670. 5046.
antredire rz. eina. sagen (erzählen) E 2465. G 7213 V.
antredoner rz. eina. geben E 5100. 5103. K 874.
antredonnoiier rz. m. eina. schön tun L †2442.
antredoter rz. eina. fürchten L 6223.
antree (v. antrer) Eingang, -fahrt E 2057. C 5591. L 908. G 4897, Zugang I 21, Beginn C 1053.
antrefeire rz. eina. bezeugen (joie) L 6320. G 5836.
antreferir, 6. pr. -fierent, rz. eina. treffen E 868: 2199. K 5027, eina. schlagen G 3920 V.
antrefoler s. antr'afoler.
antrehaïr rz. eina. hassen, de mort *C 2206 = C 2670.
antrehurter rz. zus.stoßen E 5995 V. C 3583 V.
antrelarder tr. (cǫs) dazw. hauen (eig. -spicken) L 4237.
antrelaz (v. -lacier) Verknüpfung, Knotung G 7698.

antreleissier, 3. pr. -let E 6: 2356:, ac. vernachlässigen, für einige Zeit einstellen E 2547. 4779 V., a. v. j. ablassen E 2356.
antreles (v. vor.) Auslassung E 6323.
antremantiers s. entr-.
[antremesler] tr. untermischen in entremeslé ergraut K 1665 V.
antremętre r. sich befassen m., sich einlassen in, auf sich nehmen E 463. C 673. W 1. L 2873. G *1489, untern. G 1019.
antrepaiier rz. sich eina. mit Schlägen bezahlen K 2704.
[antrepeler], entr- (v. peler) a. (stellenweise) das Haar ausraufen G 5402 V.
antreprandre tr. stellen, zu packen bekommen G 5677, n. irren, einen Fehlgriff tun E 5554. C †2102 V. (zu mespr.). L *2300; -pris in Verlegenheit, in der Klemme E 5624. K 3716. L 932. 3641, hart mitgenommen G 3802, beschäftigt G 1131.
antrer (ïntrare), 1. fut. -terrai G 3977, 5. k. pf. -trissiez G 6144:, n. eintreten, -ziehen E 347. L 47, an la voie (s. d.) G 861, an pris an Wert gewinnen G 6457 V., an $\sim$ G 3560, verstärkt enz $\sim$ G 1310 V. 3068 V., r. G 1310 V., m. an C 250. L 1578 eintr.; sb. à l'$\sim$ del tref C 2262.
antrereçoivre rz. eina. empfangen (angreifen) C 3583.
antrés s. entrués.
antresaingne, V. entreseigne (*ïnter-signia) f. (Wahr)zeichen C 4741. W *2947. G 6328, Anz., Beweisstück K 4794 V. 5290; an savoir

l'~ *das Genaueste darüber wissen* L 4958 V.
antresaluër *rz. eina. grüßen* E 2351. L 4969.
[antresantir], entresentir *rz. eina. fühlen* E 2086 V.
[antresavoir], entres- *rz. sich g.seitig wissen* E 5959 V.
antreseiié (ĭnter-sĕcatu) *angeschnitten* G 6939 V.
antresęt (ĭn trānsăctu) *adv. sogleich* G 2321 V.(?). 6566ª V., *gewaltig* G 2021, *m. Recht* G 1653 V., *gewißl., für gewiß, ganz u. gar* E 1385. C 3211. L 2050. G 242. 4036 V.
antr'esleissier *rz. auf eina. losstürzen* L 2245.
antr'esloignier, 6. *pr.* entreslongent E 5952 V., *rz. sich zum Anlauf v. eina. entfernen* E 865. L 4477. 6106.
antresont *s.* antr'estre.
antr'espargnier *rz. eina. schonen* E 3793.
antr'esprover *rz. eina. erproben* L 865.
antr'essaiier *rz. desgl.* E 878.
antr'estre, 6. *ps. in* s'antresont comandé E 3928 V.; *s.* antrecom-.
antręt (*ĭn-tractu), *N.* -ęz, *Wundpflaster* E 3934. 4219. 4221. C 6297. L 5000. 6501.
antretant (ĭnter tantu) *adv. inzw.* C *2389; *konj.* ~ *que während* K 5379 V.
antretenir *rz. an eina. grenzen* C 827, *sich bei der Hand halten* G 1550, *eina. umschlungen ha.* E 2086; *main à main -tenu eina. bei der H. haltend* E 5310.
antrevenir *rz. mit eina. zus.- treffen, auf eina. losgehen* E 932. G 2675.
antreveoir *rz. eina. erblicken (sehen)* E 2348. C 2710. L 815.

antr'oblier *tr. vergessen, auslassen* E 6477. C 4583. L 6807 V.
antr'oeil *s.* antr'uel.
[antr'oïr] *tr. halbwegs hören, durchh.* E 2465 V. 2510 V.
antr'overture (*s.* ovrir) *kleine Öffnung* C 843. 6021.
antr'uel (*ĭnter-ŏcŭlu) *m. Augenabstand* G 1819.
anuble *s.* en- *u.* nuble.
anui(ier) *s.* en-.
anuit (ha *o.* ad nŏcte), ennuit G 665 V. 5876 V. *adv. diese (auch vergangene) Nacht, heute abend* E 392. C 3285. L 602, ~ męs *für diese N.* G 1730. 1844 V. 2048, ne ... ~ *einstweilen nicht* E 3991.
anuitier (*ad-nŏctare) *n. nachten* E 3088. G 6858 V.; *sb.* C 6172 V.
anvaïe (*v. fg.*) *f. Angriff* E 2531. L 4523; feire ~ E 3857.
anvaïr (*in-vādire), 3. *pr.* -aïst E 3013, *tr. angreifen, überfallen* E 2865. C 1793. L 6082, *bef.* C 3037; *n.* C 1978; *rz.* L 6202.
anveiier (*wo ?*), -voiier E 4298 (*ĭn-vĭare), 1. *pr.* -voi II 16:, 1. *k.* -voi C 1431, 2. -vois L †2772, 3. -voit L 1879, 3. *pf.* -vea L 620. 1621. 4184 *u.* -voia L †1005. 3709, 1. *fut.* -voierai E 1329. (C †1344), 3. -voiera C 3266, 5. -voierez G 2415 V., 3.*kond.* -voieroit L 5281, *ipt.* -voies G 3759, *tr. schicken, senden* E 169, *hinunterwerfen* K 860, an ~ *entlassen* C 6740, à ac. *nach e. se.* E 4298.
anveisëure (*v. fg.*) *Kurzweil* E 3962.
anveisier (*ĭn-vĭtiare) *n. lustig sein* W 1315. L 594; *p.* en-

voisanz *einladend schön* G 6666: V., -sié *munter* E 1979. C 6316.

anvẹl (annuale) *jährl.*; feste ~ *Jahresfest* K 3535:

anveloper L 3966, anvol- W 484. 1504. 1527. 2872 (*zu* faluppa; *s. ML^3* 3173) *tr. einwickeln*; envolupé *-gehüllt* G 3089 V.

anvers^1 (an + vers) *prp. g.-* (*über*), *im Vergleich zu* E 4802. C 4169. L 3577; *s.* desservir.

anvers^2 (ĭnversu) *adj. umgewendet, auf dem Rücken liegend* E 185. 4732. (†6006). C 1778. 3501. G 5519. 7020 V., geter ~ K 2239; *adv.* à ~ *verkehrt* C 3858; *sb. Kehrseite* E 2642, *Innens.* E 3659. L 4660.

anverser (*ĭn-versare) *tr. auf den Rücken werfen* E 2887. 3659 V. 2903. C 4752 V. G 7023.

anvïal (*zu* anvïer *v.* ĭn-vītare), *pl. Einsatz* (*im Spiel*), tost avra fez ses anvïaus *er wird bald m. s.en Einsätzen* (*s. Kunst*) *zu Ende s.* G *1300.

anvie (ĭnvĭd-ia) *Lust* G 1499 V., *Verlangen* C 796, *Neid* G 6292, porter ~ L 3669; *das was gelüstet* L 2218 V.

anvïeus (-ĭōsu) *gierig* C 806.

anviron (an + v- *v.* virer *v.* *vīrare) *adv. ringsum* E 558. 5372 V. L 196; *prp. um* ... *herum* E 4857. C 1505. L 350. G 3360; *s.* viron.

anviz (ĭnvītus) *in* à ~ *widerwillig* E 4023. 5216 (V. ~). K *4504. L 2531. 2639. 2665. G 5796.

anvoi- *s.* anvei-.

anvol- *s.* anveloper.

anz^1 *s.* an^1.

anz^2 (ĭntus) *adv. hinein, drinnen* E 5209, estre ~ *darin s.* G 4752 V.; *verstärkt prp.*: ~ an *in* ... (*hinein*) E 5559. C 6006. 6444 V. G 1740 V. 4990, enz en l'ore *sogleich* G 2080 V., ens ou lit dedens *mitten im Bett* G 670 V.

aonbrer (ad-ŭmbrare) *r. sich bergen, Aufenthalt nehmen* C 748.

aorer (ad-ōrare), 3. *pr.* aeure E 1016 V., *tr. anbeten* E 4476. G 593. 5491 V., *verehren* G 4135; *s.* Vandredi.

aorner (ad-ōrnare) *tr. schmükken* E 6456. K 945 V. (aormee).

aorser (*zu* ọrs), 3. *pr.* aọrse W *1475:, *r. wild w.*; -sé *wild* L *3524.

aọst (A[u]gŭstu) *August* C 1248.

aoutre *s.* avoutre.

aovrer (ad-ŏpĕrare) *tr. benutzen* K 872.

aovrir (ad-ăpĕrire × cŏperire *st.* cŏŏp-), 3. *pr.* aoevre [K 6351: V.], *p.* aovert E 4800: 5144: V. C 5830 *tr.* (*er*)*öffnen*.

apaiier (*zu* paiier) *r. sich beruhigen* E 3364; feire ~ W 2357.

apalir *n. erblassen* C 543 V. 1568 V.; *s.* anp-.

apandre (*zu* ad-pendet mihi) *ups. gehören zu* L 5478, *geziemen* C 412. L 4808.

apanre *s.* aprandre.

apans (*v. fg.*) *Gedanke, Einfall* K *1467; n'avoir nul ~ de *nicht weiter denken an* G 6261 V.; estre en apens de ac. G 1944 V., de feire ac. C 5336 V. *bedacht s.*; *vgl.* L 2756 V.

apanser *tr.* ne l'apansai *ich konnte es mir nicht denken*

— 28 —

G 8492 V.; r. auf den Gedanken (Einfall) kommen, sich entschließen E 3141. C 3274. K 2128. L 876. G 1957 V. 6052 V., stutzig w. G 785 V., auf e. gefaßt s. C 1866; an -sé eingedenk K 487, estre -é de ac. e. im Sinne h. G 6693.
apantoisant (s. panteisier) keuchend K 275 V.
aparant s. aparoir.
aparaut s. apareillier.
aparcevoir, V. aperc- (*adpercĭpēre), 3. pr. -çoit E 3767, 1. pf. -çui L 565:, 3. -çut E 3134, k. -cëust E 3821, p. -cëu E 2988, tr. sehen, wahrnehmen E 3767; r. de ac. E 6086.
apareillier (*ad-părĭcŭlare), 3. pr. -roille E 1434:, k. -raut E 6391, tr. ausrüsten, (vor)bereiten, herrichten E 74, aufputzen, ausstatten E 5358, verpflegen G 3702, (Stock) beschlagen L 5516, (Wunde) behandeln E 4228; r. sich rüsten (anschicken) E 3730, sich vergleichen (lassen), gleichkommen E 833 V. 3889. K *3714; n. sich vergl. m. G 8672; -reillié gerüstet, bereit(liegend), vorrätig E 5174, ~ à or mit Gold eingelegt E 5348.
aparissant s. aparoir.
aparler, 3. pr. aparọle, 3. k. -rout G 3825, tr. anreden E 6592, an ~ a. m. j. über e. sprechen G 2619.
aparoil (*ad-părĭcŭlu) Rüstung C 6699; Vorrichtung L 2345:, Ringen G 4125 V.
aparoille s. apareillier.
[aparoir] (ad-pārēre), [-oistre] (*-ēscĕre), 3. pr. apẹrt C 4354:, 6. apẹrent G 7827:, 3. k. apeire E 2218: 3499: C 1664: [apẹre K 6368; vgl. 6250], 6. ipf. -r(is)oient G 7254—6 V., 3. pf. -rut L 4828, n. erscheinen, (Sterne) aufgehen; zu sehen s. G 4206 V., come il li (V. en, i) apert wie man an ihr sieht G 3885; r. erscheinen G 7827 V.; ups. offenbar s. E 4182, sich zeigen G 5536 V.; -rant offenkundig C 2142, an -rant offen L 1345, à l'aube -rissant W 2371. L 5869.
aparole(nt), aparout s. aparler.
apartenir (*ad-pertĕnire), 3. pr. -tient, n. gehören E 1797, e. gemein haben m. W 1594. C 3478, vers a. eb. W *1413.
apeire s. aparoir.
apeisier, V. apaisier (v. pais, pes) tr. beruhigen E 6474 V. K 2503; n. (V. r.) (Lärm) sich legen C 5905.
apẹl (v. fg.) Anruf K 2363:
apeler (appẹllare), 1. pr. apẹl E 5456:, 3. k. apiaut C 391. L 2502, tr. nennen E 652. G 4559, a. nice G 5119, par un non *G 345, rufen E 314, anr. G 8472, wecken G 5468 V.; bel (V. bien) ~ bewillkommnen L 5939, an ~ auffordern C 5197, versammeln C 1068, a. de ac. j. gemahnen an E 6074, j. einer Sache zeihen L 625. G 4758. 4763. 4778. 5096. 5191. 5309.
apercevance (v. -voir, s. aparc-) Wahrnehmung C 4332 V.
apẹre, apẹrt s. aparoir.
apẹrt¹ (ăpĕrtu), N. -rz, adj. offen(kundig) L 6015; adv. an ~ o.(bar) E 3742. C 2121. L 2603 (V. des ~), o.herzig

G 213, ~ emant E 2537. C 2915. 6082.
apert² (expertu × vor.) *flink*? C 4156, *edel, lauter* [K 6390], *wacker* G 6240 V.
apeser ac. à ac. e. *auf e. lasten lassen* G 6583 V.
apetiser (*zu petit*) *tr. verkleinern* C 2673:; -isié (V. -icié) *de zus.geschmolzen hinsichtl.* G 2018 V.
apiaut s. apeler.
aplagnier s. apleignier.
aplanoiier L 1882 (*ad-plān--ĭdĭare), G 4400 V. aplainïer, L 1882 V. aplennïer, *tr. glätten* G 3475 V., *streicheln* C †4535 V. G 4401 V., *striegeln* G 8532ᵇ V., *kämmen* L 1882; s. apleignier.
apleidier *tr. ansprechen, -reden* C †658. 3996 V. W (*2334). *2422; s. anpl-.
apleignier (*ad-plāniare), 3. pr. aplaingne, *tr. glätten,* G 3475, *streicheln* C †4535. G 4400f., *kämmen* L 1882 V.
apoi(i)er s. apuiier.
apoindre (ap-pŭngĕre), 3. pr. apoint E 3756, n. *heransprengen.*
apointier (*zu* pointe) *tr. (die Spitze) richten* L *3499; se de la lance à lui s'apointe G 5572 V.
apondre (ap-pōnĕre) *r. sich anschicken* L *105.
aporter (ap-pŏrtare) *tr. zutragen, hinbringen, herbei-* C †1129, *mit-* E 103, (saluz) *über-* G 7376, *fig. es m. sich bringen* G 1340, (*Entschluβ*) *eingeben* C 5334. L 5739, a. j. *herführen* G 4946, an heimf. E 5105, *davontragen* (pris) L 2684.
apostoile, V. -tol(l)e (apostŏl--ĭcu) de Rome *Papst* W 1226.

apostre (-u) *Apostel* G 4249:, ~ de Rome *Papst* G *1672.
apovrir (v. povre) *tr. arm ma.* C 1230. G 442.
aprandre, G 195 V. apanre (apprĕndĕre), 1. pr. apraing G 1663, 5. apernez G 1471 V., pr. k. apraingne, 2. pf. k. apreïsses G 196 V. 220, 3. apreïst G 322. 1576, 1. fut. apanrai G 4560 V., 1. *erfahren* G 195 V., *lernen* G 322, *sich gewöhnen* L 3578, à a. v. j. *lernen* G 4383. 8196 V., de ac. C 453. 1020, d'armes G 1433, ne voloir ~ de ac. *nicht v. e. hören wollen* L 6774 V., 2. *lehren* E 12, a. j. *lehren* G 8187, anlernen G 1173, (d'armes) *unterweisen* G 1523, à a. comant G 4558, ac. à a. j. e. *lehren* C 30. W 1392. L 4958; bien apris *wohl unterwiesen* (*erfahren*), *gut erzogen, feingebildet* E 1677. C 949. L 5484, mal ~ *unerfahren*? G 5088 V., avoir ~ *gewohnt* s. L 3578 V.
aprantiz (*ad-prēndĭtĭciu) *Lehrling, Neu-* G 2447.
apres (ad prĕssu), s. anpres, **adv.** *hinterher, -drein, nachher, danach,* (als)*dann* E 81. C 1338. L 881. G 4002, *hinten* G 8449, ci ~ *hiernach* E 1915, l'an ~ *das fg. Jahr* L 2678; **prp.** *nach, hinter* E 77, ~ lui *nach s. Tode* G 3448; **konj.** ~ que *nachdem* C 5157.
apresser (a- + pr.) *tr. bedrängen* C 2644 V. W 2728 V., ~ hors *hinausdr.* C 1790 V.; s. anpr-.
aprester (*ad-praestare) *tr. vor-, zubereiten* E 2299. C 229. L 2478, *bereitlegen* G

3368 V.; r. sich anschicken C 1886, i sich einspielen G 5439; -té bereit E 1242, de abgerichtet in G 1490. 6827.

apris s. aprandre.

aprismier L 5112 V., aproimier E 799 V. (ap-proximare) n. sich nähern, à a. G 6559 V., venir aprismant ac. L 5112 V.

aprison, V. -ion (ap-prehensione) f. Belehrung; venir d' ~ angelernt s. G 1014.

aprochier (ap-prŏpiare), 2. pr. aproches G 6762: (bei Kristian hat das Wort stets o), 3. aproche E 6701: (vgl. *3383). C 2695: (vgl. †1004). W 1494: K 373: 4373: L 883: 1961: 2990: 5849: 6237, vgl. reprochier u. reproche; tr. sich nähern E 1518, betreiben (lor afeire) C 3242; n. sich nä., herankommen E 800. C 1581. W 65. G 2066, à ac. G 2995. 6763, à a. E 6701, de a. G 123 V., en G 6770 V., vers a. E 5911. G 123; r. sich nä. E 5894, i G 7749 V., vers a. L 294; vers lui la vit aprochiee E 180.

apuiier (ap-pŏdiare) E 3215 (: escuiier), apoi(i)er, tr. stützen, anlehnen L 3517. G 3382, (lance) einlegen G 2662; r. sich stü. C 2924. G 4197, sich hinauslehnen E 3215; apoiié K *3156, à G 7500. (V. par, sor) *7319, par G 7774.

aqueisier (*ad-qu[i]ētiare), 3. pr. acoise C 5905:, tr. beruhigen E 6474; n. verstummen (noise) C 5905; r. sich ber. K 6550 V.

aquelt s. acoillir.

aquerre W 1983: (*ad-quae-rĕre), 3. pr. aquiert, p. aquis C 2061:, tr. erwerben, verdienen W 1983. C 15 V. 167, fangen C 2061. (†2544).

aquest (ac-quaesītu) Gewinnanteil W *1996:

aquiaut s. acoillir.

aquiter E 1082: (v. quite), p. -tié C 4205 V., tr. (voie) freima. C 4205, a. -geben L 5713, (sa foi) einlösen E 1082, (terre) befreien G 2099 V.; r. sich (v. Schulden) freima. W 103, vers a. de ac. L 1284 u. à a. de ac. G 5580 sich erkenntl. zeigen.

ar- s. arr-.

arabi (ar. ᶜarabî) m. Araber- (roß) C 3618. 3710. 3717. 4028. 4915.

arabois C †3613:, V. arrabiois, aubiois (vor. + -ois) arabisch.

arachier s. arr-.

aragé (v. rage) wütig C 3703 V. zu anragié.

arain (*arāmen st. aer-) Erz G 3101.

arainne, areine (arēna) Sand E 6762. C 1036 V. 1346, Maurersand G 1343.

aramir s. arr-.

arbaleste (arcu-ballīsta × -ĕster) f. Armbrust C 1525. 6533. G 7231. 7521: 7839; Art Schlagfalle L *914; s. tor².

arbalestee (v. vor.) Armbrustschußweite E 3575. G 1309.

arbalestier (eb.) Armbrustschütze E 800 V. C 1991.

arbre (arbŏre) u. aubre G 4964 V. 6830 V. 6939 V. (*albŏre) m. u. G 6939: V. f. Baum E 3966.

arc (arcu), N. ars m. Bogen E 76. C 2789. L 2816. G 5711.

— 31 —

arcevesque (archi-epĭscŏpu) Erzbischof E 2032.
archal (auri-chalcu) m. Messing L 5517.
arche (arca) f. Arche K 4070. [archet] s. arkęt.
archiee, G 5706 V. arcie (*arc--ata) Bogenschußweite L 3443.
archier (*-ariu) Bogenschütze C 122. G 2474. 3526. 4942.
archoier, arç- (zu arc, arch-) n. m. dem Bogen schießen G 3524 V. 8010 V. 8022 V.
arçon (*arc-ione) m. Bogen (Waffe) L 2820:; Sattelb. E 3048. L 937. G 2663, pl. E 871. C 1325. G 2657.
arçoner (v. vor.) n. sich biegen C 4844: K 2698: G 7350, feire ∼ C 1922.
arcoticum s. pliris.
rdoir, -dre (ardēre, *ardĕre), p. -dant (s. u.), argant G 7829 V., ars K 417. G 3728:, n. brennen C 814. K *1772, leuchten E 3712; tr. (ver)-brennen C 1362. 5904 V. 6538. 6628. W 1205. K 4167. L 3350. 4571. G 6752. 8251; ardant brennend L 3351. G 1056, glühend C 4076. L 812, wutentbrannt C 3703, begierig C 4686. G 2476, lupuskrank G 9193.
ardoise s. atoise.
aree (*ărāta) Acker C 1802. K 5629. [6456 V.]. L 2807.
areine s. arainne.
areisne s. aresne.
areisone s. aresnier.
arengier (v. renc) r. sich ordnen (reihen) C 2033 V.
arentis, nördl. st. -iz (*ad-ren-ditīciu) zinspflichtig E 3687 V.; vgl. rantiz.
arer (ărāre), 6. pr. ẹrent G 301 (V.h-):pflügen C 1032. G 309.

arēs (ad-rasu) geglättet G 8697 V.
aresne, areisne (v. aresnier) f. Anruf vor dem Kampf; sanz ∼ *G 2201 = G 2665:
aresner (zu resne) tr. (m. Zügel) anbinden E 3957. G 6340 V. 8920.
aresnier, areisnier (*ad-rătionare), 3. pr. areisone C 1871: G 54: 925:, anal. aresne E 2773, 5. areisonez G 492, tr. anreden E 5010, a. de ac. G 54. 492; arresnié wohlerzogen K 2558 V.
arest (v. -ter) Aufenthalt, Zögern; sanz ∼ L 2223. G 3391, sanz nul ∼ G 1305, sanz plus d' ∼ G 1147.
[arestee] (eb.) in sanz arrestee o. Aufenthalt G 4270 V.
[aresteison] (eb.) in feire areistison halten C 6181 V.
arestement (eb.) Stocken G 8916.
arester (*ad-rĕstare), 3. pf. -tut C 893 V. 1828, tr. aufhalten E 3581; n. E 979; r. E 5376 haltma., verweilen usf.; estre -té E 137. 3622, feire ∼ zum Stillstand bringen C 4702; sanz ∼ G 1305 V.
[arestif], N. -is E 1397: V. C 5174: V. zu restif.
arestuel (v. -ter) Handhabe der Lanze E 726. 4049. G 6582.
argant s. ardoir.
argent s. arjant.
arguër (argūtare) tr. bedrängen K 2743; r. sich beeilen E 4880.
ariere(s) s. arriere(s).
arimer (a- + rimer, s. rime) tr. reimen G 63 V.
arimetique (arithmētĭca), V. arism- (-tice), arimatique, orimet- Arithmetik E 6757. 6769:
arire s. arrire.

ariver (*ad-rīpare) *n. landen, ankommen* C 384. L 5182.

arjant (argentu), *N.* -nz *Silber* G 1825, *-bronze* E 2143, *Geld* E 6954.

[arkęt] (*zu* arc) *in N. pik.* arkęs votis *Gewölbebogen* C 5618 *V.*

arme¹ *s.* ame.

arme² (arm-a *pl.*) *f. Waffe* E 103; *pl. W.n, Rüstung* E 257, un escu de ses ~ s G 5938 *V., W.nspiel* C 4762, *-handwerk* E 2547. G 1489; à ~ s E 5069 *V.*, as (*V.* od, par) ~ s G 474f., par ~ s E 6078. K 1326 *im Kampfe,* as ~ s *zu den W.n* G 5913; *s.* conquerre, eidier; feire d' ~ s *kämpfen* G 4378, tant d' ~ s *soviel -taten vollführen* G 4859, *s.* outrer, ~ s prandre *zum Ritter geschlagen w.* C 121, ~ s porter *Rüstung tragen* G 6259. 6300, *kämpfen* G 5189. 5368, *im Turnier* E 2461. G 517, servir por ~ s *als angehender Ritter dienen* G 7565.

armer (-are) *tr. wappnen* E 709, de ac. G 1393; *r.* L 4735. 4797; -é *gewappnet* E 140, *sb.* E 3115.

armëure (-atūra) *Rüstung, Rüstzeug* C 1887. 6697. L 178.

armonie (harmonía) *Harmonie* E 6384.

aromaticum, -con *s.* pliris.

aronde¹ (*verlesen*) *s.* rande.

aronde² (hĭrŭnda *st.* -dĭne) *f. Schwalbe* C 6 (*V.* h-). K 5838 (*V.* -dres):

aroser (ar-rōsare) *tr. benetzen* W 1194. L 438.

aroteemant (*v. fg.*) *zus.gerottet, in hellen Haufen* W 3049.

aroter (*v.* rǫte) *r. sich aufma.* E 5293 *V.* C 3536. K *5200.

G 2731; arouté vers *anstürmend g.* G 5876 d *V.*

arpant (arpentum *v. gall.* arepennis), *N.* -nz *m. Morgen* (*Länge u. Fläche*) E 865. 3598. 4042. C 3716. L 4487. G 5507.

arr- *s.* ar-.

ar(r)achier (eradicare > *ar-) *tr. aus-, wegreißen* E 986. K 3084. G 718. 5853.

arramir (ad + ramjan) *tr. fest-, ansetzen* K 3654. L 4399. G 9102 *V.*

arriere (ad rĕtro) E 469: 3932: C 4516: L 285:, ~ s E 3804: 4113. C 600. G 7990:, arriers E 210. 804. 896: 3187. 3198. 3837. K 3764. L 1086. 5667; *adv. zurück; wiederum* G 6941 *V.*, ~ metre *einrenken* G 4336 *V.*; *prp. hinter, giter* ~ dos L 5952, ~ main K 3717.

ar(r)ire (*ad-rīdĕre) *tr. anlächeln* G 2859 *V.* 4597 *V.*

ars *s.* arc, ardoir.

art¹ *s.* ardoir.

art² (arte), *pl.* arz E 6779; *f. ib. u.* C 2022, *Kunst* E 6703.

artetique (arthrītĭca) *Gicht* C *3024.

artoil (artĭcŭlu), G 9031 ort- (× *gall.* ordiga) *Zehe* L⁴ †3001 (*V.* artuel). G 1149.

as- *s.* ass-.

asane *s.* assener.

asaté *s.* assasé.

asavorer (*ad-săpōrare *o.* a- + s.) *genießen* L 3559 *V.*

asevrer (a- + s.) *tr. trennen* G 4179 *V.*

asne (ăsĭnu) *Esel* G 836. 4627.

asoter *s.* assoter.

asoti (*zu* sǫt) *in* feire que ~ s *handeln wie ein Tor* L 4427 *V.*

aspre (aspĕru) *hart, rauh* E 5432 *V.* 6672. K 1211, *ent-*

setzl. G 3776, (*Brot*) *grob*
L 2845, (*Wein*) *herb*, *sauer*
G 3282 V., *erbittert* G 3927 V.;
~ mant *sehr, heftig* E
3785 V. K 4742 V.
aspreiier (*v. vor.*), 3. *pr.* -roie
L 4244: *tr. hart bedrängen.*
ass- *s.* as-.
assaiier *s.* ess-.
assaillir (adsălio, -ire), 3. *pr.*
assaut, *tr. angreifen* E 4990;
n. ~ à ac. *Sturm laufen g.*
G 6060; -illant *angriffslustig*
C 4128 V.
assanblee (*v.* -bler) *Versammlung* E 6369, *ehel. Gemeinschaft* E 2075. C †5268,
Zus.stoß, Waffengang K
5633. L 6112.
[assanblemant], asemblement
K 2692 V. (*eb.*) *Zus.stoß.*
assanbler (*ad-sĭmŭlare) **tr.**
versammeln, -einigen E 564,
zustandebringen C 2310, (conpaignie) *bilden* C 4494; **n.**
E 866. (*ehel.*) 2073. G 4994,
zust.kommen C 3244, à a. *m.
j. handgemein w.* C 1278. G
2413, *sich messen m.* G
2443; **r.** E 350, à a. *sich beigesellen* C 6299. L 724. G
8944; estre -blé à a. *m. j.
zus. s.* L 5064. 5070; *sb.* à
l'~ C 4896.
assan(n)e *s.* assener.
[assanser], -enser (*v.* sans) *tr.
zur Vernunft bringen* [K
6870 V. zu rass-]; *s.* assener.
assasé (*zu* ad sătĭs; *vgl. prov.*
asazat), G 7234 V. asazé, W
*1001 V. asaté *wohlhabend.*
assaut[1] *s.* assaillir.
assaut[2] (*ad-saltu) *Angriff* C
†1517; par ~ *in regelrechtem
A.* C 2007; estre en ~ *angegriffen w.* G 1949 V.; feire
~ E 2818. L 3186; *s.* randre.

assener (*ad-fĭnd × ſinn-are), 3.
pr. assane L 4880: 5610: G
*7353:, -anne K 2237:,
6. -anent C 3922, **n.** *zielen*
C 460, à *sich wenden (gelangen) zu* L 4880. 4881 V. 5610,
es fertig bringen L 1504, à
+ *inf. es vermögen* C 3922.
W 248; **tr.** *anzielen* G 7353,
treffen K 2237, a. de *unterweisen in* G 1284 (V. assenser); estre -né an *gelangt s.
zu* L 5182 V., *es getroffen h.*
G 192, bien asené *bei Sinnen*
G 6686b V.
asseoir (*ad-sĕdēre), 6. *pr.* assieent E 1303, 3. *pf.* assist
E 1763, 6. as(s)istrent G
1562. 1853 V., 1. *fut.* asserrai G 7788 V., 3. *kond.* asserroit G 6938, *ipt.* asseez C
6105, *tr.* (*hin*)*setzen, stellen,
legen* C 2285, (*Grabmal*) *errichten* C 6151. 6156, (bufe)
verse. G 2897, (*Schläge*) *anbringen* L 6246, (*Farbe*) *auftragen* G 4204, (*Haar*) *glatt
streichen* G 3479, (vile) *belagern* G 2592, ac. *festse.* L
3314. 5502. G 7130, a. *se.*
G 7071, *sich se. lassen* E
1762. 4787. 6834. G 1563.
3546, feire a. ~ E 4786. G
2583; **r.** *sich se.* E 481, au
mangier G 1562, an *auf* G
7771, sor (V. desor, an, enz
el) le lit G 8036; **n.** *sich se.*
C 6445. K 1034. G 7807 V.,
(*inf.*) en *auf* G 7744 V.; estre
assis *sitzen* E 379, *gelagert s.*
C 1258, + bien *gut angebracht s.* C 1471. C 4867;
assis *gelegen* E 1878. 5397.
G 843. (+ bien) 7241, (*Edelstein*) *eingesetzt, gefaßt* E
1602. 6809, (rante) *festges.*
L 5502, de *bevölkert m.* E
2328 V.

asserir (*ad-sērire) n. Abend w. E 5632. W*2661. K 5680 V.; vgl. anserir.
assëur s. sëur.
assëurer (*ad-sēcūrare) tr. j. beruhigen, versichern C †3749, j. zur Besonnenheit zurückführen G 7775 V., e. zusich. L 3559, e. sicherstellen E 1903; r. sich beruh. C 1363 V., à ac. auf e. vertrauen C 3233; -ré unter sicheren Schutz gestellt G 1723, de a. sicher vor j. L 5576.
assēz (ad sătĭs) genug(sam) E 468, (zieml.) viel, (gar) sehr E 537. G 17, gehörig E 4847, gut(gerechnet) C 6347, estoie anfes ~ E 6274, trop lons ~ viel zu lang L 1832, lange L 360, zieml. lange E 3660, oft L 2907 V. zu sovant, immerhin E 2981, zu viel L 2507; ~ de E 319. C †1347. L 3188, o. de G 2540. 5782. 6750, ~ plus bei weitem mehr E 672, ~ tost alsbald E 229, il fu ~ qui es gab ihrer genug die E 5552. L 2262, miauz ~ viel eher L 3841, trop ~ zu lange C 1968.
assieent, assis(t) s. asseoir.
assoagier (*ad-sŭāviare) tr. lindern C 4381; n. sich mildern C 5071. K 3127 V. zu rass-.
[associer] (ad-sŏciare ?), asouchié zugesellt? G 7210 V.
assomer, G 1889 V. asoumer (ad-sŭmmare) tr. zus.zählen L 2758, schildern G 1889, ausführen E 5462, beenden E 6386; -mé (de honte) niedergeschmettert L 2280.
assoter (zu sot) tr. ? G 5431 V., betören K 3848 V.; vgl. asoti.

astęle s. est-.
astronomie, G 7548 astren- (astrŏnŏmía) Sternkunde E 6780.
atache (v. fg.) f. Band E 1606. 1622. 1625.
atachier (estachier × a-) tr. anbinden L 311. 6137. G 3725. 6340.
ataindre (*ad-tangĕre, attĭngĕre), 1. pr. -aing L 5046, 6. -aingnent E 884; 3. k. -aingne L 1803; 3. ipf. -eignoit L 928; 1. pf. -ains L 530:; ger. -eignant E 105, tr. berühren, treffen, einholen, erfassen, festnehmen, erreichen, -langen E 105. C 3799. L 530. 5581, -wischen G 5088, schwächen, angreifen C 2993. L 6301, übel zurichten E 5244. L 3257; n. à reichen bis an G 1441 V.; ups. zustehen, sich geziemen L 1803. 4803, à a. j. angehen G 5147 V.; p. ataint überwunden K 3776, -führt K 4808:, somes ~ es hat uns getroffen G 2021.
ataïne s. anhatine.
ataïneus (v. vor.) herausfordernd, heftig, widerwärtig? G 7179 V.
atalanter (v. à talant) n. gefallen E 57; tr. a. de ac. j. Lust zu e. ma. G 2134; r. an sich begeistern für G 2134 V.; -té de gewillt zu G 7022.
atandre (ad-tendĕre) n. warten E 1053, Zahlungsfrist gewähren W 3265; tr. er-, abwarten, standhalten E 529; j. Ausstand geben W 3265; r. à a. zählen auf C 3021. W *651, à ac. e. erwa. C 3781; sb. li ~ s das Warten E 1918; sanz ~ sofort W 3112.

[atandreiier] (*v.* tandre), 3. *pr.*
-droie, atenroie G 5688 *V.*
n. erschlaffen.
atandue (*v. vor.*) *Erwartung,*
Aufschub in sanz $\sim$ *sofort*
E 5524. C †6031, an $\sim$ *inzw.*
C 1463; *Zutrauen* L 6595,
avoir s' $\sim$ an a. *seine Hoffnung setzen auf* I 46, n'i
avoir nule $\sim$ *sich keine H.*
ma. auf I 40.
atanprer, W 1374 *V.* atemprer
u. atramper (at-těmpěrare)
tr. (*an*)*mischen* C 3249. W
1374; atempré *lau* G 3259 *V.*
atant *s.* tant², atandre.
atante (*ad-tendïta) *Aufenthalt;* sanz nule $\sim$ C 3657:
atapé *s.* estapé.
atarder (*ad-tard-are) *n. säumen* C 2715 *V.*, *verweilen* E
474 *V.* G 2905 *V.* 5784; *r.*
säu. C 4685; *ups. es dauert*
C 2419 *V.*
atargier (*-ïcare) *n. säu.* E
774 *V.* C 2170 *V.*, *warten* E
1328 *V.*, sanz $\sim$ G 2712 *V.*
ateign-, ateindre *s.* ataindre.
[ateisir], ataisir (a- + t.) *tr.*
verschweigen E 7 *V.*
ateler (*ad-tēlare) *tr. davorspannen* E 4733; *s.* ent- *u.*
(d)est-.
atenir (*ad-těnire) *tr. fest-,*
zur.halten C 1746 *V.*, (sa promesse à a.) *halten* G 8912 *V.*;
ups. angehen G 5147 *V.*
aterrer (à terre) *tr. zu Boden*
werfen E 3782. L 5640.
atillier (?) *tr. herausputzen* E
6824:; *r. sich p.* E 360, à ac.
sich befassen m. E 6778 *V.*
atircr, -ier (lire *Ordnung v. frk.*
tîrî *Zier*) *tr. aufputzen,*
schmücken E 6824, (cheval)
versorgen K 2545: *V.*, *massieren* [K 6686]; *r. sich anschicken* [K 7122:]; atirié (de
rubiz) *geschmückt* L 2363,
geordnet, geschlossen G
2465 *V.*, mal $\sim$ *in schlechter*
Verfassung G 8197 *V.*
atisier (*ad-tītiare) *tr. entfachen, -zünden* W 748. L
1780.
atochier (a- + t.) *tr. berühren*
E 4272 *V.* 5832 *V.* C 1582.
L 2990. G 6763, *treffen* E
981, a. à ac. C †1623:; à ac.
be-, anrü. E 799. 4274 *V.* C
5890 *V.* [K *6460 *V.*] G 2996.
6761. 6861 *V.*, au cuer *zu*
Herzen gehen E 5832.
atoise G* 1774: (*V.* toise, a(r)doise, az-, as-, areise), G
1343 *V.* ateise (*zu* ardoise)
Schiefer; s. loise.
ator¹ *s.* atorner.
ator² (*v.* atorner) (*Aus*)*rüstung*
E 6582. C 4815, *Anzug* L
2889, (*Auf*)*putz, Schmuck*
E 1348. K 434, *Zurüstung* G
4152, *Vorkehrung* C 3384;
par $\sim$ *als Bedeckung?* C
1986 *V.*
atornemant (*eb.*) *Vorbereitung*
E 6705.
atorner (*zu* torner), 1. *pr.* ator
K 3197:, 3. *k.* atort E 1350,
atout G 5998 *V.*, **tr.** *zu-, herrichten, ausrüsten, wappnen,*
aufputzen E 70, *um-, verwandeln* L 4629, (plaie) *richtig behandeln* G 6638ᵇ *V.*, *ordnen, regeln, einrichten* E 5.
L 6376, *in Richtung bringen*
G 7332 *V.*, *an-, festsetzen* E
67. K 5751, *ausführen* E
1887. 3458, *herstellen* E 3259,
(Gedanken) *richten* C 804,
ac. à ac. *auslegen als* E
1772 *V.* K 1266 *V.* 4373 *V.*
G 1652. 6618; **n.** *ups. sich*
wenden (L *4422). G 5998 *V.*;
r. *sich einrichten* (*rüsten,*
anschicken) E 70, *sich ein-*

spielen auf G 5439 V., *sich zuwenden* E 2602. L 787; -né *gerüstet, bereit* K 1299. L 1088 V., bien -né *auf gutem Wege* G 8462 V.

atǫt (ad tōttu), G 1635 V. otot, *prp. mit(samt)* E 634, à toz les besanz W 741, *ähnl.* G 1070 V. 1793, à trestot L 5716; *konj.* ~ ce que (*bei all dem*,) *trotzdem daß* L †1469.

atramper *s.* atanprer.

atraper *s.* antr-.

atraver (*zu* trẹ) *zelten* G 2515.

atreire (*ad-tragĕre *st.* -trăh-), 3. *pr.* atrẹt L 3883, 6. atraient E 2097, *p.* atrẹt, *f.* -eite E 2785, **tr.** *an-, an sich ziehen* E 2097, *hinführen* E 4714, *gewinnen* W 596, a. à s'amor *j.es Neigung zu gew. suchen* G 8940, a. vers lui *an sich z.* G 1979 V.; **r.** *sich hinbegeben* K 5606.

atrẹt (*v. vor.*) *freundl., einladende Miene* E 2419. L*2457.

atroner C 4844 V., atorner D 1922 V. *zu* estroner (*s. d.*).

atropeler (*v.* tropẹl) *r. sich zus.-scharen* L 9.

aubagu, V. a(m)b-, abatu, bagit, le, l' *Artus' Pferd* E †4131 (*4192); *vgl.* K *S.* 488.

aube (alba) *Tagesanbruch* E 1347. C 296 V. 1647. L 4931. G 3127. 3357 V.

aubǫr (albŭrnu) *Baum m. weißem Splint* E 3089.

aubre *s.* arbre.

aucube (*alcūbba *v. ar.* qǫbbah) *f. Zelt* E 4120.

aucun (*aliqu-ūnu) *irgendein* E 4457.

audiance (audientia) *Audienz*; an ~ *unter vier Augen* C 3825. K 227:

aumeire (*almaria *st.* arm-) *Bücherschrank* C 20.

aumo(s)ne (*alemosĭna *v.* ĕlĕē-mŏs-) *Almosen* G 8195 V. 9211, *gutes Werk* G 6468, par ~ *aus Barmherzigkeit* L 5987.

aumo(s)niere (*v. vor.*) *Gürteltasche* W 728. L 1891. G 551. 556. 711 V.

aune (álina) *f. Elle* E 1622. K 509. 5704.

auner (*v. vor.*) *m. der E. messen*, (*fig.*) *gehörig dreinschlagen* K *5583f. 5591. 5637f. 5702f. 5983; *s.* K *S.* LI *Anm.*

aünee (*v. fg.*) *Auflauf* C 2113.

aüner (ad-ūnare) *tr. vereinigen, -sammeln* E 2370. K 3539. L 1080; *n.* G 5941; *r.* 5941 V., *zus.backen* G 7967 V., à a. *anwandeln* C 3859; -né *einig* E 3540 V.

auquant (ăli-quantī) *einige* E 1687; li ~ E 4729. G 9193 V.

auques (ăli-quĭd + -s) *pron. etwas* C 2812. L 3239. G 2, ne ... alques *nichts* G 4036 V.; *adv. zum Teil* G 7945, *einigermaßen* L 3049 V., *ziemi.* E 3202. G 1943. 2394, *eifrig* E 4782; ~ d'aage L 5143, ~ d'aé K 1661, d' ~ de jǫrz E 375 *zieml. betagt.*

auqueton (*ar.* al-qǫtǫn) *ein Stoff* G 5768 V.

aür- *s.* ëur-.

aus *s.* il, le.

ausin(c) *s.* aussi.

aüst *s.* avoir.

aus(s)i (*ale ? *st.* ăliud + sīc), ausinc G 8678, -in G 2135 V. 3084. 7910 V., -ins G 4203 V. 8184 V. 8678 V., -int K 2193. G 7858 V. (*eben*)*so, auch* E 441; ~ come o. con (V. + se) *m. k. ebenso wie, wie wenn* C 4298. W 5. L 158, ~ con se *gleich als ob*

E 3982; ausiment, E 1867 V.
ausem- *ebenso* E 329 V. 6598 V.
aut *s.* aler, haut.
[autain] *in* forest -aigne *Hochwald* E 3936: V. (*laut Reim* autainne *v.* alt-ana *o. dial.*).
autant (*ale ? *st.* ăliud + tantu) *ebensoviel, -sehr* C 1138; ~ con G 2008. 3653. 5737, il m'est ~ de *es ist mir ebenso (leid) um* G 2008 V.
autēl¹ (*eb.* + tale) *ebensolch* E 5633. W 40, *dasselbe, das gleiche* E 5119. C 5879, (re)- feire ~ G 4609. 7272.
autēl² (altāre) *Altar* E 705:
autoune, [-ǫnne] (autŭmnu) *Herbst* C 1053: V.
autre (altĕru), *obl.* -rui, *N.* (atrui) G 4525 V., *G.* G 1172. 5088, *D.* E 1365: G 3592:, à ~ G 1020. 7325, l' ~ *fremder Besitz* G 4803; autre de moi *ein anderer als ich* G 4778 V. 7631 V.; *adv.* ~ mant E 3408. C 2190. L 637, ~ foiz *ein zweites Mal* G 138, l'autr'ier *seiner Zeit* G 1163, l' ~ jor *neul.* C 791, des l' ~ nuit *schon neul. nachts* G 2761.
autres(s)i (*eb.* + sīc), G 4609 V. autresis, *ebenso* E 511. C †2797, ~ con G 4445 V., ~ fere G 1456 V.; -mant, *V.* altresem- E 272.
autretant (*eb.* + tantu) *ebenso(viel), -sosehr, -dasselbe* C 979. L 1523. G 3084 V., ~ (*V.* autrement) feire de a. con *ebensogut behandeln wie* G 5968.
autretēl (*eb.* + tale) *ebensolch, -dasselbe* C 725 V. 732 V. L 3956. 4176, les sorcius ot -tés G 6991:, ~ est de -*so steht es m.* C 725, feire ~ *das gleiche tun* G 4609.

autr'ier, autrui *s.* autre.
auz *s.* ail.
avaingne *s.* avenir.
avainne (avēna), G 3072: V. avoinne, *f. Hafer* E 456 (*V.* afraine). 467: L 2884. G 3072: 6503:; *-feld* W 1771:, *pl.* G 83. 310.
aval *s.* val.
avalee (*v. fg.*) *Abstieg* G 2987.
avaler (*v.* à val) **tr.** *hinabreiten* E 4602, *-steigen* G 3378, *herablassen* L 3787. (+ jus en) G 3378 V.; feire ~ L 1518, a. jus *j. hinabstürzen* G 5886c V.; **n.** *-steigen* E 1173; **r.** *eb.* E 1540 V. (+ an) 5692. G 5905. 9082, + jus an G 8033. 9230.
avancier E 6425: C 4646: (*abantiare) *u.* avancir (*vor.* × -ir), 3. *pr.* -ce C 4919:, -cist *ib.* V., 3. *pf.* -ça E 2129:, **tr.** *weiterbringen, fördern* C 3134. G 6451, *erhöhen* E 6437 V.; feire ~ *vorausschicken* E 6425; **r.** *vorgehen* E 2129. C 4646. †4919, *-kommen* G 4638, de ac. *m. e. hervortreten* G 44 V., *de + inf. sich daran ma.* G 8616 V.
avandra *etc. s.* avenir.
avangarde (avant + g.) *Vorposten* G 4508.
avanpié (*eb.* + pié) *Bekleidung der Fußspitze* K 3118:
avant (ab-ante) *prp. vor* C 5616; *adv. vorn* L 1167 V., *vorwärts, -an, -aus, weiter* E 166, *w.hin* G 3622 (*V.* ça ~). 1115 V., *länger* E 5603 V., *vorher, im -aus, -ab, zu-, früher, zuerst* E 5166, *schon* G 8449 V., ~ de ci *weiter als so* E 3164. G 6594, n' ~ n'aprés *vor- o. nachher* G 1171 V., an ~ *weiterhin,*

in Zukunft E 5603. C 3236, plus en ~ *weiter* G 6514 *V.*, ~ aler *w.gehen* G 5179, venir ~ *herankommen* G 912, ~ dire ac. *sich einer Sache rühmen* G 8388 *V.*
avantage (*v.* avant) *Vorteil* L 1321.
avanture (*ad-ventūra)Begeb-, Ereig-, Erlebnis, Abenteuer* E 13. 1841, *böses Ab.* L 3826. 3934, *Zufall* E 4900, *Geschick* E 531. 4702. C 2609, buene ~ C 3448, qui bone ~ et G 1370, vos doint bone (*V.* la b.) ~ G 8546, male ~ C 6022, m. ~ et G 6754. 8056, par m. ~ G 7207, par vostre m. ~ G 5043, por ta m. ~ G 7300; an ~ *wohin der Zufall führt* E 2767, *auf gut Glück* G 4868a *V.*, par ~ *durch Zuf.*, *etwa* E 253. C 1569. L 6101, par nule ~ *unter keinen Umständen* C 3128, querre ~ G 1479, soi metre an ~ *auf Ab. ausfahren* G 1954.
avantureus (*v. vor.*), *f.* ~ e E 65, *voller Ab. ib.*; *glückl.* W *2019.
avarice (ăvārĭtia) *Habgier* G 7558.
avea *s.* aveiier.
aveiier C 520 (à veie), 3. *pr. k.* avoit W 565:, G 616:, 3. *pf.* avea L 4988, anvoia L⁴ †1005, *p.* -eiié C 3642, -oiié L 5808. G 3044, **tr.** *auf den (rechten) Weg bringen, führen, leiten* C 520. G 616. 3044, se Deus m'avoie G 249 *V.*, *hinsteuern* G 8368ᵈ *V.*; **r.** *sich aufma.* L 5808.
avenalment *s. d. fg.*
avenant (*v.* avenir) *schickl., passend, entsprechend* C 2512. L 1666, *artig* C 452, *ansehnl.*,

stattl. E 1581, *liebl.* C 804, *v. angenehmem Äußern* G 4102, *wohlgefällig* G 4996; *sb. Passendes, Gebührendes* L 4800. 5966, à l' ~ *wie es sich paßt* G 457 *V.*; *adv.* par ~ C 2551, avenanment, avenalm- E 1537 *V. geziemend.*
avenemant (*eb.*) *Ankunft* E 1537. 2362.
avenir, 3. *pr. k.* avaingne E 2725, 3. *pf. k.* avenist L 1509, *fut.* avandra E 4987, **n.** *gelangen* K *4534. G 1630. 9225, *geschehen, eintreffen, sich erfüllen* E 4798. G 1259, *zustoßen, zuteil w.* E 1470. G 7795, *ergehen* G 2229, *passen, anstehen, sich ausnehmen* E 1757. G 1823. 1866. 9192, ~ ansanble *zus. passen* E 1513. G 1871. 6533; **ups.** *sich ereignen, geschehen in* que qu'il avaingne E 2725, quanqu'il avaingne C 769, avient que C 998. L 175, à a. *zuteil w., zustoßen,* (er)*gehen* (*oft m.* an, de ce) E 1814. C 75. L 49. G 7095. 8909 *u. V.*, an *daraus entstehen (folgen)* C 5307. G 4675. 7795, il t'avanroit de grant orgueil *es zeugte v. großer Vermessenheit* G 6787 *V.*, à a. *anstehen* E 6527; *s.* que que.
avēr (ăvāru) *geizig* L 4414. G 5800, *habgierig* G 5970 *V.*
averir (*ad-vērire*) *tr. bestätigen* G 4574:, *n. sich erfüllen (bewahrheiten)* W *2662: G 1041 *V.*
avermeillier (*zu* vermoil) *n. sich röten* E 446² *V.*
averne *s.* verne.
avers¹ (advers-us) *prp. g., im Vergleich zu* K *1284. 3565, ~ que *wohing.* K*4683.

avers² (-u) *gegnerisch* E 798 V.
averseire(-ariu)*Gegner* K 3545:
aversier (*eb.*) *Höllenfeind* E 2378 V. G 8601 V.
avert? K 3555ᵃ V.
avesprer (*ad-věspěrare) *n. Abend w.* C 4712.
avesprir (*eb.* × -ir?) *sb. Abendw.* G 5110 V.
aveugle *s.* avugle.
avilener (*zu* vilain), *ger.* -nant, *tr. erniedrigen* G 8953 V.
avilenir (*eb.*) *tr. eb.* L 6477.
avillier (*zu* vil), 3. *pr.* aville G 7540:, *tr. erniedrigen, herabwürdigen* E 1560. K 6007. L 4140:, *mißhandeln* G 448:; *r.* C 2672. L 2212. 4119:
aviron (*v.* a-virer) *m. Ruder* G 7266.
avironer (*zu* anviron × a-) *tr. umgeben* K 7008 V. G 297. 6668 V.
avis (à vis) *Vorstellung*: an son ~ G 4203 V.; par nul ~ *in keiner* W. L 6197; *ups.* ce m'est ~ *mir scheint* E 3713. C 1412. L 31, ~ li fu que G 1327, issi (*so*) m'est ~ G 7893 V.
aviser¹ (a- + v.) *n. zusehen* C 1166; *tr. betrachten* E 6238 V. C 779 V., *anzielen* G 1112, *gewahren* K 223⁴³ V.
aviser² (*v.* avis) *tr. schildern* E 5888 V.
avision (a- + vision *v.* vīsione) *Erscheinung* W 92: 104.
avöé (ad-vŏcatu) *Schirmherr* G 8017.
avoec, avoeques *s.* avuec.
avoi (?) *int. der Verwunderung, Abwehr usf.* K 3965. G 5274. 5546. 7090. 7281. 7396. 8334. 9032.
avoi- *s.* avei-.
avoinne *s.* avainne.
avoir, 1. *pr.* e G 6620 V., 4. avomes G 2091. 2410, 3. *k.* et (*s. Wtb.*¹ *S.* 218* *Anm.* 2) E 5:, 4. aiiens L 5303, 5. *ipf.* aveiez G 456 V., 1. *pf.* ǫi L 278:, oc G 7386 V., euc G 476 V. 482 V., 3. ǫt G 736:, 6. ǫrent E 138, 1. *k.* ëusse E 3339, 3. ëust C 53, äust G 1578 V., 1. *fut.* avrai E *248, arai, aré G 6946 V., 3. ara G 6944 V., 4. avromes G 4947, 5. -oiz E 42, -ez E 3998:, 5. *kond.* -iiez C 3137, 6. aroient G 4973 V., *ipt.* aiiez G 7409, *p.* ëu E 500 *haben; beim r. Verb* E † 2906. † 6452. K *5574. G 1453 V. 7950 V., se r'ot assis G 7872 V., est äuz *ist gewesen* G 3514 V.; **tr.** *erhalten, bekommen* G 7404, ot la teste tranchiee G 6809, ~ mal *Schaden erleiden* G 7816 V., *behalten* W *2402, qu'ele avoit *was ihr fehle* G 9234, ~ çant anz G 8170, il l'a grant (le chaceor) *er hat einen großen* G 9138, ~ à fame G 9066 V., *ähnl.* E 1564. L 2490, ~ [à] ami E 53 (*Cohn ZffS* 38, 105), ~ an soi *an sich h.* G 7557; ~ chier C 3283, ~ vil G 1984. 5136. (*V. por*) 8442, à vil C 1006. L 5766; **ups.** il i a *es gibt* E 4990. L 379, i a E 53, (*m. A.*) G 1567. 1629. 5010, ci a L 3115, an i a E 762, (il) a W 2310. L⁴ † 3053, a remés *es blieb zur.* C 6120. G 2001, il i ot venu *es kam* G 3442 V., *ähnl.* (*pass.*) E 1246. L 104. G 2729. 4808. 5158f. 7402. 8251, a *sind verflossen, seit* C 6363 (*s.* piece), an a. a j. *besitzt* W 28. 44f. 47, an joie

n'a se bien non E 5466, se bien ëust à *wenn es gut ergangen wäre* G 1744, el roncin ot molt leide beste stellte dar G 7161, ähnl. G 355. 962, n'i ëussiez que demorer *ihr dürftet da nicht zögern* L 1626, n'i ëust mes que d. *es würde kein Z. leiden* L 5895, n'i a (mes) que del + *inf.* L 2623. 3119. 4165. G 4143 *es bedarf nur noch des,* de demore n'i ot plus v. Z. *war keine Rede mehr* L 752, n'i a neant de *es ist kein Gedanke an* L 3284, tant i a que *wenigstens* L 5674, mout a antre *es ist ein großer Unterschied zw.* L 2191; sb. *Habe, Besitz, Vermögen* E 545, pl. *Waren, Güter* W 2087, por nul ~ *für nichts in der Welt* E 2506.

avoit *s.* aveiier.

avoler (ad-vŏlare) *n. zufliegen* G 5964 V.

avoutre (ad-ŭltĕru) *Ehebrecher, Schurke* C 6010; *als Beiname* G 6159: (V. avoltre avostre, aoutre).

avrai *usf. s.* avoir.

avril (Aprīle), *N.* -i(u)s *m. April* C 270. G 6220.

avuec (ăpŭd hŏc), avoec (*so stets* H *im* L), avec G 8147 V., ovoec L 5921 V., ovec G 3970 V., avoques G 315 V., avueques W 2552, avuecques E 1124 V., avoeques G 6716, avoecques K 3911 V., aveques G 1565 V., ovoeques K 3911 V., oveques G 7470 V., aviau G 2957 V. 3970 V.; **adv.** *dabei, -zu, zugleich* E 5983. G 6243, et je ~ G 2025, estre ~ *dabei s., hinzukommen*

C 1024. L 57 V., ce ~ L 6368 *u.* ~ ce W 82. L 4293. G 3138 *außerdem;* **prp.** *mit, bei, zu* E 320. C 251. W 2552. K 438. L 1402, d' ~ *v.* . . . *weg* K 5158. L 2669, jusques aveques la pucele *bis zu dem Fräulein* G 5791 V. — *In Hss. oft st. veraltendem* à oés.

avugle, L 1076 V. aveugle (ab ŏcŭlīs) *blind* K 3774. L † 1076. 6053; (sale) *finster* K 1024 V.

avuglé (*v. vor.*) *blind, ge-, verblendet* K 3848. 3850. L 1077. 6059.

ayeue, *nördl. aus* aíue L 4784 V. *zu* aíe.

azur (*lazūrru, *ar. -pers.*) *m. Azur* E 585. 2144. C 4789 V. G 135. 4752:

baaillier *nach* Wtb.[1] *S.* 222* (bataclare) *den Mund aufsperren,* (*vor Habsucht*) W 1886, (*vor Kummer*) C 886.

babiolete *s.* barb-.

bac (*baccu ?), V. barc *m. Fähre* G 3023. 8368 V.

bachelēr (baccalāre) *angehender Ritter* E 1946: V. C 6435. L 676: 2355. G 3180: V. 5034: 5065 V.

bacin (*baccīnu) *Becken* E 495. C 5031. L 386. G 6506. bacinet (*v. vor.*) *kleines B.* G 5768 V. 6506 V.

bacon (baffo) *Speck* G 2539. bade (*ar.* bāṭil ?) *in an* ~s *umsonst* G 4861:

baer, G 1028 beer, G 8021 V. beter (batare), 3. *pr.* bẹe, *k.* bet G 3272, *den Mund aufsperren, gaffen* [K 6465], à ac. *verlangen, streben nach* E 5773. K 2874. G 1025, à a. *hinga. auf* K 5738,

verl. nach G 1028 V., de Verl. tragen zu G 8021 V., i ∼ que erwarten, denken G 3272, feire ∼ G 1028; gole baee m. offenem Munde C 1802 V.
bai (bădĭu), A. pl. bęs E 2157, rotbraun E 733. 1389 V.; sb. Pferd dieser Farbe E 2344. 2663.
baignier s. beignier.
baille (bajŭlu?) m. Burghof K *977. 2330. L *195.
baillie (v. baillir) Herrschaft, Macht E 3450, Aufsicht W 1844.
baillier (bājŭlare), 1. pr. bail G 4553, 1. fut. baudrai G 6950, tr. übergeben, ausliefern, verleihen, anvertrauen E 660. C 771. L 2612. G *67, anreichen G 6887. 6889, (conduit) mitgeben G 5318 V., sa foi à a. j. sein Treuwort ge. G 8605, (vin) einschenken G 8244; in seine Gewalt bekommen, ergreifen, annehmen C 1235. 3797. W *1885. G 4111. 6792.
baillir s. maubaillir.
baing (balnĕu), N. -nz Bad C 470. G 9172. 9177.
baingne(nt) s. beignier.
bais- s. beis-.
bal (v. baller), N. G 8254 V. baus, K 1658 V. bauz Tanz.
balance (*bĭlancěa × ballare?) f. Wage; leissier an ∼ (Schiff) treiben lassen W 2319.
balancier (v. vor.) tr. schleudern W 2320. K *534.
[baleiier], -oiier, -iier (v. balai v. *balayu Ginster) tr. auskehren, fegen W 2377.
baller (ballare) tanzen K 1659 V.
ban (bann) Verkündigung E 5486; crīer le ∼ die Namen ausrufen L 2205, den Heerbann aufr. W 3041: G 5940.
banc (frk. *bank) Bank E 1304: 1356. L 1073.
bande, G 6949 V. bende (bĭnᴅa) Binde, Band, Streifen E 3927. K 5794. G 4752 f., Verband G 6949 (V. pl.).
bander, G 2804 V. 7654 V. ben- (v. vor.) tr. binden C 6536, verb. E 3929. 4230 V., -dé gestreift, -bändert E 2146. G 643. 7654.
bandon (v. abandoner m. Stammverkennung), an feire ∼ à a. j. e. freistellen E 4423 V., à ∼ preisgegeben G 4178, weit G 2440, frei, ungehindert, gehörig E 975. 3022. C 1742. L 879, zur Auswahl E 6687, metre à ∼ zur freien Verfügung stellen C 188.
baniere (v. frk. *banna) Banner C 1808. K 5622. L 600. G 2437.
banons (v. benna Korbwagen) pl. m. (V. limons) Wagenleitern? K *349:
bans s. ban, banc.
baptestire (baptistěriu) m. Taufe E 2031: G 4485:
barat (v. barater v. fg.) Betrug C 4447 (V. baret).
barate (ano. baratta Zank, Lärm × bret. barad Betrug?) f. Betrug C 4446 (V. barete).
barbacane, L 4879 V. barbic- u. barbaquene (ar. barbahhané Wall) f. Vorwerk L 4879. G 1331.
barbe (barb-a) Bart E 1978. L 304. G 4630. 6988 V. 6995.
barbé (-atu) bärtig G 7567.
barbelé (v. barbel v. *-běllu) gefiedert L 2817.

barbiolęte, *V.* berb-, bab-, barbelotes (—1)(?) *indisches Pelztier* E *6801.
baret(e) *s.* barat(e).
bargaigne (*v.* barguignier) *f. Tauschhandel, Handelsgeschäft* C 3496 *V.*, G 3041 *V.*
bargoigne *Betrug.*
barge (barca) *Barke* C 183. 6695. G 2525. 2534. 3023 *V.*
bargęle, *V.* barc- (*v. vor.*) *kleine B.* G 7372 *V.*
barguignier, K 1761 *V.* -gingnier, -geignier, -kignier(*bŏrganjan?), 6. *pr.* -guingnent W 2085:, *feilschen* K 1761, ac. à a. W *2085.
baril (barriclu), *A. pl.* -ils, *V.* -ius *Faß* E 5151.
barnage (*v. fg.*) *Vasallenschaft* E 2013. C 3244 *V.* G 4785 *V.* 8893 *V.*, *Heldenmut* E 4491 *V.*
baron, *N.* bēr E 1946: C 138: (*frk.* *barŏ), *N.* ~s W *1141 *V.*, *Baron, Lehnsritter, Edelmann* E 285. W *1121; *Herrscher* C 2638; *Held, Recke* E 2462. C 70; *adj. tapfer, edel* C 138.
baronaille (*v. vor.*) *Versammlung v. Baronen* E 6648:
baronie (*eb.*) *Ritterschaft* G 6662ª: *V.* 9221.
barre (*barra) *Balken, Querstange* C 2043 *V.* K 2372. G 4905. 4906 *V.*, *pl.* C 1251.
barrer (*v. vor.*) *tr. versperren, -rammeln* K 2368. 6153 *V.*
bas (bassu) *niedrig* E 3313, *seicht* G 8486 *V.*, *leise* L 6233. G 1721 *V.*, (none) *spät* E 5999 *V.* K 739. L 5890, de ~ vespre *spät abends* K 402; *adv.* ~ *leise* K 214, an ~ *nach unten* G 99. 1735 *V.*, *leise, still* E 2781. 5509. C 6267. K 210. G 1721.

3781. 9008; *sb. Tiefe* E 6750.
basme (balsămu) *Balsam* W 1373 (*V.* bausme). L 1399:
bastir (*baftjan?) (*fig.*) *fest einrichten* C 3008 *V.*, (pęs e acorde) *stiften* W 3894, un plęt *einen Rechtsstreit austragen* G 6154 *V.*, tel plęt à a. *j. eine solche Rede halten* G 2128, *j. e. einbrocken* K 1780.
baston (bastum × -one) *m. Stab, Stock* E 4731. L 1090, *Stütze* L 5671, *fig. Waffe* L *4520.
bastoncęl (*v. vor.*) *Stöckchen* G 1357 *V.*
bastonęt (*eb.*) *dass.* G 1357. *2795. 7659 *V.*
bataille (battualia) 1. *Kampf* E 306, *Schlacht* C 1672, *Strauß* E 2822, *fig.* G 1949, *Zweik.* E 261, *K.begierde* C 4022, *Schlachtreihe, Heer(esabteilung)* C 1227. 1456. 1694. G 2456; aler à (*V.* an) la ~ G 5098, *s.* anprandre, feire la ~ *den Zweik. ausfechten* E 1246. 4551. C 3999. K 1352 (à a.), une ~ *einen K. aufnehmen* G 2640, ~ feire *kämpfen* G 2179 *V.*, fornir (la) ~ *den K. gut ausfechten, sich gut schlagen* K 3631. G 2124, prandre ~ à a. *den K. aufnehmen m.* E 3738. (fig.) C 574. G 8161 *V.*, vers a. C 574 *V.* I 1, antr' aus C 3949; 2. *pl. Schießscharten o. Zinnen* L *3198. G 1345 *V.*
bataillié (*v. vor.* 2.) *bezinnt* G 1345 *V.*
bate (*zu* batre?) *f. Riegelbalken* (?) G 4905 *V.*
bateillant (*v.* bataille 1.) *kampflustig* C 4127.

batel (bat-ĕllu), N. -iaus Nachen W 765. 772. 822. C 250. G 8368.
batesme, G 4485 V. bapt- (baptĭsmu) m. Taufe C 372.
batre (báttuĕre) n. à branden g. G 1320. 1334, tr. schlagen E 4394, geißeln G 590, erschüttern G 7221 V., schütteln C 3254. 5773, des esperons anspornen G 7219, langue viel bewegen E 5736 V., sa coupe sein mea culpa sprechen K 4201, batre le piz (aus Trauer) G 4808; or batu Blattgold E 1599. G 9178 V., dras à or batuz (!) G 7252:, santier batu gebahnter Pfad L 931; ger. batant im Galopp, eilig, schleunigst E 2251. 6181. C † 3782. 4768. L *4090, adj. neu, frisch L 1355.
bauçant (baltĕu + -anu × -ant, doch s. Gam. baillet) gescheckt, m. weißem Fleck E 1389: 2156. 2344: G 7262:, noir ∼ L 2707:
baudor (v. baut), V. baldor f. Freude, Fröhlichkeit E 6582 V. L 4836 V.
baudrai s. baillier.
baule, östl. st. bale (v. baler) f. Tanz K *1658. 1669:, mener (V. metre, porter) ∼ s Tänze aufführen G *4634:
baus m. N. (balbus; prov. balb, *balp, afr. *balp, später baube nach dem f.) stotternd L *2080:
bausme s. basme.
baut (balb), f. baude froh, kühn, keck, ausgelassen C 4213. 5322. L 1851 V. 4576. G 5042: 8211. 8422; soi feire ∼ sich erkühnen G 5042 V.

bauz s. bal u. baut.
bęc (bĕccu, it. ẹ, prov. afr. ẹ) Schnabel; b. à b. K 5811.
bee(r) s. baer.
behorder (*biḣurban einzäunen) Lanzen brechen C 1293. G 7345 V.
beignier (balneare), 6. pr. baingnent C 2950, tr. fig. C 2950, inf. G 9174 baden, n. an sanc im Blute schwimmen E 4600, comander ∼ a. E 2016, feire ∼ a. j. baden L⁴ † 1881, r. C 1143.
beisier (bāsiare), 3. k. best E 1488: küssen G 509. 5254; sb. Kuß E 289. C 5130. L 2626.
beissier (*bassiare) n. sich neigen C 3599 V. 6407, sinken C 6766 V.; tr. senken C 2934, (sa voiz) verstummen lassen K *2980; r. sich senken E 5828.
bel (bĕllu), N. biaus, f. bele schön, stattl., liebl.; (in Anrede:) lieb, teuer G *347, lieb, angenehm E 4900, freundl. L 2464; m'est ∼ mir gefällt G 877. (V. bon) 7668; sb. schönes Wetter L 807, la belle die Schöne ? G 4210 V.; adv. E 3205. 3565. C 1453. L 231. 660. 5939. G 2623. 3955 V. (biau vestue), au plus ∼ que il pot L 4306, bien et ∼ E 463. G 1452. 2325. 2404, ∼ et bien G 1707 V. 2325 V., ∼ et gent G 3288 V., ∼ emant schön G 4987 V., in schöner W. G 7659 V., leise, sachte G 4404: 5701 V. 6586 V.; s. ore.
bellic, V. -inc, beliet, bernic, 1. (?) rot, [2. (linͱ o. obliquu × bis- > bes-) schief] K *5795: (s. ML³ 5068. 6014).
bende s. bande.

bendęl (v. bende), pl. -iaus
Verband G 6949 V.
beneïçon (benedictione) f.
Segen E 6943¹³ V.
beneïr (benedīcere × -ir), 3. pr.
k. -eïe G 2831: 7381: segnen
E 2034. C 3331; p. -eoit
L 207. G 6690:, -eï G 1758 V.,
eve -eoite Weihwasser
L 1166.
ber s. baron.
berbiolete s. barb-.
bergier (berbīcariu) Hirt E
3140 V.
bernic s. bellic.
berseǫr (v. fg.) Pirschjäger G
3526 V.
berser (*birſon) pirschen W
1846. G 3524:V. 3527.
8010 V. 8022:
beruacier, bor(r)oa- (gleich-
sam *birŏtaciariu) Karren-
G 7345 V.
bęs s. bai.
besant (v. besanz v. byzantiu)
Byzantiner (Goldmünze) E
1871. C 3487. W 724.
bescuit (bīs-cŏctu) Zwieback
C 234.
besoignier (*bi-ſunnj-are), 3.
pr. -oingne G 8328 V. ups.
nötig s. K 3390. L 2969. G
2555.
besoing, G 6312 V. pik. -oig
(v. vor.), N. -nz E 3909
Not(lage), -fall, Bedürfnis
E 2996, Geschäft G 1401.
6312 V., Anstrengung, Eifer,
Eile C 6652. K *1845: à
(V. al) ~ nach Bedarf G
205, à ~ im Notfalle G 3657,
à grant ~ in einer großen
Sache G 9195, in großer
Not E 4312, m. großer An-
strengung E 5076, au ~ bei
Bed. G 1578 (V. à). 3178;
en ~ im Bedarfsfalle G
4980 V., en grant ~ in be-

sonderer Not G 3178 V.;
par molt grant ~ m. großer
Anstrengung G 6111c V.; por
~ aus Not G 5369 V.; avoir
~ de ac. C 5347, -nz est
Bedarf ist G 2541, venir au
~ nottun C 1825.
besoingne (*bi-ſunnja) gefähr-
liches Vorhaben E 5733:, Ge-
schäft, Aufgabe C 102. G
1401 V. 2556. 4391. 6312;
aler an sa ~ G 8328 u. feire
sa ~ G 5153 seinem Gesch.
nachgehen; doner male ~ à
a. j. strafen G 3042 V.
bęst s. beisier.
bęste (bĕsta neb. bēstia) Tier
E 6795. L 286; pl. Hirsch-
kühe G *5662.
[bestïal] (-iale), N. -ïaus
vertiert G 1299.
bestorner (bes- v. bīs- + t.)
tr. schlecht drehen [K 6490].
bete, V. bieste (bēta, gel.) pl.
Mangold G *6501 V.
[betir u. -er] (?), 3. pr. -ist,
V. -e gerinnen, fest w. G
7967; s. Betee.
bëu, bevoient, bevrai s. boivre.
bevrage, II 28 bevraje, V.
bever- (*bĭbĕratĭcu ?) Trank
C 3266.
biaus s. bęl.
biauté (*bĕllĭtate) Schönheit
E 437.
biche (bīstia st. bēstia), V.
bisse G 274 V. 3395 V. 5675:
V., bisce 274 V. 5675 V.,
bische G 5675 V. Hirsch-
kuh E 3939. L 2860. G
274. 5675: 5680.
bien (bĕne) adv. gut, sehr,
wohl, sicher L 644 (s. bel),
viel E 5050, con~ wieviel
C 2604, wie lange C 3385,
con~ que (m. k.) wie l.
auch L 6218, feire ~ gut tun
C 6360. 6369. G 887, gut

handeln G 1660, *Gutes tun* G 8195, (*ups.*) feire ～ à a. *gut s. für, nützen* G 528, ～feire *recht handeln* G 5201 *V.*, *es gut ma.* G 4302. 4374 *V.*, il iert ～ fet es *wird gut verlaufen* G 4374 (*s.* feire); **prädik.** est ～s *es ist gut* C 2490. G 2956. 8878, ～ m'an iert *es wird mir gut tun* G 877 *V.*, n'est ～s de + *inf. es ist nicht recht zu* G 6258, ne seroit vostre ～s de (*V.* à) + *inf. es wäre nicht zu eurem Vorteil* G 7462, ～ soit que *obwohl* G 3866, estre ～ de a. *sich m. j. gut stehen* C 4529. L 1589, tenir à (*V.* por) ～*für gut halten* G 4784 (*V.* torner à), *s.* venir, voloir; **sb. e.** *Gutes* E 2610. C 625. L 15. G 32, *Vorteil* E 5471. II 43, *Nutzen* G 530, *pl. Vorzüge* G 8466, *Wohltaten* L 15, *gute Werke* G 38, toz ～s *alles Gute* E 3478, *alle Vorzüge* W 52, savoir toz les ～s *alles verstehen* G 8464; à (*V.* em) ～ *gut* G 6093, por ～*in guter Absicht* E 3298, por vostre ～ *zu eurem Frommen* E 3995, *ähnl.* G 7090, estre por ～ *zum Guten s.* G 1693 *V.*, avoir ～ *es gut h.* G 2588, ～ aiiez G 723. 7922 *V.*, ～ a an moi *ich besitze Güte* G 2348, avoir ～ de *Genuß h. v.* C 5426, se Deus ～ me doint G 1371, feire (*s. d.*) granz ～s *großen Segen bewirken* G 6294, un ～ à a. K 4046.
bienvenir *s.* venir.
biere (*frk.* *bëra) *f. Bahre* K 556, *Sarg* C † 5340. 5466. 5962. K 219.

bievre (*frk.* *beuvor) *m. Biber* C 3850.
biface (bis + face ?) *f.* (*pik. m.*) *Stoff, der keine linke Seite hat* (*s. Wilm.*) W *3232:
bille (*v.* *biffil) *f. Kügelchen, Knicker* E 542. G 968 *V.*
bis (*bīsīu ?), *f.* bise, *nördl.*
bisse K 4598 *V.*, *schwarz-* (*braun*) E 1601. K 430. L 3463. G 1080. 3054. 7242.
bisse *s.* biche *u.* bis.
blamance (*v.* blasmer) *f. Tadel* K 483 *V.*
blanc (blanf), *f.* -che *weiß, blank* E 37. 404. C 481, (espee) L 834, (fer) G 4658. 6376, (hauberc) E 2150. L 870. G 8406, (henap) L 1051, (lance) G 3192. 3197, *s.* coife, *w.haarig* G 1791. 5604; le ～ *das W.e* G 133.
blanchor (*v.* vor.) *f. weiße Farbe* E 429.
blandir (-ire), 3. *pr.* -ist E 4060: *schmeicheln.*
blas *s.* blasmer.
blasme (*v. fg.*) *m. Tadel* G 4762. 8134, *Schimpf* G 4762. 4772, *Anklage* L 4411; avoir ～ G 1472, metre ～ *T. erteilen* E 5649, *Schuld beimessen* E 2560.
blasmer (blastīmare *v.* blasphem-), 1. *pr.* blas (*V.* blaim, blame) G 1678, 3. *k.* blast C † 227. 3053, blasme C 227 *V.* 3053 *V.*, *tadeln* C 198, *schmähen* L 1739, *beschuldigen* E 2561, *anklagen* L 4397, ac. à a. *j. v. e. abraten* G 2137.
blazon, G 4751 *V.* -son (*blasōne ?) *m. Schild* E 2151. 2881. 3783 *V.* W 2766, *Wappen-* G 5767.

— 46 —

blẹ (*blāb), *N.* ~ *z* E 5400, *Getreide* G 1782.
blecëure (*v. fg.*) *Wunde* G 3991.
blecier (*blett-iare), 3. *pr.* blẹsce C 3420: K 1636: G 8396:, *verwunden, beschädigen, fig. drücken, bekümmern* C 2119; *r. sich verletzen* K 4747, soi ~ ac. K 2126.
blesmir (blám-ire × vor.?), 3. *pr.* -ist G 7967 *V.*, *tr. bleich ma.* K 4210; *n. bl. w.* G 7967 *V.*
blīaut (*blīd-alt-?), *N.* -auz G 1798, *Art seidene Tunika* E 1590. C 856. G 7250.
blọ (blao) *blau* E 1601. C 739. L 6128.
blont (*blunb), *f.* -nde *blond* E 424. 1491. C 5. G 2797.
bobance (*v.* bombu) *f. Prahlerei* G 2194 *V.*
bobancier (*v. vor.*) *in* soi feire ~ *den Anmaßenden spielen u.* estre beub- *anmaßend s.* G 8422 *V.*
[bọc] (*gall.* *buccos *o. frk.* buł), *N.* bọs G 4630:, bous G 6988 *V. Bock.*
bọce (*frk.* *bôtja?) *f. Buckel* G 4631: 4635.
boceiier (*v. vor.*) *verunstalten* [K *6269].
bocel (*butticĕllu) *Weinschlauch* G 738. 1914.
bọche (bŭcca)*f. Mund* E 3384:, ~ d'ome *menschl. Zunge* G 6487, un seul mot de ~ E 2920, feire bone ~ C 4372, dire de ~ C 1003. K 4374. L 291. G 8541; ~ à ~ G 2065. 2068.
bochẹte (*v. vor.*) *Mündchen* C 821. 830 *V.* 2778 *V.*
bocle (bŭccŭla) *Schildbuckel* E 942. G 4308; *Schnalle* G 2805.
boclé (*v. vor.*) *gebuckelt* C 2105 *V.*
boclẹte (*eb.*) *Schnalle* G 2805 *V.*
bọçu (*v.* bọce) *bucklig* E 589. K 5169. L 307.
boẹle (*bŏtĕlla, *eig. pl.*) *f. Eingeweide* E 4472. G 2449:
boen *s.* bon.
bofu (?) *ein Kleiderstoff* E 5231.
bọge (bŭlga) *f. lederner Sack, Reisesack* W 407.
boillir (bŭllio, -īre), 3. *pr.* bout L 380:, 6. bọlent L 6211:, 3. *ipf.* boloit L 433, *p.* boillant L 6210, *n. kochen, sieden* C 6004.
boire *s.* boivre.
bọis, G 672 *V.* bos (*bojł) *Gehölz, Busch* C 1735. 3416. L 334:, *Niederwald?* neb. gaut *Hochw.* W 2677, deduit de ~ *Jagd im W. m. Hunden* L 2468; aler en ~ *auf Waldj. gehen* G 3524 *V.*, estre an ~ K 2555.
bọise (*baufi-a) *Betrug* E 3305:
bọise *s.* busche.
boiseor (*v. fg.*) *Betrüger* G 3062 *V.*
boisier (*baufi-are) *betrügen* E 6766. C 2105 *V.*
boisse *s.* broisse.
boissẹl, bussẹl (*v.* boisse *v. gall.* *bostia) *Scheffel* G 6506 *V.*
bois(s)onẹt (*v.* boisson *v.* bọis) *Gebüsch* C 6432 *V.*
boissoneus (*eb.*), *V.* -nçonos *waldig* L 699.
bọiste (bŭxĭda *v.* pyxída) *Büchse* L 2965.
boivre E 3057: C 5721: G 3283: (bĭbĕre), 6. *ipf.* bevoient E 3178, 1. *pf.* bui G 8652: II 28:, 5. bëustes C 6611, *p.* bëu E 3136, *fut.* bevrai E 4816 *trinken, fig.* E *2874. (feire b.) 3057, *kosten* W *1400; *sb. Trank* C 3201. W 1836: G 3331:

bọle, boule (bŭlla) *List, Betrug* C 5645: *V.*
bolent, boloit *s.* boillir.
bon *u.* G 753: 2248: 2397: 4280: 7476: buen (bŏnu), *n.* buens E 523: G 3315, *nördl.* boen (*so stets* H), boin **adj.** *gut,* buen home *frommer Mann* G 6303. 6350, ∼es ames *Seelen der Gerechten* G 2967 *V.*, ∼e foi *wahre Treue* II 9, ∼ à plaie *gut für Wunden* G 6913, e ∼ e bel G 2892ᵈ *V.*, bounes cinq liues *volle fünf Meilen* G 3470 *V.*; **adv.** buenemant *gern* L 1529. 4040, ∼ emant *herzl.* C 1468, *gütig* G 3295, brav G 595 *V.*; **sb.** *Gut, Wille, Wunsch, Belieben* C 140. L 2109, contre son buen *g. ihren Willen* G 8568, por son buen *zu s.em Nutzen* C 3978 (*s.* bien), dire son ∼ *sagen was man auf dem Herzen hat* C 2311, feire tot son buen G 8341 *u.* ses buens W 1295 *s.en Willen h.* (*durchsetzen*), f. son buen de *verfügen über* C 865, f. tot le ∼ de a. E 6060, son ∼ à a. C 4500. G 8567, toz ses ∼s à a. E 523. 3412 *j. s.en Gefallen tun, j. jeden Wunsch erfüllen,* f. tot son ∼ de a.e *s. Gelüst an einer befriedigen* G 3856, *ähnl.* G 7120. 8567 *V.*; **verbal:** estre ∼ à a. *gefallen, belieben* K 3765. L 2557. G 553. 794, fet ∼ + *inf. es ... sich gut* L 1393, *gut tun, frommen* G 528 *V.*, meillor fet + *inf.* G 725.
bonet (*bonnĭttu *v.* abonnis) *ein Stoff;* chapel de ∼ *ein Hut daraus* G *937: *2796:

bontaige (*fg.* × -age) *m. Güte* C 4382 *V.*
bonté (bŏnĭtate) *f. eb.* E 630, *iron.* L 5601, *Wohltat* C 943, *Tüchtigkeit* E 5429, *Vollkommenheit* C 5857, *Vorzug* G 4419, *pl.* E 93; feire grant ∼ à a. *j. einen großen Gefallen tun* 8808.
boquerant (*v.* Buḫāra) *m. Steifleinwand* E 1855.
bọrc (burg), *N.* bọrs *Burgflecken* E 6445. C 1462. G 6670.
bọrde (*borda) *f. pl. Aufschneidereien* G 8426.
bọrde (*bŏrḃ-a?) *f. Hütte* L 3781.
bordel (*v. vor.*) *eb.* L 3781 *V.*
border (*v.* *bŏrḃ *Rand*) *tr. umranden* E 5881 *V.*
bọrgne (*borniu), *V.* broine *einäugig* G 818.
borjois, *V.* -gois (*burg-ēnse) *Bewohner eines* bọrc, *Bürger* E 1904. G 5909. 6055.
[bọrre], bour(r)e (bŭrra *Scherwolle*) *f. Kopfhaarzusatz* (*ZffS* 55, 219) W 637; *vgl.* anborré.
[borrẹl] (*v. vor.*), *A. pl.* -iaus *Polster* G *1532.
bọrse (*bŭrsa *v.* byrsa) *Börse, sprichw.* avoir ∼ trovee W *2921.
bọs *s.* bọc *u.* bọt.
boschage (*v.* *bọſṫ) *Wald(ung)* E 990. W 293. L 337. 2827. 3068. G 70. 6337.
bọsne (*botina?), *V.* bọ(g)ne, bourne *Grenze* G 6602; *s.* W. *F. Zs.* 36, 611.
bọt¹ (*v.* boter), *N.* [boz], *dial.* bos E† *2249:, *Schlag, Stoß; Ende* G 623 *V.* 1106 *V.* 3036 *V.* 3346 *V.*; à bout E 6445 *V.*; de ∼ (*V.* bout) C 4432, tot de ∼ C 6608:

— 48 —

V. gänzl.; unter allen Umständen E 858 (*V.* tot à ~):
[boţ]² (*gr.* būttis), *N.* boz, *V.*
bouz, bous, *f. Faß* L *†425:
boţ (bott- ?), *N.* boz [*f.*] *Kröte*
E 1950. L⁴†*4103, *m. Klumpfuß* (*nfr.* pied bot) E *1024:;
s. gr. Erec S. 341.
boteillier (*v.* boteille *v.* *būttĭcŭla) *Mundschenk* E 1529.
2062. 6447.
boter (*būttan *o.* bōtaṅ) (*an*)-*stoßen, schlagen* E 217. C 3730. L 4242. G 1056. 3374. 6591. 7712. 7843, (*v. Raubvogel*) *schl.* G 4180 *V.*, (*Tür*) *zuschl.*? C 5161 *V.*, ~ à terre *zu Boden werfen* G 8403 *V.*, soi ~ avant *sich vorwagen* G 5998 *V.*, a. jus *j. vom Pferde stoßen* G 3923 *V.*, an sus (*eina.*) *fernhalten* L 6224, fors de *vertreiben aus* L 6385; i ~ *hineinstecken* L 5585, i ~ la teste *seinen Kopf vorwagen* G 5998 *V.*, i ~ la (*V.* sa) main *Hand anlegen* G 5998.
boton (*v. vor. o. frk.* *būtto) *m. Knopf* C 1776; *Knospe* W 434.
bougre (būlgaru) *jämmerl.*? G 818 *V.*
bous *s.* boc.
bout *s.* boillir *u.* boţ¹.
bovier (bŏv-ariu) *Ochsentreiber* G 323. 327.
boz *s.* bot.
bozon (būltio *v.* *būltjo) *m. Bolzen* G 207.
brachet (*v.* braccu *v.* braḱ) *Bracke* E 2393. C 6431. L 1266. † 3439.
braciee (*zu* braz) *Armlänge* K *3604.
bracier (*v. gallolat.* brace *Malzgetreide*) *brauen* C 5772.
braies (brāc-as) *pl. f. Hose*

L 2979. 5421. G (*498). 500. 502. *1601.
braiier (*-ariu) *Hosengurt* E 959: W *2487 (*V.* breer).
braiiel (*-ale) *eb.* W *2487 *V.*
branche (branca) *Ast, Zweig* E 3956. 4728 *V.* C 6417. L 462.
brandeler (*branb ?-ĕll-are) *n. wanken* C 3776 *V.*
branle (*v. fg.*) K 1658 *V.* *zu baule Tanz.*
branler (*v.* brandeler?) *n.* (*sch*) *wanken* W 2366 (*V.* waucrent 6. *pr.*). C 3599 *V.* 3776 *V.*
[brant] (branb), *N.* -nz *m. Schwert(klinge)* E 768. 879 *V.* G 2448 *V.*
braon (brābo) *m. fleischiger Teil, Hinterkeule* W 524. 2752. L 4266.
braz (bracchiu) *m. Arm* E 182, *Ärmel* L 5422; ~ à ~ G 2068; ~ de mer [K 6445]. G 5755; an son ~ *auf s.em A.* G 7912, antre ses ~ *in s.en A.en* G 5429.
breibançon, *V.* -ençon, braib-, bribenchon, bremençon (*Bracbantione) *eig. Brabanter; Räuber, Mörder* K *4237.
[breidif] (*v.* breidir *wiehern v.* *bragitīre), *N.* -is *stürmisch, feurig* K 207.
breire (*bragĕre), 3. *pr.* bret *schreien* E 4336 *V.* C 5788 *V.* W 1473. L 4228. G 4175 *V.*
bresche (brīsca) *f. Honigwabe* C 3895. L 1356:
brēse (*braſa) *Kohlenglut* C 44. L †812.
bresil (?, *Reuß, Rev. de théol.* IV, 8) *m. roter Holzfarbstoff* W 2005. 2267. G *1602.
bret¹ *s.* breire.
bret² (*v.* breire) *m. Schrei* G 7822, *Geschrei* G 8982 *V.*

brẹt (brĭttu), *N.* brẹz *brittisch; kundig, schlau* E 5349. L *1580:; foles bretes (*V.* bretetes) *einfältige Walliserinnen* G *6706:
bretẹsche (brĭtt-ĭsca) *hölzerner Turm m. Zinnen als Vorwerk* E 5370. K 2212—9: L *191.
bretẹt *s.* brẹt.
brice C 6695 *V. verlesenes* buce.
bricoingne, *V.* brig-, breoingne (*v. fg.*) *Narretei* G 3041.
bricon (*brīcc ? -ōne) *Narr* E 3419.
[brief] (brĕve), *N.* briés *kurz* E 6484. C 2763; à parolle brieve *m. kurzen Worten* G 4074 *V.*; briémant L 252. G 7546 *V.*
brisier (brisare; *s. GGA* 1932, 161) (*zer*)*brechen tr.* E 3050; *n.* E 3831. 3833. K 1147; ~ lance G 4393.
brive (*prov.?, zu gall.* *brīgos *Kraft, Schnelligkeit*) *in* à ~ *m. Ungestüm* C 1335 *V.* G 8369:; *vgl.* abrivé *zu* prov. abrivat, briu.
broce (*brŭscia *o.* broçia) *f. Gestrüpp* E 3746:; *vgl.* broisse.
brọche (*brŏcc-a) *f. Bratspieß* L 3465; ci an est la ~ brisiee *die Sache ist entschieden* E 5652.
brochier, *V.* broicier E 105 *V.*, brocier G 4300 *V.* (*z. vor.*), 3. *pr.* brọche G 7347: *tr. anspornen* C 3710, des esperons G 4300 *V.*; *n. reiten, ansprengen* C 1739. L 6042:
broder *s.* brosder.
broẹt (*brŏb-ĭttu) *Brühe* E 492 *V.*
broingne (*zu* brunnja *v. gall.* *bronya ?) *f. Brünne, Panzer* C 1795.

broisse (*brŭscia), *V.* boi- *f. stachlichte Kastanienschale* W *1173 (*s. S.* 475):
bronchier C 3599.3776,brunch- C 3776 *V.* L 4217, pronch- L 4217 *V.* (?; *s. M L³* 6778) *n.* straucheln C 3599. 3776; *tr. den Kopf senken* L 4217; *vgl.* anbr-.
brosder (*germ.* *brŭʒban × ?) *tr. sticken* E 2380⁸ *V., p.* -dé E 5881, brodé G 643 *V.*
bruel, *V.* broil (*gall.* *brŏgĭlos) *m. Brühl, Busch* E 2986: G 296 *V.*
bruie (*v.* bruire) *f. Lärm in* à ~ C 1335:
bruillier *s.* bruler.
bruire (*brŭg-ĕre *v.* rūgīre × *bragĕre ?), 3. *pr.* bruit G *2738, *n. lärmen, tosen, erbrausen, rauschen* E 5502: C 3966: K 5293. L 117: G 1312. 2738; bruiant *rauschend, tosend* E 5375. L 3089. G 4175. 8603.
bruissier = bruisier (*gall.* *brŭs-) *zerbrechen* K 4624 *V.*
bruit (*v.* bruire) *m. Lärm* L 282:
bruler (ūstulare × bruïr; *Rohlfs, Herr. A.* 159, 284), G 1750 *V.* bruiller, *tr. verbrennen* G 5134 *V.*, (la terre) *brandschatzen* G 1750 *V.*
brun (brūn) *braun* G 1819 *V.* 2331, (nue) *dunkel* E 5001, (hiaume) *brüniert, glänzend* E 619.
brunchier *s.* bronchier.
brunẹt (*v.* brun) *bräunl.* L 2416. G 1819.
brunẹte (*eb.*) *leichter feiner brauner Wollstoff* E *†6669. W *2014: (*s. kl. W S.* XXVIII).
brunir, E 619 *V.* burnir (*eb.*) *brünieren* E 2930.

bu (*būf), C 3784 V. but, L 4240 V. 5657 V. 5669 V. bus m. *Rumpf* E 3058; vuit bu *Unterleib* E 3615. 3629.
buce (*būf-ia) *f. bauchiges Schiff* C 6695.
buchier *s.* buschier.
buef (bŏve), *N.* bués *Ochs* C 1032. L 313. G 84. 2540. 4627.
buen *s.* bon.
buer (bŏna-hōra) *zur guten Stunde* W 3080—3. L 3243. G 4966. 8462; ~ (*V.* buen, bon, bien) estre ne de (*V.* del) + *inf. Glück darin h. zu* G 4966 *V.*
bufe (*Schallw.* *būff) *f. Schlag* (*ins Gesicht*) G 1267. 2860f. *V.* 2867. 2896. 2898. 3979 *V.* 5544.
buie (bŏja) *in* metre em ~ *in Fesseln legen* G 2518 *V.*
buire[1] (?) *f. Krug* W *1823: L 2876.
buire[2] (*būriu *feuerrot*) *in* chape ~ *braunroter ? Mantel aus grobem Wollstoff* W 1640: (*nfr.* bure).
buiron (*zu* *būr) *m. Hütte* [K *6447] (*nfr.* buron).
buisine (*būcīna *st.* -ĭna) *lange Trompete* E 2054. C 1477. L 2384.
busche (*būsca ·*v. frk.* *būjī) *Holzscheit* L 1778. 2520. 3464. G 3094 (*V.* boise).
[buschier], buchier (*v. vor.*) *anklopfen* G 3374 *V.*

ça (ĕcce-hāc) *hier* E 172, -hin E 109, or ~ *nun los* K 1188, or ~ l'anel *her m. dem Ring* G 715, ou ~ ou la *hier o. dort* G 8051 *V.*, et ~ et la *hin u. her* G 7734, ~ et la *hier- u. dorthin* L 3054, an ~ *hierhin* L 1965 *V.*, de ~ *hüben* G 9022 *V.*, *herüber* G 9022 (*V.* par de ~), *nach dieser Richtung* G 3426, *hierher* L 3057, *von hier* C 6645, cil de ~ *die diesseitige Partei*, de ~ en la *hin u. her* G 7074 *V.* (*V.* de ~ an ~, et ~ et la), par de ~ (*V.* par dedeça) *nach dieser Richtung* G 3645, que ~ que la *nach beiden S.n* L †4342, des lors an ~ *v. damals bis jetzt* L 2696; *s.* jus, la, sus.
çaainz, çaians, ça(i)ens *s.* ceans.
caant, caï *s.* cheoir.
caiere, [ch-] (cathĕdra) *Stuhl* E 3313 *V.*
caille *s.* quaille.
çaindre (cĭng-ĕre), 3. *pr. k.* çaingne C 119, 3. *pf.* çainst G 1633. 9185, *p.* çaint E 4666 (*ŭm*)*gürten.*
çaingle, *V.* çein-, çan-, cen- (-ŭlu) *m.Sattelgurt* C (†1312). 3587. G 5124 *V.*
çainglent *s.* cengler.
çainture *s.* ceint-.
cait- *s.* cheit-.
caler (călare) *tr. herablassen* W *2324.
cam- *s.* quam-.
camb-, camp- *s.* chanb-, chanp-.
çanbel (*cĭmbĕllu *v. gr.* kymbalon) *Kampf(spiel zu Pferde)* E 2236. 3574. G 1451.
çanbeler (*v. vor.*) *n. kämpfen* C 1277. G 2414; *ger.* chembillant C 1277 *V.*
çandal (*v.* sindōn), *A. pl.* -auz *st.* -aus E †1967, *dünner Seidenstoff, Zindel* E 2184. 3588, cendal pers C 1778 *V.*
çandre, C 1038 *V.* cen- (cĭnĕre) *f. Asche* E 3338. C 605. L 1398.
canele W 1370, quen- E 6803 (*zu* canna) *f. Kaneel, Zimt.*

çangle, çangler s. çaingle, cengler.
canivęt, kan-, k(e)n-, quen-, im Text quan- G 7658 (v. canif v. ĭnĭf) Messerchen.
canole s. chan-.
canpane (campāna) Glocke G 7699. 7823 (V. quanp-), unes ~s ein Geläut G 8692.
[canpanęle], camp- (v. vor.) Glöckchen G 7823 V.
çant (s. Wtb.¹ S. 221*) hundert C 215; A. pl. çanz E 50: L 5194:
çantisme (centēsimu × disme) hundertst E 642.
car, G 1907 V. quar, G 6819 V. qar, C 1603 V. G 2388 V. 3006 V. 3118 V. quer, G 180 V. cor (quāre) konj. weil II 44 V., denn E 6, bei opt. doch L 2066. 2934, vor ipt. wohlan E 1009. C 3085. L †328. G 180, V. cor G 3415 V. 3450 V. 6897 V.
caraude s. charaie.
cardamome, V. -dem- (cardamōmu) m. Kardamom W *1371.
caręle? E 710 V. zu charaie.
carne s. charme.
carọle, V. quer- (v. fg.?) f. Reigen C 1658. G 8254:
caroler, G 2745 V. quer- (*choraulare zur Flöte tanzen?), 6. pr. querolent G 8992 V., karollent G 8995 V., tanzen E 2074. 5504: W *1304: K 1840.
carpine G 7699 V. zu canpane.
c- s. qu-.
çaus s. cel.
cause Prozeß K 4964.
caveçure (zu chevez v. capĭtiu) Kragen am Mantel E 1597 V.
ce (ĕcce hŏc), G 6857 V. ceo, K 4855 V. 5308 V. cen, G 4981 V. cou, L *†1403: ceu,

dies, es E 26, qui est ~ qui apele G 1725 V., tot ~ G 3334, ~ et el dies u. anderes G 3026, ne ~ ne quoi weder so noch so G 3018 V., auch nicht soviel E 861 V.; à cou que während G 4981 V.; s. à, par, por, ice, cest.
ceanz, G 2091 V. ceianz, G 6817 V. çaians, G 6118 V. çaenz, G 2341 V. çaainz (ĕcce hāc ĭntus) adv. hier drinnen E 50, hier hinein G 1617, de ~ E 6076. L 5297.
ceingle s. cengler.
ceintur (z. fg.) m. Gürtel E 1991:
ceinture, çaint- (cīnctūra; kl. cī-) f. Gürtel K 5559 V. L 1891. G 551. 2804. 5776. 7257.
ceinturęte (v. vor.) kleiner G. L 1891 V.
ceisus s. sus.
cel (ĕcce ĭllu), N. cil G 235, cilz retours diese Rückkehr G 6616 V., obl. celui E 628, celui roi G 6418, ce charme G 5055 V.; f. cęle (: dameisele) G 3615. 8469, obl. celi L 475:, à celi fois dieses Mal G 1510 V.; pl. N. cil C 4638, obl. çaus (nach Wtb.¹ S. 222*) E 1094, G 2572 V. ces; f. celes dieser, jener; = art. C 4638. 6352. G 71. 673 V. 2572 V.; n. puet cel estre vielleicht C 2325. L 1515 (s. *1403); cil et cil C 2971, et cil et cil et cil der u. der u. der C 4639, celui ... et celui den einen ... den andern G 2453, cil et cist L 1169 V. G 5916, fait cil fait cist G 5916 V.; n'i a celui ne soit bleciez jeder ist verwundet L 6132. (ähnl.) 6208; pl. cil del

chastel G 2439, cil dedanz
die drinnen G 2480, cil de-
fors G 5160, cil dela die
Gegner G 5160 V., cels d'a-
mont G 2480 V., cil desus
ib. V.; come cil qui wie
einer der II 53.
celé, L 964 V. chelé, cielé (v.
ciel) m. himmelartiger Decke;
sale ~e à clos dorez L¹
†*964, chanbre ~e G *1847;
s. celer.
celee (*cēlata) f. Verheim-
lichung L 1911:, à ~ heiml.
C 1665. L 6037 V. G 2426,
en ~ C 6300 V.
celeemant (v. fg.) heiml. C
4712. 5727. L 1900.
celer (cēlare), 3. pr. cele (anal.
st. unkristian. çoile in C
3000 V., s. Wtb.¹ S. 211*)
E 4612: C 1048: L †1410:,
2. ipt. cele G 38:, çoile u.
çoilles G 4832 V., tr. ver-
bergen, -hehlen, -heimlichen
C (†631). 3061. G 370. *5622;
ne feire à ~ klar s. G 6108;
chanbre celee Privatzimmer
L 6037 (V. à celee). G *1847.
celerier (*cellari-ariu), W
1820 V. cenelier Kellermeister
W 976.
celestre (caeleste) adj. Him-
mels- C 3192 V. G 8206 V.
celi, celui s. cel.
cemb- s. çanb-.
cemetire (coemētēriu > cīm-),
V. cimit-, chimetere, cimit-,
cimentire, cym-, cemintere
m. Friedhof C 6107. K 1851.
cen s. ce.
cenele (?) f. Mehlbeere, fruit
de l'aubépine (Wilm.) W
433; ne prisier une ~ C
6334.
cenelier s. celerier.
cengle sb. s. çangle.
cengler (*cĭngŭl-are), 3. pr.

ceingle (V. san-, sen-, cen-,
cin-) G 626, 6. çainglent (V.
çan-, cen-) C †1312, tr. (m.
d. Sattelgurt) gürten C 1312,
peitschen G 626, V. (ver-
derbt) cinglier G 1189 V. (vgl.
626).
cep (cĭppu) in metre en ~
in einen Fußklotz stecken
G 2518 V.
ceptre (scēptru) Zepter E 6555.
cer s. cerf.
cercel (cĭrcĕllu) Ring, Reif E
1659 V.
cercele (*cercĕlla v. querquē-
dula) Krickente L 3195.
cercelet (v. cercel) V. cerk-
Reiflein E 1659. G *6680.
7901.
cerceu (sarcŏphăgu) Sarg, Re-
liquienschrein? E 6902 V.
cerchier, G 3491 V. cerqu- (cīrc-
are) (durch)suchen E 1670.
2416. C 1152. †3320. L 1143.
1385.
cercle (-ŭlu) m. Ring, Reif
E 1659 V. 1712. G 7901 V.
cerclel (v. vor.) Reifchen E
1659 V.
cerclēr (cĭrcŭlare) Randreif am
Helm E *5782.
cerf u. cer E 712: (cĕrvu)
Hirsch C 2443. G 274. 504,
~ de ruit Brunsth. L 814.
cerfuel (caerĕfŏliu) Kerbel G
6502.
cert (Person) sicher, versichert,
gewiß, überzeugt E 3739. C
1042. L 1095, j'an sui toz
cerz G 2771, feire a. ~ de
ac. j. v. e. benachrichtigen
C 1013; (Sache) ce est chose
~ e L 6016. G 4359. 6280;
adv. ~ E 4687 V.
certain (*cert-ānu) sicher, ver-
sichert, überzeugt, beruhigt
E 644. G 1261. 2854. 6927,
~ne achoison gewisser, be-

sonderer Anlaß C 1385 V.;
~ nemant E 2648.
certes (*certas) adv. sicher(lich) E 1280, à ~ sicherl., im Ernst E 3392. G 2813. 3865, tot à ~ G 7732, par ~ sicherl. G 8028 V.
cervel (cĕrĕbĕll-u), n. -iaus Hirn, Gehirn G 1115: cervele (-a, eig. pl.) dass. E 98˙1. C 1797. G 1117. 1237.
cerviz (cervīce) f. Nacken E 4470:
cervoise (cĕrĕvĭsia) Bier L 593. G 1773.
cesser (cĕssare); kl. cē-), 1. pr. ces II 50 V. n. aufhören, ruhen E 6168. C 6078, säumen G 7058.
cest (ĕcce ĭstu), N. cist G 4090:, cestui G 214 V., obl. cestui E 819: G 4094:, en cestui lit G 2054 V., cestui port G 8434 V., D. à cestui G 7368 V.; f. ceste (: 3. pr. preste) G 5807, obl. cesti G 3157:; n. N. cist C 3715, cest G 1956 V.; pl. N. cist, A. cez E 1884; f. (verbunden) cez E 4253, cestes E 6800 V. K *3505 V. L⁴ †341 V. G 7926 dieser; = art. E 358. L 8; ellipt. ceste E 3569, de cesti auf diese W. G 5087 V., cestui ... cestui den einen ... den andern G 2452, cist et cist L 1199. G 5916 V. (V. fait cil fait cist, fet cist fet cist), ne cist ne cil G 3996; s. cel, icest.
[cĕue], pik. C 8046 V. chëue (cĭcūta) Schierling in dont il ne m'est une ~.
cez s. cest.
chaaine (cătēna) Kette L 387.
chace¹ s. eschace.
chace² (zu chacier) f. Jagd, Verfolgung E 41. L 3264.

chaceor (eb.) Jäger E 132, Jagdpferd, Renner G 78.
chacier, G 6688ᵇ V. chasser (*căptiare), 1. pr. chaz K 1116:, n. jagen E 5928. G 5682, aler ~ G 6031; tr. ja., verfolgen, treiben E 37, (Barke) vor sich her tr. G 2525, (cheval) antr. G 613 V., a. vertr. G 3814, a. aprés hinter j. herja. C 3548; sb. L 891.
chaeles (?) adv. m. Verlaub, gefälligst E 1200: L⁴ †*3698:
chaiere s. caiere.
chaille s. chaloir.
chaillo (s. ML³ 1519ᵃ) m. Kiesel E 2411: L 3463.
chainse (zu cheinsil) m. Unterkleid aus Leinen E 405. 1075. 1355.
chaïr s. cheoir.
chairon ? C 3855 V. zu girfaut.
chaisne s. chasne.
chalan(t) (mgr. chelandion) m. Schalde, flaches Boot G 7277:
chalangier (zu chalonge²), 1. pr. -loing C 3495, 2. -longes G 2193:, 3. -longe E 1778:, 1. kond. -langeroie E 904, streitig machen E 596. C 2469. G 2193.
chalemel (călămĕllu) u. V. -ele Rohrpfeife, Schalmei E 2054:
chalemeler (v. vor.) Sch. blasen E 2046.
chaloir (călēre), 3. pr. chaut E 610, 3. k. chaille G 7453: 8317:, 3. pf. chalut G 58, 3. k. chaussist E 2787, est calu G 8946 V., ups. à a. liegt an, kümmert C 901, il m'an chaut G 58, ne me chaut se G 2028, dont aus (illos) ne chaut L 2739, ne vos chaille hütet euch L 3729, cui chaut? es ver-

schlägt nichts L 5354; sb.
nonchaloir *in* ne vos metez
an ~ *verfallet nicht in
Gleichgültigkeit* E 4698; s.
metre.
chalonge[1] s. chalangier.
chalonge[2], C 498 V. calongne,
E 592 V. calenge (călŭmnia) f. *gerichtl. Anspruch*
C 498, sanz ~ o. *Einrede*
E 592 V. C 2416. K 213. 1131.
chalor (călōre) f. *Hitze* E 4590.
chamousse s. quamoissié.
[chanberier], camb- (căměrariu) *Diener* E 2062 V.
chanberiere (v. vor.) *Dienerin,
Zofe* G 726. 2072. 3451.
chanbre (căměra) *Kammer,
Zimmer, Gemach* W 79. G
5791; s. celé, celer, recelee.
chanbrelain, W 3354 V. -belein, G 4538 V. -berlain, E
487 V. cambrelenc (ᚠamerlinc) *Kämmerer* W 3354: G
4538.
chanbrete (v. chanbre) *kleine
K.* L 970. 1579. 5566.
chancel (cancĕll-u) *Gitter* K
1850.
chanceler (-are) n. *wanken,
taumeln, straucheln* C 3699;
feire a. ~ E 3826.
chancenete, V. cançon- (v. fg.)
Liedchen C 2844.
chançon (cantiōne) f. *Lied*
E 6186, ~ de geste E
6679.
chandelabre (candēl-ābru) m.
Leuchter K 998 V.
chandelier (-*ariu) *Leuchter*
G 3214. 3217. 3564.
chandoile (-a), G 3217 V.
-delle, *Kerze* K 1026: G 3227:
chanevaz (*cannapacĕu) *grobes Tuch* G 499.
[chanfrain], can- E 5330 V.
(v. căpu frēnare) *Stirnblech
des Ritterpferdes.*

change, G 7140 V. cange (v.
changier) m. *Tausch* C 2810;
pl. *Wechslerbank* G 5760 (V.
genges).
changeor (*cambi-atore), N.
-gierre *Wechsler* G 5063. 5078.
changier (-are), 3. pf. chanja
C 6727, tr. *(aus)wechseln,
vertauschen, aufgeben* C 1646,
ac. à ac. E 1637. L 3553.
G 7138, ac. por ac. G 1162.
1171. 8218, a. por a. L 2436,
ändern E 2468, *heimzahlen*
C 2807, le san *verrückt w.*
W 544. L 2793; n. *sich ändern*
C 3930. L 3831, *Farbe wechseln* C 4364.
chanoine (cănŏnĭcu) *Stiftsherr* W 1275.
chanole, chen-, V. can-, kan-
(canabŭla *Abzugsröhre*) *Verbindungsstelle der Schlüsselbeine m. dem Sternum,
Schlüsselbein (eig. Röhren-)*
E 3016: G *2451: 2871:
4310. 4336. 4342: 4411.
4475.
chanp (camp-u), N. -ns *Feld,
Kampf(platz)* E 4533; ne
~ ne voie *weder auf* ...
G 6300 (V. n'en .. n'en).
G 6601.
chanpaingne, V. champeigne
(-aněa) *Ebene, Feld* [K
6800:].
chanpchëu (chanp + chëu)
*im Zweikampf unterlegen,
schuldig, verurteilt* K *331:
421. L *6410; s. cheoir.
chanpion (camp-ione o. *ᚠampjo) *Kämpe* L 4454. 5575. I 2.
chanpir (*-īre) (*in den Schranken*) *kämpfen* E 3044. C
4172.
chanpvencu (zu vaintre) K
421 V. zu chanpchëu.
chant (cant-u) *Gesang* L[4]
†467. G 88.

chanter (-are) *singen* L 465, (*als Dichter*) II 6 V., *fig.* à a. E 2802, messe W 26, de G 5034ᵃ V.
chanve (canăpe, *gr.*) K 5552: G 1165:, -vre K 5552 V. G 1165: V., genvre K 5552 V., kevene K 1210 V., *m.* (K 1210: V.) *Hanf.*
chaon (*căvōne *Höhlung*) *m. Nacken* G *3706.
chape (cappa) *kurzer Radmantel m. Kopföffnung* E 6538. W 1505, *Kapuze* G 2943, ∼ à pluie W 1634, *s.* buire, ∼ à moine n'a provoire C 4682, *fig. Dunkel* (*der Nacht*) K 4653.
[chapé], capé (*v. vor.*) *m. Narrenkappe bedeckt?* G 5121 V.
chapel (cappĕll-u) *Kranz* G 8483 V., *s.* bonet, (*unter dem Helm*) L 867 (*s.* chapeler).
chapelain (-ānu) *Kaplan* E 6576. W 88. G 6972.
chapele (-a) 1. *Art Mantel* G 7699 V., 2. *Kapelle* L 393. G 2740. 6342. 6348.
chapelēr (-are) *m. Kapuze des Panzerhemdes* E 3825:
chapelet (*v.* chapel) *Kränzlein* G 6680 V.
chaperon (capparōne) *m. Kapuze* G 503. (*504). 6244.
chaple (*v.* chapler) *m.* (*Schwerter*)*kampf* E 887. K 5043. L 825.
chapleïz (*eb.*) *m. Schlagen* C 1331.
chapler (capŭlare *v.* ſappan) *n. schlagen* sor a. K 5044.
chapon (*cappōne *st.* căpōne) *Kapaun* L 1048.
char¹ (carru) *m. Karren* G 2554. 4147.
char² (carne), *N.* -rz W 536. G 3726, *pl.* -rz E 3800,

-rs G 5910 V., *f. Fleisch* G 2553: 3550, une ∼ G 9064 V., ∼ salee G 2569.
charaie (*caragia *zu* carag(i)us *Zauberer*), *V.* charrae, charrai, charoie *u.* caraute, -aude (*characta *v.* -ter) *f. Zauber*(*spruch*) E *710. C 3010. 3029:
charbon (carbōne) *m. Kohle* C 605. L 4407.
charbonee (*v. vor.*) *Fleischschnitte* L 4215, par (*V.* à, an) ∼ s *stückweise* G *1136.
charbonier (carbōnariu) *Köhler* G 835. 860.
charcre *verlesen aus* chartre (carcĕre) *m. Kerker* K 2346 V.
chardonal (cardĭnale) *Kardinal* G 3278.
charge (*v. fg.*) *f. Ladung, Last* C 2784. G 2526. 4906 V.
chargier, G 2525 V. cargier, K 75 V. carcier (carrĭcare) *tr. be-* G 4147, *aufladen* E 3387⁵ V., *anziehen* G 1426 V., *übergeben* L 2965, *anvertrauen* K 75 V., (le fer) *hämmern, schmieden* C 4079 V., *angreifen?* G 2525 V.
charitable (*v. fg.*) *mildtätig* K 3293:
charité (cārĭtate) *f. christl. Liebe* W 27. 43. L 2839. G 43. *47f. *52. 9211; par (*V.* por) ∼ G 6639; *s.* Ch-.
charjable (*v.* chargier), *V.* charcable, coriable *lästig* K 2579:
charme¹, G 4964 V. 6676 V. carme, G 106 V. carne (carpĭnu) *m. Hagbuche* E 3157. 3953. C 4778. G 5055. 6340:
charme² (carmĭn-e *o. v. fg.*), C 3010 V. carme, carne *m. Zauber* E 710. C 3009.
charmer (-are) *tr. bezaubern, fig.* zurichten C 1901.

charnaill (*zu* carnalia) *m.*
 Fleisch G 3706 V.
charnelmant (carnali mente)
 adv. fleischl. W 1207. K
 4838.
charpanter (*zu* carpent-u)
 tr. zimmern K 3059.
[charpantier], -entier (-ariu)
 Zimmermann K 223 ¹V.
charre (*carra, *eig. pl.*) *f.*
 Wagenladung G 4906.
charrẹte (*v.* char¹) *Karren* K
 24. G 4147. 4907.
charreter (*v. vor.*) *n. auf einem
 K. fahren* K *400, *tr.* K
 2626.
charretier *u.* K 383 V. -r- (*eb.*)
 Kärrner K 688.
charreton (*eb.*) *dass.* K 350. 894.
charriere (*carraria) *Karren-
 weg* G 232. 4912. 5705 V.
charroi (*v.* -oiier *v.* char) *m.
 Troß* G 4909 V.
chartain, V. -train (Chartres)
 m. eine Münze E *2812.
chartre *s.* charcre.
chas (capsu) *m. Gewölbe, Erd-
 geschoß* L *6033.
chascun, G 5164 V. chesc-(cāta
 ūnu × quĭsque) *sb. jeder* E
 11; *adj.* C 650. († 3326).
 6759. W 22. G 2495. 2634.
chasne L 3016. 4245. G *106.
 4917. 6524. 6526, chaisne
 G 6529 V., caisne G 4918ᵇ V.
 6529 V., chane *u.* kaisne G
 3431 V., chesne G 3431:
 (*cassănu > *ĭnu × fraisne)
 m. Eiche.
chasque (*v.* chascun) *adj. jeder*
 C 3326; *vgl.* K *4833. *4838
 u. Nachtr. S. 474.
chasse (capsa) *Reliquienschrein*
 E 6903.
chastaingne (castănĕa) *Kasta-
 nie* W 155.
chaste (castu) *m. keusch* C
 5326.

chastẹl (castĕll-u), *N.* -iauß
 Burg(flecken) E 28; ∼ *fort*
 G 6659 V. (*Text* mout f.).
 G 8969.
chastelain (-anu) *Burgherr* E
 1883 V. 6575. W 1141 (*V.*
 uns barons castelains).
chastelainne (*v. vor.*) *Burg-
 herrin* W 1140.
chastelẹt (*v.* chastẹl) *kleine
 Burg, Vorwerk* L 4878. G
 1341.
chasti, G 7108 V. castoi (*v. fg.*)
 Weisung G 3206, *Unter-* G
 1858 (feire un ∼ à a.),
 Zurecht- G 2127.
chastīer (castīgare) L 1668:,
 ca- C 484 V., chastiier E
 3566: L 135: 627: (*s.* †4327
 u. E *†119) **tr.** *zurecht-,
 unterweisen, ermahnen* E
 3518. 3566:, *warnen* G 6768,
 umstimmen G 2624, a. de
 + *inf. j. e. einschärfen* G
 9088, *j. vor e. warnen* G
 1655; **r.** an *sich bessern in*
 G 1681, *aufhören m.* L 1668.
chastrer (castrare) *tr. ent-
 mannen* C 6781.
chasuble (casŭbla) *Meßge-
 wand, Kasel* E 23807 u. 15 V.
chat (cattu), *N.* chaz *m. Katze*
 L 302. W 2012. G 4401. 4626.
chatẹ̄l, C 4086 chet-(căpĭtāle),
 N. chetés W 2515 *m. Kapi-
 tal, Vermögen* W 102: L 6260.
chauces (calcĕ-as) *f. pl.
 Schuhe, Hose, Sch.* + *H.*
 E 99. L 2980. G (*498).
 502 (!). 1602, *untere Beinbe-
 kleidung aus Eisenringen* E
 3689. G 1150. 1176. 2169, ∼
 de fer *dass.* L 599, de blanc
 acier E 2638; *sg.* K 3118.
chaucëure (*atūra) *Schuh- u.
 Strumpfwerk* K 5559.
chauciee (*-ata) *Straße* L 4866.
 G 5705.

— 57 —

chauciees (+ 1!) G 2169 V. zu chauces.
chaucier (-are) **tr.** (chauces) anziehen E 99. G 604, (*Sporen*) *befestigen* E 6442. G 1177; **n.** *sich anz.* G 3365, le fist ~ ließ ihn sich anz. G 8268 V., se fist ~ ac. ließ sich anlegen G 1427; **r.** G 3365 V.
chaudra s. chaloir.
chauf G 5114: *u.* chauve C 4772: (calvu), *N.* chaus E 1726:, *kahl* G 4646.
chaufer, *V.* calfer (*căle-fare) *tr.* (eve) *heiß ma.* G 9172 V., *einheizen* G 9172; *fig.* ~ un baing à a. C 470.
chaussist, chaut[1] s. chaloir.
chaut[2] (caldu v. călĭdu), *N.* chauz *warm, heiß* L 423, *erhitzt* G 504, *-regt, grimmig* C 1990. 4089. W 1854; soi conbatre une chaude *hitzig auf eina. losschlagen* L *6135; *sb. m. Wärme* G 1555. 3729.
chauz (călce) *f. Kalk* G 1343.
chaveçure s. cav-.
chaz s. chacier *u.* chat.
cheance (v. cheoir) *f. eig. Fall der Würfel; Glücks-, Zufall* L 406.
cheï(ssent) s. cheoir.
cheinsil (cămĭsĭle) *m. feines Hemdentuch* G 1601.
cheitif, chai- (*cactīvu *v.* capt-) *u.* K 5339 V. chest-, *N.* -tis G 3696:, *f.* -tive *elend, unglückl., klägl.* E 3747. C 5971. L 1172; *sb. Gefangener, Armer* W 594, *f. Gefangene* K 3593. L 3564.
cheitiveté, *V.* chest- (captīvĭtate × *vor.*) *f. Elend in metre* (*V.* mener) *an* ~ G 3830.
chemin (*cammīnu) *Weg* E 96; ~ ferré *gepflasterte Straße* K 607. G 3644.
cheminal (*camīn-ale) *m. Kamin* G *3100.
cheminee (-ata) *eb.* C 5562. G 1055.
[cheminel] (*-ĕllu), *A. pl.* ceminiaus *Feuerböcke* G 3100 V.
cheminer, G 6657 V. cem- (*v.* chemin) *n. s.es Weges ziehen, reisen* E 3936. C 3395. L 5112. G 1351, *weiterz.* G 4883.
chemise (cămĭsia) *Hemd* E 403. C 856. L 2979. G 499. 1165. 1601. 1986 V.
chenez (*i. Druck* chevez), *N. pl. Feuerböcke* G 3100 V. (*v.* chien).
chenole s. chanole.
chenu (căn-ūtu), G 4890 V. 5114 V. chanu, G 8726 V. quenu *ergraut, alt* E 377. G 1790. 1802. 2394. 7832.
cheoir G 2483:, keoir G 6833 V. (*cădēre), L 4051 V. c(h)aïr, 3. *pr.* chiet E 984, 6. chieent E 2167, cieent G 4504 V., 3. *k.* chiee E 5651, *ipt.* chieez K 127, 3. *ipf.* cheoit G 6353 V., 6. chaioient G 3736 V., 3. *pf.* cheï G 6396:, caï G 7025 V., 6. *k.* cheïssent C 1246, *ger.* caant G 3737 V., *p.* chëu G 622: 8426:, châu G 1754 V., chaï G 3408: V., cheoit G 2498, chaoit G 625 V., **n.** *fallen* E 3827. 6006, *aus dem Sattel* E 2167, jus a la terre E 3059, (*Keule*) *herabsausen* L 1233, (*Haar*) *ausf.* G 3706 V., (bordes) *in sich zus. f.* G 8426, (*Wind*) *sich legen* G 5414, (*Tür*) *zuf.* L 960, ~ *mort* G 625, pasmé G 9223, à terre G 161; feire ~ K 2754.

5998, soi leissier ~ antre *plötzl. erscheinen unter* L 66, leissier les iauz ~ à terre *die Augen senken* K 4478; **ups.** *ergehen, sich treffen, enden* E 5651. C 3869. 5107. L 4896. G 6810 V., mal à a. z. *Schaden gereichen* G 3252, bien et mal à a. *ergehen* G 2495; bien cheant *glückl., erfolgreich* W 2018, estre si cheanz *so fahren* W *2240:; s. chanpchëu.

cherir (*zu* chier) *lieben* C 5006 V. L 3210.

chesne *s.* chasne.

chetel *s.* chatel.

chëue *s.* cheoir, cëue.

cheval (căballu), N. -aus *Pferd* E 94; à ~ *zu Pferde* G 4322; seoir an ~ G 5006, sor ~ G 5006 V. 5036b V.

chevaleresce (*v.* -lier) *f. in biere* ~ *Ritterbahre* E 4727:

chevalerie (*eb.*) *Ritterlichkeit, Rittertum, -schaft* E 295. G 4577, -tat C 1350. G 1075; feire ~ -taten *vollführen* G 4699. 6226 V., *sich im Kampfe auszeichnen* G 2418; querre ~ G 6226 V., *s.* requerre, aler an ~ G 6709 *auf ritterl. Taten ausreiten.*

chevalier (căballariu) *Ritter* E 31; serai ses ~ s G 5381, feire a. ~ *j. zum R. schlagen* G 972. 1369, abs. feire ~ G 1375. 1627, ~ s G 841.

chevauchiee (*v. fg.*) *Fahrt, Zug* L 2176.

chevauchier (căballĭcare) *reiten* E 115. C 2664. L 187.

cheveçaille, V. cheviç-, cavech- (*v.* chevez *v.* căpĭtiu) *Kopfende, Halsrand des Kleides* E 1597. G 7995:

chevecine (*eb.*) *Kopfstück des Zaumes* G 7172:

cheveçure *s.* caveç-.

chevel *s.* chevol.

cheveler (*v. vor.*) *tr. einer das Haar ausreißen* G 5402 V.

chevelëure (căpĭllatūra) *Behaarung* G 2797 V.

chevelu (*v.* chevel) *behaart* C 4772. G 4647.

chever (căvare) (aus)höhlen W 446. [K 6643].

chevesce (*căpĭtia) *Halsrand des Kleides o. Hemdes* C *842:

chevestre *s.* chevoistre.

[chevet] *s.* chenet.

chevetain (căpĭtanĕu) *Anführer* G 5908 V.

cheveus *s.* chevol.

chevir (*zu* chief) *erwerben* L 5302 V.

chevoistre, V. chevestre, chav- (căpĭstru) *m. Halfter* E 464. *3512: L 2500:

chevol (căpĭllu) C 1161: 1175. 1382:, chavel C 790 V., cavel G 3706 V., kevel G 7902 V., cheviel C 1175 V., caveil C 785 V. 788 V., N. -vos C 1168, dort V. -vels, -veus, caveus, cheveuz, -viaus, G 3706 V. chaveus, G 2372 V. ceviax, cavex, cheveus, G 6545 V. -vous; *pl.* -voil C 790 V., A. -vous E 3810 V., -vos L 297. 1462: *Haar; s.* treire.

chevolet (*v. vor.*) *Härchen* C 1618 V.

chevr(u)el L 3445:, -ol G 743 V. (căpreólu), N. -iaus L 399 *Reh* G *743. 1916.

chiche (cĭccu?) *knauserig* E 2060. C 126. 4547; avoir la langue ~ *mundfaul s.* C 4560.

chiee(nt) *s.* cheoir.

chief (*căpu *st. -ut), [K 6456] chié, N. chiés E 5811 *Kopf,*

par mon ~ G 693. 989,
Ende E 2172, del pont G
623. 1585. 6397, d'une tor
oberes E. G 3051, *Rand (des
Waldes)* E 3544, *umschreibt
(wie* cors) *Person* L 2382;
au ~ de *nach Verlauf v.*
G 4790, de l'un ~ an l'autre
E 2867, de ~ an ~ *v. Anfang bis zu E., v. Kopf zu
Füßen, gänzl.* E 223. C 4025.
G 4058. 5391; *s.* prandre;
(an) treire à ~ de ac. *m. e.
fertig w.* L 1502. G 520.
1128 V., *e. zu E. führen* G
6124 V.; venir à ~ de ac.
*m. e. fertig w., e. vollenden,
bewältigen* E 5618. G 1123.
3685. 4530. 6124. 6232, venir
à buen ~ L 6803.
chien (căne) *Jagdhund* G
5707; ~ esragié G 5956 V.
chiené (*v. vor.*) à oisiaus
Hühnerhund G 8539. (*V. A.
pl.* chenez, ciennés).
chienes G 7573:, *V.* chanes,
c(h)aines, kaines (cānas) *f.
pl. graues Kopfhaar* K
*1665. G 8239; meslé de
~ *teilw. ergraut* G *3087.
7573 V., qui vont meslant de
~ *die graue Strähnen bekommen* G 7573; *s.* mesler.
chiennaille (*v.* chien) *in* pute
~ *stinkendes Hundepack* G
5956 V.
chier (căru) *teuer, lieb* E 850,
(*in Anrede*) G 189:, *kostbar*
G 1932, ~ tans *Zeit der
Teuerung* II 42; conparer
~ E 850, coster ~ E 2213,
s. vandre, avoir ~ W 59.
G 615, petit s'a ~ *meint
es schlecht m. sich* G 5126,
tenir ~ *lieb h., schätzen*
E 1905. C 1189. G 3608.
5736. (*r.*) E 2429, *liebevoll
behandeln* E 3407. G 3608,

m. e. kargen K 1567; ~-
emant E 3052. C 468. 1762,
au plus ~ emant qu'il pot
so zärtl. er nur konnte G
4847.
chiere[1] (căra) *Antlitz, Miene*
E 1652, *Freude, freundl.
Empfang* E 5588. L 5398,
äußerer Schein E 6084, liee
(*pik.* lie) ~ G 8083 V., od
lee ~ G 5242 V., feire bele
~ *guten Mutes s.* G 2048,
feire bonne ~ à a. *j. gut
aufnehmen* G 1906 V., feire
~ morte *sich tot stellen* K
5018:, feire ~ *ein (böses)
Gesicht ma.* C 1603. 2345,
quel ~ il me feront *welchen
Empfang sie mir bereiten w.*
L 5344, mostrer bele ~ C
742; à bele ~ L 6664.
chiere[2] *s.* ciere.
chierté (cārĭtate) *f. Liebe* L
2613; prandre an ~ W 1954,
tenir an grant ~ L 3452.
chies[1] *s.* chief.
chies[2] (căsā) *prp. im Hause v.,
bei* E 3225. 6272. C 399.
W 2115. G 1533, *in das H.
v., zu* G 2690. 3679.
chiet *s.* cheoir.
chievre (căpra) *Ziege* E 2588.
G 743 V.(*zu* chevrel).
chillent, se *verderbt* E 360 V.
chisiel *s.* cisel.
choe, *V.* chaue, koe, goie
(*ƒauw-?*) *f. Dohle* E
*5326; *vgl. W. F. zu Chev.
II esp.* 5153 *u.* çuëte.
choete *s.* çuëte.
chois (*v. fg.*) *m. Belieben;
pooir estre à son ~ nach
s.em B. handeln können*
L 5461(*s. V.*).
choisir (ƒaujjan) *tr. erblicken*
E 1531. G 4174 V. 4214 V.
7232 V.
choper *s.* çoper.

chose (caus-a) *Sache* E 2, e., *Wesen* C 6157. L 122. G 144, ~ morte G 5931, nice ~ e. *Einfältiges* G 5358, por quele ~ *weshalb* G 8550 V., tel ~ *das* G 9199, la soe ~ *was er hat* G 5994; *pl. Eigentum* L 3535.
choser (-are) *tr. tadeln, schelten* E 3724. W 1462. L 5150.
ci (ĕcce hīc) *hier* E 558, cel pre ~ G 5128 V., chi endroit *ebenh.* G 4450 V. (*s.* androit), *h.hin* G 5878, de ~ *von h.* E 6026, desi à *bis zu* G 6155 V., desi en *bis in* E 3780 V. K 5958 V., desi ça *bis h.hin* G 4369 V., de ~ devant *bis vor* G 4638 V., de ~ (desi) la *bis dahin* (*örtl.*) G 4726 V., (*zeitl.*) K 5198 V., de ~ que *bis* E 6553. G 4610 V., *bis daß* E 5442, desi adont que *bis daß* G 1060 V., de ~ à tant que *bis daß* C 578. G 4138 V. (*V.* desi adont que), jusque ci *bislang* G 1679, par ~ *h.durch, in dieser Richtung* E 4372. 5510. W 5. L 5002, par ~ desous *h. unten* G 5128 V., ~ aprés *h.nach* E 1915, vgl. vez.
cieent *s.* cheoir.
ciel (caelu), *N.* ciaus *Himmel* E 533, en ~ G 4139 V., soz ~ G 7542.
cielé *s.* celé.
[cier(g)e], G 8010 V. *pik.* chiere (cĕrvĭa) *Hirschkuh.*
cierge (cērĕu) *m. Kerze* G 7705.
cignier *s.* cingne.
cil *s.* cel.
cillant (*v.* cillier²), *V.* cilant, -ande, cillance, sillent *Reitgerte* G 1189.

cillier¹ (*zu* cil *v.* cĭliu) *blinzeln* C 1590 V.
cillier² (*s. Gam.* siller²), 3. *pr.* cille, sille G 626 V. *peitschen.*
cime (cīma *neb.* cyma) *Gipfel* C 6408.
cimitire *usw. s.* cemetire.
cinc (cīnque) *fünf* G *1910 V., hyperb.* ~ çanz E 415. L 1959. 6711.
cinglant (*v. fg.*) *Reitgerte* G 1189 V.
cinglier *s.* cengler.
cingne 3. *pr. v.* cignier (guignier × cillier¹?) K 269 V. *zu* guignier, *s. d.*
cinquante (cīnquáginta) *fünfzig* G 2001. 4741.
cinquisme (cinc × disme) *fünft* E 2991.
ciprés (ciprĕssu) *m. Zypressenholz* K 5798 V.
cire (cēra) *Wachs* G 1818 V. 5780. 7858, *Wabe* C 3895 V.
cirurgie, *V.* s(ir)urgie (chīrūrgia) *Wundarzneikunst* L 4698 (*u. V.*). 6505 V.
cirurgiien (*v. vor.*) *Wundarzt* K 3497. L 6504 (*V.* surgïen).
[cisęl], *dial.* chisiel (cīsĕllu) *Meißel* G 3215 V.
cisemus (ʒiſimūs̨) *Zieselmaus* K 4600. L 1115.
cist *s.* cest.
cité (cīvĭtate) *f. Stadt* E 665. C 1063. G 8619.
citole (*prov.* citola *v. gr.* kithára) *Art Zither* E 2046 V.
cive (caepa) *Zwiebel* G 968.
clacelier (*clāvicĕllariu) *Schlüsselbewahrer* W *1820.
claim(ment), clain(t) *s.* clamer.
clamer, 1. *pr.* claim E 4930, clain (*V.* claing) G 8664, 3. claimme E 853, clainme G 5858, 3. *k.* claint L 6313:, *rufen; nennen* W 38, *preisen*

L 5405, (sa coupe) *laut bekennen* L 4393, *beanspruchen* C 499 (*s.* droiture), ac. sor a. bei *j.* auf e. *Anspruch h.* W *1572, quite *freigeben, -sprechen* E 853. K 928. L 4433. G 2192. 8664. 8718, (une querele) *für erledigt erklären* L 5972, honte à a. *j. schmähen* G 5347 *V.*; r. soi ~ outré *sich für besiegt erkl.* L 6313, recreant *dass.* L 6281, soi ~ *sich beklagen* C 6510, de ac. C 987. 2983, à a. de a. bei *j. ritterl. Schutz suchen g. j.* G 5337. 5345. 5353. 8564 *V.*
clamor (clāmōre) *f. Anklage* L *2764; feire ~ à a. *sich bei j. beschweren* C 6675.
claré (clār-atu) *Lautertrank* G 3282 *V.*, ~ pimant *Art Gewürzwein* G *3332 *V.*
clarté (-ĭtate) *f. Helligkeit, Licht* E 433. W 80. G 3226. 3228; *s.* randre.
clẹ̄f (clāve), *N.* cles G 7267, *f. Schlüssel* L 4632: G 1719:, (an *Schlagfalle*) L *919:, ~ d'amor G *2636:, ferme (*f.*) à la ~ G 1719 (*V.* fermé de ~); *s.* fermer.
clēr (clāru) *hell, glänzend, blank, klar; durchsichtig* E 6873, de ~ san *v. hellem Verstand* G 6091 *V.*; *adv.* ~ E 484. 2659. G 3094 *V.* 3181. 3884 *V.*?, ~emant *hell* C 2026, (*v. Gesang*) G 72 *V.*, *genau* C 1166, *deutl.* C 4331.
clerc (clērĭcu) *Kleriker, Geistlicher, Gelehrter* E 2324. 6537. C 5812. L 1170. G 4150; clers sages d'astrenomie *Sternkundiger* G 7548 (1 *Hs.* uns sages clers d'a.).
clerçon (*z. vor.*), *V.* -zon, -jon,

-gon, -don *Ministrant* G *6344.
clergie (*eb.*) *f. Gelehrsamkeit, Kultur* C 32.
cleu *s.* clo.
clice *f. Splitter* C *3595; *s.* esclice.
[clignié] clingnié *o.* cluignié? (*v. Pferdeauge*) *blinzelnd* G 7167 *V.*
cliner (clīnare) à a. *sich vor j. verneigen* C 2480 *V.* 4279 *V.*; clinier (: garder) *n. zus.- sinken* K 1438 *V.*
clọ, K 1012 *V.* cleu (clāvu) *m. Nagel* L 753: 964:
clọche, G 5942 *V.* -que (clocca) *Glocke* C 1926 *V.* 6122. G 6448.
[clochete] (*v. vor.*), *V.* -quete *Glöcklein* G 7699 *V.* 8692 *V.*
clochier[1] (*eb.*) *Glockenturm* G 6447 *V.*
clochier[2] (*clŏppĭcare), 3. *pr.* clọche G 7348:, *n. hinken* L 4100. G 628 *V.* 5695; *vgl.* escloper.
clofichier (clo + f.) *tr. festnageln* K 3041.
[cloie *kjz.* (*clēta) *Hürde* C † 1245.]
clọp (clŏppu) *in* feire ~ *lahm ma.* G 5690: (*V.* = *lahm w.*).
clọre (claudĕre), 3. *pr.* clọt E 3736, *p.* clọs C 6182, *tr. schließen* G 3746; *r.* soi ~ dedanz *sich einschl.* C 1983 *V.*, (dessoz l'escu) *sich schmiegen* E 2824 *V.* C 3552; *p.* clọs *geschlossen* G 7730, *umschl.* G 504, *eingezäunt* L 240. 5191, tenir sa boche ~ e G 5838 *V.*
clot *s.* crot.
clotẹt (*v. vor.*) L *1265 *V. zu quachet.
cluignier *s.* encluine, clignié.
coardie (*v. coart*) *Feigheit* G

2874. 7556 V., de ~ aus F. G 2874 V.
coardise (eb.) eb. L 1224. 5494. G 7556 V. 8910 V.
coart (coe + -art < ḣarb) feig G 3874. 6878; adv.
coardement C 2286 V.
coc (Schallw.), N. cos G 8428 V. Hahn.
cocadrille s. corcatrille.
coche (*zŭcca ?) Baumstumpf L *292:
coche (*cŏcca) Kerbe, Nuß am Pfeil C 778. 783. 799:, estre an ~ auf dem Sprunge s. L *6041.
code s. cote.
coe (cōda) Schwanz, Schweif E 6799. L 5533:, feire la queue feige davonlaufen K 223¹¹⁷ V.
cofre (cŏphĭnu) m. Koffer 5146. W 407. L 5421. G 4146. 4539: 5451.
coi¹ s. qui, que.
coi², quoi (qu[i]ētu), N. ~ z C 4648, still, ruhig E 648. L 320, stumm G 8428 V., v. ruhigem Auftreten G 7908 V., soi tenir ~ G 3006 V., tenir sa boche (V. langue) ~ e den Mund halten G 5838, lässig, säumig E 5123. 6466; adv. ~ ement G 1070 V. 3005 V., et fu einsi tot ~ emant u. verharrte so ganz ruhig G 6498:
coife (cofěa) Kopfteil des Halsbergs G 1181. *4503; ~ blanche E 940. K 2922.
coigniee (*cŭněata) Axt C 6027. G 5986.
coillir (*collĭgĭre), 3. pr. quiaut (V. qujolt, kielt, cheul — s. Ausg. S. VIII u. —) E 6619. G 1:, ger. cuellant G 6917 V., p. -i G 6915, tr.

sammeln, pflücken, ernten E 916 V., (roïlle) ansetzen E 2644.
coin (cŭněu) Zipfel (einer Decke) G 3346 V.
cointe (cōgnĭtu) höfisch, (fein)- gebildet, vornehm E 587. C 1786. L 2417, schmuck G 1795, dreist E 3877; soi feire ~ sich spreizen C † 393, de ac. sich vorkommen wegen G 4499; adv. ~ mant E 1827 V. G 4987.
cointise (v. vor.) in par ~ höfl. G 2107.
coisier (qu[i]ētiare) r. still w. [K 6550].
coite (v. fg.) Antreiben in à ~ d'esperon C 6181.
coitier (*cŏct-are), 3. pr. quoite G 6689: V., anspornen, bedrängen C 95 V. C 6191 V., n. dahinsprengen G 6689 V.
coitise (v. vor.) f. Erpressung W *2408.
coivre (frk. *ḟŏḣŭr?), V. keuvre m. Köcher C 855.
coivre s. cuivre.
coiz s. coi².
col (cŏllu) m. Hals C 315, Kragen (am Mantel) G 7994, à lor cos am H.e G 1740 V., metre au ~ (un mantel) umlegen G 1780; s. fraindre.
colce s. coute².
cole f. (gole × col?, vgl. cole m. Hals in B. v. Sebourc II, 687:) C 838 V. zu gorge, goule.
colee (zu col) Schlag (eig. auf Hals) E 219. 882. W 886. L 642. G 1104. 1111 (s. *1109), Ritterschlag G *9186; s. un.
coleïz (cōlatĭciu) in porte -ïce Falltür C 1252.
coler¹ (cōlare) n. gleiten, (herab)- fließen E 946. L 418. G 3201, (Wort) de la boche K 3825.

G 9095 V., fors des danz à a. W 645, espee colant *in der Scheide locker* L 3498, porte colant *Falltür, -gatter* K 2343. L⁴ †923. 1519. 3639. G *2486; *tr. gleiten lassen* C 3739, *seihen* C 3255.

colēr² (cŏll-āre) *m. Halsrand des Halsbergs* K *2753:

coloiier (*zu* col), 3. *pr.* coloie K *223²⁵ V. n. sich umblicken.*

colome (cŏlŭmna) *Säule* G 3095 (V. co(u)lombe): *3099.

colon (cŏlŭmbu) *m. Taube* C 3851. L 2582.

color (cŏlōre) *f. Farbe* E 430. C 969; *s.* muër, paindre.

colorer (cŏlōrare) *tr. färben, bemalen* C 785. L 1477; -ré *farbig* G 2808, *m. frischem Gesicht* G 4810 V.

colp, colp- *s.* coup, coup-.

comancement (*v. fg.*) *in a* ce prumier ~ ? W 3148 V. (*s. Herr. A.* 132, 351).

comancier (*com- ĭnĭtĭare) anfangen, beginnen* E 23, estre -cié *angefangen h.* G 6452, les quarriaus começna hors trere G 7848ᵇ V.; à + *inf.* C 1711. L 1157. G 1130. 1474, s'an comence à aler G 8655.

comandemant (*zu* -der) *Befehl, Geheiß, -bot* C 2, *Macht* E 4378, *Botmäßigkeit* E 3874; de tot vostre ~ *ganz eurem Bef. gemäß* E 6050, par le ~ le conte *auf Geh. des Grafen* G 64, se met en son ~ *unterwirft sich ihm* G 7432c V.

comandeor (*eb.*), *N.* -erre C 5911: *Gebieter.*

comander (*commandare), 1. pr.* -ant E 271:, 3. *k. eb.* C 6551:, *befehlen, heißen* W 86, ac. *bef., einrichten* G 1636, *m. inf.* L 727, à + *inf.*

C †1129. W 69. L 202. 3968, à a. *j.* (?) W *1948, à a. à + *inf.* G 6360 V.; (*an)-empf., anbef.* E 271. C 4292. L 275, *anvertrauen* C 426. G 7430, *in Hut geben* G 2642. 3183, a. à a. *anvertr.* G 4845, a. à Deu G 765. 774; por ~ *z. Gefallen* C 3992, se vos comandez *wenn ihr befehlt, gefälligst* E †6656. C 5743.

comant¹ (*v.* -nder) *m. Botmäßigkeit* [K 6675.]

comant² (come + -mant) *wie* E 416; ~ que *m. k. wie sehr auch, wie auch immer* E 637. 5651. C 74f. 1238. L 148.

come (quōmo *bzw.* quōmo et?) *vor kons.* E 546. L 4. G 439. II 53, *vor vok.* (*s.* L *Textausg.² S.* IX *u. Wtb.¹ S.* 218*, *Anm.* 2: *vor kons. ist* con, *vor vok.* come *zu setzen*) E 85. 361. K *16, con *vor kons.* E 25. C 46. L (†24). 629, 1. *modal, vergleichend: wie, m. A. st. N.* L *1322. *†1328. *†2828; *als; wie weit* E 6748; come cele qui *wie eine, die* G 7954, *ähnl.* G 7890 (*u. V.*). 7940; con de + *inf. so daß* C 3227; con plus *je mehr* L 2523; con se *m. k. wie wenn* E 4388. L 814. 931, *dafür nur* con L 3053 V. 4525; tant con L 3386. G 496, mains ... con *weniger* ... *als* G 3606 V., si come (*so) wie* C 6005. L 179, *während* L 5246; *vgl.* bien; 2. *zeitl.* (*cf. lat.* cum): (*damals) als* G 290 V., *da wo* G 8600 V., (*dann) wenn* G 6577 V. 7346 V. 7968 V.

comé (cŏmatu) *bemähnt* C †4770.

comeniier (*commĭnĭcare *v.*

com-mūnicare) *in* estre -iiez
kommunizieren G 6512, *-ziert*
h. G 6978. 7060.
comenion (com-mūnione ×
vor. ?) *Abendmahl* G 6362 *V.*,
prandre ~ G 6976.
[comin], commin (cŭmīnu)
Kümmel G 5780 *V.*
comovoir (com-mŏvēre) *n. in*
Wallung geraten E 2964 *V.*;
est commëue *sie machte sich*
auf G 8093 *V.*
comm- *s.* com-.
compleureysin *s.* plëuriche.
comun (commūne), *f.* (*anal.*)
~ e *gemeinsam* C 6345; *adv.*
~emant *gem., insgesamt* E
1828. 5532 *V.* C 3118. G 4643.
comunaument, E 5532. 6407 *V.*
C 3118 *V.* -alment (commū-
nali mente) *gemeinsam* E
1828 *V.*
comune (*zu* comun), G 5942 *V.*
quemugne *f. Bürgerbann*
G *5879. 5942.
con *s.* come.
conbatant (*v.* -tre) *streitbar,*
tapfer E 32 *V.* C 3805. 3983.
†4128. G 4090 b *V.*
conbateor (*eb.*) *Kämpfer* E
5776.
conbatre (*com-báttuĕre) *tr.*
bekämpfen C 1978; *n.* à a.
m. j. k. G 1096 (*V.* en-
contre). 2599; *r. sich bek.*
G 2676. 3930, à a. *j. bek.*
G 851, *m. j. k.* G 1333. 8874,
fig. W 2316, ancontre a. E
3242. K 3742. 4918. L (*inf.*)
5337, contre a. E 785.
conbien *s.* bien.
conble (cŭmŭl-u) *Schildbuckel*
L 530.
conblé (-atu) *gehäuft voll* K
5205.
concevoir (*concĭpēre) (*ge-
schlechtl.*) *empfangen* W 55.
G 6277.

conchïe (concăcatu) *beschissen*
G 6273 *V.*
conciance (cōnscientia) *inneres*
Gefühl C 3826.
concile (concĭliu) *Beratung in*
tenir ~ à a. W *2196.
conclus (conclūsu) *in* randre
~ *überführen* C 3874.
concon *s.* pliris.
concordance (-antia) *Einklang*
C †2845.
concorde (-ia) *Eintracht* L
6323 *V.*, *Ausgleich* C 2563 *V.*,
Versöhnung C 4182 *V.*
conduire (condūcĕre), 1. *pr.*
-dui G 7675:, 6. -duient C
1948: G 2887, 1. *k.* -duie
G 7630:, 3. -duie C 268: G
1697:, *tr. geleiten, führen*
G 293. 1697. 6101: 7125, *in*
Schutzgeleit h. K 4469, a c.
sichern G 4896 *V.*, (*iron.*)
verfolgen C 1948. L 3272,
(*Augen*) *richten* C 2800, (*Lan-
ze*) *stoßen* C 3714 *V.*, (*Schwert*)
fü. E 5987.
conduit[1] (*v. vor.*), *N.* -duiz
Geleit, Schutz G 7631, *Ge-
folge* K 4586. L 4851, à
vostre ~ *m. eurer Erlaub-
nis* G 3944 *V.*; *s.* baillier,
livrer; prandre a. an ~ *j.*
sicheres Gel. gewähren G
6141, ac. e. *verbürgen* L 1858.
conduit[2] (*condŭctu* ?) *Wasser-
leitung, Rohr* C 5631. [K
7017 *V.*], *W.lauf, Bett* G 1311.
conestable *u.* K 3293 *V.* conn-
(cŏmes stăbŭli) *Truchseß* E
4775, *Hofmarschall* E 1735.
C 2556, *Kämmerer* K *44.
conëu(st) *s.* conoistre.
confanon *s.* gonf-.
confeitemant (con feit +
-mant) *wie* C 948.
confés (-fĕssu) *in* estre ~
beichten G 6360, *gebeichtet*
h. G 6971. 7060, tu an es

verais ~ du bist aufrichtig geständig G 3915, soi feire ~ b. G 6311 V.
confesse (v. fg.) f. Beichte W 1155; prandre ~ beichten C 3821. L 4391, en e. G 6311 V., sa ~ G 6979, male ~ schlechte Absolution (Verweis) bekommen L *1338.
confesser (*-fĕssare) r. beichten G 7057; estre -ssé gebeichtet h. G 7060 V.
confession (-fĕssiōne) Beichte G 1697:, dire sa ~ G 6361.
confire (-fĭcĕre × -fĕctu), p. -fit C 3364: L 2855: tr. (zu)bereiten.
confondemant (v. fg.) Verderben C 2285 V.
confondre (-fŭndĕre) tr. übel zurichten C 6002, hart mitnehmen E 6234 V., vernichten C 1071. 1231. G 2183. 5841, zuschanden ma. G 8604; r. C 6141. L 1245; Des me confonde L 1678.
confort (v. fg.) Stärkung, Trost E 544. G 484, Unterstützung L 3754; ge n'i puis mettre ~ ich kann hier nicht helfen G 6650 V.
conforter (-fortare) tr. stärken, kräftigen, trösten E 4230. C 5899. G 954, sa vie s.e Lebenskraft steigern G 6424; r. Mut fassen C 3574. 5899, sich tr. L 2791. 4014.
confraindre (*-frangere), p. -ait G 7100 V. zerbrochen.
confus (-fūsu) in randre ~ widerlegen C 3874 V.
congeu s. conjeu.
congié (commeatu), N. -iez Erlaubnis, Urlaub, Abschied E 1920, pl. L 609; à vostre ~ m. eurer Erl. L 5463, m. Verlaub G 772, au ~ de a. beim Absch. v. j. C 248.

2441. 4208, s. par; demander ~ à a. s.en Absch. erbitten G 8825, doner ~ à a. entlassen L 1527, de ac. j. Erl. zu e. geben G 556, ~ requerre à a. j. um E. bitten G 4379 V., prandre ~ à a. C 1789.
conin (cŭnīculu m. Sw.), A. pl. -iz E 6669 V., counins W 2015 V., m. Kaninchen(fell) E 2114. C 3857 V.
[conjeu], N. -geuz (con + jeu) Zus.stoß G 4125 V.
conjointure (-jŭnctūra, kl.-jū-) Schlußfolgerung? E †*14.
conjoïr (*-gaudīre), 3. pr. -jot E 1675: C 2473: 5058:, 6. -joent E 1543: 5141: C 2207:, -jo(i)ent C †5059, 3. k. -joie C 2475:, tr. freudig, festl. begrüßen E 4168. L 2389. 2391. G 4407 V., a. liebkosen G 5844:, danken L 6692; s. joïr.
[conjuremant] (v. fg.) Beschwörung C 3197.
conjurer (-jūrare) tr. beschwören C 5758.
conn- s. con-.
conoissance (v. -oistre) Erkenntnis W 1408, Zustimmung K (*930). 932, Bekanntschaft E 3893, Bekanntenkreis C 4473, Merkmal, Abzeichen E 3975. C 1845, (auf Schild) G 5018 V.
conoissant (eb.) Bekannter W *1848.
conoistre (*connōscĕre), 1. pr. -ois u. L 1859 V. quenuis, 3. ipf. -issoit G 1705 V:, quennoissoit G 6912ª V., 1. pf. -ui L 457: u. L 4903 V. quenui, G 8754 V. quenuis, 3. -ut E 446:, G 3183 V. quenut, 5. G 1904 V. quenëustes, 3. k. -ëust E 3981,

p. -ëu E 3447, **tr.** *kennen (lernen), erk., durchschauen, erfahren* E 3447. C 610. 4221. 4471. 5054, *hören, merken* L 4355, *(geschlechtl.) erk.* C 5238; à *k. lernen durch* G 562*V.*, *erk., an* G 1366, au parler lo conut à sot G 1366*V.*, a. à mauves *j. als Feigling k.* L 1859; *bekanntma., mitteilen* E *6138. W 1905, bek., (ein)gestehen* C 5432. W 1905. K *1459. 1462. *1805. *5460. 6190. L 284*V.* 6393. G *3853; **r.** *innewerden* G 6509*V.*, en *sich ausk. in* G 1705*V.*

conpaingne[1] (*compānĭa) *Begleitung, Gesellschaft, -folge* E 1940: C 3392: L 3238:

conpaingne[2] (*f. zu* -painz) *Gefährtin* G 3451. 5467.

conpaignie (*dies durchzuführen; s. Wtb.*[1] *S.* 221* *unten*) *u.* -eignie (*v. fg.*) *Begleitung, Gesellschaft, -folge* E 1291, *Waffenbrüderschaft* L 2511, *synon. zu* cortoisie L 1295*V.*, *Begleiter* G 672. 8552, (*geschlechtl.*) *Gemeinschaft* C 3203*V.*; avoir ∼ o (*V.* à) a. *m. j. Gesellschaft h.* G 1543, antr'aus ∼ orent *lebten in ehel. Gem.* W 53; *s.* faillir; feire ∼ *Ges. leisten* C 6264. G 5739. 5814. 5972; *s.* porter; prandre ∼ à a. *sich j. zugesellen* E 4490, sa ∼ *ihre Ges. suchen* G 566*V.*; tenir ∼ *Ges. leisten* G 566. 5746.

conpaignon, -eignon (*compāniōne), *N.* -ainz E 4156. C 4235. L 1297: 6303: G 5729 *Begleiter, Gefährte, Gefolgsmann, Teilhaber.*

conparer, -erer (compărare), 1. *pr.* -pēr C 5427:, 3. -pēre G 2196:, 3. *k.* -pērt C 4353, 3. *fut.* -parra C 4352, -erra E 2819, *tr. vergleichen* W 2353, *bezahlen, büßen* G 1268. 3773. 3886. 6062.

conpas (*v. fg.*). *Umfang, Bereich* (del monde) II 47; à droit ∼ L 929 *u.* par droit ∼ E 6745*V. genau abgemessen.*

conpasser (*compassare) *tr. ausmessen* C 6416, (*er)bauen* K 3059*V.*; -ssé *abgemessen* G 2804b*V.* (compasé), *kunstgerecht* G 7233. 7526.

conpeignie *s.* conpaignie.

conper(ent) *etc. s.* conparer.

[conpēre], comp- (com-páter) *Gevatter* [K 6368*V.*].

conplaindre (*com-plangĕre) *r.* E 4506. W 755, *n.* C 882*V.* G 3750*V. klagen.*

conplainte (*v. vor.*) *f. Klage* C 611.

conplies (complētas × conplir) *f. pl. Komplet(orium)* K 2026.

conquerre (con-quaerĕre) C 151: G 4704, 3. *pr.* -quiert, 3. *pf.* -quist E 5344, 1. *k.* -queisse E 6100 *u.* -quesisse E 6105*V.*, 3. -queïst E 6078, 3. *fut.* -querra E 264, *p.* -quis E 1192:, *tr. bezwingen, überwinden, besiegen* E 3041, d'armes L 6417. G 2265. 2375, par armes E 6078; *erobern, erringen, gewinnen* E 661, par armes K 1326, *überreden* L 2425; *s.* requ-.

conquęst (*v. vor.*) *Erwerb, Gewinn* W 1995:

conquester (*v.* -quęste *v.* -querre) *tr. erobern, gewinnen* E 1310. 4712. C 1060*V., verdienen, erwerben* W 2017, *ausrichten* G 1303.

conreer (*-rēb-are), **3.** *pr.* **-roie**

E 465. K 2751:, tr. zu-, herrichten, ausrüsten E 457. G 1560, (cheval) verpflegen G 6508, übel zurichten E 2232, (a. tel) K 2751. G 1278, gerben W 1741; -raé gerüstet G 2432 V.
conroi (v. vor.), N. -oiz, m. Ausrüstung E 1264, Gefolge E 2296; prandre prochain ~ baldige Maßnahmen treffen E 4116. L 1566.
consance, V. -ante, -ente (v. fg.) f. Komplott [K *6970]; vgl. K *932.
consantir (-sentire) tr. zugeben, -gestehen, erlauben, dulden E 1794, ac. à a. bewilligen G 547. 2863, bekräftigen C 4558, annehmen L 1988; à a. que erl. E 3278.
consauz, -seil s. consoil.
conseillier[1] (-sĭliariu) Ratgeber C 2651. L 6582.
conseillier[2] (-sĭliare neb. -ari), 3. pr. -soille E 752, ipt. (nach que) -soille L †*365:, tr. a. j. beraten, tröstend beistehen, helfen E 5643. C 6177. L 2533. G 1659. 1661, a. de ac. in e. G 6128, ac. à a. j. e. (an)raten E 752. C 405, vertraul. mitteilen C 5657. L 1894, zuflüstern G 9008, dedanz l'oroille ins Ohr raunen G 6481; n. de ac. Rats pflegen K *408, à a. m. j. vertraul. reden W 1432, à a. de ac. G 9050; r. sich (m. sich selbst) ber. E 3729. L 3354. 6556, à a. sich Rat holen bei C 2991. G 1404; -seillié entschlossen K 952.
consente s. consance.
consëu s. consiure.
consirree (v. fg.) Entbehrnis C 5077.
consirrer (-sīderare) r. de ac.

e. entbehren müssen C 5080, verzichten, sich bescheiden L †3119.
consiure (*-sĕquĕre), p. -sëu, tr. erreichen, einholen E 4087 V., (m. Axt) treffen C 2032.
consoil C 425 u. -eil (-sĭlĭu), N. -auz E 4025, Rat, Plan, Entschluß E 1220, Überlegung L 5739, Hilfe, tröstender Beistand, Betreuung L 3905. 4775. 4777. 4784. G 6656, Ratsversammlung E 311, ~ privé G 4892; à ~ heiml., unter vier Augen C 3013. L 1597, verstohlen G 1861, à ~ de a. auf j.s Rat hin G 460, sanz ~ o. sich zu beraten G 2595, o. Rat zu hören G 1065 (V. sanz nul ~), demander ~ de Hilfe suchen g. G 6310; estre à ~ beratschlagen C 1648; prandre ~ beraten, überlegen, Rat suchen, Entschluß fassen, Mittel finden E 2566. 3042. C 1391. 5421. L 1623, sanz ~ prandre o. zu überl. L 3681; s. tenir; treire à ~ beiseite nehmen L 2547.
consoille s. conseillier.
consonant (-nte) konsonantisch, reich; rime ~ e W 4.
contançon (-tentione) f. Bemühung C 4404 V.; par ~ um die Wette E 1501. 3547. 6185. C 2247; sanz -tencion (dreisilbig) unbestritten G 949 V.
contanz s. contenz.
conte[1] (compŭtu bzw. v. conter) Zahl C 1882, Zählen C 4085, Rechnung, Betrag L 6259; par ~ an der Zahl G 2457 V., tot par ~ gut gezählt E 6934; Erzählung E 19. 6958. C 8. W 3. 6. 34. K

4702. G 63. 66, (als Quelle) C 22. K 468. W 3351. L 2685. G 709. 6515 (s. Herr. A. 132, 336 Anm.), ~ d'avanture E *13; randre ~ Bericht erstatten C 2203.
conte² (cŏmĭte), N. G 7475 cuens, G 21 quens (cŏmĕs) Graf E 20.
contenance (v. -tenir) Haltung, Benehmen, Anstand, Miene E 5537. C 623. K 1667. 2588. L 3882, Verhalten, Gebaren C 4365. G 4365, Ausdruck G 8045; par ~ um sich H. zu geben G *1357.
contendre (-tendĕre) V. zu antandre (à folie) K 3476 V.
contenemant (v. fg.) Befinden G 8174:
contenir (*-tĕnīre) r. sich befinden G 8165, sich -nehmen E 2683. C 2610. K 3709. L 1314, j. ergehen K 5177; (im inf.) sich ben. C 1452 V., sich verhalten G 571.
contenz (v. -tencier) m. Streit K 2305 V.
conter (compŭtare) tr. zählen E 2340, anrechnen als K *4390; erz., erwähnen, verlauten lassen E †22. C 19. W 3. L 61; r. sich belaufen auf C 2888.
contesse (*cŏmĭt-ĭssa Gräfin K 18. G 2789:
contor (*-ōre o. G. pl. -ōru ?) Graf E 4940: V.
contorber (-tŭrbare) a. j. aus der Fassung bringen G 4558e V.
contraliier, -lïer (-ariare ?) tr. durch Widerspruch reizen G 5540, aler -liant a. j. übel behandeln L 4151. G 8953.
contraliieus u. C 5794 V. -lios (v. vor.) widrig, widerwärtig, gefährl. E 214.

contr'atandre tr. auf j. warten C 3672.
contre (cŏntra) prp. (ent)g. E 366, zum Empfang v. L 2319. 2338. 2344; adv. entg. E 384, ~ mont bergauf, empor E 476. C 3981, contremont aufwärts G 4504. 8501, ~ val tal-, abwärts, hinab E 941. C 5986, contrev- hinab G 3379. 6699 (V. à contreval u. ancontreval), herunter G 4504, ~ terre zu Boden E 873, prp. contreval le vis E 6223, la riviere C 1807.
contrebatre tr. bekämpfen W 1390.
contredire (-dīcĕre), 6. pr. -dïent C 1745:, tr. widersprechen, dag. s., abschlagen, verweigern, -bieten, -wehren, aberkennen; ac. à a. E 841, a. schützen G 6101 V., i rien e. dag. einwenden E 1790, (parole) widerrufen E 61 (Cohn ZffS 38, 106).
contredit (v. vor.) Wider-, Einspruch E 592, Weigerung G 514, Vorbehalt L 2011; sanz ~ o. Widerrede K 192. G 7408.
contree (*contrata) Gegend, Land E 655. C 2450. L 4822. G 4163. 5595.
contrefeire (-facere) tr. nachmachen, -bilden, -ahmen E 420. C 5389. L 1501; -fet mißgestalt, verkrüppelt E 6795. C 4547. L 712.
contreire (contrariu) adj. entg.-gesetzt C 163, feindl. L 6026, widerwillig C 1843; sb. Mißgeschick E 3725; torner à grant ~ C 590 u. venir à grant ~ E 6011 j. querkommen.
contremander tr. durch G.befehl vereiteln C 1966 V.

contremont *s.* contre.
contreprandre *tr.* (*Wild*) *stellen* G 5677 *V*.
contrerimoier *plagiieren* E 22 *V*.
contr'ester à a. *sich g. j. auflehnen* C *†1060; *tr.* a. *j. standhalten* C 3514 *V*.
contret (-tractu) *gelähmt* K 444. G 9193.
contretenir *tr. streitig ma., verteidigen, halten* C 1465. 1650. †1966. G 5900. 6023; *r. sich h., standh.* C 3744. K 2409. L 5627, à a. G 2123.
contreval *s.* contre.
contrueve (*v.* -trover, *s.* trover) *f.* (*erfundene*) *Ausrede* K 4901:
conui *etc. s.* conoistre.
conveiier (*-vĭare), 6. *pr.* -voient E 365 *V*., 3. *pf.* -vea L 4638, *tr. geleiten* E 788, *verfolgen*, (*iron.*) *heimleuchten* C 1338. 2946.
conv- *s.* cov-.
convers (-vĕrsu) *Laienbruder* K 1230.
converser (*-vĕrsare *st.* -ari) *n. verkehren* C 4751. 5724, *-weilen, sich aufhalten* W 1961. L 2827. G 3528. 8009.
convertir (*-vertire) a. *bekehren* II 11.
convoi (*v.* -veiier) *Troß* G 4909 *V*.
convoitié *s.* coveitié.
cop (?), *N.* cọs K 1098: *Hahnrei.*
cọp (cŏl[a]phu), *N.* cọs *Schlag, Stoß, Hieb, Stich* E 3977. C 4937. K 2184, *Schuß* E 222. W 1770. 1774, *Wunde* E 5005. L 1370f., *fig.* C 690. L 1369, *Schicksalsschlag* K 4232. 4236. 4261; sanz ~ *o. Schwertstreich* L 4426; doner un ~ E 973. C 1421, soi doner cos L 6639, *s.* antredoner; ferir cos E 3583. L 2251. 5287; *s.* (*ellipt.*) tel.
cọpe (cŭpp-a) *Schale, Becher* E 2391. C 1536. W 149. G 748.
copé (-atu) (*Pferdefuß*) *gewölbt, hohl* G 7168 *V*.
coper *s.* couper.
çoper (*zopp ?-are), 3. *pr.* çọpe *u.* G 628: *V.* zope, chope, çoupe, soupe, *n. straucheln* L *3097; *s.* açoper.
cọple (cōpula) *f. Band* E 1666 (*V.* cope).
coquatrille, -uerile *s.* corcatr-.
cọr *s.* cọrre.
cọr (cŏrnu), *N.* -rz *m.* 1. (*Rind*) *Horn* L 347, (*mus.*) E 132. L 2348; 2. *Ende, Ecke, Zipfel* E 2378[15] *V.*: G 212 *V*. 3346.
cor *s.* car.
corage (*cŏr-aticu) *Herz, Mut, Gemüt, Sinn, Gesinnung, Gedanke, Vorhaben, Lust* E 540. C 14. L 1436. G 805. 1487. 4339. 7361, *Sinnesart* I 27, ~ et cuer *Herz u. Sinn* G 8922 *V*.; de bon ~ *so recht v. H.en* G 4339 *V*.; avoir son ~ aillors G 2916, avoir an ~ vorh. E 2681, dire son ~ *sagen, was man auf dem H.en hat* C 5151 *V*., metre ac. an ~ à a. *j. e. in den Sinn geben* G 2044. 2136, venir an ~ *in den S. kommen* C 5532.
corageus (*v. vor.*) *mutig* G 1955.
coragié (*eb.*) de feire ac. *gesonnen e. zu tun* E 2979 *V*.
coraille (*cŏr-alia) *Herzgegend, Eingeweide* C 6021 *V*. 7221; *pl.* ~ s G 36 *V*.
corant, G 1316 corr- (*v.* cọrre) *schnellfließend* G 640 *V*. 7260 a *V.*, *schnell* E 2023. 2395. G 9139 *V*., molt courant cheval G 2668 *V*.

corbe (cŭrvu) f. gekrümmt L 307 V. G 7171 V.
corbęl (*corb-ĕllu), N. -iaus E 834 V. Rabe G 478.
corcatrille, V. cocadr-, co(r)quatr-, coquerile (mlat. corcodrillu) Krokodil E 6729.
corcier s. correcier.
cordé (z. fg.) grober Wollstoff W 3241:
corde (chŏrda) Seil, Strick, Tau W 2060. 2327. [K 6634:]. L 4098. G 3395. (del lit) G 7695. 7822. 8691. 8693, Saite E 6772.
cordęle (v. vor.) Strick G 7173.
cordoan (*Cŏrdŭbanu) Art Leder W 2004:
coreor (zu corre) Renner G 9138 V. 9145 V., Plünderer L 3149.
corgiee (*corrĭgi-ata), V. pik. corgie u. escorgiee Riemen C 3803, R.peitsche E *148. K *2798. G 612 V. 4613.
corjon (*-ōne) m. Riemen in ploiier le ∼ einpacken, sich wegbegeben L *†5916.
corneillier, V. -nilier (*cornĭcŭlariu)Kornelkirschenbaum, Hartriegel L *5515.
corneor (v. fg.) Hornbläser E 132 V.
corner (v. cǫr) n. blasen E 119. 134. L 4870 V., l'aube den Morgen anblasen G 3127. 3357 V., ∼ levee G 3127 V.
cornoille[1] (*corn-ĭcŭla) Krähe G 478:
cornoille[2], V. -nelle (-ĭcŭla) Kornelkirsche W 434.
cornons (zu cǫr) del lit Ecken des Bettes G 7702 V.
cornu (-ūtu) (baston) zackig L 5515.
cor(r)oie (corrĭgia) Riemen E 224. 712. C 5985. 5989, R., an dem Almosentasche hängt G 550 V.

corone, L 6359 V. quer- Krone G 6681, Königreich K 5430, Kranz, Siegespreis L 6359, d'espines G 591.
coronemant (v. fg.) Krönung E 6706.
coroner (cŏrōnare) tr. krönen C 128; reïne -ee G 8069 V.
corp- s. coup-.
corre (cŭrrĕre) C 1766. 1891. W 2611 u. co(u)rir, corrir, currir G 3201 V. 8406 V., 3. pr. cort, G 6667 V. queurt, 6. corent, G 5786 V. queurent, p. corëu (anal.) E *†6693, ipt. cor E 2665, n. laufen, eilen; an∼ G 1070 V., (+ inf.) schnell e. tun G 1554, ∼ prandre schn. holen G 8846 V., fließen E 5374. C 1257; tr. in Gang setzen G 1386f. 1436 V.; leissier ∼ ansprengen G 2200 V. 2664 V., à a. einspr. auf C 1766, losstürzen auf L 5644 V., leissier ∼ les chevaus G 3918; n. aprés hinterherl. G 276, contre à a. E 384. G 372, enco- a. G 372 V., sore à a. E 3858. K 888. 3732, sus à a. W 2807. G 1516; r. an ∼ G 1070, dahinfahren C 2442.
correcier, V. cor(e)cier L 4550, corrocier C 912 V. (v. corrǫz), 1. pr. corrǫz C 861:, 3. corrǫce E 3745:, tr. erzürnen E 1115: 4812: C 912: 5806: L 4550:; n. (inf.) zornig w. L 1110; feire a. ∼ à a. j. g. j. aufbringen G 8957; r. zornig w. E 3745. C †5806, à a. über j. L 3664:; -ié aufgebracht G 406.
corr- s. cor-.
corronpre (-rŭmpĕre) tr. verderben E 21.
corroz(*-rŭptiu) m. Zorn, Groll,

Zank C 1512. L 2233. 3673. G 964. 1277:; *s.* par.
cors (cŭrsu) *Lauf* L 3522, ~ ne galǫs G 7217 *V.*, *Flußl.* G 6669, *Waffenritt* G 1491 *V.*, feire son ~ *s.en Streifzug ma.* L 1358; aler le ~ *laufen* E 4322, venir le ~ *herbeieilen* L 4198, le grant ~ *in schnellem L.* C 3663. K 1556, les granz cours C 3663 *V.*
cǫrs (corpus) *Leib, Körper* E 410, *Leiche* E 4706, ~ saint *Leib eines Heiligen* G 579; *umschreibt Person* E 546. C 1139. L 2382. G 5969; avoir son ~ chier *s. Leben lieben* G 6045; par son ~ *eigenhändig* C 1344; conbatre ~ à ~ G 2168; an ~ vestu de *am Leibe bekleidet m.* G 7886; en pur ~ *nackt* E 4384 *V.*
corsage (*v. vor.*) *Körperwuchs* C 326:
corsu (*eb.*) *stark* K 642.
cort[1] *s.* corre.
cort[2] (cŭrtu) G 6751 *V.* gourt, *kurz* E 72. (*Mantel*) K 1022. G *1553:; *s.* tenir.
cǫrt[3] (cŭrte *v.* cŏhŏrte) *f. Hof* E 29. C †5885. L 7, real G 65. 461, (*jur.*) G 5311; ~ avoir G 3978. 4068 *V. u.* ~ tenir G *4004 *H. halten*; à ~ bei *H.e* C 4527. G 3966, *an den H.* G 880. 885; *s.* an; de ~ *v. H.e weg* L 6518. G 4806.
corteisie, C 623 *V.* -esie (*v.* -tois) *höfisches Wesen, Anstand, Bildung* E 1505. C 153. L 79, *Höflichkeit* E 4417; dire grant ~ *sehr höfl. sprechen* G 8132, feire tant de ~ *so zärtl. tun* G 1977.
cortine (cōrtīna) *Vorhang,Teppich* E 2367. 6837 *V.* L 2347.

cortiner (*v. vor.*) *m. T.en behängen*; chanbre -nee K 4756 *V.*
cortois (*zu* cǫrt[3]), *f.* (*anal.*) ~ e G 2088:, *höfisch, höfl.* L 3, *schickl.* G 3884, (ostel) G 1906; dire que ~ G 1895, feire que ~ G 1977 *V.*
corz *s.* cǫr *u.* cǫrt.
corut *etc. s.* cǫrre.
cos *s.* cǫl *u.* cǫp.
cos *s.* cǫp.
cosdre C †1158 (*cōsĕre *v.* cōn-sŭĕre), 3. *pr.* cǫst L 5423:, queust E 712, (*an*)*nähen; festbinden* E 712; *p.* cousu à or G 9178 *V.*
cosin (*cōsīnu *v.* cōnsōbrīnu) *Vetter* W *830. G 3601; ~ germain *leibl. V.* L 582.
cosine (*v. vor.*) *Base* G 3600.
cost[1] *s.* cosdre.
cost[2] *s.* coster.
cost[3] (*v. vor.*) *Kosten* C 1247:
coste *s.* coute[2].
cǫste (cŏst-a) 1. *Rippe, Flanke* W 1678, *Seite* C 5892. L 3461, à ~ *zur S.* G 3104 *V.*, ~ à ~ *S. an S.* G 1539. 8245. 8293, an ~ *daneben* E 743, *in der S.* G 4635 *V.*, *zur S.* G 3104, *S. an S.* G 1539 *V.*, de ~ *u.* d'en ~ *zur S.* G 3104 *V.*, de ~ *daneben* L 3527 *V.* 3963; 2. *Abhang* W 1677.
costé (*-atu) *Seite, Flanke* E 717. C 6049. L 832. G 2222.
coster (cōn-stare) *kosten* L 5:, à a. G 4860, ~ chier E 2213. G 5021, que que il lui dëust ~ G 3362 *V.*
[costoiier], 3. *ipf.* L 4105 *V.* -ioit (*v.* cǫste) *tr. j. zur S. gehen* K 2010. L 4105; *n.* L 3412.
costu (*eb.*) *eckig* C 4845 *V.*
costume (cōn-suetūdĭne) *f. Brauch, Gepflogenheit* E 38.

2826. C 592. L 1848. 2102. (†2104). 5152. G 1626, *Gerechtsame, Zollrecht* W 2431. 2441. 2545; *pl. Zölle* G 5085. 5225; ∼ estoit que G 2722; *s.* randre.

costumier (*v. vor.*) *gewohnt* C 5841. L 115.

costure (cōnsūtūra) *Näherei* C 1570, *Naht* G 3724.

cosu *s.* cosdre.

cǫte, G 4311 code, *V.* coute, coude, coste, keu(s)te (cŭbĭtu) *m. Ellbogen* E 984: K 1150: L 5201: G 1270. 3092:

cǫte (fotta) *Rock (des Mannes)* E 72. 2652. W 150. K 5559. L 2974. G 503. 1155. 1424: 1603. 2140 *V.* 2802. 4542. 7886: 7913, (*der Frau*) L 4375. 5212. G 3894.

cotęle (*v. vor.*) *kurzer Rock* G 1168.

couche (*v. fg.*) *f. Lagerstätte* E 4270. K 1213: L 4657.

couchier (*cŭlcare < cŏllŏc-) *tr.* (*hin*)*legen, zu Bett l.* (*bringen*) E 695. C 6149. L 5443. G 3354; *n. sich schlafen l.* G 8255, aler ∼ E 5670. G 2620. 8258; *r.* E 3442, avec a. K 954; *p.* -chié (*sonst* apoiié) sor une fenestre K 3588, estre -chié *liegen* C 1637; *sb. Schlafengehen* C 3284; *Betten* G 1934.

coupable, *V.* corp- (cŭlpābĭle) *schuldig* L 6785.

coupe[1], G 2197 *V.* cǫrpe (cŭlpa) *Schuld* C 503; avoir ∼ s *die Sch. tragen* E 4650. G 2197; *s.* clamer.

coupe[2] (*zu* cǫp) *f. Schlag* G 1267 *V.* (*s. To.-Lo.* cobe).

couper[1] (*v. gr.* kolaphos) *tr.* zer-, abschneiden, -hauen C 1340. 3507. W 1862. G 8711 *V.*, coper les chandoiles K 2572 *V.*

couper[2] (cŭlpare) *beschuldigen* K 4202 *V.*

coute[1] *s.* cǫte.

coute[2], G 7701 *V.* coste, kioute (cŭlcĭta) *Matratze, Unterbett* E 693. C 6118 (*V.* colce). K 1211, *Divan* E 1304, *-decke* E 2407. L 1041. 1948; ∼ porpointe E 479, ∼pointe E 5140 *V.* G 668a *V. Steppdecke.*

coutęl, *V.* cost- (cŭltĕllu), *N.* -iaus *Messer* C 5936. G 916. 918. 2032.

covaingne *usf. s.* covenir.

covant[1] (conventu) *Kloster* L 1168, *Mönchsorden* L *16; avoir ∼ *gemeinsam leben* G 7582 *V.*

covant[2] (*eb.*) *Versprechen, Zusage* E 1850; par ∼ que *zum Beweis dafür daß* G 5047, *unter der Bedingung daß* G 8345, + tel E 1299. C 4047. G 2115; avoir an ∼ à a. *j. zusichern* E 731 *V.* L 1720. G 2692 *V.*, avoir (*V.* l'av.) an ∼ *versprochen h.* G 5099; est -nz que *es ist ausgemacht daß* G 7196; fausser de ∼ *s. Wort brechen* L 2660; metre an ∼ *versprechen, -sichern, -bürgen* G 598. 1260, ∼ à a. *j. zur Bedingung ma.* C 3060; tenir ∼ à a. *j. s. Verspr. halten* L 555. 1723. G 2353 (*V.* le ∼ de a.)

coveiteus (*v. fg.*) *gierig* C 5793.

coveitié (*cŭpĭdiet-ate?) *f. Begier*(*de*), *Begehr* C (*1536). 3652. L *1536: 2294: 6660: G 139 *V.* 6884.

coveitier (*-are?), 3. *pr.* -oite C 535, *tr. begehren, verlangen nach* C 95, *ersehnen* G 2581, à + *inf.* G 4462.

coveitise, *V.* -oitise (coveitié × -ise) *Begehrlichkeit* G 7556. 7594, *Begierde* G 1499, *Begehr* G 5282 *V., Habgier* E 2939.
covenable (*v.* -nir) *passend* C 5636.
covenance (*eb.*) *Versprechen, Abkommen* E 1239 *V.* K 932 *V.* 1220 *V.* [6770:].
covenant (*eb.*) *Vertragsbedingung, Zusage, -sicherung* E 731. C 2552; par ~ que *unter der Bed. daß* K 77 *V.*; avoir an ~ *versprochen h.* L 1720 *V.* G 5099 *V.* (*V.* com [il l'] avoit ~); metre an ~ à a. que *j. zusichern daß* G 2927.
covenir (convěnīre), 3. *pr. k.* covaingne C 4805, *fut.* -andra E 571, **n.** *m. e. fertig w., es verstehen* E 5225. W *472. G 8344 *V.*; **ups.** *sich geziemen, brauchen, nötig s., müssen* E 255. L †3389, *sich passen (schicken) für* G 3714. 9192, *m. A.* + *inf.* E 3806. G 2682, *m.* à + *inf.* L 3689 *V.* 5469 *V., m. A. u.* à + *inf.* K *1182 (*doch s. Mod. Phil.* 27, 463). G 4690 *V.* 7134; quanque il li covint *was ihm auch zukam* L 1583; ne ... riens qui covaingne à *nichts, was dazu gehöre* L 1887; il le covandroit sage *er müßte weise s.* G 7593.
cover (cŭbare) *brüten; n. glimmen* L 6772f.
covert(emant) *s.* covrir.
covertise (*v.* covert) *in* par ~ *listig* G 2107 *V.*
covertor *u.* E 4276 *V.* K *511. G 3088f. *V.* -oir, G 1932 *V.* conbertoer (*cŏŏpert-ōre *bzw.* -ōriu) *m.* (*Bett*)*decke* E

*†4278. W 151: K 515. 522. 526. G 1932. 2060. 4145.
coverture (*-ūra) *Deckung* E 4456, *Verhüllung* C 844, ? K 6051, *Sattelbezug* G 7174, *Außenseite des Mantels* G 7916; par ~ *anspielend* L 1938.
covine (*convěniu) *m. u.* G 1839 *V. f. Lage* G 1839, *Zustand* C 3384 *V., Beschaffenheit* G 8066:, *Verhältnisse* G 7527:
covir (cŭpīre *neb.* -ěre) *begehren* E 4722 *V.*
covoit- *s.* coveit-.
covrir (cŏŏpěrīre > cŏp-), 3. *pr.* cuevre C 603, *tr.* (*be*)*decken, zu-* E 935, *verbergen, -heimlichen* C 603 (*r.*). K *5215. L 3967, *bemänteln, entschuldigen* L⁴ †527, *r.* de ac. e. *geheim halten* G 44; *p.* covert *bedeckt,* (*m. Stoff*) *ausgeschlagen* G 7716, *versteckt* C 1813; par moz -rz *durch Anspielung* C 1041, ~ emant *auf Umwegen* E 3293.
craa- *s.* crea-.
craindre, C †3901 *V.* cremir, C †3901 *V.* criembre (trěměre, *bzw.* -*īre × gall.* cr-), 1. *pr.* criem E 2543. I 13. 47, G 3248 *u.* G 6810 *V.* crien, G 3248 *V.* craing, 3. crient G 5995:, 6. criement C 3827, 3. *k.* crieme C 3891, 1. *ipf.* cremoie E 240 *V.*, 3. cremoit C 5171, 1. *kond.* criembroie E 5858 *V.*, 2. *ipt.* crain *u.* crien G 6459 *V., p.* cremu G 417: *fürchten, besorgen* L 3776, *o.* ne C †3829. †6059. W 67. 614. K *1634. L 4863. 6649. 6699. G 1737. 3210. 3248 *V.* I 13, *m.* ne G 1737 *V.* I 47. G 1737 *V.*, de ac. *für e.* G 5995, *m.* de + *inf.* L

— 74 —

†1512; *r. de ac. Angst h. vor* C 5171.
craisse *s.* gresse.
crampe (*zu* crampir *v.* Ἰɑmp) *verkrümmt* (*Pferdefuß*) G *7168*V.* (*Hg.* crampé).
crape L 1050 *V. zu* grape (*s. d.*)
crapeus, G 7168*V. u.* 7174a*V.*
grap- (*ML*³ frappa) *v. Mauke* (*Hufgrind*) *befallen* G *7168.
cras *s.* gras.
cravanter (*crĕpant-are) *tr. vernichten* C 2402*V.*, *ger.* -entant *wild losstürzend* C 1752*V.*; *s.* acr-.
creance (*crēdantia) *Glauben, Kredit* C 346. L 1582. 3070; avoir ~ an G 6297, sus ta ~ *auf deine Versicherung hin* G 7428*V.*; *Kredo* G 156.
creancier (*v. vor.*) *verbürgen, -sprechen* E 1052*V.*
creant (*v.* creanter) *Wille* W 112, *Versprechen?* C 2435*V.* L 5763*V.*; sor ton ~ *auf deine Versicherung hin* G 7428*V.*, metre en ~ à a. *j. zusichern* G 2692*V.*, venir à ~ à a. *nach Wunsch s.* G 2692.
creante (*eb.*) *m. u. f. Versicherung, -sprechen, Zusage* C †2435. (*3304). L 5757. 5763, *Wunsch* L *3304; à son ~ nach W.* E *6191, sor vo craante *auf Grund eurer (feierl.) Zusicherung* G 8658*V.*, feire ~*versichern* G 4742*V.*, venir (*V.* estre) à cr. *nach W. s.* C †221. K 3914.
creanter, *V.* craanter (*crēdantare) *tr. bewilligen, zugestehen* L 2562. G 5416*V.* 8806*V.*, *geloben, versprechen* E 3481. C 1841. L 2541, *versichern* L 1950*V.* G 2246. 3636, *zusichern* G 2684, *empfehlen* G 4938*V.*; *s.* granter.

creature, G 386. 5044 criat- (crĕātūra) *Geschöpf* E 200. G 8545.
creissoit *s.* croistre.
crem- *s.* craindre.
cremor, -our (trĕmōre × *gall.* cr-) *f. Furcht* C 2592*V.* 3899*V.*
cren (*v.* *crener *v.* *crēnare *v.* crēna) *m. Einschnitt, Kerbe* [K 7098*V.*].
crenel (× *crēn-ĕllu), *N.* -iaus *Zinne* L 4249.
crenu, G 2394*V.* grenu (*crĭn- -ūtu *st.* crĭn-ītu) *langhaarig, bemähnt* E 1415. K 2589. G 1359*V.* 8975.
crerr- *s.* croire.
cresme (*crīsma *v.* chrīsma) *Tauföl* C 371.
cresr- *s.* croire.
cresson (crĭssōnu *v.* *freſſo?) *m. Kresse* G 6502.
cresté (crĭstātu) *bemähnt* G 8699.
crester (*v.* creste *v.* crīsta), 3. *pr.* crẹste L (†192). 4219:, *r. s. e Haare* (*Mähne*) *sträuben* L *†4219. 5531.
crestianté (*v. fg.*) *f. Christenheit* E 25. G 8303, -*tum* C 372.
crestiien (crĭst-ianu *v.* chrĭst-) *christl.* E 6860; *Christ* K 3498, *Kind Gottes* G 1670, *Christenmensch* G 2978, *f.* ~ e W 36. L 1148: G 2978.
creü *s.* croire *u.* croistre.
crever (crĕpare), 3. *pr.* crieve E 697, **n.** bersten G 1276, *fig.* 2586, de *wegen* G *5554, (*Morgen*) *anbrechen* E 697. L 4931. G 5475, feire ~ G 7084*V.* 3357; **tr.** (*Augen*) *ausstechen, -hacken* C 699. 5528*V.* G 479.
cri (*v.* crïer) *Ruf, Geschrei, -bell* E 135. C 2009. (*pl.*) 4932*V.*

L 1173, *Gerede* C 5329; li ~z sera chëuz *das G. wird verstummen* G 5410, feire ~ de *G. ma. v.* G 5411.

criature *s.* creature.

criem(broie) *s.* craindre.

crieme (*v.* craindre) *f. Furcht* C 3845. K 4194 *V.* L 5588. G 1499 *V.*

crieme(nt), crient *s.* craindre. [crïeor] (*v. fg.*), *N.* crïere G 5940 (*V.* crierres) *Ausrufer.*

crïer (*crītare *v.* quĭrītare o. *ĭrītan) *rufen, schreien* E 992, *kreischen* G 8691, à a. zur. G 1083. 4294. 6684, merci (à a.) *um Gnade flehen* E 992. C 2179. K 2871. 2917. G 2235. 6348, de ac. G 8925; feire ~ *ausr. lassen* C 1533; a. *anr.* G 4174 *V.*

crieve(nt) *s.* crever.

crigne (*crīn-ea) *Mähne* E 5327 *V.*

crin (-e) *m. Haupthaar* E 1656; *pl.* E 425. 3810. (*Pferdeh.*) G 3706 *V.*

crisolite (chrysŏlĭthu) *f. Chrysolith* E 6807.

cristal (crystallu), *N.* -aus *Kristall* C 839. 3312. L 1482.

croc (ĭrōĭ-) K 1012, *N.* cros K 5133: *m. Haken.*

croce (ĭruĭĭja × *vor.*) *Krummstab, Bischofs-* L 2156: G 4632.

crocefiier, G 6511 *V.* cruc- (crŭcĭ-fīgĕre × fiier *v.* -fĭcare) *tr. kreuzigen* G 590, en crois G 590 *V.*; *r. sich kr. lassen* E 2378⁷ *V.*

crocefis, *V.* cruce- *u.* cruci- (-fīxu) *Kruzifix* E 2377.

croie (crēta) *Kreide* G *7718, (*im Pelzwerk*) L *†1885.

croire, E 3457: croirre (crēdĕre), 1. *pr.* croi E 1765:, 5. creez E 5621, 1. *ipf.*
creoie L 5163, 1. *pf.* crui G 6366. I 34:, 4. crëumes E 1226, 1. *k.* crëusse (*V.* creïsse) G 1405, 1. *fut.* crerrai C 2502, cresrai G 7625 *V.*, 3. crerra G 6281, cresra G 3857 *V.*, 5. querrez, kerrois, qerrois G 1416 *V.*, *p.* crëu E 4025 *glauben*, si con je croi II 12; **tr.** (n.) ac. *gl., befolgen* L 3654. 5163, (nul consoil) *hören auf* G 7625, mes iauz an crui II 34, de ac. que *v. e. daß* L 422, a. C 6304. 6776. G 1406. 2399, *j. Vertrauen schenken* W 3348. G 4843, *j. folgen* E 3319, a. de ac. C 2614, Deu *an Gott* W 41. G 151. 6299. 6366, Jesucrist G 6255, an a. G 173. 663, an ac. G 8792, t'an croi *G 350, *ähnl.* G 8200, an ~ a. à ac. *j. auf e. hin gl.* G 894; estre crëu *Gl. finden* L 898, de ac. *m. e.* C 2415; **r.** an a. *sich verlassen auf* C 3315. 5367. 5496, à ac. *trauen* C 6776 *V.*, s'an ~ à ac. *gl. auf Grund v. e.* G 2086; feire à ~ *glaubhaft s.* C 26.

croisele (*zu* croiz) *Kreuzchen* E 1619 *V.*

croisete (*eb.*) *eb.* E 1619.

croisié (crŭc-iātu × crois-) *Kreuzfahrer* K 5790.

croisille (-icŭla) *Kreuzchen* E 1619 *V.*

croisillié (-iculātu) *m. Kreuzchen gemustert* E 1591.

croissié (*s. d. fg.*) *geborsten* G 1762 *V.*

croissir E 3606 (*crŭscīre *v.* ?), 6. *pr.* croissent E 869. C 4937f. *V.* W 2301. *G 2207 = G 2671, *n. krachen* ?, zerkr., *tr.* -brechen G 2208 *V.* 2672 *V.*, feire ~ E 3606.

croistre (crēscĕre) E 3511:, 3. pr. croist E 5398, 3. ipf. creissoit C 4150, 3. pf. crut E 6055, k. crëust L 415, n. (er)wachsen E 5454, an ac. an e. C 4150; tr. vergrößern, -mehren E 3511. K 3449. G 6627; estre crëu gewachsen s. G 7064 V.
croiz (crŭce) f. Kreuz G *6223, voire ~ wahres Kr. E 2378⁵ V.; cheoir an ~ m. ausgestreckten Händen auf den Mund fallen C 4106, lever an la ~ an das Kr. heften G 6295, metre an la (V. en) ~ G 6287.
crollant (v. fg.) klapprig W 1068.
croller, G 2877. 6586 V. crosler (*crŏt-ŭlare zu -ălu Klapper; GGA 1932, 162 corrŭtulare zu corrŭo), 3. pf. croilla G 2877 V., tr. schütteln, anstoßen G 6586, le chief E 4247. G 2877, li über ihn G 2877 V.; n. wanken L 6542, in Erschütterung geraten G 8691 V.; r. sich rühren C 5785. 6213 V. L 5673.
crope (frk. *Ĭruppa) f. (Pferd) Kreuz L 540. G 627. 7171.
cropiere (v. vor.) Hinterdecke (-geschirr ?) des Pferdes G 5124.
cros s. gros.
croser (*krŏs-are) höhlen L 437.
crosler s. croller.
crot (gall. *klotton × fg.), V. croit, clot m. Höhle G *4624:
crote (crŭpta) Gewölbe G *5885.
cru (crŭd-u) roh E 4268. L 2826.
crüel (*-ale ?), N. crüēs C 3527:, grausam E 4345: L 4150:
crut s. croire, croistre.

çucre (ar. sukkar) m. Zucker W 1375. L 1356. 1401, chucre G 5780 V.
cue¹ L 1403 V. zu ce (s. d.)
cue² (?) C †1245 V. zu pēl.
cuens s. conte².
cuer, G 4444 V. 6435 V. queor (*cŏre) Herz I 48 (o. art.). K 1240. L †1360. 2641 f. 2728 f. 4584, de fust K 3180; Mut C 3554. L 851. 872. G 8493, Lust C 4170. G *1467. 1484, buen ~ Wohlwollen L 4626 V. 6648 V., mal ~ Übelw. L 6607; (periphr.) G 7815; an (V. à) son ~ G 6263; i avoir le ~ m. dem H.en dabei s. G *1502, son ~ daran denken G 3297; metre au (V. à) ~ sich zu H.en nehmen L 3845, à son ~ dgl. L 3848. G 734, son ~ an s. Verlangen richten auf L 5725; s. porter, tenir, tochier; li ~ s revient à a. der Herzschlag setzt wie. ein G 7043.
cuerpous, V. corp-, carpos, querpouse (cuer + pous v. pŭlsu) m. Asthma C *3025.
çüete, v. süette, choete (kyu Schallw.) f. Kauz L⁴ †302.
cuevre(nt) s. covrir.
cui s. qui.
cuidier (cūgĭtare), 1. pr. cuit E 1034:, cuic G 6185 V., quic G 4476 V. 7058 V., 3. k. cuit L 77; tr. denken, glauben, meinen, hoffen E 2258. G 2777 (m. k.), a. mout preu G 9084, a. à molt sage G 9086 V., (m. inf.) ged., beabsichtigen L 679. G 8939. I 29, n'i cuide avoir garde denkt nicht daran sich vorzusehen G 5753, que ne besorgt s. daß G 6810 V., versuchen L 3036;

— 77 —

n. *überlegen, zögern* C 5917, trop *sich überheben* E 5927, ne cuide veoir l'ore que *kann es nicht erwarten daß* E 5314, si com je cuit G 1914a V.; sb. fol ~ *Tollheit* G 2655, au mien ~ C 4785. L 87. 535. II 46, sanz panser et sanz ~ *sofort* C 5917.
cuince? K 2237 V. *zu gorge*.
cuir (cŏriu) *m. Haut, Fell* L 312. G 6852, *Leder* E 3778. G 504.
cuire (cŏquĕre > cŏc-), 3. *pr.* cuist C 471. G 1766, *tr. kochen, backen* G 2541 V. 2573, a. *erhitzen* C 471, *aufbringen* G 5266 V., metre ~ à a. (*fig.*) *j. einheizen* G *1202: (V. à a., metre tais encuire); *p.* poires cuites E 4268.
cuiriee (cŏrātum, *-ata *Geschlinge* × ?) *Jägerrecht* (*Eingeweide des Wildes*) L 4251. G 3708.
cuisançon *s.* cus-.
cuisine (cŏquīna > cŏc- × cuire) *Küche* E 488. G 2573, *Essen* K 2049, froide ~ *kalte K.* W 451.
cuisse (cŏxa), K 816 V. gui-, goi-, G 3513 V. qui- *Schenkel* C 1378 V.
cuit *s.* cuidier, cuire, vin.
cuivert (cŏl-lībĕrtu × ?) *schurkisch, ruchlos* E 208. 235. 241 V. C 6010. K 356; *sb.* cuv- *Feigling* G 7559 V.
cuivre, *V.* coi-, keu-, cheu-, coe-, ciure (*cŏpru *u.* cŏprĭu *v.* cŭpru) *m. Kupfer* C 2774. L 216. 5517. G 1818 V. 4905.
cure (cūr-a) *Sorge;* avoir ~ de *schätzen* L 2513, n'avoir ~ de E 310. G 3396. 3928. 7208.
curer (-are) *tr. in Behandlung nehmen* E 5198 V.

cu(i)sançon, G 1504 V. quisen- (*v.* cuisance *v.* cuire) *f. Schmerz, Sorge* C 2248. K 2478. L 108.
cusançoneus, L 4649 V. cusencen- (*v. vor.*) *bekümmert* L 700.
cuve (cūpa) *Kufe* G 9172, *Bottich* 5773 V., *Wanne* C 1146.
cymentire *s.* cemet-.

daar-, daerr- *s.* derriien.
dahé, G 4388 V. 6703 V. dehé, dahet (Deu-ḫat-u?) *u.* dehait (dehé ait *v.* hăbeat), *oft mal, mau davor, m. Fluch, Verderben,* K 1757. L⁴ †5756. G 2190 V. 2268 V., mal dahet G 4388 V., dehait ait G 6703 V. *verflucht sei; pl., V.* daez, daaz, K 1682f. L⁴ †507. 1959. 2062. G 878. 1170 V. (malaez). 2190. 2268. 4388. 4648. 5403. 6703, çant dahez et G 4381.
dain, daim (*damu *neb.* damma) *m. Damhirsch* E 3939. W 1764. 1826 (: plain). L 399. 3203.
daing(ne) *s.* deignier.
daintié *s.* deintié.
dalés *s.* delez.
damage *u.* G 2117. 3248. 7809 dom- (*v.* dam *v.* damnu), dial. damache E †*1006, *Schaden, Verlust, Nachteil* E 2460. C 2040. L 111. G 8327 V., ~ de vos *Sch. an euch* W 294, se seroit trop granz ~ s G 2117, est ~ s de a. *es ist schade um j.* G 7908, estre en le ~ de a. *j. schaden* E 1006 V.
damagier, dom- (*v. vor.*) *tr.* (*be*)*schädigen* C 1979. L 3852. G 7032.
dame (dŏm[i]na) *Frau, Herrin, Beherrscherin, Besitzerin* E

33, H. des Hauses E 477, Lehnsh. L 6442, Edelfrau L 2890, Ehefrau L 2472. 5701. 6687, Schwiegermutter E 1346, Klosterfrau L 1168. G 2968 V., ~ novele (Gegens. pucele) E 2108, (Anrede) gnädige Frau E 107, ma ~ C 5860. 5868. L 77. 92, (Anr. an Gattin) W 38, (an Mutter) G 114. 401 V., (an Fräulein) G 7313 V., (an kleines Mädchen) G 5352 V., ma ~ ma (V. de) suer G 5411.
damedeu s. D-.
dameisel, -oisel (*dŏmnicĕllu), N. -iaus, Gebieter, Meister L 5700, Junker E 2260 V.; s. dansel.
dameisele, -oisele, G 5248 V. -isele, G 3615 V. dancele, K 3582ᵃV. dansiele (*dŏmnicella) Edelfräulein E 51, Gebieterin (Geliebte) L 2439, Jungfer, Zofe L 973. 4339, ~ de la chanbre L 1259, ma ~ gnädiges Fr. L 2433, (Gegens. zu dame) G 1658.
[dameiselet], damoiss- (v. dameisel) Junker K 5382ᵃV.
dance (v. fg.) f. Tanz K 1658: G 8254, mener ~ anführen G 4637.
dancier (?), 6. pr. -cent K 1840:, pik. -chent K 1659 V. tanzen E 2047. L 2351. G 2359 V. 3312 V. 8989. 8992.
dangier, don- [Hss. schwanken] u. W 1386 V. doin- (*dŏmniariu × damnu) m. Gewalt, Botmäßigkeit; estre an son ~ L *†1442, el ~ à a. W *1386, Hochmut E 816, feire ~ sich sträuben E 5750, spröde s. K 4005, mener ~ Widerstand zeigen C 458, sich wehren C †3354, feire ~ à a. de ac. j. e. verwe. G 2359, f. ~ de + inf. zurückhalten (kargen) m. K *2086, à ~ kärgl. K 6162. G 3312, sanz ~ rückhaltlos, nach Wunsch E 6944. W 3227, avoir à ~ kärgl. h. L 5304, estre an ~ de ac. entbehren, sich sehnen nach E 4666.
danois s. denois.
danree (*dēnar[i]ata) Wert eines denier C 3190.
dansel, N. -zeus Junker E 554 V. G 620 V. 734 V. 1358 V.; s. dameisel.
dansele s. dameisele.
dant¹ G 2369 V. (dŏm[i]nu) Herr, (Anrede) danz truanz W 618, ähnl. G 1256. 2866. 4074 V. 5120, danz Keus G 4074, ähnl. G 2363 V.
dant² (dente) m. u. C 825f. V.f., Zahn C 825f., à danz bäuchlings E 6006. W 888, jusqu'es danz (V. à dent) G 6025.
danz drinnen in cil de ~ st. cil de dedanz (s. d.) E 2237.
darriien s. derr-.
dart (frk. *ᵭᵃʀᵒᵭ) m. Pfeil C 461, Wurfspeer L 1867. 5382.
dasreain s. derriien.
date, V. dade (zu dactȳlu) f. Dattel G *3325.
de prp.; im G. m. art. verwachsen del, du G 9230 V., dou G 7863 V., do G 8026 V., pl. des; durch verschiedene prp. zu übersetzen, da versch. lat. G.- u. Abl.verhältnisse bezeichnend; 1. örtl.: de l'une part auf dieser S. E 776, de l'autre p. nach der anderen S. E 3285, de toz sanz nach allen Richtungen E 3711. L 5604, d'antr'aus aus ihrer Mitte L 43, s. ça, ci, la; 2. zeitl.: seit: de s'anfance (s. d.), d'anf. u. des anf. E

6053 u. V. C †3003. W *1407. [K 7076, del tans Abel K *7012], d'ancesserie *seit alters* C †2463, de loing *seit langem* C 5774, ausi de nuiz (*V.* nuit) come de jorz *bei Tage wie bei Nacht* G 1765:, (*bei neg.*) de piece *geraume Zeit* E 6850, de grant p. E 2352. 6232, de ceste semainne L 1572, des mois *nicht in Monaten, nie* L 2276. G 996, *s.* ci, ore, tant; **3.** *partitiv*: L 1073. L 153. G 211 V. 749. 6946 V. 6958. 7436 *u. V.* 7442, de meisniee et de consoil *gehörig zu* G 2763; **4.** *limit.*: *hinsichtl., in betreff* E 3240. C 1360. L 366. G 209. 3149. 4095. 5685, *s.* damage, *g.über* L 1750, de rien (*vgl.* neant) *irgendwie* E 3339, (*m. neg.*) *in keiner W.* E 741. C 521. L 1253. (de rien nule) 1292, de ce E 3592. C 2298 *u.* de tant C 3207. L 37. 2592 *hierin, dar-*, del soreplus L 5159, del tot *in jeder W., vollständig* L 253, 523, de moi *v. mir aus, in meinem Namen* G 5278, de toi G 7132 V.; **5.** *modal*: d'eslés *schnellen Laufes* L 905, de tote sa force L 5589, de grant meniere *in hohem Maße* L 3778, de mort *tödl.* L 817. 1588 V., de voir *in Wahrheit* G 4702 V.; **6.** *qualifizierend*: cerf de ruit *Brunsthirsch* L 814; **7.** *kausal*: *wegen, über, aus* E 3104. C 4117. 6676. L 43. 1669. G 5087, de peor *aus Furcht* F 3733. L 285, de ce que *deswegen weil* C 6513. G 690. 736. 1985, *s. u. konzessiv*; **8.** *instrum.*: *mit* E 72. C 3835. 6431; **9.** *scheinbar konzessiv, eig. kausal*: de honte „*trotz*" *der Scham* (*entstanden unter dem Eindruck*: *sie sollte „aus" Scham nicht*) L †1397; **10.** *kompar.*: *als* E 88. C 928. L 287; **11.** = *abl. mens.*: de bien plus (*multo plus*) C 5849, de la meitié E 3106. G 1818a V., de deus doie *um zwei Fingerbreit* G 7166; **12.** *kopulativ* (*zw. Attribut u. sb.*): ma dame de suer G 5411 V.; **13.** *bei Klageruf* E †4348; **14.** (*einmal fehlend, daher*) *in zweifacher Verwendung* L 1596; **15.** *s.* or; **16.** *gen. obj.*: pechié de *g., an* G 3593.

dẹ¹ (*dătu), K 1653, *N.* dez *m. Würfel.*

dẹ² *s.* deu.

de- (dē) *als Verbalpräfix vor kons. in Hss. oft m.* des- *verwechselt.*

deable, G 6968 dia- (dĭăbŏlu) *Teufel* E 4870. W 622. L 612. G *1090. 1161. 5957 V. *6752. 6968, (*Schimpfw.*) G 8604, plainne de ~ *vom T. besessen* G 8599.

deablie (*v. vor.*) *Teufelei, Zauberei* C 3007. L 1202. G 5075, *teuflische Satzung* L 5468.

debatre (-bátt[u]ĕre) *u.* C 5964 V. desb-, *tr. zerschlagen* E 1157. 3241, *ermüden* E 5736; *n. verhandeln* K 3871; *r. sich abmühen* C 5964. G 7220 V., *dgl.* (*vergebens*) [K *6349. 6519], *sich anstellen* L 1243, *kämpfen* E 5998 V.

deboissier (*-bŭx-are) *tr. bilden* (*v. Bildhauer*) C 5379: 5382, *malen, beschreiben* K *5843.

deboneire *s.* eire.

deboneireté (*v. vor.*) *f. Gutmütigkeit* E 1506.

deboter, 3. pr. -bote E 4879: V.
tr. stoßen, schlagen W 719.
debrisier tr. zerbrechen C
 6160 V. G 2481 V., r. sich zu
 Tode quälen L 1508.
deça s. ça.
decevoir (*-cĭpēre) C 6767,
 -çoivre C 5722:, 3. pf. k.
 -cëust C 548, p. -cëu E 4972,
 tr. betrügen, täuschen C 612,
 sanz ∼ o. Trug G 1026 V.
dech- s. desch-.
dechacier vertreiben G 5125 V.
decheoir, p. -chëu G 427:, n.
 verfallen G 1754, herunter-
 kommen G 427. 434, del
 lignage de a. G 421.
deci s. ci.
deciple (dĭscĭpulu) Schüler,
 Jünger L *16.
declin (v. fg.) in venir à ∼ zur
 Rüste gehen G 632.
decliner (-clīnare) n. sich dem
 Ende zuneigen L 5111.
deçoivre s. decevoir.
decoler (-cŏllare) tr. enthaup-
 ten, de la teste E 3394;
 p. -lé Erschlagener C 1347.
decoper tr. zerschneiden E
 884 V., in Stücke hauen G
 400 V.
decorre (-cŭrrĕre) n. herab-
 fließen L 5245. G 6353 V.,
 ∼ jus hinablaufen G 8406 V.
decoste s. coste.
decrevé geborsten G 3728 V.
dedanz (*de + deĭntus) (örtl. u.
 zeitl.) adv. (dr)innen E 2099.
 3734. C 6095. G 7869, hinein
 C 1831. [K *6245.], cil ∼
 die dr. G 2461 V., par ∼ dr.
 G 1340. 6666 V. 7869 V., in-
 nerl. C 5697, v. innen C
 6187, s. metre; prp. in E
 1873. C 243. L 167, (Ring)
 ∼ son doi am Finger G
 3879 V., nach ... hinein C
 1064. W 995, innerhalb

(örtl.) G 1767 V. 2406, (zeitl.)
 W 1213. G 6165. 6235, ∼ ce
 inzw. L 4703.
dedeça s. ça.
dedeignant s. desdeignier.
dedesore, -soz s. dessor, dessoz.
dedevant s. devant.
deduire (-dūcĕre), 6. pr. -uient
 C 5133. G 2888, -uisent G
 2361 V., r. sich benehmen E
 4709, sich ergötzen C 1645.
 5133. (iron.) L 5544, de (V.
 à) + inf. G 7190; n. sich
 erg. G 2361, à a. G 910, (im
 inf.) L 3744. 4266. G 3990.
deduit (v. vor.) Vergnügen E
 543. 6771. C 1645, Glück
 C 5316, Ergötzung E 6776,
 de bois et de riviere Jagdv.
 L 2468, pl. Ergötzlich- C 5575,
 Kostbarkeiten, Lieblingssach.
 W *185; à grant ∼ m. gro-
 ßem V. E 63, par ∼ zum Er-
 götzen E 3296, m'est deduiz
 de + inf. es ist mir ein V. zu
 G 8676 V., ähnl. L 3468.
deesse (zu deu) Göttin L 2367:
deffandre, desf- (defendĕre ×
 des-; s. L Textausg.² S. IX
 u. Wtb.¹ S. 218* Anm. 2:
 zu drucken ist deff-), 3. pr.
 k. deffenge G 3866 V., tr.
 verteidigen, (be)schützen, be-
 hüten C 1240, verbieten, -weh-
 ren E 578. L 1661, ac. à a.
 G 5139. 5988. 6745, Deus
 m'an deffande L 3983; n.
 vert. C 1530, sanz ∼ o. daß
 man es ihm verbietet G
 5220 V., ∼ sb. C 1498. 1652.
 L 318; r. sich vert. E 3848,
 an sich vert., wehren g. G
 5921 V. 6109, sich frei ma. v.
 I 20, vers a. C 528, envers a.
 G 1644 V.
deffans (z. vor.) Verbot C 4272:,
 Verteidigungswerk der Mauer
 C 2019 V.

deffanse (eb.) f. Verteidigung C 529, Verbot, Widerstand E 1791. K 1529. L 1636. G 706. 6051. 6793, de Schutz g. G 1948, avoir ∼ sich verteidigen können C 4012. K 884. 2747. 3698. 4956, metre ∼ à a. verwehren, -hindern E 2941; pl. Zinnen C 1862.
deff- s. desf-.
definaille (v. fg.) Ende, Ausgang L 2230.
definer beenden, sb. Schluß [K 7122]; zuweisen [K 6546 V.].
defoleïz (v. fg.) zerstampfter Boden K 309.
defoler tr. zertreten G 4194.
defors u. dehors, G 4224 V. deors (de-fŏris) 1. adv. (dr)außen, außerhalb E 409. C 696. L 53, hinaus E 949. G 588 V., an metre ∼ C 3164. L 2593 u. au ∼ C 5249 ausschließen, -nehmen, ça ∼ G 3341, la ∼ G 5396, cil ∼ die dr. G 4837, par ∼ außerh. G 7256, ∼ v. dr. G 783 V.; 2. prp. außerh., (dr.) vor E 3953. G 999. 1708 V., aus ... heraus G 4515 V.
defraindre, p. -ait plattgelegen K 1210 V.
defroisseïz (v. fg.) Zerbrechen K 309 f. V.
defroissier tr. zerstückeln; überwinden, beugen K *1220 V., p. -ssié zerschunden E 3241 V.
defubler s. desfubler.
degaber tr. verspotten L 1351 V. G 4079 V.
deganchir n. ausweichen G 705.
degasté verödet G 1750 V.
degeter, 3. pr. -giete C 883. G 1951, r. sich hin u. her werfen.
[degiet] (dejěctu), A. pl. -giez krank, aussätzig W *179:; s.

gr. W S. 475, kl. W S. XX, Wtb.[1] S. 236*f.
degoter n. herabtropfen E 5983. K 4662. L 1191. 5245 V. G 6353.
degrater r. sich kratzen G 1951 V.
degré (*-grădu), G 3379 V. degret, Treppe C 306. G 1551, Freitr. G 7648; pl. Stufen G 1778. 1786. 3379, Tr. E 374. 5693, uns -z eine Tr. G 1778 V. 1786 V.
degrocier (?). 2. pr. -oces r. murren L 5141:
deguerpir tr. hinterlassen W 804, sa vie sein L. l. G 7755 V.
dehachier (zu hache) tr. zerhacken, -hauen L 827 V. 927. G 3725.
dehait s. dahé.
deheitier s. desh-.
dehé s. dahé.
dehors s. defors.
dehurter tr. zerschlagen L 1300.
deignier (dĭgn-are; kl. dī-), 1. pr. daing E 3327, 3. daingne E 3280, n. geruhen E 388. C 66. L 82, + inf. sich herablassen zu G 2511. 5151. 8564, wollen C 1144, se vos deigniez gefälligst G 7380; ups. s'il vous daigne seoir G 4492 V., tr. ne ∼ mißachten G 119 V.
deintié (-ĭtate) leckere Speise C 4378.
deïs etc. s. dire.
deïté (deitate) f. Gottheit L 5381. G 6279. 6285. 6640 V.
dejangler r. ühle Nachrede führen K 5777.
dej- s. deg-.
dejoste prp. neben E 954 V. C 3400 V. L 3527. G 2786:
del s. de.
dela s. la.

delai (v. -laiier), G 7603: V.
~ s (v. -laissier), Aufschub, Zögern, Verzögerung E 4726. C 4069. L 2154. G 3984, metre an ~ aufschieben E 734, por ~ wegen Verz. II 42 V., sanz ~ o. Verzug G 1249 V., sanz nul ~ G 1620 V. 7609 V.
delaie (eb.) f. Aufschub [K 6408: 6616: 6933 V.].
delaiemant (eb.) Verzug [K 6908:].
delai(i)er (zu laier), 3. pr. -loie G 6652 V., k. -let [K 6910:], 6. -loient E 6588: V., tr. aufhalten E 4135, hindern G 5014, aufschieben L 2517 V.; n. zögern, säumen, ausbleiben E 742. L 1875. G 8968; r. zögern E 3854. K 1161. [6910]; sb. Verzögerung G 3984 V., par ~ durch Aufschieben L 2515, durch Verzug II 43, sanz ~ G 327 V. 7609 V. II 52 V., n'i ot autre ~ G 1562 V.; aler deloiant säumen G 782 V.
deleenz s. leanz.
deleissier (*-lăxare) tr. drangeben K 1737 V.
delet s. delaiier.
delēz (de lătus), L 51 V. 970 V. dalés, adv. daneben E 4276. L 970, prp. neben E 137. L 51. G 246, de~ G 6529 V.; dedelez G 6780 V. prp. ne.; par ~ prp. ne. E 1715. L 3044, an... vorbei G 7661 V., adv. dane. E 4274 V.; s. lēz.
delice (delĭc-ia) Lust C 4576.
delĭé, deliié, C 1155 V.f. deljie (-atu) zart, fein, dünn E 404. C 1155. L 2979: G 3355. 6948. 6955.
delit (v. -ter) Reiz, Entzücken, Vergnügen, Ergötzen E 2071. C 1638. (†6616). L 1074, il m'est -iz de + inf. es ist mir ein V. zu G 8676, à vo ~ zu eurer Freude G 2160 V., par ~ m. V. E 6733 V.
delitable (delĕctābĭle) entzückend, köstl., liebl. E 5193. C 5635. 4701. G 3314.
delite? (v. fg.) s. devites.
[delit(i)er] (delĕctare) tr. ergötzen C 925 V. G 1992 V. 2160, ups. C 622, r. sich erg. E 5770. C 1639. L 244.
deliteus (v. delit) ergötzl. E †66 V.
delivrance (v. -vrer) Befreiung E 6102. L 1521. 3726, Entbindung W 463, Ausweg C 1432.
delivre (suffixloses p. v. fg., s. L *4664) befreit, frei E 4363: C †3325. K 4127 (s. S. 474). L *†3753. G 2703:, flink E 2023. C †815. G 3344, geweckt (Geist) C 2721 V.; à d. ungehindert, -gedeckt, o. weiteres, ganz u. gar, wuchtig E 973. C 2168. L †2031, frei weg G 7561, tot à ~ E 3752. G 1459; ~ mant schnell E 1628 V. L 3169, glatt K 3297. G 8915.
delivrer (-līberare), 2. fut. -verras E 1036, tr. befreien C 3760, ausliefern E 1036, räumen E 2089 V.; r. sich entledigen E 2906. G 68, sich sputen E 4620, gebären W 3318; feire ~ räumen lassen E 863 V.
delogier (de + l.); soi deloigier die Zelte abbauen? G 2330 V.
deloie(nt) s. delaier.
deluge, V. -lu(i)ve, -louvre, dolouve (dĭ-lŭviu X de-) m. Sintflut C 4401.
demain (de-māne) adv. morgen E 63. C 129. L 602; sb. morgiger Tag E 3120, el u. al

∼ *am M.* G 5163 *V.*, jusqu'au ∼ G 2621.
demainne¹ *s.* demener.
demainne², G 7478 *V.* -oine (dŏmĭnĭcu × de-) *herrschaftlich, fürstlich, Haupt-, hauptsächl.* E 1358. 4234. G 2356 *V.*, (chanoine) ∼ *v. Landesherrn eingesetzt* W 1275 (*lies* et moine, *Acher Rev. d. l. rom.* 55, 454, *doch s. Wilm. Rom.* 46, 36 *u. seine Ausg.* 1261 *Anm.*):, robe ∼ *Staatskleid* E 1351; *eigen* C 4285. G 5969:; *adv.* ∼ mant *in hervorragender W.* ? E 1868.
demainne³ (-iu) *Herrschaft, Besitz* E 6249, *Haus* ? G 7478 *V.*
demaint *s.* demener.
demaintenant *s.* maint-.
demande (*v. fg.*) *f. Frage* C 2230.
demander (-dare), 1. *pr.* -ant E 3151, *tr. fragen, bitten, verlangen,* (*er*)*fordern* ac. E 636. 1624. L 3232. G 1383 *V.*, merci K 2763, voie G 9165, ac. à a. L 276, à a. que E 549, cez demanderai je le (*V.* al) roi *diese werde ich erb. v.* G 876, de ac. *nach e. fr.* G 6400. 8618, de quanqu'il voit comant a non G 240; *a. nach j. fr.* C 6717, *nach j. verl.* C 6732.
demançois, *V.* -enois (de mănu + ?) *sofort* E 5963. C 4833. G 201: 2717.
demanter (-mentare), C 1856 *V.* 2093 *V.* desmenter, C 1015 *V.* desmentir, (*weh*)*klagen* (*s. kl.* E *S.* XL *unt. u. Wtb.*¹ *S.* 220* *Anm.*), *n.* E 2444. C 6233, *r.* E 2611. C 617. L 3563, *bange s.* C 1856 *V.*
demantiers (*fg.* × ?; *GGA* 1932, 163 dum intĕrius) *u.*

-antres (dum intĕrim + -s) que *während* E 4672 *V.* L 1901. 4787 *V.* G 5131, dementrués que *ib. V.*; *s.* andemantre, -tiers.
demener, 3. *pr.* -ainne C 288, *k.* -aint L 1340, **tr.** ac. *ausführen, äußern usw.*, bruit *lärmen* L 282, esfroi 6659, noise L 481. G 103, duel E 2746, plor *weinen* E 2673, joie C 288, le ∼ *es treiben* C 3373, (la lance, l'escu) *führen* G 1457; *a. bearbeiten* (*Gift*) C 3365, *herfallen über* G 5014 *V.*, a. à honte G 3843 *V.* 5927 *u. a.* vilmant E 4332 *mißhandeln, übel mitspielen,* a. an ac. *j. e. erleiden lassen* G 3805; *r. sich hin u. her bewegen* G 1951, *sich aufführen* C 2610. L 1340, *dahin leben* G 6224 *V.*
demi (*dĭ-mĕdiu) *halb* E 1599. L 192, l'autre ∼ *den anderen zur Hälfte* G 3908; ne savoir ∼ e de ac. *nicht h.wegs unterrichtet s.* C 1036 *V.*
demie ? *p. f.* K 4210 *V.*
demincier (*zu* mincier *v.* *mĭnūtiare) *tr. zerkleinern* L 3381.
demoine *s.* demainne.
demorance (*v.* -rer) *Aufenthalt, Verzug* K 112, sanz ∼ G 4799. 5673.
demore (*eb.*) *f. eb.* E 5313. C (†1004). 2855. L 250:, sa ∼ *s. Ausbleiben* G 8979ᵃ *V.*; sanz ∼ G 2079, sanz grant ∼ G 599 *V.*; feire ∼ *weilen* L 651, *säumen, zögern* E 5582. L 250. 485.
demoree (*eb.*) *eb.* C 4841. 1698 *V., Ausbleiben* G 375:; sanz ∼ G 4269.
demorer (*-mŏrare, *frz.* ǫ!), 3. *pr.* -ǫre C 1197. (†1004),

1. *fut.* -oerrai G 5183 *V.*, 3. -orra G 6725 *V.*, **n.** *verweilen, säumen,* E 1140. C 279. L †159: 4304:, (*Verbrämung am Mantel*) *sitzen* G 1801 *V.*, feire ~ *warten lassen* E 2668, *hinziehen* C 4637; **tr.** ac. *verzögern* E 2088, a.*j. dahalten* G 506 *V.*; **r.** *säu.* K 2280. L 2135. G 7892; **ups.** *dauern* L 6218, *auf sich warten lassen* G 733 *V.*, demore que ne *es verzögert sich daß* W 74, an a. an *j. liegen* G 3862, à a. *es verlangt* E 6284. L 710; **sb.** C 2255.

demostrer (-mōnstrare) *tr. zeigen* E 1315. C 2121.

deneiier (-nĕgare), 3. *pr.* de(s)noie *tr. vorenthalten, r. m. der Wahrheit zurückh.* C 4154:*V.*

denier (dēnāriu)*Münze* = $^1/_{12}$ sol, *Heller* C 5040. L †5308. G 859. 1770; *pl. Geld* E 1890. 2452. 6542. G 2548 *V.*; *s.* vandre.

denois (banift), *f.* ~ e, *V.* danesche, (hache) *dänisch* C 1995:, *vgl.* G *1740.

depandre (-pendĕre) *herabhangen* L 829.

depaner (*zu pan*) *tr. zerreißen* E 4332 *V., r. sich die Kleidung z.* L 2806 *u. V.*, despané *zerfetzt* G 7169 *V.*

departir (*-partīre) *u.* desp-, **tr.** *trennen* E 5329. C 1531. L 6184, *abtr.* G 1144, *-nehmen* G 1122, (guerre) *schlichten* G 7600 *V.*, *zerstreuen* C 1800, *entfernen* C 719, *entlassen* E 6948. G 2661, *verteilen, aus-* E 2936. C 532. L 2626. G 5064; **r.** *sich tr., sich auflösen, sich entf., abreisen, aufbrechen, scheiden,* *sich verabschieden* E 1423. C 174. L 404. G 4647, as chastiaus *getrennt nach ihren Burgen abr.* G 855; **n.** = *r.* E 1472. 1479. 2134. 2305. 2743. 2765. 3931. C 4978, *sich aufl.* G 5584; **sb.** E 1446. C 2880. G 614.

depecier (*zu* piece), C 5805 *V.* G 1137 *V.* 6573 *V.* desp-, 3. *pr.* depiece, **tr.** *in Stücke hauen, vernichten* E 3421. 5841. C 5805. L 981. G 8958, *zertrümmern* C †6048, *-reißen, -fetzen* E 236. C 6276, *verstümmeln* E 21, *beenden* L *6365; **r.** *s. Kleider zerreißen* G 8451 *V.* 8452; **n.** *in St. gehen* E 871. L *448. G 3140.

deperdre (-perdĕre) *tr. verlieren* G 8476 *V.*

deplaindre (-plangĕre) *tr. beklagen* E 5508 *V.*

deploi(i)er (-plĭcare) *tr. entfalten, p.* -oiant = ? K 275 *V.*; *s.* despl-.

deport (*v. fg.*), C 236 *V.* desp., *Unterhaltung, Kurzweil, Freude, Lust* E 543. C 3344. L 702. 3874, à grant ~ *voller Fr.* C 236. G 8368*t V.*

deporter (-pŏrtare) *tr. ergötzen, unterhalten* L 1543; *r.* E 1443. C 2908. K *5212. G 6707, à ac. G 2416, *an sich benehmen* G 5008.

deproi(i)er (*-prĕcare), 1. *pr.* depri L 3736:, ac. *erflehen* E 4133 *V.* 5849, que *inständig bitten* L 3736:

deputeire *s.* put, eire.

derés (-rasu) *geglättet* G 8697 *V.*

derier E 3026, derrier K 3718. G 7115 *V. prp. hinter;* ~ s E 871: 3123: 4882. (*attrib.*) C 4938 *u.* derriers (de-rĕtro + -s, rr *anal. n. arriere;*

cf. darriers *prp.* L 3016 *V*.) G 4647 *adv. h.n,* derriers G 3180 *prp. h.r;* derriere *(attrib.)* G 5242:, deriere E 3046: *adv. v. h.n,* E 4048:, *adv. nach h.n,(attrib.)* L 937. 947. *3398 *h.n, prp. h.r* L 3016; par derriere *nach h.n* G 1236:, par de derriere *v. h.n* C 1245.

deronpre *(fg.* × de-), C 5990 *V*. G 8452 *V*. desr- (dis-rŭmpĕre) *tr. zerreißen, -brechen, -schlagen* E 884. C 3801. L 440, *(Haare) raufen* C 2084 *V*.; *r. sich die Kleidung zerr.* L 1300 *V*.; *n. -brechen* E 3610; *p.* derọt L 440: 6130:, deronpu C 4948 *V*.

deroter *s.* desr-.

derrenier *(zu* derriien) *letzt* G 1510 *V*.

derr- *s.* der-.

derriien C *2034. L *5891. 5901:, darriien K 3824, *dazu aus V. L.:* deerrain K 3824. L 5901, deesr- L 5891. 5901, daerr- L 5891, daer- K 3824. L 5901, daar- C 2034. K 3824, daerrien C 2034, daar- L 5891; derïen K 3824, desreien C 2034, desrain G 1510, darrïen L 5901, dar- C 2034, dasreain G 1510, darrain C 2034, darrein G 6664 (*de-rĕtr-anu, -ianu) *letzt;* darrein esteit *dahinter lag* G 6664 *V*.; al daarain E 3406 *V. u.* au (*V.* à) derriiens (*V.* darrieeins, daarains) W 3102 *z. Schluß.*

derver *s.* desver.

des (de ex?) *prp. (örtl.) v. . . . an* C 842, *(zeitl.) v. . . . an, seit* E 1336. [K *7076]. G 631, ~ ici *bis jetzt* W 2897 (?; *s. Herr. A.* 132, 350); *in adv. Verbindungen:* ~ hier *schon gestern* C 5865, ~ la (*s.* la) an ça *hin u. her* G 7074, ~ or(e) mẹs *nunmehr* E 862. C 1210. L 5340, *künftig* G 1680, *fernerhin* E 997, ~ ore an avant *künftig-* C 382 (*s.* or), ~ lors que . . . an ça *v. damals als . . . bis jetzt* L 2696; *in konj. Verbindungen:* ~ que, G 3773 *V. dafür* jes que, G 5462 *V*. 5471 *V*. jesque *seit-(dem daß), sobald, wenn einmal, da (ja)* E 1208. 1931. 3419. 3551. 3861. C 344. 1011. 5454. L 149. 156. 254. 1445. 6683. G 3801. 6620 *V*., ~ que primes C 654, ~ ice que *da* G 6087 *V*., ~ puis que *da ib.*

des- (dĭs-) *als Verbalpräfix vor kons. in Hss.* oft *st.* de- *gesetzt* (de- *ist dann durchzuführen; s. Wtb.*[1] *S.* 220* *Anm.*); *s.* dess-.

desaancrer *tr. losankern, -ma-* C 255. G 7277.

desabelir, E 6219 *V*. desenb-, G 7368 *V*. desemb-, 3. *pr. k.* -isse, *n. mißfallen* E 6219: W 2434. L 5231. G 7368.

desachier *s.* dess-.

desaerdre *tr. lostrennen* C 5202.

desafubler *loshaken, ablegen; p.* -blé *o. Mantel* E 739. C 317. K 5561. L 2713. G 1359. (*1810). 2794, *o. Schleier* G 3730; *s.* desf-.

desaïver (des + aïver *v.* adaequare), 3. *pr.* -aiue K *5685: *übel zurichten.*

desanbelir *s.* desab-.

desanseignier, 3. *pr.* -saingne, à a. *j. schlecht unterweisen* [K 7106].

desapareillier *r.* de *sich trennen v.* W 336.

desapert *s.* apert.

desarmer *tr. a.* de ac. *entwaffnen* G 1394; *r.* de ac. E 3158; *p.* -mé *ungewappnet* E 239.
[desarroie] (des + arreiier *v.* *ad-rēb-are) *u.* -uie K *5685 V. *zu* desaiue.
[dessassanbler] *tr. trennen schlägt G. Paris zu* C †5268 *vor.*
desatachier *losmachen* G 7277 V.
desatirié *in Verlegenheit* G 8997: (*V.* -iré).
desatranpré (*zu* atanprer) *ungemäßigt* L 2855 V.
desavanture *Mißgeschick* K 2651.
desavenant *adj. unangenehm* K 4761 V., *häßl.* G 6986; *sb. Unziemliches* K 4761 V., feire ~ à a. G 5280 V.
desbareter, *V.* -ater (*zu* barat) *tr. in die Flucht schlagen* C 4886, com -tez G 3068a V.
desbatre *s.* deb-.
desbo(u)chier (*fg.* × boche) E 2986 V.; *s. fg.*
desbuschier (*zu* busche), E 2986 V. -buissier *u.* -bunchier, E 3669 V. -bu(is)chier *u.* -buissier, 6. *pr.* -buscent E 120 V., *n. aus dem Hinterhalt vorbrechen* E *2986, *losrennen* E 120 V.; *sb.* E 3669.
desçaindre (-cĭngĕre) *tr. losgürten* G 1126; *p.* -çaint *ungegürtet* L 5199.
desçandre, 4. *kond.* -driiemes E 5421, n. *absteigen* E 393, + jus G 7082, (*als Gast*) E 5418. 5421, *herabfließen* E 190, (*Schwert*) -sausen E 941, *abstammen* G 8188; **tr.** a. *j. v. Rosse helfen* K 2073. L 3807. 4678. G 1776. 2338; **r.** K 3319 V. G 6339 V.
descanteler (*s.* eschanteler) C 4864 V. *zu* esquarteler.

deschant (-cantu) *Diskant, Art mehrstimmigen Gesanges* E 6772.
deschargier (-carrĭcare) *ab-, ausladen* W 2069.
deschaucier (-calcĕare) *tr. a. j. Bein- u. Fußbekleidung ausziehen* G 1149. 3353, a. de ac. G 1149 V.; *p.* -cié *barfuß* G 6246 *u.* deschauz *o. Beinbekl.* E 4387. K 5557 V.
descheitivé (*zu* cheitif), K 5338 V. -chestivé, K 1584 V. desescheitivé (esch- × des-) *v. allem Übel befreit* K *1584.
deschevaler (*v.* cheval) *tr. aus dem Sattel heben* C 1329.
descirer E 4613: L 1157:, dessirier E 4613: V. L 1157: V., deschirer E 4613 V., 3. *pr.* L 1300 V. -sire *u.* -kire, E 4615 V. -chire, 6. -kirent W 2326 V., *ger.* -sirant E 4331 (eschirer *v.* ʃʧɪɾɑn × des-) *tr. zerreißen* E 4333. 4615. W 2326; *r. sich die Kleidung zerr.* L 1157. 1300. 2806. G 8452.
desclicier (escl. × des-) E 3798 V. *zu* deslicier.
desclore *tr. aufschließen* K 6351 V., *eröffnen, verraten, erzählen* E 6482 V. W 166. 2943; *n. Löcher bekommen* E 2164, *aufgehen, sich loslösen* L *3502; *p.* -clos *ungepanzert* L 4208.
descochier (*v.* coche) *n. vorstürmen* K 5965.
descolorer *tr. entfärben* C 2994 V., n. (*inf.*) *sich entf.* C 543; *p.* -ré *farblos, bleich* E 4183. C 280. G 3747.
desconbrer (esc. *zu gall.* *komberos × des-) *tr. befreien, entlasten, -ledigen* E 3170. K 5967, (*Weg*) *frei ma.* L 3165; *n. sich leeren* C 2884,

ups.? G 2549 V.; r. sich frei ma. v. G 2549, sich fern halten L 1866.
desconfire tr. vernichten, besiegen E 2223. C 2947. K 2418. L 1078, fig. (largesce) K 2858, zertrümmern C 6026, töten G 474; p. -fit haltlos, ungemäßigt L 2855 V., außer Fassung G 5447.
desconfitour (v. vor.) Zerstörer W 3098 V.
desconfort (v. fg.) Leid, Kummer C 3924 V. K 4422 V., pl. G 4326 V.
desconforter tr. untröstl. ma. G 3444; aler -tant untr. s. E 5468 V.; r. verzagen, untr. s. E 3722. C 2087. G 2012. 4348; p. -té E 3657. L 5818. G 804.
desconoistre tr. verkennen, nicht k. L 5926.
desconreer tr. übel zurichten K 5685 V.
desconseillié ratlos, verzagt W 335. G 535. 4680. 8191, ~ de in Not wegen G 1659.
descorde (-cŏrdia × fg.?) Uneinigkeit, Streit W 2342. C 2491. L 6324, Mißton E 6772 V.
descorder (-cŏrdare) r. an außer Fassung geraten G 2012 V.
descosdre tr. auftrennen C 5934.
desco(n)venue (v. descovenir) Unschicklichkeit K 4907, Mißgeschick G 6864.
descovrir (-cŏŏperire > -cŏp-), 3. pr. -cuevre C 1544, 1. fut.- -coverrai C 5400, kond. -coverroie L 3733, tr. eröffnen, -klären E 6205. L 3912, verraten E 5400. 5518. C 6084. L 3733, bloßstellen, überführen C 5955 V.; r. offenbar w. G 7826; p. -vert o. Sattel-

decke G 7174 V., abgedeckt, o. Dach G 1763, unverhüllt G 2814. 6411 V., unbedeckt G *3301, à d. o. Deckung E 184. 938 V. 969.
descripcion, -cri(p)tion (descrīptione) Beschreibung E 6737. C 2762.
descrivre (descrībĕre) E 6741: C 816: 2737: L 1175: tr. beschreiben.
descroistre (-crēscĕre), p. -crëu abnehmen C 1484.
desdaing[1] s. desdeignier.
desdaing[2] (v. vor.), N. -nz, Unwille E 4028:, Verachtung, Geringschätzung C 469:, por ~ aus G. L 5705:, sanz nul ~ K 5509:, me vient à ~ es macht mich verächtl. K 4836:, tenir à ~ geringschätzen G 1664.
desdeigneus (v. ior.) hochfahrend G 8637, anmaßend G 7179 V., ~ d'amors spröde C 446.
desdeignier (*dis-dignare st. ded-), 1. pr. -daing L 5745, 3. k. -daingne W 106: (s. Herr. A. 132, 87), tr. verschmähen C 684. L 5744. G 119, feire à ~ zu -achten s. G 1665. 8636 V.; -deignant geringschätzig G 8654 V.
desdire (*-dīcĕre) tr. ac. verweigern C 3990, leugnen L 1762, a. de ac. j. in e. widersprechen L 4809; r. de ac. s.e Zusage betreffs e. zur.nehmen K 183, ähnl. feire ~ a. de ac. K 4942.
desduire s. deduire.
desemb- s. desanb-.
desenor (des + e.) f. Unehre C 6570. K 5691. G 6184.
deser- s. desser-.
deseritemant (v. fg.) Enterbung C 3272. 6677.

deseriter, desh- (s. heriter), 3. pr. -rẹte L 5079 (s. L⁴ †192), tr. enterben, des Erbes berauben, schädigen E 764. L 5083. G 442; p. pf. G 7577.

desert (desĕrtu) Wüste G 6239.

deserté (v. vor.) verödet G 1750 V.

des- s. dess-.

desescheitivé s. desch-.

desesperance Verzweiflung W 872.

desesperer n. verzweifeln E 3722 V. 5468; r. C †5943 V. L 5102; s. desperer.

des- s. dess-.

desevrement (s. dessevrer) Trennung G 3306 V.

desfandre¹ s. deff-.

[desfandre²], C 3801 V. -fendre (dĭs- st. dif-fīndĕre) tr. zerspalten.

desf- s. deff-.

desfeire (*-făcĕre) tr. töten W 1861. C 6582, erlegen E 281, (Wild) aufbrechen W 2906.

desfermer (*dis-fīrmare st. diff-) tr. öffnen L 4030, aufschließen G 1742.

desferrer n. ein Hufeisen verlieren G 825, d'un pied G 5684; estre -rré ein H. verloren h. G 5699 V.

desfiance (v. desfïer) Herausforderung, Kampfansage E 4867. C 363. L 492; par ∼ in herausfordernder Weise C †2877, sanz ∼ E 4031. *G 2201 = G 2665. 8393.

desfīeor (eb.) Herausforderer W 3098:

desfier (*-fīdare) tr. herausfordern E 4043. C 1895. L 493, de mort auf Leben u. Tod L 4114; rz. E 3773.

desfigurer (*-fīgūrare) r. sich verändern C 4887.

desfoïr, 3. pr. k. -fuee C 6146, tr. ausgraben; untergr. G 6014 V.

desfubler (*-fībŭlare) E 334. G *1810 V. u. K 2080 V. defloshaken, ablegen; s. desaf-.

desgaingler s. desjangler.

desgarni de ac. entblößt v. e., o. e. K 4145.

desheitier (des + h.), 1. pr. -het L 5066, tr. betrüben, unlustig ma. L 3818; ups. unangenehm s. L 3328; r. sich betrüben (bekümmern), trauern, leiden, klagen E 4834. C 5746. L 4558. 5670; p. -tié mißvergnügt, unwohl C 5476. G 6648. 8197 (V. deshaistié).

desheriter s. deser-.

deshẹt, V. -hait (v. -heitier) Ungemach E 3472 V. C 3708.

deshonnorer r. sich entehren G 6182 V.

deshoser (*dis-hǫ̈ſ-are), 6. pr. -huesent E 6455, r. sich die Hosen ausziehen; tr. piez G 4064 V.

desi s. ci.

desireus (desīder-ōsu) begierig C 806 V.

desirrer (-are) tr. ersehnen, wünschen E 2082. C 105. L 1554. II 44, a. j. erwarten G 7891. 7933, à + inf. L 3849. 6318; p. -rrant sehnsüchtig C 806.

desirrier (v. vor.) Sehnsucht, Wunsch E 4171. C †995: †1121.

desjangler u. -gaingler L 6060 V. zu desjugler.

desjëuner n. frühstücken E 3155.

desjoindre (-jŭngĕre) tr. (zer)trennen C 6161. K 1178.

desjugler (des + j. v. *jŏcŭlare) tr. zum besten h.; -lé zugrunde gerichtet L 1078. 6060, betreten K *3847.

deslacier *tr. losbinden, abnehmen* E 460. 987. K 6930 V. G 4502.
desleal (*-lēgāle), N. -aus, *treulos, wortbrüchig, unredl., -gerecht, schändl.* E 3650. L 2536. G 7397, *unaufrichtig* G 3063; *-aumant widerrechtl.* C 6678.
desleauté (*v. vor.*) *Treulosigkeit, Unrecht* E 1801. L 5386. G 3048.
[desleissier], -laissier (*dislāxare *st.* *de-l.) *tr. aufgeben* C 4137 V.; *s.* del-.
deslicier (*-līciare) *tr. zerfasern, -hauen* E 3798; *n. sich auftrennen* (hauberc) L 821.
deliier (*-lĭgare), 3. *pr.* -lie E 3191:, 6. -līent W 811:, *tr. losbinden* E 3191. W 811. K 6618b V., *freilassen* K 926f.; *p.* -liié *o. Kopfhülle* E 739. L 5199. G *1810. *3730.
deslochier (esl. × des-) C *1925 V. G 4310 V. *zu eslausrenken.*
desloer (*dĭs- *st.* dī-laudare), 3. *pr. k.* -lot C 227:, *abraten* L 2126.
desloiier G 4411. 4475 *u.* -loer G 2871 V. 4475 V. (*-locare) *tr. ausrenken.*
desmaillier (*zu* maille) *tr. die Panzerringe zerhauen* E 965. C 3798. 4947. L 6151.
desmanbrer (*zu* manbre) *tr. in Stücke hauen, zerreißen* C 3145. [K 6980 V.], feire ~ E 3476.
desmantir (des + m.) *tr. Lügen strafen* C 4526 (*r. ib. V.*); *n. versagen* E 2868 V. C 1856 V.; *r. (Schild) brechen* C 1924; *s.* demanter.
desmeller (*zu* mesler) *tr. trennen* K 3916 V.

desmesure *Übermut* E 1795; à ~ *über die Maßen* E 1484. L 289. 3025.
desmesurer *r. das Maß überschreiten* L 1492, *p.* -é *maßlos, übermütig* E 228. W 2368. G 5057; *adv.* -eement *maßlos* W 2880.
desmïer (esmïer × des-) K 3607 V. *zu* esm-, *n. zerstieben.*
desnoer (*-nōdare) *tr. ausrenken* G 2871. 4475 V., *darlegen* L 3912; *sb. Losknoten* K *1217.
desnoiier *s.* deneiier.
desor(e) *s.* dessor(e).
desormes *s.* des, or.
despandre (-pendĕre) *tr. ausgeben, verausgaben, aufwenden, spenden* I 23. 35. E 2269. C 190, ses cǫs C 1798.
despaner *s.* dep-.
despans (-pēnsu) *Aufwand* E 3504. 3510 V. C 1582.
despanse (*-pēnsa) *Auslage(n)* C 4581, *Vorratskammer, Bottlerei* C 3295 V.; (feire la haute) ~ *Spende, Totenamt* L 1171, metre an ~ *verbrauchen* L 2995.
despansier (*-pēnsariu) *Spender* L 1170.
desparoil, *f.* -oille, V. -alle *ungleich* C 4603.
desp- *s.* dep-.
desperance (*v. fg.*) *Verzweiflung* C 1675.
desperer (de-spērare), 1. *pr.* -poir L 1440, 3. -poire C 6063. L 1425, *r. verzweifeln* E 3722. C †5943; *p.* -ré *verzweifelt* K 116; *s.* desesp.
despire (*de-spĕcĕre), 2. *pr.* -is K 3265: (*3854), 3. -it L 4140, 5. -isiez E 3564: L 2264:, *ger.* -isant K 4408 V., *tr. verachten* L 2264: *p.* -it *verachtet, gering* C

6240. G 2109, *schimpfl.* L 1388 V. 3718.
despit (de-spĕctu), *N.* -iz *Trotz* L 1765, *Schimpf* E 2557. 4404, *Schmähung* G 4387 V., *Ärger* K 106, *Verdruß* C 2082. 4088. L 3720; par (*V.* por) ~ *zum Tr.* G 1249; avoir an ~ *verachten* E 2. 177. L 2752; me vient à ~ *ich finde es verächtl.* G 5983.
despiteus (*v. vor.*) *hochfahrend, anmaßend* G 7179 V. 8637 V.
[despleisir] (*-plăcēre), 3. *pr. k.* -pleise C 6426: L 122:, 3. *pf.* -plọt C 931, *k.* -plëust E 6085, -pleïst E 6206: V., *n. mißfallen.*
desploi(i)er (-plīcare) *tr. entfalten* L 600. G 1437. 4254, au vant G 2436; *s.* depl-.
despoillier (de-spŏliare) *tr. ausziehen, entkleiden* E 4412 V. K 6680 V. L 4390. G 3354 V.
despoir(e) *s.* desperer.
despondre (-pōnere) *auseinasetzen* C 5176 V. 5824 V.
desport *s.* deport.
despris, *p. v.* -prandre G 3802 V. zu antrepris *in Not.*
desprisier *tr. verachten* E 3564 V. L 2496.
desprisoner (*v.* prison) *tr. aus der Haft befreien, entlassen* E 6146. K 3937. L 5774, ~ de prison K 4106.
despues? G 8951 V.
desque(s) *s.* des, jusque.
desrangié *adj. in Unordnung* G 2465.
desreer (*dis-rēb-are), 3. *pr.* -roie C 4667. L 1322ᵃ, *r. losrennen* C 4667, *sich überstürzen* L 4480, *aus der Form kommen* G 5688 V., *sich übermütig benehmen* L 1321; *tr. kampfunfähig ma.* G 4943 V.; *p.* -reé *ungeordnet* G 2465,

-bändig, -gezügelt; *s.* Sagremor.
desreison (des + r.) *f. Unsinn, -vernunft* K 188. L 1710. G 656 V.; à ~ *zu -recht* L 2762 V.
desresne (*v. fg.*) *f. Einspruch* E 293. G 2665 V.; feire ~ *verfechten* E 831 V.
desresnier (*zu* reison), 3. *pr.* -resne L 1757, -rame (:chane) G 3432 V., *k.* -rẹst K *1598, **tr.** *verteidigen* E 575. C 584. K 1201. 1598. L 3187. G 2910, *streitig ma.* E 640. 645, *erkämpfen* E 6127. G 8117, *beweisen* E 55. 296, (la querele) *durch-, verfechten* E 831. L 1782; *r. sich auslassen, äußern* L⁴ *†1757, *jammern* G 3432.
desrober a. de ac. *j. e. stehlen* C 4457.
desrochier (*de-rŏccare×des-). G 4310 V. 3. *pr.* -rọche *tr, zerschmettern.*
desroi (*v.* -reer) *Übermaß* L 4841, *Ungestüm* G 4220, *Überhebung* C 333, *Aufruhr* G 6054.
desr- *s.* der-.
desroter, C 4666 V. dero(u)ter (*v.* rote²) *r. sich zerstreuen* C 3432:, *sich lossondern* C 4666; -routé *in aufgelöster Ordnung* G 2465 V.
dessachier, *V.* desa-, *tr. herausreißen* K 3084 V., *übel zurichten* K 4408; soi feire ~ G 5125f. V.
desseler (*v.* sele) *tr. aus dem Sattel werfen* C 1329 V.
desseoir, 3. *pr.* dessiet, 6. -ieent L 1468, 3. *pf. k.* desseïst E 6206, *n. mißfallen* K 1050. G 4492. 5267; *ups.* G 8549:
desserrer (des + s.) *tr. (Hand) aufma.* G 7019 V., *losma.* L

5612 V., aufschließen C 5614, p. -rré befreit [K 6657].

desserte (*de-servīta) Verdienst, Lohn, Erwerb E 4569. C 1851. K 102. G 7037; par ma ∼ nach meinem V. G 3756; li paie sa ∼ G 7019, randre la ∼ à a. j. den verdienten L. geben C 6540: G (V. sa ∼) 5229.

desservir (de-servīre) tr. verdienen E 3107. G 3758. 3771. 3914. 3941. 4650 V. 5926. 6380 V., ac. anvers (V. antor) a. G 7107.

dessevelir (des + s. v. sĕpĕlīre) tr. aus Grab, Sarg, Laken herausnehmen C †6222. (†6086).

dessevraille (v. dessevrer) f. Trennung E 3924: W 1542.

dessevree (eb.) eb. C 4229 V.

dessevrer(*dis-sēpĕrare), 3. pr. dessoivre E 3058: C 3899, tr. trennen E 6721 V. L 4240: G 2465. 8948 V.; r. E 2100; sb. Trennung E 1447 V.

dessiee usf. s. desseoir.

dessirier s. descirer.

dessoivre s. dessevrer.

dessọr, G 3896: des(s)ọre, G 2663 V. deseur (de-sŭper, -sŭpra) 1. prp. auf, über E 480. 938. C 212. L 321, auf ... herab G 4645, vor, mehr als G 5512 V. 7772ᵇ V. 8545 V.; 2. adv. oben(auf) E 6798:, nach ob. G 6582 V., darüber G 7916; 3. par ∼ adv. v. ob. her, darüber(hin) E 2366. 5744. L 418 V. G 3090 V. (V. par dedesore), par la ∼ nach ob. G 3037 V.; prp. auf G 1354 V. 1849 V. 4308 V., oberhalb G 7354 V., über G 3736. 6673, hinweg über G 9093; 4. sb. oberer Teil G 4751 V.; 5. verbal:
estre au ∼ die Oberhand h., überwunden h. K 3845. 3851. G 2242. 2349. 8766 V., venir au ∼ de a. G 3896. 8766.

dessọz (de-sŭbtus) 1. prp. unter(halb) E 2137. C 273. L 2861; 2. adv. unten, darunter E 978. C 2160. L 426, nach u.n G 6582 V., la ∼ da u.n G 5396. 8217; 3. de ∼ adv. da u.n G 6667 V., prp. u.r G 5128 V.; 4. par ∼ prp. u.r C 5588, adv. u.rhalb E 5373, da u.n G 5128 V. 6667 V., par ci ∼ hier u.n G 5128 V., et par dessus et par ∼ L 828; 5. metre a. au ∼ j. u.rkriegen, besiegen K 2310. 2870.

dessus (de-sŭrsu) prp. auf E 2634. G 4308. 8001. 8671 V., über L⁴ †396 V., vor G 8545 V.; adv. oben darauf, darüber E 405. C 608. L 917; la ∼ dort ob. G 8217 V., au chief ∼ im oberen Teil (V. el chief dedesus) G 7720; par ∼ adv. ob. C 6404, im obern Teil G 7683, darüber (hinweg) L 418. G 7904, an estre au ∼ die Oberhand h. G 2349 V., de a. j. überwunden h. G 8766 V., venir au ∼ de a. obsiegen K 5000. G 1643.

destandre (-tĕndĕre) tr. abspannen, -brechen (Zelt) E 4117. 4128; n. losschnappen L 918 V.; sb. Abschießen G 7838.

destanprer, C 3254 V. L 2855 V. -tranprer, C 3254 -tremper, W 1373 -tra[n]por (-temperare) tr. (ver)mischen, zubereiten C 3254. W 1373. L 1401. 2855.

destant (v. -tandre?) in metre a. an ∼ j. zum Losbrechen bringen? G 2424 V.

desteler (ateler × des-), 3. pr.
-tele C †6466: n. sich abtrennen, -fallen.
destenir s. detenir.
destinee (destīn-ata) Geschick
L 2942. G 3436 V.
destiner (-are) tr. bestimmen E
4702. 6378 V. C 4280. [K
6545 V.], verleihen? E
6378 V., wünschen W *1446.
L 5800; r. à + inf. es zu s.er
Aufgabe ma. G 7940.
destor (v. -torner) Abwendung,
-weg, -gelegener Ort C 5555.
[K 6514]. L 757.
destorber (-tŭrbare) tr. stören,
abhalten, auf- E 4140. C
2425. K 3879, verhindern C
5930 V.
destorbier (v. vor.) Hindernis
G 1717 V.
destorner (fg. × des-), K
2892 V. det. (de-tornare),
3. pr. k. destort E 1772 V.,
tr. abwenden E 3655, hindern
E 1772 V. C 5930 V., a. de
ac. j. v. e. abhalten E 5683,
a. que ne j. davon abh. zu
G 320; r. sich umwenden E
3571 V. G 1950 V., sich abw.
K 2892 V., sich fernh. L
5874. 5879 V. G 6146; estre
-né weg s. G 342, in Verlegenheit s. G 8461 V.
destraindre (di-strĭngĕre), 1.pr.
-aing L 347, 3. ipf. -eignoit
C 890, p. destroit (s. d.), tr.
bedrängen C 881, zwingen K
4292, niederzw. L 347, (chastel) beherrschen G 7519 V.;
r. sich beh. E 3735.
destre (dĕxtru) recht E 984;
adv. nach rechts C †4770,
~ et senestre nach rechts u.
nach links L 2810 V.; sb.
Rechte G 32; à ~ zur R.n E
143. C 4530. L 180, avoir an
~ G 5670 V. 7005, mener an

~ (Pferd) rechts neben sich
führen E 1936. L 2977.
destresce (*di-strĭctia) Drangsal, Qual, Not C 2120. L
889, Mühe K *1635; par
grant ~ elendigl. G 9223.
destrier (dextrariu) Schlachtroß E 140.
destroit (di-strĭctu) adj. de
~ le jor? K 5972 V., bedrängt, bekümmert, in Not
C 2989. W *610. L 680 V.
4063. 4652. G 374, drangvoll, grimmig C 5837. W
517; sb. Enge, Bedrängnis
L 767. 972, pl. Engen G 298.
327.
destrosser (des- + tr.) tr. abladen W 1835. K 2561.
destrucion (destrūctiōne) Verderben K 5481.
destruire (*de-strŭgĕre st.
-strŭĕre), 3. pr. k. -uie G
5841. 8932 V., -uisse (ss pik.
st. s) G 5841 V. tr. vernichten
E 6822.
desvaler s. dev-.
desveiier (fg. × des-), C
4740 V. devoiier (devĭare),
tr. v. Wege abbringen G
3044 V., fernhalten G 6652 V.,
v. e. abbr. G 2624 V., betören
C 519. L 3580; r. sich trennen C 6019 V., abirren, sich
ver- E 5578. C 2638. L 378,
zur.halten? C 4154 V., sich
verbergen C 4740.
desveloper (zu faluppa Strohfaser) tr. loswickeln W 811.
desver, pik. derver (s. ML³
2585a) n. den Verstand verlieren, rasen C 5827. L 1195,
de + inf. rasend verlangen
zu E 6460; -vé wahnsinnig
L 1156, Besessener L 629,
estre -vé von Sinnen s. C
1001.
desverie (v. vor.) Tollheit K 577.

desvestir (*-vestire), 3. pr.
-vẹst E 5134:, p. -vestu E
1645, tr. ac. ausziehen, ablegen E 1645, a. E 5134, nu
~ E 4414, a. de ac. G
1148V.
desvugler (avugler × des-) tr.
blenden K 3833V. 3847V.
detaillier (de- + t.) tr. zerhauen E 966. C 4948; n.
zimmern C 5550V.
detaingne s. detenir.
dẹte (dēbĭta) Schuld K 878:
detenal (v. fg.) in sanz ~ o.
Rettung E 4971V.
detenir (*-tĕnire), C 76V. dest-
(dass. × des-), 1. pr. detaing, pik. detieg G 5719V.,
3. pr. k. detaingne C 6288,
tr. ab-, auf-, zurück-, festhalten, hindern C 76. K
3568. L 50. G 2719. 3825,
fangen L 873, (im Sinne)
beh. G 529V., (sa vie) erh.
G 7755V.; r. que ne sich
enth. zu L 1302.
detirer (de- + t.) tr. (nieder)-
zerren E 3792V. 5996, (Haar)
raufen E 4333. 4616. L
1158; soi feire ~ sich herumz. lassen G 5126V.
detor, V. deteur (dēbĭtōre)
Schuldner [K 6916].
detọrdre (-tŏrquēre > *-ĕre),
3. pr. -ort L 1486. G 760:,
-uert W *914: L 1159V. (s.
Wtb.¹ S. 237* u. Rom. 46,
29 Anm. 2), tr. (Hände) ringen E 3810. L 1486. *G 760;
r. sich winden W *914. L
3511V.
detorner s. dest-.
detranchier (-trŭncare) tr. zerhauen, -schneiden E 5806.
C 1943. L 3224. G 6573; rz.
sich zerh. E 908V.
detreire (-trăhĕre > -tragĕre)
tr. wegziehen G 5014V., zer-

reißen, vierteilen C 1446. W
1205, (zer)raufen G 2372.
6545.
detres, C 4550V. K 3718V. G
3181V. detriés, G 4647V.
detriers, E 2838: detrois (detrāns × ?; derrier × tres ?,
s. G 7115 u. V.) adv. hinten
C 4550. G 4647V., par ~
v. h. E 2838; prp. hinter C
4550V. K 3718V. G 3181V.
detrïer (*-trīcare) r. sich aufhalten lassen E 5788, sanz
~ o. zu zögern E 2616V.
G 8310V.
deu, Deu, im Reim nur Dē̞
Gott; c'est ses des C 5717.
deus, E *3438: dial. dọs, N.
dui G 4442:; f. does G
7580V., ~ G 4042. 8297:V.;
li dui G 8241, aus ~ sie
beide W 52, ~ à (V. e) ~
zwei u. zwei G 4042, feire
voler an ~ umherfliegen
lassen G 2218, antre deus
inmitten E 5327.
dëust usf. s. devoir.
devaingne s. devenir.
devaler (*-vallare), G 8280V.
desv-, n. hinabsteigen E
1540V. G 2533V. 8280V.
9230V.; tr. C 3678V. G
6614V.; r. 8280V., + an G
9082V., + an jus G 8033V.;
(pont) -lé herabgelassen G
3394V.
devant (de-vant v. da-vant st.
d'avant) 1. prp. vor (räuml.)
E 20, (zeitl.) E 6519. L 2234.
2237. 2763. 6282. G 8353,
de ~ vor C 5748. G 3286V.
4967V., par ~ vor (...hin)
E 3212. 3671, vorbei an L
5189, vor ... vorbei G 3241.
3300. 7661, par de ~ dgl. L
3044V. G 3241; 2. adv.
(räuml.) vorn(e) E 3048. C
1982. L 957, davor K* 3758,

entg. L 1532, ~ li vient *tritt vor sie hin* G 3458 *V.*, *ähnl.* 3537, *voran*, *-aus* E 117. 477. L 1167, (*attrib.*) les piez ~ *die Vorderfüße* G 7866 *V.*, à l'uis ~ *vor die Tür draußen* C 4881, ci ~ *hier dr.* G 2013; (*zeitl.*) *vorher* E 1241. C 4811. L 2039. 2681. G 1829. 8039, (*attrib.*) le soir ~ am *Abend vorher* G 3368ᵃ *V.*; de ~ *nach vorn* G 6582 *V.*, par ~ *vorne* G 1340 *V.*, v. *vorn* C 4549, par ci ~ *hier vorbei* E 586; **3.** *konj.* ~ que *bevor* G 824 *V.* 3643 *V.* 3841 *V.* 3979 *V.* 4033 *V.* 8058, ~ ço que *eb.* G 1590 *V.*

devenir (-vĕnire), **3.** *pr. k.* devaingne L 6439, *n. werden* E 186, qu'il est -nuz *was aus ihm geworden ist* C 6596, *ähnl.* G 291. 7370. 8557, *ähnl. r.* C 3080 *V.* 5183. L 553; ups. se devient *möglicherweise* C †3080. *†4750. G 5039.

devers (-vĕrsus) *u.* de vers (*Hss. schwanken*) **1.** *prp. gegen,* (*auf* ...) *zu* C 674. K *3693. G 8927, *in der Gegend v., bei* E 726, *neben* G 4087 *V.*, *vor* G 3056 *V.*, *v....* *her* C 1190. G 7374, *aus* W 2850; **2.** *adv. nach vorn* G 6582; **3.** par ~ *prp. nach hin* L 6039; *s.* vers, (re)tenir.

devïer (*zu* vie) *n. aus dem Leben scheiden* C 4314.

devin (*v.* -ner) *m. Vorhersage* G 4316 (*V.* ~e).

devinaille (*eb.*) *eb.* G 4316 *V.*, sanz ~ *gewißl.* G 2612 *V.*, sanz nule ~ *ungelogen* E 1598:

devinal (*eb.*) *Erraten, Vorhersage* G 4316. 4575.

devine *s.* devin.

deviner (*dĭv- st.* dīvīnare) (*er*)*raten, mutmaßen* E 1097. W 1814f. G *3574. 8103, à ce que *daran daß* G 8106, *voraussagen* G 4315. 4570. devir ? C 6761 *V. zu* quereler; *dazu* ? *p. f.* devie K 4210 *V. zu* blesmie.

devis (*v.* -ser) *Einteilung, Überlegung;* par ~ *musterhaft* G 1824 *V.*, *planvoll* G 1340 *V.*

devise (*eb.*) *f. Abteilung des Schildes* C 1316, *Scheidelinie* C *780, *Verteilung* C 4504, *Abmachung* E 1070. 5802, (*Auftrag* ?) G 2324 *V.*, *Entscheidung* G 832 *V.* 6156, *Weise* E 5324, *Beschreibung* G 1805; à ~ (*auch à ma, ta usw.* ~) *nach Wahl, Wunsch, Entscheidung* E 528. C 1427. L 253, *in vollem Maße* E 5885. G 7593, *ausführl.* E 2717, *vollkommen* G 4618:, *aus freiem Antrieb* C 4676, tot à ~ *ganz nach Wunsch* C 5502, par nule ~ *auf keine W.* G 2591 *V.*, en grant ~ *eindringl.* E 3313ᵇ *V.*, metre à ~ *zur Verfügung stellen* C 5951.

devisemant (*eb.*) *Überlegung, Plan* L 5451.

deviseor (*eb.*) *Anordner* K 4080.

deviser (*dĭv- st.* *dīvisare) *tr. zergliedern, teilen* G 2661 *V.*, *prüfend betrachten* L *1507, *unterscheiden* E 6721. C 1165, *ersinnen* G 1936. 7727, *planen* G 4869, *wünschen* C 6666, *bestimmen, anordnen, festsetzen* K 4079. L 673, *bezeichnen* K 1873, *darlegen* L 1872, *auseina.setzen* W 700. G 2296, *ausdrücken* G 4617, *mitteilen, erzählen* E 5571. C 1615. L 2424, *schil-*

dern G 2297, *reden, sich auslassen* (*n*). G 4969, *vorschlagen* G 8882, *zuteilen, verleihen* C 1472.
devision (*z. vor.*) *f. Beschreibung* E 6737.
devites *verderbt st.* delites? G 8676: *V.*
devocion (devōtione) *Ehrerbietigkeit* E 2375, *Andacht, fromme Gesinnung* E 2380 *V.*
devoiier *s.* desveiier.
devoir (dēbēre), 1. *pr.* doi G 4777:, 2. doiz E 1004. W *1921, 5. devoiz C 132: ?, 1. *k.* doive C 1015:, *später* doie G 8624:, 3. doive W 1246, (*nicht i. Reim*) doie C 597. L 772, doit? E 11. 1798 (*Cohn ZffS* 38, 103f.), 5. doiiez E 5911. G 7047, 1. *pf.* dui C 6260:, 3. *k.* dëust C 453, 5. *kond.* devriiens C 1408, *p.* dëu *sollen, müssen* L 1623, *Grund h.* L 502. 4560 *V.*, (*m. neg.*) *dürfen* G 9793, *schulden* [K 6926], à a. de ac. *j. in e. nachgeben* W *42; *phraseol.* L 4809. G 3179. 3362. 4464. 4492. 5266. 5554. 5855. 6613 *V.* 6981. 7034 *V.* 7047. 7326. 7391 *V.* 7756. 7791. 8723. II 25. 32, qu'amer la doie *daß sie sie lieben würde* L 1752, *ähnl.* L 5736, qui vive escorchier la dëust *wenn einer sie ... sollte* C 4784, *ähnl.* W 76. L 5725. 5894, doit clamer *zu nennen pflegt* L *†6, *ähnl.* L 806. 6601; *uns.* ce que doit *was soll (bedeutet) das*? K 5705, *ähnl.* W 379. G 5187.
devolter, devulter (*-vŏlūtare*?), *V.* devoltrer, dew'ltrer (*-ulare*?) *r. sich wälzen* L *4536.

devorer (-vŏrare, *afrz.* ọ!) *tr. verschlingen* C 1756: di (diem) *Tag*; puis se (= ce) di *späterhin* G 8581 *V.*; touz dis G 5778 *V.*, tos dis C 1050 *V. T. für T., immer.*
diable *s.* deable.
diamargariton, *V.* -eton, dyamargation (*gr.* dia margaritōn) *m. ein Elixier* (*m. Perlen*) K* 1486; *s. weitere Bildungen m.* dia- G *3327f.
diaspre (*diaspru *v.* jaspis) *m. geblümter, schwerer Seidenstoff* E 97. 2368. 6671: K 1212. G 8109.
diaus *s.* duel, doloir.
diemoinne, *V.* -mence (*dīa domĭnica, *also erst f.*) *m. Sonntag* G 2941:, *s. Zs.* 35, 485 *Nachtr.* 2.
dignemant *würdig* G 6513.
digner *s.* disner.
diometrie *s.* geometrie.
dire (dīcĕre), 2. *pr.* diz K 3854 *V.* G 4881: *V.*, dis K *3854, 3. dit C 2586:, 5. dites C 2315:, 6. dïent G 2926:, 1. *k.* die C 11: G 7036:, 3. die G 2145: 5773:, 5. diiez G 8173 *V.*, 1. *pf.* dis C 3032, 2. desis G 8836 *V.*, 3. dist, 5. deïstes E 2533, 6. distrent E 6520, 1. *k.* deïsse L 5389:, 5. deïssiez G 8359, *ipt.* diz G 3960 *V.*, die me G 383 *V.*, di va *wohlan* L †730. G 884. 2378. 3414. 5147, (*abweisend*) geh doch G 9204, dites II 20, ne(l) dites C 123. W 657. 2495 *sagen; sprechen* G 1895 *V.*, à a. *zu j.* C 5341 *V.* 5344. 8823, ancontre à a. *j. entg. halten* G 5399, an dav. G 1682 *V.*, *erzählen* W 18, *s.* boche, de ac. *erzählen v.* C 2388. G 1214—24, (une leçon *Lesung*) *vortragen* G

6344 V., (un servise) *abhalten*
G 6347 (V. faire), sanz ~
plus G 4717, sanz plus ~
G 3919. 5385, ~ k' (V.
comme) enflee G 5041 V.,
ähnl. G 3912 *u. V.*, rien à
~ *nichts auszusetzen* E 623.
C 811; *r.* se dist *sagte* G
114 V., il se dist voir *er
sprach die Wahrheit* G
8560 V.

dis (dĕcem), G 1999: diz *zehn*
E 1861. C 1982; ~ et set L
322.

disme (dĕcĭmu) *zehnt* E 1701.
L 6537; *sb. m.* (V. f.) *z.er
Teil* G 149, *Zehnt* E 1685.
L 6537:

[disner], digner (*disjejūnare)
r. ein Mahl einnehmen G
2020 V.

dit (dīctu) *Ausspruch* E 2418,
Gespräch, Rede E 4853. 5722.
C 4228, *Gedicht* E 6679, *Vorschlag* E 337, *pl. Worte* C 4548.

diva *s.* dire.

divers *verschieden* K 3032: L
467. G 5764 f., *abwechslungsreich* G 7690; *schwierig* C
5384.

diz *s.* dis, dire, dit, tot.

do *s.* le².

doble (dŭpl-u) *doppelt*; à ~
d. L 5593, à quatre ~ s
viermal C 840, à çant ~ s
W 160. G *4, cinc çanz ~ s
fünfhundertmal soviel C 215.

dobler (-are) *tr. verdoppeln* E
6330 V.; *n. sich verd.* C
1912. W 869. L 4840. G 8208.

doblier (-ariu) *doppelt* E
2626d V., (*Herz*) *falsch* E
3466; *sb. Tischtuch* K 995.

doctrine *Warnung* W 2741.

doctriner (*v. vor.*) *tr. belehren*
W 1392 (V. besser end-, *s.
Herr.* A. 132, 345). G 8185 V.

doeire (dōtariu) *Witwenteil* E
4765:, avoir en ~ *die Möglichkeit h.* ? E 6378 V.

doi¹ *s.* devoir.

doi² (dĭgĭtu) *Finger* W 2504:
L 2600: G 550: 3879: 6786:
8801:, ~ mame *Ringf.* W
2483: K *4658, le petit ~
G 8801 V., ~ de mon pié
Zehe G 8796; *s.* doie².

doie¹ *s.* devoir.

doie² (*dĭgĭta, *n. pl.*) *in de
deus* ~ *um zwei Finger breit*
G 7166.

doillant *s.* doloir.

doing *usf. s.* doner.

doingier *s.* dangier.

dois (dīscu) *Tisch* E 4744. K
995. G 2787. 3367.

doit (dŭctu?) *gezogen?* C
782 V. zu droit.

doiz *s.* devoir.

doiz (*dux, duce *f. Leitung,
Quelle* × ductu; *ML*³ 2810ª)
f. Kanal W 901. K 5150: L
165:, *Zuführung* G 640 V.

dolant (*dŏlentu), *f.* ~ e C
2120: G 1991: 2936:, *traurig*
E 194. L 678, *schmerzl.* G
8037; ~ emant K 208 V.

doler (dŏlare) *tr. behauen* K
2700, *glätten* G *7659.

dolereus, V. -ros, delereus (dŏlōrōsu) *schmerzl.* E 4990 V.
L 3344, *schmerzerfüllt* G
3433; ~ emant *schmerzl.* G
2223, *klägl.* G 3750; *s.* Mont
D-.

doloir (dŏlēre), 1. *pr.* duel C
634, 3. diaut C 488, 6. duelent E 5978, 1. *k.* duelle E
4241, 1. *pf. k.* dossisse, V.
dous- L 6243, *n. schmerzen*
E 5978, *tr. entbehren, vermissen* C 488, *r. jammern,
klagen* E 1400. Č 286. L
1472, feire ~ *m. Schmerz
erfüllen* L 3842; *p.* doillant
beschwert, -lästigt E 2650,

schmerzhaft L 6209, *erschöpft* K 274.
dolor *f. Schmerz* L 14. G 367 *V.*
dolouve *s.* deluge.
dom- *s.* dam-.
domaticon, -asticum *s.* ɒᴗ꜉naticon.
don¹ *Geschenk, Gabe* C 88, *Gefallen* E 631. L 268, doner le ~ que *versprechen* G 1689, doner an ~ L 3072, feire ~ à a. de ac. *j. e. schenken* E 3184. C 2341; *s.* doner.
don² (*ich setze es vor kons.*; *Hs.* H *schwankt*: don, dom, dont *vor kons. u. vok.*), G 8105 *V.* dom; dont (*ich setze es vor vok.*; *s. Wtb.*¹ *S* 218* *Anm.* 2 *u. S.* 222*) (de-ŭnde) *v. wo, woher* E 550. C 13, *wo* G 6170 *V., wov., dessen* E 737. 1010. C 6626. L †89, *hinsichtl. dessen* L 1993, *weswegen* L 1405. 1783, *womit* E 968. L 1861. 1929, *worüber* E 2987, *wodurch* E 4646. L 871, *wofür* E 632. L 1164, ~ que *m. k. woher auch immer* K 1565.
don(c), dons (dŭnc + -s) E (*533). 1273: W *831: C 4467: 5319: K 173:, donques (*dass.* × onques?) E 1009: C 4482: 5554: L 1496: 3392: 6681: G 517, (*al*)*so*, (*als*)*dann, eben, näml.* E 858. C 142. L 1327. G 3862, *jetzt* G 1473 *V.*; *in Frage*: *denn* G 3494: 5355:, ~ ne (nōnne × donc?) *denn nicht* E 2594. C 481. L 1206. G 262. 383. 5004, dons ne E 533. 1273; *bei ipt.* donc G 1146, donques G 1146 *V.* 2276. 4381 *V. doch.*
doner, 1. *pr.* doing G 1195:, 1. *k.* doingne G 8327:, 3. *eb.* E 5734:, doigne G 4397 *V.*
7588 *V.*, dongne G 513: *V. u.* doint E 530: 1378: L 1383: G 513: 1371: 3112: 5959: 6358: 6855:, doinst G 617 *V.* 1172 *V.* 3111 *V.* 3496 *V.*, dont G 8546 *V.*, daint G 617 *V.*, 5. doigniez C 89. G 1411 *V.* 1414 *V.*, donez G 1414 *V.*, 1. *fut.* donrai E 1333, dorrai G 7004 *V., tr. schenken, geben, lassen, bewilligen* E 632. L 1443; *s.* cǫp; ~ un don (*s. d.*) G 53; ~ sa foi à a. *j. s. Treuwort geben* G 8605.
dongier *s.* dangier.
donne *s.* donc.
donoiier, *V.* dosn- (*dŏmnīdĭare) à a. *m. j. zärtl. tun* E 2438; *s.* antred-.
donques, dons *s.* donc.
dont *s.* don².
donter (dŏmĭtare) *tr. bezwingen, bändigen* C 944. W 1190f. L 2014.
dorer (de-aurare) *tr. vergolden* E 5973. C 786. L 965. G 644. 4106.
dorëure (*v. vor.*) *Vergoldung* C 787.
dormir (dŏrmire), 3. *pr.* dǫrt, *k.* dǫrme E 3091, *schlafen* L 48, de l'uel G 8901; *r.* C 6185. G 1924. 1965.
dorrai *s.* doner.
dos *s.* deus.
dǫs (dŏssu *v.* dŏrsu) *Rücken* G 3712:, en ~ *auf dem R.* G 4635 *V.*; gitier arriere ~ *hintansetzen* L 5952, liié tres (*V.* derrier(s), au) ~ G 7115.
dosnoiier *s.* don-.
dossisse *s.* doloir.
dotance (*v.* doter) *Zweifel, Besorgnis, Furcht* E 622. 1031 *V.* 4178. C 169. L 6486. G 1499 *V.*, sanz ~ *o. Zw.* G 1288. 3239. 3901.
dote (*eb.*) *f. Zweifel, Furcht* E

5713. C 4661. L 521; sanz ~ o. Zw. E 1031 V. C 5893: G 4866 V.; vos n'avez mes nule ~ ihr habt nichts mehr zu fürchten G 7877.
doter (dŭbĭtare), 3. pr. k. dot E 3876:, **tr.** *fürchten* E 240. C 72. G 521, que *daß* G 3272 V., *m. inf.* L 145, ne ~ à + *inf. kein Bedenken tragen zu* G 1296; **n.** *zaudern, überlegen* K 4503, *de* ac. *fü., besorgt s.* E 5535. C 5152, *zweifeln an* C 5114, *ne feire* ~ *nicht zu bezw. s.* G 6108 V., r. *im Zw. s.* C 526, *fü.* G 6354 V., *sich fü.* C 1692. G 3294 V., *de* ac. *e. fü.* G 520 V., *in Furcht geraten wegen* C 3535, *de mort sich tödl. fü.* L 5626; *doté geachtet* G 4923.
douaire *s.* doeire.
douçor (dŭlcōre × *adj.*) *f. Süβigkeit, Süße, Genuß* E 2096. C 3114. L 2628, *Lieblichkeit* G 91, feire ~ à a. *j. umkosen* G 2633.
dousisse *s.* doloir.
douz (dŭlce), *f.* (*anal.*) douce E 451. C 3120 *süß; lieb* L 3699, (vant) *sanft* C 245, (tans) *liebl.* G 87, *ergreifend* G 6347, (*in Anrede*) *lieb, teuer, gnädig:* ~ *amis* G 1616 V. 1655 V., *biaus* ~ *amis* G 194. 844. 1547, biaus ~ filz G 408, do(l)ce amie G 767 V. 1729 V., *douce dame* II 51; doucemant *zärtl.* E 1761. 4211. 6592. C 6357, *inbrünstig* E 4377. L 4181, *süß* G 72, *sachte* G 6586 V., *mild* G 3295; *s.* laver.
doze (duodecim) *zwölf* E 6273. C 330. 1130.
dragon (drăcōne) *Drachen* K 5799.

draoncler *V. s.* reoncler.
drap (drappu) *Tuch, Stoff* G 8818, *Kleid, Gewand* E 1854. G 829, *Bettuch* K 4718. G 1932. 3355.
drecier (*dīrēctiare; *f.* e *s.* L †192), *tr. auf-, errichten, aufstellen* E 5812, *erbauen* G 1342, (cheval) *richten* G 4298 V.; *r. sich aufr., -stehen* E 3040. 3422; estre -ié *stehen* C 4067, contremont -ié *emporstehend* G 6989; feire ~ *aufst. heißen* L 6738.
droit (dīrēctu) **1.** *adj. gerade* W 8, *ger. gewachsen* E 5699. L 229. G 7908, *aufrecht* C 4767, *recht, richtig* W 73. L 932. 2005 V. ?, ~e justise G 25, *genau* L 929, an ~ midi E 1518, ~ e voie *geradeswegs* G 6830, *rechtmäßig* E 1812; **2.** *adv. geradeswegs* E 116, + bien G 5317, + tot G 2732, *richtig* E 2865, *genau* E 1518. 4595, *enge, nahe* E 2824, ~ à *geradeswegs zu auf* G 471 V. 2464, ensi ~ *m. solchem Recht* G 6099 V.; **3.** *sb. Recht, Anr.* E 819. L 28, *Gerechtsame* L 373, (bei Vergeltung) *Mal* L †6711, de son ~ n'i portent (*V.* n'i lesse) rien *sie tun ihm keinen Abbruch* (er vergibt sich nichts) L 4504, ~ d'armes *Waffenbrauch* G 1506 V.; à ~ *gerade* E 2902, *recht, richtig, m. R.* E 56. C 2807. L 1853, *kunstgerecht* G 1475, à bon ~ *m. vollem R.* G 3485 V., contre ~ *widerrechtl.* C 2471, de ~ *geradeaus* C 4297, *m. R.* G 8343 V., an ~ *zu R.* G 6093 V., par ~ *m. R.* E 757. C 3878. G 4353 V. 6103 V.; avoir ~ E

2576f., s'i a ∼ : *s. Herr. A.*
132, 345 *zu* W 1441, *dire*
∼ *R. sprechen* C 1437, *feire*
∼ à a. *j. R. w. lassen* C 534.
G 5339. 5349. 5364, *s.* randre; *ups.* est droiz E 173. C 78. L 77. (droiz ou torz) 5472. I 6; *sb. f.* ∼e (*sc.* voie) K 1513 V.
droiture (*v. vor. bez.* dīrēctūra) *Recht, Gerechtsame* E 1842. C 6106. K 1612. L 5106. 6402, *Anteil* L 4789, *eigentl. Bestimmung* G 1349; à ∼ *geradeaus* E 160. 4455. W 632. L †2705, *regelr.* E 2439 V., *genau* C 843 V., *m. R.* G 7018; *clamer* ∼ à *Anspruch erheben auf* G 7385; *s.* randre, requerre.
droiturier[1] (*v. vor.*) *rechtmäßig*, *-lich* E 1906. 4484. C 569.
droiturier[2] (*eb.*) *Recht sprechen, verhandeln* L *5915:
dromont (*altit.* dromone *v. gr.* drŏmōn) *m. Art Schiff* C 6695. G 2558 V.
dru[1] (*gall.* *drūto-) *dicht* E 3174. C 6404 V.
dru[2] (*eb., v. Wartb.*); *f.* ∼e *Geliebte, Liebchen* E 2439. C 3695 V. G 9014.
druerie (*v. vor.*) *Minne* G 2104, *Liebespfand* E 1838 V. G *5418.
druguemant, *V.* drogem- (*ar.* targóman, tor ǵ-) *Dolmetscher* C 3959.
duc (dŭce), *N.* dus *Herzog* G 2788. 9219.
duel[1] *s.* doloir.
duel[2], G 6398 V. dol, C 6394 V. diau (dŏlus; *bei Augustinus, Regnier S.* VII), *N.* diaus C 2009, G 856 V. dious, G 6766ᵃ V. diels, G 6394 V. dels, *Schmerz, Jammer usf., Kränkung* G 4387 V., *feire* ∼ G 2607, *granz diaus est* G 1864. 6757, + *quant* L 1386 V., + *que* L 2095, *soit mes diaus sei es zu meinem Kummer* G 8608.
duelent *usf. s.* doloir.
dui *s.* deus, devoir.
duire (dūcĕre) *tr. führen, leiten* C 6405. 6417; *bien duit gut gezogen* G 6827, *sehr gebildet* G 9086 V.
dur (dūru) *hart* E 2190, *-näckig* I 30, *gewaltig* G 2120. 3927, as ∼es (*V.* beles) *mains* G 8140; ∼ emant *sehr, heftig, schwer* E 2819. C 2935. L 3790.
duree (*v. fg.*) *Dauer; avoir* ∼ *Bestand h., am Leben bleiben* E 956. L 1369. 5503, *ups.* C 5443.
durer (dūrare), 3. *fut.* durra E 25. C 4044, *n. dauern, (am Leben, bestehen) bleiben, standhalten, anh.* E 887. K 2759. L 384, *es aush. können* G 7559. 7562, *leben* G 6403, *devant standh. vor* G 5023, à a. (*D. eth.*) *dauern* G 3429, *por toz jorz* ∼ *auf ewige Zeit berechnet* G 4904, ∼ *an vie noch am Leben s.* L 30; *lang reichen, sich erstrecken* E 5396. 6748. L *388. 6286.
dusque *s.* jusque.

eage *s.* aage.
eaue *s.* eve.
ebenus (ŏbĕnus) *Ebenholz* G *3271. 7684.
edefiz (aedifīciu) *Gebäude* C 4399.
eff- *s.* esf-.
effichier E 101 V. *zu* af- (*d.* × es-).
effondrer *st.* esf- (*ex-fŭnderare) *vergießen* E 4864 V.

effondu v. -dre (effŭndĕre) G
3705V., s. anfondre.
effoudre (v. -drer v. effŭlgŭ-
rare) Blitz G 3833V.; cf. ef-
fondre L 505V.
effronter s. esfr-.
egal s. igal.
egle, G 644 aigle (aquĭla) f.
(G 644:) Adler C 3851. W
883. K 5799, als Zeltknauf
G *644 f., (her.) E 2155V.
eglise, G 26 iglise, G 568V.
2963V. glise (ecclēsĭa)Kirche
G 568. 573. 596. 6222V.,
Heiligtum K 5516; sainte ~
W 21. G 26.
egre (ācre) herb, sauer C 3256.
L 2848; aigrement heftig C
1761V.
egrés K 2891ᵇV. = angrés,
s. d.
eidier (adjūtare), 3. pr. aïe K
3777. L 5551: G 6960:, k.
aït L 3039 (V. aist, aiut).
G 278: 2850: 3650: 4066:
4350: (V. aïst), ipt. aïe G
6466 (V. aïde, aïdez), helfen,
a. G 6466V., à a. C 597. L
4985. G *6960, à monter G
6839. 7053, se Deus m'aït
G 966:, ähnl. G 278. 4350,
si m'aït Deus *G 355—8. G
1398V., m'an aïe mir darin
zu Hilfe kommt I 49:; r. sich
wehren K 3777, ~ ne se pot
konnte sich nicht he. G 3511,
de ac. sich m. e. (be)he. E
628. G 1286. 7346V., sich
bedienen G 3179.
eignel s. aignel.
einçois, G 1228V. ençois, C
1585V. anceis (ante × ?)
vorher, -dem, früher, zuerst
E 279. L 564. G 3828. 9225,
vielmehr, lieber C 572. L
418. G 44. 1762, ~ de a.
vor j., früher als j. L 4722,
~ que fr. als E 279, m. k.

bevor E 35. C 144. L 2085,
~ ... que ne solange bis
E 3625. C 5999; prp. (zeitl.)
vor E 5189. W 3044. G
2701V. 6528ᵇV.
einsi, eissi G 1396V. 1456V.,
issi L 187V. 1667V. G 284
u. oft V., ~nc G 8184V.,
~ nques G 9043V., ~ n
G 5099V., ~ ns G 125, ~ s
G 7551V., ensinc G 7213V.,
-nques G 3753V. 4741V., -n
G 2994V., ansin G 712V.,
-ns G 3768, ensis G 3453V.,
ensi G 1301V., ansi G
5084V. (? -sīc) (eben)so E
67, unter dieser Bedingung
K 163, ensi grant G 7704V.,
~ ... come so ... wie G
264V., ~ con gleich als
wenn G 3705V., ~ que so
daß C 1732. 6405, s. valoir;
~ mant E 329. 1867, V.
ens(s)ement E 329V. 4210V.
G 1191V., ansim- E 330V.,
ansem- E 6598. C 6358.
eire (arĕa × ăgru ?; s. G
*7013)[m.u.f.; s. K Register
s. v. aire]; deboneire v. guter
Art, gütig, mild, hold E 378.
C †668: L⁴ †1307. G *7013;
deputeire schlecht, böse E
171. C 5792, schlimm G
8459; deboneiremant gütig
C 387, hold, zärtl. C 2805.
G 2362, sanft G 6590; s. de-
boneireté.
eis s. es.
eise (ádjăcens) m. C 4518.
G *1935, f. G 814ᵇV., Be-
quemlichkeit, Behaglichkeit,
Muße E 501. C 3081. L
2514, (pl.) Behagen G 5864V.
(V. son ese), Gelegenheit,
Möglichkeit C 5151. L 1083.
1322. 4647; adv.: aler ~ et
soëf E 1401; à ~ gemächl.,
behagl. E 2590. L 5443, zart

G 2061, à mal ~ E 3726, estre à ~ G 2159, *ein gutes Leben führen* G 1743 V.; an ~ K *1601, estre an ~ *ungestört s.* C 1630, venir an ~ de ac. *Gelegenheit zu e. finden* L 4647; avoir ses ~s *s.en Wunsch befriedigen* G 5864, or avez vostre ~ eüe *er ist euch zu Willen gewesen* G 814ᵇ V.:, ~ feire à a. *es j. behagl. ma.* G 2090; *s.* aeise, malaise, meseise.
eisible *s.* ais-.
eissele (*āx-ĕlla *st.* -ïlla) *Achsel, Schulter* G 1270: 4311.
eiss- *s.* iss-.
eist *s.* issir.
el *s.* ele, (*st.* en le) le.
ęl (*ale ? *v.* ăliud) *anderes* L 1981: 3086: 3470: 4892: 6593:; por el *aus anderem Grunde* E 391. L 1933. 5255; un e el *dies u. jenes* G 3026 V. 3190: 5186, ne por un ne por el E 4125, ne de ce ne d'el E 5469, il n'i a el *es bleibt nichts weiter übrig* L 203, *wir sind fertig* G 1536: ele (ïlla) (: dameisele G 5054: 6702: 7378: 8097: 8993:, *s. Wtb.*¹ *S.* 211*) *pron. pers. f., D.* li C 37 (*wechselt m.* lui, *s.* C †54), *A.* la, *bet. u. nach prp.* li E 78, lie! G 3970 V. 5856 V.; *pl.* eles, G 1577 V. els, *D.* lor, *A.* les, *bet.* eles *sie*; *gekürzt* el (*s. o.* els) C 1387 V. †1574 V. †2812. †5704. †6287. K 6038 V. *6416. L 3518 V. †6639. G 625 V. 1060 V. 1737 V. 3136 V. 3434. 3853f. V. 3873 V. 3875 V. *u.* il G 1945 V. 5602 V., *auch pl.* el G 4965 V. 7323 V. (V. els, il). 7934 (V. il).
elęte *s.* alęte.

eluec, elués *s.* alués.
emboé (en + boe *v. gall.* *bawa) *verschlammt* G 6273 V.
embraonner *s.* esbraoner.
embroignier L 5207 V. zu anbrunchier.
empens, *Hs.* ēpens (*v.* anpanser) *in* estre en ~ de *sich Gedanken ma. über* G 1944 V.
empoint (*in-pĭnctu) *bemalt* K 2405 V.
en- (ĭn-).
enarmes (*v.* enarmer *v.* armus *Schulterblatt*, *ML*³) *pl. f. Schildriemen* E 2195. C 4914: K 852. 5950. L 2244: G 5938.
enavancir (en + av.) *tr. zuvorkommen* C 2003 V.
encluine *st.* en cl. *v.* cluignier (?) *anblinzeln* K 3222: V.
ençois *s.* einçois.
encoivre(?) K 3222: V. *zu* anrievre *halsstarrig.*
encolorer (*-cŏlōrare) *tr. färben* E 432 V.
enconques *s.* quelconques.
encor nuit *s.* anquenuit.
encuire *s.* cuire.
endocir (*-dŭlcire) *versüßen* C 3253 V.
enemi *s.* anemi.
enerrer (zu erres) *j. e. als Pfand geben* K *4604.
eneschier (-ēscare; ę, ę ?, *s.* esche), 3. *pr.* enęsche W *1286: *ködern.*
eneslejor, *meist* enes le j. (ĭn ĭpsu ĭllu diŭrnu) *sofort* E 1893.
eneslepas (*eb.* passu) *eb.* E 601. C 1304. L 3322, en eslepas G 2176 V., isnelle pas *u.* ennel le pas G 2766 V.
eneslore (*eb.* hōra) *eb.* C 5407. G 2080, en eis l'oure G 368 V., en islore G 7842 V.
enfrichon *pik.* (v. -içonner *v.*

— 102 —

friçon v. frĭctiōne) f. Aufregung L 4720 V.
enfueillie, pik. st. -iee (*-fŏliata) m. Laub geschmückt E 5574: V.; s. anfoillu.
engagne(?) ein Wurfgeschoß C 1523 V. zu javelot.
engien s. angin.
engloutir (*-glŭttire) verschlingen E 2498 V.
engrant s. grant.
engrellé (v. gresle²) verhagelt G 4169 V.
engroignier L 6122 V. zu esgrumer.
eniaus s. anẹl.
enhermé s. anhermir.
enivrer (-ēbriare) tr. betören E 3418. L 3580; -ré erfüllt, entbrannt E 3540. K 223⁶³V.
enmuser (amuser × en-) C 5954 V. zu amuser.
enne (et + nĕ) bei Frage: (denn) nicht E 2594 V. W *1723 V. G 383 V. 5143 V.
ennublé s. enublé.
ennuire (nuire × enuiier?) K *1046 V.
enoindre (-ŭngĕre) salben E 6859.
enon s. non¹.
enor nach Wtb.¹ S. 222*, G 7587 V. anor, G 984 V. annor, I 34 onor, G 5491 V. honor (hŏnōr-e) f. 1. Ehre 309, Wert L 1293, Ehrerbietung L 779, Auszeichnung C 5139; adv. à ~ L 1576. G 6180, s. par; feire ~ Ehrenhaftes tun G 8195, à a. j. E. erweisen G 6892, s. porter, prandre à ~ sich zur E. anrechnen L 2141, tenir à ~ L 1392. G 8943, tenir (V. sost-) a. à mout grant ~ sehr ehren G 7581, aprandre ~ Ritterlichkeit lernen C 86; 2. Lehnsverhältnis L 2116, Lehen L 5478. G 7576. 7587, Besitz C 3191.
enorable (-ābĭle) ehrenwert, angesehen E 2341. 2417. K 3294: L 23; honourablement ehrenvoll G 7581 V.
enorer (-are), 3. k. enọrt C 378:, ehren W 21, de ac. E 5356.
enorter (in-hŏrtari > -are) ermuntern, auffordern E 4286, à a. C 189. 404. 2643. 6191.
enqui s. anqui.
ensaucié E 2035 V. (nördl.) st. ess- vollzählig.
ensement s. einsi.
ensoignier (v. soing) r. sich beunruhigen G 948 V.
enson s. son.
ensosche 3. pr. = ? G 2606 V.
enteler (ateler × en-) tr. vorspannen E 4731 V.
entoschier G 6850 V., -oscier C 1708 V. (*in-tŏxicare) vergiften.
entouchement (v. vor.) krankhafter Harn C 5728 V.
entr' (ĭnter) aparler r. eina. anreden C 3834 V. L 6111 V.
entr'atochier r. eina. berühren C 1748 V.
entreconpaignier r. sich eina. zugesellen C 2305 V. zu antr'ac-.
entreflater (flater neb. -tir) r. eina. schlagen K 3605 V.
entregrever r. eina. schädigen K 5020 V.
entrehorder = -hurter r. eina. stoßen E 5995 V.
entrementiers (endem- × entre-?), E 4778 V. L 3563 V. -metiers inzw., + que während E 4672 V. L ib.; s. andemantiers.
entr'emplaier (zu plaiier) r. eina. verwunden K 2703 V.

entr'encontrer C 3583 V. zu antrecontrer r. eina. treffen.
entrepasser u. entr'esp- r. g.-seitig übergehen auf C 2835 V.
entrés s. entrués.
entretistre (-těxěre), p. -tissu E 5310 V., dazw.weben.
entretraverser r. eina. durchbohren C 1751 V.
entr'ocire, 6. pf. -cistrent C 2540 V., r. eina. töten C 2540 V.
entroduire (ĭntrōdūcĕre) a. de ac. j. über e. belehren C 2290 V.
entrover C 5269 V. zu retr-.
entrués K 1957 V., -trés K 231 V. (inter + ?) + que während.
entuchié (v. tochier) bemakelt G 6273 V.
enublé C 2754: K 4564 (V. enn-, an-, ob-nublé (obnūbĭlatu × en-) trüb.
enuble (v. vor.), V. enn-, an-, n-, obn-, finster, unfreundl. E 1652: K 1024.
enui (nach Wtb.¹ S. 222*), G 776 V. anui (in-ŏdiu), N. -uiz L 4840:, -uis C 513: (L †2771), Verdruß, Leid, Ungemach E 820, Öde, Leere (i. Herzen) G 6263, Unannehmlichkeit L 114. (pl.) G 7957 V., Schaden L 1746, Gehässigkeit L 1349, Beleidigung, Kränkung L 3750. G 4387; à ~ bis zum Überdruß E 5901, par ~ wider Willen II 24; c'est ~ s es ist schade C 1183, dire ~ Grobheiten sagen G 1009, feire ~ à a. j. Leid antun.
enuiier (-ŏdiare), 3. pr. anoie, anuie G 744 V. 7802 V., 3. k.
enuit E 1269: 2543:, verdrießen E 2615, lästig s. G 544. 5413, à a. de C 267.

1908, ups. bekümmern G 4363; enuiié gelangweilt G 4424, überdrüssig C 6168.
enuiieus, V. anuieus (-ŏdiōsu) lästig E 213. L 90. G 792, beschwerl. G 6228 V., ärgerl. G 1241:
enviaille (v. envïer v. invītare), C 5808 V. anv- Herausforderung; Angriff [K 7098 V.]
er, E 1392: V. oir, G 7968 V. aire (aĕre) m. Luft C 245. 2754 V.
ęrent s. arer.
ermin (s. fg.) adj. aus H. E 95: 1609 V. 6938.
ermine (armĕniu) m. Hermelin E 1574: 1615: G 1352. 1801.
erminęte (v. vor.) H.fell E 1596. 2113: 6670.
ernuit s. hier.
err- s. esr-.
erragis N. (v. esragier) E *1398 V. zu ragis scheu, wild.
errant (v. errer²) sofort G 2393 V.; erranmant schnell, sof. E 1587. C 4105. L 3170. G 1432 V.
errement (eb.) Erlebnis W 2679:
errer¹ (ěrrare) irren C 2091 V.
errer² (*ĭtĕrare), G 5703 V. esrer, 3. pr. oirre, C †4511 V. erre, reisen, fahren E 3458. C 156. L 735, handeln E 5658, (Gangart) W 1644; chevalier errant fahrender R. E 1121. L 259.
erres (arrhas) f. pl. Pfand W *3225.
ersoir (hĕri sēru) gestern Abend E 3480. G 3501. 3506.
es (en les) s. lo.
es (ĭpsu) s. eneslejor usw.
es, eis (*axis v. assis) f. K 5959:, Brett E 3778. *G 2207 = G 2671.
ēs, G 2020 V. ez u. eis (ăpis) f. Biene L 3893: V. G *2020:

esba(h)ir (*int.* ba) *tr. verblüffen*
E 4150; *r.* (*er*)*staunen* E
448. C 4072, *erschrecken* E
4856. L 1955, *geblendet w.*
E 6849; *p.* -(h)i *erstaunt* G
6037, *verängstigt* G 1758,
außer Fassung G 8061 *V.*,
töricht E 6577. W *2618;
estre -hissant *erstaunt s.* K
3816 *V.*
esbaneiier (*ex-ban ?-ĭdĭare) *r.
sich ergötzen* C 1268 (*inf.*).
2999. G 2882ᵈ *V.*
esbatre *n. sich belustigen* K
3872 *V.* L 2473; *r.* C 1977 *V.*;
s'aloit -tant *lustwandelte* G
1353.
esbaudir (*zu* baut) *r. sich erheitern* C 3574; *n.* (*inf.*) E
2220 *V.* C 4919 *V.*
esberja *s.* herbergier.
esbloïr (*zu* *blaubjan, -blöben)
tr. blenden G *4173; *r. geblendet w.* E 6849 *V.* W *81.
esboeler (*zu* boele) *tr. j. den
Leib aufreißen* L 3267: G
2449 *V.*
[esboillir], 6. *pr.* -olent W
2299: *n. aufwallen; p.* -oli
aufgeregt C 6515.
esborrer *s.* anb-.
esbraoner (*zu* braon), *V.* embraonner, *tr. in Stücke zerlegen* G 1137.
esbruire, 6. *pr.* -uient, *r. sich
lärmend stürzen* E 120:
esbuschier = ? G 4173 *V.*
esca(i)chier *s.* esquachier.
escamonie (scammōnia) *Skammonienwinde* (*Purgier-*) *als
bittere Pflanze, Bitterkeit,
Giftig-* W *1376. 1491 (*V.*
-nee) L⁴ †616; *s.* L †1402.
esc- *s.* esch-.
escarbellier (*s. Gam.* écrabouiller) *tr. herausquetschen* G
1137 *V.*
escarlate (*zu mlat.* scarlatum),
G 7917 *V.* esqu-, *f. kostbarer
Wollstoff* E 1855. L 233. G
3074. 8819; ∼ vermoille G
7917.
escarteler *s.* esquart-.
escarter E 977 *V. zu* -teler.
escerveler (*zu* cervel) *tr. a. j.
den Schädel einhauen* E
4866. C 1943. G 6025; *rz.*
L 6141.
eschac (*pers.* šâh), *A. pl.* -as, G
6011 *V.* eskiés, *m. Schach*
E 357. K 1652:, -*figuren* G
5896. 5898. 6000, gieu d' ∼
-*spiel* G 6011 *V.*, eschec an
angle *mattgesetzt* G *8428 *V.*
eschace, G 7666 *V.* chace (jſat=
ja), *pl.* ∼ s *Schragen, Böcke*
G *3267−9. 3275; *Stelze*
G 7652. 7666, *pl.* G 7652 *V.*
(*V.* eskiés).
eschacier (*v. vor.*), G 7651 *V.*
-aquier, eskiekier, eschequier, *Stelzmann* K 3774. G
*7651.
eschame (scamnu) *m. Schemel*
E 3313: L 1145:, *pl. st.*
eschaces G 3269 *V.* 3275 *V.*
eschange (*v.* -gier *v.* *ex-cambiare) *m. Tausch* C 1193.
K 395 *V.*, *T.wert, Entgelt* C
3491. G 7140; par ∼ *zum
Aust.* C 2808 *V.*
eschanteler, C 4864 *V.* esc-
(chantel *Randstück v.* *cantĕllus *v. gall.* *kanto) *tr. in
Stücke hauen* E 5967. C
4864 *V.*, *n. in St. gehen* E
977 *V.*
eschaper (*ex-cappare), 3. *pr.
k.* -ap G 6735 *V.*, *n. entkommen* E 3475. C 284. G 6520,
∼ vif G 967, -*gleiten* L 3098,
*vom Ausschnappen einer
Fallvorrichtung* L 918; *r.* an
entk. C 6489; fos escapez
-*sprungener*(?) *Narr* G 5121
V. zu est-.

eschaquier, eschequier (v. eschac) *Schachbrett, -spiel* C 2373 (V. eskiekier, escequier). G 5893.
eschar (v. -rnir) *in* tenir à ~ *für Spaß halten* G 2554: V.
escharboncle (carbŭncŭlu + es-), V. eschab-, escha(r)bocle, charbocle, esclarboucle, f. *Karfunkel(stein)* E 1614 V. 2378¹⁶ V. 6842. C 2751. G *7703.
eschargueite, V. -gaite (ſkar=waḣta) f. *Scharwache* C 1717; s. Esch-.
eschargueitier, V. -guetier, eschauguetier, esquergaitier (v. vor.) tr. *bewachen* C 1718.
escharir s. escherir.
escharnir, C 2982 V. eschernir (*ſkarnjan u.? *ſkirn-) tr. *verspotten, höhnen* E 3524. C 2982. L 6477 V.; p. escharné *verspottet, betrogen* G 8461 V.
eschars (*ex-carpsu) *in* à ~ *kärgl.* G 4148.
eschaufer *erhitzen* C 471. K 4898. L 1132. 5588.
esche (ēsca), ẹ, ę ?, s. L †192, vgl. fresce: esce Rigomer 4045) f. *Zunder* E 5128.
eschec s. eschac.
escheitiver (zu cheitif) *befreien, erlösen* K *1584. 5338.
eschequier s. eschaquier.
escherir u. -arir (*ſkarjan) C *2577 V. L 6636 V. 6638 V. (v. eschierir) zu eschevir (s. d.).
eschernir s. escharnir.
escheveler (zu chevel) a. j. *das Haar zerzausen* G 5402; -lé m. *aufgelöstem H.* G 3730 V.
escheve? K 6693 V. zu roigneus.
eschever (achever × es-), 3. pr. -chieve *erreichen* W *1040:

eschevin (*ſkapin-) *Schöffe* W 2250. G *5908. 5935. 6059.
eschevir, C 3184 V. escavir, *synon. v.* escherir, *das meist als* V. *vorkommt* (escherir × vor.?) *den Eid vorsagen o. abnehmen* C *2577. 3184. L⁴ †*6636. 6638.
eschiele (scāla) *Leiter* [K 6471].
eschine (*ſkĭna) *Rückgrat* E 3047. C 3421. L 307. G 4632. 7171.
eschiver, C 514 V. *nördl.* eskieuwer (ſkiuḣan) *vermeiden* [K 6670].
esciant, C 822 V. *nördl.* ensiant, L 430 V. ensc̈ient, G 2993 V. esciantre (sciendo, scienter) *in* mien ~ E 4532. L 1290. G 1905. 2993, au mien ~ E 855. L 2366, par le mien ~ E 4320 *meines Wissens*, à son ~ G 2240; à ~ *wissentl., absichtl.* C 822. L 430. G 1647.
esc̈ience s. sc̈ience.
escla(i)rier (*ex-clār-iare) *hell w., tagen* E 1430 V. C 1664 V. K 2202 V.; tr. *erheitern* G 1244a V.
esclarcir (*-icire) n. (aube) *anbrechen* E 1430.
esclarir (*-ire) n. *strahlen* C 1567 V., (jor) aler -issant *sich aufhellen* W 2372:
esclat (v. fg.) m. *Splitter, Fetzen* E 1154⁵ V. G 2218.
esclater (s. Gam. éclat) n. *in Stücke springen* K 3606:
esclice (v. fg.) f. *Splitter* C 1749 V. 3595 V.; s. clice.
esclicier (s. Gam. éclisse) n. *schleißen, dünn absplittern*, zer- E 870. C 4937; tr. E 3797. C 1749. L 822; r. C 1923.
esclo (ſlag-u *Schlag*) m. *Spur, Fährte* E 3528. 4373: L

754: 5025. G 785. 2752; toz uns ~ s *immerfort einer F. nach* G 3692.

escloper (*-clŏpp-are) *tr. lahm* (*zum Krüppel*) *ma.* C 6490.

esclọre (*-claudĕre), *p.* -ọs E 4280:, *tr. darlegen* E 6482, *n.* (jor) *anbrechen* E 4280.

escọble, escofle (*altbret.* *skouvl, *Gam.*) *m. Gabelweih*(*e*) C 3851 *V.* †4397:

escoillir, 3. *pr.* esquiaut K 382:, 3. *pf.* -cueilli G 8519 *V.*, *r. sich zus. raffen* G 8519 *V.*, *sich stürzen* K *382 (*besser m.* 2 *Hss.* s'aquiaut *Mod. Phil.* 27, 462). L (*3416). *5178 *V.*

escọle (schŏla) *Schule* G 4341, estre à ~ *die Sch. durchma.* C 1028, metre à ~ *in die Sch. nehmen* C 2292, remenoir à l' ~ de a. *j. folgsam bleiben* L 1798, *s.* tenir.

escondire (*-con-dīcĕre), 1. *ipf. k.* -deïsse L 268, *p.* -dit E 674, **tr.** a. *j. abweisen* E 674, ac. *e. zurückw.* G 2131, *e. abschlagen* L 266. 268, ac. à a. G 5637, a. de ac. E 3329. C 4227. G 5619; **r.** *Ausflüchte ma.* E 2528, de ac. *e. ablehnen* G 5619; *inf.* (*pass.*) *abgewiesen w.* C 5152.

esconduire (*-condŭcĕre ?) *r. sich retten, flüchten* E 4983 *V. zu* refuire.

escons (*v.* -ser) *in* à ~ *verstohlen* G 1070 *V.*

esconsable (*eb.*) *verstohlen* E 5192 *V.*

esconser (*absconsare × ex-) *Ausflüchte ma.*? L 3686 *V.*, *r. sich verbergen* E 5002; *p.* -sé *untergegangen* (soloil) C 4875.

escọrce (cŏrtĭce × *fg. o.* × scŏrtĕa ?) *Rinde, Schale* C 2788. 5180. 5204: G 4305 6938.

escorchier (-cŏrticare) *tr. abhäuten* E 4852. C 1440. L 312. G 6573, *-schälen* G 6939 *V.*

escorcier (*-cŭrtiare) *r. sich aufschürzen* G 6003; jant -ciee G 5706.

escorgiee (corgiee × es-?, *s.* E *148) *Riemenpeitsche* E 4391 *V.* C 3803 *V.* [K *2798]. L 4107 *V.* G 612 *V.* 4613: *V.*

escorné (*s. Gam.* écorne) *beschimpft, -trogen* G 8461 *V.*

escorsé (*zu* cọrs) L 3523 *V. zu* acorsé *schnell.*

escọt (ſtŏt) *m. Zeche* C 1998:, i metre son ~ (*zotig*) *beisteuern* L 4124:

escoter (ſtŏt-are), 3. *pr.* -ọte W *503: *beisteuern.*

escoter (a[u]scŭltare × ex-) *n. horchen* C 133, *tr. hören* E 126, *anh.* E 547. C 3729. G 8082, *auf e. h.* G 21; feire à ~ *hörenswert s.* L 34.

escouper (in-cŭlpare × es-) *beschuldigen* K 4202 *V. zu* anc-.

escout (*v.* escọter) *in* estre à ~ *horchen auf* W 193:

escové, *V.* escoé (scōpatu) *leer gefegt, ausgesogen* G 1750.

escraingne (ſtreunia) *unterirdische Werkstätte* W *1464 (*V.* escrie[g]ne):

escremie (*v.* -mir) *Fechtkunst,* *-erei* E 933, par ~ de l'espee *im Schwertkampf* G 1518, feire ~ à a. *m. j. fechten* G 1518 *V.*

escremïer (*fg.* × -ïer) *fechten* E 3774: *V.*

escremir (ſtɩrmjan) *dass.*; de l'espee G 1504f *V.*; por ~ *um sich zu schützen* L *5525.

escrever (-crĕpare), 3. *pr.* escrieve K 1348:, *tr. öffnen, aufbrechen* K 1348. 4900, *zerfleischen* K 4660 *V.*; *n. aufplatzen* (plaies) E 4592. K 1196; feire ~ G 7084.

escrïer **n.** *ausrufen* G 4073 *V.*, à a. *j. zur.* G 5954 *V.* 6684 *V.*; **tr.** a. *j.* anr. E 2859. L 3438. 5129 *V.*, ~ Lancelot *L. r.* K 3682 *V.*; **r.** *rufen, schreien* E 1821, à a. *j. zur.* G 5954.

escrin (scrīniu) *Schrein, Truhe* C 1152. L 2964. G 2032, *Schrank* G 6486b *V.*

escri(v)re (scrībĕre), 3. *pf.* -ist G 6256:, *schreiben, aufschr.* G 4151, à mal *übel auslegen* L 96; *p.* -it *abgezeichnet* (*v. engen Ärmeln*) G *4990.

escrit (scrīptu) *Schrift* (*als Quelle*) C 5816, *hl. Schr.* G 48.

escrois (*v. fg.*) *m. Krachen, Lärm, Getöse* E 2161: W 135: G 7838.

[escroissir], 6. *pr.* -oissent, *tr. zerbrechen,* -trümmern G 2207 *V.* 2671 *V.*, *n. -krachen* G 2672 *V.*

escu (scūtu) *Schild* E 2880, *porter* ~ *kämpfen* L 2096.

escuele (scŭt-ĕlla × *vor.*) *Napf, Schüssel* G 1565. 5774:

escuiier (scūt-ariu) *Knappe* E 554.

escumer (*-[s]ĭūm -are) *n. schäumen* E 2166.

escurer (*-cūrare) *reinigen* W 1399.

escuruel E 2114 *V.*, *N.* -riaus W 2016. L 115 (*scūri-ŏlu *bez.* -ĕllu *v. gr.* skiūros) *Eichhorn.*

escuser¹ (-cūsare) *tr. entschuldigen, rechtfertigen* L 1754; *r.* C 556. L 1643.

escuser² (acuser × es-) *tr. anklagen* G 5207 *V.*

esdevenir *in* s'-vient C 4750 *V. zu* se devient *vielleicht.*

esdrechier L 3345 *V.* 4865 *V. zu* adr. (d. × es-) *r. sich wenden.*

esfacier (*zu* face²) *tr. auslöschen* C 5846. [K 6838], *n.* (oel) *erlöschen* E 5992.

esfichier *tr. befestigen, schließen* G 7994 *V.*

esflamer (*-flammare) *n. entbrennen* K 1772 *V.*

esf- *s.* eff-.

esforcier (*zu* force²) **tr.** *zwingen* L 1985, *vergewaltigen* K 1090 *V.* 1165. 1321. G 3897, -iez n'an fui *ich wurde nicht dazu gezwungen* II 33; **n.** *stärker w.* G 2606 *V.* 5107 *V.*; *r. dass.* G 2606 *V.*, *sich anstrengen* E 908, *de sich bemühen zu* G 6546; cort -iee *großer Hoftag* G 2755. 2825; -iement *m. einem Mal* E 5592 *V.*

esforz [K *7046 *späteres* esfort] (*v. vor.*) *m. Anstrengung, Wucht* E 5018: 5944: G 4531, *Heeresmacht* ? C 6664.

esfreer (*-frĭt-are zu* frĭþu *Friede*), 3. *pr.* esfrie E 5788: *V.*, *r. erschrecken* L 3790; *p.* -eé *erschrocken, furchtsam* E †*3386. L 3680, *schreckerregend* G 116.

esfreor (freor × *vor.*) *f. Schrekken* C 3970: K 3053 *V.*

esfroi (*v.* esfreer) *m. Schrecken* E 302:, *Angst* L 3635:, *Entsetzen* G 9206:, *Getümmel* E 3715:, demener si grant ~ *sich so wild gelärden* E 3707.

esfrois (*v. fg.*) *m. Gekrache* L *4246, *Lärm* L *481 *V.*, *pl.* C 4935:, *s.* esfroi.

esfroissier *tr. bezwingen* K 1220 *V.*

esfronter (*-frontare) *tr. a. auf* j. *losgehen* G 2875, j. *die Stirn einschlagen* E †4866 *V.* 6494 *V.* (*V.* effr-).

esgarder (garder × es-) **tr.** *betrachten* E 439. C 261, *erblicken* L 4401, ~ *droit recht (Recht)?* *erkennen* L 2005 V., *festsetzen, abmachen* [K 6298]; **n.** *ausschauen* E 1521, antor (*rundum*) *zusehen* E 6720, à ac. *hinsch. auf* C 506, vers a. *dass.* C 465, ~ que *der Ansicht s.* C 1442, ~ *Urteil fällen* L †*2005, ~ *hors hinaussch.* G 7500 V.; **r.** vers *hinsch. auf* G 4260 V.; *s.* esgart *u.* K *6294.

esgarer (garer *v. got.* *ωαrôn × es-) *n. irre gehen* L 771. G 6329; *p.* -ré *in Verlegenheit* C 920, *hilflos* E 3747. C 1801. L 2808. 4362. G 1759, *verloren* G 689 V. 6642ᵃ V.

esgart (*v.* esgarder) *Blick* L 3432, *Anblick* K 4219, *Überlegung, Bedacht* K 3062, *Abmachung* [K *6294] (*s.* esgarder); à un ~ *alle auf einmal* G 7785 V., anmi son ~ *ihm g.über* K *1074; estre an ~ C 3407, an son ~ (*V.* regart) G 8291 *Ausschau halten,* de a. *um j. bemüht s.* C 4018 V., soi prandre ~ de ac. e. *ins Auge fassen* E 3286 V., de a. *j. bemerken* C 1276, metre C 1589, tenir C 1590 son ~*s.en Blick richten.*

esgener (gener × es-) a. de ac. *berauben, schädigen* C †*620.

esgratiner (*v.* gratiner *v.* grater) *tr.* (*zer*)*kratzen* L 1487. G 3871. 4809; *r.* L 3821.

[esgrener] (*-grānare), 6. *pr.* esgrainnent *schartig w.* L 6122 V.

esgrumer E 3708, -uner E 2246 V. 3708 V. L 6122, esguner L 6122 V., esgriner G 4304 V. (*-ĭrūm-are) *tr. in Stücke schlagen, zermalmen* E 2246 V. 3708; *n. in St. gehen* G 4304 V., *schartig w.* L 6122.

esjëuné (*-jejūnatu) *hungrig* C 3755. [K 6693].

esjoïr, 3. *pr.* -jǫt E 1296. L 6689: *u.* -joïst E 1482, 6. -joïssent E 1078, 3. *k.* -jǫie C 2904:, 3. *pf.* -joï E 4954:, *r. sich freuen* E 669; *n. froh w.* G 87 V.; *tr.* C 2263 V. *zu* conjoïr.

eskieka, 3. *pf. v.* pik. [eskiekier] (*ĭʃaʃ-are) *tr. rauben* W †2847 V.

eskieuwer *s.* eschiver.

eslancier *r. sich stürzen* C 4929.

esleecier, E 4782 V. esleescier *r. sich freuen* E 4811. C 5902 V.

esleisier, *V.* alaisier (*-lātiare × a-?) *breiter ma.* C *5588.

esleissier (*-lāxare) *tr. in Galopp setzen* K 297. G 7193 V.; *r. losstürzen, -stürmen* C 2934. G 3428, à a. C 3742, *davonjagen* G 7142, aprés *nachstürzen* C 1949; *p.* -ié *im Gal., eilig* L 877. G 4261.

esles (*v. vor.*) *Sprung, Satz* C 4931. G 7316, à ~ *eilig, hastig* E 792, d'~ L 905, de grant ~ L 5037.

eslever (*-lĕvare) *tr.* 1. *erhöhen* G 6627 V. (*V.* ell-), (costumes) *errichten, einführen* E 1808 V. (*zu* alever); 2. a. (de son cuer) *berauben* C †620 V.; -vé *geschwächt?* K 6693 V.

esligier (*-lītigare ?) *abschätzen* C 802.

eslire (*-lĕgĕre), 3. *pf.* -lut E 6534, *p.* -lit E 616. C 2686: G 1887. 2430. 4826, -lëu C 2612: L 40:, *auswählen* E 1510; *p.* (*aus*)*erlesen.*

eslite (*v. vor.*) *f. Auswahl* E *2021. C 4277.

eslochier (*zu ano.* lo̧ła *hangen lassen, ML³*), 3. *pr.* esloche G 4310:, *tr. v. s.er Stelle bewegen (rücken)* C *1925 (*V.* lochier). G 6046 (*V.* -loschier, -lo(s)quier), *ausrenken* G 4310.

esloignier (*zu loing*), II 54*V.* -longier, tr. (lance) *ausstrecken* C 3582*V.* 3592*V.*, *sich trennen v., verlassen* E 4997. L 278. II 54; n. à a. *ausbleiben* C 5448; r. *sich fernhalten* C 5048*V.*, *sich entfernen* G 5154. 8511; ele fet à ~ *man tut gut sich v. ihr fernzuh.* G 8636; *p.* -ié *entfernt* G 620.

esloissier (*-lŭxare*) *n. zerbrechen* C 4938; *tr. aus-* G 6046*V.*

eslongne (*v.* esloignier) *f. Aufschub* G 514:*V.*

esmai, G 1250*V.* esmoi (*v.* -aiier) *m. Schrecken, Aufregung* C 272. G 9207*V.*

esmaiance (*v. fg.*) *Schrecken* E 2965*V.*

esmaiier (*-măg-are v.* magan) *tr. in Schrecken setzen* L 946, *abschr.* L 5151; *ups.* E 4179. C 689, à a. de W *548; feire ~ E 3856; *r.* E 951. G 1143; *p.* -aiié *erschrocken* G 7410.

esmar(r)i, *p. v.* -arrir, *bekümmert* G 8061*V.*, *verwirrt* E 6577*V.*

esmaus *N.* (*jmalt) *m. Schmelz* G 5775:

esmer (aestĭmare) (*ab*)*schätzen* E 3578. K 5630.

esmeraude (*zu smărăgdu*) *f. Smaragd* L 424. G 711. 9011.

esmeré (-mĕr-atu) *lauter, rein* C 786*V.* K 115. G 3233.

esmerillon (*v.* *jmeril) *Schmerl, Zwergfalke* E 1983. K 2759.

esmerveillier *r. sich wundern* E 3890. C 414. L 42.

esmïer (*zu* mie) *tr. zerhacken* G 2482*V.*; *n.* -*bröckeln* K 3607. G 4305; -mié -*bröckelt* K *1210, -*trümmert* G 4344.

esmolu (*-mŏlūtu; *s.* moudre) *geschliffen, scharf* E 768. 3584*V.* 4391. C 340. L 924.

esmovoir (-mŏvēre), 3. *pr.* -muet E 3582, 6. -muevent C 6521, 1. *pf.* -mui E 2496:, *p.* -mëu E 1141:, tr. *in Bewegung setzen*, (le cuer) *anregen* L 2144, (la langue) C 340*V.*, la parole *ein Gespräch beginnen* E 5597, *dass. fortführen* E 321, (le sanc) *in Wallung bringen* E 2964; r. *sich aufma.* G 3372, -*brechen* E 2496, *lossprengen* G 5513, contre a. E 3582. 3770; (*spät*) esmu *auf den Beinen* E 5698*V.*

espaart(?) *wild o. herrenlos, verlaufen* ? (*wenn zu* espave) L *†280:

espace (spătiu) *Säumen; sanz* ~ K 5234:, sanz plus d' ~ W *3157:

espaignol (*hĭspāniolu) *spanisch* G *4821:

espan (*v. koll.* espanne *v.* ipanna) *m. Spanne* E 944. L *†298.

espandre (-pandĕre) *tr. ausbreiten, -streuen, -gießen* E 4472. C 1797. L 396, *säen* G 3, *verspritzen* G 1117; *feire* ~ — ~ C 5088. G 1236; *n. sich ausbr.* G 4188; *r. sich ergießen* L 2408; furent -du waren verstreut L 1056*V.*

espanois (*hĭspānĭscu) *spanisch* E 124: C 3613*V.* 4834. G 4821*V.*

espans (*v.* espanser *v.* *-pēnsare) *wechselt stetig m.* apans *u.* porpans; avoir ~ de *bedacht sein auf* K *1467*V.*, n'avoir nul ~ de *sich nicht sorgen um* G 6261, estre an ~ de *bedacht s. um* E *612. C †5336. L *1581. G 1944.

[espardre] (spargĕre) *verstreuen; p.* -ars E 3338.

espargnier (*ſparanjan) *tr.(ver)-schonen* C 1771. K 2902. 2904; *rz.* E 883*V.*

esparre (ſparra) *f. Sparren* C 2043, (*als Riegel*) G 4905*V*. (*V.* esparge).

esparree (*v. vor.*) *Schlag* C 2051.

[espart] (*v. fg.*), *N.* -arz *m. Blitz* L 442:

espartir (*frk.* *ſpartjan), 3. *pr.* -art W 3217 *blitzen* L 403:

espaule (spătŭla) *Schulter* E 954. C 4. K 1670: L 4240.

espece *nach Wtb.*[1] *S.* 222*,*V.* -ice, C 3257 -iece (spĕcie) *f. Gewürz, Spezerei* E 5761. C 3252—7. 4373:

especier (*zu* piece), 6. *pr.* espicent E 871*V.*, *n. in Stücke gehen.*

espee (spătha) *Schwert* E 104; (*Schlagfalle*) *Fallmesser* L *916; *s.* E-.

[espelre, -elir] (*ſpellôn *o. A. Thomas Rom.* 42, 387 expĕllere), 3. *pr.* espiaut L 4616: *bedeuten.*

esperance (*v.* -rer) *Hoffnung* C 624. L 2659.

espĕrdre (-pĕrdĕre) *r. außer sich geraten* W 2881. 2995. L 6269; *p.* -du *bestürzt* E 2524, *verdutzt* G 5992*V.*, *au. sich, au. Fassung* G 3802*V*. 9207. 9232.

esperer (spērare) *vermuten* K 3359. 3362, an *a.* L 5088; *s.* espoir.

esperir (*zu* ex-perrēxi) *n.* (*erwachend*) *emporfahren* G 680*V.*

esperit (spīrĭtu), *N.* -iz C 4346:, *Geist,* plain de mal ~e L 1712:

esperitable (*v. vor.*) *in* Des li voirs (*V.* v. rois) ~s L 5338: *u.* por De l'~ W 164.

esperital (spīrĭtŭale) *vergeistigt, überirdisch* G *6426.

esperon (*ſpor-ōne) *m. Sporn* E 102; à ~ *sp. streichs* E 81. L 900; doner des ~s à E 206.

esperoner (*v. vor.*) *tr. anspornen* C 3710; *n. dahinjagen* E 5009, aprés *nachj.* L 881.

espes (spĭss-u) (espois *nicht bei Kristian, doch s. fg.*) *dick, dicht* E 6910: L 181: 2368:, *in dichter Menge* (prădik.) G 8697*V.*; ~ semant E 122. 3267. C 1522.

[espesser] (-are), 3. *pr.* -oisse W 2311:, *finster w.*

espiaut *s.* espelre.

espic (*spīcum *zu* spīca nardi) *Narde* E 6803*V.*

espicent *s.* especier.

espie (*prov.* espia *v. got.* *ſpaíha) *f. Späher* C 3621—3.

espié (*ſpeut), *N.* -iez E 4390:, *m. Spieß* G 5709. 8840:*V.*

espïer (ſpehôn × *vor.*?), 3. *k. pr.* espit *erspähen* C 3264:, *abwarten* W 3281.

espine (spīna) *Dorn; pl. Gedörn* L 183, corone d'~s G 591.

espirer[1] (in-spīrare) *a. j. beraten* W 369.

espirer[2] (ex-spīrare) fors *aushauchen* C 1790.

esploit (-plĭcĭtu) *in* à ~ *eifrig* E 1299, *schnell* G 2174, à grant ~ E 115, *Tragfähigkeit* K 3044.

— 111 —

esploitier (*v. vor.*) (espleit- *hat keine Hs., s.* Wtb.¹ *S.* 222*)
1. *n. tätig s., handeln, sich durchschlagen* C 96. L 622. G 3442, *eifrig vorgehen* C 1729, *Taten verrichten* G 4853, *sich anstrengen* G 6689 *V., sich beeilen* G 2582, *bien* ~ *s.e Sache gut ma.* C 3651, *mal* ~ *schlecht handeln* G 140. 3555, (d'amors) *sich betätigen in* G 4853 *V.*, d'armes *dem Waffenhandwerk obliegen* G 7345, an ~ *m. e. fertig w.* E 5664, de + *inf. es unternehmen zu* G 6528 *V.*, de feire ac. *sich anstrengen bei* L 2994, est -tié *ist verlaufen?* G 3310 *V.*, sanz ~ *o. e. auszurichten* II 52; 2. *tr.* n' ~ rien *nichts ausr.* C 5960, *nichts gewinnen* G 2392; 3. *r. sich beeilen, sich plagen* C 4024. G 6689, de + *inf. es untern. zu* G 6528.

[esplumer *kjz.* (*-plūmare) *rupfen, ein Federchen ausziehen* C †4535 *V.*].

espoantable (*v.* -ter *v.* *expāventare) *furchtbar* K 3025.

espoir¹ (1. *pr. v.* esperer) *adv. vielleicht* E 3558. C 547. L 81. G 1013. *5424, sanz ~ L 1439, ~ que L 1335. 6036 *V.*, ~ ou... ou L 3752.

espoir² (*v.* esperer) *in* au mien ~ *nach meiner Erwartung* E 4122 *V.* L 1829. G 398 *V.*

espoisse *s.* espesser.

espondre (-pōněre) *aus-, darlegen* C 4407. 5176; *s.* L *105.

espos (spōns-u) *Gemahl* L 6758: esposailles (-alia) *pl. f. Verlobung* C 2353.

espose (-a) *Gattin* W 1193: K 6038:

esposer (-are) *tr. heiraten* E 4721. C 2573. L 2068. G 9058; -sé *verheiratet* E 2027.

esposser (-pŭlsare), 6. *pr.* espossent W 1777:, *tr. a.* de ac. *j. um e. bringen* W *†2847; *r. atemlos w.* W 1777.

esprandre (*-prēndĕre), 6. *pr.* -anent L 1464, *k.* -aingnent C 4074, 3. *pf.* esprist E 3291, *tr. anzünden, -fachen* E 3291. C 717. L 3464, -treiben C 1112; *n. sich entz., brennen* C 4022. 4074, de glace *zu Eis w.* G 7966 *V.*; *p.* espris *brennend* G 7705.

esprevier, C 6431 *V.* esprivier (fparwāri) *Sperber* E 352. G 1797. 8537.

espringuer (*frk.* *fpringan) *springen* G 8992 *V.*

esproher (*frk.* *fprôwan) *n. u. r. schnauben* G 678 *V.*

esprover (-prŏbare), 3. *pr.* -ueve C 214, *erproben* L 362, il n'est or pas à ~ *er hat die Probe (schon) bestanden* E 6302; *r. sich bewähren* C 214. G 6230, à a. *sich messen m.* E 4366. G 6612; -vé *erprobt* G 4594.

esprueve (*v. vor.*) *f. Probe* L 4348.

espuisier (p. × es-) *erschöpfen* C 2743. G 2018.

esquachier, L 6138 *V.* esc- (*-coact-ĭcare) *tr. zerquetschen, -reiben* E 3710. L 6138. G 2482 (*V.* esquaté).

esquarteler, esc- (*v.* quartier *st.* escarterer) *tr. zerhauen* C 4864. L 862, *in Stücke h.* G 6025 *V.*; *n. in St. gehen* E 977.

esquiaut *s.* escoillir.

esrachier, K 1180 *V.* 3084 *V.* err-, G 718 *V.* esragier (*ex-

— 112 —

rădĭcare *st.* erad-) *(her)ausreißen, ent-, weg-* E 986 V. L 4528. G 5853 V. 6046 V.

esragier (anragier × es- ?) *rasen(d w.)* L 1079. 1109, vif *aus der Haut fahren* E 4790. L 5609; *r.* C 3699 V. 2593 V.; *p.* -gié *wütend* G 5956 V.

esr- *s.* err-.

esrēre (*-rādĕre) *glätten* G 8697; *p.* esrēs *schäbig* W *1484.

esrouellié, [-roïllié] (*zu* roïlle) *rostig* K 5138 V.

essai (ex-ăgiu) *m. Prüfstein* C 4246ff.; *ups.* venir à (*V.* en) l'∼ *z. Versuche kommen* G 516.

[essaiemant] (*v. fg.*), esaiement C 4253 V. *zu* essai.

essaiier (*ex-ăgiare), 3. *pr.* as(s)aie G 946 V. 4558ᵈ V., 1. *kond.* asaroie E 5425 V., *versuchen, kosten* E 2098. L 2516—8, *erproben* E 4921. G 7193, a. *es bei j. vers.* L 4767, *heims.* G 946 V. 4558ᵈ V., *erfahren, -leiden* E 2610, (cop) L 866; *r. sich vers.* G 3660 V., (*im Kampfe*) C 1342, à ac. *an (in)* C 1521. G 1485 V.; *sb.* à l'∼ *beim Kosten* II 45.

[essanple] (exempl-u) *Beispiel*; par essample (*Füllw.* ?) G 7784 V.

essanpleire (-ariu) *Muster* E 419. C 5251.

essart (*ex-sartu *v.* sarīre), *A. pl.* -ars (*st.* -z) W *2670:, *Rodung* E 136. L 708; *pl.* L 279: 793; *Gemetzel* L 3236.

essarter (*v. vor.*), C 1799 V.'sarter, *n. roden* L 2831; *tr. niedermetzeln* C 1799.

essaucier (*ex-altiare) *errichten, -höhen* E 2783. G 8303. II 10, *steigern* E 2015 V.

esserir E 900 V. *zu* ass- (*d.* × es-).

esseu (*v. fg.*) *Brühe, Tunke* E *†492.

essever (*ex-ăquare) (*aus dem Wasser*) *emportauchen* K 5130 V.

essil (exïl-iu) *Verbannung,* aler an ∼ E 2596: W 83, venir an ∼ C 5228, estre an ∼ *gefangen s.* K 79, metre à ∼ *ins Elend* (*Verderben*) *stürzen* C 1080:. G 8302 V., treire d'∼ *aus dem El. erretten* G 2946:

essillier (-iare) *verheeren* G 4679, *peinigen* G 6127 V., estre -ilié *in Not gebracht w.* G 443, *heimgesucht w.* G 447; *r. sich aufreiben* L 706, -ilié *verwüstet* G 1750 V.

essir *s.* ıssir.

essoin(n)e, K 3897 V. ensoigne (*v.* -oignier *v.* *ex-sunniare *zu* got. ſunjōn *rechtfertigen*) *m.* (*vgl.* mon ∼ L 5721) *rechtl. Verhinderungsgrund, Abhaltung* E 2616 V. 6149. C 1054 V. 6288. L 2211. G 5609, de *bestehend in* L 2590f. G 6652, de mon cors L *2594.

essombre *s.* sonbre.

essomé L 2280 V. *zu* assomé (*d.* × es-) *niedergeschmettert.*

essọr (*v.* -rer) *freie Luft* [K *6651].

essorable (*eb.*) *luftig* E 5194.

essorbé (ex-orbatu) *geblendet, blind* L 3524 V.

essorbir (ex-sorbēre × -ire) *tr. verschlingen* E 2498 V.

essọrdre (ex-sŭrgĕre) *n. emportauchen* K 5130.

essorer (*ex-aurare) *r. sich verfliegen* C 6440.

essuiier (ex-sūcare), 3. *pr.* -uie L 3409 (*V.*-ue) *abtrocknen,*

-wischen E 4230 V. K 1007. G 8530.
[est] (ĭstu], *f. este diese* L 1572 V.
estable[1] (stăbula, *eig. n. pl.*) *f. Stall* G 6507, une(s) ∼(s) G 9143 *u. V.*
estable[2] (stăbile) *beständig* C 2555. 3158, *bewährt* E 1224 V., *sicher* [K 6977:]
establer (stăbulare) *einstellen* L 5354. G 1781. 7896.
establir (stăbilire) *festsetzen, -gründen* C 3008. L 4806. G 7130, *errichten* G 1349, (sa cort) *aufschlagen* G 9102; -bli *althergebracht* G 8018.
estache (*stacca *z. fg.*) *Pflock, Pfahl, Pfosten* E 1606 V. C 2030. G 589, *Pfeiler* C 4658.
estachier (*staccare *zu frk. *ſtaƙôn) *befestigen* G 3725 V.
estage (*stăticu) *Raum, Wohnung* C 2959. 5559. 5618. 5680.
[estaïf] (stătīvu), *N. -*ïs C †5174 V. *widerstrebend.*
estaindre (ex-stĭnguĕre) *tr. auslöschen* C 2567. C 5341, *unterdrücken* E 4186, *töten* C 1952. K 4311. G 2482 V.; *n.* (*inf.*) *erlö.* E 5522, *vergehen* W 913, *ersticken* C 5341, *schwinden* C 5012; -aint *erloschen* E 5244 V.
estal (*frk.* *ſtal) *m. Standort, Platz* E 896 V. L 836, ∼ prandre *festen Fuß fassen ?* W 2307, *Unterkunft finden* K 5537 V., *Verkaufstisch* W *2148; ici à ∼ *just hier* G 6215, d'un ∼ *sogleich* G 2675; à ∼ *standhaft, unaufhörl.* E 1753. W *2147.
estancele (*stĭncĕlla *v.* scintĭlla) *Funke* E 3712. C 4076.
estanceler (scintĭllare, *s. vor.*)

n. Funken sprühen E 5968. L 6142.
estanchier (*stancare *v.* *stăgnicare ?*) *tr.* (plaies) *stillen* K 3328; *n.* (plaies) *sich schließen* E 4594, (lermes) *versiegen* L 1466, *nicht mehr können* L 3265, de + *inf. aufhören* G 6410; feire ∼ la langue à a. *j. die Sprache versiegen lassen* G 6409 V.
estandart (*ſtanb-ḣarb) *m. Standarte* G 2329.
estandre (-tendĕre) *tr. ausstrecken* L 3396, *-breiten* E 480, an croiz *auf das Kreuz spannen* G 6269 V.; feire a. ∼ à la terre (*V*. à t., par t.) G 1052; *r.* W 915f.; -du *ausgestreckt* G 703, *-gedehnt* C 6404, (nes) *lang gezogen* G 1822 (*V. halt e.*).
estant *s.* estandre, ester.
estapé (*stappatu ?) *verrückt* C 5322, fos ∼ z G 5121 (*V.* atapé); *s. Tilander, Rem.* 118.
estature (stătūra) *Wuchs* C 2779.
estaucier, *V.* estalc- (*staltiare ?*) *beschneiden* C *1942.
esté (aestate) *m. Sommer* E 5746.
estele, G 3921 V. ast- (astĕlla *v.* astŭla *v.* assŭla) *Splitter* G 3921: 4312:
estelé (stēllatu) *bestirnt* K 511. G 1799.
esteler E 4731 V. *zu* ateler (*d.* × es-) *vorspannen.*
estendre K 3476 V. *zu* antandre.
ester (stāre), 1. *pr.* estọis G 3033:, 2. estas G 3836, 3. esta G 1581: *V.*, estait G 6566[b] *V.*, 6. estont G 6007: *V.*, 6. *k.* estoisent L 6225:; *ipt.* estons E 897 V., estez E 163. L

6462, estez arriers G 160.
6254 V., estez ci G 4104 V.,
3. *ipf.* estoit C 2794:, 3. *pf.*
estut G 3079:, 6. esturent
G 3005:, 3. *k.* estëust G
1744, *fut. u. p. p. s.* estre,
n. *stehen* L 197, *st. bleiben,
halten, (ver)weilen* C 1059.
W *2024, *ausbl.* L 4406,*wohnen* G 3033, en pes *ruhig s.*
(*bl.*) L 4461. G 6734, ups.
bien à a. *gut (er)gehen* G
1744. 3718, malemant à a.
G 3719; feire a. ~ *st. (warten) lassen* G 1737, leissier ~
st. (s.) lassen, beenden E
4708. G 1304. 4881. (la parole) 7797; r. *stehen, sich stellen* E 170. L 319, *still dast.*
G 4248 V., *verweilen* G 3079.
7253, stutzen E 446a V.,
ariers *zur.treten* G 6007 V.;
ger. -ant *stehend* G 1055, an
-ant *aufrecht* L 3781, *stehend*
G 1329, soi lever an -ant
G 2882, saillir an -ant G
4766.
esterlin, -ellin (ſterlĩng) *Sterling* E 1858 V. 6691—4:, mil
mars à estrelins W 3361.
esternuer (sternūtare) *n. niesen* K 4595.
estes *s.* ez, estre.
estëust *s.* ester.
estiiens, -iiez *s.* estre.
[estival], *A. pl.* -aus (*zu it.*
stivale) *Stiefel* G 5775 V.
estive (*zu* stīpare?) *f. Dudelsack* E 2053.
estoc (*frk.* *ſtŏĸ), *N.* -os *m.*
Baumstumpf G *5691 (*V.*
escot); *Schwertspitze in* soi
ferir d'~ L 848.
estoiier C 4391: 4875 V. G
3883: (*stŭdi-are), 3. *pr.*
estuie [K 6546:], *p.* -uié G
4344 V., *tr. in einen Überzug
stecken, verbergen, -wahren*

(C †4392); feire ~ G 3883;
wie. einrenken G 4344 V.
estoile (stēla *st.* stēlla) *Stern*
E 434. G 3228.
estoïr G 4173 V. *zu* esbloïr.
estoire (hĭstŏria) *Geschichte* E
23 (= *Dichtung*). C 18, *hl.
G.* G 39; (*angebl.*) *Quelle*) E
3590. 5738. 6736. C 2384.
W 33. 46. G 2807. 3262.
6217. 6344 V. 7681:, les ~ s
d'Angleterre W 11.
estois(ent) *s.* ester.
estoit *s.* ester, estre.
estoner (at-tŏnare × ex-) *tr.
betäuben* G 2862 V. 3974.
7350 V., *z. Dröhnen bringen*
E 880 V. G 7824; *n. betäubt
w.* G 3974 V.; *rz. sich bet.* L
6140; -né *betäubt* L 6254.
estoper (stŭpp-are) *verstopfen,
-schließen* C 1972. K 4632 V.
estor (*v.* -rer) *Troß* G 4152: V.
estor (ſturm), *N.* -z C 4168:,
Kampf(gang), Angriff C
1985. G 2726:, s'an aler an
(*V.* à) l'~ *in den K. ziehen*
I 11, anprandre ~ (= tornoi) C 4593, ~ z (*im Turnier*) *angreifen* L 2505, soi
antredoner ~ K 3635, fornir ~ G 2411 V., *s.* partir,
randre ~ à a. *j. angr.* E
5932. C 3795, randre l'~ E
2170 V.
estorbillon (torb- × es-) L
2804 V. *zu* torb-.
estordi (*-tŭrdire ?) *betäubt* C
2054. L 864. 4495. 6254 V.
estordie (*v. vor.*) *Betäubungsmittel* C 5244 V.
estordre (*-tŏrquĕre), 3. *pr.*
-ort E 3753: 5445: G 4298:,
p. -ors E 2872, *tr. herausziehen* E 2872, *wenden* G
4298; *n. entkommen* E 5445.
G 5681. 6203.

estorer (instaurare) *erschaffen* G 8446a *V.*

estormir (ſturmjɑn) *tr. aufstürmen* C 6515 *V.* G 5932; *p.* -mi *aufgeregt* K 83.

estout (stŭltu ?), *N.* -ouz G 4460:, *f.* -oute G 22, *stolz, übermütig, trutzig, kühn, verwegen, frech, unbescheiden* E 4038. C 1282. L 1634, *herrisch* G 3647, *anmaßend* G 8415. (de parole) 8950, *gierig* K 4198, *grausam* G 2244, (cop) *heftig* G 1050. 2232, *töricht* G 22. 4460; ~emant L 4553 *V.*

esto(u)tie (*v. vor.*) *Übermut* K 2472 *V.*, *übermütige Behandlung* G 4070 *V.*, par ~ *aus Verwegenheit* G 2874 *V.*

estoutoiier (*eb.* ?) *tr. j. verhauen* W *719: L 4553; *rz.* K 3632; soi feire ~ *sich verprügeln lassen* G 5125 *V.*

estovoir (*v.* est ŏpus, *kaum* *stŏ- v.* stŭpēre), 3. *pr.* estuet E 46, *k.* estuisse G 1646. 7592:*V.*, 3. *pf.* estut E 680:, estuit G 7480 *V.*, 3. *fut.* estovra E 4356, *kond.* estevroit G 7593 *V.*; *ups. müssen, nötig s.*, + *inf.* G 2589 *V.* 6624, à + *inf.* G 1646. 6624 *V.*, les (*V.* lor) an estuet raler *sie mü. wieder weggehen* G 2589; *sb. Notwendigkeit, Nötiges, Obliegenheit* E 5269. W 2668. K 5259. L 245, par ~ *notgedrungen* L 6394. G 8524, *zwingend* L 1704.

estraiier (*strāt-ariu) *auf der Straße liegend, herrenlos, verlassen* C 1346 *V.* †3521. 3588 *V.* [K 7061].

estrain (strāmĭne) *m. Futterstroh* G 6505:, *Streu* W 1893.

estraindre (strĭngĕre) *tr. zus.-raffen* G 3742, *zus.ziehen, zus.drücken, festz., anz.* E 3733. K 4291, *umklammern* K 817, *würgen* L 1479, *erdrosseln* K 4311 *V.*, (un cheval) *den Gurt anz.* C 1312. G 5669 *V.*; *r. sich schnüren* E 1650. G 6003, *sich zu eng schn.* G 3172.

estrainne (strēna) *in* feire ~ à *eine Gabe darbringen* C 1299:

estrange (extrānĕu) *fremd(artig)* C 150. L 309. G 3159:, *seltsam* G 9197, *abenteuerl.* G 6227, (duel) G 508:; *sb. Fremder* L 644; ~mant K 4093.

estrangier (extrānĕare) *tr. fernhalten* K 3228, *ablehnen* K 4006, *entziehen* K 4438 *V.*; *r. sich entfernen* C 4460, *sich abwenden, sich fernhalten* C 1030. W 2253; *n.* à a. *ausbleiben* C 5448 *V.*; -gié *verschwunden* C 4356.

estrangler (strangŭlare) *r.* (de feire ac.) *sich abmühen* K 5778.

estre[1] (ĕxtra) *prp. außer* G 2459, *gegen:* ~ son gre G 7647 *V.*, *s.* pois, ~ son vuel E 4786.

estre[2] (ĕssĕre), 1. *pr.* sui G 3597:, 2. iés L 357. G 2248, 3. 'st C 367. 1396, 4. somes G 3019: 8862:, 5. estes L 2014, iestes G 1981. 5143, 1. *k.* soie C 118, 4. soiiens E 897, soiomes G 8862 *V.*, 5. soiiez C 184, 1. *ipf.* ere G 8203 *V.*, 3. ere C 4134 *V.*, iere (*ist durchzuführen; s. Wtb.*[1] *S.* 218* *Anm.* 2) E †2316. 3325: 4047: 6830: C †6404. (†72). L⁴ †218. G 3409: (*s.* L *Textausg.*[2] *S.*IX), *später anal.* iert (*so meist Hss.*) E 566. 4221, ĕrt (*st.*

iere) [K 6839:], 4. estiiens C
6259, 5. estiiez (*V.* esteiiez)
G 455, 6. ierent C 325, 1. *pf.*
fui C 522:, 2. fëus G 6414*V.*,
3. fu C 9:, estut G 4622*V.*,
3. *k.* fust C 4958, *als plusqu.*
L †3101, 1. *fut.* serai E 266,
3. iert (L⁴ †218). G 877:
5329:, 4. seromes C 5948, 5.
seroiz C 129, 6. erent G 4679
V., 1. esterai G 4499, 3. -ra
tuez *wird getötet s.* G 824*V.*,
6. -ront G 4683*V.*, 1. *kond.*
-roie G 6799*V.*, est äuz *ist
gewesen* G 3514*V.*, ai estee
(*f.*) G 8070*V.*, **n.** *sein,* que
je soie G *4389, *sich befinden*
L 1309, *verweilen* G
6453, *gelegen s.* G 5755*V.*,
vorhanden s. L 461, *am Leben s.*
W 1562, + *adv. sich
verhalten* G 6498*V.*, *stehen*
L 1416, *stattfinden* C 1100,
eintreffen G 4683*V.*, fu kam
E 775. G 8313*V.*; an ∼ *aus*
(*außer Hauses*) *s.* G 8024*V.*,
i ∼ *dabei s.* G 4389, à a.
zu j. gehören, s. Gefolge bilden
E 5500. G 4827, *bei j. bleiben*
G 1572*V.*, *j. angehören*
C 521, de a. *zu j. gehö.* C
759, (des peors *zu den
schlechtesten*) G 8130, de ac.
E 1240. C 3892, bien de a.
mit j. gut stehen C 4529. L
1589, bien iert qui *es wird
schon einer da s.,* der G 341,
iert une ore (*V.* tele ore, oncore,
anc-) que *es wird eine
Stunde kommen, wo* G 6168;
ups. ∼ à avenir *bevorstehen*
L 2588, ce qui vos an est à
avenir ... *zuteil w. soll* L
1687, ∼ de ac. *herrühren v.*
C 3098. G 858, à a. (*er*)-
gehen C 5192, qu'est de ce
was ist es damit G 299, an
∼ à a. *j. daran liegen* C 489.

L 109. 5770. G 4555, *s.* leitue,
il an iert *es wird damit
geschehen* C 1425, est de *es
verhält sich m.* C 725, est de
bien *ist gut* C 5947, de mal
ist v. bösen ib., est de savoir
ist vernünftig C 5982, de folie
ist unv. ib., est sor toi
liegt bei dir, fällt dir zu L
5159, *periphr.* c'est ... que
G 9017, ce est il (*m.*) que
G 6066, s'il est qui *wenn
einer* G 4705, se ne fust ce
que *wenn nicht* G 7674, ∼
ne pëust de nul chevalier que
*es hätte nicht geschehen können,
daß* G 8723*V.*, puet cel
∼ *vielleicht* G 1840 (*V.* puet
∼, pourroit ∼); **r.** (*besser
wohl D. eth.*) *sein* L †4296.
5989. G *3597. 6365, *s.*
passer; **sb.** *Ding* G 7997(*pl.*),
Beschaffenheit G 7985(*pl.*),
Wesen C 2812. G 317. 8066,
Benehmen E 2419. L 243.
1007, *-finden* G 1590. 8174,
Dasein G 8030*V.*, *Lage* E
6203. G 1839, *Stellung,
Stand* E 144. 3864. L 1793,
-ort G 7320, *Gegend?* G
3491*V.*

estre³ (*extĕra*) *Besitztum, Anwesen*
C 4462. L 2810; *pl.*
Balkon, Galerie o. dgl. C
2887. G 5500*V.*

estrecier (*strĭctiare*), 3. *pr.*
-esce K 1514: *eng w.*

estreire (*ex-tragĕre st.* trăh-),
p. N. -ez C 22 *entnehmen.*

estreper (-stĭrpare) *tr. herausreißen* W 1404.

estrier (*nur so Kristian*), älter
-ié L 201V. 2374*V.*, -ieu
C 306*V.*,-ief L 201*V.* 2374*V.*,
-if E 4604*V.*, *A. pl.* -iés
G 7176*V.* (*ſtreup-*), *Steigbügel*
C 1892: L *2374. G
1185—7.

estrif (*frk.* *ftrîb) *m. Kampf*
C 3629 *V.*, à estri *um die
Wette* E 5938: *V.*, par ∼ K
2452:, par estrit C 2948: *V.*
estrillier (*strĭgĭlare) *tr. striegeln* E 359. 457.
estriver (*v.* estrif) *vorwärts
streben* G 2994 *V.*, à a. m. j.
hadern E 2586, à + *inf.
streben zu* C 2912.
estriviere (*zu* estrieu; *s.* estrier)
f. Steigbügelriemen K 265.
G 7338.
estroer *n. Löcher bekommen*
E 2163 *V.*
estroit (strĭctu) *eng, schmal*
G 6680. 8502, *zu* eng G
5592 *V.*; *adv. eng* K 4307.
G 1976:, ∼emant *eng* G
701, *genau, streng* C 5740.
estron(n)er(?) *in Stücke gehen*
C 1922 *V.* 4844 *V.*
estros (extrōrsus, *doch s.* E
*5592) *in* à ∼ *fürwahr* E
668: K 135: L 5313, *ganz u.
gar* K 2235: 5168 *V.*, *m.
Fug u. Recht* G 7148:
estrosseemant (*v. vor.* × *fg.* ?)
auf einmal E *5592.
estrosser (*ex-tŭrs-are *st.*
-thyrs-) *tr. in Stücke brechen*
E 2242. K 5957, *überwinden*
K 1220 *V.*
estruire[1] (destruire × es-) *tr.
zerstören* K 3632 *V.*; *n.* K
3607 *V.* (6. *pr.* -uient) *zerbrechen.*
[estruire][2] (*in-strŭgĕre *st.*
-strŭĕre) *unterrichten*; *p.* -uit
de ac. L 2726 *V.*
estrumant (instrŭmentu) *Musikinstrument* E 6776.
estuet *s.* estovoir.
estuide (stŭdiu) *m. Bemühen*
E 4: 6. C 3352:
estuiier *s.* estoiier.
estuisse *s.* estovoir.
esturent *s.* ester, estre.

estut *s.* ester, estovoir.
estuve (*s. fg.*) *f. Bad* C 1145,
Badestube G 9170.
estuver (*extūpare) *warm baden* G 9174.
esve(i)llier (*-vĭgilare), 3. *pr.*
-oille C 227, *tr. wecken* W 73.
G *2077. 4230. 5470; *r. aufwachen* G 4216; à l' ∼ *beim
Wachen* G 8263 *V.*; -ié *wach*
L 161, à + *inf. gerichtet auf*
C 406.
esvertuër (*v.* vertu) *r. sich anstrengen* E 3823. K 2441.
L 891.
esvoil (*v.* esveillier) *in* estre an
∼ *auf der Hut* (*besorgt*) *s.*
E 3446: 5673:
esvoler (evŏlare × ex-) *entfliegen* G 5964 *V.*
et *s.* avoir.
et *und*, vint et cinc G 3470,
çant (*V.* et) *cinquante* G
8098. 8232, *u. zwar* L 3191 *V.*
G 3898(?). 4153 *V.*, *u. doch,
aber* L 467 *V.* 655. 884 *V.*,
vor Nachsatz: C 1729. 2524.
L[4] 62 (*62). K 4058. G 4981.
5985. 6636. 8103. 9044,
Gauvains, fet il, et je te
vuel G 8902, *v. Frage:* L
343. G 1411. 1416. 6698, *v.
Antwort:* E 1063. L 2215. G
1418. 5270 *V.*, et . . . et G
110. 136. 1287. 1344; *s.* si.
ëu, euc *s.* avoir.
ëur, G 4714 *V.* äur (agŭriu *st.*
aug-) *Geschick* C 2016. L
5104, *Eigenschaft* E 5748,
buen ∼ *Glück* G 4714, à
buen ∼ E 2776. W 3264: L
1649, ce soit à vostre buen
∼ L 1686, à mal ∼ W *676,
an mal ∼ *m. k. pf. wehe, daß*
L 5262 (*V.* à). G 4669.
ëuré (*v. vor.*) *in* buen (*wechselt
in Hss. m.* bien) ∼ *glückl.*
K 176, bonne äuree G 8462 *V.*,

bon äuré do veoir *glückl. zu sehen* G 4966 V., mal ~ E 3748.

ëureus, G 3583 V. äur- *(eb.) glückl. o. unselig?; s.* malëureus.

ëusse, ëust *s.* avoir.

evage (ăquaticu) *in* pont ~ *Unterwasserbrücke* K 660. 5069 V.

evangile *Evangelium* G 29. 37: eve, *V.* e(u)we, iaue, aig(u)e, C 259 V. aiue, L 3089 eive (ăqua) *f. Wasser* G 1168, *Tränen* G 6353, doner l'~ *das(Tisch-)W. reichen* G 3255.

eveschié (*v. fg.*) [*m. u. f.*] *Kathedrale* E 6891. 6898.

evesque (ĕpĭscŏpu) *Bischof* E 2074.

ez, [*später* es] (ĕcce) *sieh da* G 7853 V., ez vos C 4768. G 804. 2716. 5950. 6034. 8292, *anal. pl.* estes vos E 778. 1416 V.

fable (făbŭl-a) *Märchen* G 8600, *eitles Gerede* E 1223. L 27, sans ~s G 4135 V., sanz nule ~ G 935 *ungelogen,* dire ~ à a. *j. e. vorfabeln* G 142, sanz fere ~ *ungel.* G 935 V., ne feire autre ~ de G 1569, nule ~ de G 7697; *s.* torner.

fableor(-atore)*Erzähler* G 8679.

face¹ *s.* feire.

face² (făcia *st.* -ie) *f. Gesicht* E 191; an la ~ *v. Angesicht zu A.* G 6282.

façon (făctione) *f. Beschaffenheit, Gestalt, Aussehen* E 6872. C 6378, *Bauart* G 2296, *Antlitz* C 816. L 3959 V.

faconde (făcŭndia) *Beredsamkeit* C 2460.

façoner (*v.* façon) *tr.̇ formen* C 2781.

faeison, *V.* faïs-, faes- (*fātatione) *f. Schicksal* L *3594. fai *s.* feire.

faille (*fallia) *f. Irrtum* E 3250, *schlechter Wurf, Verlust?* K *2719. 2721:, sanz ~ *sicher- (lich)* E 262. L 684. G 2291: faillir, C 481 V. II 13 V. falir (*fallio, -īre), 1. *pr.* fail II 9, 2. fauz C 2344, 3. *k.* faille E 454, 3. *ipf.* faloit E 2591, faill- L 753, 6. *pf.* faillirent E 694, 3. *k.* faussist E 4225, 1. *fut.* faudrai E 4991, G 4601 V. *pik.* faurrai, *p. s. u.,* 1. *n. ausbleiben* L 3370. G 6, *-gehen (Atem)* E 6001, *versagen (Stimme)* C 4105, li cuers me faut E 3029. C 749, li sans me faut C 1585, *ähnl.* L 2775. 6134, le jour (*N.*) lur falt *u.* li jorz s'en falt G 1594 V., faillir au cuer *entsetzt s.* C 2344, ~ *aufhören, enden* E 35, *fehlen* L 753, (an ac.) G 7972, de conpaignie à a. *sich v. j. zurückziehen* I 39, *de mot ein Wort falsch sagen* G 4765, *sich verf.* C 3905, *irren* E 6749, *fehlstoßen, -schlagen* K 5684, *keinen Erfolg h.* E 2943, de ac. *m. e.* E 876, *ähnl.* à ac. C 389. L 991, *um e. kommen* L 5592. 5681, *verlustig gehen* G 7087. 7406, *zu kurz kommen* G 4700, nus ne faut qu'il n'i truisse *jeder wird finden* G 4698, *entrinnen* G 1274, à *verf., nicht treffen* E 2863. K 1155. 1169, *nicht finden* L 367, à a. *um j. kommen* C 3706, ne vos an faillons *wir sind dabei* C 1308, à a. de ac. es *j. g. über an e. f. lassen* G 4601, ~ *abhanden kommen* C 482, an a. *auf j.s Seite* *f.* L 2512; **2.** *ups.* il me faut ac. *mir fehlt e.* E 2591. G 7972. I 14, ne puet ~ que ne *es kann nicht ausbleiben daß* E 3451. C 768, petit s'en faut que ne *es fehlt nur wenig daran daß* G 2875 *V.*; **3.** *tr.* avoir joie falie *s.e Freude verloren h.* C 481 *V.*; **4.** *r. s.* 2. (*Schluß*), li jorz s'en falt *geht zu Ende* G 1594 *V.*; **5.** estre faillant à a. *sich in j. verrechnen* L 5074; **6.** failli *besiegt* C 4198, *wortbrüchig, feig* G 6801, *entschwunden, nichtig* L 1229, cuer f. *feig* C 3479, f. de cuer *eb.* C 4766, estre f. *aufhören* G 6154, *zu Ende s.* G 8252 *V., s.* plet.

faim, G 512 fain (: l'andemain) (fămĕ), *N.* li fains L 2852, avoir ~ *Hunger h.* E 2084:

fain, G 3072 *V.* fein (fēnu) *Heu* L 5358: G 1783. 3477:

faindre (fĭngere), 3. *pr.* faint E 6351, 5. feigniez E 4086, 6. faingnent E 883, 3. *k.* faingne E 3534, 1. *pf.* fains L 3650, 1. *k.* feinsisse E 6099, *so tun als ob* L 1879, ac. *e. vorschwindeln* L 3102; *r. träge, säumig s.* E 6099. C 2035. L 529, *zaudern* E 3534, *Bedenken tragen* E 4086, à + *inf. säumen* G 364; faint *lässig* L 6654, n'est mie fains de + *inf. nicht säu.* G 364 *V.*

faïne (*fāg-īna) *Buchecker* W 430:

faloise (*falifa) *Steilküste* C 242: G *7236: 7505.

fame G 585: 9066: (fēmina), *dial.* fanne E *1911: †*4021, *Weib, Frau* E 1018: C 5239: K 1990:, *Lehensfrau* L 6440f.; avoir ~ *eine Frau h.* W 31, prandre à ~ G 9066.

fameilleus, *V.* -ellos (*fămĭcŭl-ōsu) *heißhungrig* C 3755. G 7854.

fandre (fĭndĕre) *tr. spalten* E 2867, *aufschlitzen* L 3461; *n. sich sp., springen, brechen* C 1923. 4937. L 822; *ger.* -dant *dahinsprengend* E 3704; *p.* -du (nef) *geborsten* C 1488, (bǫche) *hasenschartig* G 6995, (oel) *schön gespalten* G 1821.

fanne *s.* fame.

fantǫsme (phantasma) *bei Kristian nur m. Gespenst, Trugbild* C † 4750. W *105. [K 6567]. L 1220—6.

faon *s.* feon.

farder (*v.* farde *v.* farwiða *p. v.* *farwjan) *tr. schminken* W 636.

fasse G 7356 *V. st.* false, fausse, *s.* fausser.

fauchier (*falcare) *tr. mähen* E 3130. K 1847.

faucon (falcōne) *Falke* E 352. 3854. G 4176, ~ gruiier *Kranichf.* E 1984 *V.* L 2316.

fauconier (*v. vor.*) *Falkner* W 1274.

faudestuel, G 8985 *V.* fausd- (*falðistôl), *A. pl.* -stués E 6713: *m. Faltstuhl* E 4785:

faunoiier(?) *in* aler -noiant (*V.* forn-) *täuschen* L *2731, aler -neant (*V.* -noient, fau(nn)oiant, fauniant, faulleant, forn(o)iant) *hinhalten* G *2424; *s. zu Aiol* 1015.

faus (fals-u) *falsch, treulos* C 618; *sb. Betrüger* L †2724 *V.*; ~ement *falsch* G 2424 *V.*

fausser (-are) *tr. zerbrechen, durchstoßen* E 885. L 4201.

(*Wort*) br. C 3186; *n. in Stücke gehen*, br. E 2164, de covent *vertragsbrüchig w.* L 2660; *r.* vers a. *sich vergehen* E 3339; sanz ~ *o. Trug* G 6107 *V*.

faus(s)eté (-ïtate) *f. Falschheit* E 1795. 5563 *V*. G 819.

faussist, faut *s.* faillir.

faute (*fallīta) *Spalt, Öffnung* [K 6952:]; *Spielausdruck bei der* mine K 2719 *V.*; tenir à ~ *es für einen Mangel halten* G 7678 *V*.

fautre (*faltar), *m. Lanzenstützpunkt* E 2928: 4443: 5768: C 4670: G 2663: 2974, lance levee sor le ~ L 6084:, metre la lance sor le ~ K 354. G *2199, el ~ L 3221: G *1442.

fauture (*fallitūra) *Mißgestalt* E 1024 *V.*; *s.* feit-.

fauve (falvu *v.* *falw) *fahlrot, -gelb* G 4612. 4645; *sb. Falbe* C 4771.

fauz (falce) *f. Sichel* K 3115:

favarge, *V.* -erge, faunarge, fausarge (*v.* favergier *v.* fabrĭcare) *f. Esse* C *4079:

favelle (fābĕlla) *in* ne feire autre ~ de *nicht weiter erzählen v.* G 1566 *V.*, sanz faire ~ G 2664 *V*.

faz *s.* feire.

feauté (fĭdēlitate > *fidal-) *Lehnseid, Treu-* W 1322. *1225.

fee (fata *st.* fātua) *Fee* E 1957.

feigniez *s.* faindre.

feïmes *s.* feire.

feintié (*v.* feint *v.* faindre) *f. Verstellung* C 4377:

[feintif] (eb. + -if), *N.* faintis II 50 *V. träge*.

feintise (eb. + -ise) *Lässigkeit* E 6061; sanz ~ *o. Trug* L 6619, *o. Verstellung* G 2107 *V.*, unverdrossen G 4303. 5221. I 10.

feire (făcĕre), 1. *pr.* faz G 1531: 7697:, faiz G 4499 *V.*, 2. fęs L 4461, 3. fęt E 4, 5. feites E 2761, 1. *k.* face E 2967:, 2. faces E 4845:, 3. face E 191:, 5. façoiz C 1125. † 4275, faciez G 1729 *V.*, 6. facent E 2848:, 3. *ipf.* feisoit E 1250, 1. *pf.* fis E 4923:, 2. feïs E 1021, 3. fist E 232, 4. feïmes E 6276, feïsmes G 6312 *V*. 6328 *V.*, 5. fëustes G 7758 *V.*, 6. firent C 5768:, 1. *k.* feïsse C 632, 3. feïst C 508, 6. feïssent E 2751 *u.* feïssiént E *†1449:, 5. *fut.* feroiz E 216, 4. *kond.* feriiez E 1265, *p.* fęt E 233, *ger.* feisant E 6361, *ipt.* fai E 2711, fei G 8684, feites E 729, *tun, machen*; *im übr.* 1. *n. sich befinden* E 4174, (*fast stets parenth.*) *sagen, erwidern* E 107. 668. (*nicht par.*) 1169. 2803. 2849. 2966. 3183. 3316. 3361. K 484. [6768]. L 4630. G 177. 198. 215, *s.* 3. *r., verb. vicar.* E 834. C 479. 665. L †564. G *3607, non ferai je G 6492, ~ bien *gut daran tun* E 4, à + *inf.* E 1769, bien ~ *ordentl. zu Werke gehen* C 6650, *sich hervortun* E 2217. C 1773, ~ à plaindre *beklagenswert s.* E 5521, *ähnl.* C 26. W 13. L 34. G 1665. 8636 *V.*; 2. *tr. anfertigen* G 5452, *bewirken, herbeiführen* G 6294, qu'eles font *wie es ihnen geht* G 7617 *V.*, qu'as tu à ~ (*V.* qu'an avez vos à ~) *was geht es dich an* G 7014, avoir mout à (*V.* que) ~

à *viel zu tun h. m.* G 7413, n'avoir que ~ de *nicht gebrauchen können* E 2721. G 208, ~ que sages, preuz *usf. handeln wie* E 232. C 3040. L † 855, le ~ de l'espee *das Schwert führen, spielen lassen* L 3233, le ~ bien *s.e Sache gut ma.* L 2673, ne ~ rien *nichts ausrichten können* C 787. 5993, ~ autant de (*V.* à) a. *ebenso gut behandeln* G 5737; ~ chevalier *z. Ritter schlagen* G 928. 930, les chevaliers G 494, buen escuiier (*V.* boens escuiers) *einen guten Knappen abgeben* G 5125, qui de sa fille fist sa mere G 8300, qu'il set ~ de son cheval *was er zu ma. weiß m.* G 1385. 1391; *verfassen, dichten* C 1. 4, (*Bitte, Versprechen*) *erfüllen* L 273. 3741; feire + *sb.* (*oft = einf. Verb*): *s.* anvaïe, assaut, bataille, ~ (grant) bien à a. C 6360. 6369, confort à a. *j. trösten* E 6213, *ähnl.* L 3754, conpaignie E 110, *s.* dangier, duel *klagen* E 2747, enor *ehren, Ehre antun* L 706. 790, *s.* force, joie *sich freuen* E 6169. G 89, de ac. C 440. 1644, à a. *j. Freude bezeugen* L 2463, *s.* justise, mal à a. E 2848. G 7104*V., s.* meslee, (mestier) *ausüben* G 5764, *s.* ostel, parole de *erwähnen* L 2388, petit por a. *j. wenig Ehre antun* L 267, son preu *auf s.en Vorteil bedacht s.* C 640. L 2136, semance *säen* G 7, le service *den Gottesdienst abhalten* G 6347*V., s.* traïson, le ~ à aucune (*verhüllend*) G 3875; **3.** *r.* (*eingeschoben*) *sagen* [K *6293. *6603. 6633],

chevaliers *sich ausgeben für* G 5273, mort *sich tot stellen* C 5333, lié *sich freuen* C 6382, vos feites bauz et fiers *ihr spielt den Kühnen und Trotzigen* G 8422, *s.* mains², noble; **4.** *ups.* ~ chaut *warm s.* E 1951, n'i ot fet *dabei gebrauchte man nicht* E 710, il fet à dire *es darf gesagt w.* C 1573, ne fet à parler de *man braucht nicht zu reden v.* E 735, ne fet pas à trespasser que *es ist nicht zu umgehen daß* E 5735, il fet buen + *inf. es ist gut, empfiehlt sich* E 1222. C 5325. L 1393. G 6453, à + *inf.* C 1403, *A.* + *inf. gut daran tun* L 6605, il fera meillor estre (*V.* ester) *es verweilt sich besser* G 6453, il fet mal seoir *es sitzt sich schlecht* G 7345, se fet mauvés joer à a. *es spielt sich schl. m. j.* C 677; **5.** *faktitiv*: (*veran*)*lassen, heißen* E 73. 701. 729. 1330, feites nos conter *duldet daß uns erzählt werde* L 102, soi ~ clamer cortois *sich den Namen eines Höflichen verdienen* L 22, ~ + *inf. st. einf. Verbs* C 3254. 5988. L 1099. † 1881 (4. *Aufl.*). 3135. 6506. G 1236. 1238. 3254f.*V.*, an l'asseoir que il a fet *bei s.em Niedersitzen* G 7821, de cui tu m'as hui fet tolue *dem du mich heute geraubt hast* G 8945*V.*, li ot fait faire apareillier *sie hatte für ihn bereit legen lassen* G 8264*V., s.* savoir; **6.** *p.* si fait derartig G 8600*V.*, fęt por *geschaffen zu* G 4637, bien fęt *wohlgebaut* E 5317. G 7908, stark entwickelt G 4634; fei-

temant *tatsächl.* G 4469 V.,
s. confeitemant.
feirier (*fēriare st. -ari) *feiern,
müßig* s. C 4500 V.
feïs, feisant¹ s. feire.
feisant² (phāsianu) m. *Fasan*
K 5810. G 7482.
feis-, feïsse etc. s. feire.
[feissel], faisel, fessiau (*fǎscěllu) *Bündel* G 7650 V.
feitiz (fǎct-īciu), f. -ice C 3596:,
gut gearbeitet ib., malemant
~ K 3058 V., ~ d'arjant E
2645:
feiture (fǎctūra) *Verfertigung,
Machart, Mache* C 1616, *Geschöpf, Mißgestalt* E 199.
1024; s. faut-.
felenie, -on(n)ie (v. fg.) *Treulosigkeit, Niedertracht, Tücke,
Bosheit* E 164; pl. G 4386.
felon(?), N. fęl, N. pl.(!) fel
G 6292, f. felenesse G 1258.
4746. 6228. 8911:, *treulos,
tückisch, hinterlistig, schurkisch, böse, schlimm, gefährl.*,
hart E 214. C 3527. L 70;
sb. *Verräter, Bösewicht* E
4844; adv. felenessemant E
878. L 835.
fem(m)e s. fame.
fener¹ = faner (v. gall. *fanno-) *trocknen* E 5942 V.
fener² (*fēnare) *Heu ma.* E
3130 V.
fenęstre (fěněstra) *Fenster* E
1142. C 2888. L 1112. G
5564. 7243. 7501.
fenestrele (v. vor.) *kleines F.*
L 1286 V. G 7501 V.
fenil (fēnīle) *Heuschober* E
4976 V.
fenir (fīnīre) n. *enden, aufhören* E 3805. C 6784; tr.
beenden G 8252. I 51.
fenǫil (fēnǔculu) *Fenchel* C 6488:
feon, V. foon (*fēt-ōne) *Junge
(eines Tieres)* C 3702.

fęr (fěrru) *Eisen* E 711, *Huf-*
L 753, *Lanzenspitze* *G 2202
= G 2666. G 3197—9, ~ de
lance G 5123; metre an ~s
in Ketten legen G 2518.
fer (fĭrmu), f. ~ me C 2555
fest; = fermé *ge-, verschlossen* W *392. K *4543. L
*†4664. G *1719. 4905. 4914;
s. C †815.
ferain, Var. far- (fěr-āmen,
A. *Thomas*) m. *ein wildes
Tier* E 3940.
fereïz (zu ferir) *Handgemenge* C
1332.
feriiez s. feire.
ferir (fěrīre), 3. pr. fiert E 185,
4. feromes E 898, 6. fierent
E 969, 3. k. fiere E 2993:,
3. ipf. feroit E 230, 1. fut.
ferrai E 4039, p. feru G
5019:, ipt. ferez C 3565, tr. a.
schlagen, treffen E 2179, (v.
Falken) G 4180, (granz cǫs)
austeilen E 3583, grant colee
à a. G 1094 V.; n. (zu)*stoßen,
-hauen* E 2866, sor K 5044,
sus G 627, (ein)*dringen* L
442, + leanz C 6394, + an
G 7845, (*Sonne*) *auftreffen
auf* G 645; ups. il en feri
plus de cinc cenz Gauvain
G 7831 V.; r. (rz.) *sich (m.
d. Schwerte*) *schl.* E 888, an
ac. *sich stürzen in* C 1335.
L 2837. 3202, *eindringen in*
C 730—4. 1264, *sich hineinwagen* C 5170, (an mon
escu) se (V. me) ferirent
schlugen auf G 8696; soi ~
cǫs K 3625; sb. ~ *des lances
Speerkampf* C 4900.
fermail (fĭrmǎcǔlu), N. G
5776: V. fremaus *Schließe*
C 843. L 1888. G 7994.
ferme s. fer.
fermeillet (v. fermail), N. E
1665 -ez *kleine Spange.*

fermer (fĭrm-are), G 1719 V.
7237 V. fremer, L 1117 V.
frumer, tr. befestigen, m.
Mauern umgeben E 5404.
C 1241. K 2327, (Burg) anlegen G 8744, (Edelstein)
-bringen G 7703, ac. à a.
ins Gedächtnis prägen G
6483, schließen L 1118, ~ à
une clef G 7264 (cf. 7268 u.
V.), s. clef, son col die
Schließe bef. L 1888; ups.
ot fermé un pont man hatte
angelegt G 1342 V.
fermeté (-itate) Festung C
1082 V.
fermëure (*-atūra) Verschluß
K 4614 V. zu ferrëure.
feroie etc. s. feire, ferir.
ferrant (fẹr + -ant) eisenfarbig
W 1643; sb. Eisenschimmel
E 1122:
ferrer (*fĕrr-are) tr. beschlagen
(maçue) E 4442, (huis) K
2368 V., (pic) K 6640 V.,
(Huf) G 3893, vergittern L
1117; chemin ferré gepflasterte Straße K 607. G
3644.
ferrëure (*-atūra) Eisengitter
K 4614.
ferron (*-ōne) Schmied L 713.
fẹs (făsce) m. Last L 1860:,
Masse G 676ᵇ V., Einwirkung W *1383; à un ~ m.
einem Schlage E 4603. C
1317 V., à grant ~ in Menge
G 674ᵇ V.
fes K 1210 V. = ?
fe(s)nier (făscīnare) tr. bezaubern E *6128: C 3014.
fẹste¹ (frk. *first) m. Giebel,
First K 1140:
fẹste² (fĕsta st. fē-) Fest L 5,
~ s. Jehan L 1750, la s.
Jehan L † 2574; à grant
~ voller Freude G 8997,
avoir ~ Fr. bezeugen G
7479 V., ce est ~ das ist ein
F. G 8690 V., feire ~ de a.
j. feiern C 4994, Fr. bezeu.
um L 6009, à a. j. festl. Geleit geben E 788.
festoiier (v. vor.) tr. feiern
[K 6834].
festu (*festūcu st. -ūca) Strohhalm, Pfifferling E 1646. L
4096, dont il ne m'est à un
~ was mich nicht weiter berührt G 8946 V.; ronpre le
~ Freundschaft, Eid usf.
brechen C * † 862. [K *6360).
fẹt (făctu), A. pl. fez, V. feiz,
faiz Tat C 28; s. feire (für
p., adj.).
feu (fŏcu) Feuer L 3360:, -zeug
W 1824. 1837, à ~ et à
flame W 2987, cui maus
~s (V. male flambe) arde
G *8312, de mal ~ soit ars
G 7346ᵇ V.
fëu (*fat-ūtu) tot L 5672.
feugiere, feuch- s. fouchiere.
fẹvre (făbru) Schmied G 3680.
5702.
fez s. feire, fẹt.
fi (fīdu), [N. fiz], dial. fis
E † 4924: [K *6534] sicher,
überzeugt; de fi si., gewißl.
G 2931. 8842; estre fi de
ac. G 1619 V. 7425 V.
fiance (*fīd-antia) Zusicherung,
(Ritter)wort, Gelöbnis, Versprechen, Übereinkunft E
6080. C 2572. G 6172, -trauen,
Verlaß E 3067, an Cligés ont
lor ~s C 4802, estre à ~
versichert s. E 5662, feire une
~ eine Versicherung geben
G 8615, an prandre la ~
das Wort dafür abnehmen G
8412; tot à ~ ganz wie vorausgesagt E 6191 V., sor ta
~ auf deine Versicherung
hin G 7428.

— 124 —

fiancier (v. vor.), 1. pr. fianz E 1052:, 3. k. fiant L † 6610: (s. K *2934), tr. versprechen, geloben E 1028. C 322, verpfänden E 1052, un tornoi die Vertretung einer Turnierpartei übernehmen E 2130; n. sich gefangen erklären C 4851, s. prison.

fichier (*fīccare v. *fīgĭc-) tr. einrammen, befestigen, festheften, auf e. stecken E 5811. C 3510. G 1520, an hineinst. in G 6545; r. sich hinstellen E 6372, eindringen L 5613.

fie s. foiiee.

fié (*fĕhu), N. fiés G 7393 (V. fiez):, m. Abgabe G *7379. 7387. 7400. 7417:

fiel L 1401: (*fĕl-e) m. Galle.

fier (fĕru) wild, mutig, stolz, trotzig, grausam, böse E 32. C 65. L 286; ~emant E 5972. C 1746. L 4546.

fïer (*fīd-are), 3. k. fit C 2866, r. (ver)trauen, sich verlassen auf L 352, à G 3660, an G 7419. 8791.

fierce (pers. ferz-a) Schachkönigin C 2372:

fierent usf. s. ferir.

fierté (fĕritate) Wildheit L 283, Stärke, Mut E 916; par ~ stolz G 1803 V., par grant ~ G 7857.

fiertre (fĕrĕtru) m. Reliquienschrein (eig. z. Rundtragen) E 6903 V.

fievre (fĕbre) f. Fieber K 1485 V.

figue (*fīca st. -u) Feige G *3325; ne ... une ~ G 968 V.

fil¹ (fīlu), N. fis E 1658, Faden C †1568; à ~ d'or golddurchwirkt G 8110, par fis fadenweise C 1160 V.

fil² (fīlĭu), N. filz G 6418, sonst fiz C 99, Sohn C 98:, à a. G 6418.

filer (fīlare) n. sich wenden G 922 V.

fille (fīlĭa) Tochter E 34.

fin¹ (fīne) f. Ende C 74, Bewandtnis E 6030; ce est la ~s das ist die ganze Sache C 4248. L 413, à cele ~ ne fu mie dazu kam es nicht G 8562 V., prandre ~ aufhören L 5390, venir à ~ zu E. kommen W 10, à bone ~ G 572, zu gottgefälligem E. gelangen G 1668ᵇ V.; à la ~ G 2682, an ~ G 2031 V. 4015 V., an la ~ C 869 V. G 3327. 4926. 6559 zuletzt, à (V. de) male ~ klägl. G 737, de grant ~ gewaltig G 3466, an nule ~ irgendwie G 7555 V., + ne auf keine W. G 2031. (V. por) 7223, sanz ~ G 3733 V., sans nule ~ G 7224 V., sanz fere ~ G 3733 V., sanz prandre ~ G 3733 unaufhörl.

fin² (*fīn-u v. -is?) fein, rein, aufrichtig usf. E 1609. C 2776. K 3980. L 420, (acier) G 2033, (or) G 7681, (cuer) II 31, (maltalant) G 1057 V., ~ neant reines Nichts L 5765; ~ement gänzl. G 2027 V.; sb. ~ Feinheit E 6726.

finer (v. fin¹) tr. beenden C 1458, n. enden, aufhören, ablassen E 276. C 2479. L 614, à a.? G 6657 V.; s. lor.

fis s. fi, fil, feire.

fisiciien (*physic-ianu) Arzt C 5817. L 6504 V.

fisique (-a) Arzneikunst W 1378:

fit s. fïer.

fiz s. fi, fil².

flael (flăgĕllu) Flegel G 5945.

flambe G 8312 V., flanbe L 1779 V. (flamm-ŭla) Flamme.

flame (-a) *Flamme* E 604.
flamer (-are) *flammen*; de joie G 73.
flanboiant, K 868 -eant (v. flanbe) *strahlend* K 868. L 427, *funkelnd* G 129 V.
flanc (*flancu v. *frk.* *ƕlanᶝa) *Seite* E 2152, *pl. S.n, Leib* C 1787. W 540. L 2385; ~ et costé E 1497. 4397; el ~ *an der S.* G 3177 V.
flat (*ſlɑt), *N.* flaz L 6123, *Schlag, Streich* G 5558:
flater (*ſlɑt-are?) *tr. beschwatzen* W *652.
flatir (*ſlɑtjɑn) *tr. stoßen* C 4934, (*zu Boden*) *werfen* L 6271. G 3408 V.; *r. sich stürzen* W 2676.
fläute (*fla-uta, *doch s. Gam.* flûte¹) *Flöte* W 1313. L 2352. 2353 V.
fläuter (*v. vor.*) *Fl. blasen* E 2046.
fleche, C 778 V. 799: V. floiche (*ſliugiƕa) *f. Pfeil* C * †849 (:peche v. pĕccat).
fler, fleir, flair (*v.* flairier *v.* *flagrare *st.* fr-) *Geruch, Witterung* C 3298. L 3427.
flọr (flōr-e) *f. Blume, Blüte* E 1659, ~ de lis E 427; à ~ (*V.* ~s) *d'or goldiggeblümt* G 8110.
florẹte (*-ĭtta) *Blümchen* G 674. 8482 V.
florir (-ĭre) *blühen* C 2968. G 69, *Blüten hervorbringen* G 6943; flori *blühend* G 6324 V. 7247 V.
flọt (*frk.* *ſlôƀ ╳ floter) *m. Flut* K 861:
flọte (*zu ags.* ſlota) *Schwarm, Schar* G 2475 V. 2478; à ~s *in Menge* G 7885:
floter (v. vor.), 3. *pr.* flọte W 2322:, *schwimmen* K 847, (*Schiff*) *emporsteigen* W 2322.

flum G 6668ᵃ V. 8904 V. (flūmen), *N.* fluns K 3026 *Fluß*.
föẹt (v. fou v. fāgu) *Peitsche* G 612 V.
foi (fĭde), *N.* ~z E 3424, *f. Treue, Glaube* L 3630 V; *gegebenes Wort, bindende Zusage* G 8658, *Treuverhältnis* G 9127; à ~ *in Treue* G 7420. 7431. 7646, *redl.* G 6093, à bone ~ L 3651 V., à moie ~ G 3017 V., an ~ G 6093 V. 7646 V., an buene ~ L 3651, an moie ~ G 4875 V. 5286, an la moie ~ G 3017, en boine ~ G 4938 V., par ~ *fürwahr* C 511. G 3483. 3551, par ma ~ G 664. 6696, por ma ~ G 7080 V., par buene ~ C 5368, ~ que (je) doi ... G 994. 1614. 5076, *ähnl.* G 8275; estre de ~ *treu s.* C 477, de (V. à) bone ~ *zuverlässig s.* G 227, garder sa ~ à a. G 7431 V., i metre sa ~ *s. Wort dafür einsetzen* G 6177 V.; *s.* baillier, doner, mantir, porter, prandre.
foible (flēbĭle) *schwach* E 898; li ~s *der Schwache* G 8433; ~mant C 6267.
foie (*fĕcatu) *m. Leber* L 4243.
foiiee, W 270 V. *pik.* fie (*vĭcata v. -e) *f. Mal* E 4631, autre ~ *ein anderm.* K 790—3. L 3493, à la ~ *m. einem M.* [K 6486], *manchm.* E 2356. L 1152, *diesm.* L 3881, *bei Gelegenheit* G 3251:, maintes ~s *manchm.* G 6826 V.
[foillié], fuillié (fŏli-atu) *belaubt* G *651:
[foilliee], fuilliee, *V.* fuellie (*nördl. st.* -iee) (-ata) *Laubhütte* G *651 V.
foillir (*s.* fuelle), 6. *pr.* fuellent

G 70, foillissent K 6320 V.
G 69 V., fueillissent G 70 V.,
n. *Blätter treiben* G 6943.
foillu (*-ūtu *st.* -atu), G 6525
fuellu, *belaubt* C 6403: W
708, *dichtbel.* G 6324 V.
foimantie (*s.* foi, mantir) *Treubrüchiger* G *7560; *adj.* E
*6114.
foïr¹ G 7280. 7775, fouir G
7222 V. ?, fuïr E 4878 (fŭgīre), 6. *pr.* fuient E 874, 2. *k.*
fuies L 1647:, 3. *pf.* foï L
873, 1. *fut.* fuirai G 7312,
5. *kond.* fuiriiez G 7283 (*V*
-rïez, -reiez), *ipt.* fui E 213.
L 1612. G 7311:, *pl.* fuiiez
E 817, fouiez vous G 3808 V.,
n. fliehen, por *wegen* C
3854; *tr.* ac. *vor e.* C 3852;
r. an ~ *fl.* E 2247. C 1218.
L 876, s'an aler fuiant E
2900. 3045; *ipt. pack dich!
hinweg!* (*s. o.*); *sb. Flucht*
E 2893. L 890.
foïr² (*föd-īre *st.* -ĕre), 6. *pr.*
fueent G 6014:, 6. *ipf.* f(o)uoient G 6033 V., *tr. untergraben* G 6014.
foire (fēria) *Jahrmarkt, Markttag* L 421. G 5778, regeter
an ~ *feilbieten* K 4862.
foison (fūsione × fŭndere) *f.*
Menge C 3252; à ~ G 5909,
grant ~ G 5909 V., à grant
~ G 2569 *in M.*
foiz¹ *s.* foi.
foiz² (vĭce) *f. Mal* C 571, une
~ *einm.* G 6373, à une ~
auf einm. C 3371, autre ~
ein anderes (zweites) M. G
925. 5047, *sonst schon* G
7272 V., à la ~ *m. einem M.,
schließl.* G 6559 V., maintes
~ G 6826 V. *u.* par m. ~
C 1029 *manchm.,* par trois
~ *dreim.* G 1505f. 1509,
nule ~ *nie* L 332.

fọl (*fŏllu *v.* ?), *N.* fọs L 5649:
G 2399: 7116:, fals G 2865 V.,
f. ~ e C 511:, *verrückt, töricht* C 316. W 1244, de *wegen* G 8949; ~emant E
1166; *sb. Narr* G 2864. 6595,
f. Närrin E 2975, ~ naïf
Erzn. K 2227; apeler ~ L
586, clamer ~ L 584, tenir
por ~ L 477, feire que fọs
wie ein N. handeln G 2399.
3910.
folage (*v. vor.*) *Flatterhaftigkeit*
E 1839.
fọle (*v. fg.* ?) *f. Menge* L 1091.
G 2475.
foler (*fŭllare) *walken* G 5570.
folet (*v.* fọl) *töricht* G 1302:V;
sb. ~e *Törin* G 6706.
folie (*eb.*) *Torheit* E 231, *törichtes Gerede* G 5374, *pl.*
*T.*en G 8675 V., feire ~ G
3886, panser ~ *auf T. sinnen* G 2363, autre ~ n'i pansai *weiter habe ich mir nichts
dabei gedacht* G 5975; de ~
umsonst G 7220 V.
[foloiier] (*eb.*), 3. *pr.* -oie, *n. töricht s.* K 3264; *r.* K 4776,
de parler *sich in törichten
Reden ergehen* G 3420:
fọlọr (*eb.*) *f. Torheit* L 1640 V.
fondanment L 2221 V. *zu* fondelmant (*d.* × -ant).
fonde (fŭnda) *Schleuder(vorrichtung)* C 1525. G *7228.
fondẹlmant (*fŭnd-alī mente)
gründl. L *2221.
fondemant (-amentu) *Grundlage* C 2285.
fonder (-are) *gründen* L 6551.
fondre (fŭndĕre), *p.* -du G
3706, *tr. schmelzen* C 5997.
G 5772; *n. schm.* L 5583,
untergehen E 4436. L 6539,
ver- [K 6963 V.], *zus.stürzen*
L 6541, (*Haar*) *dahinschwin-*

den G 3706 V., (lor parole) lor font *hört auf* G 2618: V.
fontainne (font-ana) *Quelle, Wasser* E 2082. C 2768. L 371.
fontenele (*v. vor.*) *kleine Qu., Bächlein* [K 7013]. G 640:
fonz (fŭndus, *n.*) *Grund, Boden* C 4340. K 662:
[for] (fŭrnu), *N.* ~ z *Backofen* G 1766:
for- (fŏris × *frk.* ſor-, ſit-) *aus-, ver-*.
forbir (*ſurbjan), 6. *pr.* -issent G 5769, *tr.* (espee) *fegen* E 3687, *p.* forbi K 3026.
force¹ (forfex, -ĭce) *f. Schere* C 5936:
force² (fŏrtia) *Stärke, Kraft, Macht* E 914. C 205, *Wirkung* L 1027, *Übergewicht* C 3604, *Gewaltsamkeit* C †2303, *Zwang* C 4273, *Unterstützung* C 2532, *Streitkr.* C 3394, *Heilkr.* G 6937; à ~ *m. Gewalt* E 986. G 718. 2479 (*V.* o), à la ~ de G 2217, à ~ feite E 176, par ~ E 3647. G 2479, *gewaltig* G 2470 V., par grant ~ L 4221, par vive ~ G 2478 V. *m. aller G.*
force³ *verderbt?* G 6835 V.
forceiier (*v.* force²) *tr. Gewalt antun, fälschen* [K *6270].
forcier¹ (*eb.*) *vergewaltigen* K 1321 V.
forcier² *s.* forgier¹.
forche (fŭrc-a) *Gabel* G 5945; *pl. pik.* forques *Galgen* E 3389 V.
forchié (*-atu) *gegabelt* G 6996.
for(s)clore *tr. aussperren* C 2005, *-schließen* G 2487.
[forclose], fors- (*v. vor.*) *in* à la ~ *schließl.* G 2427.
forconseillier *übel beraten* G 565. 1404ᵃ V.

forçor *s.* fort.
forest (for-ĕste), *N.* -ez E 2313, *f. Bannwald, Forst* E 65. C 3432. L 181. G 75. 85. *2959. 6658 V.
forestier (*v. vor.*) *Förster* W 1843.
forfeire, G 7523 forsfaire, *Unrecht(es) tun* G 714 V. 4036 V., à a. G 8875 V., *tr.* (*Unr.*) *verüben* L 2021, à a. *j. e. zu Leide tun* C 501. L 1756. G 4779 V., rien ~ e. *Feindliches unternehmen* G 7523, *ähnl.* ne pooir rien ~ C 1520 V. 2008, ac. e. *verdienen* L 4341. G 3940 V.; *r. sich Schlimmes antun* K 4330 V.; *p.* -fet *schuldig an* L 6785, vers a. G 6335 V.
forfet (*v. vor.*) *Vergehen, Missetat, Frevel* C 557. K 335, *Schmähung* G 4387 V.; venir au ~ *stehlen kommen* L 915.
forge (făbrĭca) *Schmiede* E 3024.
forgier¹ (*st.* forcier *v.* *fŏrtiariu × forgier²?*) *Koffer, Truhe* E 5130.
forgier² (făbrĭcare), 6. *pr.* -jent G 5772 V., 3. *pf.* -ja G 3659, *schmieden, hämmern* C 4863. G 3143, *bildl.* C 6566.
forlignier (-lignier *v.* lingne), [K 6737] forsl-, *aus j. Art schlagen* E 6625 V.
formage *s.* gaïn.
formant *s.* fort.
forme (fōrma) *Gestalt* G 6284.
formener *tr.* (*übel*) *behandeln* E 4408 V., *abhetzen* G 8919 V.
former (fōrmare) *tr. formen, bilden* C 5623. L 383 V., (*er*)-*schaffen* G 8181.
form- *s.* frem-.
fornage (fŭrnatĭcu *o.* fornaise × favarge) *Esse* C 4079 V. zu favarge *usf., wie dieses f.*

forn(e)iant *s.* faunoiier.
forneise (fornāce + *Sw.*) *f.* *Glutofen* L 4340:
fornir (*frônjan *o.* frumjan) *tr. ausführen, liefern (Schlacht)* K 3631. G 2124 V. 2411 V., (*Botschaft*) *ausrichten* G 1206, (*Tagereise*) *vollführen* K 5074, un plęt *einen Rechtsstreit austragen* G 6154 V.; *p.* -ni (*Brauen*) *kräftig gezeichnet* G 1819 V.
forręl (*fǫbr-ěllu), *N.* -iaus *Koffer* G 5069.
forrer (*-are) *tr.* (*m. Stoff*) *füttern* E 1596. L 1885.
forrëure (*v. vor.*) *Pelzwerk* K 513.
fors (föris), hors , G 2546 V. ors, *adv. draußen, hinaus* E 353. L 400. G 5905, la ∼ *dr. hin* C 6365; *nach neg.*: *außer, als* E 110. C 443. L 353, ∼ seul sanz plus que *au. allein nur* G 1938 V., ∼ solemant *au. ledigl.* G 1996 V., nus ∼ lui (*V.* il) *niemand au. ihm* G 8870, ∼ nur G 2490 V.; ∼ que *au., als, nur* (*o. au.*) *daß* E 6287. C 546. 5204. L⁴ †67. 1125. 3677. G 1938. 2424. 3869, nur G 1274 V. 1910 V. 2490 V. 5700 V., ∼ que seul *au. daß* G 3500 V., ∼ que solemant E 104. C 1884. L 2973. 4637, ∼ tant que G 3500. II 34 V. u. ∼ que tant que G 861 V. II 34 V. *au. daß;* ∼ de *aus* (... *weg*), *aus* ... *heraus* E 1673, *au.halb* G 1708, *au.* E 5412, ∼ del san *v. Sinnen* L 1205, estre ∼ *herausgetreten s.* G 7848 V., *s.* giter, metre (*s. d.*) ∼ *hinausführen* G 8364 V., *freilassen* G 2712 V., + de *befreien aus* E 4539.
for?- *s.* for-.

forsan, *V.* -sen *Wahnsinn* C †999. (†2303). 5131.
forsenage (*v. fg.*) *eb.* E 2593.
forsener (*zu* forsan), 3. -sane L 2805: 5609, 6. -sanent C 6074, *n. wahnsinnig s., toben* E 3808. C 3921. L 612; *r.* K 3383. L 3492; *p.* -sené *wahnwitzig, v. Sinnen* E 3651. C 6242. 6729. G 8982.
fors- *s.* for-.
fǫrt (fǒrt-e), *f.* ∼ E 3686: L 701:, *komp.* forçor E 92 V. G 1445 V. 3019 V., *N.* fortre L 525 V.; *stark, fest, s.* chastel, *verstärkt, befestigt* G 4905 V., *heftig* E 4608, (*Schlacht*) *gewaltig* G 3927, (*Wetter*) *fürchterl.* L 445, (*Brot*) *grob* L 2844; li forz der Starke G 8433; est forz es ist *st.* G 6259 V., avoir forçor *die Oberhand h.* E 3477 V.; *adv.* ∼ *stark, viel, sehr, fest, heftig* E 2754. C 560. L 416. G 678. 1966, *gewaltig* G 5997 V., laut C 6469, formant *sehr, heftig* E 3530. C 286. L 4061 V.
forteresce (*-arīcia) *Festung, Feste, festes Haus* E 5416. G 7238.
fortreire *tr. entwenden, rauben* C 5091. 6642. K *5171; forstr- a. à a. *j. j. entziehen* G 4362.
fortune *s.* F-.
forveiier (for- + voie), *tr. irreführen* K 6270 V. G 565 V.; *n. sich verirren* G 565 V. 6329 V.
forz *s.* for, fort.
fǫs *s.* fǫ¹.
fossé (fǒss-atu) *Graben* L 195. G 8505, *Grab* L 6206.
fǫsse (-a) *Grab, Gruft* C †6119. 6148. 6206.
fouchiere, feuch-, feug-, flek-,

faujere (*fīlicaria) *Farnkraut* W 708: L *†4656.
foudre (fŭlgĕre) *st.* -gŭre) *f. Blitz(schlag)* E 1949. C 1792. G 3833.
foudroiier (*v. vor.*) *blitzen* L 401. 6520.
frain (frēnu) *Zaum, Zügel* E 455, par le ~ G 4278. 4372 V.
fraindre (frangĕre), 6. *pr.* fraingnent, *p.* fret, *f.* freite, *tr.* (*zer)brechen, -schlagen, -malmen* E 5845. C 1749. 4949; *n.* (*zer)br.* G 3687; *r.* an *abspringen* C 1749 V.
fraint (*v. vor.*) *Getöse* L *481.
frame (*Nebenform v.* forme?) G 1865: V.
franc (franſ-u), *f.* -nche E 1634, *frei, ledig* L 1136, *frei-(geboren), edel(mütig), hochherzig, gütig* E 378. C 3567. W 1444. L 707, *freimütig* G 5802, *-gebig* L 4381, come frans *m. edlem Anstand* G 5603, ~ home *Ehrenmann* G 1018, soi feire ~ *sich für einen Edelmann ausgeben* G 5227; franchemant *edelmütig* E 635, *aufrichtig* G 2520 V.
franchir (*v. vor.*), 1. *pr.* -chis C 5644:, *tr. freigeben* C 5395, *gewähren* C 4419; *r. edel handeln* E *4046, *sich für einen Freien ausgeben* G 5227 V.
franchise (*eb.*) *Gewalt, Botmäßigkeit*; soi metre an la ~ de a. L *1984, *Freiheit* C 5501, *Edelsinn, -mut, Groß-* E 605. C 2234. W 1555. L 5597. G 9053 V., *Höflichkeit* E 6833, *edle Tat* E 3141.
frangiee, *V.* fregie(?) *Schlag ins Gesicht* G 3980 V. *4070.
fraper (*frk.* *ɦrapôn) a. *schlagen* G 5402 V.

frarin (*frātr-īnu) *armselig, geizig* W 1481. K *4686. G 5256.
fregie *s.* frangiee.
freite[1] *s.* fraindre.
freite[2] (frācta) *Bresche* K 4592. G 3029.
frem- *s.* ferm-.
fremiant, *V.* formoiant, fromiant (formiier *v.* formīcare × fremir) *schimmernd* G (*108). 129.
fremillier *s.* fresteler.
fremir (*frĕm-īre *st.* -ĕre), 3. *pr.* -ist, *n.* (*er)brausen, lärmen, klirren, erzittern, wallen* E 2160. C 3966. L 4046. G 108 V.; -isant de *brausend erfüllt v.* G 5763 V.
frenelet = frem-, *dem. v.* fermail E 1665 V.
frenges *s.* renges.
freor (frăgōre) *f. Angst, Schrekken* C 3970 V. K 3053:; *s.* esfreor.
frēre (frāter, -tre) *Bruder;* (*Anrede:*) G 941. 1376, biaus ~ G 299, *lieber Junge* *G 350.
fres (frijf), *f.* ~ che L 1355:, fresse W 1286: V. *frisch, neu* G 743:, (*Pelz*) L *4739. (*†5229).
fresne, G 7659 V. frasne (frăxĭnu) *m. Esche(nholz)* E 294. C 3562. *G 2202. G 2666. 7659.
frestel E 2053:, fre(s)tele E 2053: V. W 1313. L 2352 (fīstĕlla, *-ĕllu; *s.* Zs.* 44, 649) *Art Schnabelflöte.
frestoler, fret- (*v. vor,*), fremillier (formillier × fremir) *klirren* G *108, *rauschen* G 108 V.; *s.* fremiant.
fret *s.* fraindre.
froc (*frk.* *ɦroƒ) *Kutte* L 847: [frognier] (*v.* frogne *mürrisches Gesicht v. gall.* *frogna *Nü-

stern), 3. *pf.* frongna *n.*
schnauben ? G 678 *V.*
froidure (*v.* froid) *Kälte* C
6114. G 1556. 7960, *Abkühlung* G 7965.
froiier (frĭcare) *tr.* (*blank*)*reiben* L 599, *einr.* L 2968.
3000.
frois (*v.* froissier) *Gekrache* E
2162: C †4801; à un ~ E
4601 *V. u.* an un ~ C 1317
auf einmal.
froisseïz (*eb.*) *Bruchstückfeld*
K 310.
froissier (*frŭstiare), 3. *pr.*
froisse G 746:, *in Stücke brechen, n.* E 5956. C 3769. W
2302: *G 2208 = G 2672, *tr.*
L 6108. G 746, *zerschlagen*
W 972, *überwinden* K *1220.
froit (frĭgĭdu *st.* frīg-), *f.* froide
kalt; (vin) G 3882 *V.*
fromant (frŭmentu *st.* frū-)
Weizen G 2526. 2552. 2570.
from- *s.* frem-.
froncie G 6996 *V. verderbt.*
front *m. Stirn*; *-seite* G 1334 *V.*,
Reihe E 4883; de ~ *in breiter R.* L 1103, *geradeswegs*
C 1317 *V.*
froter(?) *tr.* (*Pferd*) *abreiben*
G 8530 *V.*
fruit (frūctu) *Frucht, Obst,
Nachtisch* G 3323.
fueent *s.* foïr.
fuelle (fŏlia, *eig. pl.*) *f. Blatt,
Laub* E 5328. C 6116. L 384.
fuell- *s.* foillir.
fuer (fŏru) *in* à nul ~ *in keiner
W.* G 2638. 3640.
fuerre[1] (*frk.* *fôþr) *m. Futter*
G 3072, *Grünfutter* G 1783,
Stroh W 1893.
fuerre[2] (*frk.* *fôþr) *m. Scheide*
(*Schwert*) G 3164. 3173—5.
7863.
fuie (*v.* foïr) *Flucht* L 2784:, soi
metre à la ~ C 1336. 3430.

fuill- *s.* foill-.
fuïr *s.* foïr.
fuite (*fŭgĭta ?) *f. Flucht* E
2893 *V.*
[fum, fun] (fūm-u), *N.* funs C
604: *Rauch*; *s.* fun.
fumer (-are) *n. rauchen* C
4077, *dampfen* E 2166 *V.*
fumier (*fĭmariu) *Mist* L *116.
[fun] (făvōniu ?), *N.* ~s K 12
Föhn; *besser* (?) *m. Nitze*
(*Mod. Phil.* 27, 461) le fun
den Rauch.
fust (fūste), *N.* fuz G 109, *m.
Holz* C 5180, *Baumstamm*
L 3516; *Trittbrett z. Auslösen des Fallgatters* L 942.
fuster (*v. vor.*) *tr.* (*m. Stöcken*)
schlagen G 6393 *V.*

gaaing, C 3405. 6138. K 3148
gueaing, G 5112 *V.* guehaig
(*v.* gaeignier), *N.* gaainz K
1697 *Gewinn* G 4947. 5112.
gaber (*ano.* ɡabba *o. v.* gap) *n.
scherzen* G 910 *V.*; *tr. verspotten* W 1241—4. G 4079,
betrügen G 1017. 1030, *zum
besten h.* G 6450 *V.*; *estre
gabé betrogen s.* C 3329, de
in C 1870; *r. spotten über* G
4276. 4281, *sich verstellen*
C 6271.
[gabẹt] (*v.* gap), *N.* -ez *Scherz,
Spott* G 215: *V.*
gabois (*eb.*) *m. Scherz, Gespött*
C 1870: *V.* W 1309. K 100.
G 4080. 4120 *V.*
gaeignier, C 4257 gueaignier
(*frk.* *ᵕaiþanjan), 3. *pr.*
gaaingne L 5311, gueaingne
C 4259, 3. *k.* gaaint L 5315,
tr. gewinnen, verdienen, erwerben L 92. G 1295, le ~
~ *gew.* G 2500, i ~ *dabei
Beute ma.* ? G 5161.
gaeignerie (gaeignier *v.* gaïn ×
vor.) *bestellter Acker* E 2320

gage, W 688 V. wage (frk. *wabbi) m. Pfand C 3484, pl. (für Zeche) E 3279. W 688, baillier ~ vor dem Kampfe ein Pf. einliefern L 3690, leissier ac. an ~ s e. als Pf. hingeben G 7810, metre an ~ s verpfänden L †1328. I 24:, porter son ~ s. Pf. bringen G 4786 V., tandre son ~ s. Pf. anbieten G 4786.

gai (frk. *gâhi) fröhl. E 5113. L 2365, (Fell) bunt W 2012 V.

gaiant s. jaiant.

gaignon, W 1512 V. L 646 V. waignon (?) Kettenhund G 3709.

ga(i)menter (lāmentare × *wai) r. jammern C 617 V., L 3821 V.; s. guerm-.

gaïn (frk. *waiða × -īmen) in formage de ~ Fettkäse E *†3128:

gaire s. gueire.

gait- s. gueit-.

galerne (?) Nordwestwind C 1689.

galie (ar. halîja ?, Brüch Zs. 51, 476) f. Kaufmannsschiff C 6695 V. W *992.

galois (v. frk. *Walha die Welschen), f. galesche G 652, walisisch E 5369: C 1455. L *†192: G 791. 1219. 3850; s. G-.

galoner (gallofrk. *wōlōn + are, Brüch Zs. 51, 486) (Haar) m. Bändern schmükken E 1656.

galop, G 7223 V. walot (v. fg.), A. pl. -os W *3175. K 2316:, G 7217 V. galoz u. walos, m. Galopp; les galos im Gal. C 3663 (s. tot), les granz g. G 362, plus tost que les g. L 2225:

galoper (*wala hlaupan) n. (da-hin)galoppieren G 7076, tr. dahing. lassen G 7074 V.

ganbeisié, V. gambisié (v. gambais v. *wamba) m. Wolle o.a. unterlegt u. gesteppt G 1156.

ganche, V. guenche (v. fg.) in feire ~ ausweichen [K 7110:], pl. Ränke G 5438: (V. gange).

ganchir, V. guenc(h)ir (frk. *wan'jan), 3. pr. -chist, n. ausweichen E 3065. L 3285, à a. K 3753, à a. entw. C 4420, ~ zurückw. L 3220, nachgeben L 3518, z. Anlauf zurückgehen L 3219, sich abwenden E 3617, sich j. zuw. E 3600, contre a. losreiten auf E 4045, vers a. que ne (m. k.) j. g.über unterlassen zu C 5396, i Ausflüchte suchen bei G 7327, n'en guencirai G 7327 V.

gandïer (gandir m. Sw.) n. ausweichen G 705 V.

gandillier (eb.) n. eb. ib.

gandir (wanðjan), 3. pr. -dist, n. eb. ib.

gap (gabb) m. Schmähung L 1352, Schnack G 22, Verstellung C 6273:; à gas im Scherz, z. Spaß W 1242. *1250. K 98: G 2813. 8578. II 53:, sanz nul ~ G 7027:, sanz gas o. Sch. G 2050 V., feire ~ à a. j. einen Streich spielen G 1090.

garance (warantia v. frk. *wratja) Krapp W 2266.

garant (s. Gam.) Beweis(stück) L 500. 1346, Zeuge E 6738. W 1934; estre ~ à a. j. z. Schutze dienen G 2346.

garantir (v. vor.), C 1684 V. -ndir, G 8399 V. garentir, tr. a. j. Sicherheit geben G 6101—4, ~ (be)schützen E

3609, de *bewahren vor* G 3442 V.; r. *sich schützen* E 968, *Rettung finden* C 1684.
garce (v. garz, s. garçon) *Dirne* W 1139. 1152. (fole ~) 1244. L 1713. G 5042. 5402. 5542.
garcenier (v. fg.) *feil, erniedrigt* C 3161 (V. garçon-).
garçon (frk. *wurʰjo, Brüch Zs. 51, 500), N. garz K 5585:, *Stallbursche usf.*, (Schimpfw.) *Bube*; *Küchenjunge* G 2572, *Jagdgehilfe* G 5707.
garçonaille (v. vor.) *Gesinde(l)* L 4116.
garde (v. fg.) f. *Hut, Ob-, Acht, Wacht; Bewachung* G 5129. 7520, *Turnierwart* C 4061, *Zofe* L 1593; avoir ~ *Vorsicht üben* G 5753, de *sich (zu)fürchten* (h.) *vor* C 3200, n'avoir mes nule ~ *nichts mehr zu fü. h.* G 7877 V., n'avoir ~ que *nicht zu befü. h.* C 1973, n'avoir mes ~ de a. *sich nicht mehr zu sorgen h.* um G 2628, n'avoir ~ de *sich nicht kümmern um* C 3748, *nicht daran denken* G 3274. 6944, soi doner ~ *acht(geb)en, aufpassen* G 1453, prandre ~ W 7, ~ vos prenez *gebt acht* G 1434, de *achten auf* G 6325, *sich sorgen um* G 5694, i *aufp.* G 7721, soi pr. ~ de *sich hüten vor* E 2574, *achtg. auf* W 58. G 3796, *wahrnehmen, merken* C 541.
garder (*frk. warđôn), 1. pr. gart C 6261, 3. k. gart E 1542:, 1. tr. *bewachen* L 334, wa. *über* E 1796, *behüten* W 57, *aufheben* C 5740. L 2971, ac. à a. j. e. *aufbewahren* G 3184, se Deus me gart *so mich Gott behüte* G 148:, ~ a. de j. *bewahren vor* G 274.

409, ~ antier *ganz behalten* C 1302, à enor E 3404, an pęs C 428, an prison C 1355, je ne gart l'ore que *ich fürchte jeden Augenblick daß* E 2993, ~ *sehen* C 743 V. †1590. †4846, *betrachten* G 6288 V.; 2. n. *blicken* C †1590 V. G 3360, pręs *genau aufpassen* G 9044 V., im ipt. vor ipt. *acht(geb)en auf, sorgen, zusehen, sich hüten* G 2260. 3660. 5800, garde *vor k.* G 6786 V., *vor que* G 3684. 5928 V., *vor que ne* G 544. 1648, garde ne demorer tu pas *hüte dich säumig zu s.* L †734, ähnl. G 6470. 6704; 3. r. *sich hüten (bewahren) vor* G 1684, + i *auf der Hut s.* G 4259, ne se garde de *er versieht sich (ahnt) nicht* E 4034, *ist nicht gefaßt auf* K †4011.
garés (*carīciu v. carex) *Riedgras* G 7650 V.
garir (*warjan), 3. pr. -ist L 5387, 3. fut. garra G 4334. 4347, garira G 4334 V., tr. *beschützen, bewahren, retten* E 948, *heilen* E 4226; n. h. L 1371, *genesen* C 3093, à a. *Ruhe finden vor* L 1350.
garison (v. vor.) *Rettung* G 2304, *Sicherheit* C 1946, *sicherer Ort* G 2158, *Heilung* C 647; metre à ~ *in S. bringen* L 1568.
garlandęsche (?) f. *Diadem* L †2362.
garmos (andl. warmoȝ) *Färbemittel* (ZffS 55, 219) W *637:
garnemant, E 1368 V. -niment (v.fg.) *Ausstattung* E 1368 V., *Kleidung* E 1556; *Lump* K *5556.
garnir (*warnjan) tr. *warnen* E 5803, *versehen, besetzen*

ausrüsten G 2000; *r. sich rü.* L 3147, *sich anschicken* L 318; -ni de *angetan m.* E 1556.
gars, garz *s.* garçon.
gas *s.* gap.
gast[1] (*v.* gaster) *in* aler à ~ *verwüstet w.* L 2086, estre mis à ~ *vergebl. s.* W 2746:
gast[2], G 1771: *m.* gaste = gasté (vastu × *wôſti) *öde, wüst* G 1709. 1750, *wild* G *75. 392. 451. *2959. 7225- = gasté *in* painne gaste *verlorene Mühe* G 2490:
gastel (*waſt-ĕllu, *Brüch Zs.* 51, 680), *N.* -iaus *Kuchen* E 3127. G 1768; *Brotkissen* (*V.* platel) G *3289.
gaster (vastare × *frk.* *wôſti) *tr. verderben, -wüsten, -tun* K *2572. G 6688, *aufessen* G 752; *vergebl.*: painne -ee G 3929. 7627, voie -ee G 7627 *V.*; *s.* gast[2].
gaudine (*v. fg.*) *Wald* G 6658 *V.*
gaut (*frk.* *walb) *m. eb.* W 2677. L 3343: G 100:
gehui, G 8945 *V.* ja hui (jam hŏdie) *heute* G 8078. 8945, *h. erst* G 7773 *V.*, ~ *matin* G 7293.
gelé (gĕl-atu) *gefroren* G 4169.
gelee (-ata) *Frost* G 3729.
geneste (genĕsta neb. -ista) *Ginster* K 1107:
genoil (gĕnŭcŭlu) *Knie* C 380:, estre à -ouz à a. *vor j. niederknien* G 8242, soi metre à -ouz C 6348, feire a. venir à -ouz (*V.* al jenoil) G 7861 *V.*
genoilliere (*v. vor.*) *Knieschutz* W 2765.
genoillon (*eb.*) *in* à ~s *kniend* E 2378. K 3704 *V.*; à genellons sont devant li G 8242 *V.*
genoivre (jūnīpĕru) *m. Wacholder* K 1107.

gent- *s.* jant-.
geometrie, *V.* diom- *Geometrie* E 6746.
germain (germanu) *leibl., echt* E 1357. C 2539. L 582. G 2308.
germe (gĕrm-en) *m. Keim* C 2378:
germer (-īnare) *keimen* W 1401.
gesir (jăcēre), 3. *pr.* gist G 3463: *V.*, 5. gisiez L 2263, 6. gisent L 2167:, 1. *k.* gise C 5248:, 3. *ipf.* gisoit E 5065, ges- G 3347 *V.*, 1. *pf.* jui G 1884:, 5. gëustes G 3494, 3. *k.* gëust G 7792:, *p.* gëu, jëu, 1. *fut.* girrai G 4137(*V.* gerrai), 6. girront G 670, *p. ger.* gisant G 1599, *n. liegen; sich legen* G 703 *V.*, *übernachten* G 3494. 5657, de ac. *darniederlie. an e.* C 5662, o (*V.* à) a.e *beilie.* K *4838, à a.e G 3877, aler ~ *sich le.* C 3332; *r. lie.* K 5549. G 670 *V.* 3195 *V.*; *sb. Beilie.* G 547 *V.*
geter *s.* giter.
geuent *s.* joer.
gibecier, C 6430 *V.* aler gibatier (*zu frk.* *ɡabaiti), 3. *ipf. V.* gibaçoit, gibesoit, (*m. Sperber*) *beizen* G 8537.
gibier (gibiez [*v. vor.*] + *Sw.*) *in* aler an ~ *auf Beize gehen* C 6430 *V.* 6437 *V.* G 3524 *V.*, an ~s C 6437.
giboiier (gib- + oiier), 3. *ipf. V.* gibo(i)oit, gibeo(i)t, gibaoit, guiheot G 8537 *V. n. eb.*; aler ~ C 6430.
gié *s.* je.
giel (gĕlu) *Frost* C 3896:
gierres (de ea re ?) *also* K *2176:
giet (*v.* giter) *Steinwurfweite* G 621.
giet- *s.* giter.

— 134 —

gigue (*frk.* *ɡîɡa) *Geige* E 2045.
gingenbrat, *V.* -ge(m)brat, guigenbrat (*v. fg.*) *Ingwer* (alixandrin) G *3328. (* 3325).
[ginganbre], *V.* -ginbre, -gembre, genginbre (zingĭbĕri) *m. eb.* G 3328 *V.*
gingle(?) L 4100 *V. zu* roncin.
girfaut (*ano.* ɢeirfalƒi *o. frk.* *ɡêrfalƒo) *Gierfalke* L 882.
girǫfle, *V.* geroufle, gilofre (caryóphyllu) *Gewürznelke* W 1370. G *3326.
giron (*frk.* *ɡêro) *m. Schoß* W 1825.
girront, gisant *etc. s.* gesir.
gistᴈ (jăcĭtu ✕ gesir) *m. Nachtlager* [K 6435]. L *670: (*V.* sa ~).
giter C †5807. [K 6772:], gitier L 1567 *V.* G 5194: *V.* (jĕctare *st.* ja-), 3. *pr.* giete E 3068, 6. *fut.* giteront C 5998, 5. *kond.* jecteriez G 8026 *V., p.* gité E 3789:, jeté C 2646:, gitié L 5952: G 2712, 1. *n. schießen, tragen* G 7230, 2. *tr.* (*Anker*) *werfen* C 275 (*Schnee*) *aussenden* L 444, -*strahlen* G 7704 *V.*, -*stoßen* G 7823, *streuen* G 675 *V.*, (*Erz*) *gießen* C 5998, (tampeste) *entfachen?* G 8692 *V.*, ac. à a. *j. e. zuw.* G 6002 *V.*, a. de ac. *j. v. e. trennen* G 4448 *V.*, ~ *de befreien aus* (ʋon) G 3760. *6408 *V.*, a. de sa fiance *j. wortbrüchig ma.* C 2646, a. del san *verrückt ma.* G 5541 (*V.* de son san). 8026, ~ fors *hinauswe.* L 3177, *befr.* G 588. 2712. 3450, fors de *herausnehmen* E 6688, erretten L 4860; 3. *r. sich* (*im Bett*) *umherwe.* G 1951 *V.*, hors de *sich entledigen* G 5194 *V.*

gïu *s.* Gïu.
glace (glăcia *st.* -ie) *Eis* G 7966, estre (tres)tote ~ (*Text* de ~) *ganz aus Eis bestehen* G 7590 *V.*; *Spiegel* C 809.
glacier (*v. vor.*) *n. gleiten* L 6138 *V.*; *tr.* (vantaille) *herabstreifen* E 3172 *V.*, el cors (*Messer*) *stoßen* G 2034, feire ~ parmi le cors (espié) *mitten hindurch sto.* E 3586.
glacir (*eb.*), 3. *pr.* -ist G 7967 *V. n.* (*Blut*) (*zu Eis*) *erstarren.*
glai (glădiu), *A. pl.* gles G 7650: *Schwertlilie o. Liesch* E 2364: G 70 *V.*
glais (classicu) *pl. Gebell* C 4932:; à ~ *m. lautem Schalle* E †2363:
glant (glănde) *f. Eichel* W 430.
glatir (glăttīre), 6. *pr.* -issent, *n. bellen* C 4933. W 2675.
gleie, *kjz.* gloe ? C †1245 *V.*
gleive, *V.* glaive (gallorom. *glaviu, *Brüch Zs.* 52, 334) *Lanze*(*nspitze*) E †2874. G 1740 *V.*
glicier (glïer *v. frk.* *ɡlîðan ✕ glacier) *n. gleiᴄen* E 3798 *V*
glise (l'e-glise) L 1256 *V. s.* egl-.
gloire (glōria) *Ruhm* G 40, *Herrlichkeit* G 6304.
gloise (*gall.* *glêsa) *Tonerde* G 1774: *V.*
glorïeus (glōriōsu) *berühmt* G 1911 *V.*, (Pere) *glorreich* G 2981 *V.* 8299; *s.* Dame.
gloser (*zu* glōssa) *begreifen* K 4568.
gloton (glŭttōne), *N.* glǫz K 5168: *V.* L 5655, *Schurke* C 1775. L 5636.
glui (*glǫdiu ?) *Grobstroh* K 516:
gocet (*v.* gǫz), *V.* gocé (*eig. nain* ~ *kropfiger Zwerg*); *als*

Skulptur G 7706—8; s. gouçot.

gole (gŭla) *Kehle, Rachen* C 5645:, *Hals* G 6678, *Busen* W 1284:, *Öffnung* C 1972; par la ∼ *ganz u. gar* C 5645; tenir à (*V.* par) la ∼ *an der K. packen* G 3870.

golee (*v. vor.*) *Happen* C *†5796.

goloser (*gŭlōsare) *tr. begehren* K 5827.

gon (gomphu) *m. Türangel* W 397. G 7680.

gonfanon (gunbfano), *V.* conf- G 2437*V*. G 5452*V. m. Fahne* K 5622.

gorge (gŭrga; o̜!) *Hals, Kehle, Brust; st. des Sprechers* W *1437:; (de vorpil) *Brustfell* W *2006.

gorgiee (*v. vor.*) *in dire sa* ∼ *sagen was man Lust hat* C *6565; *Schlag auf den Hals* (*o. verderbt*) L 6145*V*.

gort (*neb.* gorc *v.* *gŭrgu *st.* gŭrgı̆te, o̜! [*selten* o̜]) *m. Untiefe* K 3108:, *Bucht* G 1332: 6660:*V*.

goster (gŭstare *st.* gū-) de ac. *kosten v.* C 3287. L 2845. G 3891.

gote (gŭtt-a) *Tropfen* G 3198; ∼ à ∼ *Tr. für Tr.* E 6761; ne ... ∼ *gar nichts* E 5984.

goter (-are) *tropfen* K 4662*V*.

gouçot E 1224:*V.* = gocet.

gourt *s.* cort².

goz (?, *it.* gozzo, *s.* E* 794) *eig. Kropf, dann Zwerg* E *794: K 5168:; *s.* gocet.

graal (grăd-āle), G 3235*V*. 6401 *V.* greal, G 3220*V*. greel, 3293 *V.* 3401*V*. 3556*V*. graail, G 3556*V*. greail *m. Art* (*Kelch*-)-*Gefäß* G 3290. *3301. 6379 *usf.*, un ∼ G *3220, le ∼ G 3225, li graaus G 3232; *s.* G-.

grace (grātia) *Gnade* E 18, *Beliebtheit* E 2265, *Gunst* L 6656, *Ruf* C 199, *Dank* E 42, bone ∼ *gute Gabe* G 3268; *pl. Stand der Gn.* ? G *6472, randre ∼ s G 2743; avoir mauveise ∼ *unbeliebt s.* C 199*V*.

gracïer (*v. vor.*) *tr.* a. *j. Dank sagen* W 873.

gracïeus (grātiōsu) *anmutig* L 1890, *huldvoll* E 1022.

graer (*grāt-are *st.* -ari) *tr. bewilligen* C 221*V*. 4266*V*.

gra- *s.* gre-.

grain (grānu) *Korn* L 2884.

graindre *s.* grant.

grainne (grāna, *eig. pl.*) (*menschl.*) *Samen* C 2376; *Scharlachfarbstoff* W 2267, *Sch.tuch*? G 5780; an ∼ *sch.-farben* E 1352. L *2975. G 1952, taint an ∼ G 1952*V*. 2804*V*.

gramus (gram? + ?) *aufgebracht, widrig*? W *3292:

grant (grande), *f.* G 1557:, *groß*; ∼ gent *viel Volk* G 6750*V*.; ∼ buene avanture L 2384*V*.; an ∼ *gierig* L 3226, estre an ∼ *bedacht s.* L 1581*V.*, *Lust h.* W 2654, tenir an ∼ *gierig ma.* L †2108, (*m. Bitten*) *bestürmen* K *5406; granmant *lange* G 1544, de ac. *viel v. e.* G 2612ᵃ*V.*; *komp.* greignor W 40. (L⁴ †525), *N.* graindre E 1998:, *als A.*(!) G 7434*V*., + plus G 2921. 7704*V*. 8985 *V. größer, älter* C 2406; *sup.* greignor *am größten* G 3188, + le *der größte* *G 359. G 6486.

granter C 4155*V.* zu creanter.

grape (trappa) *f. Weintraube* L 1050; *s.* crape.

grapeus *s.* crapeus.

gras, *V.* cras G 5911*V.* (crässu × grössu), *f.* ~ se *fett, wohlgenährt* G 2176. 5911. 9145 *V.*

grater (*frk.* *ĭrattôn) *kratzen, scharren* E 2588. L 3511. 5612.

gravele (*v. gallorom.* grava) *f. Sand* E 6762*V.* W 1789: gravier (*eb.*) *Sand, Kies* E 1267. 5962*V.* [K 7015]. G 640 b *V.*

gre *s.* greu.

grẹ (grātu) *Dank, Gefallen, Wunsch; Wille* II 32, buen ~ *Gnade, Gunst* L 4626. 6648*V.*, maugré *Ungn.* L 4595*V.*, *Unwille* G 1022; avoir ~ de a. *D. ernten v.* L 1718, n'an avoir ~ ne grace *keinerlei D. dafür wissen* G 3876*V.*, prandre an ~ *schätzen* G 7492, savoir ~ *D. wissen* G 1732. 1896, savoir buen ~ G 5201, bons ~ z II 32*V.*, mal ~ L 1682, *übelnehmen* G 5976, mout maugré G 6063*V.*, trop mal ~ G 6063*V.*, peor ~ G 5976*V.*, mauvés ~ L 1910, mal ~ an et *möge es auch mißfallen* E 4662, maugré qu'ele en ëust ou non *mochte sie wollen o. nicht* G 707*V.*; venir en ~ à a. *j. recht s.* E 5287*V.*, à ~ à a. *j. gefallen* K 3811; *adv.* à ~ zu *D., nach Wunsch* G 4133, au ~ de a. *m. Verlaub j. es* C 2441*V.*, an ~ *nach Wunsch, freiwillig* G 4133*V.*, em bon ~ G 5925*V.*, contre ses ~s *g. s. en Willen* G 544*V.*, de son ~ *v. selbst, gutwillig, gern* G 1227. 1552, de bon ~ *gern* G 6435*V.*; maugré mien *trotz meiner* G 2347, suen G 2683, maleoit ~ mien G 812, *s.* maugré (*prp.*), sor son ~ *g. s. en Willen* C 1368*V.*

greignor *s.* grant.

greïllier, *V.* graaillier, gräyller (*crātĭcŭlare) *tr.* (*auf Rost*) *braten* C 6013—7.

greisse, *V.* craisse, gresse (*crāssĕa) *Fett* W 2731:; ~ au poivre *Pfefferbrühe* G 3281.

greler (*v.* gresle[1]) (*Horn*) *blasen* E 121*V.*

grenate *s.* pome.

grenon (*gall.* *grennos + -ōne) *Schnurrbart* G 7568. 8240:, par le mien ~ G 1547*V.*; *pl.* G 5135. 6993.

grenu *s.* crenu.

gres (*zu got.* *griuts; ẹ L⁴ †192) *m. Sandstein* L 837 (: angres).

gresle[1] (grăcĭle) *dünn, hager, schlank* G 7162 (*V.* graisle). 7170. 7908 *V.* (grelle); *sb. kleine Trompete* C 1476.

gresle[2] (*v. fg.*) *f. Hagel* C 1528: L 444: G 3729*V.*(grelle).

gresler[1] (*frk.* *ɡreuʒilôn), *V.* grausler *hageln* L 776.

gresler[2] *s.* greler.

greu (graecu) *griechisch;* en ~ *auf gr.* C 3964*V.*, qui ~ savoit C 3960.

grevain (*zu* grief, grever) *lästig, schwierig, beschwerl.* G 1483: 6616*V.*

greve (*s. Thomas, Rom.* 42, 394) *f. Scheitellinie des Kopfhaars* C 781; *oberer Teil des Kopfgeschirrs* G 7172*V.*

grever (*grĕv-are; *s.* grief), 3. *pr.* grieve C 478, 3. *k.* griet C 480:, 1. *tr. beschweren, -lästigen, quälen, bedrängen, verletzen, schädigen, übel zurichten* C 700f. L 5620. G 6126; 2. *n.* à a.

K 3750, grievent *sind bekümmert* G 2586*V*.; **3.** *r.* bekümmert *s.* G 2586*V*. 3113, *rz. übel zur.* E 5970. K 5020; **4.** *ups.* à a. *zur Last fallen, unangenehm s.*, *verdrießen* L 44; **5.** estre grevé *unwillig s.* C 92, *geschädigt s.* G 6450; **6.** grevant *drückend, schlimm* E 6925*V*.
greveus (*zu* grief, grever) *lästig* C 1998*V*. 2284. L 2525*V*.
grez ? E 5349*V*.
grezois (graec-iſſ?), *in en* ∼ *auf griechisch* G 6486a*V*.
grief (*grĕve *nach* lĕve; *st.* grăve), *N.* griés G 4520: 7394: *schwer, schwierig, beschwerl., unangenehm*; griés chose *schwere Sache* G 1173; il m'est ∼ G 254. 694. 3107, m'an est ∼ quant G 2878, (li mire) m'est griés à apleidier ... *anzusprechen* C †658; griément *schwer (verwundet)* E 3995*V*.
griet, grieve *s.* grever.
grifaingne (*vgl.* Grifonie) *griechisch in* jant ∼ C 4208.
grifon, gripon (*frk.* *grîfo, grîpo v.* gryphu) *m. Geier?* C 3855*V*. *zu* girfaut.
gringalet *s.* gui-.
gris (grîs) *grau* G 1779; *sb. Grauwerk* (*Fell des russ. Eichhorns*) E 1343. C 142.
grocier(?) *n. murren, knurren* G 5135*V*.
groigniee (*v. fg.*) *Schlag* (*m. Schwert, eig. auf Schnauze*) L 6145.
groing (*grŭnniu) *Schnauze in* feire ∼ *böse Miene ma.* C 2345.
grondre, *V.* -dir (grŭndire) *schelten* [K 6782].
grọs (grŏssu), G 5897*V*. cros, *dick, stark, plump, grob*; *schwanger* W 291, (*Naht*) *grob ausgeführt* G 3724, grant et ∼ G 7854*V*.; *sb. Dicker* E 6875.
grue (*grūa *st.* grŭe) *f. Kranich* L 882.
gruiier (*v. vor.*) *in* faucon ∼ *Falke z. Kr.fang* L 2316.
gué (vadu × *frk.* *waḍ), *N.* guez G 8486, *Furt* G 3015; passer à ∼ C 1489.
gue- *s.* ga-.
gueide, *V.* waide (*waisda *v. frk.* *waiẓḍ) *f. Waid* W 2266:
gueire(s), W 1252: *V.* waires (*frk.* *waigaro) *m. neg. viel, sehr, lange* E 823:, *kaum* G 956, de ∼ *sehr* W 2512, jusqu'à ne (*V.* n'a) ∼ *bald* C 5625. W 1252:, n'a ∼ que *unlängst* G 3827.
gueite (*frk.* *waht-a) *f. Wächter* L 4884—6. G 3126.
gueitier (*-ôn), 1. *pr.* gait C 6261 *V., n. warten, wachen* G 1927*V*. 5144; *tr. bewachen* G 3633. 7544, -*lauern* C 3402 *V.*; *r. sich hüten (vorsehen), gefaßt s. auf, sich einer Sache versehen* G 9036.
guenchir *s.* ganchir.
guermenter *V. zu* lam- *klagen r.* W 754. L 3563*V.*, *n.* L 3571*V.*; *s.* gaimenter.
guerpir (wërpan × -ire) *tr. verlassen, aufgeben, räumen*; la sele C 3600, ne s. ne estrier E 2208, les estriers E 3604: C 3564, la place à a. *j. das Feld räu.* E 3043, *ihn allein lassen* L 234, *j. verl.* L 4312, un pié de terre L 853, (sa vie) *lassen* G 7755*V.*, la querele à a. *den Streit m. j. abbrechen* C 4171, nel guerpirai *ich werde nicht ausweichen* G 7327*V*.
guerre (wërra) *Krieg;* anpran-

— 138 —

dre ~ W 2976, feire tote la ~ W 3100, feire tant de ~ à a. j. so sehr stören L 247, font lor ~ bekriegen sich W 2347; s. maintenir, movoir; prandre une ~ einen Kr. unternehmen C 2538.

guerredon (ᵹibarlôn × dōnu) m. Lohn, Vergeltung E 632; pl. L 3071 (†1328); an ~ zum L. G 2105, par ~ dass. G 8351 V., bei Erkenntlichkeit E 606.

guerredoner (v. vor.) tr. (be)lohnen E 1324; ac. à a. j. e. l. G 771. 8813.

guerrier (v. guerre) Krieger W 2764; Feind W *2760. 3084, Gegner G 945 V.

guerroiier (eb.) tr. bekriegen W 2978. 3031. G 2747, fig. W 2538.

guet- s. gueit-.

guiche, V. guisc(h)e, guise (ano. ᵹijtr) f. pl. Ränke G 5676:

guichet [nördl. wiket](?) Pförtchen E 2056. G 4904 V.

guige, E 724 V. guiche, E 4885 V. gui(n)che, K 1732 V. L 826 V. guince (gallorom. windīca v. frk. *ᵹinbinᵹ) f. Halsriemen am Schild G 1431.

guignier [nördl. wignier] (frk. *ᵹinlan ?) tr. anblinzeln K *269.

guiier (frk. *ᵹitan) tr. führen K 5299 V. G 2528 V., geleiten G 7125 V.

guile (zu ags. ᵹiᵹle) f. List, Arg-, Lüge, Betrug G 30: 5222.

guileor (v. fg.) Betrüger L 2719. 2720 V.

guiler (v. guile) tr. betrügen L 2721 V.; n. aufschneiden G 8678 V.

guingalet (kymr. ceincaled schön, hart) s. Gu-.

guinple (frk. *ᵹimpil) f. eine Kopftracht o. Schleier (vor o. um Gesicht) E 2140. 3984. W 2561. G 5419. 6833. (*6896). 6948.

guise¹ s. guiche.

guise² (frk. *ᵹîja) Art, W.; à ~ de nach Art j.es G 934, à la ~ de G 500. 602, an ~ de C 5878, an nule ~ auf keinen Fall I 15, en tel ~ L 3031 V.

guivre (vīpera × ᵹ-) Natter, (fig.) Pfeil C 1523 V.; s. huivre.

ha, G 1982 V. 2878 V. 7147 V. a, int. W 853. G 991. 1240; ha ha K 211; ha las G 7344, ha lasse G 407, ha lasses G 8453, nur lasse G 3434. 5875 V. 9038, nur lasses G 8461; haha G 8421 V.

[habiter], ab- wohnen G 6304:, à a. j. beiwo. G 6842ᵃ V.

haces s. haïr.

hache (frk. *ᵹapja) Axt C 1995. G 1740. 5937.

haha s. ha.

haï int. meist = ei L 3199 V. G 991 V. 3583 V. 5546 V. 7147 V. 8421; haï haï G 1282:

haie (frk. *ᵹaga, *ᵹagja?) Hag, Hecke W 1765: G 6912; unes ~s G 6912 V.

haïne (v. fg.) f. Haß G 7558 V. 8356. 9125:

haïr (frk. *ᵹatjan), 1. pr. he E 3004:, 2. haz G 8771:, 3. het E 3477:, 5. haez (V. ahez) G 8832, 6. heent C 756, 2. k. haces G 7127:, 1. ipf. ahoie G 8935 V., 3. haoit C 1707, 3. pf. haï C 5877, 1. kond. harroie L 1903 hassen, de haïne G 9125, de mort G 5750.

haligot s. harigot.

— 139 —

halle(r) *s.* hasle.
hanche (*frk.* ḫanḱa) *Hüfte* G 3513. 8108, *Keule* G 3280 —4—6.
haniter (*zu* hinnire) *n. wiehern* G 678 V.
hanste (hăsta × *frk.* *ḫanb?) *f. Lanzenschaft* E 2189. C 1749 V.
hanstier (*v. vor.*) *-halter* K 1013.
hanter (ḫaimetan) *tr. besuchen* G 1542a V.
haper (?) *tr. an sich reißen* C †5797 V. G 5122.
hardemant, C 2286 V. ardement, hardim- (*v. fg.*) *Mut, Kühnheit* G 1970, *kühne Tat, Wagnis*; par h. E 1165. L 4182 V.; *s.* prandre.
hardi (*p. v.* hardir *v. frk.* *ḫarbǰan) E 32; ~emant G 2468.
harigọt, V. (h)ali- (*v. fg.*) *m. Lappen, Fetzen* L 5428.
harigoter (*Gam. mndl.* *ḫar ‹ ǥȯb) *tr. zerhauen* L *831.
harpe (*got.* *ḫarpa) *Harfe* E 2044. 6382.
harroie *s.* haïr.
hart (*frk.* *ḫarb) *f. Strick* G 5090.
hasart (*ar.* az-zahr) *in* joer à ~ *würfeln* E *356.
hasle, G 3729 halle (V. (h)asle) E 3983 V. haller (?) *m. u.* E 3983 V. *f.*? *Sonnenbrand* E 3983. C 6779:
haste (*frk.* *ḫaiſſt) *f. Eile* E 3497. G 452; en ~ C 1782 V. G 2489 V., estre en ~s (*verderbt*) G 4861 V.
haster (*v. vor.*) *r. sich beeilen* G 1710. 6732; *tr. beschleunigen* K 2049. L 839, a. antreiben L 5186, *jagen* K 888, *hetzen* G 6688a V., *le* tans *es überstürzen* E 5575 V.; *n. eilen* K 2054.

hasti? C 5971: V. *zu* cheitif.
hastivemant (*zu* haste) *eilig* G 5470. 5744, *bald* G 4076 V.
hastois (hastif × -ois) *eilig* E 3386 V.
haterel (*v. frk.* *ḫatt *Hut*), N. -riaus, *m. Nacken* G 1116: 5404.
hauberc (*frk.* *ḫalsbërǥ) *Halsberg, Panzerhemd* L 821. 2610.
hauberjon (*v. vor.*) *m. kleines Panzerhemd* W 2765.
haucier (*altiare + h-) *tr. erheben* C 6485; *n.* E 4842; *r.* G 5012 V.
haut (h-altu) *hoch; hochgestellt* C 6715, *laut* E 4679, de ~ vespre *am frühen Abend* W *1902; *adv. nach oben* G 3037 V., *laut* E 2894. G 1047 V., an ~ *ob.* G 4308. 8286, *in die Höhe, nach ob., empor* W 78. G 99. 1695, *laut* G 1047, au plus ~ que ele pot *so l. sie nur konnte* C 4103; ~emant *vornehm* G 4847 V., *laut* G 3487, de si haut? K *150. L †489; de si ~ si bas (*sprichw.*) [K *6497]; *sb.* Höhe E 6719.
hautẹsce (h-altĭtia) *hohe Stellung* E 6317. C 202, *hoher Sinn* G 9053, *Feierlichkeit* E 2122. 6657. G 4159.
hautisme (h-altissimu) *hehr* G 578 V.
have (*frk.* *ḫaſwi) *syn. zu* mat *schachmatt* L *2576.
he *int.* G 139. 655 V. 4971 V.
hē *etc. s.* haïr.
heiron, V. chairon (*frk.* *ḫaiǥirȯ) *m. Reiher* C 3855.
heitier(?) à a. *j. gefallen, behagen* C 375. 892 V.; *p.* -ié, N. G 5143 V. haitiez *guter Dinge, wohlauf, vergnügt, heiter* G 2853. 5143. 8154,

bien ~ E 1548. G 8080 V.,
plus ~ W 1361 V., -ieemant
munter G 4522.
henap, G 748 V. hanap (frk.
*ḫnap) Becher G 739. 5774.
hera s. hira.
herbe, bei Apostr. erbe Kraut,
Gras G 69 V., Heilkr. G 6912
—5; pl. Gartenkräuter G
6501 V., Gewürz- 3323 V.,
Heil- G 6912 V.
(h)erbete (v. vor.) Kräutlein G
6912ᴳ V. 6501.
herbergerie (v. fg.) Herberge
E 3140.
herbergier (frk. *ḫeribeʀgôn),
3. pf. esberja G 3506 V., tr.
beherbergen L 259; n. (inf.)
einkehren, nächtigen E 370,
an (V. à) tel ostel G 7460;
r. C 6399; p. -gié (m. Zelten)
bedeckt C 1262, bien ~
wohnl. eingerichtet? G 7544 V.
herberjage (v. vor.) Herberge
K 987:
herce (*hĕr- st. hĭrpĭce) f. Egge
G *84.
herceor (v. fg.) Egger G 82.
300. 308.
hercier (*hĕrpĭcare) tr. eggen
G 83. 301. 306. 309.
hericier (*ērīciare zu ērīciu
Igel) r. sich sträuben L 647.
5531; p. -ié m. gesträubtem
Haar G 6990.
(h)eritage (v. heriter) Erb-
schaft C 3228. L 4785. 5856.
5905.
herité (hērēd-itate) f. eb. C
1065 V.
heriter(-itare) erben E 2380⁴ V.
(h)ermitage (v. fg.) Einsiedelei
G 6338.
(h)ermite (ĕrēmīta) Einsiedler
E 702. L 2829. G 6303: 6319.
6330. 6341—3. 6481; adj.
K 3292:
hernois, G 290 V. arn- (ano.

ḫerrneʃt × -īscu) Harnisch,
Rüstzeug, Gerät E 1962: C
1130: G 289. 2718. 4152.
4909, Pferdegeschirr E 735,
Gepäck E 5545; estre bien
à ~ gut bei R. s. G 7186:
9151:
hersi 3. pf. = ? G 6521 V.
het, hez s. haïr.
hiaume (ḫëlm) Helm C 117.
hideus, V. yd- (v. 'hisde v.?;
s. GGA 1932, 163 u. 165)
grausig G 1315 V. 7854 V.
8603 V.
hie (v. hïer v. mndl. ḫijen) in
à ~ m. Wucht L 6148.
hier (hĕri) nach Apostr. ier,
gestern; devant yer vorg. G
2855 V., ernuit g. abend E
4534 V.; s. ersoir, autre.
hine? K 2717: V. zu mine.
hira (frk. *ḫeriwalt), N. ~z
K 5557 V., ~ K *5592; pl.
(V. ira, hera) L *†2204: V.,
hiraut d'armes K 5557.
hochier (zu ndl. ḫotʃen) n.
hochschnellen G 7221.
homage (hŏmĭn-aticu) Huldi-
gung C 133, feire ~ à a. j.
huldigen E 4494; Lehen G
5277.
(h)ome (-e), N. hon (hŏmo)
L 330: G 6305: II 19, Mann,
Mensch; Lehnsmann G 4843.
5276. (fig.) II 19; pl. Man-
nen C 419. W 3101, Leute
E 2011; s. an⁴.
honir (frk. *ḫaunjan) tr. ent-
ehren G 4771. 5100. 6900,
verwünschen E 3116, honi
soit G 1170.
honor s. enor.
hontage (v. fg.) Schimpf E
989 V. G 3248, Schmach G
4772:
honte (frk. *ḫauniþa) Schimpf,
Schande, Schmach L †1397
(s. de 9.); à ~ G 6182, pl.

L 4154:; avoir ~ de *sich zu schämen h.* G 776. 1472; dire ~ à a. G 6879. 8963, feire ~ à a. G 2860. 3798. (*V.* clamer) 5347, feire ~ s à a. G 1222.
honteus (*v. vor.*) *be-, verschämt* G 4767. 6904; ~emant *mit Schimpf* L 560, *beschämt* G 8923*V.*
hoquerel, *V.* hoquelet (?) *in* prandre a. au (*V.* à) ~ *j. m. dem Häkchen* (?) *fangen* L *†6761.
hors *s.* fors.
houpignier (*op-pĭgn(or)are ?) *verpfänden* G 5125*V.*
hu *int.* W *2614. L 5131. G 5955*V.*, hu hu (*V.* hui hui) G 5955.
huce? C 6695*V. zu* buce (*Art Schiff*).
huche (hūtĭca?) *Truhe* W 1499.
huchier, E 119:*V.* hucier (*hūccare) *tr. anrufen* [K 6585]; *n.* G 3374*V.*
huër, *bei Kristian nur Nebenform* huiier (*v. Schallw.* hū) *schreien* E *†119: W *801. K 5879:; a. *anrufen* G 4174*V.*; *s.* W *2614.
hueses (*frk.* *hŏſa) *pl. f. Hosen* W 1632. 1641.
hui¹ (*v.* huiier) *m. Geschrei, Lärm* K 441: G 6038.
hui² (hŏdie), *bei Apostr.* ui, *heute;* ~ cest jor C 5830. G 1244, ~ an cest jor G 2147. 5491. 6856, ~ est li jorz *just h.* W *1599, ~ mes (*h.*) *weiterhin* G 1412. 1535, ne ~ mes *h. nicht mehr* L 119. 2216, mes ~ *h.* G 8282, ~ main G 1917, ~ main (cest) matin G 1917. 7293*V.*, ~ matin G 3122, ~ cest (*V.* à) matin G 3465, des ~ matin G 6060, ore ~ nun *h.* G 5074*V.*; *s.* mes, gehui.
hui³ *s.* hu; huiier *s.* huër.
huis (ŭstiu *st.* ō-), *bei Apostr.* uis, *Tor, Tür* E 5752. L 53.
huit (ŏct-o) *acht;* ~ jorz G 7184. (*Text* set) 8353*V.*
huitaves (-avas × *vor.*) *pl. f. Oktav* L 2575:
huitisme (huit + -isme) *achter* E 1699.
huivre C 3701*V.* = guivre?
humain *menschl.* C 909.
(h)umelïer (hŭmĭl-iare), *tr. a. j. erniedrigen* G 8953*V.*; *r. sich demütigen* L 1794. G 8953*V.*, feire -iant *dem.* L 4152.
humilité (-ĭtate) *Demut* W 28, d'u- G 6464, par ~ L 3401.
hunble (-e) *demütig* C 4369; ~mant G 6497*V.*
hupe (ŭpŭpa) *f. Wiedehopf* C 6.
(h)urt (*v.* hurter) *Getöse* G 6038*V.*
hurteler (*eb.*) à ac. *an e. stoßen* G 105*V.*
hurter (*v. frk.* *hûrt *Widder*) *tr. stoßen* G 7355, (*Falke*) *schlagen* G 4180, *erschüttern* G 7221*V.*, des esperons *anspornen* G 7192; **n.** sto. G 1738. 3374, à ac. *an e.* G 105—7. 1720, ansanble *zus.-sto.* K 3611, aprés *hinterherjagen* L 935; r. K 3610.
hus? C 4778*V. zu* pins.

i, G 7881*V.* hi (ĭbī) *hier* C 36, *dort* C 2401, *dabei* C 503, -hin C 2185, -zu C 828; *geht auf Person* G 538. 1543 *V.* 8731; *s.* avoir.
iaut *s.* oloir.
iauz *s.* oel.
iça *hierhin* G 3426*V.*
ice¹ *s.* icest.

ice², G 3812V. 4492V. iceo, G 261V. iço, G 2113V. içou (ĕcce hŏc) n. dies G 191; por ~ que weil G 2680V. 3609V.

icel (ĕcce ĭllu), N. icil L 1705, f. ~ e C †5739. G 368, A. pl. ice(l)s G 4590V. 4950V., jener; icil qui G 2643V.

icest (ĕcce ĭstu), N. icist G 4971, f. ~e E 579, A. pl. icez C 2438, dieser G 4450. 5866; ice vor kons. = icest G 6821V.

ici (ĕcce hīc, doch s. M.-L. ZffS 53 [1930], 485), G 3633V. issi, hier E 3741, des ~ bis jetzt W 2897; vgl. iqui.

idropique (hydrōpĭca) Wassersucht C 3023.

iere(nt), iert, iés s. estre.

if (gall. ivos) m. Eibe G 6676.

igal, C 1138V. L 5039V. ingal (aequāle) gleich C 2883, eben G 2658, (Meer) W 2303; par ~ gl. C 2883, gl.mäßig E 962. L †6454, genau C 1138, zugl. C 4940, o. Entscheidung L †6454, gl. gut G 2676:; igaumant, V. ingalment, ivelm-, oelm- gl.mäßig C 532; sb. Ebene C †1737:

ignorance (-antia) Unwissenheit W 3127.

igue G 7154:, V. (h)ive, yve (ĕqua) Stute.

il (ĭllī) er, in Inversion W 2485:, bet. W *2179. G 6066. 8441:, fors il außer ihm G 911V., et il et ele er u. sie G 8470V.; D. li, l' vor an C 2220, se lui plest L 2585, se lui plëust C †54V. (s. Herr. A. 132, 342); A. le, bet. lui L 39, li G 6974V., r. lui G 4974:, li G 1979V.; pl. il; D. lor L 59; A. les,

il lor (V. zu les) fist relever er ließ sie aufstehen G 7942V. (s. leissier), bet. aus E 77; obl. prolept. s. Herr. A. 132, 349; n. ups. il es; A. le; s. f. ele.

iluec C 264. G 1851. 4910V., iloc G 569V., iloques L 970V., iloeques G 2424V., ilueques G 625V. 1322V. 1327V., il(l)ecques G 6411V. 7473V. (hīc lŏco?, M.-L. ZffS 53 [1930], 486) dort; par ilueques dort durch G 6327, d'iluec an avant fürderhin G 2930.

image (ĭmāgĭne) f. Bild, Gestalt E 1515. C 5560.

inde (ĭndĭcu) indigoblau, blauschwarz E 1601. 6799. G 1603. 7689.

inoçant unschuldig; sb. W 859.

[ipocrisie], yp- (hypo-crisia) Heuchelei G 30. 41.

ipocrite (-critu) heuchlerisch, trüger- C 3086. L *2737.

iqui (ĕccu hīc) hier, dort E 1250. W 1252. K 1361. 6141. G 340. 4910. 4918; d'~ an avant künftighin G 2930V.

irasqui s. irestre.

ire Zorn E 926. L 137, Wut L 812, Erbitterung G 2216, Ärger G 1057, Feindschaft E 4380, Schmerz, Kummer, Trauer G 944. 964. 1215; s. par.

iré (īra-tu) W 3292:, meist irié L 1490: 2364(V. iree): 2493:, erzürnt L 5665: G 854: 1102: 8198:, (sonst) betrübt; ireement hitzig, erbittert C 1319V. 4124V., irieemant G 6002.

irestre (-scĕre), 1. pr. irais C 860:, 3. k. ireisse L 5007:, 1. pf. irasqui G 3438, r. zornig w., à a. L 5007; feire

— 143 —

a. ∼ à a. j. g. j. *aufbringen* G 8956.
ireus (*v.* ire) G 4767*V*. 8956 (*V.* irais) *erbittert, aufgebracht.*
irié *s.* iré.
irier (*v.* ire) *in* que jel feïsse à moi ∼ *g. mich aufgebracht hätte* G 8957*V*.
iroie *etc. s.* aler.
irois (Ir- + -ois) *irisch* (cheval) K 1674.
iror (īr-ore) *f. Wut* E 878*V*.
isle, G 8420*V*. ille (īnsula) *Insel* E 1249; *s.* I-.
isnel (ĭneĺ *o. skand.* ĭnieĺĺ; *Rom.* 57, 595), *N.* -iaus E 490. G 8547 *schnell; adv.* E 1589. L 1046. G 1452*V.,* ∼emant E 154. C 1319. L 5452. 6631*V*. G 1306a*V*. 5470*V*.
isnel(l)epas, isnel le pas, *V. zu* eneslepas (*d.* × isnel) C1364 *V*. 2716*V*. G 234*V*.
issi *s.* einsi, ici, issir.
issir G 2412: *u.* L 4741*V*. essir (ĕxire), 3. *pr.* ist E 4205 *u.* G 5541*V*. eist, 6. issent E 3795, 3. *k.* isse C 38:, 5. issiez E 5805, 1. *pf.* issi L 188, *p.* issu E 1673, 1. *fut.* istrai C 720, *ipt.* is L 6046, issiez C 2182, *n.* (*oft m.* an, fors (de)) *hinausgehen, -reiten; sprießen* C 6351, *abstammen* E 6620, del san *verrückt w.* L 2797. G 319. 2389; *r.* an G 1926. 8371, + fors G 1328. 3402; *ups.* s'en issoit treis gutes G 3198*V*.
issue, C 1053*V*. eissue (*v. vor.*) *Ausgang;* ne sai nule ∼ I 40.
ist(raī) *s.* issir.
itant (tantu × i-) *soviel* E 244, *so lange* G 2985*V., so sehr* G 8771*V., so* G 1994*V.,* cent ∼ *hundertmal soviel* G 8868 *V.*; à ∼ *alsdann* G 1739 1777*V.,* por ∼ *deshalb* C 916 *V.,* + que *weil* C 1505*V*.
itēl (tāle × i-), *N.* iteus E 6800, *solch* G 1373. 2730. 3714. 7094.
ive *s.* igue.
ivelment *s.* igal.
iver (hĭbĕrn-u) *Winter* L 385.
iverner (-are) *n. wintern, kalt s.* E 1951.
ivoire (ĕbŏrĕu, *gel., ML³*) *m. Elfenbein* C 841. G 1818. 3261. 5897. 7682:
ivre¹ (ēbriu) *trunken* C 3326.
ivre² (*zu* givre?) C 841*V. zu* ivoire.

ja (jăm) *schon, einst* L 1003, *nunmehr, gar bald, gleich, sofort* E 75, *fürwahr, natürlich, wohl* (*oft unübersetzbar, da zu schwach*) W 7, je(*mals*) L 4059; ja mes *je wie.* L 1646, *jem.* C 311, *m. neg.* nie (*mehr*) L 111, ja ne *nie* L 1021, (*emphatisch*) *niemals* L 2132. G 4107 f., *nie mehr* L 1164; ja *m. k. wenn auch,* ja soit ce que *m. k. wenn auch* C 4335. G 3866 *V.,* ja ne . . . tant *m. i. wenn auch noch so* C 6774; *s.* androit, gehui.
jadis (ja a dis; *s.* di) *einst, ehedem* E 4155. C 29, ja dis G 6170.
jaelise, *V.* gael(l)ise, jaehelisse, gaalise (*v.* jael *v.* *gadālis Hure*) *Hurerei* L 4117.
jagonce, L 6136*V*. jarg- (*syr.* jaqunta *v.* hyacinthu) *Hyazinth f.* E 1612: W 2501 (*V.* gagouce *o.* -once? *Rom.* 54,281): L 6136.
jai, *V.* gay (gaiu, *eig.* Gāiu, *Brüch Zs.* 51, 696) *m. Häher* C 4438.

— 144 —

jaiant, E 4328ᵃV. gaiant, K 4931: jeant (*gagante *st.* gĭg-) *Riese* E 4330.
jaillir (*zu gall.* *gali- *sieden*) *tr. schleudern* G 3408V.
jalo̧s (*zēlōsu) *eifersüchtig* E 3304. 6606: K 1097. L 2502:
jalosie (*v. vor.*) *Eifersucht* G 815.
jame¹ *s.* janbe.
jame², E 2410:V. game (gĕmma) *Edelstein* W 2392: K 16:
jamés *s.* ja.
janbe E 772. C 6487, jame C 6049: L *†5521. G 4635V., chambe C 6049V., gambe G 4635V. 5646V. (gamba *v.* c-) *Bein*; g- levee G 4267V.
janbeter (*v. vor.*) *strampeln* G 5557.
jangle, V. je(i)ngle (*v.* jangler) *f. Geschwätz* K 2915V. L 1128: 2722, *Großsprecherei* G 8427; *pl. Prahlereien* G 8426V.
jangleor *s.* jeingleor.
jangler (*jangelōn) *schwatzen* K 3623. *G 2211.
jant¹ (gente) *f. Volk, Kriegs-, Leute* E 4996. G 1920:, *Sippe* L 1802; *pl. Leute* E 4980. C 1694; grant ∽ *viel Volk* E 6396.
jant² (gĕnītu) *schön, hübsch, zart, anmutig, artig, stattl., s.* bel; estre ∽ à a. *j. anstehen* C 2902; *gentement artig* E 6597V., *sacht* G 4404V.
jante, G 4172V. ga- (ganta) *f. Wildgans* G 4186.
jantil (gentīle) *adelig, edel, vornehm, höfisch*; (*v. Löwen*) L 3375, *niedl.* K 2061V.; ∽ home E 2011. G 444, *anständiger Mensch* G 1013; *sb. edler Mann* G 1908V.

jantillęsce (*v. vor.*) *edle Geburt* C 204. W 1396. L 1673. 4084.
jardin (*frk.* *gardin-) *Garten* E 6029.
jarron(?) *m. Eichenast* W *970:
jarse, V. gar(i)sse (*s. Brüch Zs.* 52, 321) *f. Aderlaßmesser* G 3727:
jart (*frk.* *gardo) *m. Garten* E 5742:
jaude, V. g-, c-, geude (gilba) *f. Fußvolk* C 1989: K *2378.
jaune (galbīnu) *gelb* E 1621 (V. g-, calne). K 510:
javelo̧t, G 202V. 271V. gav-, C 1523V. gavrelot, G 199V. 1113V. gaverlot (*gallorom.* *gavalŏttu) *m. Wurfspieß* G *79. *606. 1113: 3512: 4131:
je, G 6857V. jeo, G 6893V. jou (ĕgŏ, *ĕo), *bet.* gié E †2951. C 3131: W 85. K *3376. L⁴ †1771: G 555: 771: (*Schreiber ändern meist in* je), G 9025:V. gíe, II 5V. jou *ich*; D. me, m' C 935, *bet.* moi E 2698. C †54. 1841. L 213, *st. unbet.* moi E 1010. 1571; A. me, m' C 933, *bet.* moi E 1019. C 683; moi *als bet.* N. K *1814. 1910. L 2501. G 3631. 4776V.
je- *s.* ge-.
jeant *s.* jaiant.
jehir (*frk.* *jahjan) *gestehen* W 2684.
jeingleor, V. jan-, gen- (*v.* jangler) *Schwätzer, Spötter* C 4438. 6512. L 2720. G 8679V.
jel = je le G 197. 222. 389.
jes = je les G 686. 1114. 1392.
jes que *s.* des que.
jesque *s.* jusque.
jeter *s.* giter.
jëu *s.* gesir.

jeu, L 6162 V. gieu (jŏcu) *Spiel*
E 2101:, ∼ de verité *Eid*
L⁴ †6634, à ∼ s *im Scherz*
E 3392: L 6162:, estre à
geus *zum lachen s.* G 8320:,
tenir à ∼ C 3446:, à ∼s E
242: 5440:
jeue(nt) *s.* joer.
jëuner, G 736 g- (jējūnare)
fasten G 1747.
jeunęsse (*v.* jeune, *s.* juene)
Jugend C 4258ᶜ V.
jëust *etc. s.* gesir.
ji- *s.* gi-.
jise *etc. s.* gesir.
joe (*gallorom.* *gauta) *Wange*
L 3501. G 2897. 4034; *pl.*
G 7707:
joee (*v.vor.*) *Backenstreich* G
2861. 3973. 5046.
[joęl] (*jŏc-ĕllu), *A. pl.* joiaus,
V. goviaus, *m.* *Juwel,
Schmuckstück* G 5775.
[joeor] (*-atōre), *N.* jüęre
Spieler W 1002.
joęr, C 4186 V. juer (*-are),
3. *pr.* jeue C 1363, jue G
2913 V., 6. jeuent E 355, *n.
spielen* C 677, *scherzen* C
2998. G 909 V., *de ac. sich
freuen über* C 4186 V.; *tr.* ∼
le jeu gewinnen E 5925; *r.*
G 2913 V., *de ac. Spaß ver-
stehen* C 1363.
jogleor, jug- (-ulatore), *N.* G
8680 joglerre (V. juglerres)
Spielmann E 2109. W 1273.
G 8679 V.
joi *s.* joie.
joiant *s.* joïr.
joiaus *s.* joęl.
jọie (gaudia, *eig. pl.*), (+ 1) G
1371 V., *f., östl. auch m.* (*N.*
joies) E *†6636. C †6616
(*s. kl.* C³ *Einl.* LXXXI
Anm. 2). W *1145:, *Freude*
E 348, *Jubel* E 2338, *freundl.
Willkomm* E 1900, *Liebkosen*
G 5837, *sehnl. Verlangen* C
3136. 3142; à ∼ *sehr freundl.*
E 3204, *m. glückl. Erfolge*
E 5664, à (V. de) grant ∼
m. großem Jubel G 9003;
soit ma ∼ *sei es zu meiner
Fr.* G 8608; feire ∼ *sich
freuen* G 1211. 5250—3, *de
a. freudig begrüßen* E 2355.
G 2577. 5725, à a. G 2577 V.
5972—4, por ac. G 2580;
avoir grant ∼ de E 6334.
joieus G 8298, -ous E 242 V.
(*v. vor.*), *f.* -euse L 3558,
-ose E 5299 V. *freudig, froh;
reich an Freude* G 8298.
joindre (jŭngĕre) *tr. zus. fügen*
C 6158, *anlehnen* G 1441,
(*Hände*) *falten* G 6357.
8715, (les piez) K 3238. L
3396; *n. à ac. sich anschlie-
ßen an* K 1177, à a. *angrei-
fen* E 2828, feire ∼ à la
terre *ins Gras beißen lassen*
C 3768; *r. sich (an Schild)
schmiegen* E 2824. C 3552.
G 1441 V., *au cuer de a.* L
2644, (*v. Falken*) *sich ein-
krallen* G *4183; *p.* joint
angeschmiegt E 588. C 1270,
adj. zierl. G 1796, *liebl.?* G
3223 V.
jointe (jŭnct-a) *Gelenk* E 4224,
Fingerg. K *4659 V. 4661.
jointure (-ūra) *Fuge* C 5594.
joïr (*gaudire) *tr. freudig be-
grüßen* L 2391 V., ac. *sich
erbauen an* (?) G 6494 V.;
*n. de ac. Freude h. an, ge-
nießen* G 6600 V.; joiant
froh, vergnügt L 677. G 488.
[jolif] (jōl + -īvu), *f.* -ive W
1292: *munter, ausgelassen;*
jolimant *höflich* G 5732 V.
joliveté (*v. vor.*) *Leichtsinn* C
2878 V.
jonc (jŭnc-u) *Binse* E 1338.
2364. 5144; (*koll.*) G 740.

jonchier (*-are) tr. ausstreuen G *675, bestr. E 2365.
jonchoi (-ētu × vor.) Binsicht G 5678V.
jor G 5471: 5491: (diŭrn-u), N. ~z, Tag E 1341, T.esanbruch E 3456, anbrechender T. G 5471, T.eslicht C 6365, est ~ z es ist T. G 2701, au ~ bei T.esanbr. G 1592, bei T.e G 5407:, de ~ z eb. G 1765:, le ~ am T.e G 1350. 8595, an dem T.e E 2388. G 5576, diesen T. E 2051. 2147. 2253; Termin L 2763; tote ~ den ganzen T. W 948. 2148. L †6325. G 2976. 5110. 5144; toz ~z immer- (fort) W 38. L 859, an (à) toz jors immer G 7099V., à toz jorz (mes) für i. G 6180V. 7880, à nul ~ ne nie G 4350. 8024, ne ~ (V. à, en j.) de ma vie G 7105V., onques mais ~ ne nie zuvor G 7362V., ne ... onques ~ je G 8581V., nie G 1898V., an sor (V. sore) ~ den T. über C *†6419; s. hui.
jornee (*-ata) Tagewerk C 3260, -reise G 8891, Tagesritt G 3125, (Schiff) Reise W 572.
jornēl (*-ale ?) Tagewerk C 2034.
joste¹ (jŭxta) neben E 137V. L 2192. G 3180V. 7649V., entlang G 2994V., de ~ daneben K 5803.
joste² (v. joster) f. Lanzenbrechen C 4675. K 5961. G 4472, (in d. Schlacht) C 3569.
josteor (eb.) Kämpe C 4892. K 5623.
joster (*jŭxtare) n. Lanzenbrechen, ancontre a. E 5954, à a. K 825. G 4471; tr. fors un tornoiemant ein ganzes

Turnier vom Kampfplatze hinaustjosten K *1574; sb. C 4701. K 5623.
jovancel (*jŭvencĕllu), N. -ciaus C 2011, Jüngling E 1986. 6270V.; adj. G 5715.
[jovenet] (*jŭvĕn-ĭttu), f. ~e recht jung E 6289V.
joveneté (-itate) f. Jugend C 2878.
juchier (frk. *juf Hühnerstange) fig. hocken G 2567V.
juene, C 2861: juevre (jŭvĕne) jung C †4060 †6435. G 4890 (V. jonne). 7882.
juër s. joēr.
juëre s. joeor.
jugemant (v. fg.) Urteil C 4444. L 5858; dire ~ ein U. fällen C 1437.
jugier (jŭdĭcare) n. urteilen, richten C 1440; tr. a. verurt. L 4573, m. à + inf. G 584V., ac. zuerkennen G 3168.
jui s. gesir.
juignet (v. fg., eig. Junichen) Juli C 1248.
juing (Jūniu) Juni C 1248.
juïse (jūdĭciu) Urteil; ~ mortel Todesstrafe L 3596; grant jor del ~ jüngstes Gericht G 6155: (V. le jor del grant joïse).
[jumant] (jūmentu), N. sg. jumenz m. Lasttier G 7154V.
jumel (gĕmĕlli) Zwillinge W 1443. G 1868V.
jurent s. jurer, gesir.
jurer, 3. pr. k. jurt schwören E 292; tr. beschw. G 4141, la pes G 5058, De bei Gott C 2166; sb. L 5285.
jus¹ (jūs) m. Saft W 1372.
jus² (*jūsu v. deōrsu × sūsu) nieder, herab, hinab, zu Boden K 5989, çajus G 2050V., giter ~ G 8530V., ~ de-

chëu *niedergesunken* G 1754
V., sus et ~ *hin u. her* C
4734; ~ de *prp. hinab v.*
G 3403.
jusarme, G 106 V. guis-, C
1994 V. g(h)is-(?) *Art Hiebwaffe* C 1994. G 5937. 9230 V.
jusque (v. enjusque v. ĭndĕ
ūsque), ~s G 1060 V. 3939.
4138 V. 4610 V. 5404 V. 6352,
dusque C 180, dusques G
1320 V., desque G 6352 V.,
desques L 5948 V., jesque G
1274 V. 1718 V. 1852 V., 1.
adv. (meist vor prp.) bis: ~ à
bis zu C 265, ~ à set L
3786, *ähnl.* L 5194, ~ à ne
gueires W 1252, ~ à po
L 5890, ~ à un an L 2749,
~ an C 4936, ~ devant C
6499, ~ outre C 3396, ~
sor C 2081, ~ vers E 6005,
ne ~ devant *erst vor* C 6499,
desques ci *bis hierhin* L
5948 V., an ~ ci *bis -her* L
5948, anj- la *bis dorthin* G
9137, an ~ au jor K 3513 V.,
an ~ au vantre L 5359 V.;
2. *konj. bis daß* C 6176. W
2940 V. G 619 V. 824 V. 1718
V. 3841 V. 3896 V. 3939 V.,
~ à tant que G 1060 V.
4138 V., ~ tant que G 1060.
justise G 25: 832: 7129:
8960:V. (jūstĭtia) *Gerechtigkeit, Recht*, droite ~ G 25:,
haute ~ G 8960 V., leal
~ G 7129, *Gericht(shof)* L
*5914, *Gerechtsame* E 1885,
Herrschaft, Gewalt L 3254;
feire ~ *Vergeltung üben* G
832, de a. j. *zur Bestrafung
ziehen* G 8900 V. 8965, sa ~
R. *walten lassen* C 1428.
2205, prandre ~ de G 8960,
la ~ de G 7133. 8960 V., ta
~ G 8960 V.
justisier (v. vor.), 1. *pr.* justis

L 341:, *beherrschen* C 114.
484. 2593, *übel zurichten* K
4325; r. *sich beh.* E 3735.
just *s.* gesir.

kanole *s.* chenole.
kar- *s.* quar-.
kerrois *s.* croire.
keu *s.* queu.
killie E 542 (: fille) V. = quille
  (ḱegil) *Holzklotz, Kegel.*
koe *s.* choe.

l' = la, le, li (l'an = li an).
la¹ (ĭllá) (*pron.*) *sie*, (*art.*) *die*; *s.*
  le, il, ele.
la² (ĭllác) *adv.* (*örtl.*) *dort* E
156, -hin W 17, (*zeitl.*) *da(nn)*
L 397, de la v. *dort* C 22, *jenseits, drüben* G 2992. 7318.
8551. 8683, cil de la *die Gegner* E 2223, de la de ça *hier-
u. dorthin* G 7074 V. (V. de
la en ça; *s. d.*), la d'outre G
8651 V. 8666 *u.* de la d'ou.
G 8651 *da drüben*, de la d'ou.
v. da *dr.* G 8651; la ou
(*örtl.*) *dort wo* K 51, (*zeitl.*)
als C †6068, *wenn* (lau os
plaira) G †3150 V., *sobald* E
1183, *während* K 45; *s.* ci,
des, lassus.
labor *f. Arbeit in* feire sa ~
sich anstrengen L 2354.
lac (lăcu) *See* G 3675.
[laceḷet] (v. laz), *A. pl.* -lez
kleines Band E 1659 V.
lacier (lăquĕare > laciạre) *tr.*
an-, fest-, umbinden E 711,
anlegen G 2169, *um-, bestricken* E 2563. C 3804 V.
[lagan] (?), *N.* -nz, *m. Strandrecht* K *6094: (*s.* K *S.* 475).
lai¹ *s.* leissier.
lai² (ir. laid?) *m. erzählendes
Gedicht z. Singen* E 6187—9.
C 4070. L 2153.

lai³ (laĭcu) *in* ~e gent *Laien* E 1073*V*.
laid- *s.* leid-.
laie *s.* leissier.
laienz *s.* leanz.
laier *s.* leissier.
lainne (lāna) *Wolle* G 7572.
laïs (la jus) *da unten* G 2958*V*.
laiss- *s.* leiss-.
lait *s.* leissier, lęt.
lame(lāmĭna)*Grabplatte*K 1907.
lamont = la amont G 761.7*V*
lance (lancĕ-a) *Lanze* G *3192. (*3191); ~ droite *m. aufgerichteter L.* E 747, ~ levee G 1454. 1493; ~ tenir *die L. führen* G 1435.
lancier (-are) *tr. werfen, schleudern, schießen* G 198, des javeloz G 95, ac. à a. G 270. 4123; *n.* C 1519. G 97, en ~ *damit we.* G 198*V*., ~ à (contre, vers) a. G 228 *u. V.*; *r. sich stürzen* C 4929*V*., *losrennen* G 4256, *galoppieren* G 4638*V*., *sich emporschnellen* G 8519, vers (*V.* à) terre *sich zu Boden we.* G 155.
lande (*gall.* landa) *Heide* G 184.
landi (ĭndīctu + l') *Kirchenfest v. St. Denis* K *1494:, *s.* andit.
langage (*v.* langue) *Sprache* C 3964, *Volksstamm* G 8178.
lange (lānĕa) *Wollnes* L 310:, an ~s *im Bußhemd* K 3541. G 6246.
langue, *V.* len- (lĭngua) *Zunge, Sprache* L⁴ 614; avoir la ~ treite par desor (*V.* desoz) la gole *die Z. herausgerissen bekommen* G 9093, tranchier la ~ à a. *j. das Wort abschneiden* G 6409.
languir (*languire), 1. *pr.* languis L 3577:, *n. dahinsiechen* G 6176, de ac. *leiden an* L 3577.

lanier (lānāriu *Wollhändler) feige* G 818*V*.
lanpe (lampa(da)?) *Lampe* E 2378²⁴ *V*. K 4581.
[lanproie], lam- (*gallorom.* lamprēda) *Lamprete* G 6421.
lant (lentu) *langsam, säumig* E 1816; feire que lanz *lässig handeln* G 4875:, *adv.* venir ~ K 1554:, aler ~ L 2146: G 4301:
lanterne (-erna) *Laterne* C 718. 733. K 4581.
lardé (*v.* lard *v.* lardu) *gespicktes Lendenstück* W1827. L 3462—6.
lardęl (*eb.*) dass. L 3462—6*V*. 4215*V*.
larder (*eb.*) *tr. spicken* K 1618*V*.
lardon (*eb.*) L 3462—6*V*. zu lardé.
large (larg-u; *st.* larc) *groß* G 7163*V*:, *freigebig* G *28:, *verschwenderisch* L 2966. 4415; *sb. das Freie* [K 6651]; ~- mant *freig., reichl.* C 190. 411. L 6081*V*.
largęsce (*-ĭtia *st.* -ĭtio) *Weite* (*Breite?) G 2804ᵇ*V*.
larme *s.* lerme.
larrecin (lătrōciniu) *m. Diebstahl, Raub* E 4388. C 3877. K 333, *Straßenraub* G 5089; an ~ *verstohlen* W 1619. L 1573.
larriz (*lătĕriciu *zu* lătus *Seite*) *Brachfeld* C 1503.
larron (lătrōne), C 5912 *N.* lęrre, G 5088*V*. leres *u.* lierres, *Dieb, Räuber, Schurke* E 4409.
las (lassu), *f.* ~se, *müde* G 1534, (*bei Ausruf*) *elend, unselig* E 1730; *s.* ha.
lasche, G 1184*V. pik.* laske, lasque (*lascu *st.* laxu) *m. u. f. locker* G 1184*V*. 3172*V*., *feig* L †3173.

laschet (v. vor.) e. lose G *1184.
lascheté (eb.) Feigheit W 892.
lasser (lassare) tr. ermüden E 2886, langweilen L 4193; n. müde w. E 3801, de + inf. II 50:, aufhören C 2628; r. sich plagen G 8256, d'armes sich im Kampfe messen E 3692; lassé ermüdet E 3951.
lassus, V. lais(s)us, leissus, lessus (illác sūrsu) dort oben, d. hinauf L 5127. G 5785 V. 8215 V., ~ amont G 3031c V.
late (frk. latta o. gall.) Latte K *518:
latin Latein; en ~ auf L. G 6486a V.; Sprache C 6353. L 1786. G *71.
lau s. la.
laver (lăvare), 3. pr. lẹ̄ve, tr. waschen E 4231, ses mains G 8268, les iauz d'aigue douce weinen C 259 V.; n. sich wa. G 1561; r. eb. C 1143. 1184; feire ~ a. L 1882.
laz (*laciu v. lăquĕu) Riemenband (am Helm) E 6004, Schleife, Schlinge W 2488; ~ corant = nfr. noeud coulant K 4279.
le[1] s. il.
le[2] (ĭllú), G 7495 V. lou, N. li; pl. N. li, A. les; f. la, G 3465 V. 3508 V. li; pl. les; + de o. à: del (gespr. dou, s. Wtb.[1] S. 218*, Z. 7), W 3093. 3279 du, G 4966 V. do, au, des, as, G 8706 V. aus, (art.) der, die, das; (demonstr.) E 2501. W 1438 (Herr. A. 132, 346); li vint zwanzig v. ihnen C 1976; la saint Jehan L †2574 (vgl. 2750), l'ore soit la honie et la maudite G 8663; el = en le W 34. G 3177, u G 4930 V., s. ou[3], es = en les C 734. G 604 V. 1596 V.; s. jor, nuit.

lẹ (lātu) breit E 403; sb. Breite G 3149, a asez let (pik.) hat genug Br. G 2055 V., tenir de lẹ sich in die Br. erstrekken G ?
leal (lēgale), N. leaus E 3465, rechtl., gesetzl., (pflicht)treu, bieder, aufrichtig, ehrl.; tenir ~ prison die Gefangenschaft pflichtmäßig einhalten G 2521; leaumant aufrichtig, ehrl. E 3411.
leanz, V. laianz, laienz (illác īntus) (da) drinnen, (da) hinein E 615. C 1611. L 208, cil ~ die dr. G 2588 V., seignor de ~ Herr des Hauses L 4699, deleenz dr. G 3384 V., par ~ im (ganzen) Hause E 681. L 1056, dr. G 9004, par tot ~ G 7710, la leenz da dr. G 8217 V.
leaumant, leaus s. leal.
leauté (v. leal) Rechtlichkeit G 26; sor ~ auf deine Redlichkeit hin G 7428 V., por ~ aus Redl. G 1693 V.
lecheor (leccatore) zu frk. *liffôn?), Vo. -erres G 3047 V. (Wüstling), Lump L 2536 V.
leçon (lēctione) Lesung G 6344 V.
leesce (laetĭtia) Fröhlichkeit, Freude C 4203: G 6543: (lieesce) 8092 V., pl. G 8208:
leescer E 2442 V. (v. vor.) r. sich ergötzen.
legat, N. -az G 3278 (päpstl.) Legat G 3278.
legier (*lĕviariu) leicht, flink C 4128. W 60, leichtsinnig I 25, ~ à dire G 269, à feire G 2405; adv. à molt ~ sehr l. G 3864 V., à G 269. 3864, ~emant G 1396.
leidangier (v. frk. *laiþ; s. lẹt[3]) schmähen, beschimpfen, be-

leidigen E 3352. C 3492. L 1750. G 5402*V*.
leide(mant) *s.* lẹt³.
leidẹsce (*v. frk.* laib) *Häßlichkeit* G 4623.
leidir (*eb.*) *tr. schmähen, beschimpfen, mißhandeln, übel zurichten* E 5721; *rz.* K 3632.
leidoiier, laid-, laidïer (*eb.*) *schmähen* L †1784*V*.
leidure (*eb.*) *Häßlichkeit* G 4623*V.*, *Kränkung* G 2903, *Schmähung* G 6718*V*.
leiier *s.* liier.
leirai *s.* leissier.
leisarde (lăcerta) *Eidechse* K 3136:
leisir (līcēre), 3. *pr.* loist E 3307:, 3. *k.* loise G 7235: 8828:, 3. *pf.* lut C 5237:, 3. *k.* lëust C 4960, *ups. erlaubt s.*, *freistehen* E 5636; *sb. Muße* C 6154, *Gelegenheit* G 4668, à ∼ *bequem* C 1727.
leissier (laxare), G 5398*V*. 6445*V*. laier (*s. ML³* 4955), 1. *pr.* lẹs E 2070:, 2. lẹs L 1216:, lẹz C †6241. L 1216*V*. (†2771), 3. lẹt E 736:, laie G 1113*V*. 1304*V*. 2875*V.*, laist G 2200*V*. 3445*V*. 8231 *V.*, lest G 4380*V.*, 6. laient G 3918*V.*, 1. *k.* lẹs C 1428, 2. lẹs C 2494:, 3. lẹst C 868:, 5. laiés G 1729*V.*, *ipt.* lai E 4034*V.*, laie E 215*V.*, laie *u.* lesse L 1645*V.*, leissomes L 1128, 3. *pf.* laia G 1150*V*. 2155*V.*, 2. *k.* laissasses G 8843*V.*, 5. leississiez, -essiez K *212 (*S.* 364 *u.* 473). K *5475 (*S.* 410 *u.* 474), 1. *fut.* leisserai E 1270, leirai E 2843, lairé G 8444*V.*, 2. leras, lairas G 6814*V.*, 4. lerez G 2056*V.*, 1. *kond.* leisseroie L 3995, leiroie G 2616, 6. -oient G 6047, *p.* laié G 487*V*. 3385, *f.* laïe (*st.* laiiee) G 8550*V.*, *lassen, ver-* L 2721, *zurück-* L 542 —4, *über-* C 2494. L 4785, *hier-* G 8843*V.*, *aufgeben* G 1153. 1167. 6199*V.*, ac. por ac. e. m. e. *vertauschen* G 8218*V.*, (sa parole) *beenden* G 4036*V.*, *erl.* E 2070*V*. C 4137, (*v. Preise*) e. *abl.* W 3259, an pẹs *in Ruhe l.* L 1645*V.*, *auf sich beruhen l.* L⁴ †1560, ∼ à + *inf. aufhören zu* G 7848ª*V.*, *unterl. zu* C 5044. G 4903, ne [la] li leissierent ferir *ließen sie sie nicht schlagen* G 5560, Deus li laist + *inf. Gott gebe ihm zu* G 9061*V.*, ne ∼ à feire ac. *nicht unterl. e. zu tun* L 138. 5436. G 6225, il ne lait pas que an *er unterläßt nicht zu* E 1830, *ähnl.* E 2706. C 179. G 1281. 5398. 7036; la bataille est (*V.* a) leissiee *hört auf* G 6199, il lor (*st.* les ?, *s. V.*) laisse ? G 6657.
leitüaire, (*electuariu* × *fg.* ?) C 6293 lait- *m. Latwerge* G *3327 (*V.* letüere). 3334*V*.
leitue (lactūca) *Lattich* G 6502; dont il ne m'est une letue *was mir nicht einen L. nahe geht* G 8946*V*.
leon, leon- *s.* lion, lion-.
lerai *usw. s.* leissier.
lerme (lăcrĭm-a) *Träne* E 6222: C 4005: L 1469: G 1969 (*V.* larme).
lermer (-are), 3. *pr.* lẹrme G 6166:, *n.* de ac. *tropfen v. e.* G 6166 (*V.* ac.).
lerre *s.* larron.
lẹs *usw. s.* leissier.
lẹt¹ *s.* leissier.
[lẹt²] (lacte), *N.* lẹz E 2911: G *749 *Milch*.

lęt³ (*frk.* *laiþ), *f.* leide *häßl.,
schmähl., schlimm, böse, unangenehm* E 234. 845:; leidemant E 330; *sb. Schande,
Schimpf, Schmach, Mißhandlung* L 5133. G 6070,
avoir ∼ *Schi. ernten* G 5307,
dire ∼ *schmähen* E 5927 *V.*,
feire ∼ à a. G 3798. 4036 *V.*
lętre (lĭtter-a) *Buchstabe* C
1412, *Schrift(tum)* G 2680 *V.*:
2723 (en ∼). 6936:; *pl.
-zeichen, Inschrift* K 1872
— 6. 1889.
letré (-atu) *gelehrt* G 4150.
leu, G 1404 *V. pik.* liu (lŏcu)
Ort, Stelle, Lage E 1042: C
639: G 9: 4450:, metre an
son ∼ (*Knochen*) *einrenken*
G 4336, *Stellung, Rang* G
4936, *Anlaß* G 4666, *rechter
Zeitpunkt* G 1526, *Gelegenheit* L 1322ᶜ. G 3584 *V.*, venir an ∼ de *G. h. zu* G
1251. 8784 (*V.* en ∼s); *nul*
∼ *irgendwo* C 639, *m. neg.
nirgends* E 2552:; an ∼ de
*an die Stelle v., anstatt,
gleichwie* E 2077. C 6094. L
4202, de liu en liu G 3725 *V.
u.* de ∼s an ∼s *hier u. da*
G 3725, *v. Ort zu Ort* G 5784,
in Abständen G 7654, *v. Zeit
zu Zeit* C †1159, de ∼ s an
autres *eb.* G 5784 *V.*, an plusors ∼ s *verschiedenen Orts*
G 4489. 6812 *V.* 8507, an toz
∼ s *in jedem Punkte* L
6578 *V.*, par ∼ s C 1160;
mout buen (*V.* grant) leu
tienent *nehmen eine geachtete Stellung ein* G 4936, tenir
son ∼ *standhalten* L 3182,
buen ∼ à a. *j. als Fürsprecher zur S. stehen* L 4647.
lëust *s.* leisir.
levain (lĕvāmen) *m. Sauerteig*
L 2848.

leve(nt) *s.* laver.
levee (*v. fg.*) *Aufstehen*; *corner*
∼ G 3127 *V.*
lever (lĕvare), 3. *pr.* lieve E 70,
3. *k.* liet G 7808:, **tr.** (*auf*)-
heben C 3981, le chief amont
G 3411 *V.*, son cop K 1171,
(pont) *hochziehen* G 3412—5,
an ∼ a. *aufh.* G 5871 *V.*,
(*Geschrei*) *erh.* E 5502 *V.*,
(*Hirsch*) *aufjagen* E 118, a.
come *beschuldigen als* K
4991, an haut *emporh.* W
78. G 5697; **n.** *sich* (*er*)*h.,
aufstehen* W 63. G 1597.
2079. 5477. 7808, levez *stehet
auf* G 7444, estre levé *aufs.*
G 3358. 6449, bien soiiez vos
levez *wünsche wohl aufgestanden zu s.* G 8296, ∼ sus
E 3270. C 4305, *hochgehen*
G 3405, (*Tag*) *anbrechen* E
4246, (*Gestirn*) *aufgehen* C
1701. G 2621. 3229, ∼ *de
herkommen von* G 1883 *V.*,
feire ∼ a. *j. aufst. lassen* G
2078. 5476; **r.** *sich erh., aufst.* E 70, contre a. (*aus Anstand*) G 6461; **sb.** *Aufst.*
(*am Morgen*) E 5685. (*V.*
vestir) G 8269.
levre (lăbra, *eig. pl.*) *Lippe* G
4627. 7165.
levrier (lĕporariu) (*Hasen-*),
Windhund E 2393. W 1450.
lez *s.* let³ *u.* leissier.
lēz¹ *s.* lę̄.
lēz² (lătus) *m. Seite* G 1184 *V.*
3177 *V.*; *prp. neben* E 482,
de ∼ *v. der S. j.es weg* E
*3133. L 63; *adv.* ∼ à ∼
G 5906; *s.* delez.
li *s.* il, ele, le.
lice¹ (līcia, *eig. pl.*) *Saum*; ∼ s
d'or E 6672 *V.*
lice² (*frk.* *lĩtja) *f. pl. Schranken* E 3690: 5494. C 1251.
licer = lichier, lech- (*frk*

*liſſôn?) *gut essen u. trinken?* G 1028:*V*.

lié (laetu), *N.* liez *froh, freudig; reich an Freude* G 8298; soi feire ~ *sich freuen* C 6382; lieemant E 679; *s.* chiere.

liepart (lĕŏpardu) *Leopard* E 2634. 6728. C 3701. K 3049.

lïer *s.* liier.

liet *s.* lever.

lieue *s.* liue.

lieve(n)t *s.* lever.

lievre (lĕpŏre) *m. Hase* C 3849.

lige (*frk.* *leţhit *ledig) in home* ~ *Lehnsmann* E 3868, chose ~ *Lehen* K 1731:

lignage (*v.* ligne) *Geschlecht, Abstammung, Art* G 422—5.

ligne *s.* lingne.

liien (lĭg-āmen) *Band* C 4428. 6783 (*V.* loiien).

liier (-are), leiier (C †1344), 3. *pr.* loie E 466:, 6. lïent C 2151, 3. *k.* lit C 6783, **tr.** *binden, fesseln, befestigen;* ac. sor ac. G 6947. 6959, *verbi.* G 4343. 6959*V*., *umschließen, fassen in* L 5517, (*m. Krallen) fa.* G 4183*V*., ~ *un desvé devant les prosnes* L †629; feire loiier (*s. d.*) *einrenken lassen?* G 4411*V*.; **r.** *sich den Kopf einhüllen* G *6896 (*s.* *1810), à ac. *sich einkrallen in* G 4183 (*s.* *4176).

limace (*līmācĕa *v.* limax) *Schnecke* C 3857*V*.; assaillir (*V.* tuĕr) la ~ (*erfunden zur Verhöhnung der Lombarden*) G *5946:; *s. Baist Zs.* 2, 303ff., *Tobler Zs.* 3, 99ff., *W. F. zu Aiol* 8839.

lime (līm-a) *Feile* W 1398.

limer (-are) *feilen* W 1399.

limon *s.* banon.

lin (līnu) *Leinwand, Linnen* E 4120. L 310. G 3355.

ling (*līn-ĕu) *Geschlecht* L 1814.

lingne (-ĕa) *Linie* E 5327:, *Geschlecht, Abkunft* E 6626 *V.; Angelrute* G 3008, peschier à la ~ G 3504*V*.

lion (lĕōne), G 4630*V. N.* leos, *Löwe* E 3684. C 3701. 3857. K 3049. L 488.

lionime (leonīmu *st.* -īnu) *in* rime ~ *reicher Reim, wo Gleichklang vorherige Silbe mit umfaßt* W 4:

lire (lĕgĕre), 3. *pr.* list L 1420: (*vgl.* reslist W 2396:), 6. lisent C 5812, 1. *pf.* lui W 46: G 49:, *p.* lit K *1879:, *lesen*.

lis *N.* E 427: C 841*V. u. A.* C 818:f. (līlĭu), *N.* liz G 7572:*V., Lilie*.

listé (*v.* liste *v. frk.* *liſta) *gestreift* E 2658. 6672. G 4753*V*.

lit¹ *s.* liier; lit² *s.* lire.

lit³ (lĕct-u) *Bett(unterlage), Matratze, Spannbett* (*verschieden v.* chaalit) E 480. 692. C 621. 6112. K *516. L 1040. 1066. 1073, *Lager* G 1850. 3085, *Streu-* G 3477; ~ mortel G 4844; estre el ~ G 7786*V*.

litiere, let- K 225⁸⁵*V*. (*-aria *o. v.* lit³) *Streu* L 5359, *-lager* L 4655; *Bahre* K 225⁸⁵*V*. G 453.

liue, *V.* l(i)eue, G 3021*V.* lie (*gallorom.* leuca) *Meile* E 5396 (: vies?). L 2958(!). G 3021. 3470. 3471*V.*; grant ~ G 4913; *Stunde* G 7555*V*.

liuee (*v.* vor.) *Stunde* G 7555. 8224.

livre¹ (lībra) *Pfund (Münze)* = 20 sous E 2024. 2812. L †5308.

livre² (lĭbru) *Buch (als Quelle)* E 6742. C 20. G *67. *4617.

livreison (*v. fg.*) *Lieferung, Ga-*

— 153 —

be, *Anteil* E 2066. 6695. C 533. L 2885.

livrer (līberare), 1. *fut.* liverrai G 5318, *tr. ausliefern, übergeben, -reichen* E 1884, ~ conduit *Geleit mitg.* G 5318; *r.* E 1036 *V.*

lọ, *V.* lou, W 777 *V.* leu (lŭpu), *N.* los, *Wolf* E 4434: C 3754. W 1560: L 303: G 4630: *V.*

loange (*v.* loer × losenge) *f. Lob (pl.)* G 4711:, *Ruhmestat* L 2189:, *Schmeichelei* (*s.* losange) G 2632 *V.*

lọbe (*v.* lober) *f. Schmeichelei* C 4459.

[lobeọr], *N.* -erre (*eb.*) *Schmeichler* C 4565.

lober (*lob-are) *schmeicheln* C 4458.

lochier C *1925 *V. zu* esl-.

loer[1] *s.* louer.

loer[2] (laudare), 1. *pr.* lọ E 3160:, loc G 6613 *V.*, 3. *k.* lọt L 1652: 4373:, *loben* E 86, zureden, (an)raten E 1221. C †2544, (an)*empfehlen* G 532. 594. 2428, *m.* (à +) *inf.* G 56. 6110. 6613 *V.* 7309; *r.* de a. *j.* (*sich j.es*) *rühmen* L 4287. G 3061, de ac. C 1363 *V.*

lọge (*frk.* *laubja) *Laube (aus Laub)* W 1792, ~ *galesche* G 652; *pl. Lauben-, Säulengang, Vorbau, Umgang* (*bes. vor der* sale), *laubenähnl. Gemach* G *3057. 3075. 9228 (*dafür* la ~ 9230), *Zelt* C 1260 *V.* G 2512 *V.* 4271 *V.*

logier (*v. vor.*) *n. wohnen, (sich) lagern* E 4121; *r. Unterkunft suchen* G 2515, *sich l.* C 1262, se vont lojant *sie l. sich* E 5126; estre logié K *3758 (*Mod. Phil.* 27, 465). L 1404. G 9117, de trez *in Zelten* E 4005.

loi (lēge) *f. Gesetz* W 20, *Herrschaft, Reich* II 10, *Religion* E 6860. G 8178, la novele ~ *das neue Testament* G 6256, *Ehesakrament* E 1516, ne savoir totes les ~s *nicht bei Trost s.* G 236; à ~ de sage *in vernünftiger W.* G 1206, par tel ~ que *unter der Bedingung daß* G 2115, sor ta ~ G 7428 *V.* (*zu* foi); torner a. à sa ~ *sich j. gefügig ma.* E 4586 *V.*

loiau- *s.* leal-.

loie *s.* liier.

loignet *s.* loing.

loiier[1] *s.* liier *u.* K *3758.

loiier[2] (lŏcariu) *Lohn* G 4412. 5126 *V.*, *Buße* G 3884:; à ~ *mietweise* E 258. K 103, sanz ~ *o. Sold* I 10.

loing (longē), G 3038 *V.* loins, *fern, weit* L 36, ne ~ ne pres C 2381 *V.*, *fern o. nah* G 11, de ~ *v. fern, v. weitem* G 4294, de si ~ E 361. W 1831. (L[4] †489); ~ de *fern v.* C 2268; soi tenir en ~ (loignet) de a. *Abstand v. j. halten* G 3538 *V.*

lọis (lŭscu) *scheel* G 818:

loise[1] (lausia) G 1774: *V. zu* atoise *Schiefer.*

loise[2], loisir, loist *s.* leisir.

loj- *s.* logier.

lonc, *N.* lons *lang*; avoir de ~ *l. s.* E 3311. L 322, estre de ~ *entlang laufen* G 1319 *V.*; **adv.** (*zeitl.*) *longues* G 559 *V.* 2556 *V.* 8563 *V.*, plus longue(s) G 1460 *V.*, longuemant G 559. 8339, *ausführl.* G 4815; **sb.** *Länge* G 3149. 7028 *V.*, au ~ del jor *den ganzen Tag über* L 4836;

prp. *längs* E 938, *gemäß, nach* E 1846.
longe (*lŭmbĕa) *Lende* L 3462.
loquié *pik. st.* lochié (*s.* es-lochier) *in* chevos ~s *struppig, zerzaust* L 297 V.
lọr¹ *s.* il.
lọr² (ĭllōru) *ihr* E 76; une ~ dame L 2890.
lọr (lauru) *m. Lorbeer* W *322.
lorain (lōrāmen) *m. Riemen-(zeug), Halfter* E 2811: 5330. G 3713. 5768; *pl. Zaumzeug* G 3713 V.
lorgne (borgne × lois?) *scheel* G 818 V.
lorier (lọr + -ier) *Lorbeerbaum* C 4779.
lọrs E 1090: L 1576: *u. selten* ält. lọres E †4932 V. K 323: G 3345 V. 5410 V. 6052 V. 8659 V. 9227 V. (illá hōra + -s) *da*(*mals*), (*als*)*dann;* ~ primes *gerade erst* C 3519; ~ quant G 4141 V. (*zu* ~ que), ~ que *als* G 2714 V. 4141 V. 5462 V. 5471 V., lores que G 3537, des ~ que *sobald* G 5471 V.
lorsignot *s.* rossignol.
lọs (laus) *m. Lob, Ruhm* G 4420, *Zustimmung* C 2351, *Rat, Anraten, Vorschlag, Aufforderung* E 1226, an ~ de a. G 460. 7469, mon ~ *nach meinem R.e* II 41, *pl.* par (*s. d.*) voz ~ *m. eurer Zust.* L 2090.
losange (*lauſinga) *f.Lob*(*eserhebung*), *Schmeichelei, Liebenswürdigkeit, freundl. Aufnahme, gütl. Zureden* G 507: 2632. 4711 V. 7558, *eitles Gerede* G 2194 V.
losangerie (*v. vor.*) *Schmeichelei* E 4058.
losangier¹ (*eb.*) *Schmeichler* C 4565.

losangier² (*eb.*) *tr. schmeicheln, schön tun* II 54, de ac. *aufwarten, bewirten* C 3282. G 8234.
lọt *s.* loer².
lou *s.* lo.
louer (lŏcare) *mieten* E 258 V.
lọve (lŭpa) *Wölfin* C 5794:
lués (lŏco + -s) *auf der Stelle, sogleich* G 2140 V. 7510; ~ que *sobald* (*als*) G 2173 V. 2643 V. 2714. 5462. 5471.
lui *s.* il, lire.
luiserne (*lūc- *st.* lŭcĕrna) *Licht* C *734.
[luisir] (*lūcīre), 3. *pr.* luist G 3229, 3. *ipf.* luisoit G 646 *n. leuchten* L 1838; luisant G 181. 1814. 7255.
luíte, *V.* lit(t)e (lŭcta) *Wettkampf in* metre ~ à feire ac. e. *um die Wette tun* L *†2738:
luitier (lŭctare neb. lŭct-), 3. *pr.* luíte, *V.* lite C †3363:, *ringen* K 1660, *fig.* K 4560.
luiton *s.* netun.
lumiere (lūmĭn-aria) *fig. Leuchte* C 736 V. 5842.
lumineire (-are × -ariu?) *m. Licht, Beleuchtung* C 6167: L 5449, *Lichtquelle* G 3187.
lune (lūna) *Mond* G 8668.
luor (*lūc-ōre) *f. Glanz* C 2749.
lut *s.* leisir.
luz (lūciu) *m. Hecht* G 6461.

m' *s.* ma, me.
ma *s.* mon.
mace (*mattia) *Schlegel?* G *5945:, *Keule* L 5578.
machet(?) *Wiesenschmätzer* C *†6432:
maçon (macio, matio; *germ.?*) *Steinmetz* G 2295.
maçue (*mattiŭca) *Keule* E 4392.
maheignier, *V.* ma(h)aignier,

me(h)- (?, it. magagnare), 3. pr. mehaingne, tr. verletzen, -stümmeln, übel zurichten L 4548: 5322: G 1296f. u. V. 2499. 3510. 3587; r. sich verl. K 3121. L 6117; n. ~ del cors zum Krüppel w. G 437.
mai (Maju), N. mẹs [K 7100:] Mai E 4779. C 271.
maieur s. meire.
maignent s. mener.
mail (mălleu), N. mauz C 6027 Hammer.
maille (măcŭla) Panzerring E 2640—6. L 843, kollektiv: -geringe E 713. L 700. G 4504.
mailliė (v. vor.) in menu ~ dicht geringt E 767V. K 3558. *G 2214.
maillier (*mălleare) n. hämmern (des espees) L 6152, tr. schmieden E 6838V.
main[1] s. mener.
main[2] (māne) m. Frühe, Morgen E 1430, chascun ~ G 6444V., au m. in der Fr. C 2760. G 635, jusqu'au ~ G 2066, par ~ frühzeitig G 1597V.; adv. ~ früh G 4182. 5480, bien ~ G 635V., hui ~ G 1917. 3127, ier ~ G 1917V.
main[3] (mănu) f. Hand, Gewalt E 147. C 435. 1075. L 293, as ~s eigenhändig G 6326V., à mes ~s G 8771, ähnl. G 6326. 8781V. 9184V., de ses ~s G 8781. 9184, ähnl. G 6326V., de ~s G 1998V., de vostre ~ L 5334, par la ~ an der H. G 1846. 4372, ~ à ~ S. a. S. G 1550. 4042. 4545, sofort C 3653, soi prandre G 8988 u. soi tenir G 1550 ~ à ~, sur les ~s in der H. G 3214V., cheoir an males ~s G 3697, gitier des ~s à a. aus d. Händen j.es befreien E 4492, i metre la ~ daran rühren G 6817V., metre ~ à l'espee G 1527, metre (V. sa) ~ à ac. H. an e. legen G 3684, metre la (V. sa) ~ à + inf. H. anl. bei G 1631, plevir à a. de (V. par) sa ~ que j. durch H.schlag versichern daß G 8899, prandre par la ~ G 5252, tenir par la ~ G 719. 8102.
maindre s. menor.
maing, mainne etc. s. mener.
mains (mĭnus) weniger W 44: G 3602:, de als G 2002, zu wenig C 2735:, am wenigsten E 1879. C 1692, le ~ das wenigste L 5415, à ~ wenigstens K 4801V., au ~ eb. G 7788, gar sehr W 3247, à tot le ~ allermindestens G 3219:, -spätestens L 1844. 2573, ce est del ~ das ist das wenigste G 7097V., + à das ist nichts g.über G 4622, ce n'est mie del ~ L 5415, ne ~ ne plus G 8170V., n'avoit robe ne plus ne ~ sonst nichts v. Kleidung E 406, ne ... mes ne plus ne ~ nicht das geringste mehr C 42, s'an feire à ~ (V. soi tenir à ~, s'en passer à ~) m. weniger zufrieden s. G 8872.
mainsné, mains né G 1988, mainzné G 466V. (mĭnus natu) jünger G 5057V.
maint[1-2] s. mener, menoir.
maint[3] (gall. *mantî o. măgnu × tantu) manch E 762, ~es et ~ G 4812.
maintenant (ger. v. -tenir) sofort, (so)gleich E 260, jetzt G 1694, tot ~ G 764. 2651,

(tot) ~ que *kaum daß, sobald als* G 3537. 4018. 5474. 6918, de ~ (*all*)*sogl.* C 6266 V. G 764V.

mainteneor (*eb.*) *Beschützer* L 2087.

maintenir (mănu-*těnīre), 3. *k.* -taingne C 428, *tr. festhalten* L 99, (guerre) *führen* I 52, (la parole) *weiter fü.* E †*4645. 5598, (*Kampf*) *fortsetzen* C 1935, (costume, usage) *aufrecht erhalten* C 3867, (anpire) C 4244, (le castiel) G 7598V., (le droit le roi) *verfechten* G 1088, (le) *durchsetzen, erlangen* G 1668ªV., (la loi) *beobachten* E 1768, a. (*be*)*schirmen* G 7586, *unterhalten, nähren* L 1671; *r. sich* (*im Daseinskampf*) *behaupten* G 430.

mal (mălu), *N.* maus, **adj.** *böse, übel, schlimm, schlecht* E 298, ~ feu *Hölle*(*nglut*) K 5447. L 5978, ~ e *flame dass.* L 5978, ~e art *Tücke* K 4048:; **adv.** *schlecht, zum Unglück* G 1262V. 3719. 6607, ~emant L 6344. G 2737V.; **sb.** *Übles, Übel, Schaden, Ungemach* G 4190. 6294, *das Böse* G 5857, ne ~ ne bien *gar nichts* G 1289 V., *Schmerz, Krankheit* E 2763, ~ saint Jaque K 1488:, ~ saint Martin *ib.*; par (V. por) ~ de a. *j. zuleide* G 1249, por ~ *aus böser Meinung* L 1764—7, *in b. Absicht* G 3049; avoir ~ *krank s.* C 662, ont la nuit ~ et le jor pis C 1049; ~ dire (V. dire ~) de a. *Böses über j. sagen* G 23; feire ~ à a. *j. B. zufügen* G 272. 1240. 7128, *j. wehtun* G 6587, soi feire ~ (*euphem.*) *sich wehtun* K *4305; prandre an ~ *ü. aufnehmen* E 2471; querre ~ à a. *j. zu schaden suchen* G 2522; *s.* tenir; torner à ~ *schlecht bekommen* E 1232, *ü. auslegen* C 5929; *s.* treire; retreire an ~ *ü. deuten* C 5362, *s.* venir.

malade (măle hăbitu) *krank* E 5168.

malaez *s.* maudahé.

malage (mal + -age) *m. Krankheit* C 3039. 5662. L 2591.

malaise L 5293V. *zu* meseise.

malav- *s.* av-.

male (*malђa) *Truhe, Koffer* E 1873. W 407, *Kiste* G 5069.

maleoit *s.* gre, maudire.

malëuré (*v.* mal ëur) *unglückl.* C 3750V. L 5138V. G 1994, *unselig* G 5846V.

malëureus, G 4665V. -äuros (*eb.*) *unglückl.* L 5138. G 4662—5; *sb. Unglücklicher* L 2462. 5131.

malëurté (*eb.*) *f. Unglück* W *2310: C 3750. K 577: 581. G 3755. 3769. 7191.

malgré *s.* gré, maugré.

malhaitié *unpäßl.* C 5476V.

malice (mălĭtia) *C* 3039V. *zu* malage *Krankheit;* G 7557V.

malisse *Bosheit.*

maline (*malĭgnia) *Bosheit* G 7557: V.

malot (?; *s.* Herr. Arch. 144, 102), *N.* -oz L *117 *Hummel.*

malvoillance (mal voillant) *Unwille* K 112V.

mame (mĭnĭmu) *in* doi ~ *kleiner Finger* K *4658, (daran *Ring*) W 2483:

mamet (*vor.* + -et) *in* doi ~ *kleiner Finger* G *722V.

mam-, man- *s.* mem-, men-

manbre (membru) *Glied* E 2090, *Hälfte des Faltstuhls* E 6727, *Abteilung* L 6033.
manbrer (memŏrare) *in ups. il manbre à a. de ac. j. fällt e. ein* G 7111. 8658.
manche (mănĭca) *Ärmel (wurde an Hemd jedesmal angenäht, als Gabe der Geliebten im Kampfe getragen)* G 4988. 5419. 5422.
mançonge (*mentionĭca?) *f. Lüge* W 1612: G 2194. 8677.
mancongier, K 4180V. mençonnier (*v. vor.*) *lügnerisch* G 3063; *sb. Lügner* W *2598: L 2720.
mandemant (*v. fg.*) *Botschaft* C 2669.
mander (mandare), 1. *pr.* mant E 1038, *tr. melden, sagen lassen, entbieten* G 1246. 2596, (saluz) G 7925, *auftragen, befehlen* W 85. G 1085, *holen (kommen) lassen, zu sich bef., entbieten, auf-* G 5957. 8854—7; feire ∼ *kommen lassen* L 6506; ∼ *por schicken nach* C 3277.
mandre *s.* menor.
manecier *s.* menacier.
maneis (mănu *o.* māne + ?) *sogleich* C 3778V.
mangeoire (*v. fg.*) *f. Krippe* E 466.
mangier (māndūcare), 3. *pr.* manjue E 4832:, 6. -juënt E 3177, 3. *k.* -just [K *6474], 6. -jucent K 3078:, 1. *pf.* -gié G 8652V., 3. mainga *u.* menja G 8229V., 5. *fut.* mengerez G 8052V., *essen,* ∼ an G *1565, ore de ∼ C 5026; *sb. Essen, Mahl* G 902. 1559, *Speise, Gericht* L 2854. G 2573V. 3316V., aprés ∼ G 1923.
mangonel (*v. prov.* manganel *v.* *-ganĕllu) *leichtes Steingeschütz* L 3777. G 7229.
manier (mănŭariu) *an die Hand gewöhnt, zahm* E 1984V.
man- *s.* men-.
manja *etc. s.* mangier.
manoie *in sanz* ∼ ? G 4128V.
manrai *etc. s.* mener.
manssion, V. mention (mentione) *f. Erwähnung;* feire ∼ de C 68.
mant[1–2] *s.* mander, mantir.
mant[3] (*v.* mander) *Befehl;* à nostre ∼ G 3117:V.
mantastre (ment-ăstru) *wilde Minze* E 2364.
mantel (mantĕllu), *N.* -iaus *Mantel* G 1798. 1804; ∼ cort G 1553.
manteor (*mentītōre) *Lügner* C 6510V. L 2720V.
mantevoir (mente hăbēre), 1. *pr.* mantoi W 2703:, *erwähnen* L 6470.
mantir (mentīre), 1. *pr.* mant C 1402, 1. *k.* mante E 6740, **n.** *lügen* C 178. L †2569, *s. Wort brechen* L 3994, an ∼ lü. E 3397. G 8612, ∼ à a. *j. belü.* G 5067. 8592, *j. die Unwahrheit sagen* G 3854, *j. täuschen* E 1123, ne ∼ à a. de mot *j. mit keinem Worte belü.* G 380V. (+ i). 1809. 8822, n'an ∼ de mot G 8612V., ne ∼ à a. de rien G 380V., n'an ∼ de rien E 6767, ∼ de ac. *e. Falsches sagen, in e. wortbrüchig w.* L †2569. G 380. 6103, an ∼ à a. G 380V. 8690, li cuers me mant *das Herz (der Mut) versagt mir* L 872. G 1118; **tr.** covant *Zusage brechen* E 1850. L 2700, sa fiance *s. Wort. br.* E 6080. C 3182; foi mantie

wortbrüchig, treulos E *6114, *sb.* G *7560; *sanz* ~ *ungelogen* E 967.

manton (*mentōne) *m. Kinn* G 6352, *unterer Teil des Gesichts* W 1534.

mar (mála-hōra) *z. Unglück* G 1262. 1504. 3835. 4348. II 38, ~ né G 8461*V.*, *que* ~ *fusses tu nez wärest du nie geboren* W 853, *ähnl.* C 2114, *ja* ~ *feroiz que solemant comander ihr dürft weiter nichts als befehlen* G 5218.

mar- *s.* marr-.

marbre (marmor) *Marmor* L 381. G 906*V*. 3084*V*. 7719.

marbrin (*v. vor.*) *Marmor-* K 1983:

marc (marcu *v. frk.* *marƒa), *N. mars m. Mark, Gewicht als Münze* E 1636. C 1537. W 3361. L 1278. G 1443. 2551 *V.* 7840. 8895*V*.

marche (*frk.* *marƒa) *Grenze, Mark* C 3381. W 3045.

marcheandise (*v. fg.*) *Ware* G 5782, *Geschäft* E 5654*V*.; *aler an* ~ *auf Handel ausgehen* G 5228.

marcheant (*mercat-ante) *adj. in nef -eande Kauffahrteischiff* W 2417:; *sb. Kaufmann, Händler* G 2537. 5060. 5072.

marchié (-u) *Marktplatz* W 2140, -*tag* W 2014, *Handel, Kauf* W 2139.

marchier (*marc-are) *tr. auf e. treten* L 942.

marchir (*v.* marche), 3. *pr. k.* -chisse E 3873:, *n.* à a. *angrenzen an.*

mardi (Martis die) *Dienstag* G 4722*V*.

mari (-ītu) *Gatte* G 4678. 7575.

mariage (*v. vor.*) *Ehe, Heirat* E 1516. C 2304.

marïer (-ītare) *tr. heiraten* C 3138, *ver-* G 7601; *n.* L 1854; *estre marïé an* a. L 2167.

marine (*mărīn-a) *Seestrand* C 263. 1186.

marinier (*-ariu), W 751 maron- (*lies m.* C marin- *Herr. A.* 132, 343) *Matrose* C 243, *Schiffer, Fährmann* W 2410. G 7411*V*. 8976*V*.

marrastre (mātr-aster, *ML³* *-astra) *Rabenmutter* G 1363ᵃ*V*.

marri *p. v.* marrir (*marrjan) *betrübt* C 1504. G 8203*V*.

marrison (*v. vor.*) *f. Trauer* L 3708*V*.

martel (martĕllu) *Hammer* L 217.

marteleïz (*v. fg.*) *Gehämmer* G 6038:

marteler (*v.* martel) *hämmern, n.* C 4863; *soi* ~ *les danz etc.* E 5974.

martir (martў̆r-e) *Märtyrer* K 4707:

martire (-īu) *m. Folter, Marter, Mühsal* E 4489: K 414: 4709:, *Leidenszeit* G 1745*V*.

maserin (*v.* masdre *Maserholz v. frk.* *maſur) *Holzbecher, burent à un* ~ G 1920ᵇ*V*.

ma(s)lart (*v. fg.*) *wilder Enterich* G 7482*V*.

masle (masculu) *Mannsperson* C 6780.

masse (mass-a) *Menge* E 970, (*zeitl.*) *Teil* E 3439. W 3016; à ~ *zus., insgesamt* K 1790. L *2664, *auf einmal* W 1904. G *7356 (*V.* en ~ *u.* tout à ~).

massiz (*-īcĕus), *f.* -ice, ~ d'or *v. massivem Golde* E 6838.

mast (*frk.* *maſt), *N.* maz W 750 *Mast(baum).*
mastin (*mānsuetīnu) *Hofhund* G 3709. 7276 V.
mat (*ar.-pers.* mât) *schachmatt, überwunden, schwach, niedergeschlagen, traurig; matt* G 4182 V. 8203. 8526 V. ∼ et have L 2576; ∼ an angle G *8428; feire chiere ∼e G 1302:; ∼emant K 3485. G 8923 V.
mater (*v. vor.*) *schachmatt setzen, schwächen, besiegen* L 5630: G 2256 V. 4180 V.
matiere (mātĕrĭa) *Stoff* K 26, matire [K 6267: 7121:]
matin (mātūtīn-u) *früh* W 381, *in der Frühe* G 5477, hui ∼ (*s. d.*) E 1047, demain ∼ E 63; *sb. Morgen* C 293, au ∼ G 72. 4162. 5469. 8155, par ∼ *frühzeitig* G 1597. 5659, jusqu'à le ∼ W *1623.
matine (-a) *Mette* W 48; *pl.* W 62. 75. G 592. 9180, ne ∼ ne messe W 24.
matinee (*v.* matin) *Morgen* G 4212, la ∼ *in der Frühe* G 1592b V. 4164.
matinet (*eb.*) *Frühmorgen* E 5173, au ∼ G 5475; bien ∼ *sehr frühzeitig* K 539 V.
maubaillir (măle *bājŭlīre) *tr. mißhandeln, übel zurichten* E 5023. G 731. 3408, sui mal baillie *bin schwer geprüft* G 407.
maudahé, -dehet etc. *s.* dahé.
maudire (-dīcĕre), 6. *pr.* -dīent C 6131, *p.* -dit E 5029. G 1170 V., maleoit L 621:6549, *tr. verfluchen, -wunschen* E 3103, cui Deus maudie G 8932 V., *ähnl.* E 5710; *n. schlecht raten?* G 9040 V., maldisant *schmähsüchtig* G 7103 V.

maufé (-fātu) *Bösewicht, Unhold, Teufel* G 5955 V. 5958 V. [maufet], malfait (-făctu) *mißgestalt* G 4635 V.
maugré (-grātu) *prp. trotz* L 6181; *s.* grẹ̄.
[maumener] (-mĭnare), *p.* malmené *hart mitgenommen* G 8461 V.
maumetre, G 5193 V. marm- (-mĭttere), *p.* maumis E 3788, *tr. übel zurichten* C 2132. [K *7134]. G 4410.
maus *s.* mal.
mautalant (mălu talentu) *Unmut, -wille* E 925; *s.* par.
mautalantif (*v. vor.*), *N.* -is L 486: *unmutig.*
mauves (malĭ-fātiu) *schlecht, böse, elend, feig* L 1322d; -veisemant G 521, -vessement K 4905 V.
mauvestié (*v. vor.*) *f. Schlechtigkeit, Bosheit, Trug* G 432. 8910, *Unfähigkeit* C 1969, *Feigheit* C 162; de (*V.* par, pour) ∼ *aus Schl.* G 1841.
mauz *s.* mail.
me *s.* je.
mechié (*mĭccatu?), *nicht* meschié, *dochtartig, büschelig* L †297.
mecine *Arznei* E 5761 V. C 648. L 4698 V., *Heilkraft* G 6912h V. *u. medecine* (*gel.*) *A.* E 5762. C 5736. L 4698 V., estre bone à med- G 6912h V.
meciner (*v. vor.*) *tr. mit A. vertreiben* C 652 *u. medec- tr. -binden* E 3935.
megle, *V.* maigle (*gr.* mákella?) *f. Spitzhacke* C *†3852:; *s. Herzog Zs.* 47, 119.
megre (măcru) *mager* G 1724. 3693—6. 7167 V.
meh- *s.* mah-.
mehaing, *V.* mahaign, maaing

— 160 —

(?; it. magagna) m. Verletzung, Schaden K 3147. G 4948:, feire ~ C 3406.
meillor, G 6453 V. moillor, G 6936 V. millor (mĕlĭōre), N.
miaudre (mĕlĭor) G 1180. 5395, miaudres (v. Vok.) C 973, A. mieudre G 3478 V., besser, tüchtiger L 406, noch b. K 3375, plus buen gre vos savroie L 5974, le ~ der beste L 1209, avoir le ~ die Oberhand h. E 3822. K 3648, li miaudre an est tuens du hast die O. G 2247, ~ fet es tut b. G 725, il fera moillor ester (Text estre) es verweilt sich b. G 6453:V.; s. tant, miauz, tenir.
meins s. mains.
meire (mājor), L 525 V. ~s, G 6059 V. meres, A. maior G 5908 (V. le mere). 6084—7, adj. größer E 6640:; sb. Bürgermeister G 5934, Verwalter W 2250:
meirrien, V. mairien (mātĕrĭāmen) Bauholz K 6146.
meisiere (mācĕria) (Zwischen)wand L 965. G 7719.
meïsme(s), L 3634 V. meemes (*met-ĭpsĭmu); -s auch im A. C †615: †1391. 4889. G 2524 V.; im Reim E 1138: C 3520: L 687: G 150; 1. adj. selbst E †3729. W 58. L †1735, la soe ~ espee C 3508, ~ l'ore zur Stunde se. G 368 V., en ~ l'ore G 368 V. 600 V., sor son cors ~ über ihm se. G 6049, del cors ~ mon frere G 5969 V., an un jor ~ an einem u. demselben Tage G 470; 2. adj. sogar E 4214. C 3292. L 2046. 5411. 6024, mesmement se. K 225⁷⁷ V.; 3. estre à ~s de Herr s. (w.) [K *6749].

meison (mānsiōne) Haus G 655. 5721; pl. Räume? G 6067, Kloster W 176, ~ De Krankenhaus E 6532. W147, ~ fort Burg E 3139.
meisonete (v. vor.) Häuschen L 2837.
meïsse s. metre.
meissele (*māx-ĕlla st. -ĭlla) Kinnbacken, Wange C 1378. G 1200: 6925:
meïst etc. s. metre.
meitié (mĕdietate), L 1094 V. 1104 V. G 6883 V. mitié, G 5987 moitié, f. Hälfte; um die H., halb G 6883.
melancolie (-cholia) Schwermut L 3005.
melide (Mĕlĭta) eig. Malta als Schlaraffenland in estre an ~ in Wonne s. E †*2358:; s. W. F. Zs. 22, 529.
memb- s. manb-.
memele, V. mam- (*măm-ĕlla st. -ĭlla) Brust, Zitze L 4241. G 2450. 3723.
memoire, L 3019 V. mim- (mĕmōrĭa) m. u. f. Gedächtnis, Bewußtsein, Andenken E 24. C †2118. †3876. L *†3019. G 6218.
menace (*mĭnāc-ia für -iae) Drohung E 856. G 3813, sanz ~ o. vorherige Dr. G 8393.
menacier, E 3389 V. manecier (*-iare) (be)drohen G 4299.
menaie(?) f. Gewalt in soi metre an la ~ de a. sich für besiegt erklären E 3853: L 5686:
menel (menu × -el?) in doi ~ kleiner Finger K 4658 V.
mener (mĭnare), 1. pr. main K 359:, 2. moinnes (östl.) G 6766 V., 3. moine W 1276: V.(?) G 3830 V., moinne K *1867. G 3071 V. (s.

*618), mainne E 476:, 1. *k.* main E 4074:, maingne C 5297:, 2. mains E 2707, maignes G 6841*V*., 3. maint G 617:, 6. maignent G 2886:*V*., 1. *fut.* manrai E 662, 6. manront C 3694, merront G 2424*V*., *tr. treiben, führen, bringen,* à esperon *verfolgen* L 901, *-fahren (umspringen) m. j.* K 2745, à ac. *zu e. bewegen* L 6684, à neant *unschädl. ma.* L 4554, an ~ *wegfü.* G 4444, (une charge) *an Bord h.* G 2526 *V.*, (cheval) *tummeln* G 1458, (clef) *einfü.* G 2636 *V.*, duel *klagen, jammern* C 5787, (joie) *bekunden* L 5809, noise G 678*V.*; *s.* dangier.

menestrēl (mĭnĭstĕriale) *Spielmann* E 2036.

meniere, man- (*mănuaria) *Art, Weise, Beschaffenheit* E 1508, à ~ de W 1199, à la ~ de G 500*V.* 602, à grant ~ *in hohem Maße* L 3778*V.*, *großartig* G 3176, de grant ~ *eb.* G 8812, an nule ~ G 2591. 4856, an tel ~ G 624. 3767.

menoiier, L 2990*V.* 3. *pr.* manoie, manie (*mănĭcare) *tr. m. der Hand berühren* [K 6686]. L 2990, *betasten* G 6845, (sa lance) *handhaben* G 1500ᵈ *V.*; mal ~ *schlecht behandeln* E 4330*V.*

menoir, man- (mănēre) **1.** *vb.*, 3. *pr.* maint C 5565, *wohnen* G 1581. 2958. 7533:; **2.** *sb. Aufenthalt, Wohnung, Haus* G 80. 3950, *Herrenhaus, Burg* G 365. 450. 1581. 7534.

menọr (mĭnōre), *N.* mandre (mĭnor) G 4986:, maindre E 1997:, menre G 7682*V.*,

kleiner, geringer; jünger C 2405, le ~ *der geringste* L 3814, le ~ (*Text* le plus petit) *der kleinste* G 8796*V.*, la ~ voie *der kürzeste Weg* K 2163.

[mensif], *f.* -ive? C 4343*V. zu* pansive.

menu (mĭnūtu) **adj.** *klein, gering, dünn* G 621. 7357, *fein* E 2646, doi ~ *kl.er Finger* K 4658*V.*, jant ~ e *kl.e Leute* G 9120, grant et ~ *groß u. kl.* E 1252*V.*, (bois) espés et ~ *dicht u. niedrig* G 6324, d'uevre ~ e *v. zierl. Arbeit* G 8110; **adv.** ~ maillié *kl. geringt* K 3558. *G 2214:, (sovant et) ~ *häufig* E 1459. L 4121, ovré(s) menu(s) *m. in feiner Kl.arbeit* G 5768:*V.*, ~e pointe *reichl. gesteppt* G 668ᵇ *V.*, ~ emant bis ins einzelne L 1266, *häufig* E 122*V.* 888. K 2716.

mēr (mărĕ), *N.* ~ s (o. *art.*) G 7590, *f. Meer* E 6753, an ~ im *M.*e G 3237, *zu Wasser* G 4139, par ~ *über das M.* G 2525, vers (la) ~ G 1322 *u. V.*

merci (mercēde) *f. Gnade* E 992, (*Bedingung für*) *Begnadigung* G 2351, *Mitleid, Erbarmen* C 4177:, avoir ~ de a. *j. schonen* G 1647*V.*, *Verzeihung* E 2985, randre ~ z *Dank abstatten* E 3515. 4301. G 5567, *Verfügung, Gewalt* E 1012, soi randre L 4556 *u.* soi metre E 1208. G 2275. 3957. 7443 an la ~ de a. *sich j. unterwerfen*, soi metre an ~ *sich ergeben* G 2505, soi remetre an ~ *sich ausliefern* G 6117, venir à ~ *sich erg.* E 1194. C 2173. G *1646, feire a. venir à ~

L 3194, anveiier a. an la ~ de a. E 1164, male ~ *Erbarmungslosigkeit* L 6387, pucele sanz ~ G 8373, ~~ *laßt ab* L 2209, vostre ~ *durch eure Gn.*, *dank eurer Güte* E 390. C 5649, *gefälligst* E 4111. G 1680, *m. Verlaub* L 1999, vostre ~ de la promesse *Dank sei euch für* L 3740, la vostre ~ E 624. L 1012, soe ~ L 123, les lor ~z L 571, la Deu ~ L 948. G 8710, granz ~z G 5289. 5611, por Deu ~ G 1008; *s.* crïer, demander, (re)querre.

mercïemant (*v. fg.*) *Dank?* W *3148.

mercïer (*v.* merci), 1. *pr.* merci E 4102: *danken, eig. „durch eure Gnade" sagen*; *tr.* a. (de ac.) G 3171. 7447.

merdaille (merdālĕa) *in pute* ~ *Scheißpack* G 5956 *V.*

mẹre *Mutter* E 683.

mẹres *s.* meire.

merir (*mĕr-īre), 3. *k. pr.* mire L 5175: G 6964:, à a. *lohnen, heimzahlen* C 1320. L 6478.

merite (-ĭta × *vor.*) *f. Lohn* E 3507:, avoir males ~s (de *für*) E 4822, randre la ~ L 4467, les ~s C 2157. L 6164.

merront *s.* mener.

merveilleus, G 3912 -velleus, G 7854 *V.* -villos (*v.* merveille) *wunderbar, außerordentl.* E 2278. C 1834. G 7853, dire que ~ *e. W.es sagen* G 3912.

merveillier (*eb.*), 1. *pr.* mervoil E 4807, *r. sich wundern* W 74; feire à ~ *zu verw. s.* G 6094.

mervoille (*mer- *st.* mīrabĭlia, *eig. pl.*) 1. *sb. f. u.* C †836.

6143 *V.* 6274 *V.* K 5545 *m., Wunder* E 3891, *Verwunderung* L 797. 6195, *s.* Lit, unes si granz ~s *ein solches W.werk* G 7551:; 2. *verbal:* ~s avindrent de a. *es ging merkwürdig zu m.* G 477 (*V.* en avint mervelles de a.), avoir ~ de ac. *sich über e. wundern* G 3536, avoir granz ~s de G 477 *V.*, grant ~ a ice à faire G 3536 *V.*, dire ~s G 4110, ~ est C †6143, c'est ~ G 7512, n'est ~ G 523—5, mervelle est fine W 2827 *V.*, à toz est à grant ~ L 6195, n'est pas ~ de a. G 2492, n'est ~ se G 2948, ce ne fu pas de ~s *u. das war kein W.* G 477 *V.*, feire ~ de *W. verrichten m.* C 5969, ~s oi *G 358:, oez ~ G 2767 *V.*, veez ~s G 2767. 5031: (*V.* ~), me vient à grant ~ W 2939 (*V.* li tint, *Rom.* 54, 282). G 6531; 3. *adv.* (*s.* C †836) ~ s *wunderbar* C 5379, *außerordentl.* E 1480, *gewaltig* E 2006, à ~ E 535: C 2799. G 1827 *V.*, *staunend* G 6751, molt à ~ *gewaltig* G 1972 *V.*, à ~s E 2806. C 4773, *m. Staunen* G 6751 *V.*, à grant ~ G 641, par grant ~ E 429.

mes *s.* mon, me les.

mes (mĭssu) *Gericht, Speise* G 744. 3280. 3299; *fig.* C 3570. 4382. K 668.

mes (măgis) 1. *quantit.:* mehr; ~ voir *wahrer* G 1898 *V.* zu plus voir, ~ et plus *me. u. weiteres* G 6516 *V.*, ne ~ que *nicht me. als*, nur G 1910, n'i ot autre portier mes que *es gab keinen andern Zugang als* G 4901, se n'i a ne ~ que lui *wenn nur er da ist* G 4974 V., n'i a ~ que de + *inf. es erübrigt nur noch* W 3168. G 5700; **2.** *zeitl.* (*Fortdauer*): *ferner-, weiterhin* G 1682 V., *je*(*mals*) E 5805, *noch* C 757, *s.* ains, anuit ~ E 392, ~ anuit G 3337, hui (*s. d.*) ~ E 4424, *s.* ja, onques, or (*u.* des), toz jorz ~ L 38, ne ~ *nicht me.* G 6921, ne ~ ne *u. nicht me.* L 1715, *noch nie* C 4892 (*s. V.*); **3.** *advers. konj.* (*nach neg.*): *vielmehr, aber, sondern* E 35. 2535. C 11. 363. L 26, ~ bien (*m. k.*) *wenn auch noch so sehr* K 3737, ~ ne (*m. k.*) *wenn* (*wofern*) *aber nicht* C 5676, ~ que *aber* G 4644 V., (*m. ind.*) *nur* (*außer*) *daß* E 1562. C 1045. G 1231. 2519. 5891. 6163. 6872, *als daß* G 5599, (*m. k.*) *außer daß* L 1647. 3993, *wenn nur, wof.* W 6. G 1414. 4334. 6159. 6940, (*m. k.*) *wof. nicht* G 1462 (*V.* ne mais ke *u. einfaches* mais), *wenn* (*wie sehr*) *auch, obschon* E 4722. 5635. L 3339, ne ~ que (*m. k.*) *außer daß, wof. nur* G 6898ᵇ V., ~ ne (*m. k.*) *wof. nicht* E 3186. 5451, ~ que ne (*m. k.*) *dass.* E 3295.

mes- (*frk.* *miſſi *Gam. s. v.* mé-; mĭnus *M.-L.*) *s. unter Simplex.*

mesaamer *s.* mesaesmer.

mesaeisié *elend* E 6534.

mesaesmer *mißachten* L 1684 V. 1740 (*V.* -aamer).

mesavanture *Mißgeschick* G 6717 V., par vostre ~ *zu eurem Unglück* G 5043 V.

mesavantureus *unselig* G 3584.

mesavenir *ups.* à a. *j. schlimm ergehen* C 4454. G 4358 V.; -nant *v. unangenehmem Äußeren* G 6986 V.

mesbaillir a. *j. übel zurichten* G 6867 V.

mescheance *Unfall, -glück* G 6718. (*pl.*) 429, *-gnade* L 6612 V.

mescheoir, 3. *pr.* -chiet, 3. *pf.* -chaï K 223⁵⁶ V., *p.* -chëu L 2925:, *ups.* à a. *j. übel ergehen* G 2493. 2780. 4358. 6847, + an G 6810, à a. que *zustoßen* G 3603:, qu'il n'en meskiece *damit nichts mit ihm passiere* G 6735 V.; -cheant *unterlegen* E 2806. C 4197.

meschief, *N.* -ies, *m. Unglück, Widrigkeit* G 5891; estre à ~ *im Nachteil s.* L 523, feire tel ~ *e. so Unseliges tun* K 2789.

meschin (*ar.* meskîn), *sb. m. s.* Thoas, *f.* ~e *Mädchen* G 2072. 7784, *Dienerin* E 487.

mesconoistre, *p.* -nëu W 2490, *verkennen, nicht erk.* G 2765.

mesconoissance *in par* ~ *durch Verkennung* L 6276.

mesconseillier a. *j. übel beraten* G 565 V.

mesconter *tr. übersehen* K *2678. L 5602, (*durch Betrug*) *rauben* C 5858; l'an me feroit ~ (trestoz les degrez) *man würde mich überspringen lassen* W 2226.

mescreance (*v. fg.*) *falscher Verdacht* K *4940. 4967.

mescroire, 3. *pf.* -crut C 6760:, *ipt.* -craez G 7518 V., *tr. a. j. mißtrauen* E 6760. L 1335, *keinen Glauben schenken* G 4927, ac. e. *für verdächtig halten* C 3034 V., *ungläubig ablehnen* G 2769 V., feire à ~ verd. *s.* L 1253; -creant *ungläubig, mißtrauisch* C 5520. W *620.

mesdire n. *falsch reden* G 9040, de a. j. *Übles nachsagen* G 23V., de ac. e. *bemängeln* C 5363, à a. j. *Ü. nachs.* E 4929, vers a. de ac. j. *in e. übel nachreden* C 4299V.; p. -disant *schmähsüchtig* G 7203; sanz ~ ? G 1023V.

meseise f.? *Unbehaglichkeit, -gemach, Verdruß* W 611 (m.!). G 3739. 6643, *schlechtes Leben* G 1746; s. malaise.

meserrer, 3. pr. -oirre W 2975, n. *falsch gehen* G 6329V., *freveln* W 2975.

mesestance (v. mesester) *Ungemach, Mißgeschick, Verdruß* G 6718V., *ungünstiger Umstand* G 5891, *Feindschaft* L †6612; par ~ *unglücklicherweise* E 2486.

mesfeire n. *Unrecht tun, sich vergehen* L 1993—7. 2273, à a. j. *Übles tun* G 3790. 8875, estre -fęt *sich vergangen h.* C 6581; tr. ac. à a. j. *Unr. tun* E 1011, j. e. *zuleide tun* G 4779, le ~ vers a. *es g.über j. verwirken* K *3799; r. *sich Schlimmes antun* K 4330V., *Unr. tun* G 1654V., vers a. *sich g. j. vergehen* C 6580; p. -fęt *schuldig, im Unr.* L 1789, *schuldbewußt* G 8925V., soi santir (V. savoir) -fęt vers (V. de) a. G *6335.

mesfęt, G 4036V. meffet (v. vor.) *Missetat, Verbrechen, -gehen* G 3797.

męsle (v. mesler; ę!) *in* ~ ~ C 1527:, pesle ~ L *†443: *(dicht u.) kunterbunt (durcheina.)*; V. melle et melle, pęsle ~, pelle melle, melle pelle, quelle melle, et melle et brelle, espes et ~.

meslee (v. fg.) *Handgemenge, Streit, Kampf* G 3869; feire la ~ *den K. bestehen* L 641, prandre ~ à a. *den K. aufnehmen* m. G 8161, querre (V. tenir) ~ à a. m. j. *Str. anfangen* G 8161V.

mesler (*mīscŭlare, *aber* ę!) tr. (*ver*)*mischen* E 5150, *in Streit verwickeln* L 4455, feire ~ *eb.* L 6065; r. à *sich einlassen, kämpfen* m. L 5558. G 8957V., de *dass.* C 4138. L 6583, *sich befassen* m. G 5826, d'armes (*im Turnier*) *mitkä.* K 5973; n. ~ de chienes (s. d.) *grau gemischtes Haar* h. G 8238, li sans (an) melle *das Blut wird dick (bei Erkältung)* G 7962V. (s. W. F. Zs. 36, 736); p. -lé m. *Grau untermischt* G 6988.

mesmement s. meïsme.

mesniee, *pik.* maisnie, mesnie G 8118V. (*mānsionata) *Hausgesinde, Gefolge* G 8118, *Gesellschaft* G 5907V.; s. retenir.

mesoirre s. meserrer.

mesprandre, p. -pris, n. *fehlen, irren, sich vergehen, Unrecht tun, sich schuldig ma.*; *als Richter* L 6401, vers a. L 110. (*inf.*) G 7391. 7424, anvers a. G 6355. 7391V.

mesprison (v. vor.) f. *Fehler, Verstoß, verletzende Behandlung* C 1710; par itel ~ *auf so schmähl. Weise* G 7094, sanz ~ o. V. C 4691; feire ~ L 2592. 5742. G 656.

message (v. męs v. mīssu) *Botschaft* G 1205, *Bote* W 3095:, *Botin* G 7976; ~ des iauz *Verständigung m. den Augen* E 2093—5.

messagier (*v. vor.*) *Bote* E 1893.
messe (mĭssa) *Messe* W 24. G 592. 6452; chanter ~ E 702, soner la ~ *zur M. läuten* E 6888.
messervir *tr. schlecht bedienen* E 3996⁴*V.*
mestier (mĭnĭstĕriu) *Handwerk* G 1466. 5764f., *Waffengattung* C 1992, *Aufgabe* W 1844; avoir ~ de *nötig h.* L 204, avoir ~ *nützen* L 510. G 1578; *ups.* a ~ *es ist nötig* G 1292*V.*, à a. E 1860. G 1507*V.*, desfanse ~ n'i ot G 706, n'i ot ~ losange G 507 *fruchtete nichts, ähnl.* G 1496. 2926; est ~s à a. E 499. C †1510. L 1053, il en est li (*ihr*) ~s G 3987.
mestre (mă̆gĭster) **1.** *attrib.*: *Haupt-* z. *B.* ~ eglise E 6889, ~ huis *-tor* W 1507, ~ sale E 1551, ~ vainne *-ader* W 1172, ~ marinier *Schiffsführer* W 2314, le plus ~ doi *Zeigefinger*? G 8801 *V.*; **2.** *sb. m., N.* ~ C 4902:, *Meister* G 5570, *Lehrer* G *2395. 6072. 8184, estre ~ de *erfahren s. in* E 1630, estre à ~ *in der Lehre s.* C 946, avoir esté à vilain ~ G 1015; *f. Lehrerin* C 3002, *Zofe* L 1593, (*Anrede*) C 3063.
[mestreiier] (*v. vor.*), **3.** *pr.* *-oie, tr. hindern* G 6652, = ? G 7717*V.*
mestresse (*eb.*) *Pflegemutter* C 3002*V.*
mestrie (*eb.*) *Meisterschaft* E 6745.
mestrise (*eb.*) *Oberleitung des Schiffes* W 2057.
mesure (mēnsūr-a) *Maß, Norm* L 1494. 2960. 4502, *Mäßigung* G 6684. 6694, *Maßhalten* I 24. 36, avoir ~ *Urteil h.* G 7962*V.*, ~, ~! *sachte, sachte!* G 6684, à ~ *m. Maß* G 563*V.*, gemessen E 4188*V.*, tot à ~ *genau gem.* G 4754, bon à vostre ~ *passend* (*Kleid*) G 7959, à grant ~ *gar sehr* E 1484*V.*, par ~ *genau abgem.* E 6745*V.*, tot par ~ *ganz mäßig*? E 857, sanz ~ *o. nachzum.* C 4085.
mesurer (-are) *tr. messen* E 6747; -ré *wohlbem.* C 3716.
metable (*v. fg.*) *geeignet* K 514:, *brauchbar* G 9080*V.*
metre (mĭttĕre), **5.** *pr. k.* metoiz L 6641, **3.** *pf.* mist E 734, **4.** meïmes G 4530, **5.** meïstes C 1610, **6.** mistrent E 5201, **3.** *k.* meïst E 4964, **5.** meïssiez C 5870, **1.** *tr. stellen, setzen, legen, stoßen* E 3022, si metre son cuer que *s. Herz so einste. daß* G 9061, (*Tisch*) *aufste.* E 4263, (*Spangen*) *befestigen* E 1628, *bestatten* C 6103, (an romanz) *überse.* C 3, (*Namen*) *beile.* C 370. 1411, *hinzufügen* W 2. 2729, *hingeben* C 1417. 4425, (painne etc.) *verwenden* E 5219. C 776. L 4450, (*Zeit*) *gebrauchen* K 3686, (losange) *dass.* G 507*V.*, *anwenden* C 3644. L 4542. G 4306. 4530, *dranse.* E 412, *verausgaben* C 202ᵃ*V.*, *als Bedingung se.* W *3151, *hinterle.* K *5558; ac. à a. *j. e. zur Last le.* W *662, a. an ac. *j. m. e. befassen* G 216, dedanz le cors *in den Leib stoßen* G 8402, s. defors, devant (*Futter*) *vorse.* E 467, vor *j. bringen* C 4282, devant à a

vorlegen G 3288, fors (*s. d.*) *ausnehmen* C 2335, fors de *hinausbringen* G 6817, an ~ fors *-treiben* G 8091, i *einse.* L 2595, jus *niederle.* G 1079. 1083, jus del destrier *hinabwerfen* E 2907, sor a. *g. j. ins Feld stellen* L 6049, ac. sor a. *j. e. übertragen* L 6413, sus à a. *j. die Schuld zuschreiben* E 2560, *zur Last le.* C 562. L⁴ †4324, *vorwerfen* G 4773, ac. sus à a. (*V.* ac. sus a.) *j. e. auferle.* G 5195, a. sus *hinaufse.* G 7071*V., s.* antante, s'amor an a. *j. s.e Liebe zuwenden* G 4868, bandon, blasme, son cuer et sa cure an a. G 4868ᵇ*V.,* à (*V.* en) son cuer (*s. d.*) *den Gedanken fassen* G 9061*V.,* an son doi *an den Finger stecken* G 8801, *s.* essil, à feu et à flame E 4964, à joie E 2783, ac. an leu de ac. *e. an die Stelle v. e. se.* G 8092, à la mort G 8322*V.,* an la nef *auf das Schiff bringen* G 8438, an nonchaloir *sich aus dem Sinne schlagen* K 1901, *s.* chaloir, obli, painne *u. oben unter verwenden, s.* parole, (pęs) *stiften* G 7600*V.,* au plain *zu Boden strecken* G 5519*V.,* le pris en (*V.* à, sor) soi *sich den Preis geben* G 8133*V., s.* reison, hors du sen *verrückt ma.* G 8026*V.,* au sentier *auf den Weg bringen* G 614*V., s.* terre, trop zuviel Zeit *verwenden auf* E 2669, *s.* voie; 2. *r. sich se.* G 8986*V., s.* avanture, (an la cort de a.) *sich begeben* G 4564, *s.* fuie, an mer *in See stechen* C 2440, *s.* merci, an prison (*s. d.*) *sich in Gefangenschaft begeben* G 2686. 2693, au repeirier *zur.kehren* E 282, *s.* retor, par terre *zu Boden fliegen* E 873*V.,* à la voie G 5687. 8448, estre mis à la v. *aufgebrochen s.* G 250; soi ~ an *eindringen* C 2028. G 1703, an a. *den Entscheid in j.es Hände le.* C †5712, *sich anvertrauen* C 5469*V.,* dedanz *sich hineinbegeben* G 4876, *sich festse. in* C 1064, devant *sich an die Spitze ste.* E 2777, devers *sich zuwenden* C 674, fors de *sich begeben aus* G 7817*V.,* fors del blasme *sich v. einem Vorwurf befreien* G 5194, par un huis *sich durch eine Tür schieben* G 5242*V.,* par la porte *das Tor passieren* G 3386*V.,* parmi *herfallen über* C 1742, sor a. *j. den Entscheid übertragen* L 6375, sor ac. *sich e. unterwerfen* L 6172.

mëu *s.* movoir.

mëur (mātūru) *reif* E 5745.

meure (?) *f.* (la ~ 3 *Hss.*) *Schwertblatt* G 6168*V.*

mëusse *s.* movoir.

mi¹ *s.* mon.

mi² (mědiu) *mittler; le mi leu Mitte* E 2378*V.,* enz e[n] mi leu des rues G 1753*V.,* anpoignier par le mileu (*V.* par emmi leu) G 3193 *in der M. anfassen;* par mi *adv. mitten durch* L 947. 4086, *mi. darin* C 723; *s.* anmi, parmi.

miaost (*eig.* mi'aost *v.* mědia Augusti) *f.* L 2679.

miaudre *s.* meillor.

miaus *s.* miel.

miaut *s.* moldre.

miauz, *V.* mielz *u.* G 6010*V.* 6613*V.* mius (mělius) *besser* E 187, *mehr* E 3, *lieber* C

5529. W 1204, (prisier) *höher* L 674, *sup. am besten* G 4704. 5113, ∼ et ∼ *immer b*. G 6010; *sb*. le ∼ *das Beste* C 5839; qui ∼ ∼ *um die Wette* E 2687. C 3940*V*. W 1338*V*. (*f. Text vorgeschlagen Herr. A.* 132, 345), avoir le ∼ *die Oberhand (den Preis) h.* C 4899. L 6198, avoir ∼ ou piz *b. o. schlimmer ergehen* G 6638*V*., ge serai miex *ich werde mich b.r befinden* G 6638*V*., ∼ t'an iert *es wird b. für dich s*. G 6466, feire son ∼ C 3957, feire ∼ *b. daran tun* G 5852, le feire ∼ *es b. ma.* G 5027. 5036 (*V. o.* le), feire ∼ à a. *j. B.es antun* G 2052, que ∼ ne puet *denn es bleibt ihm weiter nichts übrig* G 3364, ∼ que pueent *so gut sie können* E 1662, au ∼ que puet G 1112, que porroiz C 6585, que savra C 5543, que set et puet G 6921, qu'il sout G 3900*V*. (*s.* savoir), ∼ valoir G 14. 17, ∼ me vient *es ist b*. C 631. 4151. G 3632*V*. (*s. ups.* venir).

miche (*mndl.* miᴄ̆e *v.* mīca?) *f. Laib* G *1900.

midi *u.* G 2597*V*. 4610*V*. 6522 miedi (mĕdia? die) *m., urspr. f., Mittag* E 1518. G 5588.

mie (mīca) *Krume*; ne ∼ (*gar*) *nicht* E 16. G 565: 768: 1314: I 45:, *keineswegs* G 1720*V*., ne ∼ de *nichts v.* G 7366. 9222, ne ∼s *nicht* C 4102*V*. 5143*V*. 6148*V*. 7124*V*. 8478*V*:; *o. neg. (in kond. Satz) irgendwie* L 3317: 3590: L⁴ †3600, *je* G 4382; *s.* L †3468.

miel (mĕl-e), N. miaus L 4074:, *V*. mieus, *m. Honig* G 3332.

mien (mĕum), *f.* moie (*mēa) L 5071: G 893: 2105: *bet. mein* G 422:, deus ∼ s cosins G 8782*V*.

mienuit (mĕdia nŏcte) *Mitternacht* E 4970.

mieus *s.* miauz, miel.

mignọt (*mīñ- *Schallw.*) *niedl.* C 6316*V*.

mil¹ (mĭlĭu) G 6503*V*. mil(l) *m. Hirse*.

mil² (mĭlle) *tausend* E 2812; *pl.* mile, G 5780*V*. mille *u.* mire, E 1951:*V*. mire (*mīlla) G 4007.

mileu *s.* mi.

millier, C 6018 milier (mīlliariu) *Tausend* E 6823. L 4120.

mine(?) *f. Art Würfelspiel* E *356. K 1654. *2717.

miracle *m. Wunder* C 2732. W 814.

mire¹ (mĕdicu) *Arzt* E 3900: G 4335. 4340. 6908.

mire²⁻³ *s.* merir, mil.

mireor (*mīr-atōre), C 712*V*. mireoir, miroer, miroier, *Spiegel* E 441: C 712.

mirer (-are) *tr. betrachten* K 1405*V*., *im Spiegel betr.* G 6678; *r.* G 6796.

mirgie (*v.* mire¹ × clergie) *f. Arzneikunst* L 4698*V*. 6505*V*.

mirre, E 5565 myrre (myrrha) *Myrrhe* W 322.

misericọrde (-dia) *Barmherzigkeit* E 4673: W 2335.

mist(rent) *s.* metre.

mitre (mĭtra) *Bischofsmütze* L 2156.

mivoie (mĕdia vĭa) *Hälfte des Weges* C 4153ᵃ*V*. L 4039.

moble (mōbile; *sonst meist* moble) *bewegl.* C †4397:

moe (*mauwa) *in* feire la ∼ *eine Grimasse schneiden* C 4550:

möel (*mŏdĭ-ĕllu *st.* -ŏlu?)

N. moiax L 4074 V., m. Eidotter (fig.) L ib.; ~ d'uef G *4628 (V. moie(u)l, mio(e)l, moiiau).
moi s. je.
moie s. mien.
moien (mĕdian-u) in doit ~ Mittelfinger K 4658 V.
moienęl, E 2054 V. moïnel, W *1797 V. maienel (-ĕllu) mittleres Jagdhorn.
moillier (mŏlliare), 3. pr. mǫille C 4294, tr. (be)netzen, eintunken G 1968. 1973; r. sich ben. K 2708 V.
mǫine s. mener.
mǫine G 1759, moinne G 2942 (mŏn-ĭcu st. -achu?) Mönch.
moinne(s) s. mener.
moins s. mains.
mǫire (s. 1. Aufl. S. XX; zu ar. muḥajjar?) f. gewässerter Stoff? E 6735:
mois (mēnse) Monat E 2135; des ~ ne nie L 2276. G 996.
[moisi], N. ~ z, V. muisis u.
musiz schimmelig L 2851, eig. p. v. moisir (mūcēre × ?).
mol (mŏlle), E 693f. ~ e weich G 1166, (vant) mäßig G 2524 V.
molęste (mŏlĕstia) Jammer E 4912.
mollé (mŏdulatu) ausgeführt G 7691 V.
[mollier] s. mulier.
molin (mŏlīnu) Mühle G 1766.
molu s. moudre.
mon[1] (m[e]um), N. mes E 299, f. ma, m'; pl. mi C 501, f. mes unbet. mein.
mon[2] (mŭndē?) sicherl. C 905: 5875: [K 6463.]
monde[1] G 650: 5842: 8126: 8510: 8903:, mont G 2617: 2798: 7258: 7970: 8929: (mŭndu) Welt, Himmel [K *6794].

monde[2] (mŭnd-u) rein C 2636, de von G 20. 6271.
monder (-are) reinigen W 2377.
monoie (mŏnēta) Münze G 5761, Geld E 2116. G 5068.
monseignor s. seignor.
mont[1-2] s. monde, monter.
mont[3] (monte) Berg E 1724, an un ~ auf einen Haufen C 3500; à ~, amont empor, hinauf G 1786, oben L 220, treire à ~ hochziehen L 1099, aval et am. G 7322 V., am. et aval G 1386, la am. dort ob. G 8053, lasus am. da ob. G 3031c V., enm. nach ob. G 3037 V., an am. aufwärts G 7257, d'à ~ v. ob. L 926, zu Tal G 2999, ob. befindl. G 3404 V., de la am. v. dort ob. K *3169; s. contre.
mont[4] s. mout.
montaingne (*montanĕa) Berg, Gebirge L 763.
monte (v. monter) f. Betrag, Wert E 3512, Zinsen [K 6912]. L 6260.
montee (eb.) Steigung, Aufstieg L 3275. G 1551.
monter (*montare), 3. pr. k. mont K 378:, tr. erhöhen E 6330, hinaufsetzen, -schaffen C 2161, besteigen C 1493. G 3515 V., er- G 2457. 6539, plus haut weiter treiben L 101, à mal für unrecht halten G 7398 V., bedeuten E 5792. C 4166, wert s. E 5832; n. aufsteigen, -brechen G 636, à cheval G 3515 V., sor ch. G 3515, sor le ch. G 1430, feire a. ~ j. aufstei. lassen G 1473. 1509, wachsen C 601, (Streit) ausbrechen G 5389, sus zu Pferde stei. E 3963, sor ac. L 925; ups. à a. j. angehen G 5348. 6880. 8964,

— 169 —

sich für j. schicken L *1670, riens ne vos monte es hilft euch nichts L 5219, à ac. hinauslaufen auf L 1592; r. an stei. C 4029, empor-(hinauf-) stei. G 3029. 7999; s. andit.
moquier (*mŏcca Grimasse o. mǫka Schallw.) r. de a. über j. spotten G 4281V., sanz ∼ allen Ernstes G 6221V.
mǫr (Mauru) Mohr L 288; mohrenfarbig E 2545V.
mǫrdre (*mŏrděre) beißen G 3871.
mordrēre s. murtrier.
mǫre, G 1803V. meure (*mōra st. -um) f. Maulbeere E 6797: G *3089: 7915:
moré (v. vor.) Maulbeerwein K 1000. G *3333 (V. mouret); vin ∼ K 1000V. G 3333V.
[morel], A. moriau (*maurĕllu) schwarz (palefroi) G 6530V.
morgant (pik. st. mordant v. mǫrdre) pl. Mundstück des Zaumes G 7172V.
morir (*mŏrire), 1. pr. muir E 2726, 3. muert C 4055, 6. muerent G 7561, 1. k. muire G 1201:, 3. eb. G 6006: 6102:, 3. pf. morut C 6729, 3. k. morist C 6101: G 7804: (V. moreïst u. Ausg. Hilka S. VIII moresist), mor(e)ust G 7751V., 1. fut. morrai C 6570, n. sterben, ∼ de mort G 770, feire ∼ töten C 1514: r. st. G 1998V., an st. G 8343V., soi leissier ∼ G 6176, soi ∼ sich zu Tode härmen L 6516; tr. (nur im temp. compos.) töten C †6250. L *2792. G 475. 1279, de mort amere auf grausame W. G 8794, (fig.) tödl. verletzen L 2742, estre mort verloren sein G 699. 5875. 5950, todunglückl. s. G 8070;

p. mort tot E 2752, fig. L 32, dem Tode geweiht C 6470, niedergeschlagen L 2281, (je m'ocirrai) finement morte (so daß ich) gänzl. tot (bin) G 2027V., sb. Toter C 1807. G 1137. 3630, an guise de mort nach Art eines Toten C †5878.
morne (frk. *murni) finster, betrübt E 5676:V. G 8037: 9220, feire que ∼s G 1006V.
morois (*maurĭscu) in palefroi ∼ G 7069V. zu norois!
mǫrs (mōrēs) f. pl. Sitten E 2433, gute Eigenschaften E 1508. C 889.
mǫrs (mŏrsu) m. Biß C 4.
[morsel] (v. vor.), N. -siaus Stück G 3288.
mort[1-2] s. mordre, morir.
mǫrt[3], N. morz, f. Tod E 4450; par la ∼ Dieu G 1398V.; jugier à ∼ G 583V., metre à la ∼ töten G 8322V., navré à ∼ tödl. getroffen G 8398; (desfier) de ∼ auf Leben u. Tod L 4114, (haïr) de ∼ tödl. G 8837.
mortalité (-itate) Sterblichkeit C 1758.
mortēl u. G 4844V. -al (mortale) sterbl. L 1240, tödl. G 2156. 6929:, juïse ∼ Todesstrafe L 3596, s. lit; ∼ment K 3485V.
mortier (mortariu) Mörtel G 4899.
moschet, V. pik. mosket, muschet (v. mosche v. mŭsca) Sperbermännchen C 6432:V.
mǫsse (mŭlsa?) f. Moos K 5958: L 4656.
mossu (v. vor.) eig. bemoost, zottig L 299.
mosterrai usw. s. mostrer.
mostier (monistēriu) Münster, (Kloster)kirche G 659.

mostrance (v. fg.) in feire ∼ de ac. e. dartun K 4996 V.
mostrer (mōnstrare), 1. fut. mosterrai E 1134, tr. zeigen, vorhalten E 645; r. erscheinen G 7827 V.
mọt (mŭttu; ọ st. urspr. ọ), N. mọz Wort G 403: 6821:, à cest ∼ bei diesen W.en G 7938, ∼ à ∼ W. für W. G 3900 (V. à un ∼), ne de ∼ m. keinem W. L 431, n'i antandrc ∼ nicht ein W. hören G 899, ne dire ∼ kein Sterbensw. sagen G 1856. 1880, s. mantir, un ∼ ne li respont G 758. 6903 (V. ∼, nul ∼), ne respondre ∼ G 944 V., ne savoir ∼ de nichts spüren v. L 5658, nichts ahnen v. G 6028. *6041; s. soner.
motier verderbt? L 297 V.
moudre (mŏlĕre), 3. pr. miaut G 1766 (V. mout, most, muet, meu(s)t, m(i)elt, mieut) tr. zermalmen L 6138; molu geschliffen, scharf E 3584 V.
mout adv. (vor vb., adj. u. adv.) viel, sehr, gut W 13, ∼ aprés weit hinter G 8097 V., bei voloir wohl, gern L 675. 1927; ∼ de beles viele hübsche G 3970 V., de biens G 2970 V., de torz viele Schliche G 5438, de deduit G 2746 V., del sanc G 7436; adj. indecl. viel(e) (o. de) E 1150. 3885. G 3525 V. 6021 V., ∼ argent et or G 7532 V.; pl. multz viele G 6098 V.; V. mont sehr G 704 V. 762 V. 785 V. 1267 V., mont ont sofert de martire G 1745 V.
moutepliier (mŭltĭplĭcare) n. sich vermehren C 4342.
mouton (gall. *mŭltōne) Hammel L 5635 V.

movoir (mŏvēre), 3. pr. muet E 2991, dial. G 6921 V. mut, G 4245: 4248 mọt, 6. muevent C 2399, 1. pf. mui G 3122:, 3. mut E 5196, 1. k. mëusse E 6042, tr. bewegen, anuis Kummer wecken G 9198 V., l'espee hors del fuere G 3173 V., guerre à a. Krieg g. j. anfangen L 496, s. plẹt; n. sich bew. (aufmachen), aufbrechen G 470. 4140. 4323, i ausziehen G 4523, à a. anstürmen E 2991, contre a. K 5011. 5677, de herrühren v. K 4678. G 8189; r. sich bew. E 5196, fortziehen (oft m. an) G 5457; movant leicht bewegl. G 7709, hurtig G 7195, + bien schnell E 2960; avoir le sanc mëu das Blut in Wallung h. C 6396, ähnl. li sans li fu mëuz L 6235.
mu (mūtu) stumm G 911: 8428. 9198.
muance (v. muër) Wandlung C 7. 1597.
mucier, L 2784 V. pik. muchier (gallor. *mūciare) tr. verstecken K 1480 V. 5758 V. [6780].
mue (v. muër) f. Mauser C 4908, faucon de ∼ gemauserter F. E 352; dunkler Verschlag zum Mausern I 43:, metre an ∼ C 6322, (fig.) Krankenstube L 6498.
mueble (mŏbĭle st. mōb-) m. bewegl. Gut W 156. 181—9.
müẹl (v. mu), N. muiaus, G *1863: L 634 V. muyaus, stumm G 1868. 9198 V.
muele (mŏla) Mühlstein E 3710. K 1884 V.
muër (mūtare) tr. wechseln, ändern C 5126, en verwandeln in G 7590 V., (sa force) mue

er ergänzt? es erg. sich?
G 2016 V., (Spielerw.?) K
2718 V., ne puet ~ kann
nicht umhin G 5030 V., ~
color G 3786. (V. la c-)
8044 f. V., avoir le sanc müé
L 6350; r. ne s'en mue (cf.
remuër) weicht nicht G
2015 V.; n. sich ändern I 45,
(inf.) sich mausern I 43; p.
müé gemausert E 354. L
199; s. sancmüé.
muert s. morir.
muet etc. s. movoir.
[müet] (v. mu) stumm L 634.
G 1868 V.
mugette, muguete s. noiz.
mui¹ s. movoir.
mui² (mŏdiu) Scheffel E 6691,
Eimer, Faß K 1596. L 593.
muiaus s. müel.
muiier (v. müẹ̈r) adj. gemausert E 354 V. 1984:
muir(e) s. morir.
muisi s. moisi.
mule (mūla), dial. mure E
*†5178: K 2796: [6410: 6661]
Maultier K *2799 (S. 473).
G 4612.
mulier (mŭliére) Weib E 1876 V.
mur Mauer E 3672.
murdrement (v. fg.) Mord C
1709 V.
murdrir (frk. *morþrjan) morden K 421 V.
mure s. mule.
murer (mūrare) tr. zumauern
G 4896—8.
murmure (mŭrmŭr-e) Gemurmel, Gerede m. E 6474:, f. C
†4924: 5663:
murmurer (-are) murmeln, tr.
C 5757, n. K 3649.
murtre (frk. *morþr) m. Mord
K 330.
murtrier (v. vor.) Mörder K
421, V. mordrẹre.
musardie (v. fg.) Gafferei,

Dummheit G 3041, Albernheit G 2873. 7035.
musart (v. muser), f. -rde töricht L 3926. 5977, nichtswürdig? G 8951: (verderbt)
G 2906 V.; sb. Maulaffe G
6706ᵇ V. 7147 V. 7149.
musc- s. noiz.
muse¹ (eb.) f. Dudelsack E 2053.
muse² (eb.) s. muser.
muser (*mūsare) gaffen, hinstarren G 2567. 4214, à ac.
G 4292 V., sor a. G 4211;
~ à la muse die Zeit verdudeln G 247, spähen [K
6552]; feire a. ~ j. warten
lassen G 1737 V., j. in eitle Erwartung versetzen G
1028 V., j. zum Staunen
bringen L 1449.
musique Musik E 6770.

nacẹle (nāvicĕlla) Kahn G
7372.
nage (*nătĭca) Hinterbacke W
*527:
nageor (nāvig-atore) Ruderknecht G 8369 V. 9161.
nagier, naj- (-are) n. rudern G
3000ᵃ V. 3002 V. 3503. 8369,
(fig.) segeln, fahren K 1582.
G 3502, feire outre ~ übersetzen K 2645, üb.lassen G
9158.
naie = nen je (nōn ĕgŏ) keineswegs, nein E *4808. L †6714.
G 174 V. 200 V. 283 V. 5372 V.
naïf (nātīvu), N. naïs E 3236.
L 5260:, gebürtig G 6089, fol
~ Erztropf K 2227. L 5260,
roche naïve anstehender Fels
G *1318. *7240.
nain (nānu) Zwerg E 146. K
5079. L 4103. 4275:; s. N-.
nape (mappa) Tischtuch G
3275f. 7489 V.; treire (hervorholen) les ~s (Bettücher?)
E 4268 V. (Hand-) G 3255.

nasel [K 7101 V. nasal (nāsāle], N. -eus L 6126, auffällig nasez E †5975:, Nasenschutz am Helm [K 7101].
nate (matta) Strohdecke K517: natevité (nātīvitate) Geburt; jorz fu de sa ~ K *6256; s. N-.
natural, V. -ęl (nātūrale), N. -aus C 2523 V., natürl. G 4189.
nature Naturanlage, Beschaffenheit C 3091, natürl. Bestimmung G 1349 V., Reife C 2379; par ~ v. Natur G 243; li venoit de ~ es entsprach seiner natürl. Veranlagung G 1480.
navie (nāv- ?) f. Flotte C 6682: G 6661:
navrer (?), G 4180 V. nevrer, tr. verwunden E 2905, fig. C 692. 5256; navré Verwundeter C 1770.
nę s. nęstre.
ne[1] (nōn) erst vor kons., dann vor vok. geschwächt aus nen (s. d.), verstärkt durch mie, pas, point, neant, rien (s. d.) (gar) nicht(s); nach neg. Satze = lat. quin (der nicht) m. k. E 53, im kompar. Nachsatz unübers. E 3; fehlt nach craindre C *3829. W *614. K *1634. L †4863; ne ... que nur L 155; s. don (interrog.), non, plus, que.
ne[2] (nĕque, nĕc) (nach posit. Satze) u. nicht C 3648, u. doch E 514. L 1201, (nach neg. Satze) noch auch C 203. L 1527. G 2707. (ni) 3825 V., (zur Einleit. eines [zweiten] neg. Satzes) u., auch E 53. L 101; (nach neg. Vorders. vor neg. Nachs. unübersetzbar) C 488; (in neg. Satze) oder C 80. 149. G 1657; (in kond. Satze) und E 4080. C 1177, oder G 535. 3795; (im komp. Nachs.) oder L †296; (ne) ne ... ne weder ... noch E 42. C 42. K 215; (im kond. Satze, Frages.) entweder ... oder, sowohl ... als auch, sei es ... o. E 657. 2502. C 4537. G 533. 3015; ne que ebensowenig wie G 1274 V. 2688. 6868 ?
neant, V. niant, nïent, ne(i)ent, noiant, noi(i)ent (?) (im kond. u. Fragesatz) (irgend) e. C 4451. L 2497; sb. N. -nz L 5765, m. neg.: nichts E 426; adv. ne ~ in keiner W. E 4920 V. G 1678 V. 2609, ne ~ plus que ebensowenig wie K 3070, ne de ~ mains nicht (um nichts) weniger E 5235 V., de ~ irgendwie G 2102, de ~ ne in keiner W. C 2672, de ~ m. nichts II 17, umsonst, grundlos E 3334. C 3126. L 5142. G 6689, por ~ ums. G 2592. 3372. 3810. 6689.; il est -nz de es ist nichts m., keine Rede v. L 5224. G 2086. 7780, ferïez que -nz würdet wie ein Nichtswürdiger handeln G 4875 V., mener a. jusqu'à ~ j. wehrlos ma. L 4554, metre a. à ~ j. zuschanden ma. (widerlegen) C 3898, venir à ~ zunichte w., aufhören C 2631.
neel, G 7653 V. nïel (nĭgĕllu) Niello, Schwarzschmelz in doré à ~ G 7653, ovré à ~ G 3215.
neelé (v. vor.) mit Niello verziert E 1665.
nęf (nāve), N. nes, f. Schiff C 243:, Kahn G *2999f. 3018. 7263.
negier (*nĭvĭare) schneien G 4162; negié frisch gefallen C 845, verschneit G 4169 V.

negun (něc ūnu) (*in Fragesatz*) *ein* G 3015 *V*.
neiier¹, noiier (něgare), 3. *pr.* noie C 3000, nie G 2923 *V*., *verneinen, leugnen; zu verbergen wissen* C 3000, *abschlagen* K 2873 *V*., *versagen* G 2923 *V*., *bestreiten* G 5306.
neiier², noiier (něcare) *tr.* (*zur Strafe*) *ertränken* K 4167; *n.* (*inf.*) *-trinken* E 3038; estre noiié *-trinken* C 2403, *-tränkt w.* G 8598; feire a. ∼ *j. -trinken lassen* G 8602.
neïs *s.* nes².
neissance (nāscentia × -ance) *Geburt in avoir* ∼ *geboren w.* C 53.
neiss- *s.* nestre.
nel = ne le (nōn ĭllu) E 203; *s.* nou.
nelui *s.* nul.
nen, W *1586 nan (*urspr. Form des tonl.* nōn, *arch. noch vor vok., v. den Schreibern meist beseitigt*) *nicht* E †4240 (*s. Nachtr.*). 5893. 6877. C †2222 (*u. Einleit.*). W 2562. (*3192). K *4866. [6742]. G 4913 *V*. 8055 *V*.
nenil (nōn ĭllī) *nein, keineswegs* L 6002: †6714. G 174. 200. 283. 3017. 5372. 6722. 8121. 8378. 8825, *doch nein* II 21; *s.* noni.
neporquant *u.* C 283. 1521 *V*. L 2412 *V*. nonp- (nōn *o.* něc por quantu) *nichtsdestoweniger, u. doch, gleichwohl* L 1271 *V*. 2412 *V*. G 1733. 2113. 2238. 3717. 7121(*V.* porqu-).
neporuec (nōn *o.* něc por hŏc) *nichtsdestoweniger* L 2412. G 5928 *V*.
nequedant (nōn *o.* něc quĭd ĭnde; *ML³; ZffS* 55, 84) *eb.* C 1631 *V*. 3424 *V*. †6190 *V*. K 4666 *V*.

nercir (*nĭgrĭcīre ?), 3. *pr.* -ist, *n. schwarz w., gerinnen* G 7967 *V., tr. schwärzen* K 4210 *V.; p.* -i *unwillig* K 958.
nerf (něrvu) *Nerv, Sehne* E 3025. K 4658. L 4226.
nes¹ = ne les (nōn ĭllos) E 248.
nes², nis G 6087 *V*., neïs (ne ĭpsu) E †6608. C †1901. †4533. †5243. †5525. K *499. *3380. L⁴ †4583. 6808. G 2509 *selbst, sogar*; (*bei neg. Sinne*) *auch nur* K *499. G 3015. 6178. 8795, *sanz ce que* ∼ *selbst o. daß* L 1985 *V*.; (*m. neg.*) *sogar nicht* G 4526, *nicht einmal* K *6598. L⁴ 6008 *V*. G 1291 (*V*. nes pas). 4157, nes mot *auch nur ein Wort* G 6903 *V.*, nes neant *auch nicht das geringste* L 2732 *V*., nes que ne G 6868 *V*. *u. daß du sogar nicht, Text:* ne que ne *u. daß du nicht;* nes un (*im kond. Satze*) *irgendeiner* E 2770, (*m.* ne) *keiner* E 833. (nisun) G 3015 *V*., *auch nicht einer* G 6087, nesun mot G 3375 *V*., nesune rien *nichts* G 1289 *V*., por nes. rien *um nichts in der Welt* G 7781 *V*.; (*in posit. Satze*) neïs uns (*V.* nes uns seus) *sogar einer schon* G 4937.
ēs¹ *s.* nēf.
nēs² (nāsu) *Nase* G 1822. 6890 *V*. 6992.
nestre (nāscĕre), 3. *pr.* nest L 5248:, 6. neissent E 6800, 1. *pf.* nasqui G 3437, 3. il fu nēz de (*V.* en) G 6283 *V*., *geboren w., entstehen,* (*hervor*)-*wachsen* L 1037, de fame G 1865, (*Türme*) *auftauchen* G *1326 f., (*Tiere*) *vorkommen* E 6800, lï jorz nest C 296, buer fustes nee E 3403, hon

ne *irgendein* M. C 5882. G 8624V., tant come il soit ne solange er lebt G 1690V., de mere ne G 8384, estre ne de abstammen v. G 423; s.ainz-, mainsné.

nesun = nes un *s.* nes².

nẹt (nĭtĭdu) *rein, f.* nẹte L 2838: G 6886:, tot à nẹt *völlig* G 5685:

netoiier (*v. vor.*) *tr. reinigen* E 5134V.

netun, V. nuitun, nuiton, luiton (Neptūnu × ?) *Kobold, Wassermann* L *5273. 5513: [neu] (nōdu), N. ∼z *Knoten* G 3724.

nëu(st) *s.* nuire.

neveu (nĕpōte), G 4519: N. niés (nĕpōs), W 830V. N. neveuz *Neffe* C †4220. G 4096. 6437—9. 7302.

nẹ̄z *s.* nẹstre.

nẹz *s.* nẹt.

ni *s.* ne.

nice (nĕsciu) *einfältig* G 681. 1012. 1299. 1365. 5118; ∼mant *unbeholfen* G 701.

niece (nĕptia) *Nichte* G 1901. 3146; *Enkelin* G 8065. 9049.

nicẹt (*v.* nice) *einfältig* G 1302:V.

nïent *s.* neant.

niés *s.* neveu.

nĩes, Hs. niais (*nīdāce) *albern* L 4418.

nigromance (necromantia × nĭger) *Schwarzkunst, Zauberei* E 5742. C 3004.

no *s.* nou.

nọ (*v.* noēr¹) *in* à no *schwimmend* W 2709:

noaudre (nŭg- *st.* nŭg-ālior) *m.* K 5757V., *sonst* noauz (-ālius) *in* valoir ∼ *weniger wert s.* E 1604:, ∼ feire *Schlimmeres tun* K 2663, le feire ∼ *es schlechter ma.* K 5390, s'il est ∼ *wenn es weniger ist?* L 5765V., j'ai öy ∼ dire *ich habe Schlimmeres sagen hören* G 5184V., torner à ∼ *schl. w.* L 4422; *superl.* li ∼ *der schlechteste* K *5757, avoir le ∼ de la bataille *den kürzeren ziehen* K 3794V., *adv.* au ∼ *möglichst schlecht* K *5665. 5674, au ∼ qu'il pot K 5681V.; *s.* Noauz.

nọble (nōbile) *;* ọ *da Lehnw.*) *edel, vornehm* C 6127: G 6663:, *fein* E 97:; soi feire ∼ *vorn. tun* C †393.

nọces (nūptias × ?) *pl. f.Hochzeit* E 1917; feire ∼ C 6613.

noçoiier (*v. vor.*) *tr. heiraten* L *3319.

noēr¹ (*nŏtare *st.* nat-) *schwimmen* G 7280V. 8516.

noēr² (nōdare) *tr.* (*ver*)*knoten, -knüpfen* G 6326; (os) *zus.-setzen* G 4344V.

noif (nĭve), N. nois C 4036: G 4199. 6679, *pik.* li noif G 4200V., *f. Schnee* G 3729V. 4195.

noiier *s.* neiier.

noir (nĭgru) *schwarz* C 305, (*Purpur*) G 1799, (*Wasser*) G 1315. 2988V., *schw. vor Ärger, bekümmert* G 366. 3949; *vgl.* nerci.

nọise (nauseă) *Zank, Streit, Lärm* G 103. 6083, *Aufruhr* G 5947.

noiseus (*v. vor.*) *lärmend* G 1241V.

noisier (nauseăre) *lärmen, zanken* G 7109V.

noiz (nŭce) *f. Nuß in* ∼ muscate (mŭscata *v.* mŭscus *Moschus*) W 1371: (V. -ade, muguete). G *3325 (V. moscade, musc-, mugate, nug-, mugace, -ade, muguete, -gette) *Muskatnuß.*

nomer (nōm-ĭnare) *tr. (be)nennen* E 1685, de ac. *zeihen* C 1945.
non¹ (-en) *Name* G 560ff., *Bei-* G *6485, *Ruhm* L 5336; en ~ De L⁴ †1811, enon Deu G 1216. 2370. 7669, el ~ de sainte Trinité (*V.* deïté) G 6640*V.*, el ~ de penitance *als Buße* G 6442; avoir ~ *heißen* W 35. G 46. 190. 224f., comant avez vos ~ G 4482, à mon droit ~ ai ~ *G 354, avoir à ~ C 2725. G 4482*V.* 4485*V.*
non² (nōn) *bet. Form (unbet.* nen) *nicht* E 188, *nein* C 905; ~ pas *nicht* G 1791 (*V.* ne). 5286, ~ ai G 401, ~ feroiz vos G 8199*V.*; se ... ~ *außer* L 3358; seviaus ~ *wenigstens* L 1660; je ~ L 4923. G 263. 2846*V.* 4827; *s.* chaloir, noni, nonporquant, por, voloir.
nonain *s.* none.
nonante (*nōnanta) *neunzig* K 5612. L 2443.
nonbre (nŭmĕr-u) *Zahl* E 1703.
nonbrer (-are) *zählen* E 6759, *ab-* G 2550; *sb.* E 1704.
nonbril, *V.* l'onbril (ĭllu *ŭmbilīculu) *Nabel* K 1094:
nonchaloir *s.* chaloir.
noncier (nŭntiare; *kl.* nū-) *melden* G 2601.
none¹ (nōna) *neunte Stunde, drei Uhr nachm.* E 3818. C 274. K 609 (*Mod. Phil.* 27, 462); ~ basse *später Nachm.*; *s.* bas.
none² (nonn-a) W 1148, *obl.* nonain (*-ane) G 1758. 2742: 2944. 2973 *Nonne*; *s.* veler.
noni C 497*V.* = nenil.
nonporquant *s.* nep-.
nonsavoir *s.* savoir.

norreture (*nŭtritūra *st.* *nū-) *Erziehung* W *1364. 1395, *die aufgezogenen Kinder* E *1464. W 1389.
norrice (nŭ- *st.* nūtrīcia) *Amme* C 5388.
norrir (nŭ- *st.* nūtrire) *tr. nähren, aufziehen* C 766, (*v. fosterage*) G *4840.
nor(r)ois (norbiſſ) *nordisch* G *2648. 6530. 7069.
nos (nōs), *bet. u. unbet., wir* E 43, *uns* (*D. u. A.*) C 1606. E 4985.
nostre (nŏstru) *unser, pl. N.* ~ C 30, *A.* noz E 908.
note (nŏt-a) *Melodie* C 2844*V.*
noter (-are), 3. *pr.* note E 2043:, *n.* (*nach Noten) spielen o. singen?* ib.; *tr.* (un lai) L 2153, *fig.* (as espees) C 4070, *wahrnehmen, sehen* E 3299.
notonier (*v. prov.* nautonier *v. gallorom.* *nauto) *Schiffer, Fährmann* G 7373. 7411. 8970.
nou (nōn ĭllu) *ihn nicht* G 976*V.* 1278*V.* 7222*V.*, no *eb.* G 2765*V.* 4081*V.*, nou *es nicht* G 1664*V.* 1746*V.* 7634*V.*, 8461*V.*
novel (nŏv-ĕllu) *neu, frisch* G 674. 4209, *fr. gekauft* W 1349, ~ chevalier G 1369*V.*, qui ert noviaus venus G 3203*V.*, tans ~ *Frühling* E 27; de ~ *neu(lich), fr., jüngst, eben erst* C 1298. L 312. G 3893. 9148; ~emant *neul.* L 5828, *sofort* C 5167*V.*
novele (-ĕlla, *eig. pl.*) *Neuigkeit, Nachricht, Kunde* L 12, quel ~ G *8064, teus ~s *soviel Neues* G 2847. ~s avindrent de a. G 477*V.*, anquerre ~s à a. de *j. befragen über* G 6569, demander ~ (*V.* ~s) à a. de ac. G 8667*V.*,

d. à a. la ~ de a. *j. nach j. fr.* G 2882ᵈ*V.*, savoir dire ~s de *e. sagen können über* G 279, or me dites une ~ gebt mir Auskunft G 6692*V.*, ne feire autre ~ de *nichts weiter erzählen v.* G 1566, oïr ~s *Dinge zu hören bekommen* G 7672, oïr autres ~s *weitere Ausk. erhalten* G 8058, se il an set nule ~ *wenn er irgendwie Bescheid darüber weiß* G 7450; *s.* redire.

novelemant (*v.* -ler) *Erneuerung* C 5065. 6350.

novelier (*v.* novele) *in trop* ~ *zu sehr Neuigkeitskrämer* G 1649.

novice (nŏvīciu) *Lehrling* C 5387.

noz *s.* nostre.

nu (nūdu) *nackt* E 184, (terre) *kahl* G 1750*V.*, treire ~e l'espee G 3925, de sa main ~e *m. eigenster Hand* L 1498, nuz piez K 3541, nu à nu (*V.* nu et nu C 6451) C 3399. C †6451 (*u. Nachtr. S.* XC). K 1096. 4246.

nuble *s.* enuble.

nue (*nūb-a *st.* -e) *Wolke* L 443.

nuef¹ (nŏvem) *neun* E 3598.

nuef² (nŏvu), *N.* nués, *f.* nueve *neu* E 6536.

nueme (*nŏvĭmu) *neunt* E 1700.

nuire (*nŏcĕre) E 4100:, 3. *pr.* nuist C 472, 3. *pf.* nut G 3854: 5833:, 3. *k.* nëust L 352, *p.* nëu G 6392:, *schaden* K 3750; nuisant *schädl.* E 5965. C 1713.

nuisemant (*v. vor.*) *Schädigung in* metre au ~ de a. *g. j. verwenden* L 4450, estre an ~ de a. *j. schädigen* G 2273.

nuit (nŏct-e) *f. Nacht, Abend,* Vor- K *462; la ~ *am Ab.* G 5165, *am Ab. vorher* G 3371, den (diesen) *Ab.* E 5585. 5678. L †247, *über Na.* L 269, *bei Na.* G 1350, *während der Na.* G 1927. 2625, *am Ab.* G 4607; à, al, au(!), de ~ *abends* E *†4265, de nuiz *bei Na.* G 1765; une ~ *eines Na.s* W 72.

nuitantre (-anter) *nächtlicherweile* L 1577.

nuiton *s.* netun.

nul (nūllu), *N.* nus E 5816:, *obl.* nelui L 3694: G 3359: 6744:, G 6814*V.* nului, *f.* nule, *adj. u. sb. irgendein(er),* jemand L †689; *m. neg. kein, niemand* E 91, (*o.* ne) E †2972. L †3468, nus ne … se cil non *niemand außer* G 45.

o (ăpŭd), 607*V.* 1824*V.* 2050 *V.* 3777*V.* 4606*V.* od, G 1824*V.* ot, *prp. mit* G 606. 1543. 3319, o liee chiere *m. froher Miene* G 7873, o tote (*V.* à tote, à totes) s'ost G 850, ansanble (*s. d.*) o G 3598, bei E 1268. G 3970. 6050, *zu* G 2050*V.* G 8313*V.*, la pucele o le cler vis E *1306.

oan (hoc anno) *heuer* E 597. (*V.* awan) W 2003—7, (*V.* ouan) G 3845.

obediance (oboedientia) *Klostergut* G *5657.

obeïssant (*v.* -ïr) *gehorsam* K 3816:

obin (*zu engl.* hobby) *Art Pferd in* ~ d' Irlande E 2176*V.*

obli (*v. fg.*) *in* metre an ~ *vergessen* C 2618.

oblïer (*oblītare), 5. *pf. k.* -ïessiez E †3912, *tr. vergessen E 703; r. sich verg. G 4202 (V. s'an oublĭer), lässig s. C 1772. 2042; -iant vergeβl. L 2746.

oblĭeus (obli + -eus) vergeβl. L 4649.

obnuble (v. -ler) K 1024V. 4564V. zu enuble.

ochois- s. acheis-.

ocirre (*aucīdĕre) L 5475: G 2277, 6. pr. ocīent C 759:, 5. ipf. ocieiiez E †*3363. 3375, 2. pf. oceïs G 4759, 5. oceïstes L 6480, 3. k. oceïst E 243, 3. fut. ocirra E 2981, ipt. oci E 4620, p. ocis L 354, töten; r. sich t. K 1536, vor Schmerz vergehen L 1151, sich zu Tode quälen G 965; ocis Gefallener L 3189.

ocision (occīsione) Gemetzel C 1671.

od s. o.

odor (ŏdōre) f. Duft C 3258.

oec s. neporoec, por.

oef, bei Apostr. uef (ŏvu st. ōvu) m. Ei G 4628, ne vaillant un ~ G 2019V.

oel, bei Apostr. uel E 4444 (ŏculu), N. iauz E 446: C 259:, m. Auge L †1106; par (bei) les iauz de ma teste G 2823, à mes eulz m. eigenen Augen G 4138V., ne por l'uel nicht für alles in der Welt L †2185.

oelment s. igal.

oelle s. oloir.

[oelliere], uelliere (v. oel) Teil des Halsberges in der Augengegend G *1235:

oënt s. oïr.

oés (ŏpus), V. (h)eus, hués, in à (an) ~ de a. zu j. Gebrauch, Bedarf, Nutzen, für j. C †2668. †3611; à ~ (V. eus) nos für uns G 2055, à heus nostre G 7893V., à mon ~ G 7088, ähnl. G 7781V. 7893V., à noz (pl.) ~ ib.; avoec son ~ G 3530V., ähnl. 3529. 7781V. 7893V.; à ~ son ~ G 3530, ähnl. 7781. 7893.

oevre[1-2] s. ovrer, ovrir.

oevre[3], bei Apostr. uevre (ŏpĕra) Arbeit, Werk, Kunst-, Schöpfung; bone ~ gutes W. G 43, pl. Handarbeiten G 5773.

oëz s. oïr.

ofrande (ŏffĕr-enda) Opfergabe E 703. 2381V.

ofrir (*-īre), p. ofert, tr. anbieten, darreichen C 1780, opfern E 2380V.

ogre (Ogur Ungar?) pl. Riesen ˙G *6170: (V. ongres u. sg. ogre); Völkerschaft s. O-.

ogres (ŏrgănos), V. orgues, orgres, A. pl. Orgel K *3534: (s. auch S. 474).

ohi int. E 1380V. zu haï.

oi s. avoir, oïr.

oiance (audientia × -ance) in en ~ vor aller Ohren K 227V. zu audi-.

oie[1] = o je (hŏc ĕgŏ) ja C 4452V. K 2120V.

oie[2] s. oïr.

oïe (v. oïr) f. Gehör, Schall E 6161. W 2757: L 155. G 3980ᵇV.

oignemant (v. oindre) Salbe L 2952; ~ as trois Maries K *3374.

oïl (hŏc īllī) ja, doch G 60. 3562; ~ voir L 1455.

oindre (ŭngĕre), 3. pr. k. oingne L 2970:, p. oint E 4223 salben.

oir (hērēs) m. Erbe C 5395.

oir s. er.

oïr (audīre), 1. pr. oi E 3891:, 3. ot E 3248:, 5. oëz E 1945,

6. oent C 3943:, 3. *k.* oie E 2781:, 1. *pf.* oï E 3251, 5. *k.* oïssiez G 410, 5. *fut.* orroiz C 12, *ipt.* oëz E 6048, *p.* oï G 4688:, *hören, vernehmen* W 22, *erhö.* L 4630, ∼ *messe* G 5483, Deus vos en oie K 2978 *V.* (*Mod. Phil.* 27, 463), qui nice l'ot (*Hss.* nicelot) *welcher hört, daß er töricht ist*? G 1365 *V.*; *ger.* oiant toz *vor aller Ohren* E 4174, oiant cui (*rel.*) C 4163; estre oï an avant *laut (ausgeplaudert) w.* C †5416; *sb. An-, Zuhören* L 6367.

oirre¹ *s.* errer².

oirre² (iter), E 2299. L 2478 *m. Reise, Weg* K *3970.

oisel (aucĕllu), *N.* -iaus *Vogel* G 71, (*abgerichtet*) E 807; *pl. Geflügel* E 489; *s.* chiene.

[oiselel] (*v. vor.*), *A. pl.,* -iaus *Vöglein* G 635 *V.*

oiseler (*v.* oisel) *Vögel fangen* E †*6468 (*fig.*). W 1289; *obsc.* G 5919: *V.*

oiselet (*eb.*), *N.* -lez G 635:, *Vöglein* C 6352.

oiseus (otiōsu) *müßig* G 2571. 7655; *sb.* ∼e *müßiges Zeug (Gerede), Unsinn* G 5826: 6868 *V.*, dire mainte ∼e G 1242, ∼e seroit G 1382; *adv.* por ∼e *müßigerweise* G 1956, por tel ∼e *wegen einer solchen Nichtigkeit* G 8330, torner à ∼e *lächerl. ma.* W 2640.

oiste (hŏstia), *V.* hoiste, oette, *Hostie* G *6422. 6428.

oitovre (octōbre)*Oktober*C 1053:

ole (ōlla) *Topf* L 3368:

olete C 6432 *V. zu aloe Lerche.*

olifant (*olifantu *v.* eleph-) *Elefant* C 4031. L 300.

olivier (*v.* olive *v.* olīva) *Ölbaum* G 6783.

oloir (ŏlēre), 3. *pr.* iaut (*V.* ielt) E 6620, 3. *k.* oelle (*V.* oille) C 6115 *duften.*

omecide (*hŏmĭcīda) *Mörder* E 4624.

omnipotant *allmächtig* G 2092 *V.*

on *s.* an.

onbrage (ŭmbraticu) *scheu, schreckhaft (Pferd)* E *1397.

onbre (ŭmbra), L †1865 *m., Schatten* L 382; desoz une ∼ G 6797 *V. zu* orme; randre ∼ *Sch. spenden* G 6525.

onbreiier (*v. vor.*), 3. *pr.* -roie L 774:, *beschatten; r. Schatten suchen* G 6797 *V.*

onbril *s.* nonbril.

onc *s.* onques.

once (ŭncia) *Unze; (Gewicht)* E 1611. W 2502:, (*Längenmaß*) K *4659.

oncle (avŭncŭlu) *Oheim* G 1911. 4088 *V.* 6434. 7306.

onde (ŭnda) *Woge* C 1098, *Strom* (del sanc) L 4536; à ∼s *in Strömen* C 2080.

ongier (*ŭndĭcare?) L *2504:, 3. *pr.* onge, *V.* oi(n)gne C *4561:, *tr. häufig besuchen, verkehren bei.*

ongle (ŭngŭla) *f. Kralle* G 7859.

onor *s.* enor.

onques (ŭnquam +-s) E 1010: L 407:, *st.* onc *steht stets* ains (*onques × ainz; *Ebeling Zs.* 43, 285), *doch* onc G 3438 *V.* 7745 *V., je(mals)* II 21, *irgendwie* G 8477, *überhaupt* W 9, s'il onques puet *wofern er (nur) kann* G 1206 *V.* 2706; *m. neg.* nie- (*mals*) II 28. 50, *keineswegs* C 4097; ∼ ancore *je zuvor* G 8166, ∼ mes *je* G 2857 *V.* 3789, ∼ mes ne *noch nie, nie zuvor* L 46.

oposer (oppōnere × poser u. fg.) einwenden C 4408.
oposicion (oppŏsitione) Einwendung C 4409.
or¹ (auru) Gold E 585; à or aus G. E 2148; or ein Stärkungsmittel G *3329; s. batre, recuire.
or², ore L *1437, (vor kons.) L 2179. 4416. G 6118V. 9201 (nach L Textausg.² S. IX u. Wtb.¹ S. 218* Anm. 2 ist vor kons. or, vor vok. ore zu setzen), ores E 3006: 6126. C 1238: K 324: *G 347. G 390. 7614 (*há hōra ? + -s) jetzt, nun, (so)eben L†24. G 987V., damals L 2746; (in Frages.) etwa, wohl L 1666, doch nur, eigentl. L 2179; (adhort. vor ipt.) C 702, car li ëust or Des randu E 2934, or de vor inf. C 6650. L †1127; or ... or bald ... bald C 472; or tost bitte schnell L 601; or ainz soeben E 2573V., ore (V. orendroit) an cest point gerade jetzt G 1372; ore androit u. G 6121V. 8843V. orendroites sofort E 1029. (tot ore and-) L 6438, auf der Stelle G 1004, nunmehr G 2048V., soeben C 5833. G 895, ger. jetzt G 3486. 6121, nunm. G 2048V.; or mes jetzt, nunm. G 5899. 8454; des or v. jetzt ab, nunm. E 23. 5260. G 1680V. 5899V., des (s. d.) or mes fernerhin L 515, des or an avant in Zukunft E 1230; d'ore an avant fern., kunftig E 3879. G 597 (V. dorenavant); or que als, während G 4981V.; s. ça.
orage (v. ore v. aura) Sturm, Unwetter L 433. 5764ªV.
orce (*ŏrcĕa ? v. mndl. lurʒ ?) Backbord, Luvseite (nfr.

o(u)rse) in à ∼ nach link. W *2298:, luvend G *2544:
orcel (zu ūrcĕus) Krug, Vase G 5775V.
ordre (ōrdĭne; gel. m. ǫ) m. u. G 1635: f., richtige Folge E 6492, en ∼ der Reihe nach G 8137V.; Vereinigung, Bund W *974:, geistl. Orden W 1275, ∼ de chevalerie G *1637, Ordensweihe G 1635.
ordure (v. ort, orde) Schmutz L 3408.
ǫre s. ǫr².
ore (hōra) Stunde C 525, Zeit L 160, à l'hore zur St. G 9227V., à ∼ rechtzeitig L 4303. G 5198, de ac. zu e. G 5198V., en meïsme l'∼ sogleich G 2080V., an po d'∼ in kurzer Zeit G 7842 V., an petit d'∼ G 8408, de quel ∼ zu welcher St. G 3390, de bele ∼ frühzeitig G 2079V., de cum male ∼ zu welch unseliger St. G 3584 V., de pute (V. male) ∼ G 3435; totes hores immerfort K 223²⁶V.; tel ∼ manchmal L 3120, une ∼ et une autre C 525, (l')une ∼ l'autre W 944. 2322; des icel'∼ que sobald C 3668V.; ne savoir l'∼ que nicht merken daß L 2661; s. cuidier.
[oré] (v. ore v. aura) N. -ēz Sturm W 2367:
oreillier G 8260V. orillier (auriculariu) Kopfkissen G 1933. 4145.
oreison, E 2381V. G 157V. 6482V. 6484V. orison (ōratione) f. Gebet E 2381. L 4858.
orellier E 133 (v. oreille), 3. pr.
oroille [K 6461] horchen.
orendroit s. ǫr².
ǫrent s. avoir.

orer (ōrare) beten, n. G 5486, à a. que für j. erflehen daß L 5800, ac. à a. e. für j. erfl. G 4649, n'~ nul bien à a. j. nichts Gutes wünschen G 8780V.

ǫres s. ǫr².

orfelin, G 7579V. -fanin, G 1658V. -fenin (v. fg.) verwaist G 7579; sb. Waise G 1658V., f. ~e G 4681. 6467: orfene [sprich orfne] (orphănu) Waise G 4681V.

orfrois (aurifrĭsiu v. auru phrygiu?) Goldbrokat L †5229. G 643. 3164. 6680; Gürtel daraus E 1650.

ǫrge (hŏrdĕu) m. Gerste G 6506, pain d' ~ G *6503.

orguel, -ueil(*orgōliu v. uɾgōlī), N. -iauz E 2606, m. Stolz, Übermut, -hebung, Wild-, -Kühnheit L 2186, übermütige Rede E 3117. L 1796. (pl.) G 4386, überm. Tat C 5809; feire ~ stolz, verwegen s. L 5742; par grant ~ G 4129V.

orguelleus, -(e)illeus (v. vor.) stolz E 2175, (Stier) wild L 287; ~emant E 795. K 2638; s. O-.

orguellier (eb.) r. sich brüsten C 392.

ǫrgues s. ǫgres.

oriant (oriente) Osten L 429.

oriere (v. ǫr v. ōru st. ōra) Saum (des Waldes) G 5663V.

orinal (ūrīnale × fg.) m. Harnglas C 5734.

orine¹ (ūrīna × auru?) f. Harn C 3026; feire s'~ C 5745.

orine² (orīgine) f. Herkunft, Abstammung, Geschlecht W 849: G *7172V.

orler (*ōrŭlare) umsäumen E 2342. [K 7008], verbrämen G 1804V.

ǫrme (ŭlmu) m. Ulme, Rüster C 2767. G 6676. 6797.

oroille¹, G 6482V. orelle (aurĭcŭla) Ohr L 150.

oroille², V. orille G 5663 Saum (des Waldes); s. oriere.

orrible (horrĭbĭle) abscheul. C 3119.

orroiz s. oïr.

ǫrs (ŭrsu) m. Bär W 1476.

ǫrse (ŭrsa) Bärin W 1476:

ǫrt (horrĭdu) scheußl. L 3873.

ortoil s. artoil.

ǫs¹ s. oser.

ǫs² (ŏssu) m. Knochen G 3711: 5898:

ǫs³ (ausu) E 573: 2592: kühn.

ǫsche (v. oschier, prov. oscar v.?) f. Kerbe [K 7098].

oscur (obscūr-u) dunkel G 630. 7167.

oscurer (-are) tr. verdunkeln C 818V.

oscurté (-itate) Dunkelheit W 2309. L 769.

oser (ausare), 1. pr. ǫs C 88, 3. k. ǫst E 1929:, 5. pf. k. osissiez (V. osessiez) G 8494, wagen E 3238; r. + inf. G 5993.

ospital (hŏspitale) Hospiz E 3140.

ǫst¹⁻² s. oser, oster.

ǫst³ (hŏste), N. ǫz C 1491, f. G 4170:, Heer E 5116. L 1636. G 5884, Trupp L 1262; cil de l'~ die Gegner G 2162. 2530V., tot le meillor de l'~ der allerbeste L 1390; Kampf C 3584, aler an l'ost ins Feld ziehen G 4154.

ostage (*obsĭdaticu) Bürgschaft K 6436.

ǫste (hŏspĭte) Gast E 396, anvoiier a. à ~ (V. à son ~) à a. j. j. als G. zuschicken G 5966, feire son ~ de a. G 6069; Wirt E 462. L 1380.

[osteiier], ostoiier, *V.* ostroier
(*v.* ost³) *Krieg führen* C 6699.
ostēl (hŏspĭtāle), *N.* -eus G
1835. 5284:, -és E 5697:, *m.
Unterkunft, Herberge, Nachtquartier* E 389. L 204, *Haus,
Behausung* E 267. 1256, *fig.*
C 4460, *Burg* L 6594, *Stall*
E 3213; à mon ~ *in meinem
Hause* G 4025 *V.*; ~ avoir
ein Obdach erhalten G 1844 *V.*
1886, feire ~ *ein O. gewähren* G 1733, prandre ~
absteigen C 400. G 1844.
4687, son ~ *bei ihm nächtigen* G 5616. 5630 *V.*, l'~
prester *O. gewähren* G 1730,
querre ~ *Unterk. suchen* G
3994, tenir son ~ *bei j. nächtigen* G 1516 *V.*, estre à ~
abgestiegen s. E 3225; *s.* Juliien.
osteler (*v.* vor.) *n. Unterkunft
finden* E 5452 *V.*, *tr. beherbergen* K 473; estre -lé *wohnen* E 3225 *V.*
oster (obstare) **tr.** *wegnehmen*
C †4911, *-lassen* W 2, osta
au chaceor son frain G 92
(*V.* del ch. le frain), *s.* table,
ausziehen G 1098. 1392 *V.*,
(*Ring*) L 2777, (armes) *ablegen* G 1093—7, *abhauen* E
944. L 5623, (un po del cuir)
wegreißen K 530, (*Stücke*)
v. Leibe reißen L 4530, (*v.
einer Zahl*) *ausnehmen* E
3888. C 1478, (lermes) *wegwischen* G 2051, (dolor) *vertreiben* G 6932, l'ame fors
del cors C 1783, (ɔiogo) *auf
heben* G 4709, ~ *de befreien*
(*entsetzen*) *v.*? G 2706, a. de
ac. *befr. aus* G 2946 *V.*, *aufwecken aus* G 4355. 4448 *V.*,
ac. à a. *j. e. erlassen* L 5762,
a. arriere de ac. *j. v. e. zurückhalten* C 5891; **r.** s'an ~
sich -ziehen C 600. K 752.
L 1379; *ipt.* ostez! *fort!* E
4829. W 2224.
osterin (oʃτατα + -ĭnu?) *kostbarer morgenländ. Stoff* E
5220.
ostesse (*v.* ǫste) *Gastgeberin* K
1165. G 1945.
ostor (auceptōre *st.* acc-) *Jagdhabicht* E 354. C 6322. L 199.
ǫt *s.* avoir, oïr.
otroi (*v.* otroiier) *Erlaubnis* K
3014:, *Bewilligung* C 2351,
Zusage C 175, *Verleihung* C
1467.
otroiement (*eb.*) *Bewilligung* C
4980 *V.*
otroiier, nach *Wtb.*¹ *S.* 222*
-eiier (autorĭcare × -ĭdĭare),
1. *pr.* otri L 6652: *V.*, otroi
C 99:, 3. otroie E 6506:, **tr.**
erlauben, bewilligen, gewähren, zugestehen E 341, *eingest.* L 5691, *versprechen,
-sichern* C 3196. L 1805, *billigen, anerkennen* E 1828.
C 5914, *-vertrauen* E 686; **n.**
à a. *sich fügen* K *967; **r.**
sich hingeben L 2029, *outré
sich für besiegt erklären* L
6291.
ou¹ (aut) *oder* E 920; ou . . .
ou E 56, *ob . . . oder* G 2960.
ou², G 574 *V.* 9170 *V.* u, G 210
V. o (ūbi) (*frag. u. rel.*) *wo(hin),* ou pansez vos *an was
denkt ihr* E 2825, ähnl. G
3019, *m. bloßem inf.* E 3915,
par ou *wodurch* L 166, ou
que (*m. k.*) *wo immer auch*
C 6263; *s.* la².
ou³ = en le G 670 *V.* 1823 *V.*
outrage (*v.* outrer) *Übermut,
-hebung* C 333. G 2696,
-macht W 2344, *-mütiger Frevel* C 5809, *-mütige Rede,
Schimpf* E 989. G 806, *pl.
-heblichkeiten* G 4386 *V.*

outrageus (v. vor.) übermütig E 4627. G 1955 V.

outre (ŭltrā) 1. prp. über G 8420. 8915. 8977, über ... hinaus G 7230, jenseit C 3396. G 3403 V., g. (den Willen) E 5849. C 1368. G 7647 V., s. pois, d'∼ l'eve jens. des Wassers G 8933 V., parmi ∼ mitten durch E 4447. W 2186 V., ∼ parmi L 1105 (s. Herr. A. 132, 348); 2. adv. fu ∼ war auch dabei E 1707:, aler ∼ hindurchgehen C †6546, s'an aler ∼ G 9215, passer ∼ E 176. G 9162, s'an passer ∼ C 3423. G 6729, r'estre ∼ wie. hinübers. G 8370 V., venir ∼ L 5628, d' ∼ an ∼ ganz hindurch C 6009, ganz u. gar G 8972, (de) la d'∼ da drüben G 8651. 8666. 8933 (V. la ∼).

outrecuidance (v. -cuidier) Übermut E 3109 V.

outrer (v. outre) tr. überwinden E 3851, d'armes E 1192. G 2255. 8556, (la bataille) gewinnen C 4961. L 6094, (sa foi) brechen C 4756; -eemant über die Maßen, ganz u. gar E 3850; s. clamer, ovrer.

ov- s. av-.

ovraingne (zu ovrer) f. Arbeit E 6745. G 3164: V.

ovreọr st. ovreoir (*ŏpĕr-ātōriu ?) Werkstätte E *399.

ovrer (-are), 3. pr. oevre C 5550, 4. fut. overrons L 5298, n. arbeiten, tätig s., handeln E 399; tr. (porpre) durchwirken E 1618, herstellen C 2733. 6085, (Gebet) ausspinnen ? G 2985 V., à (V. de) main G 1816; ovré gewirkt G 668a V., kunstvoll G 2804 V., de aus G 6680 V., à pierres L 1889, de vair G 1799 V. besetzt mit.

ovrier, G 327 V. overer (-ariu) Handwerker C 1934: 5378: G 5763:

ovrir (aperio × cŏp- st. cŏŏperio), 3. pr. oevre C 830:, 3.fut. overra C 5612, p. ovẹrt, tr. öffnen; n. sich ö. G 7825. 7852. (V. s'an) 8695.

ọz s. ọst³.

paag- s. peag-.

paciance (patientia) Geduld C 5803; en pacience, am paciences geduldig G 6478 V.

paie (v. paiier) f. Bezahlung [K 6916:].

paiemant (eb.) Lohn C 6052; au ∼ de ceste foire am Ende (des Marktes) W *590.

paiier (pācare) tr. a. j. bezahlen E 2110, fig. G 5991, ac. aus- C 6053, (Schläge) austeilen L 6248, grant cop à a. G 5026 V.; s. desserte; soi tenir à mal paiié de wenig zufrieden s. m. G 8336.

paile, G 669 V. paisle, poil(l)e, G 7532 V. paille (palliu) m. Pfeller, Brokat E 99. 2407: G 2943, Leichentuch (blanc ∼ de Sulie) C 6069, -decke C 6041; pl. ∼s zum Ausschlagen der Wände G 7717.

paille (pălĕa) Stroh K 517 V. L 2849; pl. -halme L 4525.

pain (pāne) Brot G 6503.

paindre (pĭngere), 6. pr. paingnent G 5771 (V. pi(n)gn-, peign-, pin-) (be)malen; auf Wand o. Kerbholz vermerken L †2754; p. paint, L 965 V. point, bemalt C †5800, à colors bunt bem. G 7725.

paingne, (pěctĭne × peignier), nördl. V. pi(e)gne m. Kamm K *1363.

painne, *östl.* L 892. 1302. G 1483 *V*. 1714 *V*. 3673 *V*. poin-(n)e (poena) *Mühe* E 756, *Übung* G *1467, *schwere Aufgabe* I 12, *Schmerz* E 2765; à ~ *kaum* G 1714. 6021, à ~s L 2580. 3041. G 1714 *V*. 6021 *V*., à grant ~ C 464. G 6021 *V*., à molt ~ G 6021 *V*., à mout grant ~ C 2237. L 1302; por nule ~ *auf irgendeine Weise* G 3400 (*V*. an), *trotz aller Mühe* G 7217. 8497, *um keinen Preis* L 6770, poin'a qu'il ne *es kostet ihn M*., *daß er nicht* G 1278 *V*., estre antré an male ~ *in eine schmerzl. Lage kommen* G 821, ne li fu ~ que *es war keine M. für ihn* G 76, te fu grant ~ de G 4645, estre an ~ *sich abmühen* L 2882, metre ~ à a. *sich bem. um* C 5870, à ac. *M. verwenden auf* G 1497. 2680, tote sa ~ à (*V*. en) + *inf.* G 6197, an ~ *vor eine Aufgabe stellen* G 6123, soi metre an ~ *sich in Gefahr begeben* L 4518 *V*., de + *inf. sich bem. zu* G 6197 *V*.
painne(nt) *s.* pener.
painture, E 5572 *V*. point-(*pĭnctūra) *Malerei* E 5572, *gemaltes Bild* C 4033.
païs (pāgēnse) *Land* E 525.
païsan (*v. vor.*) *Bauer* L 176.
palau (?) E 2412 *V*. *zu* pavo.
pale (pallĭdu) *blaß, bleich* G 1724.
palefroi (para-věrēdu) *leichtes Reitpferd, Zelter* G 6530—4.
paleş¹ (pălāt-iu) *Palas, Hauptgebäude* (*m. Saal, Kammern u. Kemenaten*), *Hauptsaal* E *6928. L 906: (*s.* †963), *Rittersaal* G 7716. 7730. 8000. 8219, -*haus* G 1774. 7241.

7550. 7582 .7592. 7677. 7688. 7692, *Burg* G 5432. 7598. 7604. 7649. 8115. 9168.
paleş² (-ii) *in* conte ~ *Pfalzgraf* G 9218:
palir (*pall-īre *st.* -ēscěre) *tr. bleich ma.* C 2994; *n. erbleichen* C 462. 1568.
paliz (*pālīciu) *Umpfählumg* E 5740. G 4930 *V*.
paluër (*v.* palu *v.* pălūde) *beschmutzen* K 1572.
pan (pannu) *Schoß* (*des Gewandes*) W 483, (hauberc) *Zipfel* G 259, ~ de l'escu G *212; par ~z *unten am Saum* E 403.
pandant (*v. fg.*) *adj.* (*herab*)-*hangend* G 1184. 7163; *sb. Abhang* G 1321.
pandre, *ipt.* pant C 5904:, *n.* (*penděre) *hangen* L 214, de (*V*. à, par) la pointe *an der Spitze h.* G 6376; *ups.* à toi que pent *was geht es dich an* G 5147 *V*.; *tr.* (-ěre) (*auf*)-*hängen* G 3133. 4918, l'escu au col C 1314, an croiz G 6299, henken C 1234. L 3606.
pane¹ (pĭnna) *f. Pelzwerk, -futter, -verbrämung* E 1615. 1618 *V*. 6794. W 2460. G 1801. 5781. 7914. 9179.
pane² (*eb.*?) *f. Rand in* ~ de l'escu E 3830. K 2238: (panne), *wo desor zu lesen!* G *7354.
panel (*pann-ĕllu), *N*. -iaus, peniaus *u.* penés G 5831 *V*., *Seitenkissen unter dem Sattelbogen* W *1892. L 598.
panetier (*zu* pain) *Brotmeister* E 2061.
panre *s.* prandre.
pans (*v.* panser) *Gedanke* C 3863: K 499:, estre en pens *sich G.n ma.* G 1944 *V*.
panse (*eb.*) *f. eb.* C †5308. K 727.

pansé (*eb.*) *eb.*, *Sinn*; *Sinnen*,
Brüten G 940. 4262 V. 4356 V.
4425.
pansee (*eb.*) *Gedanke* C 5306.
panser (pēnsare) *denken* C
†631, n'i pansai onques folie ne mauvestié ne vilenie
G 1987, *bei sich d.* C 3667. G
8506, *ged.* E 2739, *in Nachd.
versunken sein* E 3762. W
2631ff. (*vgl.* 2590). K 715. L
2696—8. 2704. G 924—6.
1947. *4202. 4430, *überlegen*
C 4159, *vorgehen* K *28, *zögern* C 5917, de ac. *über e.
nachd.* G 5426, *d. an, bedacht s. auf, sorgen für* E
1579. L 6575—7, or an pansez *nun denkt daran* G 5803,
de + *inf.* G 1306 V., à +
inf. vorhaben C 6594, nel me
pansai *ich hielt es nicht für
mögl.* G 8492, qui-l se pensa
der es sich dachte G 6703 V.,
ähnl. G 6704 *u. V.*, il ne le se
pansa onques *er ließ es sich
nicht einfallen* L 3391, garde
nel te (*V.* ne le) panser tu ja
hüte dich zu d. G 6704, soi ∼
d., sich besinnen E 381 V. C
1387. K 576. 2748 V. G 1957;
sb. *Sinn* E 4956, *Gedanke* C
2259. 5149, *pl.* W 2602, *Sinnen, Versunkenheit* W 2596.
2602. 2609. K 718. 741—9.
G 4262. 4356. 4367. 4447.
4458, sanz ∼ et sanz cuidier
sofort C 5917.
pansif (*v. vor.*), *N.* -is E 380,
nachdenkl., versonnen, besorgt, bekümmert, traurig C
4337. W 2630. G 908: 911.
4361. 4446: 8035. 9220.
panteisier (*phantasiare), 3.
pr. -taisse (*Hs.* -caisse) W
2731 V., -toise (*V.* -tuise) W
2731, *keuchen*; -teisant
keuchend K 275.

pao- *s.* peo-.
paoros (*v.* paor, *s.* peor) *in
Furcht* G 6566ᵈ V.
pape (pāpa) *Papst* G 3278.
[papegaut] (*v. sp.* papagayo;
ar.) *m. Papagei* G 1797:
paplon(?) E 2412 V. *zu* pavo.
par (per) **1.** *prp.* (*o.* 1. Teil *v.
prp. Verbindungen*) a) *örtl.*:
durch L 168, *du.* ... *hin, in*
C 286. G 1927—9. 4272, *über*
... *hin* E 3703. C 1005, *auf*
G 184 V., ∼ la boche *aus
dem Munde* L 3360, *s.* main,
∼ ci (*s. d.*) *hier du.* G 292, ∼
ci devant *hier vorbei* E 586,
∼ lui *auf dem Wege über ihn*
G 6654, ∼ devant lui *vor
ihm her, an ihm vorbei* L
5189, ∼ antre *zw.* ... *durch*
L 5193, ∼ dela *nach jener S.*
G 3645 V., ∼ dessoz *unter*
... *her* L 6212, ∼ sor le
pont *über die Brücke* K 990;
s. tot; b) *zeitl.*: ∼ deus
anz *zwei Jahre hindu.* E
595, ∼ matin *morgens* C 293.
L 1785, ∼ nuit *nächtlicherweile* C 1218, *s.* son, tans; c)
kausal: *wegen, infolge* G
2880. 4220. L 6807 (*oft v.
por nicht zu unterscheiden* E
*2001. L⁴ †6141), ∼ qu' wo-
du.* C 72, ∼ (*V.* por) quoi
wieso G 7281; *s.* po; d) *bei
Beteuerung u. Schwur*:
∼ vostre franchise *bei eurer
Freimütigkeit* E 605, *ähnl.*
C 368. G 113; e) *bei pron.
pers.*: ∼ moi *aus eigner
Kraft* G 6854, ∼ tei *persönl.* G 7132 V., ∼ lui *bei
sich* L 6216, *für sich allein*
K 714, ∼ lui *seul dass.* G
3361, ∼ li meïsme L 1773
—7, ∼ lui *aus sich, allein* C
201, ∼ eles *aus sich, v. selbst*
G 8695, ∼ moi *soviel an mir*

liegt II 41 *V*., chascun ∼ soi *jeden einzeln* L 2455; de ∼ lui *in s.em Namen, v. ihm* G 2842, *ähnl.* W 84. G 1095. 1198. 7377; f) *modal: s.* amor, avanture, ∼ son congié *m. s.er Erlaubnis* W 1745, ∼ corroz *aus Wut* L 6270, *s.* covant, coverture, ∼ enor *in Ehren* C 2939, *s.* fierté, ∼ trois foiz *dreimal* G 1505, *s.* force, hardemant, igal, ∼ ire *zornig, grimmig* C†5824 *V.* G 3920, ∼ grant ire G 7857, ∼ mon los *auf meinen Rat* L 5162. G 2400, ∼ le mien los G 6818ᵇ *V.*, ∼ le los de a. G 3962, ∼ mautalant *aus Ärger* L 6270, *s.* (par)mi, nature, ∼ peor *aus Furcht* L 6424, *s.* po, rage, richesce, ∼ san *verständig* E 307, *s.* sanblant, ∼ si que ne *wofern nicht* G 8031 *V.*, ∼ (i)tel que *unter der Bedingung daß* K 953. [6310], *s.* un, verité; 2. *adv. verstärkend: gar sehr* E 508. C 2708. L 711, *ganz durch, völlig* E 3034, mout ∼ G 6289, tant ∼ G 6305, trop ∼ K 6508, ne ∼ *durchaus nicht* L 887. G 3765.

parage (*păr-aticu?) *Geschlecht, Abkunft* E 51. L 2123. G 7530, de grant ∼ G 4695ᵃ *V.*

paradis *s.* P-.

parant¹ *s.* paroir.

parant² (parente) *Verwandter* C 2131; *pl.* E 6298. G 2345.

paranté *s.* parenté.

parauz *s.* paroil.

parc (parrĭcu) *m. Einfriedigung* L 2815. 5191 *V.*

parcenier, *V.* -çonier (v. parçon v. partītione) *Teilhaber* C 3162.

[parcevoir, -çoivre] (percĭpĕre), 3. *pr.* -çoit L 3432, 3. *pf.* -çut W 56, *p.* -cëu E 1094, *wahrnehmen, gewahren; r.* L 2908.

parclore (-claudĕre), *p.* -clos L 2089 *vollenden.*

parclos (*v. vor.*) *Umfriedigung* G 4930 *V.*

parclose (*eb.*) *f. Endziel* K 2606; à la ∼ *schließl.* E 1474. C 1937. G 2090 *V.* 2427 *V.*

parcrëu, *p. v.* -croistre (-crēscĕre) *kräftig (gewachsen)* C 6402ᵇ *V.*, *ausgew.* G 7854 *V.*

pardon (*v.* -ner) *Verzeihung* L 6735; an ∼s *vergebl.* C 4468. 5320:

pardonable (*eb.*) *verzeihl.* K 4413.

pardoner (-dōnare), 1. *pr.* -doing E 4930, 3. *k.* -doint G 8716:, -doinst G 6358: *V.*, 1. *fut.* -donrai E 3006, *verzeihen, -geben* E 2854, *erlassen* G 4084.

pareïs *s.* Paradis.

pareisin (Parīsīnu ? × ?) *kleine Pariser Münze* C 1778 *V.*

pareistre *s.* paroir.

paremant (*v. fg.*; *seit 9. Jh.* paramentu) *Schmuck, Zier* L 2341.

parenté (*părentatu) *m. Verwandtschaft, Geschlecht* G 7540 *V.*

parer (părare), 3. *pr.* pēre E 3176, *tr. ausstatten, schmükken* K 496. G 1760, (fromage) *abschaben* E *3176.

parfet (*-făctu) *ganz* G 6220 *V.*

parfit (-fĕctu), *f.* ∼e K 2805: *vollkommen;* ∼emant E 4925.

parfont (pro-fŭndu × per-) *tief* G 1315. 2898. 7227. 8479. 8487; an ∼ *t. drinnen* L 4843; sospirer ∼ E 4218.

parjur (-jūru) *meineidig, wortbrüchig* K 4991: L 6791; *sb. m.* ∼e (!) G 7560:

parjurer (-jūrare) *meineidig w.* (*inf.*) L 6768. G 6182; *r.* K 4998*V.* L 6685.
parlemant (*v. fg.*) *Unterredung* L 1878, *Verab-* C 5433, estre à ~ *sich bereden* C 2268, tenir son ~ à a. *sich m. j. beraten* L 2038, an tenir grant (*V.* lor) ~ (*V.* an mener grant ~) *große Reden halten* G 5208; *Gerichtsverhandlung* L 1345*V.*
parler (*paraulare *v.* părăbŏlē), G 6518*V.* paller, 3. *pr.* parǫle C 5967:, 6. -ǫlent C 1357:, 1. *k.* -ǫl E 2970:, 3. -ǫt L 4369:, 5. parloiz E 174:, 1. *fut.* palerai G 7314*V.*, *sprechen* L 29, à *m.* C 3362. G 3825. 4441, de *erzählen v.* G 6515, ne t'am palerai *werde dir nicht davon spr.* G 7314*V.*; feire ~ *zum Spr. bringen* G 1101; *tr. erwähnen* G 5033*V.*; *sb.* E 4631, *Sprache* G 7042*V.*, *Gelegenheit zu spr.* (*verderbt*) G 4668*V.*; parlant *beredt* L 242, bien p. *redegewandt, liebenswürdig* G 7993. (*V.* bel) 8080, trop p. *zu redselig* G 1649.
parlier (*v. vor.*) *gesprächig* G 1649*V.* 1650.
parmi (per mĕdiu) *prp.* (*oft =* par) *mitten durch* G 630. 3402, ~ la gole L 3367, navré ~ les janbes G 436, ~ la plaie *aus der Wunde* L 1181, anbracier ~ les flans L 2385, *mitten in* L 8, *mi. auf* G 627, *mi. über* G 3379*V.*, *s.* outre; *adv.* par mi *s.* mi.
parǫche C 6121 (*V.* perr-, barr-, paroise), parroche G *6447: (*V.* barro(i)che, paroce, parroiche, per(r)oche, perroce) (părŏchĭa) *Pfarrkirche.*

paroi (părēte *st.* părĭēte), *N.* -oiz L 1134 *f. Wand.*
paroil (păr-ĭculu), *N.* -auz E 2270, *f.* -oille C 2731:, *gleich-* (*artig*), *ebenbürtig*; *m. poss. od. art. meinesgleichen, deines- usw.* G 1828. 5032. 6532. 7552. 8673; cui ~ *dessen-* E 4638.
[paroir, -oistre, -iestre] (parēre, *-ēscĕre), 3. *pr.* pērt C 604, 6. pērent E 223, 3. *k.* peire G 8708:, [pēre K 6250:, *s.* 6368:], 3. *ipf.* paroit G 3726, 3. *pf.* -ut E 3974, 3. *fut.* parra C 2524*V.*, (*er*)*scheinen, sichtbar s.* (*w.*) C 1098. G 3722*V.* 3731. 4196. 4206, *sich erweisen* G 5536; *ups.* i pert *man sieht* G 3485. 3885*V.*, parut à *man sah es an* G 8046, bien pert que *augenscheinl.* L 590; *p.* parant *offenkundig* L 499.
parǫl(e) *etc. s.* parler.
parǫle (*paraula *v.* părăbŏlē) *Wort* E 40, *Sprache* G 6965. 8045, *Sprechweise* W 1423, *Gespräch, Unterredung, W.streit* E 298. 321. 694. 4867. C 1449. 3237, *Gerede* E 1257, *W.e, Rede, Vortrag* E 1359. 1373. L 105. 2076, *Erzählung, Bericht* C 43, *Versprechen* E 2976, *Gebot* E 2998; par ~ *m. W.en* E 2936; assaillir de ~ *schmähen* C 3480, ot mout ~s *es wurde viel geredet* G 8253, il ne puet ~ dire G 8074*V.*, est ~ de *es ist die Rede v.* C 4950, la ~ faut *die Unterhaltung verstummt* G 1594, feire ~ de *Erwähnung tun* L 2388, grant ~ de *viel reden v.* G 1876, mout grant ~ de *großes Aufheben ma. v.* L 45, leissier la ~ *das Spre-*

chen lassen C 5024, + ester G 7797, metre à ~ *anreden* E 1363. C 4715, *befragen* C 5166, prandre a. à ~ *j. beim W. nehmen* L 1703. 3688, tenir ~ *reden, sich besprechen* L 1716. G 1876 V., tenir ~ envers a. u. tenir a. em ~ G 3825 V. *das W. an j. richten,* treire ~ de a. *ein W. herausbringen aus* G 929. 8072, ~ est treite de *es ist die Rede v.* L 4380, retenir *u.* detenir a. à ~ *j. in ein Gespräch ziehen* G 3825 V., bien savez voz ~s vandre *ihr wißt eure W.e gut an den Mann zu bringen* G 4384.

parǫ(len)t *s.* parler.

parra *s.* paroir.

parrain (pătr-īnu × -anu) *Pate* W *1354:

parrastre (-astru) *Stiefvater* (pejor.) K 4053.

parr. *s.* par-.

parsome (*v.* parsomer?) *in* à la ~ *schließl.* E 2012. 2716. 5612. G 561.

part (parte) *f. Teil* E 642, une ~ *ein gut T.* G 6933, à sa ~ *in rechter Verteilung?* L 5346 V., *Seite, Richtung* E 135. C 485. L 194, autre ~ *anderswo* L 2972, cele ~ *hierhin* L 194, *nach dieser S.* G 862. 3058. 7152, cele ~ là *daselbst* L 1957, en (*V.* de) ceste ~ *in dieser R.* G 3468 V., quel ~ *wohin* L 969. G 3569, *nach welcher S.* G 7452, quel ~ que *wohin auch immer* G 5328, de quel ~ *v. wo* G 3121, à une ~ *nach einer S.* G 4257; de l'autre ~ *seiners.* E 1179, *anders.* C 173, d'autre ~ *auf der andern S.* G 1116, *anderswo* G 3382 V., *anderseits* G 2720. 2734, *des weitern* L 393, *ihrers.* E 355. 1541; de deus parz *in zweifacher Hinsicht* C 2957. 3792; de la ~ De *v. seiten Gottes* W *2126. L 4402; de buene ~ *gutartig, edel, bieder* W *2270. L 707, de male ~ *bösartig* E 3432; avoir ~ an *Anteil h. an* G 7624, (*sex.*) *beiwohnen* C 3178. 5236, prandre à sa ~ *zu sich nehmen* C 5756; *prp.* d'autre ~ E 3031. 4448. G 1319 V., d'autre ~ de G 1319 *jenseit.*

partie (*v. fg.*) *Teil* E 311, *Seite, Partei* E 2133, *Entscheidung* C 1659; feire ~ *eine Teilung vornehmen* C 3160, la soe ~ est pire *s.e Sache steht schlechter* L 6096.

partir (partīre) **1.** *tr. teilen* E 5324, *zut., überlassen* L 4793, le jeu *die Spieler o. Spielaussichten vert.* E 2836, à a. *j. die Wahl lassen* K 699, (la querele) *entscheiden* L 6382, de trennen *v.* C 924. G 4448; **2.** *n. sich tr., scheiden, wegziehen, abreisen, ver-* G 1218. 3958. 4565. 6395, + an *weiterziehen* G 252, de *ausgehen v.* G 8189 V., *heil hervorg.* E 5734, *ähnl.* G 2726, del cors *sich v. Leibe trennen* G 587, estre parti *s. Ende nehmen* G 8252 V., li cuers me part *das Herz bricht mir* C 6236, + par mi L 4086 V., à ac. *an e. teilh.* L 4713, à a. *für j. verlaufen, ausfallen* C 1660, *j. die Wahl lassen* K 689; **r.** *sich tr., aufbrechen* G 3642, + an G 361. 2651. 2972. II 39; *sb. Abschied* G 5332.

parut *s.* paroir.

parvenir (-věnīre) *gelangen* C 2832, *eintreffen* G 2782, (Zeit) *ablaufen* L 5855 V.

pas (passu) *Schritt* L 377. (feire un ~ avant) G 5999, le ~ (*Pferd*) *im Schr.* G 233. 294, plus que le ~ G 112, *s.* tot, le petit ~ C 3687, *s.* soef; *Durchgang* C 1744. K 4134, *Pass* L 3151. 3165. 3187, *Fähre* G 3023*V.*, *Furt* G 8486*V.*, à si petit de ~ *in solcher Nähe* L 6668, *Augenblick* K 363f. *3427. *4505, *auch nur einen Schr.* E 6105, un tot seul ~ *dass.* G 3839; (*Füllw.*, *eig. Verstärkung der neg.*) ne ~ nicht G 730. 1089: 1589. 2344. (*nichts*) 6794: I 27, ~ ne G 628. 1945. 2446, ~ ne ... un mot *kein Wort* G 3844ᵇ*V.*, ~ nel feites mie G 5796*V.*, non ~ nicht G 2249. 5286, nes ~ nicht einmal G 1291*V.*; *s.* eneslepas.

pasmeison (*v. fg.*) *f. Ohnmacht*; *pl.* E 4854. L 3521. 3569.

pasmer (*gallorom.* pasmus *st.* sp-), 3. *pr.* peime G 7026*V.*, 3. *pf.* pauma G 7026*V.*, *r. ohnmächtig w.* E 2748; pasmé *ohnm.* C 3741. G 624. 1584, ~e cheoir G 2919.

pasquerez (*zu* Pasque) *in* antor le ~ *um die Osterzeit* G 8249*V.*

passage (*v.* passer) *Weg, Durchgang, Übergang, -fahrt* G 3012. 4730, *Wegegeld* C *2960. G *5085, *Eingangszoll* I 22, *Stelle, Abschnitt der Erzählung* C 2763.

passejoie (*v.* passer joie) *Überfreude* K *5221.

passemervoille (*s. vor.*) *Überwunder* G *1827.

passer (*passare), 1. *pr.* pas G 6725, 3. *k.* past C 6188:, 1. *tr. durch-, überschreiten, durchfahren, passieren* G 1712—6. (porte) 7723*V.*, *überqueren* G 8497. 8509, *durchwaten* C 1307, *überfliegen* K 2761, (*Pferd*) *-setzen* G 3022, *durchbohren* G 7355, *überholen* E 5578, *-treffen* G 3238, *verleben* C 1433, *über-* C 5763, (honte) *verwinden* G 2900, sa fiance *s. Wort brechen* C 3186*V.*, ~ outre *hinüber befördern* G 8971; **2.** *n.* (*hin*)*durchgehen, durchziehen, vorbei-, vorübergehen* G 3240. 4731, (*Wasser*) *durchdringen* G 1168, *übersetzen* C 423. 1489, *hinübergelangen* G 8420. 8481 —5, (*zeitl.*) *verstreichen* L 410, à ac. *s.en Weg nehmen durch* K *4724, à a. (*z. Angriff schräg*) *g. j.* anreiten K *2751. G 2227. 7437, sus a. *über j. herfallen* L 4546, avant *weiter vorreiten* E 166, wei. *kommen* G 2997*V.*, i *hingehen* G 6725, *-kommen* G 6726, *-eingelangen* C 6188, *pass. können* G 3391, *s.* outre, par *vorbeizie.* G 256*V.*, zie. *durch* G 5321, parmi *passieren* G 7723f., *hindurchdringen* C 703, feire ~ parmi le piz E 2885; vers a. *auf j. losgehen* G 2227*V.*; **3.** *r.* s'an ~ *vorbeizie.* L 5189. G 3241. 7676, *s.* outre, s'an passe vers *reitet hin zu* G 168; **4.** *ups.* bien a doze anz passez sind verflossen E 6273, *ähnl.* G 337. 1046. 4550. 8736f.

passet (*v.* pas) *Kurzschritt*; le petit ~ G 8535.

past¹ *s.* passer.

past² (past-u) *Fütterung* G 3708.

pasté (*-atu) *Pastete* E 5147. G 743—6. 751. 795.

paste (-a) *Teig* G 1772.

pasture (-ūra) *Weide* G 244.
pasturer (*v. vor.*) *tr. weiden* L 3445. G 244 V., *n. äsen* W 1771.
paume (palma) *Handfläche* G 1051. 7020, *-breite* E 1999. G 3721, à sa ~ *m. s.er flachen* H. G 8533; batre ses ~s *in die Hände schlagen* L 1413.
paumetons (*v. vor.*) *in* à ~s *auf die Hände* K 893.
pautonier (*paliton-ariu? vgl. pālĭtari) Landstreicher* W 651, ? E 6447 V.
[paver] (*păv-are *st.* -ĭre), *p.* pavé *m. Steinen belegt* G 905. 3083 V.
paveillon (pāpĭlĭōne) *m. Zelt* G 2512. 3847. 4149; L 1102 V. *zu* trebuchet.
pavemant (păvīmentu × paver) *Steinbelag, Estrich* L 2342. G 5869. 6001. 7688.
pavǫ (*păpāvu *st.* -ver), V. pavon, -vot, -veu, paplon, palau *m. Mohn* E *2412:
peage, V. pa(i)age (*pĕd-aticu) *Wegezoll* W 2400. 2544. G 5085 V., *Einlaßgeld* C 2960 V.
peagier (*v. vor.*) *n. für die Überfahrt zahlen* K *2646.
pecheor (peccat-ōre) *Sünder* L 6781. G 6371.
pechié (-u) *Sünde* C 558, *koll. S.n* G 6471 V. 6496 V., peché est *es ist schade* G 1864 V., feire ~ *sündigen* G 1654.
pechier (peccare) *n. sündigen* G 139; ups. an moi ne peché *die Schuld liegt nicht an mir* C 850:
pechoient *s.* percier.
peçoiier, -eiier (*pĕttia + -ĭdĭare), 3. *pr.* -çaie G 5025: V., *k.* -çoit L 3232, *tr. in Stücke brechen, zersplittern* W 392. K 1146. 2235. G 4265. 4474.

5985; *n.* K 859. G 1514. 5025. 7351.
[pecǫl] (pecŭllu *v.* *pĕdĭc-), A. *pl.* quepouz, V. peco(l)s, pequols, pecous *Bettpfosten* G 7702.
peignier, *nördl. V.* pign- (pĕctĭnare) *kämmen* K 1367, *striegeln* G 3476.
peire[1] *s.* paroir.
peire[2] (păria) *pl. tant. Paar*; deus ~ E 6665:, trois ~ C 4603.
peisible, G 3344 V. pes- (pes × pleisible?) *ruhig* C 244, *liebl.* C 3120.
peiss- *s.* pestre.
peisson, G 5910 V. poi-, E 5586 V. pik. pi- (*pĭscī-ōne) *m. Fisch* E 4266. C 1487.
peitevin (Pĭctāv-īnu) *adj. (Stahl) poitevinisch* K 5841.
peitral, C 4939 V. poi- (pĕctŏr-ale), *N.* -aus, *m. Brustgurt (Pferd)* E 460. G 8531.
peitrine (*-īna) *Brust* E 2178.
pel (palu), *N.* peus, *m. Pfahl* C †1245. G 4916. 7851.
pel (pĕll-e) *f. Fell* L 4197. 4201.
pelain (*-āmen) *eig. behaarte S.; schlimme Lage* L 2982 V.
pelentis (?) *Arzneimittel* K 1487 V. *zu* plëuriche (*s.* K *1486).
peler, pi- (pĭlare) a.e *einer das Haar ausreißen* G 5402 V.; pelé *enthaart, kahl* K 512. L 297, *abgetragen* G 1800.
peletier (*v.* pel) *Kürschner* W 1456.
peleterie (*v. vor.*) *K.ei* W 1736.
pelice (pollīcia)*Pelzfutter*E 6539.
peliçon (*v. vor.*) *m. Pelz* E 6938.
pelle (*perla) *Perle* K 17.
pelle melle *s.* mesle.
pelǫte (*v.* pĭla) *f. Ball* W 2321:
penance (*v.* pener) *in* prandre sa ~ *Buße tun* G 6979 V.

pendre s. prandre.
pene (pĭnna *ML*³ 539ᵇ) *Feder* C 790*V*.
pener (*poenare), 3. *pr.* painne E 5646:, poinne L 1322ᵇ, **tr.** *quälen* C 3820, *bedrängen* K 2756, *bemühen* G 9160*V*., son cors *sich anstrengen* G 4859*V*.; **n.** *sich anstr.* G 4859*V*., à ac. *sich bem. um* G 1464, d'armes G *1489, i *Mühe daranwenden* C 5557· L 1372, à + *inf. bestrebt s.* G 62; **r.** *sich bem.* E 418, d'armes G 1489*V*., de + *inf.* G 8572; pené de *geplagt v.* G 8982*V*.
[penif] (painne × pener + -if), *N.* penix = -ius L 445*V*. (*zu* pesmes) *fürchterlich*.
penitance (poenitentia) *Buße* G *6433; an ∽ zur *B.* G 6478; estre an ∽ *B. tun* G 6298, feire ∽ *eb.* G 6398*V*., prandre ∽ *eb.* G 6979*V*.
penon, K 524*V*. pan- *u.* pingn- (*pĭnn-ōne *bez.* -ione) *Wimpel* K 524; *pl. Gefieder (des Pfeils)* C 778.
pensance (*v.* -ser) *Kummer* C 226*V*.
[peonaz] (pāvōnācĕu), *f.* -ace *dunkelviolett* L *233:
peọr¹, *V.* paor, poor, pöur, pëur (păvōre) *f. Furcht, Schrecken* G 1504*V*. 6135. 7750; par ∽ L 6424 *u.* por (*V.* par) ∽ G 6488 *aus F.* peọr² (pëjōre *st.* pēj-), G 8130*V*. peior, G 8134*V*. pior, G 7750*V*. poior, G 5180*V*. pieur, *N.* pire (pëjor) G 6185:, *schlechter; sup.* le peor G 7750, *N.* li pire G 945; avoir le peor *unterliegen* K 3647. 3794, an seroiz pire *ihr werdet schlimmer dran s.* G 6185; *s.* prandre 2., pis.

peoreus (*v.* peọr¹) *furchtsam* C 4302.
pẹ̄r (păre) *gleich* E 1504, (image) *getreu* E 6880*V*., mon ∽ *meinesgleichen* C 5428, ∽ à ∽ *gleich g. gleich* E 3562; *sb. f. Ehefrau* L 5488.
per- *s.* par-.
perche¹ (pĕrtĭca) *Stange* E 566. 813.
perche² (pĕrca) *Barsch* E 4267.
percier (*pertūs-iare), 6. *ipf.* pechoient, perç- G 6033*V*., *tr. durchbohren, -löchern* L 821. G 2450. 5146*V*.; *n. bo.* G 6033*V*., *durchbohrt w.* E 869.
perdicion (-ditione) *in* aler à ∽ *zugrundegehen* G 440.
perdre, 1. *pr.* pert E 3741:, perz II 9 *V*., *tr. verlieren* E 516, *zugrunderichten* G 6296, *verschwenden* E 5985, *-geuden* E 3180, son cop (ses cos) E 5985, (messe) *-säumen* W 25, (matine) *eb.* W 25. 48. 71, un bon teisir *es -fehlen zu schweigen* L *1726; *n. zugr.gehen* L 1449.
perdriz, *V.* pertriz *u.* pik. pietris (perdīce) *f. Rebhuhn* C 6433. L 1267. G 7482:
pẹ̄re¹ (pătre), [*N.* ∽s K *6324] *Vater* E 469.
pẹ̄re² *s.* paroir.
pereceus (*v.* -esce), G 4665ᵃ*V*. -çous, *träg, faul* L 4650.
perent *s.* paroir.
perẹsce (pĭgrĭtia) *Trägheit* C 154. L 80. G 432. 9224.
peril (pĕrīcŭl-u) *Gefahr* E 3430: G 6202:, sor le ∽ de s'ame *bei ihrem Seelenheil* L 4437.
perilleus (-ōsu) *gefährl.* K 669. L 810. 4520.
perillier (*v.* peril) *in* estre -ié *stranden* K 6095.
perir (-īre) *n. umkommen* G

6642ᵇ V.; tr. zerstören C 5859; estre peri umgekommen s. E 5631, verloren s. G 6846.
perriere (*pĕtr-aria) Steingeschütz C 1246. L 3777. G 7229.
perrin (-ĭnu) steinern E 1551.
perron (*-one) m. Steinstufe, -tritt, -platte E 1575. K 1360. L 390. G 1080. 2339. 7265.
pers (persu) persisch-, tiefblau G 7689.
pers ein Stoff? E 6938:V.
person(n)e Person G 561V.
pert s. perdre, paroir.
perte (*perdĭta) Verlust G 3751; feire une ~ einen V. erleiden G 4360.
pertuis (zu percier) m. Loch, Öffnung L 1272. G 3744—6.
pervers (-vĕrsu) bösartig L 1348, verkehrt G 6602ᵇ V.
pes E 1718: G 6734:, pez E 806: C 4950 (pāce; s. L †2771) f. Friede, Aussöhnung, Ruhe; à ~ in R. G 7807V., an ~ in Fr. W 29, gelassen E 806, tot en peis in aller R. G 2717V.; avoir ~ à a. R. vor j. h., m. j. in Fr. leben W 2962. L 516; bastir ~ Fr.n schließen K 3894; estre an ~ Fr.n halten G 2627, sich ruhig ver- L 1332, sich beruhigen K 3252, est ~ de a. es ist aus m. j. K *2115, ~ an iert es wird friedlich verlaufen, es wird gut gehen C 3302. L †744, or en soit pais dav. will ich nicht länger reden G 731ᵇ V.; feire ~ ruhig s. E 4784, (de meintes guerres) niederschlagen G 7600, (la) ~ Fr.n schließen C 2555. L 3289, sich aussöhnen (ver-) C 4967.

K 3867. L 6523, la ~ Fr.n stiften K 3569, feire et adrecier la ~ K 4474; leissier ac. an ~ e. auf sich beruhen lassen L 1560, a. an ~ G 2822 j. in R. lassen, de ac. L 120, a. an ~ ester (s. d.) G 3809; ~ metre Fr.n stiften G 7600V., metre an ~ befrieden G 2099; tenir ~ ruhig s. E 1284V., à a. L 3309, soi tenir an ~ sich ru. verhalten G 8522V.
pesance (v. -ser) f. Ungemach, Leid, Kummer G 1794. 6717. 9042.
pesant (eb.) schwer, wuchtig G 264, (Herz) E 4505V., matt E 5979V.
pesaz (*pĭs-ācĕu) m. Erbsenstroh K *517.
pescheor (pĭsc-atōre), N. -ierre (-ator) G 3047. 3497. 3520, Fischer G *3047. 3061. 3495.
peschier (*-are st. -ari) fischen W 1288. G 3007. 3016.
peser (pēnsare), 3. pr. poise C 241:, k. poist L 587:, ups. à a. (de ac.) drückt, ist lästig, tut leid, verdrießt; ce poise moi G 2839. 3880:, lui G 24:, et bien vos poist u. mag es euch noch so lä. s. E 4020.
pesle (pĕssŭlu), V. pesne m. Riegel W 397.
pesme (pĕssĭmu) schlechtest, sehr böse C 5750. L 445. 5109; s. P-.
pesne s. pesle.
pestre (pāscĕre), 3. pr. pest C 4380, 3. ipf. peissoit E 1308, p. pëu G 3698, tr. füttern, (er)nähren, weiden, speisen, sättigen E 351, (fig.) C 593, (fig.) stärcken C 4380, (Gras) abw. L 3483; r. (fig.) sich nä. C 4383, de ac. sich w. (ergötzen) an K 1373; aler

peissant *w.* G 93, *äsen* G 5662.

pestrir, *V.* pre- (*pĭstrire) *kneten* L 2849.

petier(?) *in* li Petiers *ein Beiname* E 3868: *V. zu* li Petiz.

petit(?) *klein, gering;* ∼e (*V.* molt ∼e) *als kl. Kind* G 8640, le plus ∼ *der kl.ste* G 8796; *n. u. adv. wenig* E 1418. C 516. G 1, *s.* sené, un ∼ E 3630. G 883. 1440, un seul ∼ *nur ein w.* G 6876ª*V.* 7745, ∼ de L 160, un ∼ de C 6021, ∼ à ∼ *langsam* [K 6580]; *zeitl.:* ∼ *kurze Zeit* C 5686. G 1921, un ∼ C 5777. L 549, an ∼ d'ore *in kurzer Z.* L 160; à bien ∼ *beinahe* G 1986*V.*, à ∼ que *es fehlt w. daß* C 6058*V.*, ∼ m'an est *mir liegt w. daran* L 109, dont il à molt ∼ me fu *was mich w. kümmerte* G 8946*V.*, feire ∼ por a. *j. w. achten* L 267; pour ∼ que ne *bein.* G 1276*V.*

petitet (*v. vor.*) *adj. klein* G 455*V.*; un ∼ *ein kl. wenig* E 3631. C 3420. G 7707*V.*

pëu *s.* pęstre, pooir.

peu *s.* pǫ.

pëulin *verderbt* G *3329*V.*

pëust *s.* pooir.

pez *s.* pęs.

pi E 1457:, *N.* pius (*V.* piex) K 3310 (pĭu *st.* pĭu) *fromm, gut;* pies (*V.* piues) ames *Seelen der Gerechten* G 2967.

pic (pĭccu?), *A. pl.* pis u. G 6014*V.* pics, *Hacke* [K 6640]. G *5945. 6032.

picoient *s.* piquer.

pié (pĕde) *Fuß* E 772, (*Maß*) E 963. L 853, (de l'escu) *unterer Teil* G 212*V.*, à ∼ *zu F.* G 827. 830, avoir es (*V.* an ses) piez G 604*V.*, ester an piez *stehen* L 197, estre em piez G 3924*V.*, prandre a. au (*V.* por le) ∼ *j.s F. ergreifen* G 5640, *s.* saillir, n'avras ∼ qui te sostaingne G 5545, soi tenir an ∼ *sich auf den Füßen halten* G 8522, sor piez L 3037*V.*, venir au ∼ à a. *j. zu Fü. fallen* L 1862, jusqu'au ∼ eb. L 2107.

pie (pīca) *Elster* E 834*V.*; ne prisier une ∼ G 968*V.*

piece (*pĕttia) *Stück, Bruch-* L 827, ∼s d'or *Goldbarren* G *2551*V.*, d'une ∼ *aus einem St.* G 3263, *Strecke* C 4322*V.* L 285*V.*, ∼ de terre *Stelle* L 4948, *Landstrich* G 4703; metre an ∼s *in Stücke brechen* G 5516, voler an ∼s K 2699. L 532. G 3663 (*V.* an dos); (*zeitl.*) une ∼ *eine Weile, eine Zeitlang* G 3264. 5381, grant ∼ G 9021; (*bei neg.*) de ∼ eb. E 6850, de grant ∼ *lange Z.* E 2352; pięç' a *es ist eine W. her, seit einiger Z., schon lange* (*länger*) G 7175. 8959, pięç' a esté G 6382*V.*, grant pięç' a L 6390, mout grant pięç' a L 5256, a grant ∼ G 1902, mout a grant ∼ G 8277, grant ∼ a que *es ist lange her, daß* E 2678, grant ∼ a jusque *es ist noch l. bis* E 4144.

piege (pĕdĭca) [*f.*!] *Falle* L 1102. G 3395.

pierre (pĕtra) *f. Baustein* L 514, ∼ reonde *Steinkugel* C 1526, *Edelstein, Zauber-* E 1600. 3816. L 1031; *s.* precīeus.

pietaille (*v.* pié) *Fußvolk* G 2612ª*V.*

piëté (pĭĕtate) *Barmherzigkeit* L⁴ †4075.

pilẹr (*pīlare) *Pfeiler* G1055*V*.
pilori (?) *Pranger* K 324—9.
pimant (pĭgmentu) *Gewürzwein* G *3332; claré ~ *ib. V.*
pin (pīnu), G 6676*V*. pint, *Fichte, Föhre* C 4778. L 414. 4938. G 6783*V*.
[piquer] (*v.* pic), 6. *ipf.* picoient *hacken* G 6033.
pire *s.* peọr².
pis (pĕjus *st.* pē-) *n. u. adv. schlimmer, schlechter* C 629, *weniger* G 3571:, vait ~ *es geht schlimmer* G 3571*V.*, ~ m'avient *es ergeht mir schl.* G 3439*V.*, avoir le ~ *unterliegen* K 3725 (de la bataille). L 6089, m'an est ~ *es ergeht mir schl.* G 5160*V.*, *ich bin dadurch im Nachteil* K 3645, ne me faz mie ~ *es ist mir keine geringere Ehre* G 8133*V.*, valoir ~ *weniger wert s.* G 1615, vaut ~ *ist schl.* L 6418; *sb.* ~ *Schl.eres* G 2286, le ~ *das Schl.ste* E 5712, tot le ~ L 618, *das Schlechteste* G 8134.
piteus (*v. fg.*) *mitleidig* W 490. K 2854. 3293, *jämmerl.* C 4445*V.*; ~emant *klägl.* C 4443.
pitié (pĭetate), *N.* -iez *u.* pité L 5951 (: gité). L 4075*V.*, *f. Erbarmen, Mitleid, Rührg.* L 6228:, *Anhänglichk.* E 1464f.
piu *s.* pi.
piument *s.* pimant.
piz (pĕctus) *Brust* G 2450. 4631. 6997; ~ à ~ K 3610.
place¹ *s.* pleisir.
place² (plătĕa) *Platz, Raum; Kampfpl.* G 2658*V.*, *Stadt* G 6088; an la ~ *auf der Stelle* E 2748; guerpir la ~ à a. L 4312 *u.* leissier la ~ à a. L 4429 vor *j.* das *Feld räumen; s.* tolir.

plaie (plāga) *Wunde* E 594, *fig.* C 690, *Narbe* L 2904—8; metre sor ~ *auf eine W. legen* G 6935.
plaigne *s.* plaingne.
plaiier (plāgare) *verwunden* K 3366: L 954:; *r.* K 2703. 3120:; plaiié *verwundet* K 3465:, *sb. V.er* C 1348.
plain¹ (plānu) *eben, flach, glatt* E 720. C 5600, terres ~nes G 1307. 7226 (*V. sg.*). 8005, pleines terres (*V. sg.*) G 1307*V.*, à tiere ~e *zu ebener Erde* G 821*V.*; tot à ~ *in gleicher Höhenlage* K *426; *sb. Ebene* C 4591. L 337. G 4959: 5519: 7504:, *Plan, Kampfplatz* G 2598, al ~ *im flachen Gelände* G 4959*V.*, parmi les ~s *durch die E.n* G 4830*V.*, porter (*V.* metre) au ~ *zu Boden strecken* G 5519; *s. d. fg.*
plain² (plēnu, *z. T.* × plain¹, *cf. prov.* plan) *voll, ganz* E 562. W 27, (*Busen*) W 1284 (*Wilm. abwegig*), un an tot ~ G 1575, de ~ *voll u. ganz* L †803, tot de ~ *eb.* C 4955. K 4986, tot à ~ ? E 1035*V.*, (tot) à ~ *deutl.* G 3722*V.* 4959*V.*
plaindre (plangĕre), 1. *pr.* plaing II 3, 4. peignons L 3240, 6. plaingnent L 4547, 3. *k.* plaingne E 1803:, 3. *ipf.* pleignoit E 4599, 3. *pf. k.* plainsist G 6579, *n. klagen* L 888, *tr. bekl.* E 5528, *r.* (*sich be*)*kl.*, *sich beschweren* L 502, à a. bei *j.* C 6510.
plaingne (*plān-ĕa) *Ebene* E 2137:
plainne (-a) *eb.* E 1086: 3937: G 7989 (*V.* plaingne).
plainte (*v.* plaindre), C 873*V.*
pleinte, *f. Klage* C 614, *To-*

ten- C 2116; feire ~ à a.
sich bei j. beschweren C 6675,
en feire ~ darüber klagen
II 41V.
plaire, plaisir s. pleisir.
planche (planca) *Planke, Steg*
K 3035. G 6727.
plançon (*plantione) m. *Setzling* C 6136V.
planer s. plener.
plante (planta) *Fußsohle* 2584V.
planté (plēnitate) f. *Menge,
Fülle* C 108. II 41, ~ de
gent eine M. Leute G 8855V.,
à ~ reichl. G 5327.
planteïf (v. vor.), N. -eïs reich
[K 6676].
planteïz (eb.) voll E 2328.
planter (-tare) pflanzen E 5763.
plat (plattu) flach, platt L 301;
fl.e Klinge (des Schwertes) E
5973V. L 4213. 6124; abatre
tot ~ fl. zu Boden werfen E
3036. G 7860V., gesir tot ~
G 5557, metre à terre tot ~
L 541.
plate (*platta) Barren E 1856.
G *2551.
platel (v. plat) Platte G *3289V.
pleideiier, V. -oiier, pledïer
(fg. + Sw.) n. *Beschwerde
führen* C 3996. L 1759.
(†1757); tr. a. de ac. j. in
einer Sache zusetzen, bearbeiten L 1783 (V. emplaidier).
pleidier (*plăcĭt-are) *einen
Rechtshandel führen, streiten, beraten, verhandeln,
beschließen* E 3427. C 5950.
L 3280. 3756; de + inf.
über e. reden E 6943²V.
pleiier s. pliier.
pleisance (plăcentia × -ance)
Freude C 5199.
pleisir (plăcēre) E 5255: C
2988. 3286, 3. pr. plest E
728, 3. k. pleise E 2360: C
3074: L 1084:, place C 3967:

G 8546: 8966:, 3. ipf. pleisoit E 108, 3. pf. plọt L
432:, G 9059V. pleut, 6. plọrent C 5641, 3. k. plëust C
56, pläust G 9058V., 3. fut.
pleira L 1559, p. plëu C 3324,
gefallen; ups. plëust Deu G
9057, à Dieu W 658V., se
vos plest G 5339, s'il v. pl.
G 5367, m. inf. G 6146, m.
à + inf. C 5226. L 4585. G
3528. 6644; -sant (wohl)gefällig, anmutig, liebl., angenehm W 14; sb. *Gef., Vergnügen, Belieben, Wunsch,
Wille* E 637. C 100. L 1725.
G 4364; vostre ~ *wie es
euch beliebt* E 4514, à son
~ nach Bel. C 5145, dire
son ~ *sagen was man will* K
3290, feire son ~ de a. *über
j. verfügen* II 4:, s. venir.
pleisseïz (v. pleissier) m. *eingefriedigter Ort* E 3669.
pleissié (eb.) eb., *Verhau* E
3664. K 606. L 2984.
pleissier (*plăxare?) tr. *niederschlagen* (fig.) W 2362; n.
zus.sinken K 1437V.; feire
~ L 3200V.
plener, V. planer (*plānare) tr.
behauen, glätten E 5942, *dem
Erdboden gleich ma.* L 3895.
plenier (plēnariu) *voll(ständig)*
E 2314. C 1266, *reichl.* C
5039; ~emant *in Hülle u.
Fülle* E 5585.
pleris s. pliris.
plest s. pleisir.
plẹt (plăcĭtu) *Rechtshandel,
-streit* E 600, *Streit, Zänkerei*
L 99f., *Strauß* G 7850, *Verfahren* G 6154, *Zustand* G
4366V., *Unterhaltung, -redung, Besprechung, Verhandlung, Gerede* K 1346. L
4476. G 1304V., *Rede, Worte*
C 896, *Vertrag* C 2550. 5097,

Abmachung G 6203 *V.*, *Plan* L 1732, *Bedingung* K 2786; à tant de ~ *hiermit* G 3997, por nul ~ *auf keine W.* G 6634, *auf keinen Fall* G 3977 (*V.* à), *um keinen Preis* G 2686. 6445, por nes un plait *auf keine W.* G 6633 *V.*, sanz ~ *ohne weiteres* L 1994. G 2665 *V.*, sanz autre ~ *u.* sanz plus de ~ *hiermit* G 3997 *V.*, *o. Verzug* G 1595, que n'i ot ~ *unverzügl. ib. V.*; antrer an ~ *ein Gerede beginnen* L 4190, avoir mauvęs ~ vers a. *j. anklagen, schmähen*? C 868 *V.*, ci a trop vilain ~ *Handel* G 5274, *s.* bastir, departir du (*V.* le) ~ *die Verhandlung beenden* G 3997 *V.*, est ~ de ac. *es ist Streit um e.* G 6148 *V.*, feire ~ à a. *m. j.* (*einen Vertrag*) *abschließen* C 2547, son ~ à a. *eb.* L 4729, metre a. an ~ de ac. *j. wegen e. anreden, befragen, zur Rede stellen* C 4484. 6496. L 1744. 4601, movoir un ~ à a.*j. einen Vorschlag ma.* L 1732, an movoir tel ~ *soviel Aufhebens von e. ma.* G 5412 *V.*, prandre un ~ *einen Vergleich abschließen* C 4183, tenir ~ de *sprechen v.* L 5353. G 1860, *verhandeln über* G 6148, granz plaitz *große Reden halten* G 1875 *V.*, grant (*V.* tel, son) ~ de *großes Aufheben ma. v.* G 5412, comant que li plaiz fust tenuz *wie auch die Sache ausgetragen wurde* G 4926 *V.*, à a. *m. j. aneina.geraten* L 4704, a. an (*V.* à) ~ de ac. *j. einen Vortrag über e. halten* L 1801.

plëu *s.* pleisir, plovoir.

plëuriche, G *3329 *V.* plurites, pleuris, K 1487 *V.* pelentis, peuns (— 1), compleureysin (× complētu) *u.* plëuris (pleurīsis, -ītis *Seitenstechen* + *Sw.*) *Mittel g. Pleuritis* K 1487. (*1486); *s.* pliris.

plëust *s.* pleisir, plovoir.

plevine (*v. fg.*) *f.* (*verpfändete*) *Zusage* E 918.

plevir (*zu* ploige), 1. *pr.* plevis E 3913:, 1. *k.* -isse G 6178: (*V.* plevesisse), *tr. durch Pfand o. Eid verbürgen, -sichern, zusagen* E *6065. C 117. W 1265. L 3286, sa foi *s. Wort verpfänden* K 836f. G 6178. 8662.

pliier, pleiier (plĭcare), 6. *pr.* ploient C 4844, *tr. falten* L 5916, *verbiegen* L 842; *n. sich bie.* K 2698. G 4266, *einknicken* L 4205, *zus.klappen* K 1437, *weichen* L 3194; les braz au col W 2625, corjon *u.* gage *s.* corjon.

pliris, *V.* ple(u)ris, prieris (*πλήρης*), G 3329 *V.* or pleuris, or pëulins, *Kraftmus* (*Latwerge*) *u.* zwar 1. ~ aromaticon, -cum (ărōmăticu) *aromatisch* G *3329, 2. ~ arcoticum (*ἀρχοντικός* = *principalis, eximius*), *auch* acorticon, aconcon, ororticon, ortichom *ib. V.*, 3. ~ stomaticon (*stŏmaticum st.* -achicum), *V.* -cum, tomaticom, domaticon, domasticum, damaticom, -con *Magen-* G *3330, 4. ~ amaricon (ămāricu) *bitter ib. V.*, 5. ~ resontif (resūmptīvu *zur Erholung dienlich*), *V.* resomitis, resoltif, quesoucif, resantis, rosentin (× rŏsatu?) *ib.*; *s.* plëuriche.

ploige, plege (*s. Gam.* pleige) *m.*

Pfand, Bürgschaft L 3307f. 5757.
ploiier s. pliier.
plonc (v. pik. plonquier st. -gier), V. plum, plon (plŭmbu) m. *Blei* C 5997.
plongier (*-ĭcare) tr. *untertauchen, hineinstürzen* C 2950. G 3476V.
plor (v. fg.) m. *Weinen* E 2673.
plorer (plōrare), 3. pr. plore G 600, *weinen* E 683, *jammern* G 2953, tr. bew. G 6268. 6496, (*Blut*) (*aus*)*schwitzen* G 6167.
plot s. pleisir.
ploton (?, vgl. nfr. plot) *Baumklotz*? L *†5635.
plovier (*plŭviariu) *Regenpfeifer* E 1307. G 7482.
plovoir (*plŏvēre st. plŭĕre), 3. pf. k. plëust L 416, p. plëu C 1485 *regnen*; re. *lassen* L 6526.
pluie (*plŏia st. plŭvia) W 1634V. pluiue *Regen* G 5414.
plume (plūma) *Feder* C †4910, koll. C 6112, fig. *Gefieder* I 44.
plumer (v. vor.) tr. a. j. *die Federn wegnehmen* C †*4535V., *zerzausen* G 5134.
plurites s. plëuriche.
plus (plūs) *mehr* E 88, *länger* G 1682, *eher* L 1322ᵈ, ~ *ne* E 233. 2507. 2948. C 589. 1763 (*Cohn*) u. *rien* ~ *ne weiter nichts* G 714, ~ *rien* (V. ~ nule rien) *sonst noch* e. G 1410, ~ (V. mais) *rien noch mehr* G 8824, or n'i a ~ que (V. ~ mes que) *nur* G 7936, n'i a ~ mes que *es ist weiter nichts zu ma. als daß* G 1515, n'i a ~ mais nos somes G 7936V., ~ et ~ *immer mehr* L 1195, come ~ ... ~ *je mehr* ... *desto mehr* L 1418, de ~ *im übrigen* G 9026, sanz ~ *allein* K 2518. L 67. G *3562, *nicht länger* G 506, sanz feire ~ *ledigl.* G 3858, i (V. en) f. ~ *weiter gehen* G 3860, ne ... ~ *nicht länger* E 269, ne ... mes ~ eb. L 3042V., ne ~ que *ebensowenig wie* E 1802. G 8030, *nur höchstens* G 1274V., ne ~ ne mains *weder dies noch das* G 5868, *nicht das mindeste* C 29. 42. 499, bons ~ c'uns autre *besser als ein anderer* G 3530 V., ~ qu'ele pot *möglichst* E 2683, au ~ qu'ele puet *soviel sie kann* G 497V., ~ tost qu'il pot *so schnell er konnte* C 4812, com il ~ puet L 5619, s. pooir, ~ am meisten G 334. 3446. 5843, *höchstens* G 506, *sonst noch sup. o. art.* C 3690. 6414. K *1495. G 9192V.; le ~ *die Mehrzahl* C 1212. L *2693; s. quant.
plusor (*plūriōres × plūs), G 7252V. pluisor, *mehrere* E 5759; o. art. C 1219 u. m. art. E 510. G 6011ᵃV. *die meisten*.
po G 531:, V. pou, poi (paucu) *wenig* G 531:, *zu we.* E 3510, un po G 3174, poi sens ëus *du wärest we. verständig* G 6414V., po de jant *we. Leute* G 2469, *ähnl.* G 5414. 6471 V., an molt po d'ore *in ganz kurzer Zeit* G 8408V., ne po ne bien *irgend wie* G 2089V., (ganz u.) *gar nicht(s)* C 93. G 1289. 1942, jusqu'à po *binnen kurzem* L 5890. G 531, tant po m. k. *mag auch noch so we.* L 2865, po m'an est *mir liegt we. daran* E 3416. C 4360; à po *beinahe,*

fast L 872. G 2389 *V.*, à po ne *bein.* G 376 *V.* 1276 *V.*, à po que E 2750 *u.* à bien poi que G 1276 *V.* *oein.*, à poi que ne *bein.* G 5541 *V.* 7436 *V.*, jusqu'à po *bald* G 531: 983 *V.*, par po *bein.* G 2389, par po ne E 5984. L 3492. G 377, par po que C 1910. L †6141. 6543, par un po que G 1276, par pou que ne G 1276 *V.*, por po L 986. G 2389 *V.* 5347, por po ne L 4086. G 3974 *V.*, pour pou ne G 377 *V.*, por un po L 3492, à por un po C 1910 *V.*, por poi que G 1276 *V.* *u.* por po que ne E 4461. L 3936. 4125 *bein., fast.*

poeilleus (pēdĭcŭlōsu) *lausig* L 4122.

poesté (pŏtestat-e) *f. Kraft,* an sa ~ *bei Kr.* G 2852 (*V.* en saingne '*gesunder*' ~).

[poesteïf] (-ivu), *N.* -eïs E 526: *V.* 1607: *u.* poosteïs L 1607 *V.*, *mächtig;* (*später*) *N.* poestis E 526: 5607: L 1607: *V., A. pl.* poestis E 2327 *V.*, *s.* posteïf.

poesteïz (*vor.* × -eïz *v.* -atīciu) *mächtig* E 2327.

poez, poi *s.* pooir.

poignal (*pŭgnale) *handlich* *G 2203 = G 2667:

poigneïz (poing + -eïz *v.* -atīciu) *m. Kampf, Handgemenge* C 1332 *V.*

poil (pĭlu) *Haar* E 2910, *Kleid* (*des Pferdes*) G 3475—9.

poïmes *s.* pooir.

poindre (pŭngĕre), 3. *pr.* point E 207, 6. poingnent G 7569:, *tr. stechen, spornen* C 3717. G 1436. 1458, *n. die Sporen geben* G 8914, *dahinsprengen,* an- E 106, à a. E 2888, ancontre a. E 2174. K 854.

5952, vers a. E 2877. K 2232. 2695. L 4478, *stechen* (*Bremse*) L 117, *sprießen* (*Bart*) G 7569; *sb. Anritt* E 2827. C 3764—7. G 7316; poignant: *ger.* s'an va poignant G 1306, à esperon *spornstreichs* G 7334, *adj. stichelnd, bissig* L 70; point *s.* coute, menu.

poing, G 6854b *V.* poingn (pŭgnu) *Faust* E 141, *Handgelenk* E 1597, de terre -*breit* E 963 *V.*, as poinz *m. den Fäusten* G 1516.

poinne *s.* painne.

point[1-2] *s.* paindre, poindre.

point[3] (pŭnct-u) *Ort* L 4589, *Punkt* (*im Würfelspiel*) [K 6772], *Zeitp.* E 529. G 1372. 5960 *V., Zustand* G 4366, *Verfassung* G 1962 *V.*, ~ del jor *Morgengrauen* W 3279. K 539. G 2701 *V.*, mauvés ~ *übler, wunder P.* C 4534; (in *neg. Satze) das geringste, irgend was (wie)* G 8728, (in *posit. S.*) *e.* L 2992, *mit neg.* (*gar*) *nicht*(*s*) G 766. 3111:, ne ~ de G 5960. 6855. 8567. 8764. 8916 (*V. o.* de); *s.* ore.

pointe (-a) *Spitze* G 3549. 6166, *Stich* E 4222 *V., Anritt, Rennen* G 1453 *V.*, feire une ~ K 5987. L 4486.

poinz *s.* poing, point.

poire (*pĭr-a *st.* -u) *Birne* E 4268. C 6466. G 3326 *V.*

pois[1] (pĭsu) *Erbse* W 2405.

pois[2] (*pēns-u *v.* -are) *Gewicht* E 1562; contre mon ~ G 7113 *V.*, ano- mon ~ E 5658, estre mon ~ G 7113 *V.*, outre mon ~ G 7113, sor mon ~ C 1368 *V.* K 794. 3403. G 7113 *V. g. meinen Willen.*

poïs *s.* pooir.

poise *s.* peser.

poison (pōtiōne), *f.* C 6632,

Brühe? E 492 V., *Arznei-, Zaubertrank* C 648. 3057. 6632, *Gift?* G *5910.
poiss- *s.* puiss-, peiss-.
poïsse(nt) *s.* pooir.
poissonet (poisson + -et) *Fischlein* G 3009.
poist *s.* peser; poïst *s.* pooir.
poitr- *s.* peitr-.
poivre (pīpĕre) *m. Pfeffer* E 5208. L 2880. G 3281—4.
poli (pŏlītu) *geglättet, glatt* G 7691, (*Worte*) *gleißend* G 4385.
pom *s.* pon.
pome (*pōm-a *st.* -u) *Apfel*; ~ grenate *Granat-* W 1372: (*V. pik.* pume, -nete). G *3325: (*V.* -nade, -nete; garnate, -nette, pumes de grenates).
pomel (*-ellu), *N.* -iaus *Knauf* K 225⁹² V. G 645 V.? G 6676 V.
[pon, pom] (pōmu > pom, pon × pon, pont < ponte), *N.* ponz G 3162, *A. pl.* pons (*V.* poins, puin(g)s, puinz) E 5973. L *6125. 6139.
poncel (*pont-icĕllu) *kleine Brücke* G 1715 V.
pont (-e) *Brücke* G *623; *s.* torneïz, P-.
pooir (*pŏtēre), 1. *pr.* puis G 7055: 8477:, 2. puez E 4355, 3. puet C 202, 4. poons E 1159, -omes K *1834, 5. -ez E 1131, 6. pueent G 6013:, 1. *k.* puisse E 257, 3. *eb.* G 7592:, puist G 1251 V. 1936 V. 4383, puit G 6631 V., 1. *ipf.* pooie C 913, 3. poiet? G 3738 V., 1. *pf.* pọi L 577:, poc G 6600 V., 2. poïs G 4656, 3. pọt C 228:, pout G 7798 V., 4. poïmes G 4529: (*V.* -ïsmes), 6. porent C 401, 1. *k.* poïsse (C *908). L 264:, 3. -ïst W 67. G 1811:, p(e)uïst G 6604 V., pëust C 908: V. 5606: V. [K 6953:] L 3914 V. (*Kristian kennt* ëu-*Formen nicht; doch s. ZffS* 53 (1930), 179), 4. poïssiens E 4985, 5. -iez L †88. G 2123. 4405, 6. poïssent E 6822, pëuss- G 2639 V., 1. *fut.* porrai E 2758, 5. -oiz C 6585, 1. *kond.* -oie C 516, *s.* puissant, *p. pf.* pëu, *können, vermögen; Grund ha.* L 584. 1218, an ~ *dafür k.* G 6733, ne ~ avant (*abs.*) W *792, miauz ne puet G 3364, con je plus poi G 3484, com il plus puet G 7479, que plus ne poi G 3484 V., quanqu'ele pot *was sie konnte* G 705, que je puisse *soviel an mir liegt* G 697, puet c'estre G 1013 V. *u.* puet cel estre C 2325 *vielleicht, periphr.* ce ne me puet pas nuire *das wird mir nicht schaden* G 5266 V.; *sb. Macht, Gewalt* C 911, de über G 3342, *Übermacht* G 2247 V., *Heeres-* G 8887, *Gebiet* G 5321 V., *Vermögen, Mittel* E 514, *Kunst* C 5952, tot mon ~ *mein Möglichstes* E 4361, toz ses ~s G 4530, à son ~ E 6388, à noz ~s C 5946 *nach Kräften,* de povre ~ *v. schwachen Kr.* G 3544a V., por nul ~ *durch irgendeine Macht in der Welt* G 7808 V., avoir ~ an (*V.* de, seur) a. *Gewalt über j. ha.* L 4139, n'avoir ~ vers a. *j. nicht standhalten k.* G 2612, feire son ~ de *sein Möglichstes* G 4719; *s.* ainz, plus.
[popleiier], -oiier, *V.* publiier, pu(e)ploier (pūblicare × pŏpulu; *vgl. altlat.* pŏplicus) *öffentl. verbreiten* C 2978.
por (por *neb.* prō), *wechselt in*

den *Hss. m.* par, *vgl.*
*2001. L⁴ †6141, *prp. für,
um (zu), um ... willen, wegen* L 5877. 5969. G 4176,
~ li *ihretwe.* I 3, ~ Deu *um
Gottes willen* E 4353. G 9209,
bei Gott G 3787, ~ (*V.* par)
moi *meinetwe.* G 8967, estre
~ bien *zum Guten s.* G 1693
V., durch, v. G 3683*V., trotz*
E 4664. C 5961. L 1506. 2822.
4540, ~ l'uel *sollte es das
Auge kosten (gekostet h.)* K
5096. L †2185, ~ moi ocire
selbst wenn ... C 5525, ~
loiauté *aus Redlichkeit* G
1693*V.*, ~ verité *in Wahrheit* C 1757, ~ nule rien ne
um keinen Preis L 1310, *s.*
po, ~ quoi (coi) *weshalb,
warum* E 507. C 1410, G
6579*V.* 8928*V.* par quoi, le
porquoi *der Grund* K 1458.
L 5149. G 5190. *8074, ~
que G 1981. 6386*V., vor vok.*
~ qu' L †1227, *m. k. falls
dadurch* L 1716, ~ ce *deshalb* C 26. L 33. G 1684.
I 48, ~ ce (*s.* poruec) que
deswe. weil W 14. G 1196.
7946*V.*, ~ ce *se* (*V.* que)
G 5548, ~ tant *deswe.* G
477*V.*, ~ itant *deshalb* C
916*V.*, ~ tant que *weil* C
1505*V.* 2265, ~ ce que *m. k.
damit* C 115, ~ que K *6615.
G 2825, ~ ce que G 3826. 8031
u. poroec que G 3826*V. wofern,* ~ si que *eb.* G 8031*V,,*
~ quoi *eb.* G 3826*V.* 7403.
~ quoi que *insof., wof.* L
1716. 4784, ~ tant (que)
wof. G 3826*V.*, ~ tant come
solange G 778*V.*, por ... que
was für ... auch immer C
1508. L 1506; *s.* amor(ir),
tenir, voir.
porc] (pŏrcu), *N.* pors,

Schwein G 2540, Wild- L
399. 3524. G 6990; ~ sauvage E 3938*V.*
[porc-espi] (*zu* *pŏrcŏ-spīnu),
N. pors-espis (*u.* -espiz) *Stachelschwein* G 6990*V.*
porchacier *tr. jagen* G 3396*V.,
erstreben, trachten nach* C
642. G 5614, *betreiben* C
5571, *herbeischaffen, besch.*
L 1544. 3422. 6737, aventures G 4167*V., mal à a.
j. übles antun wollen* G 7128;
r. sich versorgen L 4802.
porent *s.* pooir.
porfandre *spalten, durchschneiden* C 4948. G 6024, *schlachten* L 5277:
porfichier (cheval) *dahintreiben* G 7074*V.* 7081*V.*
porfitable (*v.* porfit *v.* prŏfĕctu) *vorteilhaft* E 5192.
porloignance (*v. fg.) Aufschub*
K 112*V.*
porloignier (*por-longiare) *aufschieben* C 90. 2200. W 1212.
porofrir *anbieten* E 838; *r.* K
2513, de ac. *sich zu e. erb.* L
5988.
porpans (*v. fg.) Verstand* C
2740*V., Bedacht* K *1467*V.,*
n'avoir an (*V.* nul) ~ de *nicht
weiter denken an* G 6261*V.,*
estre an ~ de a. *an j. d.
müssen* E 1848*V.*, de ac. *besorgt s. um* G 1944*V.*, de +
*inf. darauf bedacht s. e. zu
tun* C 5336*V.*, an mout grant
~ de + *inf.* L 4933, an
grant ~ *voll Sorge s.* L 2756.
porpanser *r. sich bedenken,
nachd.* C 1832. K 487*V.,
überlegen* G 3306f*V., auf den
Gedanken kommen* G 1957*V.*
6052; *n. überl.* C 1387*V.*;
estre pourpensé de *e. im
Sinne h.* G 6693*V.*
porpoindre (*s. ML³* 6424) *step-*

pen; coute -pointe *Stepp-decke* E 479. 5142.

porprandre *tr. sich ausdehnen über, besetzen* W 3331. C 1492, terre (*Pferd*) *dahinfegen, ausgreifen* G 4257.

porpre (pŭrpŭra) *f. Purpurfarbe* (*v.* murex *o.* conchilium); *-stoff* E 5336. G 3090, ~ vert E 1591. G 1799. 3090 *V.*; ~ d'Andre (*s. d.*) G 1799*V.*

porprin (*z. vor.*) *purpurn* G 1352*V.*

porpris (*v.* -prandre) *angewiesener Platz* L 342, *eingeschlossene Fläche* E 5398.

porquerre, 3. *pr.* -kiert C 638 *V.*, 1. *pf.* -quis L 3660, *tr.* (*zu erwerben*) *suchen* C 641, *erbitten* G 5614*V.*, ac. à a. *j. e. verschaffen* L 6693.

porquoi *s.* por.

porrai *s.* pooir.

porręte (*v.* por *v.* pŏrru) *f. Perlzwiebelsetzling* L 2838*V.*

porriere *s.* poudriere.

porrir (*pŭtrīre) *faulen* C 765. W 1388 (*s.* Herr. *A.* 132, 89 Anm.). L 5611. G 3273.

porsaillir *tr.* (cheval) *dahintreiben* G 7074. 7081—4.

pǫrt (pŏrtu) *Hafen* C 235, venir au (*V.* à) ~ G 7375, *Überfahrtsstelle* G *8903. 9010; *pl. Pässe* C *†6704; *s.* P-, prandre.

portaindre *färben* L 3214.

portandre *behängen, ausschlagen* E 2366. G 1761. 7716*V.*

pǫrte (pŏrta) *Tür* E 2056, *Tor* E 347; *s.* coler[1].

porter (pŏrtare), 2. *pr. k.* porz L 5963, *tr. tragen* E 283, *mitführen* E 2714, *bringen* C 1129, *verursachen* G 2463 *V., m. sich br.* G 1349*V.* (*zu* aporter); an ~ *u.* G 554 *V.* 801*V.* emp- *mitnehmen, wegtr., davontr.* G 607. 769. 807. 897, ~ jus *v. Pferde werfen* *G 2209 = G 2673. G 3923, à terre *zu Boden w.* (*strecken*) E 5020. C 2048. G 5024. 8403, del cheval K 5964; *s.* anvie, arme, ~ conpaignie à a. *j. Gesellschaft leisten, begleiten* C 5221. G 7676, mal cuer *übel wollen* L 4595, enor *Ehre erweisen* L 5412. G 539. 1733. 3186, (escu, lance) *führen* G 1474. 5007, foi *treu s.* E 6309*V.*, *s.* tesmoing.

portier[1] (*v.* porte) *Zugang* G 4900:

portier[2] (-ariu) *Pförtner* G 6027, *fig.* G 5989. 5997.

portorner *umwerfen* E 2222:*V.*

portreire (*portragĕre *st.* prŏträh-), 3. *pf.* -trest E 6746, *tr. schaffen, gestalten* C 5382. 6087, *abbilden, darstellen* E 2635. 6757. 6791, *malen* G 1817*V., bem.* C 5562*V.* G 4902*V., schildern* C 834, (l'espee) *ziehen* E 2245*V.*

portręt (*v. vor.*) *Bildnis* E 6743.

poruec (por hŏc), E 812*V.* peruec; non ~ *nichtsdestoweniger* C 1631*V.* K 6022*V.*; ~ que *wofern* G 3826*V.* 8031*V.*

porveoir (prō-vĭdēre) *tr. besorgen* C 5337; *r. sich so.* (*anstrengen*) K 6422*V., de ac. sich versehen m.* C 5774.

pǫs *s.* pous.

pǫse (pausa) *Weile, Zeit* E 4255 *V.*

[posteïf] (*s.* poesteïf), *N.* -eïs *mächtig* E 2327*V.* 5607:*V.* L 1607:*V.*

postel (*v.* post *v.* poste) *kleiner Pfosten* L 218.

postęrne (pŏstěrŭla) *Hintertür* G 1072. 4901. 4914; *s.* P-.

postiç, *nördl.* G 7999 *V.* -is (-īciu) *eb.* E 2056 *V.*
pọt¹ *s.* pooir.
pọt² (*pŏttu) *m. Topf* C 5728 *V.* L 592: G 1920 *V.*
poucin (*pŭllĭcīnu) *Hühnchen* E 492 *V.* G 7276.
poudre (pŭlvĕre) *f. Staub* L 1399. G 3834 (*V. pl.*)
poudriere (*v. vor.*) *u. pik.* porr- G 232 *V. zu* charriere, *Staub* E 3983.
poule (pŭlla) *Huhn* G 7482 *V.*
pous *u.* G 6924—8 pọs (pŭlsu) *Puls* C 3026.
pout (pŭlte) *m. Brei* L *2853.
poverte (*paupĕr-ta) *Armut* E 4799: L 5317: G 3756: *V.*
pọvre (-e) *arm* E 376, (cuer) -*selig* L 3173.
povreté (-tate) *Armut* G 441. 3830 *V.*
prael (*prātĕllu), *N.* praiaus C 6411:, *Wiese* G 6676.
praelet (*v. vor.*) *kleine W.* L 239.
praerie (*eb.*) *W.nland* G 639. 4160; tote une (*V.* la) ~ G 1313.
prandre (prēndĕre), L 990 *V.* pendre, L 5632 *V.* G 556 *V.* 1174 *V.* 6780 *V.* panre, 1. *pr.* praing E 4027:, 5. prenez E 451, 6. pranent G 5937. 8161 (*V.* pren-), 1. *k.* praingne E 4660, 3. *eb.* G 2605: 5616: 5670:, 5. preigniez L 5743:, prenez G 6642 *V.*, 6. praingnent G 2886:, 2. *pf.* preïs C 6137, 3. prist E 1177, 4. preïsmes G 6311 *V.*, 6. pristrent E 6695, prindrent E †3088: W *1346: 2112: K *4148:, 1. *k.* preïsse L 5390:, 3. preïst G 1153, 3. *fut.* panra L 670 *V.*, 4. -rons G 2433 *V.*, 3. *kond.* penroit G 4107 *V.*, *ipt.* pran G 7086,

1. *tr. nehmen, (Gehörtes) (er-)fassen, aufne.* L 162—4, (*Dieb*) -*greifen* G 5088 *V.*, *festne.* G 5219, *gefangen ne.* C 3602, *fangen* L 6398, *ertappen* E 4388, -*legen?* E 281, *einne., erobern* E 4961. C 1240, *ehelichen* W 2698. L 1809, a. *in s. Haus aufne.* G 5209, ac. *anne.* G 5630. 6894, *überne.* G 2044 f. *V., auf sich ne.* G 6163 *V.*, *m.* à + *inf. es unterne., beginnen* G 3180—2 *V.* 8656; *s.* anhatine, ~ bataille à a. C 574, *fig.* E 3738, vers a. C 574 *V.*, antr'aus C 3949, (le chief) *abhauen* C 2153. G 2336, (colee) *erhalten* G 1111, *s.* confesse, consoil, (cop) *erha.* K 2184, l'escu E 2195, *s.* fiance, la foi *sich das Wort geben lassen* E 2169. L 3281. 3290, la fuie *fliehen* C 1336 *V., s.* guerre, ~ hardemant *Mut fassen* L 3172, *s.* justise, ~ (la lance) (*fest*) *einlegen* C 4062, *s.* mal, meslee, parole, ~ pes à a. *bei j. Frieden erlangen* L 5632 *V.*, (port) *einlaufen in* C 275, *s.* prison, saut, ~ (le seiremant) *abne.* L 6627, un seir- G 7539 *V.*, ac. sor soi *e. auf sich beziehen* C 4470, tançon à a. *m. j. Streit suchen* C 4144, an a. *aufne. m.* I 1, *hadern m.* C 6135, la teste de a. *j. den Kopf abschlagen* G 2342, son tor *s. Übung ausführen* G 1491 *V., s.* tornoi, triue, an vain *gering achten* L 3916; 2. *n.* ansanble *gerinnen* F 7967, *ausfallen, verlaufen* C 2554. L 6263. G 4926 *V.*, à a. *befallen:* dolors m'est prise C 664, froidure li (*V.* le) prant G

1556, pitiez te prant de G
6440, ähnl. E 2832. C 4522.
5076. L 4070. 4824. 5951;
3. *ups.* comant qu'il praingne
wie es auch gehe G 2605,
ähnl. G 222. 4926, bien l'an
prant *es ist gedeihl. für ihn*
G 3252, la pitié que il l'an
prant *das Mitleid, das es bei
ihm absetzt* L †3942; 4. *r.* à
ac. *(an)fassen, erf., -greifen*
E 4905. C 6192. 6482. K
4654. G 213 V., *sich (zu)
halten (h.) an* C 4406. 5271.
I 29, *sich bene. (einigen) über*
C 5435, *sich vergleichen m.*
C 2213; à a. *sich an j. halten,
j. die Schuld geben* C 6627.
L 1198, *es aufne. m., sich
einlassen (messen) m., sich
vergleichen können m., j. angreifen*
E 833. C 4540. L
1242. G 4094, soialer ~ à a.
L 5644; de ac. *sich befassen
m.* E 6184 V.; à *m. inf. beginnen*
E 2654.

prē (prātu) *Wiese* G 70. 647;
A. pl.? uns ~ *eine W.* G
4915 V.

precial (*z. fg.*) *kostbar* C 793 V.

precīeus (prĕtiōsu) *eb.* G 6194;
pierre ~e *Edelstein* G 3234.
7655.

prēe (*prāta) *Wiese* E 6943⁷ V.
C 1262. K 1646:; tote la ~
über die (ganze) W. G 4270 V.

preecheor (praedĭc-atōre) *Prediger*
L 2535.

preechier (-are) *predigen* L
5962 f.

preer (praedare) a. de ac. *berauben*
W 2510 V.

preigniez *s.* prandre.

prei- *s.* pri-, proi-.

preïs *etc. s.* prandre.

prelat (prae-latu) *Prälat* E
6862.

premerain (*v. fg.*) *adj. erst* G
5578. 5991. 8947; li ~s nez
der Erstgeborene G 8138.

premier (prīmariu) *adj. erst* E
1692, *als e.er, am schnellsten* G
9225 V., tote ~e *zu allere.*
G 7930; *adv.* ~s *zue., zum
e.en Mal* E 314. C 1281. K
343. G 2181: 7950ᵃ V., de ~s
anfängl. L 977, *zue.* C 3338
V. G 4961:; ~emant *eb.* G
1881 V. 4567, *e.ens* G 4467.

pres (prĕss-) 1. *adj. nahe* G
3916; 2. *adv. na.* C 779, *in
der Nähe* G 6972 V., *beina.,
fast* E 5031, ~ va (que ne
t'oci) *beinahe* E 1001 V. *(Cohn
ZffS* 38, 114), ~ et loing
L 36. G 6111ᵇ V., ne ~ ne
loing (*pik.* loig G 1657 V.)
G 533. 8633. 8720, ne ~ ne
loinz G 2288 V., ~ à ~ *dichtauf, dicht hintereina.*
E 6492.
G 2750. 4137, *aus nächster
N.* E 5128, ci ~ *hier in der
N.* C 6367, à bien ~ *beina.*
L 19. G 5682, de ~ *aus der
N.* E 256, *dicht auf* G 2750
V., de ci (= si) ~ *so n.*
G 6861 V., de plus ~ *näher*
G 6860. 6861 V.; 3. *prp.*
~ un demi *fast einen halben*
G 3908 V., ~ à trois
lieues *fa. drei Meilen (weit)*
L 5878, venir ~ à a. *j. na.
kommen* E 5099 V., ~ de *na.
an, na. zu* E 1489. C 6196.
G 182, (*zeitl.*) E 2120. L 175,
bien ~ de matines *fa. bis
zur Mette* G 9180 V., ~ de
nu *fa. nackt* G 1986 V. *(Text*
~ que nu), pres que toute
nue *u.* ~ ausi com nue *ib.
V.; s. garder, tenir.*

presant¹ (praesent-e) *adj. g.-
wärtig* L 2771, an ~ *eb.* G
3487 V., *vorrätig* C 2044,
metre an ~ *zur Schau stellen*
E 4721.

presant² (*v. fg.*) *sb. Geschenk*
E 2388. C 2331, *Bescherung*
K 2580, à ∼ *als G.* E 5232 *V.*,
an ∼ E 5232. G 1600. 7308.
8810, feire ∼ de a. à a. *j. m.
j. ein G. ma.* G 4022.
presanter (-are) *an-, darbieten,
dar-, überreichen, schenken* E
676. C 113. G 4540.
presque (*Hs.* pres que) *s.* pres.
presse (*v.* -er *v.* -are) *f. Gedränge,
Menge* G 2475. 5122.
prest¹ (praest-u) *bereit* L 6615:
G 3947, ∼ de (*V.* à) + *inf.*
G 7522, prez sui que *m. k.*
I 11.
prest² (*-ītu), *N.* prez, *m. das
Ausgeliehene* [K 6912]; à ∼
leihweise K 288.
prester (-are), 3. *pr. k.* prest
E 259:, (*ver*)*leihen, geben,
ausl.* E 614. (*fig.*) 3576. G
3700. 5808; cos *Hiebe* L
6251, *s.* ostel; à ∼ *leihw.* E
258.
prestre (prěsbyter, prae-), *N.
sg.* ∼ G 6454:, ∼s E 4022;
A. sg. provoire C 4682: W
654: G 6343. 6461; *N. pl.*
provoire L 1254:; *A. pl.* ∼s
E 6537: *Priester.*
preu (prōde *Vorteil*) **1.** *sb.
V.* G 10. 984. 993, i avras ∼
es wird dein V. s. G 6444,
dire ∼ *Vernünftiges sagen*
G 2396, estre an son ∼
(*kjz.*) *zu s.em V. s.* I 32,
feire son ∼ *s.en V. wahrnehmen* C 640, *gut daran tun*
G 6443 *V.*, an ∼ (*Glück auf,
vorwärts*), *erstens* (*zu Beginn einer Zählung*) L 3167
V.; **2.** *adj. treffl., tüchtig,
wacker, tapfer, edel* E 1041:
C I4. L 3, ∼de feme G
6460 *V.*; **3.** *adv. sehr, reichl.,
genug;* ne . . . ∼ *nicht gen.*
L 5434 *V.*, *kaum* W 3210,

schwerl. G 7770 *V.*, ne pot ∼
feire de + *inf. er konnte sich
nicht genug tun in* E *1486.
preud- *s.* prod-.
preudegens (preu de g.) *pl.
Ehrenmänner* G 430 *V.*
[prevost] (praepŏsĭtu), *N.* -ọz,
Gerichtsvorsteher W 2250. L
606.
prez *s.* prest.
prie *etc. s.* proiier.
prieus (prieur *v.* priōre × -eus)
Prior E *6857: W 176. G
*1911: (*V.* prieux, priou(r)s,
priols), E 6858 *V.* prious.
prieuse (*v. vor.*) *Priorin* W 178.
prime (prīm-a) *Prim* (6 *Uhr
früh*) K 609 (? *Mod. Phil.*
27, 462). G 3128.
primes (*-as) (*zu*)*erst* C 616: G
7190, or ∼ *jetzt e. recht* L
2499. 3607, lors ∼ *da zue.* C
6634 *V.* G 7066, à (*V.* au) ∼
zue. C †6634, de ∼ *anfangs*
C 3338; *s.* des.
prince (prīnceps) *Fürst* G 7947.
prindrent *s.* prandre.
prior E 6858 *V.*, prieur *u.* priour G *1911 *V. Prior.*
pris¹⁻² *s.* prandre, prisier.
pris³ (prětĭu × prisier) *Wert,
Preis, Ehre, Auszeichnung;*
de ∼ *v. W.* G 4007; antrer
an ∼ *zu E. gelangen* G 6457
V., avoir le ∼ *siegen* G 5160,
monter an ∼ G 6457, an
porter le ∼ G 5586, randre
∼ à a. *j. huldigen* G 2842.
4008.
prise (*v.* prandre) *f. Gefangennahme* G 2351, *Erlegung,
Halali* E 279. W *2755.
prisier (*prětĭare), 1. *pr.* pris
E 672:, 3. *k.* prist C 2919;
tr. (*ab*)*schätzen, achten, preisen* L 109: 2168:, an *pr.* W
2084, *rühmen* G 2298, *loben*
G 5200, ∼ petit *geringsch.*

E 2850, ne ~ un denier G 859, rien G 5425; *r. sich rü.* G 4394, *pass.*? (*Wilm.*) W 634; prisié *geschätzt* G 8126 —8.

prison (*prēnsiōne × pris-) **1.** *f. Gefängnis, Haft* E 1209. K 53. L *1922, aler en ~ G 2328 *V., s.* amener, anveiier a. à a. an ~ E 1163, fiancier ~ *sich für gefangen erklären* E 1028. C 4692f., garder an ~ *in H. halten* C 1355, *s.* giter, metre an ~ K 5449, *r.* L 3288, pardoner la ~ à a. *j. die H. erlassen* G 4084, tenir an ~ *in H. halten* E 6097. C 6595. K 6120, tenir ~ *gef. s.* K 6127. G 2521. 2829; **2.** *m. Gefangener* K 78. 4127. 5339. 5369. G 2454. 2711, prandre ~ *einen Gefangenen ma.* W 2769; **3.** *adj. gefangen* K 5790. G 4083, ~ vos sui G 4012 *V.*

prisonier (*v. vor.*) *Gefangener* W *3066. L 3303:; *adj.* G 2711 *V.* 2716 *V.* 8339.

prisoniere *Gefangene* K *3596.

prist *s.* prisier.

prist(rent) *s.* prandre.

privé (prīvatu) **1.** *adj. versteckt* [K 6677], *-traut* E 1408, *-traulich* L 2397, (ome) *gesittet* G 8178 *V.*, estre ~ à a. *j. teuer s.* G 3926 *V., s.* consoil; **2.** *sb. Vertrauter* C 383. 2452, ~z mal achate *man kauft schlecht bei Bekannten* (*sprichw.*) K *1760; **3.** *adv.* ~emant *vertraul.* E 4751, *im Vertrauen* C 5490, *im kleinen Kreise* G 4005.

procession *Prozession* G 2939, *als Leichenzug* L 1177. 1274 —6; à ~ *prozessionsweise* G *6968.

prochain (*prŏpianu) K*5395:, -chien G 3950, -chiene C 1560, *nah*, (conroi) *baldig* E 4116. L 1566; *adv.* molt procain *sehr bald* G 1998 *V.*, ~nemant *b., unverzügl.* K *5385, prochienemant W 3050. G 4076. 7546.

prodome (prǫ(z) d'o-), G 6461 *V.* prodhome, L 5158 *V.* preud-, *N.* prodon G 1547: 1891:, prosdom G 6350 *V.*, prosdon G 1352 *V.*, preudom G 837 *V., treffl. Ritter, Ehrenmann* E 5491. L 999. 3211. 3883, (*Anrede*) G 837 *V.*; *adj.* si ~ G 8861, plus ~ G 1905, le plus ~ G 11.

proesce (*prōd-ĭtia) *Tüchtigkeit, Tapfer-, Wert* G 2800: 8122. 8685; *wackere Tat* C 5013, *Groß-* G 2836.

proie (*prēda *st.* praeda) *Beute* C 1755; aler an ~ L 3421.

proiier G 1642. 1667. 2980. 4849, G 4849 *V.* preier (prĕcare *neb.* -ari), 1. *pr.* pri C 994: G 5813: 6593:, 3. prie G 1728: 4649: 7448:, *anal.* proie (: otroie) E 6505, 6. prïent C 2152, *p.* proiié L 272, *bitten,* **1.** a. C 994. 996f. 4218. G 543. 757, *zu j. beten* G 569. 6370, *anrufen* G 4135, a.e d'amor *eine um ihre Liebe bi.* G 4849, qui m'an prie G 5813, a. de + *inf.* G 1572. 5174. 5181, proiier ne s'an fist E 1238; **2.** à a. E 1864. 2284. C 1573. 3972. 4223. L 1305. 4066. 4515, ce te pri C 2617, à a. de + *inf.* G 2925. 5635, à a. que G 3934. 4235. 4368. 5467; **3.** ạc. à a. e. *für j. erbi.* G 4649.

proiiere, G 4855 *V.* preiere (*-aria) *Bitte* G 1594. 4855, *Gebet* G 2985, *Fürbitte* G

*6406, par ~ auf B. hin G 552. 5971V., por sa ~ G 5971, feire ~ à a. an j. eine B. richten G 5370.
promesse (-mĭssa) Versprechen, Zusage, Gelübde E 6530. W 23; s. randre.
prometre versprechen E 6531.
prophete (-ēta) in Jesucrist, la ~ sainte G 581:
proposer (-pōnere × poser) vorschlagen C 3947. K 223⁴V.
propre (prŏpriu) eigen E 6880.
prosement gründl. C 5921V.; s. W. F. Zs. 15, 527.
prosnes (prŏtŭlu v. prŏthỹru) Chor(gitter) L 629:
prosperité (-tate) Glück W 49.
provance (v. fg.) Beweis L 1182.
prover (prŏbare), 1. pr. pruis C 2846, 3. prueve E 3486, tr. be-, erweisen E 15, d'armes erproben in G 7346V., de traïson überführen G 4788; r. sich bewähren E 3486, bien L 4694, mauveisemant C 6592 sich gut (schlecht) benehmen; -vé ausgemacht: fol ~ Erznarr C 1002, fole ~e G 689, ähnl. L 6021. G 4738.
proverbe (*prōverbia) f. Sprichwort C 4572V. G 7099.
provoire s. prestre.
prueve (v. prover) f. Beweis L 3311.
pruis v. prover.
prunele (*prūn-ĕlla) Schlehe W 434.
publiier s. popleiier.
pucelage (v. fg.) Jungfernschaft C 3227.
pucele (pūlĭcĕlla v. *pŭllĭc- × pŭtus?) Mädchen, Jungfrau, Edelfräulein G 185, Zofe W *1084, ~ de la chanbre C 581; vgl. P-.
pucelete (v. vor.) kleines Mädchen, Fräulein G 671V. 5596V.

pue- s. pooir.
pueple, nördl. pule E 4746V. (pŏpulu) m. Volk, Menge G 5941. 8867V.
pueplé (v. vor.) bevölkert G 5759.
pui (pŏdiu) Hügel, Berg G 3037: 4706.
puïr (*pūtīre st. -ēre) stinken L 116.
puis¹ s. pooir.
puis² (pŏstea o. *pŏstĭus nach *antĭus?) 1. prp. nach, seit C 5103. K 3691. G 9007V.; 2. adv. darauf, dann, später, seither E 8; ~que nachdem, seit, da G 1903. 3936. II 23. 40, wenn L 6658V. G 7625; s. des, di.
puisier (v. puiz v. puti v. pŭtĕu) schöpfen; puisie pik. st. puisiee erschöpft G 2018:V.
puisné (puis + ne) jünger L 6179V.
puissance, nördl. poissanche C 3875²V. (v. fg.) Macht, Gewalt; ma ~ mein Möglichstes L 997. G 6188.
puissant nach Wtb.¹ S. 222* (v. pooir) mächtig, vermögend G 1909. 4924.
puissedi s. di.
puiss- s. pooir.
pur (pūru) rein, hell E 5152. C 4357. L 455; an ~ cors bloß, nackt E 4384V.
[put] (pūtidu), f. ~e stinkend, gemein K 356. G 5956, de ~e ore in böser Stunde G 3435; s. afeire.
putage (v. vor.) Hurerei L 4126.
putois (eb.) (Fell des) Iltis W 1740.

quachet (v. quachier v. *coāctĭcare) Versteck, Winkel L *1265:
quacier (*coāctiare) gerinnen L *6129.

quaille, L 1267 V. caille u. kaille (frk. *ƕalfala o. *coacula?) Wachtel C 6433.
quainses, V. quanses, coinses (quam sī + -s) als ob C *†4553.
quamois, V. c(h)am-, caum-, quem-, camous (camoce × ?) eig. Gemshaut; m. Leder überzogenes stumpfes Lanzenende C 4936: L *2249.
quamoissié, V. camoisié (v. vor.) blaugeschlagen E 3241, 3. pr. chamousse (: froisse) K 5958 V.
quanivet s. can-.
quanque (quant + que) wieviel auch immer, alles was E 499, was auch i. W 875. G 204. 1450. 1507 (V. quant que). 3352, soviel (so sehr) als L 881. 4600; quanques G *7480.
quant[1] (quando) konj. als E 40, da, weil E 187, wo doch G 3623 V. 4990 V. II 7 V., daß E 4725. C 1626, wenn E 512; wann (frag.) E 1201. C 3386.
quant[2] (quantu) pron. adj. pl. wie viele L 4700. 5872. G 1567, quantes E 6765; ne tant ne ∼ gar nicht E 5990. L 761, ∼ plus ... tant ∼ je mehr ... desto mehr II 44, = quanque G 204 V.; en quant solange G 3816 V.
quarantainne (v. fg.) Frist v. vierzig Tagen L 5855. G 1264 (V. karentaine). 4790.
quarante (quarranta) vierzig E 2713.
quarré (quadratu) viereckig, mächtig G 3054. 3083.
quarrefor (*quadri-fŭrcu) m. Wegekreuzung K 610.
quarrel (*quadr-ĕllu), N. -iaus, Quader G 1336. 7829, Bolzen C 1523. G 8697.

quart (quartu), N. -rz G 3073, viert E 1695; sb. Viertel G 4906 V.
quarteler (s. esqu-) tr. vierteilen C 4864 V.
quartier (quartariu) Schildfeld; escu de ∼s G 8309. 8554; paint en ∼ C 4795 V.
quas[1] (quassu) zerbrochen; voiz ∼se schwache Stimme L 6234.
quas[2]? G 1020 V.
quasser, G 2482 V. qasser (quassare), 3. k. quast C 728, tr. zerbrechen, -reißen E 5845. C 3424: L 6150, verletzen, beschädigen C 704:, (Wort) br. C 3186 V.; r. sich verl. K 4752; n. br. E 880; quassé zerschlagen E 3019, (in s.er Kraft) gebrochen G 8424 V.
quatorze vierzehn L 441.
quatre vier C 252; ∼ vint achtzig K 5612.
que[1] s. qui.
que[2] (quam) als (nach komp.) E 3, als daß L 146, s. plus, ne ∼ ebensowenig wie E 834. G 1153 V., ne ... ∼ nur G 4006.
que[3] (quiă st. quod, ut; quĭd) daß E 10. 514, (pleon. wiederholt) K *1429. 3077, respondre ∼ „non" G 2846, so daß C 604. L †3602.†6087, weil C 535. 3914, denn E 239. L 378f. II 44 V. G 5122 V., da (ja) G 3416 V., damit C 1983. L 2502. 5007, ∼ (je soie) für den Fall daß K *799, (nach neg. = mes que) wofern nicht G 1462 V., (im unabh. Wunschsatz) daß doch C 3997. G 180 V. 1400 V. (= or) 8148 V.; ∼ ne (cf. quin) o. daß W 54. L 576. †1780, ∼ atant il que il ne

s'arme *weshalb wappnet er sich nicht* G 5056; ∼ ... ∼ *sowohl ... als auch, teils ... teils* E 1861. 6181. W 1163. L †4342. 6222. G 2283. (*V.* que de ... que de) 7521; ∼ ∼ (*m. ind.*) *während* E 983. C 1568. L 61, (*m. k.*) *wie sehr auch* (*immer*) E 2105. C 3223. L 4599, *einf.* que G 757 *V.*; *rel.* (*nach Zeitangaben*) *daß, wo, z. B.* an celui jor ∼ L 4746, *ähnl.* E 3381. C 2387. G 3436. 6267. 8661, (*absolut*) *wo doch* L 6324, *s.* lués ∼ *usf., örtl.* = ou G 6841 *V.*
que⁴ (que) *verallgemein.: auch immer s.* comant, quanque, quel, qui.
queïsse *usw. s.* querre.
quẹl (quāle), *N.* ques (*so ist zu drucken; s. Wtb.*¹ *S.* 221*) C 84, *was für ein, welch* E 44, ∼ la ferez vos *was werdet ihr ma.* G 7147 *V.*, ne sai ∼ *irgendein* C 5208. G 6035, le ∼ E 2360. G 3253 *V.* 8883, ∼ que *m. k. wie beschaffen auch immer, welch ... auch i.* E 5 = G 4356 (*präd.*). E 1981. 5606. C 176. L 3850. G 1404 *V.* 7016, *wer auch i.* G 24 *V., n.* in à ∼ qu'il en tort E 48 *V.*, a ∼ que tort L †1303, ∼ que ... que *m. k.* G 686. 1404 *V.* 3390 *V.* 5648, (*m. ind.*) G 5652 *V.* 8050ᵇ *V.* 8214, à quelqu'enui *m. einigem Verdruß* L⁴ †184, à quelque painne E 3040. C 4304. 6659. W 2412. L⁴†184. G 7445; ∼ ne ? G 383 *V.*
quelconques *in* en ∼ liu que (*neb.* an quel que leu que) G 5648 *V.*, *ähnl.* L 5803 *V.* G 7016 *V. u.* (*Hs.* quenconques) G 1542ᵃ *V.*; *vgl.* quelque onques voie G 7016 *V.*

quelque *s.* quel, quelconques.
quepouz *s.* peçol.
querele (quĕr-ĕlla *neb.* -ēla) *Streit, Prozeß* C 4137. L 494. 5856 *V., Grund* K 484; estre an la ∼ *hineinverwickelt s.* G 800:
quereler (-ĕllare) *tr. ausschelten* C 6761.
quẹrre (quaerĕre) E 1925: G 2097: 2179:, 1. *pr.* quier C 570:, 1. *k.* quiere E 1210:, 5. queroiz C 2302:, 1. *pf.* quis E 2279, 4. querismes G 6312 *V.*, queïmes G 6311f. *V.*, 6. quistrent E 6517, 1. *k.* queïsse L 246, *p.* quis C 219, *ipt.* querez C 3566, *suchen, wollen, trachten nach* E 165. C 570. L 177. I 15, que querez vos *was wollt ihr* G 5958, (*phraseol.*) *wollen* G 3253, plus n'i quier à demorer G 7794ᵇ *V.*, (*be*)*lieben* G 4116, *bitten, ersuchen* E 631. 6517. L 364, *betteln* W 597, *fragen, verlangen* C 219. 2316. 4348, ac. à a. C 88. 2529. 4000. K 2784. L 1968; aler ∼ *holen* E 4763. W 17, *aufsuchen* G 4140, anveiier ∼ *ho. lassen* E 4763, venir ∼ *ho.* L 248. G 2532; quis *herbeigeschafft, vorhanden* C 6378; *s.* mal.
ques = que les *daß sie* G 2427 *V.*, = qui les G 2482. 5786 *V.*
quẹste (*quaesïta) *Suche* L 6616:
queu (*cŏcu *st.* cŏquu), G 2571 *V.* keu, *N. pl.* queuz G *2571 *V., A. pl.* queuz E 2062 *V.*, *Koch* E 6447. W 1838. G 2571. 2582.
queust *s.* cosdre.
queuz (cōtis *neb.* cōs), *A.* ∼ C 4252: *f. Prüfstein.*
qui (quī) *pron.* 1. *int.* a) *m. u. f. wer, N.* qui L 3571, *obl.* (*abs.*)

E 5383. L 3570. G 582, (*nach prp.*) à cui G 5341 *V.*, de cui L 4287, par cui L 3613, b) *n. N.* qui C 1574, *A.* que L 4285, que de ce *was soll damit* G 299 *V.*, n'ai que feire E 172 (*vgl.* 211), n'a rien que feire E 1631, ne sai que dire L 1080, n'i truis rien qu'amander E 1664, *s.* devenir; *wozu, weshalb* C 530. L 1230, *bet.* G 7741 *V.* *u. nach prp.* quoi, *s.* por, quoi *int. was, ei* E 2849. 2984 *u.* ? 840 (*Cohn ZffS* 38, 113); **2.** *rel. welcher, der*; *obl.* a) *bei Pers.* cui, G 2642 *V.* qui, (*abs.*) *G.* C 2383, *D.* E 4638. L 44, *A.* E 4536, (*nach prp.*) de cui *G.* L 2891, (*nach art.*) la cui proesce L †2, *ähnl.* G 3690, oiant cui *vor dessen Ohren* C 4163, b) *bei Sachen (Tieren)* que, *nach prp.* quoi E 4241. C 6633. L 1100, de coi G 6111ᵈ *V., auf Pers. bezogen* L 3240 *V., vor vok.* qu' *in* par qu' E 15. C †72. 795. 4113. 5409. L †1227. 3536; — *n. N.* qui L 1687, que C 5668, *A.* que C 488; **3.** *verallgemein.*: qui que (*m. k.*) *wer auch immer* E 5055, *D.* cui que E 2448, que que (*m. k.*) *was auch i.* E 1814, coi que G 2042 *V.*, (*nach prp.*) à quoi (*V.* que) que E 48. L †1303, **4.** *besondere Fälle*: qui (*beziehungslos u. kond. m. ind., k., kond.*) *wenn einer (man)* W 11. [K *6654]. L *3130. G *3476. 7713; qui ... qui *der eine* ... *der andere* C 5135, cui ... et cui *dem einen* ... *u. dem anderen* G 2450; ne ce ne quoi *weder dies noch jenes* E 2771. L 6720; dire que sages L 1435, *s.* feire; que je cuit *soviel ich denken kann* C 5523, que je sache E 1005, sëusse G 4780 *V.*, que il sëussent L 573, que vous puissiez G 1647ᵃ *V.*; *por quoi falls s.* por; *vgl.* que.

quiaut *s.* coillir.

quier *etc. s.* querre.

quille *s.* killie.

quinancie (kynanché + *Sw.*), *V.* -tie, -atike, -atigne, q̊natique, *Bräune* C *3025.

quint (quĭnt-u) *fünft* E 1696; *sb. Fünftel* E 6705.

quintainne (-āna) *Stechpuppe* E 6943⁶ *V.* C 1300. L 4484.

quinzainne (*v. fg.*) *vierzehn Tage, zwei Wochen* L 666. G 1264 *V.* 4790 *V.*

quinze (quīndecim) *fünfzehn*; ∼ jorz G 7184, ∼ mois C 6363.

quinzisme (*v. vor.*), E 642 *V.* quinsime *fünfzehnt* E 1686: quis¹ = qui les C 552.

quis² *etc. s.* querre.

qui'st = qui est C 367.

quite (quiētu) *bezahlt, -lohnt* C 2158, *ledig, frei, ungehindert, -bestritten* E 600. C 2316. L 896: 1136, toz ∼s (*präd. adj.*) *ganz u. gar* C 124. 5232; avoir ∼ ac. e. *zu freiem Besitz h.* G 948, *s.* clamer, estre ∼ *quitt s.* G 8474:, de straffrei *ausgehen* G 6738, me rant ∼ la moie (foi) *entheb mich* ... G 8665 *V.*; ∼mant *endgültig, gänzl.* G 8623.

quiteé (*v. vor.*) *in an* ∼ *unbestritten* E 5405.

quiter (quiētare) *tr. erlassen, vergeben* L 2012.

quoi *s.* coi, qui, por.

r', re- (rĕ-) *Verbalpräfix*: **1.** *zurück* E 5951, **2.** *wieder* E

4232, 3. *zur Bezeichnung der wechs. Folge (beim subj.) seiners., einmal* E 5276, *(beim obj.) desgleichen, weiterhin* E 6465. L †782.
r'a *s.* r' *u.* r'avoir.
r'acesmer *tr. neu schmücken* K 6689 *V.*
r'achat (*v. fg.*) *in* sanz ∼ *o. Möglichkeit des Rückkaufs* G 7811.
r'achater *rück-, loskaufen* W *688. C 2178.
r'acheminer *r. sich seiners. aufma.* L 5811.
racine (*rādīcīna) (*heilende*) *Wurzel* E 5761. C 649. G 6912g *V.*
raciné C 651 *V. zu* anr-.
raconoistre *tr. erkennen* L 2243 *V. zu* rec-.
raconter *s.* rec-.
r'acorder *tr. beilegen* L 6612.
rade (răpĭdu) *reißend* E †5375. (K *3024). L *3089. G 8904 *V.*, (*Pferd*) *flink* G 7195 *V., s.* roit, (vin) *hitzig* E 5167.
r'adoucir, *V.* rend-, 3. *pr.* -cist, *tr. wie. versüßen* L 1357, *n. süßer w.* II 43 *V.*
r'afermer *wie. befestigen* E 5257.
r'afïer *n. die Versicherung geben* G 5162 *V.*
r'afubler *tr. alsdann anlegen* E 1639 *V.*
rage (răbia *st.* -ie) *f. Wut* C 879, par ∼ *aus W.* G 1956 *V., metre à a. au cors la* ∼ G 2136 *V.*
r'agenoillier *r. wie. niederknien* L 3399.
[ragif] (*v.* rage), *N.* -is *scheu, wild* E *1398.
rai (rădiu) *Strahl* C 727, à grans ∼s *in großen Str.en* G 6556 *V.*

r'ai(ent) *s.* ravoir.
raiiens *s.* reanbre.
raiier (rădiare), 3. *pr.* raie E 3027, *strahlen* C 2760 *V.*, *strömen, rinnen* E 960. 3027, G 8406 *V.*, venir raiant (*Falke*) *dahinstreichen* G 4176 *V.*
r'aille *s.* r'aler.
raim C 6405. 6488, rain W 744 (rāmu), *N.* rains, *Ast, Zweig* G 106. 6325, (*Geweih*) *Ende* W 2608.
raime, li *pik.* G 6941 *V. zu* racine.
rain[1] *s.* raim.
rain[2] (rēmu), *N.* ∼s K 5133 *Ruder.*
rains (rēnes) *eig. Nieren; Lenden, Rücken* L 3351. 5613. G 4633. 7171 *V.*
rais- *s.* reis-.
r'ajancier *wie. aufputzen* E 6486:
r'aler, 1. *pr.* revois G 5802 *V.*, 3. -va G 3366, -vet E 3932, 6. -vont G 2717 *V.*, 3. *k.* r'aille C †5076, 4. r'aliens G 7760 *V.*, 5. r'ailliez G 7760, ipt. -va L 4763, *n. zur.kehren* E 6358. G 2717 *V., anders. gehen* G 2690, *nunmehr ge.* G 4930 *V., seiners. ge.* W 51; *r.* an ∼ *zurückge.* G 6207.
[r'aleiier] (*s.* aliier), 6. *pr.* ralo(i)ent, (chenole) *wie.einrichten* G 4342 *V.*
ramage (*rām-aticu) G 651 *V. zu* ramee.
ramainne *etc. s.* ramener.
ramanbr- *s.* remanbr-.
r'amantevoir C 6768:, -toivre E 5594: C 3900: 6631:, 1. *pr.* reman[t]ois W 136 *V.* (*Wilm.*), ramentoi W 2703 *V.*, 6. ramantoivent C 4883, *p.* -tëu L 39, *erwähnen, nennen, gedenken.*

ramee (*rāmata) *Laubhütte* G
*651.
r'amener, 3. *pr.* r'amainne
C 3813, *östl.* r'amoine G
2971: (*s.* *618), 3. *k.* r'a-
maint K 81, r'amaigne G
2971*V.*, *zur.führen* L 738. G
617*V.*, *seiners. mitbringen*
G 8856*V.*
r'amer *wie.lieben* C 4421 *V.* W 39.
r'amonester K 2933*V. zu* am-.
ramu (*zu* raim) *dicht* G 6324*V.*
ranc (*frk.* *ḣring) *Ring der
Zuschauer, Rang, Reihe* E
1303, an ~ (*V.* d'un ~) *der
Reihe nach* L 2069; *pl.* rans
(*V.* rens *u. sg.* renc) *Turnier-
platz, Schranken* G 5505; *s.*
van.
r'ançaindre (*v.* ançainte) *r.*
(*fig.*) de *wie. schwanger w. m.*
W *616.
r'ancheoir *rückfällig w.* G 3887.
rancune, G 7018*V.* -cure (ran-
cōre + *Sw.*) *Groll* K 689.
rande (*got.* *ranba) *in* à ~
voll gemessen G 4754.
randon (*frk.* *ranbo), C 1741*V.*
raand-, *m. Ansturm, Wucht*;
~ de sanc *Blutstrom* G
8406*V.*, à ~ *in Strömen* G
6556, de ~ *heftig, ungestüm*
G 2478, tot de ~ G 707*V. u.*
d'un ~ G 708*V. mit einem
Schlage,* de grant ~ *m.
großem Ungestüm* G 4177,
spornstreichs G 7334*V.*, lo
(*V.* de) grant ~ G 4319*V.*,
an un ~ *m. einem Mal* E
976. L 3954. G 707.
randoner (*v. vor.*) *hitzig verfol-
gen* L 882.
randonnee (*eb.*) *in* de ~ *m. Un-
gestüm* G 4270*V.*
randre (reddĕre × prĕndĕre),
1. *pr.* rant E 999, renc G
4786*V.*, 3. *k.* renge G 2743
V., 3. *pf.* randi E 1842, ipt.
rant C 2493; **1.** *tr. zur.-, wie.-
geben* E 632, *überge., auslie-
fern* C 1658, à Deu te rant
befehlen G 396, (l'ame) *auf-
ge.* C 5763, (un assaut) *ma.*
C 5984*V.*, (clarté) *verbreiten*
E 433. G 7704, (cos) *zur.ge.* L
5619, (la costume) *nachkom-
men, ausüben* E 290, (droit)
E 2090. L 373 *u.* (droiture)
E 1842. L 6402 *zuteilw. las-
sen, s.* estor, (fruit) *eintragen*
G 4, (son gage) -*liefern* G
4786*V.*, (graces) *abstatten* G
2743, mal *m. Bösem vergelten*
G 2522*V.*, merciz *danken* E
3515, *s.* onbre, (la promesse)
erfüllen E 6530, *halten* G
8912 (*V.* tenir), *s.* reison, (le
salu) *erwidern* E 6235, ses
saluz G 6774, (l'usage) *nach-
kommen, ausüben* E 1842,
les (*scil.* dessertes) lor ~ tēs
ihnen so heimzahlen C 1853;
chier ~ (*st.* vandre) *teuer
heimz.* G 1268*V.*; **2.** *r. sich
hingeben* L 1377. 3395, *sich
erge.* C 2169, pris s a. G
2266. 2842*V.*, soi aler ~ à
a. E 1054. L 3286, soi ~
coupable *sich schuldig be-
kennen* L 6785, recreant *sich
für besiegt erklären* L 5539*V.*
range, K 2728*V.* renge (*v.* ran-
gier) *f. Rang, Reihe* E
*†1752: K *2728:
ranges, G 3133*V.* renges (ḣringa
Schnalle), G 3160*V.* frenges,
pl. Wehrgehenk G 3160: 4712;
s. Espee.
rangier (*s.* ranc) *r. sich reihen*
C 2033; -gié *in Reihen auf-
gestellt* C 1693. G 2466.
r'angoissier *r. sich seiners.
ängstl. bemühen* C 2797.
ranne E *1912: (*V.* renne, reg-
ne) *m. Reich,* C 2454*V.* regne
Herrschaft.

ranoer s. renoer.
ranper (*rampōn) *klettern* C 6192 *V*.
ranplir s. remplir.
ranposne (v. fg.) f. *Vorwurf, Schmähung, Stichelei* G 5092. 5449.
ranposner, L 1351 *V*. -proner, G 1009 *V*. ramprosner (*zu prosnes, eig. zur Schau stellen*) tr. *schmähen, höhnen* L 91. 645. G 1018 *V*. 5402 *V*. 8919 *V*.
ranposneus (v. -posne) *schmähsüchtig* L 69. G 7579.
r'ansevelir *wie. in das Leichentuch einwickeln* C †6068. 6070.
r'antasser tr. *wie. hineindrängen* G 2473 *V*.
rante (*rendĭta) *Tribut* E 809. L 5284, *Gerechtsame* L 5502, pl. *Einkünfte* E 1885. G 7514. 7671.
rantier (v. vor.) *Pfründner* C 3153.
rantiz (*rendĭtīciu) *zinspflichtig* E 3869:
r'antrer *zur.kehren* G 1310 *V*.; r. an G 5585.
r'anvoiier *zur.senden* G 1212, *fortschicken* G 2661 *V*.
raoncle, *V*. reo- (drăcŭncŭlu) m. *bösartiges Geschwür* K *1484:
r'apaiier *wie. beruhigen* W 3058. L 450. G 8088; r. E 3364.
r'apanser r. *überlegen* L 1654.
r'apareillier v. *neuem behandeln* E 4226 *V*., -oilier (braz) *wie.einrichten* G 4344 *V*.
r'apeler, 1. pr. rapel E 928:, *zur.rufen* G 8656; *seiners. ru.* L 3056, v. *neuem ru.* G 1738 *V*., *anders. zeihen* G 4763 *V*.
r'apoiier r. *sich wie. stützen* G 4329.

r'aporter (reportare × apporter) *wie.-, zur.bringen* C 4349. L 2741. G 1210, (un message) *vortragen* K 5916 *V*.
r'aprandre *desgl. mitteilen* C 5049.
r'aprester r. *sich seiners. anschicken* K 5626.
r'aquiter; me raquite la moie (foi) *enthebe mich meines (Treuwortes)* G 8665 *V*.
raser (*rāsare) *kurz abschneiden* L 950 *V*.
rasolder s. resouder.
r'asoter n. *vor Alter kindisch s.* W 1280:*V*.
raspé (*raspātu v. *raſpōn) *in vin* ~ *Lauer, Nachwein* G *3282.
raspos (v. raspe v. *raspa *zu *raſpōn) m. *Knoten besetzt (v. kranken Pferdefuß)* G *7168 *V*.
r'assaiier r. *aufs neue versuchen* C 1521 *V*.
r'assanbler tr. *wie. vereinen* E 4509; n. *sich wie. versammeln* G 5163, as armes *sich im Kampfe messen* L 6220; r. à a. *sich nunmehr j. zugesellen* G 8944 *V*.
r'assanser *zur Vernunft bringen* [K 6870].
r'asseoir n. (*inf.*) *sich wie. hinsetzen* K 2963, r. G 3185, feire ~ L 655; p. rassis *ruhig* W 2373.
r'assëurer tr. *beruhigen* L 451, *seiners. in Ruhe lassen* L 5693, a. de ac. j. *einer Sache versichern* E 4935.
r'assoagier ti. j. *Erleichterung bringen* K 3127. G 3588 *V*.
rat (*rattu) *Maus* L 915. G 4625. 8428 *V*.
r'atorner r. *sich seiners. rüsten* C 1498, de + *inf. sich seiners. anschicken* G 7644.

ravestir s. rev-.
ravine (răp-īna) *Ungestüm* E 2177. 2493; de grant ~ E 3602*V*.
ravir (*-īre *st.* -ĕre) *rauben* E 4486*V*. 4488; = ? E 2496*V*.
r'aviser *scharf ins Auge fassen, beobachten* E 5888. 6238. C 779, *unterscheiden* C 6721*V*., (*wie.*)*erkennen* W 2453. 2467.
r'avoiier *tr. geleiten* G 616*V*., *wie. zu Verstand bringen* L 3013; *r. sich wie. zurechtfinden* W 2378.
r'avoir, 3. *pr.* ra L 4216, 5. ravez C 5233, 6. ront E 4306, 1. *k.* raie W 1990, 3. *ipf.* ravoit G 2734, 3. *pf.* rọt L 3019, 3. *k.* rëust C 1174, *seiners. h.* E 4306. G 8823, *weiterhin h.* G 7539*V*., *gleichfalls h.* G 8364, *seiners. erhalten* G 5583, *dafür h.* C 5233, *wie.h.* C 3926, *wie.erlangen* C 6472; *ups.* ra *es gibt anders.* (*sodann*) C 1213. G 7580.
rẹ (räte *Floß*) *f. Scheiterhaufen* L 4320. 4340. 4570: 4983.
re- *seinerseits usf. neben synon.* d'autre part *s. Herr. A.* 132, 348; *s.* r'.
real (rēgale) *königl.* W 32. G 65. 461:; perron ~ *Hauptplattform zum Absteigen* E 1175; *s.* cort.
[reanbre] (rĕd-īmĕre), 3. *pr.* rahant G 6388*V*., *p.* raïens W *3101:, *g. Lösegeld freigeben.*
reançon, C 1233*V*. G 2712*V*. 7811*V*. raançon (-emptione) *Lösegeld* E 1502.
reant *s.* rere.
reaume, G 6169*V*. reialme, C 56*V*. G 7130*V*. royaume (rĕgīmine × rēgāle) *m. Königreich* W 29.
reauté (*rēgalitate) *f. eb.* E 5392*V*.

rebander *wie. verbinden* E 4232.
rebatre *neu schmieden* G 3676.
rebeisier *aufs neue küssen* E 4932.
reblecier, 6. *pr.* -escent, *seiners. verwunden* L 4548.
rebochier *in* aler -chant, *V.* -broschant, -buissant *stumpf w.* L *†6122.
reboter L 3410, -bout- E 4682 *V. zur.stoßen.*
rebracier (*zu* braz) *r. sich die Ärmel hochschlagen* G 6003 *V.*
rebroschier, -buissier *s.* rebochier.
recelee (*v.* -ler *v.* recelare) *in* à ~ *in Verborgenheit, heiml.* E 1643. 3440. C 3415. G 2426*V*.
recercelé (*v.* cercẹl) *geringelt* G 6996.
recerchier *n. suchen* C 5580*V*., *tr. durchs.* G 3491*V*.
recẹs (*v. fg.*) *in* sanz nul ~ *unverzügl.* G 7603*V*.
recesser *aufhören* E 4781.
recẹt (rĕcĕpt-u) *Zuflucht* E 2892, *Z.sstätte* L 5816, *Unterschlupf, Sicherheit* C 6656, *Unterkunft* E 3087. C 2454, *festes Haus* E 3901. L 3785, fort ~ *eb.* L 3277. 3773, *Schutz, Deckung* K 1190, foïr à ~ *fliehen um D. zu suchen* W 2785, venir à ~ *sich bergen können* C 1954.
receter (-are) *bergen* C 6543.
recevoir *s.* reçoivre.
rechaloir, 3. *k.* -caille G 8317 *V*., *ups. gleichfalls gelegen s.* G 971*V*.
rechanceler *wie. schwanken* G 7025.
recheoir, 3. *pr.* -chiet, 3. *pf.* -chaï G 7026*V*., *wie. fallen* E 4652. G 7025, *zur. f.* L 1154.

rechief *in de* ~ *v. neuem, nochmals, wie.um* G 253.
rechignier (*zu frk.* *finni *Kinnbacke*) *tr. anknurren* L *648, ~ (*V.* resk-) *ses* (*V.* des) *joes verzerren* G 7707; *p.* -ié *fratzenhaft* K 5169.
reclaim (*v. fg.*) *Anspruch* E 780 *V., Lockruf* E 2083. C *495: (*s.* treire).
reclamer (-clāmare), 3. *pr.* -aimme E 4476, *tr. herbeisehnen* C 927, (vëue) *wie.- geben* G 7064 *V., locken* C *494, *anrufen* L 4855, (*m. dopp. A.*) *nennen* G 8016 *V.,* (merci) *erflehen* K 1135 *V.; r.* de a. L 4071, de par a. *sich auf j. berufen;* -mé *berühmt* L 2401 *V.*
reclore (*-claudere), 6. *pf.* -clostrent G 7843, *p.* -clos C 6215, *tr. wie. schließen* C 6215, *einsperren* L 3647 *V.; n. sich schl.* K 862. G 7843.
reclus (*v.* -clure *v.* -clūděre), *V.* renclus *m. Gefängnis, Verließ* C 6398. L 3647.
recoi (-qu[i]ētu) *engere Gefolgschaft* E 2296 *V.*
recoillir (-cŏl[lĭ]gĕre × -ir), 3. *pr.* -quiaut C 708, 3. *k.* -cuelle E 5484, *p.* -cuelli G 7088 *V., tr. wie. sammeln* G 2468 *V.,* (cop) *erhalten* C 708, *an sich nehmen* G 7088 *V.,* (*gastl.*) *aufne.* C 6749, *ernten* G 2; *r.* de a. *sich v. j. zur.- ziehen* II 14 *V.*
reçoivre (-cīpĕre) E 2338. C 132. -cevoir E 4753, 1. *pr. k.* -çoive L 4810:, 1. *pf.* -çui C 371, 3. reçut E 679, 1. *fut.* -cevrai G 3740, *p.* -cëu C 2376, *an-, aufnehmen, empfangen* L 2357, (cos) E 1127. K 5840, *auff.* E 4458, *ehelichen* E 2025. 4753.

recomancier *tr. wie. anfangen* E 930. C 8 (*V.* renc-), *m.* à + *inf.* G 1738. 4247; *seiners. anf.* G 5017 *V.,* recomence à Perceval *beginnt wie. m. P.* G 6216 *V.*
reconbatre *r. aufs neue kämpfen* K 2662 *V.*
reconfort (*v. fg.*) *Stärkung, Trost* E 2753. G 484: *V.*
reconforter *tr. stärken, trösten, aufrichten, beruhigen* G 2560, a. de ac. G 4346; *r. Mut fassen* L 3989, *sich freuen* C 3574 *V.; n. sich wie. trösten* E 6335 *V.*
reconoistre[1] (rĕ-cōgnōscĕre), 1. *pr.* -ois E 4649, 5. -oissiez E 2539, 3. *ipf.* requenuissoit G 1705 *V.,* 1. *pf.* reconui L 6334:, *p.* -nëu E 1533, *tr.* (*an*)*erkennen* E 1144, *offenbaren, bek.,* (*ein*)*gestehen* W 136. 656. G 2840, *bekannt geben* C 5432 *V., erzählen* C 5053; *r. an sich ausk. in* G 1705; *p.* -oissant *kenntl.* L *3246; *s.* K *5460.
reconoistre[2] (re + c.) *seiners. kennen lernen* L 6256.
reconquerre *v. neuem besiegen* K 2898.
recontenir *in* coment se -tient *wie aber geht es* G 8165 *V.*
reconter[1], *wechs. m.* rac- *s.* L[4] †12 (re + c- *bez.* ac-) *erzählen* C 46. G 3262 *V.* (rac-) 5390 *V.*
reconter[2] *nochmals erzählen* L 659, *anders. erz.* G 5308 *V.*
recorder (-cŏrdare) *tr. im Geiste durchgehen* E 4674, *wie.holen* L 6775, (*öff.*) *erklären* C 4179. 4181, *öffnen* C 5436, qui [le] li recort *der ihm die Nachricht überbringe* G 898. ac. à a. *j. an e. erinnern* C 974; *r.* de ac. G 8778.

recorir *seiners. laufen* E 5297 *V*.
recorrocier *r. sich wie. erzürnen* L 1683 *V*.
reco(u)chier *r. u. n. sich seiners. hinlegen* G 3341 *V*.
recovral (*v.* -vrir) *Deckung, Schutz in sanz* ~ E 4971 *V*.
recovrer (-cŭperare; o̧, ue *vor Labial*), 3. *pr.* -cuevre E 183, *tr.* (*wie.*)*erlangen* G 7329, (*Verlust*) *ersetzen* L 3117, *finden* E 1671, *son cop zu neuem Schlage ausholen* E 4464; *n. aush.* E 183, *wie. vordringen* L 3163, (à feire ac.) *es wie. fertig bringen* C 2734, à ac. *sich anschicken zu* E 6778.
recovrier (*v. vor.*) *Rettung* C †1933. (†1121); *sanz* ~ *o. R.* II 52 *V*.
recovrir *wie. zudecken* G 763, *be-* E 968 *V*.
recreantise (*v.* -ant) *Feigheit* E 5654, *feiges Zur.weichen* G 6619:
recroire[1] n. *ermatten* E 5980. C 4153. W 789. 791. G 3932, *haltma.* C 2194. II 36 (+ i), *aufhören* L 620, *sich abmühen* C 3370, *sich besiegt erklären* G 3932; r. *erma.* E 889(?). G 6900ᵇ *V.*, *nachlassen* C 2626, de + *inf.* (*V. n.*) *eb.* G 5605, *aufhören* E 5616; -creant *schlapp* E 2805, *lässig* L 4650, *waffenmüde* E 2555. L 2561, *feig* G 6801, *unterlegen, besiegt* L 6281—9. 6356, *feire a.* -creant *besiegen* K 1749. 3910. G 3636, + d'armes G 2382; -crëu *kampfesm., schlapp* E 6107. C 6169, *unterl., besiegt* C 4188.
recroire[2] ac. à a. *j. seiners. e. glauben* G 7427.
recuelle *s.* recoillir.

reçui *etc. s.* reçoivre.
recuidier *doch noch denken* C 3065 *V.*, *dag.* (*seiners*). *d.* W 1249, *befürchten* C 1220 *V*.
recuire (-cŏquĕre) *in or* recuit *geläutertes Gold* K 1501, recuit *listig* G *9086:, de ac. gefaßt auf* L 2726:
reculer (*v.* cul *v.* cūlu) *n. zur.weichen* C 1322 *V*. G 7775.
red(d)e *s.* roit.
redeïst *s.* redire.
redeliter *r.* à a. *sich seiners. an e. ergötzen* K 5996.
redemander *wie.um fragen* G 1384, *ebenso fordern* G 4239.
redemanter *r. seiners. wehklagen* C 5099.
redevoir *seiners. sollen* L 356.
redire[1] (rĕ-dīcĕre) *tr. erwidern* G 277, *wie.sagen* L 1665, *wiederum sa.* G 1391, noveles à a. de a. G 332, *des weitern sa.* G 260 *V*. 1579 *V*.
redire[2] (re + d.) *seiners. sagen* (*erzählen*) E 3865. 6205. G 291, li r'a dit G 277 *V*.
redoier (= roid. *v.* roide) *störrisch w., ausschlagen* G 5688 *V*.
redo̧is, *V.* rid- (*v. fg.*) *eig. m. eingesunkenem Rückgrat, elend* L 4101.
redoisier *nördl. st.* -oissier (*rĕdŏssiare v.* dŏrsu) L *†6122 *V. zu* rebochier.
redoner[1] (rĕ-dōnare) *zur.geben* L 807, *dag. geben* C 5094.
redoner[2] (re + d.) *wie. geben* C 5984, *r.* à a. *sich nunmehr j. schenken* G 8944 *V*.
redo̧t (*v. fg.*) *Furcht, Besorgnis in* avoir ~ C 5452, estre an ~ *befürchten* E 1066. 4586. L 4000. G 522 *V.*, que ne *eb.* G 5102, de ac. *im Zweifel s.* G 4576; sanz ~ *o. Bedenken* K 636, *o. Zweifel* C 2350,

sanz nul ~ L 2833. G 3492. 3867 (*V.* tot sanz ~); de ce n'est (*V.* n'a il) nul ~ *darüber herrscht kein Zw.* G 4576*V.*
redoter¹ *tr. fürchten* E 3600, + *inf.* C 1220, à + *inf. sich scheuen* L 1591; *r.* de ac. e. *fü.* G 5650*V.*, que ne C3052; -té *gefürchtet* E 1973.
redoter² *anders. fürchten* G 694c*V.*
redoter³ (*zu mndl.* boten; *nfr.* rad-) *n.* (*vor Alter*) *kindisch s.* W 1280:
redrecier, 3. *pr.* -dresce, *wie.- aufrichten* C 4108. K 1168 (+ an haut). G 405, *wie.zurechtbiegen* K 4728, (chenole) *wie.einri.* G 4342*V.*; *r. sich wie.aufri.* E 3786; sus -cié G 7064*V.*
reduire (-dūcĕre) *r. sich flüchten* E 4983*V.*
reduit (-dūctu) *Schlupfwinkel* C 5576.
rēe (rɑtɑ) *Honigwabe* C 3895*V.* zu bresche.
rēent *s.* rēre.
refeire¹ (*-făcĕre), 3. *pr.* refet E 1490, 6. *refont* E 2091, *wie.herstellen* G 3672. 3681, ~ nuef L 3312; *r. sich ergötzen* E 1490. 2091. C 891.
refeire² (re + f.), 1. *pr.* refaz L 2409, *wie. machen* G 4609, *aufs neue ma.* G 1808, *seiners. ma.* L 1246, *dag.* (*anders.*) *ma.* L 2409. G 8684, et tu ausi me referas (*verb. vic.*) u. *so du bei mir* G 8611*V.*, *weiterhin vornehmen?* E1631 *V., m. A.* + *inf. weit. veranlassen* C 2090.
referir¹ (rĕ-fĕrīre), 3. *pr.* -fiert, *v. neuem schlagen* E 4842, a. *wie.schl.* G 1513; *r.* (el bois) *sich wie. begeben* L 2859.

referir² (re + f.) *seiners. schl.* E 1019. G 1234. 4131*V.*, *anders. schl.* G 8696*V.*
refermer *neu festigen* E 5257, *wie. schließen* L 975.
referrer *wie.* (*neu*) *beschlagen* G 826. 5702; *n. pass.?* G 826*V.*
refiancier *wie. die Versicherung geben* G 5162.
reflanbeiier, 3. *pr.* -boie C 1265, *V.* reflablie, 3. *ipf.* reflambioit C 2758*V.*, *erglänzen.*
reflanber, 3. *pr.* -flambe C 1265 *V. eb.*
reflanbir, 3. *ipf.* -bisseit C 2758*V. eb.*
refondre *neu gießen* G 5772*V.*
refont *s.* refeire.
refraindre (*-frangĕre) (duel) *verwinden* G 3638.
refrechier (*zu* fres, fresche) *tr. erfrischen* E 908*V.*
refroidier (*-frĭgĭdare) *n. erkalten* G 2906:
refu etc. *s.* r'estre.
refuire (-fŭgĕre) *r. flüchten* E *4985:
refuse (*v. fg.*) *abschlägige Antwort* C 3831.
refuser (*-fūsare?) *tr. ab-, zur.weisen, verschmähen,* ac. E 1567, a. G 2510. 5379, ac. à a. *j. e. abschlagen* G 5379*V.*, la volanté de a. *j. nicht gehorchen* C 6630.
regaeignier *zur.gewinnen* G 3588.
regarder(re- warb -are) *n.*(*zur.*)- *blicken* W 79, *sich umbl.* G 622, vers G 1726, ɑler -dɑnt *um sich bl.* L 5604; *tr. ansehen, betrachten* L 543, a. de *bewahren vor* G *6407; *r. sich umschauen* E 3757. K 3665.
regart (*v. vor.*) *Blick* C 2250, *Rücksicht* K 3082, *Gefahr* K

3306; avoir ~ *sich hüten* E 3431, de a. *j. zu fürchten h.* E 2904. 4983, estre an son ~ *s.en Auslug halten* G 8291 V. (*zu* esgart), soi prandre ~ de a. *sein Augenmerk auf j. richten* E 3286, *wahrnehmen* C 1276V.

regehir C 4163 (V. rejoïr), regeïr G 3913 (s. jehir) (*ein*)*gestehen*.

regiber (*zu frk.* *ɡibb? *nfr.* regimber, *s. Gam.*) *nach hinten ausschlagen* [K 7063].

region (rĕgione) *f. Land* C 67.

[regiter], 1. *pr.* regiet, *hors hinaustreiben* G 3450V., an foire *feilbieten* K 4862; *s.* rejeter.

regne *s.* resne, ranne.

regné (*v. fg.*) *Reich* G 2256V.

[regner] (rēgnare) *herrschen* C 69.

regort *in aler au* ~ *in die Bucht münden?* G *1324:, *ähnl.* venir au ~ G 6660:V.

regracïer a. de ac. *j. für e. danken* G 9018ᵇV.

regreter (*rĕgrĕvitare *ML*³ 7176ᵃ), 3. *pr.* regrate (V. regrete) G *1301 (*s. Wtb.*¹ *S.* 211*) *tr.* a. *j. bedauern* G 3001. 9213, *n. klagen* C 6233V.

regrever *bekümmert s.* G 2586V.

regrignier (*frk.* *ɡrînan × *grognier?) *r. die Zähne fletschen* L *647 (V. resgr-).

reguerpir *tr. drangeben* C 4171V.

reguignier (*in Entgegnung*) *v. der S. anschauen* L *647V.

rehaïr, 3. *pr.* rehẹ̄t L 4336, *anders. hassen.*

rehaucier *erhöhen, -neuern* E 38V.

reheitier *wie. frohmachen* G 3588V., *wie.herstellen* E 908 V. 6486V.

reïne, G 8095V. roïne (rēgīna) *Königin* E 77.

[reisnier], rais- (*rătionare) à a. *m. j. sprechen* E 3954V.

reison, G 8082V. I 31 res- (rătion-e) *f. Vernunft* E 10, *Grund, Recht* E 644. C 191. L 503, *Grundsatz* L 4572, *Sprache* E 3734V., *Rede* C 2277. G 8082V., *Erzählung* K 30; contre ~ *widerrechtl.* C 2487, par r. *vernünftigerweise, m. Recht* E 46. C 5212; lor dit ~ *sagt ihnen Bescheid* G 5190V., c'est ~s *das ist recht* C 2490, feire ~ re. *handeln* G 5203, à a. *j.* re. *tun* C 534, metre a. à ~ *j.* anreden E 301V. 503, randre ~ C 709. I 31 *u.* la ~ C †2830 *Auskunft, Rechenschaft geben; s.* reson.

[reisonable], rais- (-ābïle) *vernünftig* C 536V.

rejeter (re + j.), 3. *pr.* -jete, *n. v. neuem zuschlagen* E 183V.; *s.* regiter.

rejoër, 3. *ipf.* -jooit (V. renjuoit) *anders. spielen* K 1654.

rejoindre (braz) *wie.einrichten* G 4344V.

rejurer *n. seiners. schwören* K 4992.

relanquir (*-linquīre) *tr. verlassen, aufgeben* E 2503.

relasche (*v.* -chier) *in* feire ~ de ac. e. *unterlassen* [K *6676:]

relatin (?) *Aufschub?* W *1624: (*s. kl.* W *S.* XXXV).

relaver (-lăvare), 6. *pr.* -lẹvent, *wie. waschen* G 7489.

releissier, 1. *pr.* -les, 3. *k.* -lest, *seiners. lassen* L 6451, à feire ac. *unterl.* E 6324.

reles (*v. vor.*) *in* sanz ~ *unverkürzt* E 6323V., sanz nul ~ *o. Rückstand* G 7603:

relēvent *s.* relaver.
relever (-lĕvare), 3. *pr. k.* reliet E 3018:, *tr.* a. (*wie.*)*aufrichten* E 4739, chenole *wiedereinr.* G 4342 *V.*; *n. sich aufr.* E 3055. W *1053. G 8403, + sus E 4653; *r,* (*wie.*)*aufstehen* E 2106. G 7808 *V.* (*V. n.*).
religïeus (rĕlĭgĭōsu) *einem Orden angehörig* E 6858. G 1912.
relignier (*v.* lingne) *n.* à *abstammen v.* W 1198, *arten nach* E 6626.
reliques (rĕlĭquias) *Reliquien* E 6900. K 5003.
reloer *auch noch raten* C 3292.
reluire E 2150 (*-lūcĕre), 3. *pr.* -uist E 2411, 6. -uisent L 1463, *widerscheinen* G 647, contre le soloil G 134, *strahlen* C 1716; -uisant *glänzend* E 2659.
rema(i)n- *s.* remen-.
remanbrance, E 6135 *V.* ramembr- (*v. fg.*) *Erinnerung, Erwähnung* C 4365.
remanbrer (*-mĕmŏrare), E 917 *V.* ram-, *tr. wie.wachrufen* C 3146, *gedenken* C 622, ac. à a. *j. an e. erinnern* G 6694 *V.*; *ups.* à a. de ac. *j. erinnert sich an* G 2806. 8658 *V.*, dont il me remanbre *soweit ich mich entsinne* C 5482; *r.* de ac. C 4883 *V.*
remander¹ (rĕmandare) à a. *j. zur Antwort sagen lassen* G 2603.
remander² (re + m.) *seiners. entbieten* L 1877 *V.*
reman- *s.* remen-, raman-.
remassisse *etc. s.* remenoir.
r'embracier *wie. umarmen* E 4930 *V.*
remeigniez *s.* remenoir.
remenacier *tr. wie. bedrohen* L 1684.

remenance (*v.* -noir), L² 655 reman-, *Verbleiben* E 1239. 6506, K 111, lor ~ *ihres Bleibens* C 1337, *Verbleib* L 2655: remenant (*eb.*), C 1180 *alle Hss. außer* A reman-, *Rest* G 763.
remener¹ (*-mĭnare), 3. *pr.* -moinne G 5386 *V.* (*s.* *618), 3. *k.* -maint K 4712:, *wegführen* G 5385 *V.*, *zur.ziehen* K 4712.
remener² (re + m.) *seiners. führen* G 4158 *V.*
remenoir E 3895: W 69. G 1572, -manoir G 6597 *V.* 7592 *V.* (-mănēre), -maindre E 3532: G 6597, 3. *pr.* -maint E 277, -moint G *618 *V.*, 5. -menez E 3333, 6. -mainnent C 287, 2. *k.* -maingnes G 6477, 3. -maingne C 1090:, 5. -meigniez L 3748, 1. *pf.* -mēs L 547, 3. -mēst G 781, 6. -mestrent G 1924, 1. *k.* -massisse E 6079, 1. *fut.* -mandrai G 5182, *p.* -mēs C 4211:, -masu G 4179 *V.*, **n.** (*zur.*)*bleiben* L 236, *weilen* G 6841 *V.*, *wohnen* L 6029, *sich vermindern* L 2492, *aufhören* L 4477. G 5157, *unterbl.* G 4921, *unerfüllt bl.* E 2942, à a. *j. erspart bl.* G 4375; **r.** *zur.*-, *verbl.* G 6477, *sich verhalten* C 2006; **n.** an a. *an j. scheitern* L 2510, *meist* **ups.** K 3946. G 3862, an celui mie ne remaint *er läßt es sich nicht zweimal sagen* G 5672, de par (*V.* devers, en) lui L 1804, ne remandra quo . . . ne *es soll nicht daran fehlen, daß* G 8544; *p.* remēs *zur.geblieben, verschmäht* W *1483, a ~ *ist* (*sind*) *zur.-geblieben* G 1150. 2001. 2019, estre ~ *aufgehört h., zu Ende s.* G 3995. 7880.

remetre(-mĭttĕre) **tr.** *wie. legen*
E 5754*V.*, el fuerre arriere
wie.einstecken G 3175, en
son liu *wie.einrenken* G
4336*V.*, en prison G 6120*V.*,
(el chastel) *zur.treiben* E
2251, z. *Schwinden bringen*
G 4427—9, *wie.anlegen* C
†4910f., a. an son san *j. den
Verstand zur.geben* L 2943;
r. *sich zur.beg.* E 3122. 3517,
s. merci, à sa proiiere *auf s.e
Bitte zur.kommen* G 4855, à
la voie *sich wie. aufma.* G
2036, an *sich zur.beg. in* G
6190.
remëust *s.* removoir.
remirer (*-mīrare) *tr. betrachten* G 8004; *r. sich spiegeln*
C 735.
remission (-iōne) *Sündenvergebung* W 168. G 6362.
remoint *s.* remenoir.
remonter[1] *n. wie. aufsteigen* E
3211. C 3319. G 8417.
remonter[2] *seiners. aufsitzen* G
5255.
removoir(-mŏvēre), 3.*pr.* -muet
E 3731, 3. *pf. k.* -mëust C
3783, *tr. v. der Stelle bewegen*
G 7343, (pié) *rühren* C 5783,
ac. de ac. *e. v. e. trennen* G
4461; *n. (Blut) zur.treten* E
2964*V.*; *r. sich bew., rü.* C
2059. L 1194, *sich entfernen*
L 246.
r'emplir (*s.* anplir) *tr. erfüllen*
C 4341*V.*
remp- *s.* ranp-.
remuër (*-mūtare) **tr.** *v. der
Stelle bewegen* C 4520, *fortschleudern* E 3708*V.*, ses piez
sich rühren G 4064, (*j.*) *wegbringen* G 7813*V.*, *-führen*
W 3208, *herumjagen* L 3216,
(*um*)*rü.* L 1187, *wie. wechseln* C 4907, ac. de ac. *e. v.
e. abbringen* G 4461*V.*; **n.** *in
Wallung geraten* E 3719, *sich
ändern* I 48; **r.** *sich rü.* E 366,
sich ä. E 3570, *sich entfernen*
L *2796, *sich v. der Stelle bew.*
G 4064*V.*, de *sich trennen v.*
G 4456*V.*, *zur.kehren* G 6621
V.; sanz ∼ *o. sich zu rü.*
L 595.
remu(e)t *s.* removoir.
renclus *s.* reclus.
rencomencier *s.* rec-.
rende *s.* rante.
reneiié, -oiié (*-nĕgatu) *sb. Renegat, Schurke* C 2404; *f.* G
6004*V.* 8597.
renęstre (*-nāscĕre) *aufs neue
geboren w.* K 3071.
r'enforcier *verstärken* E 38*V.*
renge *s.* range, randre.
r'enhauchier, *pik. st.* -cier, *erhöhen* E 38*V.*
renjuër *s.* rejoër.
renoër, 6. *pr.* ranoent G 4342
V., *tr. wie. zus.fügen (einrenken)* G 4342.
renomee (*v. fg.*) *Ruf, Name* E
656. C 343.
renomer (*-nōmĭnare) *tr. berühmt ma.* C 73. L 2401; -mé
ber. G 8182.
renon (*v. vor.*) *Name, Ruf,
Ruhm* C 347. L 2413. G
8151.
renoveler (-nŏvĕllare) *tr. erneuern* C 976; *r.* E 925.
rensaucier E 38*V. zu* ress- (*dieses* × enhaucier).
renuire *seiners. schaden* C 1715.
renuncier (-nŭntiare; *kl.* nū-)
neu erzählen E 6486*V.*
reoignier (*rŏtŭndiare) (*be*)-
schneiden, stutzen C 1942.
(chief) W 1007. L 3135. (barbe) G 7570.
reoncler, *V.* (d)raoncler, raencler, renoncler (*v.* raoncle)
schwären C 3912; *vgl.* K
*1484.

reont (*ML*³ ret- *st.* rŏtŭndu) *rund* C 1526. G *1341, tot an (*V.* à) ~ *r.weg* G 7338, à la reonde *ringsum* G 649.
reọrte, G *612*V.* 1189*V.* riote, G 1189*V.* roo(r)te, G 626*V.* roote (*-tŏrta) *Wiede, aus Weiden geflochtener Strick* W 706, *dgl. Gerte* G 1189. 4636:
repaiier *zur.-, heimzahlen* E 952. L 6707.
repaire *s.* repeire, reparoir.
repantance (*v. fg.*) *Reue* W 1221: G 6441.
repantir (*-poenitire) *tr. unterlassen* E 5637; *r. bereuen* G 6336, *Reue empfinden* L 1738, *bange s.* C 1856, *rückgängig ma.* L 435; *sb. Reue* E 2538; estre -tant *reuig s.* G 6363.
reparer (-părare), 3. *pr.* repēre [K 6688:] *wie.herstellen.*
reparler, 6. *pr.* -parolent G 5052:, *v. neuem sprechen* C 770, *anders. spr.* G 5052.
[reparoir], 3. *pr. k.* -paire E 3499:*V.* wie. scheinen.
repasmer *r. v. neuem in Ohnmacht fallen* L 1160.
repast (past² × repestre), *V.* respas, *Fütterung, Mahl* G 3708*V.*
repeire (*v. fg.*) *m. Rückkehr* C 2680, *Heim* G 471, *Behausung* G 3529—31, *Aufenthaltsort* C 4745. 5626. L 6025, *Wohnsitz* W 2263, *Wohnung* K 983; soi metre an ~ *die Rückk. antreten* C 5652, el ~ G 471*V.*
repeirier (-pătriare), 3. *fut.* repaier(r)a G 6654*V., n. zur.-kehren* E 282, à ac. *hinauslaufen auf* C 1663; *r.* an *zur.-kehren* G 1454*V.* (*V. n.*). 1493. 7364. 8062.

reperdre *wie. verlieren* G 2501.
repēre *s.* reparer.
repeser *ups.* à a. *dgl. verdrießen* K 186.
repestre (-pāscĕre) *tr. weiden* C 2251, *füttern, ernähren* L 2878; *r.* G 2020.
replaindre *tr. seiners. beklagen* C 2138*V.*
[repleisir] *n. aufs neue gefallen* G 1808.
replorer *seiners. weinen* E 2744.
repondre (-pōnĕre), 6. *pr.* -onent L 5870, *tr. verbergen* G 5965*V.*, (*Lanze*) *hineinstoßen* E 2870; *r. sich zur.-ziehen* L 3011, *sich verb.* L 6045; *p.* repọst C 2897, repọs K 225⁸¹:*V.*, an repọst *heiml.* L 1900, à ~e *heiml.* G 5965:*V.*, par voie ~e *auf geheime W.* G 5965:
repooir, 3. *pf.* -pọt, *anders. können* II 5, qui ferrer le repuisse *st.* qui ref- le puisse G 5702*V.*
reporter (-pŏrtare)*tr. zur.bring.* C 4349*V.*, *überbr.* G 898.
reporter (tesmoing) *seiners. ablegen* L 4907.
repọs¹ *s.* repondre.
repọs² (*v.* -ser) *Ruhe, Erholung* E 897, *Untätigkeit* C 158; soi metre à ~ *sich R. gönnen* G 2488*V.*, [remenoir] à ~ *sich ruhig verhalten* G 2488 *V.*, soi tenir à ~ *R. halten* G 2488.
reposee (*eb.*) *Rast* E 929.
reposer (-pausare) *n.* (*aus*)-*ruhen, sich schonen, einhalten, aufhören, feiern* C 160. G 1945, à feire ac. *säumen* G 1622; *tr. a. j. Ruhe gewähren* G 3986*V., r. sich ausr.* E 910. G 2620, *sich beruhigen* G 6559, de ac. e. *ablehnen* L *5094.

repost *s.* repondre.
repostaille (*v. vor.*) *Versteck*
 [K6514:], *pl. innerste Winkel*
 G 35:
reprandre[1], 3. *pr. k.* -praingne
 E 3279:, 3. *pf.* -prist E 6545,
 tr. *wie. nehmen* C 4910*V.*, *wie.*
 ergreifen L 3595*V.*, *zur.n.* E
 3279, (sa terre de a.) *als*
 Lehen zur.n. E 6545, *ertappen*
 E 4412. K *4905, *tadeln* C
 951, de ac. *zeihen* G 5087*V.*
 5088, fierté *wie. Mut fassen*
 E 916; **n.** *Boden (Wurzel) f.*
 C 1037. W *1402. K *4684,
 (racine) *wie. treiben* G *6941,
 v. neuem anfangen L *6774,
 feire ~ (*Knochen) zus. setzen*
 G 4337; *r. sich wie. fassen*
 K 5153*V.*, arriere (racine)
 wie. treiben G *6941*V.*
reprandre[2] *seiners. nehmen* W
 2397—9. G 1978*V.*
represanter (-praesentare) *tr.*
 vorstellen E 5772, *-spiegeln*
 C 618.
reprist *s.* reprandre.
reproche (*v. fg.*) *Tadel* E *3383:
 C †1004: 2696: 5329: W
 *1494, *Vorwurf* G 4762, ~
 avoir T. *davontragen* G
 1472ᵇ*V.*
[reproiier], 1. *pr.* -pri G 8317*V.*
 II 52, 3. *fut.* -proiera G
 2510, *anders. bitten* G 8317*V.*,
 nunmehr b. G 2510.
reprometre (-prōmĭttĕre) *tr.*
 seiners. versprechen K 5315
 V.
reprovance (*v. fg.*) *Tadel* C
 5803*V.*
reprover[1] (-prŏbare), 6. *pr.*
 -pruevent, *tr. vorwerfen* C
 1007*V.*
reprover[2] (re + pr.) *r. sich*
 gleichfalls erweisen L 4694
 (Sheldon, Rom. Rev. 12, 309).
requerre G 2225: (-quaerĕre),

1. *pr.* quier E 4439, 6. *pf.*
 -quistrent C 1893*V.*, 3. *k.*
 -queïst G 3936, *p.* -quis C
 141:, *tr. beanspruchen* E 822,
 verlangen L 685, *fordern* G
 2104, *erbitten* E 2273, *fragen*
 E 6140. 6787, (*um Frau*) *an-*
 halten L 1856. W 2698, *er-*
 streben G 4379, *aufsuchen* E
 5444, chevalerie *Rittertaten*
 nachgehen G 6226 (*V.* con-
 querre), *angreifen* E 953. C
 1893. G 1525. 2225, aler ~
 G 1519, droiture *s. Recht*
 verlangen L 495, a. de ac. *j.*
 um e. ersuchen G 537. 2108,
 d'amors G 4849. 5827, ac. à
 a. *j.* um e. bi. G 3936, *j. e.*
 abverl. G 5623, *j. nach e.*
 fra. G 4099*V.*, à a. que *j.*
 bitten daß C 1426. L 2291,
 (*einen Heiligen*) *anrufen* G
 4135*V.*, Deu merci *Gott um*
 Gnade bi. L 4392, merci à a.
 K 912. 2763.
requeste (*-quaesīta) *Bitte* C
 4228. K 3524*V.*
requiaut *s.* recoillir.
requiter (*zu* quite) ac. à a. *j.*
 einer Sache entheben G 8665.
rēre (rādĕre), 3. *pr.* rēt K 1159,
 6. reent K 3628:, *tr. rasieren*
 o. scheren (barbe) G 7570,
 (*Kopf*) *abschneiden* L 5657,
 hinstreichen über G 4180*V.*,
 streifen u. dabei verwunden
 K 1159, (*fig.*) *hart mitneh-*
 men W 3092; *rz. eina. ab-*
 schlagen K 3628; feire a. ~
 j. scheren lassen L 3135; ve-
 nir reant *vorbeistreifen* L
 950; rēs *freigelegt* L 3779,
 bien ~ *wohlgeglättet* G 8697
 V., ~ à ~ de *dicht vorbei an*
 E 940, au ~ de eb. L 950, à
 ~ *obenhin* G 8697*V.*
res- *s.* ress-.
resaillir *n. wie. aufspringen* G

3924 V., en pies *ib.*, sus G 2674 V.; *s.* ress-.
resaluër (-sălūtare) *seiners. grüßen* E 3273, *anders. gr.* G 4596.
resaner *s.* ressener.
resavoir *tr. ferner wissen in* tant vos resai de fier cuer C 3989.
r'esbaudir *r. sich erfreuen* C 3574 V., feire ~ *wie.aufleben lassen* E 2220.
r'esclarcir *in* estre -ci *wie. hellw.* G 7064.
r'esconser *n. wie. untergehen* C 4875 V.
r'escorre (re + esc. *v.* ex-cŭtĕre), 6. *pr.* -oent C 3606, 3. *k.* -oe L 5534:, *tr. heraushauen, befreien* C 3606. L 5661, *entsetzen* G 4720, a. à a. *j. aus j.es Händen befr.* E 2250; *r. de ac. sich retten vor* C 2178 V.
rescosse (*v. vor.*) *f. Befreiung* E 2241:
r'escrïer *r. immer wie. ausrufen* E 4654. 4841 V.
res- *s.* ress-.
reseoir (*-sĕdēre) *n. sich wie. setzen* G 1924 V.
reseroie *s.* r'estre.
resevelir (*-sĕpĕlīre) *s.* rans-.
r'esforcier *r. sich bemühen* E 908 V. L 3881.
resgarder (reg. × esg.) *tr. betrachten* G 7503 V., *anblicken* G 4259 V., que *erachten* C 1442 V.; *s.* regarder.
resgrignier *s.* regrignier.
r'esjoïr, 3. *pr.* -jot E 4556, *tr. erfreuen* E 4202; *n. jauchzen:* li cuers del vantre li -joï G 87; *r. sich fr.* G 87 V. 8059.
r'eslire, 3. *pr.* -list, *n. sich seiners. auswählen* W 2396:
r'esmaiier *tr. wie.um erschrekken* C 4432; *r. sich anders. entsetzen* C 3925.

resnable, C 2545 V. regn-, L 6582 V. ranaule (rătionābĭle) *vernünftig* K 5117. L 6582. G 9080, *billig* C 2545.
resne (*rĕtĭna), G 6829 V. regne *f. Zügel* E 395.
res- *s.* ress-.
resoit *s.* r'estre.
resoltif, -somitis *s.* pliris.
reson K 920 *u.* 928 V. (*zu* prison) = reison *Rechenschaft.*
resoner (-sŏnare) *widerhallen* E 880. L 2349.
resongnier *s.* ressoignier.
resont *s.* r'estre.
resontif *s.* pliris.
resort (*v.* res(s)ortir) *in* sanz nul ~ *uneingeschränkt* G 3867 V.
resouder (*-sŏlidare), *V.* rasolder (os) *wie. zus.setzen* G 4344.
respasser (*ML* 8129) *tr. wie.- herstellen, heilen* C 3047; *n. genesen* C 5753. W 1379; *p.* -é G 2899.
respit (-spĕctu) *Aufschub, Verzug* G 8895, *Frist* L 2751, *Urlaub, Zeit* L 4036. 4811, *Sprichwort* E *†1; par ~ de bei einer Fr. v.* L 3691; sanz ~ *sofort* L 3719; metre an ~ *aufschieben* E 338, prandre un ~ G 6111, ~ de ac. e. *aufsch.* C 1127.
respitier (*v. vor.*), 4. *pr. k.* respoiton G 6160 V., *tr. aufschieben* G 3310. 6200, *-halten* C 6708, *j. Aufschub gewähren* K 2028, *übergehen* C 6239; *sb. Aufschub* K 3522.
resplandir (*-splendire) *erglänzen* C 2758.
resplandoiier (*vor.*+*Sw.*), 6. *ipf.* -dioient E 434 V. eb.
respondeor (*v. fg.*) *Beantworter* C 2873:
respondre (rĕ-spŏndĕre) neb.

-ēre), 1. *pr.* -spong L 6002, antworten E 59, *Rede stehen* L 5906, de ac. *über* G 209, *Einspruch erheben* W 3108, à a. *für j. ausfallen* C 74.
respons (-spōnsu) *Antwort* K 5864:
response (*spōnsa ?) *eb.* C 2513. 5188:
ress- *s.* res-.
ressaillir, 3. *pr.* -aut, *zurückspringen (Schwert)* C 4075, *wie. spr.* C 4123; *s.* resaillir.
ressanbler[1] (*-sĭmĭlare) *ups. scheinen* E 380. C 2828, à ac. *man sieht an* E 5545; *tr. gleichen* E 434. 770. C 6456. L 288; il le se fet resanbler *er gibt sich den Anschein* G 5083.
ressanbler[2] (re + s.) *seiners. scheinen* L 2106, *wie.um sch.* G 3632 *V.*
r'essaucier *tr. erhöhen* E 38; *s.* rens-.
ressener (-sānare) *tr. wie. heilen* L 6500. 6508.
ressoignier *tr. fürchten* E 4442 *V.* C 3347. K 668 *V.*; feire à reso(i)ngnier *zu fü. s.* G 1665 *V.* 8636 *V.*
ressordre (-sŭrgĕre), 3. *pf.* resordi G 7850 *V.*, *hervorsprudeln, erwachsen* E 6375.
ressortir, 6. *pr.* -issent E 3796, *n. abprallen (Schwert)* E 3796, *sich zur.ziehen* L 3686; *r.* de ac. e. *widerrufen* L 3686 *V.*
ressovenir, 3. *k.* -vaingne L 1672, *ups.* à a. de *j. erinnert sich (wie.) an* C 5074. G 2918, à a. que L 2747.
r'essuiier *tr. wie. abwischen (trocknen)* E 4232. 5136.
r'estandre *r. sich wie. strecken* C 893.
[restif] (*rĕst-īvu), *N.* -is, *widerspenstig, störrisch* E 1397. C †5174: L 2080.
restorer (-staurare), 3. *fut.* restoerra L 3310, *wie.gutma.* G 6279 *V.*, *ersetzen* E 5355, *nachholen* E 2087.
r'estovoir *ups. wie. nötig s.* G 2589 *V.*
restraindre (-strĭngĕre), 1. *pf.* -strains L 484, *tr. (Pferd) fester gürten* G *5669. 7052, a. *verpflichten* G 5609 *V.*; *r. sich die Kleider zus.schnüren* G 6003 *V.*
r'estraire *ausziehen* C 22 *V.*; *r. sich wie. strecken* C 893 *V.* zu r'estendre.
r'estre, 1. *pr.* resui E 4924, 3. rest G 7872, 6. resont G 5499, 3. *k.* resoit L 1834, 3. *ipf.* restoit G 1310, 6. -oient G 8982, 3. *pf.* refu G 7850, 6. -furent G 2674, 3. *k.* -fust C 3830, 5. *fut.* reserez G 5876 *V. wie. (ander-, seiners.) s. (w.).*
r'estuiier (*s.* estoiier) ac. e. *wie. in den Behälter tun* G 763 *V.*
resusciter (-sŭscĭtare) *wie.erwecken* G 6291.
r'esveillier *in* au ~ *beim Erwachen* G 8263.
resver *träumen* [K 6363]; *s.* desver.
rẹt *s.* rẹ̄re.
retaing(ne) *s.* retenir.
retancier *seiners. schelten* W 1462.
retandra *s.* retenir.
retanprer, *V.* ratemprer *tr. neu härten* G 3677.
retantir (*-tĭnnītīre) *widerhallen* C 4071.
retarder (-tardare) *tr. unterlassen* E 5505; *n. säumen* E 4672; *r. sich enthalten* C 1617; -ant *sich aufhaltend* G 5784 *V.*

reteire, 3. *pr.* -test *seiners. schweigen* C 3823.

retenal (*st.* -ail *v.* rĕ-tĭnāculu) *Rettung* E †4973:

retenir[1] (*-těnīre), 1. *pr.* -taing G 5719, 5. -tenez E 3510, 3. *k.* -taingne L 5764, 2. *pf.* -tenis G 4650, 6. -tindrent C 6709, 3. *fut.* retandra E 6149, **tr.** *zur.-, behalten;* (cheval) *parieren* G 1436, (*gastl.*) *aufnehmen* L 3106, *dabeha.* G 7958 *V.*, à soi *bei sich beha.* II 2, a. de cort et de meisniee G 2908, *ähnl.* G *2763, (*im Sinne*) *beha.* G 529. (*n.*) 1360, *gefangen ne.* E 2240, *gef. ha.* E 6048. 6090, (*Weg*) *wiederaufne.* E 4510, (cop) *bekommen* G 4524 *V.*, (*Preis*) *davontragen* C 2970, (sa vie) *erha.* G 7755; **r.** *einha.* G 3005, *sich aufrecht ha.* L 3036 *V., standha.* G 8409 *V., zur.bleiben* G 6762, ne me puis ~ que ne *ich kann mich nicht entha. zu* II 5 *V.*, à ac. *Rückhalt finden an* C 2055, devers le droit *es m. dem Rechte ha.* L 4444.

retenir[2] *in ups.* li -tient de *es ist ihm anders. gelegen an* G 2917 *V.*

retenue (*v.* -nir[1]) *Abhaltung* E 6178; sanz ~ *ungehindert* E 5524.

reter (-pŭtare) *zeihen, anklagen* C 752. K 2625. L 4411.

retochier au cuer à a. *anders. j. ans Herz greifen* K *5326.

[retolir], *ipt.* -tolez K 5420 *wie. abnehmen.*

retor (*v.* retorner) *Rückkehr, -weg* E 4589: G 5590. 6748; sanz ~ *für immer* L 6511; soi metre el ~ E 266. C 3463.

retorneiier *n. wie. turnieren* G 5164 *V.*

retorner (*-tŏrnare), 1. *pr.* -tor K 3198:, 3. *k.* -tort L 749:, tr. *zur.wenden* C 3250, (de ac. *v. e.*) *abbringen* C 148 *V., verwandeln* E 4217. C 3103—5, *fortführen* E 4585 *V.* C 6657 *V.*; **n.** *zur.-, umkehren* E 2285, *zur.fallen* L 498; **r.** *sich umwenden* (*-drehen*) E 2357. G 622 *V.*, + an *sich zur.we.* G 5997 *V., zur.ke.* L 2546, +an G 6621; *sb.* G 6616.

retranchier *abschneiden;* (*Seufzer*) *unterdrücken* L 4356.

retraveillier, 3. *pr.* -vaille, *r. sich seiners. anstrengen* C 2914.

retreire, 3. *pr.* -tret E 6351, 1. *k.* -traie E 5737, 3. *pf. k.* -treissist E 6087, *p.* -tret E 3933, *f.* -eite E 2786, **tr.** *zur.ziehen, -nehmen* C 694, an ~ a. que ne *j. dav. zur.halten daß er* G 2639, rien de sa volenté e. *an s.em Willen kürzen* G 2639 *V.*, (*Weg*) *wiederaufnehmen* E 3933, (armes) *ablegen* G 1392, *sagen, erzählen, künden* G 1653. 2760. 2835. 8014, *aufzä.* L 789, *darstellen* G 7728, (proverbe) *anführen* G 7099, *Schmerz* (*bekunden*) C 2128, de a. *j. nachreden* L 1808, *s.* mal, grevain à ~ *schwer abzugewöhnen* L 2525; **n.** *sich zur.ziehen* W 2313, (*inf., V.* se) à Damedeu *Gott nacharten?* G 6314, à buene nature *gut ausschlagen* C 3230, à a. de ac. *j. in e. nacha.* E 6626. W *1394—6; **r.** *sich zur.ziehen* C 679, de ac. e. *unterlassen* E 6351, *e. ausl.* G 8013 *V.*, ansanble (*Blut*) *sich zus.ziehen* G 7967 *V.*

retrespasser *n. wie. vorbeikommen* (*-ziehen*) G 3291. 3300.

retros (tros × retrosser ?) *Trumm, Stumpf* G 5124. 5142.
retrover, 3. *pr. k.* -truisse C 5269:, *wie.finden* E 252. G 1702*V*.
rëuser (*-fūsare *o.* -cūsare ?) *tr.* (sa fiance) *brechen* C 3186*V.*; *n. zur.weichen?* (*inf.*) L 3686, ne ~ pié C 1322; *r. sich zur.-ziehen* K 3753. L 5496, arrieres G 6012*V*.
rëust *s.* r'avoir.
reva *s.* r'aler.
revaloir *seiners. wert s.* E 5235 *V*. G 3571*V*.
revangier, G 1250*V.* -venchier a. *rächen* G 1250*V., r. sich rä.* L 643.
revanter *r. sich seiners. rühmen* E 3880.
reveler (-běllare) *n. frohlocken* K 2436*V., tr. aufmuntern* [K 6841].
revelin (*v.* rovęl *v.* rŭběllu) *pl. Schuhe aus Rohleder* G *604. 1160. 1177. 1424.
revenir[1] (-věnīre), 6. *pr.* -vienent E 5953, 3. *k.* -vaingne E 339, 1. *fut.* -vandrai E 2757, *ipt.* revien G 888:, **n.** *zur.kehren* E 4557, en ~ ariere G 6630ᵇ*V., wie. zu sich ko.* E 4622. G 5874, (*Herz*) *wie.einsetzen* G 7064 *V.*, feire ~ *zur.kommen lassen* E 5222; **r.** *zur.ke.* G 6190 *V.*, + an L 263. G 5745; **sb.** *Rückkehr* G 2934, *Wiederzusichkommen* C 2078. L 3528.
revenir[2] (re + *v.*) *seiners.* (*nunmehr*) *kommen* E 5814. L 3963. G 3230, ancontre à a. *j. seiners. entg. reiten* G 4263, sus à a. *aufs neue für j. entstehen* G 7850*V*.
revenue (*v.* -nir[1]) *Rückkehr* [K 6847:]

reveoir[1] (-vĭdēre), 5. *fut.* -verroiz E 267, *wie.sehen* E 4295.
reveoir[2] (re + v.) *anders. sehen* L †782, *seiners. se.* L 6054, sodann *se.* G 6379*V*.
reverance (-entia) *Ehrerbietung in* avoir an ~ C 3890.
reverchier (*-vĕrtĭcare) *tr. absuchen, durch-, -stöbern* L 1265. 1379. G 3491; *n. herum-* C 5580. W 1798. 2120. 2390.
reverdir *n. wie. grünen* G 6942 *V*.
reverser (-vĕrsare) *tr. hinwerfen* G 8530*V., ausgießen* G 960 *V*.
revertir (*-vĕrtīre) *n. sor a. auf j. zur.fallen* L 498*V*.
revestir (-věstīre), 3. *pr.* revęst E 3148, *kleiden* G 9209, *neu bekl.* E 6536, *umgürten* G 3158, *m. Kleidern beschenken* L 4366, a. de ac. (*fig.*) *j. e. übergeben* E 3148. W 1910. K 182, *j. m. e. belehnen* W 3156. L 6438.
revet *s.* r'aler.
revisder (-vīsĭtare) *besuchen* G 657*V*.
revisiter (re + v.) *v. neuem besuchen* C 5731.
revivre (-vīvere), 3. *pr.* -vit E 4797 *wie.aufleben* C 5910.
revois *s.* r'aler.
[revoit] (-vĭctu *überführt*) *in* feire que revois (-s *pik. st.* -z) *wie ein Bösewicht handeln* G 4078:*V*.
revoloir, 1. *pr.* -vuel E 1044, 1. *kond. pik.* -vorroie G 6103*V., seiners.* (*anders., wiederum*) *wollen* G 6103, *wie. wo.* G 8655*V*.
revont *s.* r'aler.
rēz *s.* rę.
ribaut (*v.* riber *zu mhd.* rībeⁿ, rībe *Hure*) (*rhein.*) *Rabau,*

Lotterbube C 6003. W 592: L 4123.
riche (*v. frk.* *rīfi=; *prov.* ric) *reich, kostbar, vornehm* G *3495, *reichgekleidet* L 5363 V., (*Panzerhemd*) *kleingeringelt, teuer* E 3608, ~ home *Edelmann* G 4661; avoir le cuer el ventre ~ *großen Mut h.* K 223^{41}V.; ~mant G 3999.
richęsce, G 7236f. V. -choise u. -quece (*v. vor.*) *f. Reichtum* C 412, *Macht* C 48, *Prunk, Pracht* E 2001, par tel ~ *m. solchem R.* G 7237.
ridé, L 5420V. risde (*zu mndl.* rīḃe *Rinnsal*; *doch s.* ML^3 7301) *in Falten gelegt* E 404.
rien (rĕm) *f.* (*n.* C †670); 1. *noch o. neg.:Sache, Ding, Wesen* E 6083. L 1361. 3574f. G 73. 3446, *Weibsbild* G 7258, ~s terriiene L 1147, de totes les ~s qu'il pot *m. allem Möglichen* E 5263, sor tote ~ *vor allem* L 3127. G 567 (V. toutes ~s); 2. *m.* ne *desgl.* E 539. 5403. 5743. L †2865; *in neg.* (*kond., interr.*) *Satze: irgend e.* E 1118. C 11. L 919. 925. (*A.* ~s) G 7386 V., *ein wenig* E 5795, autre ~ *e. anderes* G 59, nule ~s *e.* G 284, ~s (*A.*) nee *irgend e.* G 3790V., ne ~ *nichts* E 60, ne ~s G 8086V. I 18 V., ne ~ *keineswegs* L 6623. G 9001V., ~ ne m'en fu *ich ließ es mir nicht einfallen* G 4098V., ~ plus ne *weiter nichts* G 487 (V. ~s). 3499, ne nule ~ *nichts* G 1941, nule ~ nee ne *gar nichts* W 357, est nule ~s (*o.* ne) *taugt nichts* G 2955, ne ~ nule *nichts* W 59. G 238. 735. 1020, ne ~s qui vive *nichts Lebendes, überhaupt nichts* G 8905; de ~ *irgendwie, im geringsten* L 1253, de nule ~ G 9016 *u.* de ~ nule L 1292 *dass.*, ne de ~ *in keiner W.* (*Hinsicht*) K *1605. G 90. 421. (riens) 1751V. *u.* 8612V.; por ~ ne *um nichts* G 380V., por ~s ne *auf keinen Fall* G 6814V., por nule ~ ne G 7781 *u.* por ~ nule ne *um nichts in der Welt* G 3623.
rieu *s.* ru.
rime (*v.* rimer *v.* *rīmare *v. frk.* tîm *Reihe*; ML^3 rhythmu) *f. in par ~ in gereimter Form* W 3.
rimer (*rēmare) *n. rudern* G 8369V.
rimoier (*v.* rime) *tr. reimen* G 63.
riote *s.* reorte.
rire (rīdĕre *neb.* -ēre), 3. *pr. k.* rie E 6252, 3. *pf.* rist E 1713, 3. *k.* reīst C 824, *p.* ris G 1045:, *n. lachen,* à a. *zul.* G 2319, *zulächeln* G 1037. 2859. 4597; r. de ac. G 7077; riant *lachend* G 1821. (*Obdach*) 1906, an riant G 7078.
ris (rīsu) *Lachen* E 5247V., feire un ~ à a. *j. zulächeln* G 4035V.
risee (*v.* ris) *pl. Gelächter* K 5695.
r'issir *wie. hinausgehen* G 8222, *wie. herauskommen* L 5224, *wie. hervorquellen* L 1181.
riu *s.* ru.
rivage (*v. fg.*) *Ufer* C 1105. G 7463.
rive (rīpa) *eb.* G 7263. 7472.
riveo(u)r (*v.* rivoier) G 3525f. V. *z. fg.*
rivereọr (*v. fg.*) *Beizjäger* G 3525.
riverer (*v. fg.*) *beizen* G 3524.

riviere (rîpāria) *Bach, Fluß* G 1308ff., *Flußufer* C 2133, *Niederung* E 3045, *Beize* W 2606; deduit de ~ L 2468, aler an ~ C 6437 *V.*, *venir la ~ den Fluß entlang ziehen* C 1736.

rivoier, -eier (*v.* rive) G 3524—7 *V.* 8010 *V.* 8022 *V.* = riverer.

ro (raucu) *rauh, heiser* [K 6487:] L⁴ *6234.

rǫbe (*frk.* rauba), G 3736 *V.* reube, G 9179 *V.* rope *f. Kleidung, langes Obergewand (meist Mantel) der Frau* E 406. 506. 1348. 5227. L 2361. G 3720. 3736 *V.*, *des Mannes (Mantel o. Rock)* E 5227. 6665. C 327. L 309. G 1352. 3091. 4539. 8265, *Art Jagdrock?* E 72 *V.*

robeor (*v. fg.*) *Räuber* E 2831. C 4395.

rober (*westgerm.* *raubôn) *tr. rauben* C 4465 *V.*, *ausplündern* W 2114.

roberie (*v. vor.*) *Raub* E 2797.

roche (rŏcca) *Fels* G 1080. 1318. 1321. 4309. 8745, covert de ~ (*Dach*) G 1774 *V.*

rochier (*v. vor.*) *eb.* G 2995 *V.* 5678 *V.*

roe (rŏt-a) *Rad* [K 6488]. G 7708.

roeler (*v.* -ĕlla) *n. hinfallen* L 3268.

rǫge C 4870 *V.* rogie (rŭbĕu) *rot* E 1152. G 4199 *V.*

rogir (*v. vor.*), 3. *pr.* rogist E 886, *sich röten ib.*, *erröten* E 447. C 463 *V.*

roi¹ (rēge) *König* L 1, roi des rois = *Gott* G 2647.

roi² (*s. Gam.* corroyer) *m. Ordnung, Einrichtung* E *†1749; ne savoir son ~ *nicht wissen, was zu tun ist* L *546.

roide *s.* roit.

roie¹ (*gall.* rīka) *Streifen* E 223. C 5986, *Furche* W 1110.

roie² ? E 6760 *V.* *zu* ǫre *Stunde.*

roigneus (*v.* rogne *v.* *ărōnĕa *für* ărānĕa) *räudig* [K 6693].

roiié (*v.* roie¹) *gestreift* E 5231; *vgl.* E †6672.

roïlle (*v.* roïl *v.* *rōbīcŭlu ? *st.* -ĭgĭne) *f. Rost* E 2644:

roilleïz, *V.* roellis, roilliz, roeilliz (? + -eïz) *Verhau* C 1249:

roïllié (*v.* roïlle) *rostig* K 5138 *V.*; *vgl.* anr-.

roillier (?), 3. *pr.* rǫille, *V.* roulle, *prügeln* L⁴ *4204:

roissier (*rŭstiare ?), 3. *pr.* rǫisse W 1496, *prügeln* W 971:

roit, *anal.* roide, G 1316 *V.* 7260ᵇ *V.* redde, G 2667 *V.* rede (rīgĭdu) *starr, fest* K *4621. G 5667, *stämmig* G 2905:, (*Puls*) *prall* G 6923:, (*Haar*) *struppig* G 6989, (*Pferd*) *flink ?* G 7195, (*Wasser*) *reißend* E †5375 *V.* K *3024. L †3089 *V.* G 2988. 8904; roidemant *starr* G 7336 *V.*, *heftig, wuchtig* L 539. 3201, redement *schnell* G 701 *V.*; *vgl.* E †5375. †6672.

romanceor (*v. fg.*) *Romandichter* L 6815 *V.*

romanz (-nĭcē, *adv.*) *Volkssprache* C 3, *Gedicht in ihr, Roman* C 23. 4576 *V.* K 2. L 5366f. 6814. G 8.

ronce (rŭmĭce) *pl. Dorngestrüpp* L 183. 769.

roncin, *nördl.* ronchi, G 7332 *V.*

ronchin (*zu mlat.* rŭncīnu) *Packpferd, Klepper* E 145: 4387: K 2298. G 6982. 7000; *adj.* G 6530 *V.* 7275.

ronçoi (*rŭmĭcētu) *Dorngestrüpp* G 5678 (*V.* roncenai).

rongier *s.* rungier.

ronpre, 3. *pr.* ront G 7337, *p.* rot E 1570: C 862. L 6018, ronpu E 4396. C 5990, **tr.** *zerreißen, -brechen,* (la char) *herunterrei.* E 4396, (chevos) *raufen,* (dras) L 1159, *s.* festu, le frain et le chevoistre *durchgehen* L 2500, (la teste) *einschlagen* L 6018; *n.* (*zer*)- *br.*, *rei.* E 3017. K *2702, la (*V.* lor) parole lor ront *sie br. ab* G 2618.
ront *s.* r'avoir, ronpre.
roondele (*rŏtŭndĕlla) *Riegelring*? G 7680*V.*
ros (rŭssu), *f.* ~se *rot* E 2545. L 1970. G 6988:, (*Zähne*) *rotgelb* L 304: G *4629:
rose (rŏs-a) *Rose* E 1442*V.* 2412. C 208: G 4452b*V.*
rosentin *s.* pliris.
rosier (-ariu) *Rosenstock* W 2207.
rosin (*v.* rose) *rosenrot* K 5264: rossignol, *V.* lorsignot (*lŭscĭniŏlu, *südl.*) *m.* *Nachtigall* C 7.
rost (*v. fg.*) *Bratrost* C 6012: L 3465, an ~ *auf dem R. gebraten* E 492. L 1048.
rostir (*frk.* *rauſtjan) *tr.* *braten* C 6017. L 3467; *p.* rosti G 3281*V.*
rot *s.* ronpre.
rot *s.* r'avoir.
rote (*ahd.* hrotta *M L*³) *f. Saiteninstrument* E 2044: 6382.
rote¹ (rŭpta) *Schar, Gefolge; Schwarm, Flug* G *4172, fors de ~ *v. dem Fl. getrennl* G 4179 (*s. V.*), avoir ~ de *Begleitschar h. v.* G 5591.
rote² (*eb.*) *Weg, Bahn* C 4153 *V.*; feire ~ à a. *j. Platz ma.* E 2247. G 2811:
rote C 783*V. zu* coche.
roture (rŭptūra) *Riß* G 3723.
rou- *s.* ro-.

rover (rŏgare), 1. *pr.* **ruis** G 8350:, 1. *pf.* rovẹ [K *6592:], *bitten, verlangen* ac. C 219, ac. à a. E 5261. G 1730*V.*, *j. e. abverl.* G 6432*V.*, à a. que C 2666, a. de ac. *j. nach e. fragen* G 1877*V.*
roz *s.* ronpre.
ru, *V.* riu (rīvu) *Bach* W *1785, rieu *Lauf* G 640*V.*
rubi (*zu* rŭbĕu; *prov.* robi, *mlat.* rubinus), L 426*V.* ~n, *A.* *pl.* ~z L 426, *m. Rubin* E 1613. L 2363.
rue (rūga) *Gasse, Straße* L 2319 *V.* G 2744. 5261.
rueve *s.* rover.
ruiier W *588: L *†4327:, ruër L 4327:*V.* (rūtare), 3. *pr.* ruie, *V.* rue C †1907: 3429: (*V.* ruwe), rue (*V.* ruie) L 3090, 6. ruient E 873: G 6011:, ruent G 6011f.*V.*, *schleudern (nieder)werfen, stürzen;* ac. à a. G 6002. 6011, (cop) *versetzen* G 1279 *V.*; *rz.* E 873; *n.* arriere *zur.- stü.* G 6012*V.*; *vgl.* E *†119. K *5685.
ruis *s.* rover.
[ruissel] (*rī(v)uscĕllu), *N.* -iaus W 1788 *Bach.*
ruiste¹, *V.* roite, roche (?) *steil* L *3275.
ruiste² (rŭstīcu) *erbittert (Kampf)* E 1160*V.*, *heftig (Schlag)* C 1906*V.*
ruit (rŭgītu) *in* cerf de ~*Brunsthirsch* L 814, aler an ~ des oers (*v. Jäger*) W *2592:
rungier [*neb.* ro(n)gierj (*rōdĭcare × rūmĭgare?) *benagen* K 3079.
ruse *f.* (?) *stürmisch*? (*Meer*) W *3291:*V.*

s' *s.* sa, se, si.
sable (*zu mlat.* sabelu *v. russ.*

sobol) *m. Zobel* E 2342. K 513:; *vgl.* sebelin.
sablon (săbul-ōne) *m. Sand, sandiges Ufer, s.er Platz* C 237. G 3834. 7333: 7357.
sac (sacc-u), *N.* sas *Sack* C 4788. W 961.
sachier (-are *für frk.* *ſťåřôn?) *ziehen, zerren* E 985. 5996. C 3779. L 1964. G 718 V., (*her*)- *ausreißen* E 4851. G 4041 V., (*Augen*) G 2502, *herausziehen, gewinnen* G 5126 V.; ~ contre val L 4527, par terre L 5634.
sacre (*v.* sacrer) *Königssalbung* E 6867.
sacrefïer ac. *opfern* G 580.
sade (săpĭdu) *schmackhaft* G 4862:
sage (*v.* savie *v.* sapiens?) *weise, klug* E 52, *vernünftig* G 976, *artig* L 1794, (*heil*)*kundig* G 4340, *feingebildet, vornehm* E 1511. W 31, ne ~ ne fol *niemand* K 1365, de ac. *ku.* C 950. 1023. 3095. G 7548, feire come ~s G 2135 (*s.* qui 4.), feire a. ~ *j. wissen lassen* G 8684, soi feire ~ *sich unterrichten in* C 3865; ~mant C 937. L 933; *s.* seve.
sagremor *s.* sicamor.
saiete (săgĭtta) *Pfeil* G 1917: 5711.
saignier *s.* seignier.
sailleor (*v. fg.*) *Akrobat* L 2355 *V.*
saillir (sălio, sălīre), 3. *pr.* saut E 2041, 6. saillent C 1723:, 3. *k.* saille E 3737, *springen, hüpfen*; à cheval G 4322 V., en son palefroi G 8415 V., an (*V.* an son) estant *auf die Füße spr.* G 4556, an piez E 875. G 1253. 3924. 7921, *auf-, herbeispr.* L 3786, *vor-*

sprengen C 4765, *stürmen, eilen* K *2071, *heraustreten* G 3722, -eilen G 5786, *hervorquellen* G 4658. 5656 V., *entspr.* G 4944 V., (sanc) an ~ *hervorspritzen* C 1788, + fors *eb.* G 7848, à *losstürzen auf* C 3754, outre *hinüberspr.* G 8513, sus *aufspr.* G 2674, sus piez G 4073 V.; saillant *flink* L 72; *s.* sore.
sain[1] (sānu) *gesund (Nahrung)* E 468, (*Lage*) E 5109, *heilsam* C 278, (lance) *unversehrt* L 4483, *ganz, heil* G 3721, (voie) *geheuer* C 1744, *genesen* L 1376, feire ~ *heilen* G 3677; ~nemant *gehörig, sehr* G 4521 V.
sain[2] (sĭgnu; *kl.* sī-), *volkset. N. pl.* saint L 2348 V. G 5942 V., *Glocke* E †2335. 2363. L 2348. G 2741.
sain[3] (sīnu) *Busen* K 1480. G 3722. 3735.
saingne *s.* seignier.
sainne *s.* sain[1], saner.
saint (sanc-tu) *heilig* C †5800; *sb. Heiliger* L †6653. G 2497; *pl. Reliquien* K *4971. G 7306 V.; *s.* sain[2].
saintisme (-tissimu) *hochheilig* E 6866. L 6050. G 578:
saintueire, G 6194 V. santuaire (-tuariu) *Heiligtum* E 1195, *Reliquie* C 6094:, *R.n-schrein* L 6632.
sai- *s.* sei-; saive *s.* seve.
sale[1] (*zu mhd.* ſał) *schmutzig* C 1195. 5355: K 1208: L 4097.
sale[2] (*frk.* ſał × *frk.* *ḣałła) *f. Rittersaal, Halle, Hauptwohnraum der Burg* E 297. G 1723. 1778. 1787. 3056. 3083—5. 4136, haute ~ E 6586, (*pl.*) L 8, (*zu ebener Erde*) K *434. G 903. (*904).

905, (m. *Torweg vereint*) L
*963. 1067. 1133. 1178. 1587.
2041. 5190, *Burg* E 3884. C
1462. G 7544.
saler (*sălare?) *salzen* K 3030.
G 2539. 2569.
salu (sălūt-e × *fg.*) *m. Gruß* G
5793; mander ~z à a. *j.*
Grüße entbieten G 7925, randre son ~ à a. E 6236:
saluër (-are), 3. *k. salut* L
5031:, (*be*)*grüßen* G 682. 685.
samedi (sambati die × seme
siebt?) *m. Sonnabend* E 4265,
G 7571: *V. A. sg.* -iz.
samit G 1849: 5450 (*it.* sciámito *v. mgr.* hexámitos *sechsfädig*) *dicker farbiger Seidenstoff, Samt* E 1352. 2368: G
7701. 8265, *-kleid* G 7248.
san¹ (*frk.* *ſin), N. ~z E
†3711: 3872: L 5604: († 2771),
~s E 4699: C 5132 (: forsans,
s. d.) *Verstand, Klugheit,
Vernünftiges* E †5, *Gesinnung* C 5168, *Bes.* C 4110,
Bewandtnis E 6769, *Auffassung* (*eines Romans*) K 24
(*besser sans Mod. Phil.* 27,
462), *Richtung* E *3872. G
842. 3470, *Lehre* G 527 (*V.*
sens), *Geschicklichkeit* E 6712.
6745; *adv.*: tot à ~ *regelrecht* G 4289, à dreit ~ *eb.*
G 4289 *V.*, à son ~ *nach
Wunsch* G 4289 *V.*, *nach s.em
Dafürhalten* (*V.* sens) G 4793,
à un ~ *auf eine W.* G 6186,
de cest ~ (*V.* sens) *u.* par
cel ~ *auf diese W.* G 5087 *V.*,
de toz sanz *nach allen Richtungen* L 5604, *s.* par; *adj.*:
fors del ~ *wahnsinnig* L
1205. 3708; *verbal*: avoir
fol ~ (*V.* sens) *schlecht beraten s.* G 6414, changier le ~
verrückt w. C 6727. L 2793,
n'estre mie an son ~ *nicht*
bei *Verst. s.* L 2930, *s.* issir,
avoir le ~ müé L 6350 *V.*,
feire ~ *gut tun* G 4880.
7086, de ~ li vient *ist vernünftig v. ihm* II 12 *V.*; *s.*
giter, sans³.
san² (?) *Art Spiel* K *1653:
sanblance (*v.* -bler) *Bild* G
4330 *V., Anschein* C 2846,
Aussehen, Äußeres E 5538.
6728. G 8046, *Erscheinung*
G 4198.
sanblant¹ *s.* sanbler.
sanblant² (*v. fg.*) *Schein, Aussehen,* (*freundl.*) *Miene* (*beim
Empfang*), *gute Aufnahme,
Benehmen* E 5567. C 613. L
243, *pl. Anzeichen* C 4450;
par ~ *dem Anschein nach* E
4411. L 488, *durch Anspielung* C 1041, demostrer ~
de ac. *e. zeigen* E 1315. C
2121, mostrer ~ zei. E 6525,
zu verstehen geben C 1272,
feire ~ *gleichen* E 5725, *den
Anschein erwecken* G 4434,
Miene ma. L 5409, *tun als ob,
heucheln* G 4246, (*äußerl.*)
zei., *verraten* L 816, *merken
lassen* G 2144. 8048, *ein
Zeichen geben* L 3395.
sanbler (sĭmĭlare) *n. scheinen*
E 1092, *gleichen* li C 6457, qui
par samblant li sambla G
9078 *V.*, à + *inf.* G 9078 *V.*;
tr. gl. E 2266—8. C 814. L
646, le sanble er scheint es
G 5079. 5082; *ups.* autel (*V.*
ausi) del palefroi sanbloit
ebenso sah der Z. aus G 3703,
que vos an sanble *was haltet
ihr dav.* C 6310. G 7665; sanblant *ähnl.* E 6718.
[sanblor], semblor (*v. vor.*) *f. Erscheinung* G 4198: *V.*
sanbue (ʃąmbūſs *o.* *sambūca?)
*Decke des Damensattels, d.
selbst* E 2810: G 3712. 6781 *V.*

sanc (sangue *neb.* -guïne) *m.*
Blut G 2772f., toz li sans li
est mëuz (*geronnen*) L 6235,
pl. L⁴ †6009 (*verdruckt st.*
6209!). †6210, muër le ~
L 6350 (*s.* G *7962).

sancmesler (sanc + m.) *n. sich
durch Gerinnen des Blutes er-
kälten* G *7962 (*V.* sammel-
lé, sancmuët en sont).

[sancmüé], *pik.* sancmuët *s. d.
vor., s. W. F. Zs.* 36, 736, *Hil-
ka Zs.* 37, 460.

sane, *V.* sen(n)e (sy̆nŏdu) *m.
Synode* E *†4022:

[saner] > sener E 3904. 5112
(sānare), 3. *pr.* sainne L
1371. 5383, *n. heilen;* feire
~ E 3904. 5112; sané *ge-
heilt* G 6638*V.*

sangler (sĭngŭlāre) *m. Wild-
schwein* K 3624. L 304. *G
2212:

sanglot (sĭnglŭttu *v.* -gŭltu ×
glŭttīre), *A. pl.* -oz *Schluch-
zen* E 6233 (*V.* so(u)glot). C
4328: (*V.* seglous).

sanglotir, *V.* sogloutir, se- (*v.
vor.*) *schluchzen* C 886.

sanguin (sanguĭnĕu) *blutfarbig*
G 8818:; *sb.f. ~e rötl. Stoff
in* ~e vermoille G 7917*V.*

[sanpres], senpres (semper +
-s) *immer* G 1836*V.*

sans¹ *s.* san¹; sans² *s.* sanc.

sans³ (sēnsu) *Verstand, Klug-
heit* C 2002: L 3481:, *Ansicht*
L 1314:, issir del ~ L 4081:,
il n'est ~ *es ist verkehrt* G
6258*V.*, à nul ~ *in keiner
W.* G 6631*V.*, de ~ li vient
(*V.* muet) *es ist vernünftig* II
12*V.*, par ~ *geschickt* E
6759:; *s.* san¹.

santance *s.* sent-.

sante (sēmĭta) *Pfad* E 5878. C
1821. G 3691*V.*

santé (sānĭtate) *f. Gesundheit*
C 638, *Heil* L 2551.

santele (*v.* sante) *Pfad* G 3691.

santier (sēmĭtariu) *Pfad* G
1067. 3423. 6320—2, *Weg*
G 3646, lo ~ *den Pf. entlang*
G 3691*V.*; *s.* batre.

santil (*v.* sante) *m. Pfad* E
4976:*V.*

santir (sentire), 1. *pr.* sant E
5273, *fühlen, merken* L 25,
befü. C 3336. 5881, *wittern*
L 3417. 3426, (*Weib*) *besitzen*
K 4993, a. dolereusemant *j.
schmerzen* G 2223; feire ~
la lance au cuer à a. C 3714;
r. sich fü. E 5273, dolereuse-
mant G 2223*V.*, à mesfet
schuldig L 1789*V.*

sanz (sĭne × absentia) *ohne* E
262; ~ ce que *m. ind.
außer daß* L 2123, *m. k. o.
daß* L 3825. 4384, + ne *m.
ind. o. daß* C 6562. L 1985.
4582; *s.* plus.

saol (sătŭll-u) *satt* W 3210:
L 594, *trunken* C 4389*V.*

saoler (-are) *sättigen* C 5795,
fig. L 1250*V.*; *r.* G 8081.

sap (*v. gall.* *sappo-? *o. v.*
sapin?) *Fichtenholz in* lance
de ~ G *7028:

sarge (*sarĭca *st.* sēr-) *Sersche*
E 6668.

sardine (sardīna; *s.* sardius
Georges) *ein Edelstein* K 17:

sarradin (saracēnu × ?), *V.*
-azin, -asin *ungläubig* K
*2146; *s.* Sarrazin.

'sarter *s.* essarter.

satanas *Teufel;* uns ~ G
7456.

sauf (salvu), *N.* saus L 5483,
heil, wohlbehalten E 5908. G
7808*V.*, de *unberührt v. W.*
G 20, estre bien ~ à *sich gut
stehen bei* L 5483, avoir ~
geborgen wissen G 5113, sa

painne *nicht vergebl. arbeiten* G 61, sauve m'enor m. *Wahrung meiner Ehre* E 309; sauvemant *heil* K 3283, *sicher* C 3633 V.

saume, C 5812 V. ps-, siaume (psalmu) *Psalm* L 1414.

saumon (salmōne) *m. Salm, Lachs* E 4267. G 6421.

sausse, L 2854 V. sauce (salsa) *Brühe, Würze* E 5206 V. L 2854. 4202:, *fig. Art* W 1366:, *Natur* W 1490.

saut[1] *s.* saillir; saut[2] *s.* sauver.

saut[3] (salt-u) *Sprung* L 3447:, toz les granz sauz *in scharfem Galopp* G 8512, les menuz sauz *im kleinen G. ib. V.*, prandre son ∼ *s.en Spr. nehmen* G 8514.

sauter (-are) *springen* G 8519: sautier (psaltēriu) *Psalterion (Saiteninstr.)* E 6383, *Psalter* L 1414.

sauvage (salvaticu *st.* silv-) *wild* G 975. 7464, *scheu* I 30.

sauvagine (*v. vor.*) *Wild* E 3941. W 429.

sauvemant[1] *s.* sauf.

sauvemant[2] (*v.* -ver) *Rettung* G 6250.

sauveor *s.* S-.

sauver (salvare), 3. *pr. k.* saut E 2817:, *retten, erhalten, bewahren*; Deus vos saut G 767, se Deus me saut G 267.

sauveté (*v. vor.*) *Sicherheit* W 998. G 6250 V.

savoir (*săpēre) **1.** *vb.* **1.** *pr.* sai E 59, 2. sez L 6576: (o. †2771), 3. sēt G 6125:, 4. savomes C 5863:, 6. sēvent C 1183, 1. *k.* sache E 1605, 5. -iez E 113, 1. *pf.* soi E 6068, 3. sot G 923: 4572:, 6. sorent E 933, 1. *k.* sëusse C 848, 3. sëust C 537, säust L 3022 V., *p.* sëu E 6189, säu G 3604 V., *ipt.* sachiez C 732. G 6274 V., -oiz C 1857. G 7007 V., *schmecken* (*n.*) L 2857 (*s.* K *S.* 494ª), (*tr. nach e.*) L 2853; *kennen lernen* G 3490, *erfahren* E 299. G 3604, ∼ *se um zu erf. ob* G 3398. 6637 V., *por* ∼ *se dass.* G 6999; *wissen, kennen, verstehen, einsehen* E 15. 215. G 6960, *divers mestiers* G 5764 V.; *de verst. v.* G 1446. 6910; *können*: si com il sot G 923, com mius sot G 923 V. *so gut er konnte*; ∼ *näml.* W *2155. K 2845, ∼ mon (*s.* mon²) [K 6463]; ne sai quant *ich weiß nicht wie viele* G 7830 V., *s.* quel, ore; ∼ à dire G 279 V., + ne C †4957. L 391. G 8074 V.; je n'i sai el *ich weiß sonst nichts* G 1536 V., plus i set G 1704 V.; que je sache L 430. G 717 V. *u.* que je sëusse L 6489. G 6385 *soviel ich weiß* (*wüßte*); est de ∼ *ist vernünftig* C 5982; est sëu *man weiß* G 428, est chose sëue *die Sache ist bekannt* C 566. G 814ª V.; *s.* gre, resavoir; *r.* soi ∼ mesfet G 6335 V., à mesfet *sich schuldig wi.* L 1789; feire ∼ *wi. lassen* C 586. L 603; **2.** *sb.* lonc son ∼ *nach s.em Wunsch* E 2117, *Wissen, Kenntnis, Verstand, Klugheit* E 538. 2426. 5923. C 203. 2772. 4541, *e. Vernünftiges* G 1545, cuidier ∼ *vernünftig denken* L 1132. 5356, dire ∼ *e. Vern. sagen* G 1545 V., feire ∼ *klug handeln, einen klugen Streich ma.* E 6544. C 1840. G 3811. 5137. 7048; fol ∼ *Unverstand* L 6782 (*V.* nonsavoir); à ∼ *m. Vernunft* G 1545 V.,

— 232 —

par grant ~ *sehr verständig* E 4563; sanz mon sëu o. *mein Wissen* W 253:
sciance, *V.* escïence (scientia) *Wissenschaft* E 17.
se[1], s' (sē) *sich* L 9, bet. soi (*so stets vor inf.* L †3119) E 158, soi quart *selbviert, zu vieren* C 3408.
se[2], s' C 98 (sĭ *v.* sī × quĭd?) *wenn* E 108, *wenn auch* E 6940. L 494. 552, (*ellipt.*) se ce non C 3902, por ce se (*V.* que) *deswegen weil, wenn auch* G 5548, (*m. k.*) *sowahr* E 2817. L 1558, con se *als wenn* L 931, ne ... se ... non *nicht*(*s*) *außer, nur* G 1692. 1783. 3679. 6021.6721, ne ... se ... non tant solemant *nur* G 3710; *ob* E 1521, (*nach Ellipse*) *wohl* G 279; *zu Beginn indir. Frage* E 388 (*Cohn ZffS* 38, 109).
seant *s.* seoir.
sebelin, E 1610 *V.* sembelin (*v.* sable) *m. Zobel*(*pelz*) E 1610. W 1740. G 1802, ~ vert G 1802 *V.*, ~ noir G 3089. 7915.
[sęc] (sĭcc-u), *N.* sęs, *f.* sęche, G 3094 sesche (*V.* sece) *trocken* L 2851. 3464.
sechier (-are) *n. verdorren* G 6, de duel L 5964; -ié *vertrocknet* G 6940, (*Schiff*) *geborsten* C 1488 *V.*
secheresce (*-arīcĕa) *Trockenheit* C 1486.
secont (sĕcŭndu) *zweit* E 1693.
secorcier (*sŭb-cŭrtiare) *r. sich aufschürzen* G 6003 *V.*, gent -iee (*V.* sozcorciee, sicorcie) G 5706 *V.*
secorre (sŭc-cŭrrĕre) E 4355: C 1765: 6. *fut.* secorront E 2996, *tr. helfen* C 3549: 6295. L 5641; à a. L 3356,

secors (-cŭrsu) *Hilfe* C 636.
secré (sēcrētu) *verschwiegen* G 9086 *V.*
secroi (*eb.*) *Geheimnis* C 4391 *V.*
seeler (*sĭgĕllare *st.* sĭgĭll-) *siegeln* C 6158, anz *eindrücken in* G 5049.
seez *s.* seoir.
[segré] (sēcrētu), *N.* -ez *Geheimnis* G 34.
seignier[1] (sanguĭnare), 3. *pr.* saingne G 3399: 3549: 4653: 4739:, 3. *ipf.* seignoit G 3553, *n. bluten* L 1197; *tr. vergießen* G 4187, *zur Ader lassen, schröpfen* E *6416, (*Pferd*) G *823. 3893. 9148 *V.*
seignier[2] (sĭgnare; *kl.* sī-), 3. *pr.* saingne, *tr. segnen* C 3331, *bekreuzen* G 1694; *r. sich b.* G 118. 120.
seigniere (*v. vor.*), *V.* sai(g)niere, segnere *Goldbrokat* L *†1892 (*s.* K *S.* 494a).
seignor, G 5804 *V.* sig-(sĕniōre), *N.* sire (sĕnior) E 41, sires W *1141, *Herr, Beherrscher, Gebieter, Lehnsherr* G 5276. 8457. 8630, *Besitzer* G 7508. 7515; (*als Titel:*) mes sire Gauvains L 55, Yvains L 56, (*in Anrede:*) sire E 302, biaus si. E 387, si. chevaliers L 3598 *V.*, si. rois G 973, seignor moine *pl.* G 2968; *Gemahl* W 39. *514. G 7575. 7588; sire des chevaliers *Blume der Ritterschaft* L 2400; estre sire *herrl. leben* L 2051. 2164.
seignorage (*v. vor.*) *Herrschaft* E 1311, *Gebieter* C 2478.
seignorie, E 1885 *V.* sign- (*eb.*) *Herrschaft* C 206, *Herrscherstellung* I 34; *Herrlichkeit, Pracht*(*entfaltung*) E 2001. 2122. 2708, por (*V.* par) ~ G 4159.

seiremant, C 133 V. serement (sacramentu) *Schwur, Eid* L 662. G 6172, feire un ~ G 6177 (V. an f. ~), prandre un ~ *einen Eid abnehmen* G 6163.
seisine (v. fg.) *in* avoir ~ de a. j. *in s.er Gewalt h.* C 1352, feire ~ de ac. à a. *zu rechtl. Besitz übertragen (ausliefern)* E 6731. C 2220.
seisir (frk. *ſaƭjan?), 3. pr. seisist E 5027, *nehmen* C 182. L 224, *ergreifen* G 3346, *wählen* E 3727; estre seisi de ac. *in Besitz v. e. gesetzt s.* E 2938. L 6445.
seison (sătione *Säen*) f. *Zeit* E 6420, *-punkt, rechte Zeit* C 2278. G 5722, jusqu'à la ~ *bis zur neuen Ernte* G 2570.
seissante, G 4692. 5566. 8737 siss- (sexanta) *sechzig* G 2002.
sejor (v. fg.), N. -orz *Aufenthalt* E 1894; à ~ *dauernd* E 5190. L 1354, *ausgiebig* G 3952; estre à ~ *sich ausruhen* L 3083. 3714, *säumen* C 6672, *sich aufhalten, wohnen* E 2316. G 338, demorer à ~ eb. E 4236, sejorner à ~ eb. E 5190, remenoir à ~ *zuhause bleiben* L 695, feire lonc ~ *lange verweilen* G 1591.
sejorner, C 279 V. soj- (*subdiŭrnare), G 506 V. sorjorner, n. *sich aufhalten, verweilen* E 3618. L 760, *residieren* G 336, *Rast ma.* G 5178, *sich ausruhen* L 4266, *säumen* E 2293, (à feire ac.) *Zeit gebrauchen* L 4162; tr. j. *zum Ausruhen dahalten*, j. (*sich*) *ausr. lassen* G 497. 506. 3985; r. *sich aufhalten*

C 1419; p. -né *ausgeruht* E 1853. *2456.
sel = si le G 189. 509. 923 usf., G 1362 V. sil, G 7895 V.
sēl (sălе) *Salz* C 371. G 2094.
sele (sĕlla) *Sattel* E 2257. G 77; metre la ~ G 601, monter sor (V. en) la ~ G 8974, seoir an ~ *im S. sitzen* G 5006 V.
selonc, K 6444 V. sol- (seon v. sĕcundu × lonc) adv. *daneben, -bei* G 739, ci ~ *hier in der Nähe* L 3077, par ~ *des weitern* E 6752; prp. *längs, neben, entlang* G 1317. 2994, *zufolge, gemäß, nach* G 29 (V. son). 39. 1223. 7681 V., par ~ *über ... hin* E 954, *längs* K 6444 V. G 1317 V.; s. lonc.
semainne (septĭmāna) *Woche* E 2126; ne de ceste ~ *die ganze W. nicht* L 1572.
semance (*sēmentia) *Samen* C 1037, *Saatgut* G 3. 6; feire ~ *säen* G 7.
seme (sĕptĭmu) *siebent* E 1698. W 55, E 1698 V. si(e)me, ib. u. G 8852 sesme; s. sime.
semer (sēmĭnare) *säen* G 1. 7. 9, *darunter mengen* L 2627, *besäen* G 83 V.
semondre E 4823:, som- E 3725 V. (*sŭbmŏnĕre), 1. pr. semoing E 4813:, 6. -monent E 5165:, 3. k. -moingne K 3898:, p. -mons K *3899, *auffordern, ermahnen* G 757, anveiier ~ *entbieten* C 6692, ac. à a. j. *anruten* C 6191, a. de bataille E 3771, a. de feire ac. C 2642.
semonse (v. vor.) *Aufforderung* C 4763. L 5187.
sen = se en *sich dafür* G 1454 V.
sené (v. san, sen) *verständig, besonnen* E 508; bien ~ *klug*

G 3223 V., mal ~ unvernünftig G 934, petit ~ wenig klug G 281.
senefïer (sĭgni-fīcare) bedeuten E 5787. C 967. G 40.
sener s. saner.
seneschal (*ſini-ſtalt) Seneschall G 1001. 1239. 2004. 2148. 2318. (V. zu chanbrelain) G 4538 V.
senestre (sĭnīstru × destre) link E 1763; adv. destre et ~ L 2810 V.; sb. Linke G 31: 38 f.
sentence C 4763 V. zu semonse.
seoir (sĕdēre), 3. pr. siet C 479:, 6. sieent E 5958, 3. k. siee E 6166, 3. ipf. seoit C 1561, 3. pf. sist E 80, 5. seïstes G 3547, 6. sistrent G 1853, 3. k. seïst L 3696:, 1. fut. serrai G 7788, ipt. seez setzt euch C 4306. G 3117, G 2050 V. soiez (— 1) eb., p. sis C 1380, n. sitzen L 238, (als Belagerer) liegen G 2101, gelegen s. G 5755. 7232, si., (an)stehen (v. Kleidern, Waffen) G 871. 1182. 3177. 4543, hangen (Schwert) G 3655 V., gefallen G 1449. 8214; r. si. C 5164. L 4854. G 1855. 2164. 2893. 3195, sich setzen G 7744. 7788, feire a. ~ j. si. heißen G 3546; ups. gefällt, paßt L 4600. G 813. 1399. 2494. 3759. 8116, zustehen L 6434; sanz ~ ungesäumt L 802; seant gelegen G 864, bien ~ G 1339, estre ~ gel. s. G 1322 V., an ~ im Sitzen E 5089.
sepouture (sĕpŭltūra) Grab(stätte), Sarkophag C †5337. 5340. 5466. L 1257.
septoisme (zu set) siebt G 8852 V.
sepulcre (sĕpŭlcru) C 5466 V. zu sepouture.

serain (sĕrēnu) heiter C 245. G 91.
[serf] (sĕrvu), N. sers Sklave C 164.
seri (v. aserir Abend w.), G 646ᵇ: V. ~n, hell ib., nuit sierie G 8250 V., angenehm, liebl. [K 6391:]
serjant (serviente) Diener E 485, Knappe E 790. 2464, Krieger, Reisige E 4960. C 760, Untertan G 7513; s. servant.
sermainne s. sormener.
sermon (sermōne) Predigt; ne por ~ u. nicht auf gute Worte hin G 7812 V.
sermoner (-nare) de ac. reden, verhandeln W 1878; tr. j. zureden, drängen C 2642 V.
seror (sŏrōre), N. suer (sŏror) Schwester E 1279: G 6436:; obl. suer L 5849 V. (schon Rol. 294).
serpant (serpente) m. Schlange E 1950. L 3349.
serra(i) s. seoir.
serre (sĕrra neb. sĕra) Schloß (fig.) L 4633. G *2637, Gefängnis K *3758 (kjz. v. Nitze, Mod. Phil. 27, 464), Gefangenschaft K 2064.
serrer, sarrer (*serr-are) pressen E 4053, schließen C 1254 V. (serer) L 1118 V. G 3373 V.; p. serré, G 2465 V. sarré geschlossen, dicht gedrängt C 1693. G 2465 f. V., (Herz) bedrückt W 2686, (nuit) tief G 8250, tenir ~ krampfhaft halten E 4441; -eemant dicht gedr. G 2467.
serrëure (*-atūra?) Schloß, Verschluß C 4390. K 4614 V.
servage (v. serf) Knechtschaft K 2103 V.
servaille (eb.) f. Knechtepack G 5956:

servant (v. servir) *Diener* C 3886*V.* 4524*V. zu* serjant.
serviable (eb.) *diensteifrig* G 9079 (*V.* servisable).
servir, 3. *pr.* sẹrt E 2044, **n.** *dienen, aufwarten* E 3179, *-tischen* G 8236, as tables K 43, del taillier *vorlegen* G 8243, *ähnl.* 8244; de ac. e. *auftragen* E 6936. L 5441, (*fig.*) *aufw. m. e.* G 5222, *e. aufti.* G 3299, *zum besten geben* E 2040; (de harpe) *aufspielen m.* E 2044; à a. de ac. *j. zu e. dienen* G 214; **tr.** (*be*)*d.* G 541. 9001. 9170. II 17. 54, *fig.* K *3758 (*nicht mögl., s.* serre), *schützen* G 8399*V.,* (un saint) *verehren* G 4135*V.,* a. de ac. *j. e. aufti.* G 2194, (*fig.*) *abspeisen m.* L 173, que l'en en sert G 4736*V.* 6414*V.*, cui l'an an sert G 3245. 3293. 3302. 6380. 6414 f., soi feire ~ de *sich aufti. lassen* G 6419, estre servi de *bewirtet w. m.* G 7481; **sb.** E 1896.
servise, L 264*V. im Reim m.* -isse, G 7889*V.* -ice (servītiu) *Dienst(leistung)* C 4503. G 2324, *-fertigkeit* E 3165, *-zeit* I 13:; *Gottesd.* W 22: G *6345:, feire le ~ de G 574:; *fig.* L 472, *kirchl. Totend.* C 6120: L 1255, *Jahresgedächtnis* G 2964:; par ~ *aus Gefälligkeit* G 8351*V., gefälligst* E 606.
servisable *s.* serviable.
servitume (-tūdine) *f. Sklaverei* K *647. 2103. 2107: (*V.* -une, -ude).
sẹs *s.* sẹc; ses[1] *s.* son.
ses[2] = si les *und sie* G 1147. 2078. 2427 *usf.*; G 2467*V.* 2652*V.* 4118*V.* sis.
sestier (sextariu)*Scheffel*(150 l),

Sechter E 6542. C 4274. L 2847. 3008. 5600. G 7442.
sẹt *s.* savoir.
sẹt (sĕptem) *sieben* L 175; ~ (*V.* huit) jorz G 8887*V.*
sĕtisme (sẹt + -isme) *siebt* E 1698*V.* (+ 1).
sëu[1] *s.* savoir; sëu[2] *s.* siure.
sëu[3] (săbūcu) *Hollunder* C 4779: [K *6320].
seul (sōlu), *N.* seus, *f.* sọle G 2958, seule E 416. C 1561, **adj.** *allein* E 379, sol (— 1) ma fei *auch nur mein Treuw.* G 6178*V.,* en la ~e cote *in bloßem Rock* G 1423*V.,* un tout sol mot ne (*V.* un mot tout seul ne) *kein einziges W.* G 758*V.*; **adv.** *bloß, nur* C 3903, ~ sanz plus *nur ledigl.* G 1938*V.,* ~ à ~ *einzeln,* (*für sich*) *all., unter vier Augen* C 3721. L 3110. G 3861, ~ en l'orteil *auch nur an der Zehe* G 9031*V.,* par ~ ses armes *ledigl. durch s.e Waffen* G 4089*V.*; solemant *u.* seul- (*so Hss.*) *all., nur* E 104. C 443. L 682, *für sich all.* G 4644:, *für sich* G 2958, *verstärkt:* fors que ~ *außer* L 2973. 4637, tant ~ E 6418 *V.* G 4644*V.* 5366, ne que tant ~ G 2659*V.,* tot ~ E 6418*V.* G 5366*V. nur; s. mar.*
sëur (sēcūr-u) *sicher, beruhigt* E 4033. G 5887; à ~ *sicherl.* G 2119*V.,* tot à ~ *in aller Sicherheit* G 4713, estre à ~ *in S. s.* E 2775. C 3205. L 456, de ~ *gewißl.* C 2015. G 2119, ~emant *ruhig* E 636. G 3117. 4940.
sëurté (-itate) *f. Sicherheit, Bürgschaft* C 3749*V.* L 770. 1916, de ~ *m. S.* G 3770*V.*
sëusse *etc.,* sevent *s.* savoir.

seves (= saives?) ames *fromme, gerechte Seelen* G 2967 V.; *s.* sage.
seviaus (si vĕllēs?) *wenigstens* W 312. K 238. L 1823:; ~ non *eb*. L 1669.
sevil, V. suil, semil (*saep-īle?) *m.* Hecke E *†4978:
sevrer (sēpĕr- *für* sēpărare), 3. *pr.* soivre K 765:, *trennen* C 5457. G 8181V.; *r.* K 765.
sēz *s.* savoir.
sęze (sēdecim) *sechzehn* C 2038:
si, *auch* s' G 2204, *vor* li, lui *auch* se G 1362V. 1606V. 1625V. (sīc) *so* E 30, je si ferai G 1619, si font (*vgl.* so they do) G 5291, *so sehr* L 1667. 6301, *so . . . denn, also* L 4265. 5731, si . . . don *dass.* C 634, si = autressi C †2797V.; *in Erwiderung: u. so* L 1928. 5239, *doch, wohl* C 665. L 1613. 6710, si as *wohl hast du* G 3791, *so hast du wohl* G 7109, si a *doch* G 8757; *Fragesatz einleit.:* L 6073. G 6265; *m. k. bei Beteuerung* L 6653V. 6796V. G 2306; si con *so wie* E 287. II 12, si armez come il fu *bewaffnet wie er war* G 7819, *während* L 5246; si que *so wie* (*doch s.* Herr. *A.* 132, 347), *so daß* C 2059, *m. k. auf daß* W 10, si qu'à la tour *bis zu dem Turm* G 6669V., si ques la *bis dahin* G 9137 V.; ja . . . si *wenn auch noch so* L 920; puis si *dann freil.* L †722. 2239. 2936, *ähnl.* espoir si L 410. 1002, lors si L 6339, neporquant si L 2265, *nach obj.* (!): la matiere si me conta W 3364 (*s.* Herr. *A.* 132, 336), *nach subj. s. ib.*; *u.* E 70, *auch* L 987, *wenn auch* L 1278,
gleichwohl, *u. doch* C 597. K 20. L 261. 1730. G 3652. 8837; *nach relat. Subjektss. unübers.:* L 1447. 4424. 5704; *Nachs. einleit.: so, da o. unübers.* E 549. C 1117. L 611; et si *u., auch* E 447. C 191. W 32 (*s.* L †722), (*u.*) *doch, gleichwohl* E 1008. C 759. W 1441. L 154. G 3550. 4097. 5105; si *m. fut.* G 3939V., *m. k.* E 5806 *vis*; *s.* prodome.
siaut *s.* soloir.
sicamọr, E 5882V. siqu-, sa(i)-grem-, [K 7011V.] sigram- (sycŏmŏru) *m. Sykomore, Maulbeerfeigenbaum* E 5882:
sidre (sīcĕra) *Apfelwein* G 1773.
siecle, L 2801V. siegle (saecŭlu) *Zeit(alter)* C 29, *Welt, Dasein, Leben,* cest siecle G 570, cest siegle terriien (*V.* crestïen) *diese W.* G 1669, el secle *auf der W.* G 7542V., *Geschick* L *1549. 1552, *Treiben* L 2801, toz ~s *alle W.* L 6378.
siee(nt) *s.* seoir.
siege[1] (*sĕdīcu) *m. Lage* G 5754.
siege[2] (*v.* assegier *v.* *absĕdīu *st.* obsīdīu) *m. Belagerung* E 6743V. L *1101V.; estre à ~ *vor einer Burg liegen* E 5394 (*V.* au ~): G 2013; *s.* oster.
sien *s.* suen.
siet *s.* seoir.
sifaitement (si fait + -ment) *so* G 7369V.
sifler (sīfīlare *osk. st.* sīb-) *pfeifen* E 2043.
sigler (*ano.* ſi͡gla) *segeln* G 2998V.
sigue *s.* siure.
sil *s.* sel.
sillier *s.* cillier[2].

sime (*sĕx-ĭmu?) *sechst* E 1697V.; *s.* seme.
sin = si en *u. davon* G 1300V. 1304V. 1454V.
sinfonie (symphonía), V. sif-, *Art Saiteninstr.* E 6383.
singe (sĭmĭu neb. -ia) *m. Affe* G 4626.
sinople (sinōpis) *m. rote o. grüne Farbe* E 2143. K 5977 (*s.* K *5795 *auf S.* 475), (= vermeil) G 1221. 1825.
sinple (sĭmplu) *einfältig, bescheiden* C 3840. L 3960. G 5420. 6882, *demütig* G 6351; ∼mant *in Einfalt* G 6267 V., *dem.* L 1931V.
sire *s.* seignor.
sirop (*zu mlat.* sirupus *v. ar.* šarâb) *m. Sirup* G *3333.
sirurgie *s.* ci-.
sis¹ (sĕx) *sechs* G *1910.
sis² *s.* seoir; sis³ *s.* ses².
sist *s.* seoir.
siste (sextu) *sechst* E 1697. C 3743.
siure C †4513. L 3273. G 5804, siudre C 4513V., sieurre, segre C 4513V., sivir G 5804 V. (sĕquĕre neb. sĕqui), 3. *pr.* sit C 3672:V., siut E 81, siust L 754V., 6. siuent E 745. G 4156, sivent C 6507, 1. *k.* sigue G 7153:, siue G 7183, 3. siue G 7307, sive G 7153:V., 6. *pf.* suïrent E 6211, 3. *k.* siuist L 6609, 1. *fut.* siurai G 4795, sivrai G 7182V., *ipt.* siu G 4880, siuons G 3634, *p.* sëu G 2471, *ger.* siuant E 342, *tr. folgen* E 5871. G 5804, *verf.* L 3273, *begleiten* G 5593; ∼ *aprés verf.* C 3548V.
soatume (sŭăv-ĭtŭdĭne) *f. Süβigkeit, Annehmlich-* E 4937. C 3104. W 370:

soavęt (*-ĭttu?) *adv. gemächl., sanft, sacht* G 2061. 4433. 5701. 6586.
soc- *s.* sec-.
sodain (*sŭbĭtānu) *in* ∼nemant *plötzlich* E 6338 (V. soltainement). L *†3179 (V. soutainement, sold-, sosten-, soutiuem-).
soduire (sub-dūcĕre), L 2725 V. surd-, *betrügen* L 2725; -uiant *betrügerisch (oder sb.)* L 2724 (V. soidoians).
soe *s.* suen.
soēf (sŭāve), G 6567V. swef, G 89V. souef, N. soés C 244, (mer) *ruhig ib.*, (front) *ruhigheiter?* G 1815V., soef (V. soés) à boire G 3283; *adv. sacht, sanft, leise, langsam, glatt* G 1720. 2635. 3502:, oloir ∼ C 6115, ∼ le pas *gemächlich* G 2166ᵃV. 2175V.; souevement G 6586V.
sofler (sŭf-flare) *tr.* (flame) *anblasen* L 1780.
sofrance (sŭf-fĕrentia × -ance) *Geduld* C 5803V.
sofreite (sŭf-frācta) *Mangel* L 4379. 5973V.
sofreiteus (*v. vor.*) *bedürftig* W 177.
sofrir (sŭf-ferre + *Sw.*), 3. *pr.* suefre C 5804, 1. *kond.* soferroie L 3734, *ipt.* soffrez *geduldet euch* G 4104V., *p.* sofert C 579, **n.** *leiden*; **tr.** *ertragen, erl., bestehen, aushalten* G 2124. 2155. 3523, *j.* standha. L 5852. G 2472, a. m. *j. Geduld h.* II 26, n'an ∼ a. *nicht ertr. können* G 1099V., *dulden, zulassen, erlauben* E 519. 923. G 5922, ac. à a. *erlau.* G 5559, *gönnen* G 1099, *abtreten, lassen* L 4718; **r.** de ac. *sich enthalten, verzichten auf, ent-*

behren K *1257. L 5508, an sich gedulden G *8355.
soheidier (zu frk. *ɧait Wunsch) wünschen; par ~ nach W. C 5446, por ~ trotz meines W.es E 4664.
sohẹt (v. vor.) Wunsch E 4669: soi s. estre, savoir, se.
soie¹⁻² s. estre, suen.
soie³ (sēta) Seide G 1156. 1603, ~ an (V. taint' en) grainne (als Mantelstoff) G 1952.
soiez s. seoir.
soif (sīte) f. Durst E 2081. L 5301.
soigle (sēcăle st. sĕcāle) m. Roggen L 2884V.
soignier (soniare; s. soing) tr. liefern (eig. besorgen) W *1959, (Märkte) besuchen W 3228.
soiiens, soiiez s. estre.
soille s. soudre.
soillier (v. soïl Schweinestall ?), 3. pr. soille (fig.) beschmutzen K 4406:; soullié dou sanc K 4759V.
soing (soniu zu *ʃunnja) m. Sorge; n'avoir ~ de sich nicht sorgen um, nicht wollen E 1894. C 710. L 5867. G 1196. 4293, estre en ~ sich S. ma. G 1944V.
soir (sēru) Abend C 1555—7; le ~ (V. al ~) an dem A. G 3318.
soivre s. sevrer.
sojorner s. sej-.
[sọl] (sŏlĭdu), N. souz, (solz) eine Münze = 1¹/₂ Pfd. = 12 deniers L 2846. 5312. 5315. G 8895.
solacier (sōlāc-iare) tr. freudig begrüßen E 4168, ergötzen L 1543; r. E 4784. C 1639. L 2447.
solaz (-iu) Trost G 5004, Unterhaltung, Kurzweil, Erheiterung E 1720. L 702. G 5430; il m'est ~ de + inf. es ist mir ein Vergnügen zu G 8676, feire ~ sich vergn. G 2067V., à a. Unterhaltung bieten G 5739. 5972, Trost bereiten G 2067.
sole(mant) s. seul.
solever s. sozl-.
soller, V. so(u)ler, soulier (*sŭb-tĕlāre × -ier) Schuh K 3118.
soloil (*sōlĭculu), N. -auz, Sonne E 834.
soloir (sŏlēre), 1. pr. suel K 141:, 2. siaus G 6473, 3. siaut W 18:, 5. solez K 108:, 6. suelent E 21, 3. ipf. soloit G 606. 4165, 6. -oient G 676 (im pr. oft ipf.-Bedeutung) pflegen, gewohnt s. L †5395. G 8481.
solte s. sote.
some¹ (*sauma st. sagma) Last C 162. L 3582: 6588.
some² (sŭmma) das Hauptsächliche in knapper Fassung E 6174, la ~ alles L 785, trestote la ~ L 3886, ce est la ~ G 2496; Blüte C 34.
some³ (sŏmnu) Schlaf L 2757:
someillier (v. somoil), 3. pr. -moille G 4226. 4232. 7806, schlummern, schlafen G 4215.
somẹt (v. som v. sŭmmu) Spitze; an ~ oben an der Sp. G 3199, la pointe an ~ die oberste Sp. G 8401:
somier (sagmariu > *saum-) Saumtier G 4146. 5323V.
somoil (somnĭculu) in prandre ~ einschlafen E 3445.
somondre s. sem-.
son¹ (sŏnu) Ton, Schall E 6772. L 221.
son² (sŭmmu) oberster Teil in an ~ oben E 148; prp. ob. auf C 3510. (enson) G 936V.

(anson) G 3036f. 4255. 8001, lever anson la croiz G 6395 V., par ~ ob. auf G 3068V., ob. durch C 6424, hinaus über L 2255, (zeitl.) nach E 1347.
son³ (s[ŭ]ŭm), N. ses, f. sa, sa force à celui G 2016V.; pl. N. si, A. ses vortonig: sein, ihr.
son⁴ s. selonc.
sonbre, V. essombre (gall.?) Brachfeld K *5629.
soner (sŏnare) n. (er)tönen, -schallen, läuten, schlagen G 6448. 7823. 8692, prime sone es läutet sechs E 2304, estoit pr. sonee G *3128, none est sonee E 6660, oïr les matines ~ W 75; tr. (Horn) blasen L 4884, (Glocke) läuten G 6448V., la messe zur M. l. E 6888, ne ~ mot sich nicht mucksen G 926. 5543. 6871, un mot K 4493. G 1690. 6871V. (V. nul); ~ la coraille durchschütteln? G *7221V.
songe (somni-u) Traum L 171; par ~ im Tr. C 3208.
songier (-are), ger. -jant C3345, träumen C 2103, müßig s., sich verliegen L 2503.
soper (*sŭppare z. nddeu. ſop=pen, ʒ-) zu Abend essen E 501; sb. G 1920, au ~ G 7483, por ~ G 1913.
sople (*sŭpples st. -ex) gefügig, demütig C 3734. 4369V.
soploiier (sŭp-plĭcare), K 4734 V. 5243V. sousploier, G 152 sozploiier (V. soploier, supplier), 1. pr. soploi II 15:, à a. sich verneigen, in die Knie fallen vor K 4734. 5243. II 15V., vers a. II 15, a.? G 152.
sor (frk. *ſaur) goldfarbig (Haar) C 790. G 1814. 2331.

3145. 7902, (Pferd) E 2344, (junger Habicht) E 354.1984.
sor, G 6888V. seur (sŭper) prp. auf E 80, über C 94. G 6009, sor le mangier beim Essen G 8253, an C 1142, sor mer G 863, über j. hinaus, neb. j. C †5470. 6150, g. K 760.794. L 3390. 6043, (bei Schwur) bei L 4437, sor vo foi G 8658 V., est sor toi steht bei dir L 5159, ? K *2865; sor ce überdies C 3133, sor toz vor allen E 1259. G 3971. 5716, ähnl. G 8545, sor tote rien vor allem E 3301. C 408. G 567, aufs beste L 3127, sor (soz?) clef unter Verschluß W 3200:, de sor v. ... weg K 1082, par sor le pont über die Brücke G 3068, V. sur G 1354V.; s. ansor, dessor, gre, jor, pois, main.
sorargenté (*-argentare?) versilbert G 7653V.
sorbir (*sŏrbīre), V. sorbrir, -rer, verschlingen E 2498.
sorçangle, E 2204V. -çaingle u. sousçaingle (s. d.), Sattelgurt K 3616:
[sorcil] (-cĭliu), N. -iz L 301, -is G 1819, -ius ib. V. 6991 Augenbraue.
sorcot (sor + cot; s. cote) m. Überkleid W 151. L 4374. 5427, (für Mann) G 7913 (V. sorecot):
sorcuidance (v. -dier v. sor + c.) Vermessenheit E 3109.
sorcuidié (eb.) eingebildet [K 6329], hochfahrend G 2185.
sordire (-dīcĕre), V. sozd-, soud-, beschuldigen L *4434.
sordoi (zu sort²?) in n'en (Druck nen) est surdois hier nützt kein Verheimlichen G 817:V., par ~ verstohlen G 8420:V.

sordre (sŭrgĕre), li refu sors erhob sich für ihn G 7850, entspringen G 640 V., hervorquellen, -kommen C 5992, guerre nos sort es kommt Krieg L 2081.
sore (sŭprā) in corir ~ à a. über j. herfallen L 6158: G 8407:, saillir ~ à a. C 1766 V.
sorenon, G 561 f. V. 1544ª V.
sornon (v. sornomer) Beiname C †1411.
sorent s. savoir.
soreplus, G 3864 V. sorplus Rest, Übriges E †629. G *548. *3864. 5865; vgl. *3859.
sorlever s. sozl-.
sormener, 3. pr. -mainne, K 4911 V. sermaine, L 1322ª V. östl. sormoinne, 3. k. -maint L 6103:, tr. überanstrengen K 300, angreifen, belasten K 4911 V., quälen G 8919, besiegen L 4508; r. sich übermütig benehmen L 1322ª.
sormetre (-mĭttere) ac. à a. j. e. aufladen K 4939 V.
sormonter übermütig ma. E 2606 V.; n. seurm- de -steigen, -winden G 5194 V.
sornon s. sorenon.
sororer (*-aurare?) übergolden C 980. G 7653 V.
sorplus s. soreplus.
sorprandre s. sospr-.
sorquerre, C 5344 V. sorequ-, 3. pr. -quiert, überfordern C 2546.
sors¹ s. sordre.
sors² (p. v. sordre; vgl. sorse > source), V. sor, so(u)rt (× sortir?) m. Austritt einer Quelle G 640.
sorsaillie (v. -illir) übermütiger Frevel C 5808.
sort¹⁻² s. sordre, sors.
sort³ (sŭrdu) taub L 634. G 9198:

sortir (*sŏrtire) hervorkommen C 5992.
sorvenir (-vĕnire), V. serv- G 7850 V., hinzukommen G 232, à ac. C 2000 V. 3477 V. G 3820, à a. G 7850 V.; -venant Ankömmling L 5153.
sos = se vos G 1610 V.
soschier, V. souch- (sŭspĭcare) fürchten E 3462, planen C *1242.
soslever s. sozl-.
sospeçon,. Vs oup- (sŭspĕctione) f. Verdacht, Besorgnis E 5679.
sospir, G 5638ᵈ V. soupir (sŭspīr-iu) Seufzer E 6233.
sospirer (-are) seufzen G 1966. 6334. 6390, (vor Lust) aufatmen K 170.
sospite (*suspĕct-a st. -u) Verdacht C 3304.
sosprandre, V. sou(s)pr. (wechselt in Hss. stets m. sorpr.), 3. pr. k. sospraingne C 3041, p. -pris, tr. überraschen, -wältigen, ergreifen E 4682. W 895. L 2317.
sostenir (*sŭs-tĕnire), E 4738 sozt. (× soz- v. sŭbtus), 3. pr. k. sostaingne G 1714, tr. emporhalten C 4109, festh. L 922, aufrichten G 9226, beschirmen G 7586 V., tragen können G 1714, (sa vie) fristen G 6424, a. à grant honor j. ehrenvoll unterh. G 7581 V.; r. sich aufrecht h. K 3701. L 3036. 6300.
sostraire (sub-trăhĕre bez. -tragĕre + Präfixw.) tr. entziehen C 5091 V. K 5171 V.
sot¹⁻² s. savoir, soudre.
sot³ (sŏttu) töricht G 200, einfältig G 792, (robe) verrückt G 1423; sb. Narr E 1225 V., feire que soz G 1006.
sote, V. solte, soute (*sŏlvita ?) Barzahlung C 5094.

sotie (v. sọt³) *närrisches Gerede* G 5374 V.
sotil (sŭbtīle), N. -is, *fein, scharfsinnig, schlau* E 5347. C 1155. K 3158; ~mant E 2647.
soudee, G 2106 V. soltee (*zu* sout *Sold*) *Sold, Lohn* L 3334. G 4412 V. 7037 V., *pl.* G 2106, venir an ~s *in Kriegsdienst eintreten* E 6267.
soudeement (*sŭbĭtata mente, *s. W. F. zu Lyon. Yzopet* 2120) *u. (m. anal.* 1) *soldplötzl.* [K 6811 V.]; *s.* sodain.
soudire *s.* sordire.
soudoiier, L 3199 V. sodoier (*zu* sout *Sold*) *Söldner, Kämpe* E 6270. K 6192. L 3199.
soudre (sŏlvĕre), 3. *pr.* sọt C 5092, sout G 1031, 6. sọlent G 6776 V., 3. *k.* soille C 4865:, *tr. bezahlen ib., ersetzen* W *2406, (*Versprechen*) *einlösen* G 1031, an ac. *e. spenden, zollen* G 6776 V.
souper = çoper G 628 V.
sourire (*sŭb-rīdĕre) *r. de ac. über e. lächeln* C 1571 V.
sousçaingle *Sattelgurt* E 2204 V.; *s.* sorçangle.
sousploier *s.* soploiier.
soutain, G 1703 V. 7225 V. sostain (*sōli-tānu) *einsam* C *5564. G 75. 1703; soltainement E 6338 V.
soute *s.* sọte.
souz *s.* sọl.
sovant (sŭb-ĭnde) *oft* L 15. G 2196; ~es foiz E 2571. G 8432 V.; ~ ... ~ *bald ... bald* C 462.
sovenir (sŭb-vĕnire), 3. *pr. k.* sovaingne E 1010, *ups.* m'an sovient de *ich erinnere mich an* C 1569. G 1373. 1858.
soverain (*sŭperanu) *höchst in* ~ pere *Gott* G 2981. 6804.

sovin (sŭpīnu) *auf dem Rücken liegend;* cheoir ~e E 4736, gole ~e L 4256.
sọz (sŭbtus) *prp. unter* E 533; de sọz *prp. von (u.halb)* ... weg C 300, *adv. daru.* E 140; *s.* dessoz.
soz- *s.* sos-.
sozcorcié *s.* sec-.
sozd- *s.* sord-.
sozlever (sŭb-lĕvare + *Präfixw.*), 3. *pr.* -lieve G 742; E 2606 V. soslever, sorl-, susl-, E 4156 V. so(s)l-, L 2144 sol-, G 5872 V. susl-, *tr. lüften* G 742, (*Helm*) *abnehmen* E 4156, *aufheben* G 5872 V., (*Herz*) *erregen* L 2144 V., *aufgeblasen ma.* E 2606; *r. sich ein wenig erhe.* G 3114.
sozploiier *s.* sopl-.
soz- *s.* sos-.
stomaticon *s.* pliris.
sucier (*sūctiare) *saugen* K 3077.
suefre *s.* sofrir.
süeire (sūdariu) *Leichentuch* C †5935.
suel (sŏlu *Boden*), L 5611 V. seul, suil, soil, sueil, soeil (*vor.* + *Sw.*) *Schwelle* C 2289. L 1105. 5629; K 1145 V.
souil (— 1).
suelent *s.* soloir.
suen (sŭŭm), *später* G 5330 V. *anal.* sien, beto. *pron. poss. sein* L 519: G 3855:; *f.* soe (sŭa) *später* G 3451 V. *anal.* soie, C 2348:; le suen cors E 1592, la seue merci G 9019 V.
suer *s.* seror.
suër (sūdare) *schwitzen* G 1963. 3794.
süętte *s.* çüęte.
suie (*gall.* *sūdia) *Ruß* L *†1402.
suïrent *s.* siure.

suọr (sūdōre) *f. Schweiß* E 5982.
suppliier *s.* soploiier.
surdois *s.* sordoi.
surgie, surgïen *s.* cirugie, -giien.
surrexi (surrēxit) G 6391*V*.
sus (*sūsu) **adv.** *(nach) oben, darüber, (hin)auf;* corre ~ à a. *üb. j. herfallen, j. angreifen* L 3177, passer ~ à a. L 4546 *u.* venir ~ à a. *eb.* L 3390. 4497; çasus (*V.* saisus) *hier hinauf* G 2050*V.*, *hier oben* G 8217*V.*, ceisus *eb.* G 8215, an ~, ansus, ensus *hinauf* G 2050*V.*, *davon, weg, zur.* E 217. C 4965. L 6224, *hinter sich* G 5507*V.*, soi treire ensus *sich zur.ziehen* G 6854ª*V.*, ~ et jus *auf u. ab* C 4734, et ~ et jus E 5715. G 7734; **prp.** *auf* G 627*V.* 1355*V.* 2663*V.*, roy ~ tous *König üb. allen* G 6264ᵇ*V.*, jurer ~ les sains *auf die Reliquien schwören* G 7306*V.*, ~ ce *darüb. hin* G 6620*V.*, saillir ~ piez *aufspringen* G 4073*V.*, ensus de über ... hinaus G 6011ᶜ*V.*, soi tenir an ~ de a. *üb. j. stehen bleiben* G 3538, de ~ la sele *v. S. herab* L 2255*V.*, par ~ *auf* G 1354; *s.* creance, dessus, lassus, metre.
susciter (sŭscĭtare) *erwecken* G 6291*V.*
suslever *s.* sozl-.

table, G 3231*V. nördl.* taule (tăbŭla) *Tisch* G 1570. 3261, metre les ~s G 1918, oster la ~ à a. G 7488, *Tablett* G 3231*V., Metallplatte, Art Gong* L 214; *pl. Triktrak* E 357. K 1652; *s.* Table.
tablẹte (*v. vor.*), *V.* table (*s. d.*), *ein mus. Schlagzeug* L 2353.

tablier (*eb.*) *Tischtuch* (= doblier) K 995*V.*
tabọr (*ar.* ṭabl, *pl.* ṭubûl) *m. Trommel* E 2052: L 2353:
tache (*zu got.* taiḱła, *frk.* *tệłan *Zeichen*) *f. Flecken* E 1606*V.* K 4761*V.*
tachié (*v. vor.*) *gefleckt* K 4718.
tai (*frk.* taḫḫi) *m. Schlamm* L 4849:, *A. pl.* tẹs *Morast* L 5038.
taille (*v.* taillier) *f. Schnitt, Zuschn., Form* E 6715. C 327, *Schnitzwerk* C 774, *Kerbholz* (*fig. f. Leib*) [K *7098], *Abgabe* L 5290, avoir sa ~ an a. *s. Steuer v. j. bekommen* I 16.
taillẹor (*eb.*), *N.* -lierre E 5349, *Bildhauer ib., Vorschneideplatte* G *3231(*V.* -oor,- eoir). *3287. 3567.
taillier (tăliare) **tr.** *durchschneiden* G 5904*V.*, *abschn.* G 5452, *schn., zuschn.* E 100. G 1425. 9175, *schnitzen* E 5347. C 772, *richten (Maurerw.)*: aussi con par ci le me taille *geradeaus* W * 5; **n.** *vorlegen* G 3285*V.*, *sb. dass.* G 8243; p. -llié *gestaltet, -wachsen* E 771.
taindre¹ (tangĕre) à a. *j. angehen* G *5147; *s.* L *4808.
taindre² (tĭngĕre) **tr.** *färben, bemalen* E 2143. C †5800, *das Gesicht gelb fä.* E 4185. C 2994. 3016; **n.** *sich verfä.* C 3872*V.* L 870; **p.** taint an (*V.* de) *gefärbt m.* G 1602f., *gelb im Gesicht* G 1724*V.*, *blaß* G 3747, *dunkel* G 7164 *V.* 8250*V.*, *sb. Anstrich, Farbe* E 3978. C 4609.
taing(ne) *s.* tenir.
taire *s.* teire.
tais *s.* cuire.
talant (tălentu) *Lust, Wunsch, Wille* E 1210, *Meinung* C

2515, an avoir boen ~ G 5105*V*., grant ~ G 6790, an ~ a que er hat L. zu G 8528*V*., dire son ~ *s. Herz ausschütten* G 5984, an feire grant ~ *große Lust zu e. bekunden* G 2584*V*., metre an ~ à a. *j. in den Sinn geben* G 2044, venir à ~ *recht (nach Wunsch) s.* G 2692*V*. 8235; à son ~ E 6002, de bon ~ *freudig* G 2468:*V*., par grant ~ *m. Behagen* G 747. 1922; *s.* mautalant.

talante (*v. vor. o.* talenta) *f. Lust, Wunsch*; estre en ~ K 6034*V*., à sa ~ E 6191*V*., venir à ~ *gefallen* C 221*V*.

talentos (*v.* talant, -ent) *begierig* K 1097:*V*.

talevaz (*talapacĕu) *großer Schild* G 1532:

talon (*tālōne *v.* tālus *Knöchel*) *m. Ferse* L 952.

tamoir (tĭmēre), 2. *ipt.* tamez E *†5047 *sich fürchten.*

tance (*v. fg.*) *f. Streit* [K 7110*V*.] G 2942:; en tence *um die Wette* K 2728*V*.

tancier (*tent-iare) *zanken, streiten, schelten, nörgeln* E 2586. C 524. L 104, *wetteifern* C 253.

tançon (*-ione) *f. Zank, Streit* C 879. L 107. G 5389, *Kampf* K 2249, *Wettstr.* C 2248*V*., *Prozeß* L 4719; par ~ *um die Wette* E 6185*V*., *im Z.* G 7812; *s.* prandre.

tandis (tam diu + -s) que *während* E 2795*V*. (*Hs.* gandis), tantdis que G 3831*V*. *u.* tandis com G 7898*V*. 8291*V. eb.*

tandrai *etc. s.* tenir.

tandre[1] (tendĕre) *ausstrecken, spannen* E 814. C 1260. L 4668, (tref) G 638, *ausbreiten* C 6403*V*., (*Falle) stellen* L 1102, *hissen* C 254, *zielen* L 1562, *anreichen* G 8362, *rei.*, *übergeben* E 4054*V*., *s.* gage, à ac. *nach e. streben* C 180, ~ la main à *die Hand ausstr. nach* G 188, ~ à + *inf. beschäftigt s. zu* G 7658*V*., de feire ac. *sich beeilen e. zu tun* C 253*V*.

tandre[2] (tĕnĕru) *zart* E 4335, *zärtlich, liebevoll* E 3464, *schwach* G 8526*V*.; avoir a. ~ *gern h.* G 4338, avoir le cuer ~ vers a. *ein weiches Herz h. für* G 4338f.*V*.; ~mant plorer *G 759.

tandreiier (*v. vor.*), 3. *pr.* -roie G 5688:, *erschlaffen.*

tandroiz *etc. s.* tenir.

tandron (*v.* tandre[2]), *V.* tanrun *m. weicher Teil des Körpers* L *4529.

tanpeste (*tempesta *st.* -as) *f. Sturm, Unwetter* E 1949: K 397: G 2498. 8689*V*., *Wahnsinn* L 2950:

tanpester (*v. vor.*) *tr. im Sturm töten* C 2410, *n.* (*fig.*) *wettern* L 1264.

tanple (*tempŭla *st.* -pŏra) *f. Schläfe* E 938, *pl.* K 1164:

[tanpre] (tempŏre), tempre v tart *früher o. später* C 769*V*., tempres (+ -s) *beizeiten* K 3060*V*.

tanprer, *V.* tranprer (tempĕrare) (*Gift) mischen* C 3251 *V.*, (*Stahl) härten* G 3143, (bains) *anwärmen* G 9172*V*., chaut tanpré *lauwarm* G 3259.

tans (tempus) *Zeit* E 27, *Gelegenheit* L 6699. 6702, *Wetter, Un-* L 445. 450. 452, ~ novel *Frühjahr* E 27; à ~ *zur* (*rechten*) *Z.* L 4003. G 3826, par ~ *rechtzeitig, bei-*

zeiten, bald E 1329. C 128.
L 1113. G 1943. 2038, lonc
~ *lange* C 2623. G 3754. I
52, *lange Dauer* II 42 *V.*,
lonc ~ avoit *seit langem* G
6912ᵃ *V.*, toz ~ (*V.* tost.)
immer G 320 *V.* 1476 *V.* 4353
V., tout tens G 5107 *V.*, an
toz ~ L †384.

tant 1. *adj. so groß* C 3148, *so
manch* E 2138. 6781, *pl. so-
viele* G 2011. 6230; **2.** *adv.
(eig. indef. pron.) so* E 30,
~ bel G 1864 *V.* 3146, de ~
loing *aus solcher Entfernung*
G (*wo?*), *so viel* E 418, tant
de G 4975 *V.* 5891. 8493.
8939, *um so viel* G 6453. (de
~) G 3571, -*lange* G 2985,
-*weit* L 1912, -*oft* L 2897, ~
solemant *nur* E 104. G 2507,
à ~ (*oft* atant) *dann, da-
(nach), jetzt, hiermit, um den
Preis* E 694. C 63. L 209, *s.*
itant, antre ~ *inzw.* L
2268, de ~ *insofern, inso-
weit, hierin* E 232. 4046, +
que K 1943. L 37, par ~ *da-
durch* C 5504, *s.* por, ne ~
ne quant *nicht im geringsten*
E 5990. L 761, *keinen Au-
genblick* G 6821, *keinerlei*
G 2237, ~ et non (*V.* ne)
mes *soviel nur* G 1411, ~ i a
que *wenigstens* L 5674, *jeden-
falls* G 6142, *nur* G 4028, ~
ne m'an (*V.* me) fu que *ich
ließ es mir nicht einfallen* G
4098, feire ~ que + *inf. so
weit gehen zu* G 3852; **3.** *sb.*
deus tanz *doppelt soviel
(-sehr)* C 4809f., dis tanz (*V.*
si) G 5897, cent tanz L 783,
+ plus *hundertmal mehr* C
5113, mil tans plus G 8868,
mil tans de *ib. V.*; **4.** *konj.*
tant *m. k. wenn auch noch
so sehr (-viel)* E 526. C 197.

W 1567. L 1035, ~ po *m. k.
wenn auch noch so wenig* L
2865; *m. ind.* ~ con -*viel wie*
L 790. G 3429, -*weit als* E
5760, -*lange als* E 25. L 2599
(*m. k.* L 2599 *V.* 4430: 5633:),
~ come *eb.* W 25. L 2869,
~ con ... plus ... plus *je
mehr* ... *desto mehr* L 3578,
de ~ con *solange als* E 85,
seitdem daß E 3448, de ~
plus ... con plus *um so mehr*
... *je mehr* L †2520, ~ que
so sehr daß L 476, *so lange
als* W 540. 2274, *so l. bis* E
321. L 478, *bis* W 2940, ~
longuemant que L 2887, ~
de respit que *so l. Aufschub
bis* C 6590, *so daß* C 38, fel
~ que nus plus *so tückisch
wie keiner* (*wo?*), *final m. k.
bis daß* G 2826, fors ~ que
außer daß E 5862. C 1604;
5. *prp.* ~ qu'à *bis* G 8406 *V.*
8906 *V.*; *s.* ci, itant, por, tan-
tost.

tante¹ (*tendĭta) *Zelt* G 4149.
tante² (*v.* tenter *v.* temptare;
*eig. m. Scharpiewickel son-
dieren*) *f.* Wieche E *†5201.
tantir (tĭnn-ītare × -ire) *wider-
hallen* W 2677, *erdröhnen* G
109 *V.*
tantost (tant + tost) *sofort,
-gleich* G 361. 922. 3158.
4153, ~ come, con -*bald als*
G 2076, ~ que *eb.* G 2173.
tanve (tĕnŭe) *dünn* K 5551: G
1166:
taon (tăb-ōne *v.* -ānu) *Bremse*
L *117 (*V.* toon).
taper (*Schallw.* tapp) *schlagen
(Falke)* G 4180 *V.*
tapir (frk. *tappjan), **6.** *pr.*
-issent L 5870:, *r. sich ver-
bergen ib.*; *p.* tapi E 5021. K
5758.
tapit E 2632:, tapi [K 6779:

6784] (*tapitiu v. gr. tapētion) m. Fußteppich E 2628, T.decke E 479. 2337; A. -iz E 2628. 2635 [K 6779V. 6784V.], -is [K 6784V.]
tarder (tardare), 3. pr. k. tart C 3223, n. säumen, zögern E 474, zu lange bleiben L 4978, à a. j. zu l. w., j. verlangen L 710. C 4015, dauern C 2419, ne ~ que ne nicht säumen zu G 5496; ups. dau., sich hinziehen E 1915. L 2222. G 733, à a. es verlangt j. E 707. C 2903. L 710. G 3873; r. säu. E 5505V., m. à + inf. zö. C 1575, m. de + inf. L 4510; ger. -ant verweilend G 5784V.
targe (frk. *targa) Schild C 1795. 6696:, ~ (V. zu panne) de l'escu K 2237V.
targier (*tardĭcare) zögern, säumen E 269. C 2715V., sanz plus ~ G 1561V., ne ~ que ne nicht säu. zu G 5496V., ups. auf sich warten lassen G 733V., targe à a. es verlangt j. C 2902V.
tarir (frk. *þarrjan) n. austrocknen C 5258. K 4241; tr. K 3332.
tartarie (vgl. to catch a Tartar of a wife eine böse Sieben heiraten u. Taternweib = Zigeunerin in Löns, Wehrwolf) Schimpfname für ein böses Weib G 8597V.
tart (tardu) spät; estre trop ~ zu sp. s. G 4182V.; adv. sp. C 769, zu sp. E 2538. I 51, au plus ~ sp.estens C 5755, venir à ~ auf sich warten lassen L 2519; ups. est ~ à a. j. kann nicht erw. L 1480. C 2249. G 362, es verlangt ihn G 880. 1700.
tas (frk. *taṡ) m. Haufen L 3152.

tasche (*taxa > *tasca) Taxe, Abgabe in prandre an ~ an sich nehmen, einziehen (anders W. F.) [K *6775:]
[tassel] (*tass-ĕllu), N. -iaus, E 6806V. taissiaus, tess-, E 1611V. tausseaus, Schließe (Stäbchen o. Schild-, an dem die Mantelschnur befestigt war; Sch.-Gora, Herr. Arch. 147, 119) E 1611. 6806:, Halsrand des Mantels G 5401V. (tasel).
taster (*taxītare?) (ärztl.) betasten G 6922ᵇV., kosten, versuchen E 5148. C 3287V.
tastons (v. vor.) in à ~ (im Finstern) tappend L 1142.
täus s. teire.
taverne (tăbĕrna) Schenke K 5558.
teche (frk. *têṫan Zeichen; it. tecca) f. Vorzug K 5960:, (schlechte) Eigenschaft K 6331:
teisir (tăcēre) E 1288: C 4308:, 1. pr. tes C 1209, 3. test E 1198, 5. teisiez E 4837, 1. k. teise L 1690, 3. teise E 3725:, 3. ipf. teisoit E 5830, 1. pf. toi G 943, 2. tëus (V. täus) G 4667, 3. tot (V. tut, teut) G 4715, ipt. tes L 1612, tes t'an G 5542. 7085, teisiez G 390. 7619. 7622, vos an G 5427. 8025, p. tëu C 3235, täu G 3204V., tr. verschweigen E 7. C 3235. G 3844ᵇV.; r. schw. E 1288. C 319. L 97. G 943. 2614. 3110, fig. verstummen G 0245, sb. Schw. E 4630, Gelegenheit zum Schw. L *1726; teisant schweigend L 3960.
teissu s. tissu.
tēl (tāle), V. tal G 2370V., N. (teus E. G) tes (dies ist durchzuführen; s. Wtb.[1] S.

221*), *solch*: teus fu (li liz) dergestalt war G 7713, manch C 640, noch so einer W *101, tes nonante so gut wie n. L 2443, ~ ore manchmal L 3120, doner ~ einen solchen (Hieb) versetzen L 4200. G 7349, s. randre, tel qui ein so.er der C 4032, tel que G 5155, de tes so.e C 2838, ~ i a mancher L 5392, pl. teus i a G 4273, de tes i a L 44. †153. G 4970, a ~ jor come an einem so.en Tage wie G 6286; s. itel, par.

tem-, ten- s. tan-.

tenir (*těnire), 1. pr. taing E 1266, G 5493 V. tieng, 2. k. taingnes G 6842, 4. tiegnons G 7927 V., 6. taingnent C 294, 1. pf. ting L 185, 6. tindrent E 1087, 1. k. tenisse G 8872 V., 3. -ist E 242, 5. fut. tandroiz E 3407, ipt. tien E 999, tenez E 678. G 4786 V. 5046 (V. en t.) nimm (nehmet) hin, hier, wohlan; 1. tr. (fest)halten, -nehmen, ergreifen L 346, zu fassen bekommen G 8765, anf. G 6843, contre (V. à la) terre am Boden festh. G 4191, sa (V. la) langue den Mund h. G 5509, sa parole m. der Sprache einh. G 1877 V., (terre) zu Lehen haben C 1088. G 890 (de a.). 2930, sa terre et ses homes G 3589, terre G 4673. 4676, palés G 7598, rien G 8625, (son reaume) regieren W 29, (cest païs) herrschen über L 2093, (son leu) behaupten L 3182, (Blick) richten E 1590, (Weg) einh., fortsetzen: sa voie G 691. 784. 2720. 2976. 4002. 5152, la v. G 3674. 4002 V. 6320, la droite v.

W 8f. G 9154, fig. ~ males (V. les m.) voies einen bösen Weg beschreiten G 6816, qui males voies (V. male v.) taingne dem es schlecht ergehen möge G 8752, (Verbot) einh., beachten L 1664, (Tränen) zurückh. L 2702, (Tropfen) aufh. G 1169, (hindernd) bewirken C 6226, erachten, h. für: s. chier, ~ vil G 226: 8832b V., s. enor, jeu, ~ à mal G 942. 4558 V., à meillor C 971, à sage G 976, à songe C 3213, à vilain C 3122, à vilenie C 3123, ähnl. G 1683. 2111. 2868. 2873. 3211. 3540, en mal L 5791 V. G 942 V., por bel C 1206, s. fol, por garçon C 1326, por mauves C 1294, por vil G 226 V., ähnl. G 978. 1894 V., s. conpaignie, a. à conseil de j. unterh. über K 550, a. cort j. kurz h. K *5890, s. enor, à escole zurechtweisen K 3199, s. grant, s. lance, leu, mains, ostel, parlemant, parole (s. d.) de a. über j. sprechen L 1716, s. plet, ~ pres kurz h. K *5890, a. pris à ac. j. an e. festh. G 258, s. prison, promesse, repos, (Raum) einnehmen G 2460 V. 7028, estre tenant innehaben C 2511; 2. r. sich aufrecht h. E 3827, standh. C 1763 V. G 8399. 8409 V., ne pooir soi ~ sich nicht h. können G 5030, à + inf. widerstehen L 2523, à ac. an e. stoßen, e. berühren C 6197. 6422, sich klammern an L 2644, haften an G 1139, sich (schadlos) h. an G 7135 V., sich h. an (befolgen) G 6129. 7467, sich entschließen für C 1674, à a. sich h. an, h. zu, es h. mit G

9054. 9105, devers a. *eb.* E 2221, ansanble *zus. h.* G 1142, pres de *sich in der Nähe h.* G 2460, de *sich enth.* K *3803. G 1857. 3204. 3294. 4274, de a. *sich zur.-ziehen v.* II 14*V.*, soi ~ que ne *sich enth. zu* G 5303, *ähnl.* G 7920. II 5, an ac. *verharren bei* L 2522, à *sich h. für* G 689*V.* 3667, por *eb.* G 689. 1203, chier *sich hochschätzen* E 2429, coi *sich ruhig verh.* C 4648; **3.** *n.* à a. *gehören* K 4872, au cuer à a. *am Herzen liegen* E 5595, à ac. *sich anlehnen an, übergehen in* C 6422; **4.** *ups.* à a. *liegen an, angehen* G 1374. 2917. *5147*V.*, zukommen* K *488, de sa mere au cuer li tint *er gedachte* ... G 2918*V.*, *s.* mervoille; **5.** an un tenant *in einem Zuge* L 206.

tentex? E 1611*V. zu* tassiaus.

terceres (*v. fg.*) *A. sg.* (*st.* -et) E 5363*V. z. fg.*

terçuel (*tĕrtiŏlu), E 354 *A. pl.* -ciaus, *V.* -ceus, tierciels, tiercés *Sperber o. Habicht* E 1982. 5363.

terdre (*tĕrgĕre), *p.* ters G 6114:, *abwischen* W 2996: K 3150.

terme (*tĕrmĭnu) *Zeitpunkt, -grenze* W 66, *Ende* C 2377. L 1470, *Bestimmung* L 5710, sanz plus de ~ *o. weitere Festsetzung* G 6165; *s.* tresque.

termine (*eb.*, *gel.*) *m. Zeit-(punkt), Frist* L 2563: G 3599:, an (*V.* à) cel ~ *der Zeit* G 2722.

terre (*tĕrra) *Land* E 87, *Lehen* C 1088, *Gebiet* G 7131, *pl. Ländereien* G 301. 309,

Platz, Raum: G 7027, un pié de ~ L 853, prandre ~ *Boden gewinnen* G 8517; à ~ *zu B.* G 1238*V.* (*V.* à la ~), metre à ~ G 5896*V.*, m. à la ~ L †541, à ~ venir (*s. d.*) le fet G 7861*V.*, à ~ *ins Freie?* G 5866*V.*, desçandre à la ~ L 2260; an ~ *zur Erde nieder* G 8302, *auf E.n* G 6800, *zu Lande* G 4139, *unter (in) der E.* G 3237, metre an ~ *beerdigen* E 4958. L 1071. G 3617. 3621. 6970. 8741, metre contre ~ *zu B. strecken* G 702ᵇ*V.*; de ~ *vom B.* G 6875, de ~ plainne *v. ebener E.* C 720, le plus bel chevalier de terre G 5269; par ~ *im Lande irrend* W *649. 1151, (+ aval) *zu ebener E.* G 903, par ~ *zu B.* G 1238, metre par ~ *zu B. werfen* L 5646, *dem B. gleichma.* L 3313, *s.* porter, sachier par ~ *zu B.* zerren L 5634; sor ~ *auf E.n* L 415.

terriien (*v. vor.*) *irdisch* L 1147: G 2248. 2977.

tertre (*tĕrmĭte *f.* *-ĭne *Grenzzeichen*) *m. Anhöhe* E 3705. G 296*V.*

tertrel (*v. vor.*) *kleiner Hügel* E 4602*V.*

tertret (*eb.*) *dass.* E 4602*V.*

tes¹⁻⁴ *s.* tai, teire, tel, ton.

tes⁵ = te tes *sie dir* G 221*V.*

teseillier (*tēnsĭcŭlāre), 1. *pr.* tesoil *nach e. streben* K*2151.

tesmoing (*tēstĭmōni-u), *N.* -nz, *m. Zeugnis* W 16: L 1346, *Ruhm* L 35:, *Leumund* L 1680, *Beweisstück* L 1344, *Zeuge* C 6714; (*abs.*) *dessen ist Z., wie bezeugt* (+ *A.*) G 4590 (*V.* ~ à, ~ de). 4998. 7681, à ~ de *nach dem Zn.*

v. E 5904. G 4590 V.; porter
~ Zn. ablegen L 1343, à
a. j. bezeugen G 2254, über
j. Zn. abl. G 8634, faus ~ L
4404, an reporter ~ à a. j.
bez. L 4907.
tesmoignier (*-are), 3. pr.
-oingne E 421, bezeugen G
2807. 8440, à voir C 25.
test¹ s. teire.
test² (těstu; kl. ē) Hirnschale
E 979.
teste (těsta Hirnschale; kl. ē)
Kopf L 295:, -länge L 522;
prandre la ~ de a. j. den K.
abschlagen G 831.
testiere (v. vor.) f. Kopfge-
schirr G 5117. *5123..
tëu s. teire.
texte (text-u bez. -a) pl. m. L
1169 (V. f.) liturg. Bücher
E 6902 (V. tieutes). L 1169.
theatre in sor le ~ verderbt G
3675 V.
thisique (phthisĭca) Lungen-
schwindsucht C 3023 V.
tierce (těrtia) drittes Offizium,
9 Uhr G 2597 V. 6522.
tierz (těrtiu), f. tierce G 4429,
m. tierce G 2701 V., dritt G
3071; sb. m. Drittel E 6704.
tiesche s. tiois.
tige (tībia) Austrieb G 6941 V.
tigre (tĭgre) [f].Tiger C †3701.
tinbre (tўmpănu) Pauke E
2052. L 2353. (V. tympre).
[tinbrer], K 1660 V. t'ibrer (v.
vor.) n. P. schlagen E 2043 V.
(tymbre, 3. pr.).
tindrent, ting s. tenir.
[tiois] (theodĭscu zu ahd. biu=
tišc), f. tïesche, C 1996 V.
tyoise, niederdeutsch C 2653.
tire (v. fg.) f. Reihe; à ~ der
R. nach E 6927. G 4884 V.,
~ à ~ E 6763.
tirer (*tīrare ?) ziehen E 6003,
zerren G 259. 1129, a. zup-

fen G 4769. 5343, (Kleider)
zerreißen E 4331 V., (Haar)
raufen L 1159, ses chevos G
8451, a.e einer das Haar r.
G 5402 V., à lui an sich zie.
G 7663; tirant hartmäulig
K 207.
tiriaque (thērĭăca, gr.) Theriak
(G.mittel bei Biß giftiger Tie-
re) K *1487 (V. tiriacle, tyr-,
tur-, tim-).
tistre (těxěre), 3. pr. tist G
8819 V., 6. tissent G 5570:,
p. tissu E 6793, G 2804 V.
teissu, ib. u. 1603 V. toissu,
weben G 1604, fig. [K 6950];
tissu à or golddurchwirkt G
7252 V. 9178, de soie ib. V.,
sb. Gewebe G 2804 V.
tiule (tēgŭla) Dachziegel K 992.
toaille (frk. *þwaḥlja) Handtuch
E 3154. C 5030. K 1006. G
741. 5458 V.; Tisch- E 6921
V.
toauz s. tooil.
tochier (*tōcc-are, Schallw.)
3. pr. toche G 5850:, tr. be-
rühren K *3864. G 6586 V.,
treffen L 948, schlagen L 316,
ac. à ac. anrü. an, berü. m.
C 1623 V. 4246; n. à ac. [K
*6460]. G 6762 V. 6849.
6861. 6889, à a. K 3933, de
ac. berü. C 826, au cuer à a.
j. ans Herz greifen [K *5327].
G 5850.
todis s. tot.
toe s. tuen.
toeillier (tŭdĭcŭlare), 3. pr.
tooille L *†4535:, r. sich wäl-
zen.
toi s. tu.
toile (tēla) Leinwand C 4607.
toise¹ (tēnsa) Klafter E 5947.
toise² s. atoise.
toit (tēctu) Dach L 2861.
tolir (*tŏll-ire) G 6913:, 2. pr. tos
(V. tols, tolz) G 7103:, 3. tot

— 249 —

K *2467: L 4370: G 6738, 6. tǫlent E 6233, 3. *k.* toille G 5573, 5. toilliez G 7379*V.*, 3. *pf.* toli G 7291:, tǫst G 6739*V.*, 3. *k.* tossist C 5867, *p.* tolu G 1243: 6735: 8945: II 1, toleit (-ēctu) G 4080*V.*, -oit C 5858*V.*, *wegnehmen, entwenden, -ziehen; -reißen* G 5051, *rauben* G 1032. 8945, *herunterhauen* C 3784, *herausrei.* L 4224, place à a. *j. zur.drängen* K 2744, *terre* à a. *eb.* K 2745, (dolor) *vertreiben* G 6913, les estriers à a. *j. aus dem Sattel werfen* G 5573, sele à a. *eb.* C 3777, estrier et sele à a. C 4866, la vie à a. G 2290; *r.* ? L †2795.
tomber, tompir *s.* tumer.
ton (t[ŭ]ŭm), *N.* tes, *f.* ta; *pl.* tes, *N.* ti *unbet. dein.*
tonbe (tŭmba) *Grab* K 1869: [tonber] *s.* tumer.
tondre (*tondĕre, *vulg.* tundĕre), *p.* -du, *scheren* G 3706*V.*, *(Tuch)* G 5771. 6996*V.*, *fig.* W 3092, soi leissier ∼ *sich zur Nonne ma. lassen* W 1124.
toner (tŏn-are) *erdröhnen* W 76. L 403. †2338.
tonoirre (-ĭtru) *Donner* W *187.
tooil (*v.* toeillier), *N.* toauz, *Gewühl, -tümmel* (C †1517). L *†1179: 1189:, *Strauß* G 4125:
topace (tŏpāziu) *m.* E 1666*V. ein Edelstein* (*s.* Georges) C 810: (*V.* (es)toupasce ?).
tǫr¹ (tŭrre), *N.* ∼z E 1898: L †6542 *f. Turm; Bergfried* C 1253. G 4915, = paleṣ G 7688*V.*, *Burg* G 5785. 5788. 9116.
tǫr² (tŏrnu *bez. v.* torner), *N.* ∼z, ∼ (d'une rue) *Wendung* E 106, *Windung (Fluß)* ? G 6669*V.*, *Schlich* G 5438. 5676, *Kunstleistung* G 1451 *V.*, *Übung, Waffenritt* G 1491, à bel tour ? G 5590*V.*, un ∼ ... un autre *bald* ... *bald* K 5130*V.*, arbaleste à ∼ *große Armbrust m. Winde* C *6533:; à un ∼ *m. einer Drehung* E 1650; an ∼ *adv. umher* L 1139: 2475:; *s.* antor.
tǫr (tauru) *Stier* L 280. 4228.
tǫrbe (tŭrb-a) *Schar, Haufen, Menge* E 5766. W *3161: G 2478*V.*
torbeillon (-ĭn-ione + *Sw.* ?) *m. Schwindelanfall* L 2804.
tǫrble *s.* trobler.
torchepǫt, *V.* toque- (*fg.* + *pŏttu) *Küchenjunge* (*eig. Scheur-den-Topf*) L 4123.
torchier (*v.* *tŏrca *Gedrehtes*) *abwischen* E 359.
tǫrdre (*tŏrquĕre) *tr. aufwickeln* G 4255*V.*, *(Hände) ringen* E 4613; *r. abweichen* K 5124*V.*; *p.* tǫrs G 4255*V.* *u. tǫrt *gedreht, krumm* E 5699. G 4635, (col) *verdreht* G 6997*V.*, *-krümmt* L 307. G 7171*V.*
[torel] (*v.* tǫr), *N.* -iaus *Stier* L 313.
tormant (tŏrmĕnt-u) *m. Seesturm* (C †5108). W 2361 (*l.* ceste tormante ab. ?); *Qual* E 4489. C 6061.
tormante (-a) *f. Sturm* C 2401. 2414. †5108. L 775:, *Aufruhr* G 8689.
tormanter (*v.* tormant) *tr. in Aufruhr versetzen* L 6525, *bedrängen* C 2402. L 6555, *quälen* G 45 = 58ᵈ*V.*; *r. sich martern* L 1245.
torneboele (torner + boęle) *in feire la* ∼ *v. Pferde purzeln* L 2256:

torneiier C 4997, -oiier L 2501. 2560 (v. tǫrn > tǫr²) lavieren W *2413, turnieren E 2457. L 2671. G 4945. 5061, à (V. vers) a. G 4893, aler ~ L 2501; r. sich (im Bett) umdrehen G 1950 V.; sb. Turnieren C 4997.

torneïz (*tǒrnatīciu) drehbar; pont ~ Drehbrücke K 989. G *1347. *3067.

tornele (v. tǫrn neb. tǫr¹) f. kleiner Turm G 1337. 2299. 3055. 7501. 8279; s. torrele.

torner (tǒrnare), 3. pr. k. tǫrt E 1232:, tr. drehen, wenden L 5249, le cheval G 1458 V., (l'escu) vorhalten E 2857, (la lance) senken E 2857, (la teste à a.) zuwe. G 8660, an ~ son pié kehrtma. K 3516, a. de ac. j. v. e. abbringen u. dgl. E 1772. 2059. G 4448 V. 7813 V., ac. à ac. auslegen als C 226. 5929. G 1652 V., verwandeln in C 3932, à bien für gut halten G 4784 V., à contraire übel nehmen G 7770ᵇ V., a. vers soi j. auf s.e S. ziehen C 1215, son chemin s.en Weg richten L 180 V., s.es Weges zie. G 861 V.; r. sich we., weggehen, umkehren E 250. K 3686, + an wegg. G 3305. 5815, tornez vos an de ci G 3808 V., s'an torne aprés macht sich hinter ... her G 5675; n. sich we. C 1829. 4347. L 4921, defors (Schwerthieb) abprallen E 949, en fuie C 3430 V., aufbrechen, wegg., scheiden C 300. 1633. G 1218, + an wegg. C 1655, i hing. G 662 V., à fable ausschlagen (w.) zu L 24, à folie E 894, s. contreire, à enui E 820. G 2334, s. mal, noauz; ups.

à quoi que il tort wie es auch auslaufen möge E48. L⁴†1303. u. V.(!), à quoi que la chose tornast L 1592 V.; p. -ant adj. flink C 3802, behend G 7195 V., -né adj. gedreht G 6994 V., zugetan E 5138 V.; sb. Abreise C 2440 V.

tornoi (v. torneiier, -oiier) Turnier E 2130. K 5386. L 2670, prandre un ~ ein T. unternehmen G 4985, à a. G 4864.

tornoiemant (eb.) Turnier(en) C 4711. 4980. K 6060. G 1477. 4939. 5106:, Turniererschaft G 4994, prandre G 4833 u. anpr- G 4870 un ~ ein T. unternehmen; s. C †1344.

tornoieor (eb.) Turnierheld G 5077.

tǫrt (p. v. *tǒrquěre) Unrecht, -bill E 1003, Fehlspruch L 6401; an avoir le ~ im Unr. s. G 4357, feire ~ à a. j. Unr. tun G 7386, + de ac. j. e. vorwerfen L 1405; à ~ m. Unr. G 443. 583, par ~ auf unrechte W. G 3868.

tortiz (tǒrtīciu), f. -ice, K 1027 V. -ie, torgisse, gedreht G 6988 V. 6994; sb. Fackel K 1027 V. (tuertiz). G 8251 (V. tuertiz).

tǫrtre (*tǔrtūra) Fischart (s. Georges) C *3850.

torz s. tǫr, tǫrt.

tossique (toxĭcu) m. Gift W 1377.

tossir (tǔssire), 3. pr. tost K 4595 husten.

tossist s. tolir.

tǫst (tǒstu) adv. schnell, bald, früh W 10, gleich L 2221, (viel)leicht E 243. 382, bien ~ G 849 V. 5883 V. u. mout ~ G 849 sehr schn., plus ~ que kaum daß W 1894, plus ~

qu'il pot (*etc.*) *möglichst schn.* G 2643. 6030. 8174, au plus ~ que pot (*etc.*) *eb.* G 2564. 5747. 8574, *sobald als* G 8942, aussi ~ *allsogleich* L 5053; aussi ~ come C 5779, si tost come (com, con) G 3740 V. 4582 V. 7492. 8100 V. *u.* si ~ que *sob. als* G 5460 V. 5471 V.

tot *s.* teisir, tolir.

tot (tōttu), *pl. N.* tuit C 363:, 1. *adj. ganz* C 56, toz siecles *die g.e Welt* L 6378, tote glace *lauter Eis* G 7590 V., ~ le chemin *den g.en Weg* (*lang*) E 96, *ähnl.* tote la (*V.* sa) sante G 3691 V., tot un (*V.* le) sentier *ib.*, tote une sante C 1821, tote la droite voie *immer gerade aus* L 376. 3784 (*s. voie*), toz les galos *i. im G.* G 3692 V. 8512 V., le pas *i. im Schritt* E 368. L †733, *ähnl.* G 232 *u. V.* 3692, *s.* jor; *n. alles* L 463, *pl. alle* C 282, tuit et totes G 6767, totes et tuit G 9170 V., toz jorz: *s.* di, jor; 2. (*fast*) *adv.* G 440, *adv. ganz, all-* E 207, ~ le plus fort G 121, un tot seul pas G 3839, *gerade* E 913, *an fg. adj. angeglichen* C †3476. †3598. †3894, etc. ~ C 6269. L 3999. G 1482. 4895. 6940, de ~ an ~ E 6063, del ~ an ~ G 2275. 4575 *u.* ~ par ~ G 1137 V. *ganz u. gar, gänzl.*, par ~ *überall* E 1602. G 1752. 8383, *immer* C 3843. 3904, *durch aus, in allem?* G 1485 V., de par ~ *v. allenthalben* C 1482; *s.* atot, trestot.

tote, *V.* tolte, toute (*tŏllĭta) *Steuer* C 5093:

trace (*v.* tracier) *f. Spur, Fährte* E 3529: G 3424—9. 3732.

trachez *A. pl. v.* tracet, *pik.* trachet? L 1265 V.

tracier (*trăctiare) *tr. nach-, aufspüren* C 6433. L 1267.

traglotir C 887 V. *zu* sanglotir (*d.* × tra-).

traie *etc. s.* treire.

traïn (*v. fg.*) *m. Rinne* G 3734, *V.* feire grant ~ *gehörig hinunterlaufen.*

traïner (*trăgīnare) *schleifen* C 1443. 1875: W 1513.

traïr (*trādīre), 6. *pr.* -issent II 7, *verraten* G 583, *im Stich lassen* L 5075.

traïson (*trādītione × *vor.*) *f. Verrat* C 474; apeler a. de ~ *j. des V.es zeihen*; feire la ~ de a. *j. verraten* G 6095.

trait C 6297 V. *zu* antret.

traïtor (*trādītore), *N.* traïtre E 3473, traïtres E 3651, traïtes E †1226. 3362: G 7559 V. *Verräter* L 2724 V.; *A.* traï- tre *f. V.in* L 3619.

trametre (trāmĭttĕre) *hinüber- senden* E 2330. C 1170. G 8302 V.

tranble (trĕmŭl-u) *m. Espe* C 3875, *E.nholz* G 7666.

trambler (-are) *zittern* G 312. 687. 3704. 6134.

[trancheïz], trenceïz (*v.* tran- chier) C 1740 V. *z. fg.*

tranchiee (*eb.*) *Einschnitt* C 1251. 1740.

tranchier (trŭncare × ?), 3. *pr. k.* transt K *2934 (*s.* K *S.* 473), *tr.* (*ab*)*schneiden*, *-hauen* E 939. K 2847. 2934. L 3383, *zer-, durchschn.* E 950. K 1156. G 5904, (*Huare*) *zer- reißen* L 1465, *s.* langue; *n.* *vorlegen* G 3285. 8242 V., ser- vir de ~ G 8243 V., *zer- schnitten w.* E 978. K *2702, *reißen*, *platzen* E 4593; -chant *scharf* G 1428. 2666.

5709, *sb. Schneide* E 879. L
4213, -chié *schroff* K 431.
transmuër *s.* tremuër.
trante (*inschr.* trienta) *dreißig*
G 6270.
trape (*frk.* *trappa) *Falle* C
6472. K 1947:
travail, G 776 V. -al (*trĭpāl-
iu), *N.* -auz *Qual* C 4576. L
4592. G 821 V. 3806, *Mühe*
C 168. K 167.
traveillier (*s. Wtb.*¹ *S.* 222*),
C 418 V. -illier (*-iare) **tr.** *be-
arbeiten* C 3365, *abmühen,
quälen* C 3806. K 2756. L
6555. G 3698. 6127, *bedrän-
gen* C 573; **n.** *sich abm.* E
894. 3145, *Geburtswehen h.*
W 456. 492—4, à ac. *an e.
arb.* C 2719, feire a. ~ *j. auf-
regen* C 3327; **r.** *sich an-
strengen, abm., plagen* C 645,
de G 1930, *sich härmen* C
885, an ac. *sich abm.* L 41;
-illié *ermüdet* L 5615.
traverchier C 5580 V. *zu rev-*
(*d.* × tra-).
travers (trāversu); à ~ *in die
Quere* E 4731, *quer, verkehrt*
C 3858 V., an ~ *quer* G 1105.
5679, *durch u. durch, völlig*
C 3502. [K *6441], de ~
quer G 5680 V. 8660 V.; *prp.*
à ~ le feu G 3194 V.
traverse (*v. fg.*) *f. Quere;* à ~
quer (*entg.*) E 186 V., poindre
à la ~ à a. *sich nach der
Quers. des Feindes stürzen*
E 2888.
traverser (trā[ns]versare) *hin-
durchschreiten* C 5566, *um-
stürzen* C 1751 V.
trē (*ags.* traſ-?) G 648: 2164:
2256: 4217:, trēf C †1114.
G 638. (*642). 649. 4231,
trēt G 4918 V., *N.* trēz C 3399:
G 4149:, *m. Zelt* E †3950.
treble (trĭplu) *dreifach* C 1243.

trebuchet, L 922 V. trab- (*v. fg.*)
m. Schlagfalle L 1102.
trebuchier, K 5998 V. trab-
(*trā-būf-are) *n. stürzen, fal-
len* E 4462. G 7323, feire ~
C 3500. G 1107 V.; *tr. zu Fall
bringen* E 2190. K 5998 V.
trece *s.* tresce.
trecié (*v.* tresce) *p. adj. ge-
flochten* G 6994 V., ~ à (*V.*
d') une tresce G *2799, à
(*V.* de) deus ~s G 4614.
trēf *s.* trē.
treire E 826 (*tragĕre *st.* trăh-),
1. *pr.* trai E 6738, 3. trẹt
E 13, 4. traions E 896, 5.
treites E 4030, 6. traient E
122, 3. *k.* traie E 593, 5. trai-
iez E 212, 6. *ipf.* treioient
(*V.* treoient) G 7836, 1. *pf.*
tres L 285, 3. trest G 1979:,
6. *k.* treississent E 3804, *ipt.*
trai G 3417, traiiez G 2546,
p. trẹt C 693, *f.* treite E 175,
tr. (*hervor*)*ziehen,* (*aus*)*reißen*
E 2168. C 1931. K 866. L
4206, les iauz G 2502 V.,
(*Haar*) *raufen* E 3810. G
4808, les treces à a.e *einer
an den Flechten rei.* G 5444,
(l'espee) *zücken* G 1291, es-
pees traites *m. gezücktem
Schwert* G 5978 V., (*Rüstung*)
auszie. G 1092, *s.* nape,
sanc de *Blut entzie.* G 3656,
fig. (*Folgerung*) *zie.?* E 13,
an ~ parole *ein W. aus ihr
herausbringen* C 5965, *ähnl.*
C 5994, *schleudern, abschie-
ßen* C 603. G 207. 7836, ac.
à a. *m. e. nach j.* G 271, *er-
dulden, -leiden*: mal C 564,
ahan C 6168, *ähnl.* G 3948.
3965. 4056. 8926, aspre vie
G 3777; ~ avant *vorbringen*
K 6, *s.* consoil, de *hervor-
holen aus* G 5451. 7216, *er-
retten aus* G 2946. 6288, fors

G 4238. 6195, à garant z. Zeugen nehmen E 6738. W 1935, an mal übel deuten K 3308V., s. parole; r. sich aufhalten G 334, sich begeben, kommen, rücken: (inf.) à gelangen zu G 6314V., an bas G 1735V., ancontre entg.-treten G 229, envers sich zuwenden G 3185V., arriere (arriers) E 212. L 3162.(inf.) 6460, avant G 3417. 7950, ça G 3115, loing de a. K 3752, s. sus, vers E 4173, s'an ~ avant E 593; n. sich wenden E 4609V., schießen C 6533. G 2474. 7522—4, d'un bozon G 207V., à a. auf j. G 228, (Falke) streichen G *4176, losschnappen L 917, avant vorreiten G 5993, fors herauskommen G 2546, venir traiant aprés hergezogen kommen hinter G 4176, i bis hin tragen (arbaleste) G 7231, à reclaim folgen, sich fügen C *495.

treitier (tr̄act-are) de ac. v. e. handeln C 47.

[treitiz], traitiz (-īciu) gezogen (Metall)? E 2645f. V.

tremuër u. transmuër L 1187 V. zu remuër.

tres (trāns) prp. hinter: liié ~ (V. tries, triers) le dos G *7115, verstärk. adv. vor adj. u. adv.: sehr, aller-; genau, knapp, gerade K *1074. L 2715. G 1341V. 4130, les plus ~ beles G 8232V., ähnlich G 5132V., mout ~ bien gar sehr wohl G 5473, molt ~ bel G 136 V., ähnl. G 670ᵇV. 2579V. 5836V. 6662ᵇV. 7802V., ~ si grant G 7704V., si ~ grant G 4654V. 7809V., si ~ bel G 385; ~ que (tresque) nachdem (einmal) 3037V. 3621V. 3861V. 4564 V. 6069V. 6073V. 6100V., da (kausal) G 6599V. 8354 V., sobald G 2714V. 8391V., ~ puis que seitdem G 483V. tresce, trece (frk. *þrêhja) f. Flechte C 790. G *2799: 4614. 5404. 6544: 8107. 8207:, unes ~s G 4615, Schopf K 2940 V.

tresliz (*trĭ-līciu × tres v. trāns), f. -ice E 3869, dreiringig E 615. 2646.

tresoïr tr. deutl. hören E 2510.

tresor (thēsauru) Schatz G 579. 7531: 8744; feire ~ d'ac. e. anlegen W 2130:

trespans (v. trespanser) Überlegung L 2756V.

trespansé (eb.) in Gedanken, besorgt C 4053. K 3978. L 1547.

trespas (v. fg.) m. Durchziehen, Durchzug E 5422. C 1744 V., Weg, Durchgang C 3387. K 653. 2180. L 930.

trespasser n. durchgehen, -ziehen, vorbeizie. G 302. 2904, contre a. j. entg.handeln G 1620V., par zie. durch G 5321V.; estre -é E 4979, (an) L 2677V., (terme) L 2701V., gestorben s. E 6523; tr. durchschreiten, -zie. E 1086, fossé überspringen G 8505V., -treffen L 1494, -winden C 2289. 2627, -schreiten, -treten E 2853. L 2566, fiance Wort brechen C 3174, auslassen E 5735. C 837; r. an vorbeizie. G 3241V., de l'un an l'autre übergehen C 2835; -ant sb. Vorübergehender C 4722.

tresque ([ĭn]trō ūsque) in ~ à bis zu E 2233V. 4738V., ~ en bis in E 2233V., ~ devant bis vor G 1718V. 3456

V., ~ atant que G 4069V. 4138V. u. ~ à terme que G 4610V. bis daß.
tressaillir, 3. pr. tressaut C 883, tr. überspringen G 8505, ses chevaus estoit maint fossé -illi G 8504V.; n. dahinspr. K *5132, zus.fahren, erzittern, -beben W 77. G 680. 1950. 4479, par überspr. G 8504V.
tressuër schwitzen C 462. G 3794V.; p. -é durchschwitzt K 275. 282.
trestorner tr. herumdrehen G 7332, umwenden E 4574, ab- C 5930; n. sich we. L 3219:; r. sich (um)we. G 1950. 6985. 8654, an aus dem Wege gehen G 6146V., sich abwe. u. fernhalten L 5879; estre -né weg s. G 342V.
trestot, N. -oz, adj. ganz G 156. 233; pl. N. -uit C 317, A. -oz mestiers alle Gewerbe G 1466V., n. alles E 499. L 2297; adv. E 5967. L 4799, an adj. angeglichen E 239; nach prp. à ~ mitsamt L 5716, par ~ überall umher G 3383V.
tret (trāctu) Schluck C 3316, à granz trez G 750, Schuß- (weite) E 800V. 3575; à ~ gemächl. K *1225. L *472.
treu m. = tro? G 4915V.
trëu (trĭbūtu) Tribut L 5286.
treze (trēdĕcim) dreizehn C 2037:
trezisme (v. vor.) dreizehnt E 1686.
tribler (trībŭlare) zerstoßen C 3251.
tribol (v. fg.) m. Ungemach C 1073, V. -oul, -oil, -out, traboil.
triboler (trĭbŭlare, gel.) n. sich plagen L 1249.

tricheor (v. trichier) Betrüger L 2536. G 3062.
tricherie (eb.) Betrug C 4447. 4537V. (-cerie).
trichier (*trīccare) betrügen C 3884, à a. C 6594, vers a. C 5396V. Betrug verüben; sanz ~ G 1899V.
triege (gall. *trĕbiu × trĭviu?) m. Wildpfad, Fährte L *†1101.
trie(r)s s. tres.
triper (*trippôn), V. treper hüpfen G *1255V.
triste (trīst-e) traurig, m. C 5666, f. E 2585.
tristęsce (-ïtia) Traurigkeit K 970V. G 9223V.
triue (frk. *treuwa) Waffenstillstand C 3956, Ruhe W 2374, meist pl. K 3271. L 516, fig. Versöhnung L 2666; doner ~s W. gewähren C 3655. G 7124, Aufschub gew. W 1868, doner la ~ eb. W 1879, fermer la ~ den W. abschließen W 1881, prandre ~s à a. m. j. W. schl. C 3653, fig. prandre ~ à a. j. abfertigen, erledigen C 1779.
tro, C 1150V. pik. trau (v. *traucare > troer) m. Loch, feire ~s à ac. L 5584.
trobler (*tŭrbŭlare) tr. trüben E 5982. C 5780, beunruhigen C 880; n. in Wallung geraten C 1911:, sich tr. W 870, bestürzt w. C 3872V.; p. suffixlos troble u. C 839V. torble trüb C 839: [K 6637:] G 7167, beunruhigt L 5594:; s. L *3753; troblé (vin) trüb G 749V.
troer (traucare) tr. durchlöchern C 3796. G 5146; n. Löcher bekommen E 2163.
trois (trēs), N. m. troi C 4860: L 3762: drei.

tronc (trŭnc-u) *Baumstamm* L 321, *Klotz* K 3040: tronçon (*-ione) *m. stumpfes Lanzenende* G 5142 V., *pl. -stücke* L 823. G 5124 V., voler an ∼s E 2882.
tronçoner (*v. vor.*), 3. *pr.* -onne, *tr. in Stücke hauen, zerbrechen* C 3595 V. K 2698 V. L 3379; *n. in St. gehen* G 7350 V.
trone (thrŏnu) *m. Himmelsdach* K 5832:
tronpe (*frk.* *trumpa) *f. Kreisel* C 3802, *Trompete* L 2353 V.
trop (*frk.* *þrop) *sehr* E 247. 998. L 700, *gar se.* G 3334. 6249 V., *zu se., zu viel* C 380. W 61. L 439, *zu* E 214, molt ∼ grant *nur zu groß* G 7809 V., *zu lange* E 3395. C 1059, ∼ riche assez *wirkl. se. reich* G 7234, ∼ assez viel *zu se.* E 2445, assez ∼ nur *zu* L 6163 V., ∼ bien *gar se.* G 6525.
[tropel] (*zu* troppu *v.* *þrop) *Trupp*; à -iaus E 5497, par -iaus G *1854 *haufenweise*.
tros (*tŭrsu *v.* thyrsu) *Baumstumpf* G 5691 V., *Bruchstück* W *3094. K 2236: G 5116. 5123 V.
trossel (*v. vor.*), G 740 V. tors(i)el, G 7650 V. to(u)rsel *Bündel, Pack*.
trosser (*eb.*), E 4128 V. C 6698 V. K 2031 V. torser *aufladen* K 2031, *bel., bepacken* G 4146.
trot (*v. fg.*) *m. Trab* G 7159 V. 7217 V. 7220 V., le ∼ *im Tr.* G 6983:, les granz troz C 3663 V.
troter (*zu ahd.* trottôn?) *traben, trotteln* L 4100 V.; -ant *gut trabend, ein guter Traber* G 7195 V., *trottelnd* G 7159, -ant le trot *ib. V.*

troton (*v. vor.*) *in tot* le ∼ *immerfort im Trab* G 4319 V., le grant ∼ G 4271. 4319.
trover (tŭrbare *o.* *trŏpare *v.* contrŏpare), 1. *pr.* truis G 2100: 8156:, 3. trueve C 213, 4. trovomes E 6736, 1. *k.* truise K *3410:, 3. truisse G 698: 3012: 7591:, truist G 4698 V., trueve G 5906 V., treuve G 1753 V., 6. truissent C 1732:, *finden* C 18, ne ∼ au los de a. *bei j. keinen Beifall dafür fi. daß* G 4891, soiiez li bien trovez *möget willkommen s.* G 4593, *erfi., dichten* E 6187, ∼ borse (sprichw.) W *2921, à a. *für j. zus. suchen* C 220.
truander (*v.* truant) *stromern, betteln* W 598. 686.
truandise (*v. vor.*) *Landstreicherei* W 609.
truant (*gall.* *trouganto?) *Landstreicher, Halunke* W 575: L 5616, *f.* -nde W 648.
trueve *s.* trover.
trufe (*trŭffa?) *Betrug* G 2868:
truie (trŏja) *Sau* G 7154 V.
truis *etc. s.* trover.
truite, C 3850 V. troite (trŭcta, trŭcta) *Forelle* E 4267.
tu (tū) *du, A.* te, *bet.* toi, *als N.* K *1814, que dis tu, toi G 2373 V., tu *bet.* G 2180. 3836.
[tüel] (*tūt-ĕllu *v. frk.* *þūta), *N.* -iaus *Wasserrohr* [K 7017].
tuen (tŭŭm), G 6754 V. 8877: V. tien, *bet.* dein C 2347; *f.* toe C 2347:
tuër (tūtare *neb.* -ari), 1. *pr.* tu L 3547:, 3 *k.* tut C 2597: *töten* K 2442. 4059. G 2482 V. 3871: 5946 V. 6293, *schlachten* G 2541; *r.* K 3547.
tuit *s.* tot.

tumer (*frk.* *tûmôn *oft* × tomber, *m. dem es in Hss. wechselt*), G 1659*V*. tu(m)ber, E 2041*V*. tunber, tomber (*als Akrobat*) *hüpfen, springen, tanzen* E 2041. K *1659, *fig. v. Pferde purzeln* E 2165: 2167*V*.; il fet tumber (*V.* tompir) et cheoir chevaus et chevaliers K *5998.

turquois (*zu* Turc, Turquie) *türkisch* C 1996.

u *s.* le², ou², ou³.

ue- *s.* oe-.

uisme (uitme *v.* *octĭmu × -isme) *achter* E 6414*V*., uistieme G 8852*V*.

un (ūnu), *f.* une; *pl.* unes armes *eine Rüstung* G 2387. 4106, uns degrez *Treppe* E 374, uns esperons *Sporenpaar* E 102, uns essarz L 279, uns brachez *irgend welche Bracken* L †3439, unes noveles *einf.* = *Nachrichten* C 1056; *ellipt.* cil li a une (*etwa* colee) donee L 4216; *bei neg.* uns ne autre *weder der eine noch der andere* C 5919, l'une à l'autre C 6263, li un ... li autre *die einen ... die anderen* C 6516; li uns d'aus *einer v. ihnen* G 7894; à un *zus., auf einmal* C 2781, soi tenir à un *vereinigt s.* C 2831, *zur gleichen Partei halten* L 4445; par un et (*V.* à) un *einzeln* E 6399. 6561. C 395. W 2447. G 2230.

us (ūs-u) *Gebrauch, Sitte* E 2826. C 4531, *Einrichtung* W 908:, *Erfahrung* G *1467.

usage (*-aticu) *Brauch* E 1805. I 19, *Erfahrung* C 1024; *s.* randre.

user (*-are) *tr. ge-, verbrauchen;* (parole) *-schwenden* C 2359;

(*zeitl.*) *zubringen* C 3155. L 1500. 2466, + i G 4212, le tans an folie G 248, son tens à foleur *ib. V.*; *aufessen* G 752*V*.; (mal) *ständig erleiden* W 909; *abnutzen* E 1568. 5688.

usure (-ūra) *Zins*, *Wucher* C 4086.

va *s.* aler.

vache (văcca) *Kuh* G 84*V*.

vaillant (*v.* valoir) *tapfer, wakker, tüchtig* E 1051. C 2941. L 111, pucele K 2062*V*.; bien ~ *tüchtig* G 7973, li mieus ~ *der tapferste* G 2856*V*., la mielz ~ *die prächtigste* G 9055*V*.

vain (vānu), *f.* ~ ne, *schwach, bewußtlos* C 281. L 864. G 8526, *elend, nichtig* L 1229, (gloire) *eitel* G 40, *geistesabwesend* L 1547; avoir le cuer ~ *einen schwachen Herzschlag h.* G 7043; an ~ *vergebens* C 645; *s.* prandre.

vainc(u) *s.* vaintre.

vaing(ne) *s.* venir.

vainne (vēna) *Ader* G 3550, *Puls* E 3718, *pl.* L 6155.

vainqu- *s.* vaintre *u.* veinqu-.

vaintre G 3868 (vĭncĕre), 1. *pr.* vainc C 4160, 3. vaint C 3954:, 3. *pf.* veinqui E 1249, 3. *fut.* veintra C 6077, *p.* veincu E 1149 (be)*siegen;* ~ la bataille *aus dem Kampfe als Sieger hervorgehen* C 3951, *ähnl.* le jor C 4869 *u.* le (un) tornoi E 2261. G 4937 *im T. den ersten Preis gewinnen.*

val (vălle), *N.* vaus *m. Tal* E 3550; à ~, aval *unten, hinab, nieder* C 308, + ça G 8053, + la G 8217*V*., aval et amont *auf u. ab* G 7322

V., estre aval comme beste *tiefstehen wie* G 245*V.*; *prp.* G 2994*V.* 8290, *über ... hin* G 9117, *durch ... hin* G 4748*V.*
valee (*v. vor.*) *Tal* L 763.
valęt (*eb.*) *Tälchen* E 3125:
valoir (vălēre), 1. *pr.* vail C 167:, 3. vaut E 3, 6. valent E 2812, 3. *k.* vaille E 860:, 3. *pf.* valut E 3588, 3. *fut.* vaudra E 3424, *p.* vaillant (*s. d.*), *wert s.* E 2812. L 31, *v. Wert s., bedeuten* E 4697, *à taugen zu* E 5762, *vermögen* L 632, a. *j. gleichkommen* L 1292, ne vaillant un oef *nicht den W. eines Eies* L 3893, ~ mains *an W. verlieren* L 2486, ne ... qui (gueires) vaille *nichts Nennenswertes, nicht*(*s*) *weiter* G 7222*V.* 9123, à a. *j. nützen* E 2529. 3424. G 1244. 1578 *V.* 8941, Deus i vaille *das walte Gott* E 860; **ups.** rien ne vaut *es fruchtet nichts* C 5955, ne vos vaut *umsonst, das gibt es nicht* L 5216, + i *das gilt nicht* C 4173, dont il me r'est molt po valu *was wenig zu bedeuten hat* (*V.* dont il ne m'ert einsi valu) G 8946*V.*, il vaut pis *es ist schlimmer* L 6418, à a. à merci *j. verhelfen zu* I 6, *r.* autant se vaut *es ist dasselbe* K 1221. 1445; **sb.** *Wert* K 2633.
valor (vălōre) *f. Wert* E 835. C 3616, *Heizkraft* L 2522.
value (*v.* valoir) *eb.* K 3715*V.*
van (vannu) *Getreideschwinge* G 5939; giter au ~ (*fig.*) *die Spreu aussondern* L 2206: (*V.* an un van, à tout van, des rans, au vant, vent, vans).

vandrai *etc. s.* venir.
vandre (věndĕre), 3. *pr.* vant E 3052, 3. *pf.* vandi E 5352, *verkaufen*, trover à ~ *e. zu k. finden* G 5326; ~ trante deniers *für dreißig Silberlinge verk.* G 6270; ~ chier G 2546, *fig.* ac. à a. G 1228. I 33, estre mout chier vandu *teuer zu stehen kommen* G 1267; vandre s'ire à a. *s.en Ärger an j. auslassen* G 4406 *V.*; (l'antree) *einen Zoll erheben für* I 21.
vandredi (Věněris dīe) *m. Freitag* G 6510; *s.* V-.
vangier, C 1092*V. dial.* venchier (vĭndĭcare), 3. *pf.* vanja, *rächen* L †597, s'ire à (*V.* en) a. *s.en Ärger an j. auslassen* G 4406; *r.* E 5159, ne soi pooir ~ de (*V.* à) plus *sich nicht weiter rä. können* G 7137.
vanité (vānĭtate) *Schwäche* [K 6659].
vanjance (*v.* vangier) *Rache* E 4661. C 6639. L 4188.
vant (ventu) *Wind* L 158, *Witterung* G *5414, ne ~ ne voie *weder Witt. noch Spur* [K *6403].
vantaille (vanter² + -aille *v.*-acula) *Kinnschutz des Halsberges* E 714. 987. †3172. 4159. K *2755. G *4503.
vantance (*v.* vanter¹) *f. Ruhm* C 4899, *Prahlerei* K 1607:
[vantelęt] (*v.* vant), *N.* -ęz *kleiner Wind* W 2375.
vanter¹ (vānĭtare) *r. sich rühmen, prahlen* E 26. C 28.
vanter² (*ventare) *n. wehen, blasen, stürmen* W 2363. 2376. K 1966. L 402. 6521; *tr. zum St. bringen* L 6526, *in die Luft verstreuen* C 6538.
vantre (věntre) *m. Bauch, Leib*

C 249. L *167, del cuer del
~ aus tiefstem Herzensgrund
G 6334.
vaslęt, G 162V. 171V. vallęt,
G 162V. 3213V. varlet (v.
vassal) Knäblein W 478,
Knappe, Bursche E 1242.
1976. 3126. 3167. L 3786,
Junker C 9. 103, Sohn G
8136V.; s. V-.
vasleton (v. vor.) Knappe G
2327V.
vas(s)al (Hss., auch Cangé,
schwanken; zu mlat. vassallu
v. gallorom. vassus) Vasall,
Ritter E 770. 1499, (in An-
rede) E 210. L 491.
vasselage (v. vor.) m. Ritterlich-
keit, Tapfer-, Heldenmut E
92. 231. G 8587; Rittertat
G 8683.
vautre? C 855V. zu coivre.
vavas(s)ọr (vassus vassorum)
Hintersasse, niederer Vasall
E 375. K 2034. L 211. G
1686.
veage, V. vaage, K 2384V.
viage (viātĭcu) Reise, Weg
C 2400.
veer, G 2112V. veher (vĕtare),
3. pr. viee C 6014, verbieten,
-wehren, -weigern etc.E 2282.
C 4238. L 686. G 6017. 6745.
veez s. veer, veoir.
veignant etc. s. venir.
veillart (zu viel) Greis C 2011.
K 410.
veillesce (eb.) Alter G 7164.
veillier (vĭgĭlare), 1. pr. voil
C 5422, 3. voille C 5285,
wachen, aufbleiben E 691,
(vor Ritterschlag) G 9181.
veïmes s. veoir.
veinqueọr (v. vaintre), N.
vainquerre(s) G 8869, Sieger
L 1699.
veinqui etc. s. vaintre.
veirié (vărĭatu) scheckig E 2913.

veiron (*varione?) m. Ellritze
(Fisch) C 3856.
veironęt (v. vor.) kleiner Fisch
(Gründling?) G 3010:
veisdie, C 1834V. voisdie, E
3131V. voidie (?), f. Ver-
schlagenheit, List E 3979; s.
visde.
veisin (vęcinu st. vīc-) benach-
bart C 2959; sb. Nachbar G
5907, f. -in C 1560.
yeïsse etc. s. veoir.
[veiseus], vois-, L *2417V. vis-
(vĭtiosu) schlau W 2639.
veissęl (vāscĕllu), N. -iaus, Ge-
fäß L 6022. G 3232V., Ge-
schirr G 5069V., Sarg K
*1896.
veisselemante (v. vor.) Geschirr
G 5068:
veler (vēlare) tr. verschleiern;
none velee W 1148, nonain
v. G 2944. 2963.
velu (*vĭll-ūtu) zottig L 4223.
veneison, E 492V. venis- (vēn-
-atione) f. Wild(bret) E
2065.
veneọr (-atōre) Jäger W 1274.
2666. G 3526. 5708.
venimeus (v. fg.) giftig L 3357
—9.
venin (*vĕnīmen v. vĕnēnu
× crīmen?) m. Gift L 89.
venir (vĕnīre), 1. pr. vaing G
5719, 6. vienent E 116, 2. k.
vaingnes (V. veignes, vie(n)g-
nes) G 6841, 3. vaingne E
157, 4. viegnons G 7928V.,
5. veigniez E 387, 5. ipf. ve-
niiemes K 5176, 1. pf. ving
G 3537. 6617 (V. vinc, vienc,
vieng), vin u. vieng G 7090
V., 3. vint, 4. venimes G
6327: (V.-ismes), 6. vindrent
E 345, vinrent G 7885V., 3.
k. venist L 3390. 5262, 6.
-issent 3299, 1. fut. vandrai
E 1039, p. sb. les venanz die

Ankommenden G wo?, **n. kommen** E 49, + an E 4027. G 232. 1843, (mervoille) *eintreffen* G 3203, *gedeihen* E 5400; *m. ger.* ~ cheminant L 5112; estre bien venu *wohl daran s.* C †388, *willkommen s.* C 6306. G 2545. 4023, bien veignant *willk.* C 363. W *1833, bien vaingne *sei willk.* L 2370. 2379, *ähnl.* E 3272. G 941, mal veigniez L 5115, mal i soiiez vos venuz L 5184; à ac. *zu e. gelangen* II 8, + an *dass.* E 3400, à pleisir E 8, *s.* genoil, merci, regort; à a. *zustoßen* G 6760. 7468, *zuteilw.* C 6616*V.*, *auf j. zuk.* G 5040, *losgehen auf, angreifen* K 1183, *ähnl.* le cors à a. L 4198, à a. ancontre G 4263*V.*, ancontre a. L 4479, contre a. C 3735. 4647, devant à a. E 2182, sor a. C 2000, sus à a. K 906. L 3390 (*V.* sor); avant *herank.* E 3985; à terre (*s. d.*) *v. Pferde steigen* L 5659, *v. Pf. sinken* E 2206, del cheval C 4806, des chevaus C 4065; ~ de *herrühren v.* G 41. 1014. 1480; ~ seoir *sich hinsetzen* G 954. 5810, ~ veoir *besuchen* G 8050, i ~ veoir *sich e. ansehen k.* G 7743; **r. k.** G 4223*V.*, + an *k.* E 1165. L 166, *gehen, sich begeben* G 3377*V.* 3386*V.* 5244 *V.*, *weiterziehen* C 1861, *sich wegstehlen* C 5184; **ups.** *geschehen* L 3601*V.*, il en y est ja venuz dui G 4442*V.*, à a. *zustoßen* G 7468, à a. à ac. *gereichen zu* E 5870. C 4088, à gre K 3811 *u.* à pleisir E 5287. L 1688. 3839. G 3340 *belieben, gefallen, s.* volanté, mervoille; bien l'an vient *frommt* G 3252*V.*, *ähnl.* il vandroit miaus (*s.* miauz) G 1027, vos vient mius retorner G 6613*V.*; de *herrühren v.*: de grant hautesce li vient G 9053, *ähnl.* G 6787.

venue (*v.* venir) *Ankunft* E 6426.

veoir (vĭdēre), E 4657*V. dial.* veïr, 1. *pr.* voi L 72, 4. veomes L 1124, veons L 1123, 5. veez E 5472:, 6. voient E 361, 1. *k.* voie E 3258, 3. *ipf.* veoit E 1109, 5. veoiiez G 7284, 1. *pf.* vi C 791, 2. veïs E 1022, 4. veïmes E 1137, 3. *k.* veïst E 3809, 5. veïssiez C 5869, 1. *fut.* verrai E 1133, *p.* veant (*s. u.*), vëu E 1120, *ipt.* voi E 903, que voi ci G 7774*V.* (?, *vgl.* que ci voi C 5472:), voi(z) W *1182 (*auch S.* 475), veez E 660, veez ci G 5127*V.*, veez le ci G 4553, vez ci E 389. 4373. C 1722. 6471. G 8970*V.*, vesci G655*V.*, que vez ci G 4051*V.*, que veez ci G 5493*V.*, que vos veez ci G 203, veez le la G 921, vez la G 5132, qui veez la G 981*V.*, voiés G 5132*V.*, *sehen* E 1130, de ses iauz G 5035. 7108*V.*, as iauz G 7934*V.*, el (= eles) vos voient le meillor *sie se. daß ihr der beste seid* G 7934, li pleisent à ~ *es gefällt ihm, sie zu se.* G 7944; *anse.* E 1022, *erleben* E 5314; aler ~ *besuchen* C 6323; se Des me voie *behüte* L 1558. 4923; veant a. *vor j. Augen* E 1836. C 1906, voient moi G 1394 *V.*, veant mes iauz L 4914, estre non veant *blind s.* L 2731*V.*; *sb.* ~ *Anblick* L 710, *Sehvermögen* E 5993.

— 260 —

ver (văriu), f. veire bunt, scheckig (insbes. v. Buntpelz: grau u. weiß gesprenkelt) L †233, (Augen) G 1821; sb. B.werk (Bauchfell des russ. Eichhorns, m. gris (s. d.) schachbrettartig o. sonstwie aufgeputzt) E 1343. C 142. L †1885. G 1800.

verai (*vēr-aiu st. *-ariu?), G 2154V. vrai, N. verẹs W 1567, (r)echt, wahr C 960. L 899, aufrichtig G 3915; ∼-emant, C 444V. G 8590V. vraiement wahrhaftig, in Wahrheit G 3232. 8590, aufr. G 6498V.

verdeiier (*vĭrĭd-ĭdĭare), 3. pr. -oie G 9011, n. grünen C 3504; -eant gr.d G 94. 6783.

verdele G 7680V. zu vervẹle.

verdir (zu vert × verd-) grünen G 70.

vereire s. verriere.

verge (vĭrg-a) Rute, Gerte E 803. K 351. G 1189V.

vergié (-atu) (v. Striemen) gestreift E 221.

vergier (vĭrĭdiariu) Baum-, Obstgarten G 1071. 7247.

vergoignier (v. fg.) tr. schänden C 3161V.; (inf.) sich schämen, verschämt tun E 1759. C 5021.

vergoingne, V. -ogne (věrēcŭndia) Scham E 447, Schmach G 4762V., Schande G 1665 V., doner male ∼ à a. j. beschämen G 3042.

vergonders : -iers (fg. m. Sw.) v. Scham ergriffen C 3161V.

vergondeus (*věrěcŭnd[i]osu) voll Scham C 4195.

veritable (*vērĭt-ābĭle) wahr W 163:

verité, G 8017V. verté (-ate) f. Wahrheit E 438; est ∼ G 2851V., c'est ∼z G 1471V.,
jeu de ∼ Eid L⁴ *6634, de ∼ in W. G 51. 3770, par ∼ eb. W 50. G 51V. 4467. 6286. 6463V. 8017V., por ∼ eb. G 51V. 6286V. 6463. 7516 V., dire ∼ die W. sagen C 6544. G 2851. 5548. 6737. 7516V. 8622V.

vermeillet (zu vermoil) hochrot E 1758V.

vermeillier (eb.) n. rot w. E 446 V., tr. rot ma. E 1591V.

vermoil (věrmĭcŭlu), N. -auz, hochrot E 430, blut- G 4204, (Blut) E 3027. L 1180. 1190. G 2764, (Wein) G 7485, (Rüstung) G 872. 2387; sb. Rot G 1824. 4204.

verne (gall. *věrna), V. averne Erlenholz G 4902:

verriere (vĭtr-aria), C 725V. vereire Glasfenster G *7720.

verrin (-īnu) ausGlas; ∼eGlasscheibe E 6873, fenestre ∼e C 725V. G 7783.

vers¹ (věrs-u) Teil E *†1844, Lied C 2844.

vers² (-us) prp. gegen, auf . . . zu E 160, g.über, vor C 839. G 6338V., de ∼ aus, v., v. . . . her E 3133. C 1054. 1190. 1286, s. devers u. K *3693.

verser (-are) tr. gießen C 3312 V., eing. G 784, verg. G 960, umwerfen C 1770, aus dem Sattel w. C 180, hinabstürzen C 2952, à terre C 5896; n. umfallen, hinst. G 1119. 7023.

vert (vĭrĭde) grün E *1591, (Auge) G 1821V., (Pferd) E *5328, (Schwert) E 5964, (bei Ohnmacht) G 5872.

vertu (vĭrtūte) f. Tüchtigkeit C 2605. L 3908. 3911, Wirk-, Zauberkraft E 1600. G 7687: à tel ∼ m. solchem Ungestüm E 839, à (V. de, par) grant ∼ m. aller Macht G 5839,

— 261 —

de (*V.* par) tel ~ E 2179. G 4267, de si grant ~ C 3593, de greignor ~ G 1445, par si grant ~ E 868. 2199.
vertueus (*v. vor.*) *zauberkräftig* E 2378¹⁴*V.*; *stark, mächtig* (*Löwe*) G 7854*V.*
verve (vĕrba) *f. Sprichwort* C *4572.
vervele (vertibĕlla) *Riegelring,* Haspe G 7680:
veseiié *s.* veziié.
vęspre (vĕsperu) *Abend, Vesperzeit m.* E 5368, *f.* C 4812 *V.*; *pl. f. Vesper* C 274; de bas ~ *spät abends* K 402.
vespree (*v. vor.*) *Abend* C 3397.
vesqui *s.* vivre.
vestemant (vestī-mentu) *Kleid(ung)* E 1368. 1556*V.*
vestëure (-tūra) *Kleidung* G 1152. 2804ᵃ*V.* 3742.
vestir (-re), *p.* vestu G 829:, *tr.* ac. *anziehen* E 2649, feire a. ~ E 4479. G 5476, estre vestu de C 857*V.* L 309, ~ C 327. G 3720 *n.* avoir vestu G 261 *anh., tragen,* ~ ac. à a. *j. e. anz.* E 713. G 1179; *r. sich anz.* E 3495, de ac. e. *anh., tr.* G 3720*V.*; vestu de bekleidet *m.* G 7886, vestu (*m. Laub*) *überwachsen* C 6403*V.*
vet *s.* aler.
vĕu *s.* veoir.
veu¹ (vōtu) *Gelübde* W 23. K 6022:, à Deu en faz le vou G 983*V.*, en ai fait veu *ib.*
veu² *s.* voer.
vëue (*v.* veoir) *Anblick* L 1213, *Gesicht, Augenlicht* C 259. G 7063, à ~ *offenkundig* C 6321.
veve (vĭdu-a) *Witwe* G 4681*V.*; *adj.* ~ dame (*V.* fame) G *74. 6467.
vever (-are) *berauben* C †620*V.*

veziié, *V.* -eiié (vĭtiu + -ĭdĭatu) *schlau, listig* L⁴ *2417. G 9086*V.*
vi *s.* veoir.
viande (vīv-anda *st.* -enda) *Nahrung, Speise* E 6448*V.*; *pl.* W *582. G 6479, viendes G 2540*V.*
viaus¹ *s.* voloir.
viaus² *wenigstens* G 9187:; *s.* seviaus.
viauz *s.* vieil.
vice (vĭtiu) *m. Schuld, Fehl(er)* G 1011, *Laster* G 19. 7557, *List, Anschlag* C †1834; male visce (vĭtia) G 7557*V.*
victoire (vĭctōria) *f. Sieg* E 663. C 4050: K 3550. L 6359.
vie (vīta) *Leben* E 811; tote ma ~ I 44, tote sa ~ *s. L.* lang G 5829, gent de bele ~ *wohllebende Leute* G 6662ᵇ*V.*, doner male ~ à a. *j. strafen* G 3042*V.*, metre sa ~ an ganz e. *leben* G 4202*V.*
viee(nt) *s.* veer.
vieil (vĕclu *v.* vĕtulu), *N.* viauz, *f.* vie(i)lle *alt* G 9045.
[vieire], viaire (?) *m. Gesicht* G 6890*V.*
viele (*vīt-ĕlla v.* *-ŭla) *f. Fiedel* E 2045. L 2352*V.*
vieler (*v. vor.*) *fiedeln* E 2038*V.*
vienois (Viennēnse) *aus Vienne* E 5964.
viez (vĕtus) *indecl. alt* E 407: W 1518: G 1754. 7485: 8425.
vif (vīvu), *N.* vis G 6637:, *lebend(ig)* C 44; (deable) *leibhaftig* L 5337, ~ maufé K 4897; par vive force *m. aller Gewalt* G 2478*V.*; vive ardant *hell flammend* E 3712 *V.*; vivemant *lebhaft* C 1761*V.*; *sb.* ~ *Lebender* G 3630.
vigiles (vĭgĭlias) *Totenvigil* E 6529.

vignoble (v. *südl.* vinh-obre *zu* obrar *bebauen?*) *m. Weingarten* G 6664:
vigor (vĭgōre) *in* par ~ *m. Macht* C 3606 V.
viguereus (v. *vor.*) *kraftvoll* G 2905.
vil (vīle), *N.* vis K 2624, vils L 1385. 3872, *niedrig, gemein; gering* L 5766. G 226; *s.* avoir, tenir; ~mant *schlecht, jämmerl.* K *2749. L 2932.
vilain (vīllanu × *vor.?*) *gemein* E 198, *unhöfl.* E 475. L 90, (*Tod*) *schimpfl.* E 4352, *garstig* L 3129, *schlimm* L 5607, *schmählich* G 4789. 6616; ~nemant C 860; *sb. gemeiner Mann* W 1142. L 32, ~ne *garstige Person* W 1139, (*sprichw.*) an ~ a mout fole beste W 3249.
vile (vīlla) *Stadt, Burgflecken* L⁴ †1280. G 5221.
vilenaille (v. vilain) *gemeines Pack* G 5955:
vilener (*eb.*) *gemein w.* C 3152.
vilenie (*vīllanía), E 1018V. vilonie, C 4537V. vilanie, *Gemeinheit etc.* E 572, dire ~s de a. K 413; sanz ~ *anständig* G 1538, *o. Tadel* G 1638.
viltance, E 1018 V. C 6640 V. viut- (*v. fg.* + *Sw.*) *Gemeinheit* E 3376V. 4413, *Erniedrigung* G 4054, *Schmach* C 6640, *Niedrig-, Ärmlichkeit* E 3317.
vilté (vīlitate) *f. Schmach* E 1018V.; avoir a. an ~ *j. niedrig halten* G 3829.
vin (vīn-u) *Wein* G 738, *-genuß* L 2183; ~ cuit *Feuerw.* G *1914.
vingne (-ĕa) *Weinstock* E 5328, *-berg* E 2320.

vint (vīgĭntī) *zwanzig* E 90; quatre ~ *achtzig* E 2340, quinze vinz G 2458 V.
violęte (v. viole v. viŏla) *feinster Wollstoff nach Art der escarlate* E 2114. W 2013:; *s. kl.* W *S.* XXVIII.
viqueire (vĭcariu), *N.* ~s W 2249:, *Statthalter; s.* voiier.
virge (vĭrgo) *s.* V-.
viron *prp. um . . . herum* G 4999V.; *s.* anviron.
vis¹⁻² *s.* vif, vil.
vis³ (vīsu) *Gesicht, Antlitz* G 1823. 4203; *ups.* m'est ~ mir scheint E 630, que vos est ~ de *was haltet ihr v.* G 6562; *s.* avis.
visage (v. *vor.*) *Gesicht* C 1594.
vi(s)de (v. veisdie) *m. Schlauheit* E *†3131: C 1834 V.
viser (*vīsare) *bemerken* E 6722 V., a. *j.* anzielen G 1112 V.
visné (*vīcīnatu) *Nachbarschaft* W *1406.
viste (*vīsĭtu *o.* *vexĭtu *v.* vexatu) *adj. schnell* G 9079; ~ment *schn.* C 3779V. G 701V., *hitzig* C 1794V.
vit *s.* veoir, vivre.
vitaille (vīctŭālia) *Nahrung* G 1915, *Mundvorrat* G 5322. 5327; *pl. Speisen* C 2353:, *Lebensbedarf* G 2527V. 2538 V.
vivre, 1. *pr.* vif E 4655, 2. vis G 1039, 1. *pf.* vesqui G 6385 V., *p.* vescu E 1990, *leben* E 22; tant con je vive G 6575:, se je vif *wenn ich am Leben bleibe* G 1201, se il vit G 1250, home qui vive G 7239, ne . . . rien qui vive G 1989, ne . . . home vivant G 3384, rien vivant C 3129; ~ par aage *alt w.* G 1039; *r.* L 5979; *sb. Lebensunterhalt* L 5307.

viz (*vītium v. vītis)f. *Wendeltreppe* C 5617: G 7999:
voer (*vōtare), 1. *pr.* veu K 700: G 983, *geloben* E 5047 V., *widmen* G 3168V., *r. sich weihen* K 700; *p.* establi et voé *festgesetzt* G 8018, none vouee W 1148V. (*zu* velee).
voi *etc. s.* veoir.
voidier *s.* vuidier.
voie (vĭa) *Weg, Fahrt, Reise;* voie anseignier G 2979, estre antré an male ~ G 820, *s.* demander, feire ~ à a. j. *Platz ma.* L 4343, metre à la ~ C 518 *u.* an la ~ C 1040 *auf den rechten W. bringen,* metre an males ~s G 2306, *s.* tenir; *adv.* droite ~ E 5067. G 5244 (*V.* la dr. ~ *u.* en dr. ~), tote une (*V.* sa) ~ G 4433V. *geradeswegs;* tote ~ *durchaus* L 1557:, *jedenfalls* L 5506, *immerfort* E 342. G 6899, *unterdessen* L 2672. 3033, *immerhin, gleichwohl* E 5682. G 2839; totes ~s *immerf.* E 10. G 6032 (totevoies G 6032V.), *gleichw.* L 327; *s.* chanp.
voiier (vĭcariu) *Stellvertreter, Vogt* L 606:; *s.* viqueire.
voil *s.* veillier.
voile (vēla, *pl.*), G 2998V. veille, *f. Segel* C 254. W 2327:
voille[1] *s.* veillier.
voille[2] (vĭgĭlia) *f. Vigil, Vorabend* E 6583. L 668. 2171. 2681.
voir (vēru) **adj.** *wahr(haft)* W 14, *echt* G 2951V., est ~s C 2825; **sb.** *Wahrheit* C 1613, ~ (*V.* vers) vos est avis (*Wahres*) G 6701V., an conter ~ G 7713, conter le ~ L 284, dire ~ E 3254, diras m'an ~ G 8614, le ~ E 1132. L 343, parler ~ C 3126, aler par le ~ C †6546 *u.* s'an aler parmi le ~ L *526. *1703 *die W. sagen;* **adv.** (*z. T.* vērē) *fürwahr, wahrl.* E 811. C 905. L*2024, non ~ *sicherl. nicht* C 905. G 6728V., de ~ C 1018. L 5730. 6469. G 696V. 1903V. 2563V. 6622V., por ~ E 424. C 266; ~emant *in W.* C 297, *aufrichtig* G 2520V.
voire (vēra, *pl.*) *adv. sicherl., fürwahr, ja* E 6615. C 367. L *2024, *vielmehr* L 1209; ~ ~s *gewißl.* G 8832ª *V.*; ce est la ~ *das ist wahr* G 6344.
voirre (vĭtru) *Glas* G 7722—5.
vois *etc. s.* aler.
vois- *s.* veis-.
voiz (vōce) *Stimme* L 168, à ~ *laut* C 5898, à une ~ G 2153. 2741V.
vol (*v.* voler) *Flug* K 775. G 4185.
volage (vŏlatĭcu) *flatterhaft* I 25.
volanté (vŏlŭnt-ate) *Wille, Wunsch* C †2303; dire sa ~ G 4533; à ~ *willig* E 4498; il me vient à ~ *es gefällt mir* L 5341. G 2984. 6456. 8304.
volantiers (-ārie + -s) *gern, gutwillig* G 223. 287.
[voldre] (vŏlvĕre), *p.* vols, *V.* volt, *überwickeln, -decken* G 3090.
volee (*v. fg.*) *Flug* G 4194V.
voler (vŏlare) *fliegen* L 158, (*Herz*) *hüpfen* G 8368ᵇ *V., fig.* (mailles) *springen* L 843, an ~ *hervor-, umherspritzen* E 4868; des seles G 3922, fors de G 3722V., (parole) de la boche G 9095, jus del destrier E 2207; an pieces K 2699. L 532, an tronçons

E 2882, *s.* deus; feire ~ K 2754.

voleter (*v. vor.*) *hüpfen* W 2452.

volgrener (esgruner × voler? *s. Thomas Mél. S.* 166, *Rom.* 33, 140) *zerstieben lassen* E 3708*V*.

voloir (*vŏlēre), 1. *pr.* vuel E 244:; G 6569*V*. veull, 2112 *V*. veil, 7728*V*. voil, voe(i)l, 8858*V*. viuc, 2. viaus E 849; G 6790ᵇ*V*. viels, veuls, 6474 *V*. vels, 3. viaut C 85; G 7713*V*. vielt, 5526*V*. velt, viut, 5. volez E 1789, 6. vuelent E 22, 1. *k.* voilge ?, voille G 949*V*., 3. vuelle C 77, 5. voilliez C 357, 5. *ipf.* voliiez C 6559, 1. *pf.* vǫs G 3909: 7104:; G 3909*V*. vol(s), vous, 3. vǫst G 607, vǫlt G 2441*V*., vout G 794*V*., vǫt K *2467:, 6. vǫstrent L 858, 1. *k.* vossisse E 2506, volsisse G 798. 802. 2679, 3. vossist E 520, volsist G 708. 1574, vausist G 3303*V*., 1. *fut.* voldrai G 2034. 5745, voudrai (*doch s.* L *Textausg.*² *S.* IX) E 1327, vodrai (*s. Wtb.*¹ *S.* 218 **Mitte*), volrai G 6318*V*., valrai G 5745*V*., valra 251*V*., 1. *kond.* valroie G 2106*V*., *wollen, wünschen* L 169, *vorhaben* G 1959*V*., vueille ou non K 1168, vuelle il ou non G 4287, volsist (ele) ou non G 708 *u. V*., ou vuelle ou non G 949. 8642, voilliez ou non L 5335; ~ *periphr.* G 3634ᵇ *V*. 5886*V*. II 17*V*. = soloir G 8481*V*., voldrai + *inf.* = *fut.* G 2034, ~ bien *es gern sehen, sehr einverstanden s.* G 3627. 5922, à a. *j. gewogen s.* G 8780, mal à a. *j. übel wo.* G 7091*V*.; *r.* K 2113. L *1447; *sb. Wille* L 1423—5, trover à son ~ G 480*V*.

vǫls *s.* voldre, voloir.

vǫlte, *V.* vǫte, *nördl.* vaute [K 6952:*V*.] (*vǒlvīta) *Wölbung, Gewölbe* C 5639. G 7855*V*. 8701*V*.

voltiz (*v. vor.*), *V.* vo(u)tiz, vautis, vostiz, *gewölbt* C 5618, voutiz (*V.* vostiz) G 8000:

vorpil, *V.* woupil (vŭlpīcŭlu × *frk.* *ḫwelp) *Fuchs* W 2006.

vos *ihr,* (*in Anrede*) E 42. 2546:; lau os plaira *wo es euch gefällt* G 3150*V*.

vǫs *etc. s.* voloir.

vǫstre (vŏstru), *pik.* vo G 8658*V*., vos (*f. verbu.*) G 9049*V*.; *A. pl.* vǫz L 599 *euer*; eles sont vǫz G 1005:

vǫstrent *s.* voloir.

vǫte *s.* vǫlte.

vout (vŭltu) *Antlitz* E 4182: W 2560: K 185. L 4828: 5232: 5520:

vuel (*v.* voloir) *in* mon ~ *nach meinem Willen* C 923. G 847. (*V.* mien) II 41*V*., *soviel an mir liegt* G 4565, *so will ich es* G 6581, *gern* G 8901; son ~ L 693: G 2697. 5463; par mon ~ G 4836*V*.

vuel(ent) *etc. s.* voloir.

vuidier, *V.* voidier (*vǒcĭtare) *tr. leeren, räumen, verlassen* G 2186; la sele E 2244. G 3922. 7023, les arçons C 1325. G 2657, feire ~ la sele E 2257, qui place vuient G 6011ᵇ:*V*.; *a. de berauben* G 2030*V*.; *n. sich l.* K *5331; *r.* L 88; vuidié (de san) bar L 76.

vuit (*v. vor.*), *f.* vuide, G 1750 *V.* 1753*V*. wide, L 3091*V*.

voide *leer, kahl, bar* G 7954:; vuide de vie et d'ame G 2030:; leissier vuiz les arçons C 2926; *s.* bu.

w-, wa- *s.* gu-, ga-.

wanbison (*s.* ganbeisié) *gestepptes Wams* W 2765 V. [waucrer] *s.* branler.

y- *s.* i-.

zope *s.* çoper.

Eigennamen

Abel *Bruder des Kain* [K 7012:] L 1814:
Abrahan, V. Abrehan, saint *Erzvater* G *2966:
Absalon *s.* Ass-.
Acorionde *griech. Ritter* C 1284. 2079: 2459:
Adan, N. ~z C 5239 *Urvater* E 1336. 2378[11] V. G 8181.
Afrique *s.* Aufr-.
Agrenez? G 8141 V.
Agrevain, V. Agravain, -vein, Angrevain, Engr- *ältester Bruder des Gauvain, gen.* li Orgue(i)lleus G *4768. 8139; *s.* Yvain[1].
[Aguisel], N. -iaus *König v. Schottland* E *1970; *s.* Rom. 46, 44.
Alemaingne *Deutschland* E 6646 V. C 2656. 2695. 2701. 2944. 3391. 4207. 4211. 5182. 6645. L 5482.
Alemant, N. -nz *Süddeutscher* C 2965. 3557. 3634.
Alier *ein Graf* L 2939. 3143:
Alis *jüngerer Bruder des Alexander, Oheim des Cligés, Kaiser v. Konstantinopel* C 58. 62: 2405. 2417. 2421: 2495. 2516. 2547. 2556. 2624. 6769.
Alixandre[1], G 14 V. Alis-, *König v. Mazedonien* E 2270. 6673. 6684. C 6701. G *14. 58.

Alixandre[2] *Stadt Alexandria* E 2019:
Alixandre[3] *Vater des Cligés* C 57—2598 (*s.* 1. *Aufl.*); *im Vok. o.* -s C †2279. 2343.
Amas *s.* Eneas.
Amaugin *König* E *318. 1726.
Amiens *Stadt* K 1998:
Amors, N. I 1. 33. II 10; A. II 1. 54 *Liebesgöttin*; *s.* amor.
Andre *in* porpre d'~ *Kyklade Andros* G 1799 V.; *s.* Zs. 26, 718.
Anet *s.* Traé.
Angleterre, E(i)ngle- *England* E 5394. 6647. C †16. 290. 427. 6702. W 11: 19. 759. 1984. 2040. 2281: 2813. 2929. 3274. 3284: K 5837.
Anglois, C 2428 V. Englés, E 6646 V. Einglois (Engliſſ) *Engländer* W 2080:
Angres, En- *Artusr., Graf v. Windsor* C †431. 1214. 1504. 1808. 1904.
Anguinguer(r)on, V. -gerron, Enguing(u)eron, Enguig(u)eron, -geran, Engygeron, Aguinguer(r)on, -geron, Aguigeron, Agringaron, -geron, Agrigueron, -garon, Guing(u)eron, dant Guigueron, Gringaron, G 2004 V. Engrevain *Seneschall des Clamadeu* G *2004. 2015. 2148.

2163. 2173. 2195. 2220—3.
2233. 2340. 2369. 2731. 2748.
2758. 2781.
Anjọ *Anjou* E 6649.
Antioche *Antiochia in Syrien*
C 800: 5391.
Antipodes *Königr. des Bilis*
E 1994:; *s. Rom.* 46, 45.
Arẹs *Vater des Tor* E 1528:
1728.
Argone *Argonnenwald* L*3228.
Arrabe *Arabien* K 6030: G
3163 (*V.* -able).
Arragon *Aragonien* K 5800:
Artu, *N.* -s, Arturs E *1992:,
Arthurs G 290 *V.* 8169 *V.*,
Arthur G 840 *V.* 8165 *V.*, *A.*
Artur G 8119 *V.*, Arthur G
2694 *V.* 2787 *V.*, *A.* Hertu G
2314 *V.* 2787 *V.*, *N.* Hertu G
4004 *V.*, Hertus G 290 *V.* 840
V. 853 *V.* 8169 *V.*, *A.* Hertur
G 4009 *V.*, Artus G 2377 *V.*
2694 *V.* 2787 *V. König v.
Brittannien* E 29. 653. 2012.
2060. 2124. 3887. 3942.
4003. 4096. 4222: 4529:
4579. 5281. 6661: 6681.
6732f. 6833. 6870. C 10: 69.
119. 145: 422. 436. 570. 1095.
2367. 2422. 2606. 4588.4631.
4644. 4733. 4742. 4945. 6673.
K 33. 53. 1435. 2017. 3543.
3905. 4874. 5056. 5285. 5324.
6169. [6280. 6301. 6318.
6711]. L *1. 1616. 1829. 2332.
2694. 3693. 3907. 4715. 5843.
6506. G 290. 446: 840—4.
850—3. 907. 1085. 1368:
2314: 2352: 2377. 2694. 2754.
2787. 3956. 3978. 4004—9.
4044: 4068. 4934. 6234. 7122.
8119.8165—9.8733—5.8834.
8889. 9098.
Asçansion *Himmelfahrt* K 31.
G *2940 (*V.* Acenssion, Assention, Iss-).
Assalon E 2266 (*V.* Abs-, Aus-),

Absalon G 4792 (*V.* As(s)-,
Aus-) *Absalon.*
Athenes *Athen* C 1284: 2445.
2462. 2567.
Aubagu *s.* aub-.
Aufrique, *V.* Afr- *Afrika* C
1286:
Aumarie *Almería in Südspanien* E 2380[13] *V.* C 6332.
Avalon *Insel* E †1955; *s. kl.*
E[1] *S.* XXIII, K *S.* LXXIII.
Äyne *in* la fille ∼ G 9059 *V.*

Babiloine *Babylon* K 6743.
Bade *Bath in Somerset* [K
6255].
Bademagu, *N.* -uz K 3157:
*König v. Gorre, Vater des
Meleagant* K 656. 3157:4427.
5158: [6249. 6394. 6639],
eine Tochter begegnet K 2795
(*s. S.* 473).
Ban, *N.* ∼s E 1975 *König v.
Gomeret* G *467 (*V.* Bon).
Bar *Bar-sur-Aube* W 1987; *s.
kl.* W *S.* XXVII.
Barut *Beirut* G *3052:
Bedoiier *Oberstallmeister des
Artus* E 1735.
Belissant *s.* Blanchefloṛ.
Belrepeire, *V.* Biaur-, Biau repere, *Burg der Blancheflor*
G *2386. 2406: 2687. 3123.
Berte *A.* G 5230:, Bertain *A.*
G 5246: 5257 *V. Mutter des
Garin in Tintaguel.*
Bertran[1], *N.* -nz *thrazischer
Ritter* C 6439. 6443. 6469—
71. 6474. 6490. 6510.
Bertran[2] *Sohn des Vavassor
Garin u. der Berte in Tintaguel, V.* Brehais, Tiebauz,
Herbauz, Hermans G 5257.
Betee *in* mer ∼ *Lebermeer,
sagenhaftes, geronnenes Meer*
K 3030: *V.* (*zu* mer salee).
Biau- *s.* Bel-.
Biauvẹz *Beauvais (Oise)* C *†21:

Bilis *König v. Antipodés* E 1994—7. 2003.
Blancheflor *schöne Herrin v. Belrepeire* G *2417. 2600 V. 2912 (V. Belissant).
Blīaut *Jagdhund* W 2614.
Bliobleheris *Artusr.* E 1714; s. in *Perceval (Ausg. Hilka) Elucid.* *162, *Bliocadran-Epilog* *26.
Boloigne *Bologna* C 2693:V.
Brandes *Graf v. Gloecestre* E 1935 (V. -dains, -les, Blandains, Bradeus).
Brandigan E 6271:, N. -anz E 5389 *Burg des Evrain.*
Brangiens N. *Zofe der Isolde* E 2077.
Bravaïn *Artusr.* E *1737.
Brehais s. Bertran[2].
Breibançon (*eig. Brabanter*) *Räuber, Mörder* K *4237:
Breon *Artusr.* E 1745.
Brẹt s. Breton, brẹt.
Bretaingne 1. *Bretagne* E 6553. C 423. 438. 1051. 1059. 1089. 1093. 1102. 6703; 2. *Brittannien* (oft + 1.) E 6694. C 17. 77. 80. 114. 1480. 2397. 2411. 4219. 4224. 4251—5. 4310—6. 4325. 4477. 5066. 5167. 5181. 5206—8. 5296. K 3906. L *1. 2329. †2546.
Breton, N. Brẹz *Britte u. Bretone* E 652. 5349. 6646. C 440. 567. 2608. L 37. G 4320; s. brẹt.
Briébraz s. Karadués.
Brïen *Bruder des Bilis* E 1996 —8.
Briien *Artusr.* E 1705:
Bristọt, V. Britot, Bricot, Bistot, Bruiot, Bristol, Britueil, *Bristol* (s. gr. W S. CLXXX) W *352. 2041. 2053. 2071. 3355.
Brocéliande *Wald in Armorika bei Barenton nahe Ploërmel*

L *†189: 697; s. K S. 488 u. 491 (*unter Geographie*).
Bruianz, V. Brianz, N. *Ritter* E 6730.
Brun de Piciez *Artusr.* E 1715:
[Bucifal], N. -aus, V. Bruiefaus *Pferd Alexanders* [K 6802:]

Cadoain s. Yvain[1].
[Cadoalant, l. Cadova-], N. -anz *König* E *315: 6816:
Cadoc de Tabriol *Ritter* E 4517. 4547. 4576.
Cadorcaniois *Graf, Artusr.* E 1742:
Cadret, V. Cadrez, Cadios, Cador, Quadrap, Cadras *Sohn des Aguisel* E 1972.
Cahadin s. Kahedin.
Calcedọr *griech. Ritter* C 1286. 1906:
Calogrenant, N. -anz *Artusr.* L *57. 67. 71. 106. 131. 658. 784.
Camaalọt *Hofburg des Artus* K *34; s. K S. 473 u. Rom. Rev. 20, 231. *Besser ält. Camalot: Mod. Phil.* 27, 465 *Anm.* 2.
Candie *Kandia* C 4747:
Canodan *Vater des Breon* E 1745:
Cantorbire *Canterbury* E 2032: C 1055:
Capadọce *Kappadozien* E 1969:
Caradigan *Hofburg des Artus (Cardigan in Wales?)* E *28. 249. 284. 1032. 1088. 1519; s. E S. 341 *Zus.*, s. *Zimmer GGA* 1890, S. 526 u. *ZffS* 13, 87.
Car- s. Kar-.
Carahẹs *Artusr.* E 1727:
Carduel E 5282: L *7. G *336: 839: 4003 V. -uel, G 336 V. -ueil(l), -oel, -o(e)il *Hofburg*

des Artus in Wales; *s.* E *28 *u. S.* 341 *Zus., s.* Zimmer *ZffS* 12, 237, *Golther Tristan u. Is. S.* 144.

Carlion *Hofburg des Artus, heute Caerleon am Usk in Südwales* K *32: G *4003 (*V.* K-, Calion). 4155. 4606 (*V.* Karlyon, C-, Callion). 4791 *V. u.* 5316*V.*: Carlion, -lyon; *s. ZffS* 12, 253.

Carnant *Stadt (nach H. Zimmer Caer Nant = Nantes)* E 2315; *es gibt noch ein ∼ in Südwales (J. Loth) u. ein Ros ∼ in Cornwall (F. Lot).*

Carsenefide *Mutter d. Enide* E 6894:

Cartage *Karthago* E 5340.

Castele *Kastilien* W *2175 (*V.* Quastelle):

Cat- *s.* Quat-.

Cavaliot *Stammort d. Yvain*[2] E 1709:

Cavalon *s.* Esc-.

Caveron de Robendic *Artusr.* E 1721; *vgl.* Governail.

Cercle d'or, vaslet au *der Junker m. dem Goldreif* E 1712; *s. Rom.* 43, 100.

Cesar *C. I. Caesar* E 6677. 6684. C 6701.

Ceseire *Caesarea, Seestadt in Palästina* C 4746:

Cestre *Chester* L 2680.

Chanpaingne *Champagne* K 1.

Chanpguin *s.* Roche.

Charité, la *Gott* G 46.

Chastel Orguelleus *Burg* G *4689. 4723; *s. in Ausg. Hilka Eluc.* *410.

Chevalier au Cor *Ritter mit dem Horn, Artusr.* E 1711.

Chevalier au Lion, *Beiname des Artusr.s Yvain*[4] L 4291. 4613. 4750. 4818. 5920. 6491. 6645. 6716. 6814.

Chevalier Vermeil, *N.* -auz *der Rote Ritter im Walde v. Quinqueroi* G (*866). 950. 1066. 4126.

Chevalier de la Charete *Karrenr., Beiname des Artusr.s Lanzelot* K 24.

Cité, Roi de la Roge *ein wohl erdichteter* Name E 2192; *s. Rigomer, Namenliste.*

Clamadeu, *V.* -d(i)eu, -de(s) G 2005*V.*, -dos *ib.*, Clamediu G 2629*V.*, -dex G 2005 *V. Beherrscher der Inseln* G *2005. 2029. 2363. 2373. 2395. 2429. 2435. 2485. 2567. 2586. 2593. 2629. 2653. 2660. 2682. 2709. 2721. 2730. 2749. 2756. 2758*V.* (Clamadé). 2776. 2782. 2828. 2855. 2882b *V.* (Clamadieu). 2907.

[Clarissant], *N.* -anz *Tochter der jüngeren u. Enkelin der greisen Königin v. Roche del Chanpguin, Schwester des Gauvain* G 8269:; *V.* -isant, -isans, -isenz, -issante, -ianz (*s.* *7539. *8269).

Cliges *Sohn des Kaisers Alexander v. Konstantinopel* C 2382:—6742 (*s.* 1. *Aufl.*).

Clivelon *Grafschaft* E 1938.

[Coart] *in li Biaus Coarz (der schöne Feigling) Artusr.* E 1696.

Coguillanz (*N.*) de Mautirec *Ritter* K 5812:

Coi, *V.* Quoi *Sohn des Aguisel* E *1972:

Colie C 4747*V. zu* Tolete.

Coloingne *Köln* C 2693: 2699. 2702. 2860. 3390.

Combes K *1870:*V. zu* Donbes.

Cornix *griech. Ritter* C 1281. 2077.

Cornoaille *Cornwall* E 6647: C 80. 1481. K 3906.

Cornoalois *Bewohner v. C.* C 2428:

Cọrque *Königr. Cork in Irland* E *1965.
Costantin, roi *Kaiser Konstantin* E 2378⁴ *V.*
Costantinọble *Konstantinopel* E 98: C †49. 125. 403. 2391. 2489. 2575. 2650: 4202. 4325. 5110. 5117. 6128. 6683. 6722. 6773.
Cotoatre *Ortsname* G *3675:, V.* Cotho-, Cotou-, Cotot-, Co(s)te-, Costelacre, Cetoatre, Toccatre.
Crestiien *Dichter Kristian v. Troyes* E 9. 26. C 23: 45. 6784: W 1. 18. K 25. [7127—9]. L 6815. G 7. 62.
Criator, li *der Schöpfer* G 172 *V.* 663. 994.

Dalibọr, la feste saint G 9016: *V.*
Damas *Stadt; por* ∽ G 7840*V.*
Dame, Nostre *die h. Maria* E 2379; la Glorieuse D. G 9065 *V.*
Damedeu, *V.* -dẹ̄, *N.* -deus, *V.* -dés *Gott der Herr* C 268. L 3630. 3877. 3938*V.* 4514. G 146. 278. 413. 983. 2494. 2743. 2850. 2981. 4350. 5376. 5641. 5951. 6150. 6314. 6355. 6383. 6405. 7002. 8144. 8830. 8966.
Dameisele Sauvage *schickt Botschaft an Laudine* L 1620:
Davi, saint *David, Schutzheiliger v. Wales* G *4134:
[Davi], *N.* -iz de Tintaguel *Artusr.* E 1959.
Deserte *s.* Taulao.
De(u), *im Reim nur* Dẹ̄ (*s. Wtb.*¹ *S.* 211* *u.* 221*) E 1648: 4305: G 3024: 8008:, *V.* Dieu *Gott* G 34. 46f. 50. 137. 145. 148. 151. 174. 179. 218. 237. 249. 267. 274. 355. 358. 384. 394. 396. 487. 532. 616f. 655.
765. 767f. 966. 1008. 1216. 1256. 1364. 1371. 1398. 1399*V.* 1530. 1582. 1636. 1696f. *1806. *1827. 1845. 1862. 1896. 1983. 2022. 2052. 2083. 2146. 2155. 2306. 2322. 2370. 2511. 2528. 2543. 2699. 2831. 2863. 2866. 2954. 2966. 2990. 3042. 3110—2. 3124. 3441. 3468. 3554. 3571. 3618. 5650. 3752. 3757. 3778. 4066. 4074. 4088. 4395. 4480. 4482 *V.* 4569. 4714. 4722. 4770. 4838. 4841. 4932. 4971. 5054. 5120. 5283. 5490. 5537. 5546. 5650. 5655. 5959f. 5963. 6219. 6223. 6237. 6275. 6278. 6299. 6307. 6331. 6366. 6407. 6459. 6463. 6510. 6630. 6645. 6690. 6804. 6840. 6856. 6892. 6901. 6994. 7034. 7151. 7612. 7616. 7620. 7624. 7669. 7744. 7766. 7785. 7814. 7884. 7949. 8015. 8028. 8068. 8146. 8178. 8180. 8206. 8282. 8326. 8330. 8338. 8346. 8380. 8391. 8463. 8544—6. 8579. 8604. 8625. 8710. 8721. 8734. 8763. 8896. 8932. 9034. 9057. 9061. 9209. Dieus du ciel G 5376, par De *bei Gott* G 8008:, por De G 3024:, por Deu G 1983. 3787, *in Anrede* Deus meïsmes G 4971*V.*; *s.* meison.
Dido *Königin Dido* E 5341.
Dinasdaron, *V.* Disnad-, Dinadairon, -deron, -diron, -tiron, -garon *Hofburg des Artus in Wales* G *2732. 2753.
Dọ *Vater des Artusr.s Girflet* E 1729. 2230. G 4721 (*V.* Due, Doe, Nut, Nuz).
[Dodinẹl], *N.* -iaus L 54, li Sauvages E *1700 *Artusr.*; *s.* L *57 *u. Rom.* 43, 97.
Donbes *Fürstentum Dombes* K *1870:

Dǫvre *Dover* C 1054:
Dunoe *Donau* C 3398. 4618: L 5981*V*.
Durandart *bek. Schwert* L 3235:

Elainne C 5300, Hel- E 6344: *die schöne Helena*; *(verderbt)* Elaine, Helainne G 9059*V*.
Eneas *Aeneas* E 5339. 5342—4. G 9059 (*V*. Heneas, Eleas, Amas).
Engrevain *s.* Agrevain *u.* Anguingueron.
Enide *Gemahlin Erecs* E 2031 —6893 (*s.* 1. *Aufl.*). C 1.
Erẹc *Sohn des Königs Lac* E 19 —6957 (*s.* 1. *Aufl.*). C 1; *vgl. Zimmer ZjfS* 13, 26.
Escalibǫr *Schwert des Gauvain* G *5902:; *V.* -al(l)ibour, Eschalibor, Calibor, Estaillebour, -alibor.
Escavalon *Königr.* G *463. (*4779). *4791. *5316; *V.* Esk-, Esch-, Escarlion, Desavalon, Cavalon, K-, Qu-, Canelon.
Eschargaite *Scharwache des Artus*; *umfaßte die* Chevaliers de l'~ G 8121.
Esclados le Rǫs *(der Rote) Ritter* L 1970:
Escǫce (*erst Ir-, dann) Schottland* E 1970: 5233. C 1481.
Escǫt *Schotte* E 6646. C 2428.
[Eslit], *N.* -iz *Artusr.* E *1705.
Esmoing, Saint *Kloster St. Edmond's (Suffolk)* W *15 (*V.* -ont):
Espaingne *Spanien* E 2395. C *6704. K 1663. [6799]. L 2330. 3237. G 3163*V*.
Espee as Estranges (*V.* estreites, longues) Ranges (*m. d. seltsamen Gehenk*) G *4712. (*4718).
Esperit, saint, *N.* -iz *hl. Geist*

L 275. 6796: G 6277; ~e, saint E 701. L 4468: 4994: 5456: G *5076:; Espir, saint G 6277*V*.
Espine *in* sire de la Noire ~ L 4705:
Estrangǫt *Stammort d. Garravain* E 1710:
Estraus *s.* Keu².
Estre-Gales *s.* Outre-G.
Etiocles *Eteokles* C 2537.
Evrain *König auf Wasserburg Brandigan* E 5404. 5484. 5542—7. 5554. 5567. 5598. 5767. 5827. 6070. 6348.
Evroïc *York* E 2131. W 3181 (*V.* Euuroyc, Wiric); *s.* K *34 *am Ende*.

Fenice *Kaiserin v. Konstantinopel, Geliebte des Cligés* C 2725—6769 (*s.* 1. *Aufl.*).
Fenix *Vogel Phoenix* C 2727.
Fernagu *heidn. Riese, v. Roland getötet* E *5779:
Ferolin *griech. Ritter* C 1285.
Fevre d'Armes (*Waffenschmied*) *Artusr.* E 1717.
Fiacle *h.* Fiacrius K 1488:*V*.
Fil *in* le F. Damedeu G 8966.
Flandres *pl. Flandern* C *6702: W *1984. G 13:
Forest, Gaste (*Urwald*) *als Eigenname* G *75. *2959.
Forest, Noire *Schwarzwald* C 3400.
Forrē *Heidenkönig v. Noples* L *†597:
Fortune *Fortuna* E 2785. [K 6488. 6498]. G 4646. 4651.
Fouchier *Pflegevater d. Marin* W 1439. 1449. 1462. 1478. 1722. 3235. 3304.
Francagel *griech. Ritter* C 1287:; *s.* Tintaguel.
France *Frankreich* E 5392. C 35—8. 5067. 6703.
François *Franzose* C 2608: 4990.

[Gaherïet], N. -ïez Artusr. E 1725 (s.Rom. 43, 97); V. Gaharïes, Galerïauls, Galerïez; wohl = Gaherïez, V. Gaharïés, Kaerïez, Ga(l)erïez, Galereïs Bruder des Gauvain G *8141.
Galegantin le Galois Artusr. E 1738.
Gales[1] Wales E 6649. C 1461. 1480. 2369. L 7. G 501 (V. Gale). 603 V. 2753. 4135.
Gales[2] li Chaus G. der Kahle, Artusr. E 1726.
Galinde s. Galveide.
Galinguefort Wallingford a. d. Themse C 4579. 4592. 4634.
Galoain Graf E 3129:
Galois Einwohner v. Wales, öfters Beiname E 1526. 1738. C 1824. 2427. 4828. G 177 V. 212 V. 235. *243.258 V. 323 V. 501 V. (Galais). 603. 609. 1081 V. 1429 V. 1540 V. 1554 V. 1620 V. 1830 V. 2039 V. 2191 V. 3319 V. 3350 V. 3457 V. alveide Galvoie, Königr. (u. Stadt?) (Galloway im SW Schottlands, s. gr. W S. CLXXX) W 999 (V. Galinde). 2265 (V. Galmaide, Gauaide): 2421 (V. Galmede, Gauaide): 3341; Galvoie, V. Ga(u)v-, Gausn-, Ganv-, Gann-, Glav-, Calv-, Galew-, Gavenoie in les Porz de ~ G 8385 (V. le port, lo pont). 8648: (V. les ponz); la bosne de ~ G *6602:; s. Bédier, Tristan II 109 Anm. 2.
Gandelu], N. ~z Artusr. E 1701.
Gant Gent K [6743:].
Garaes s. Guerehes.
Garin Vavassor in Tintaguel G 5230 (V. G(u)erin, Garnier). 5246: 5255 (V. Gu-). 5267. 5275.

Garnier s. Garin.
Garras König v. Cork E 1965.
Garravain d'Estrangot Artusr. E 1710.
Gascoingne E 2663. W 1985.
Gassa Kaiser, Zeitgenosse der Guenievre E 2380[21]: V.
Gaudin de la Montaingne Ritter E 2227.
Gauvain, G 9074 V. Gawain, G 4486 V. Gawein, N. Vo. -s, doch Vo. Gauvain G 4371: 6140:, Sohn des Lot, Neffe des Artus, bester aller Ritter E 39. 299. 308. 1090—6. 1103. 1138. 1153. 1177. 1527. 1692. 2129. 2224—9. 2288. 3951. 4065. 4073—8. 4087. 4091—3. 4112. 4134. 4141 —9. 4157. 4162. 4181. 6813 —5. 6827. C 394—7. 467. 2235. 2352. 2617. 4891. 4917. 4925. 4956. 4968. 5057. 5084. 5169. K 226. 250—6. 271 —7—8. 280. 303. 382. 392. 425. 433. 440—9. 457. 551 573. 625. 693. 1877. 4097. 4122. 5065. 5121—7. 5162. 5173. 5187. 5214. 5220—5. 5235. 5253. 5271. 5289. 5313. 5336. 5340. 5352—8. 5973. 6222. [6311. 6504. 6529. 6755. 6762—8. 6777. 6805. 6826. 6914. 6928]. L 55. 687. 2208. 2286. 2381. 2403. 2418. 2431. 2485. 2539. 2669. 2674. 2717. 3625. 3698. 3713. 3915. 3931. 3982. 4045. 4085. 4276. 4730. 4753. 4767. 5853. 5873. 6005. 6071—3. 6253. 6267. 6283. 6293. 6327. 6333. 6475. G 2883 V. 4086. 4349. 4381. 4403. 4432. 4457. 4478. 4486. 4493. 4511—9. 4534. 4547. 4718. 4757—9. 4767. 4794— 8. 4813. 4830—8. 4883. 4908. 4960. 5053. 5091. 5168. 5183. 5239. 5245. 5295f. 5324.

5335. 5340. 5354—9. 5375.
5479. 5489. 5495. 5513—7.
5586. 5590. 5615—9. 5621—
7. 5636. 5642. 5656. 5686.
5717. 5749. 5789. 5817. 5827.
5834. 5867. 5871. 5890. 5915
—8. 5950. 6040. 6064. 6133.
6162. 6175. 6214. 6517—9.
6550. 6560. 6581. 6615. 6651.
6672. 6682. 6691. 6769. 6778.
6795. 6820—8. 6836. 6869.
6874. 6902. 6910. 6922.6956.
6962. 6984. 6999. 7010—8.
7044.7062—5—7.7075.7085.
7094—8. 7109. 7132. 7146.
7158. 7259. 7285. 7335. 7353.
7407. 7432—7. 7446—8.
7481. 7490. 7503. 7605. 7664
—7. 7732. 7787. 7818. 7831.
7841—4. 7856. 7866. 7918.
7969. 7992. 8004. 8040. 8054.
8100. 8111. 8138. 8245. 8294.
8371. 8395. 8411. 8472. 8499.
8503. 8525. 8542. 8616. 8687.
8753—5. 8773—8. 8794.
8800. 8829. 8833. 8871. 8902
—7. 9005. 9029. 9074. 9099.
9150. 9167. 9183. 9213.
Gau- s. Gal-.
Georgeas s. Greoreas.
Geri *Heiliger* G 4134:V.
Gernemue, V. gierne nue
Great-Yarmouth (Norfolk) W
*1486:; s. gr. W S. 475 u.
CLXXX.
Gile (Aegidius), Saint *Wallfahrtsort St. Gilles (Gard)* W
2038. 2127:
Girflet, N. -ez, V. Gif(f)lez,
Giuflez, Guiflez *Sohn des Do,
Artusr.* E 317. 1729. 2230.
G *2883. 4721.
Gïu, V. Juif, Giif, li *Juden* G
574b. 582. 6292.
Glecidalan *König u. Zwerg* E
2005:
Gleolaïs, V. gliolas, gleoalis,
guiot (-oz) lays (blais), guio-

las *Gebieter v. Sorlinc* W
1064. 1073. 1089. 1103. 2691.
Gloecestre *Gloucester* E 1935:
Godefroi, N. ~z, de Leigni li
Clers (*Text* li cl.) *Fortsetzer
des „Karrenritters"* [K7124].
Godegrain *Graf* E 1943:
Gohort s. Gornemant.
Gomeret *Königr. des Ban* E
1975: G 467 (V. Guom-,
Gomm-, Gonm-, Gomor(r)et,
Goremet, Gormoret, Gongaret):
Goncelin *Pflegevater des Lovel*
W 1439 (V. Gons-). 1449.
(V. Goss-). 1456. 1513. 1655.
1739. 3234: 3304:
Gornemant, N. -nz, V. -menz,
Go(r)nemans, Gronemanz,
Governals *Artusr., Oheim der
Blancheflor, gen.* de Gohort
E 1695, Goort, V. Goorz,
Gohorz, Gorhot, -haut, Gonort, Gelbort, Groo(l)t, Grohoz, -ez, Groes, Greot, Groaz G *1548. 1892.
Gornevain *Artusr.* E 1727.
Gorre *Königr. in England* K
643. 6141.
Gosselin s. Goncelin.
[Governail], N. -auz de Roberdic *Ritter* K 5796:; s.
Caveron, Gornemant.
Graal h. Gral, conte del ~ (V.
Greal) G 66. ~ *steht sodann*
G 3220 *etc., z. T. generell
gebraucht; s.* graal.
Graciiene *Königin, Gattin des
Wilh. v. England* W 35:
1276.
Grain *Artusr.* E 1727.
Graislemier de Fine Posterne
Artusr. (kelt. Graelen muer
s. Zimmer ZffS 13, 1. 49 *u.
Rom.* 46, 44) E 1952.
Grē (s. *Wtb.*[1] *S.* 211* *u.* 221*)
Grieche C 305: 1338. 2072.
2111. 2147. 2704. 3439. 3471.

3525. 3528: 3548. 3557. 3579.
3614. 3624: 3628. 4185. 4212:
Grece *Griechenland* C 9. 16. 31.
49. 130. 366—7. 2389. 2399.
2408. 2418. 2694. 2945. 4322
—3. 4343. 4374 (*V.* grisse):
5081. 5186. 6707. 6716. 6721.
6738. 6743—8. G 3163 (*V.*
Griece, Grice, Grisse, Grise,
Grisce):
Greoreas, *V.* -orreas, Geor(r)e-
as, Georgeas, Griogoras,
Gregorias *Ritter* G *7118:
7141: 7302:
Grezois *Grieche* C †41 (*V.* Gri-
gois). 385: 400 (*V.* Greiois):
1116. 1357. 1372. 1771. 1823.
1965. 2014. 2143. 2212. 2703.
2922. 3399. 3417. 3522.
3654—7. 3694. 4201.
Grifonie *Griechenland* C *5116:
Grigoras *König u. Zwerg* E
2005.
Gringalet *s.* Guingalet.
Gringaron *s.* Anguingueron.
Griom- *s.* Guirom-.
Gronosis *Sohn d. Seneschalls
Keu* E 1740.
Grus l'Iriez *Artusr.* E 1716.
Gué Perilleus *Gefährliche Furt*
G *8495. 8508. 8588.
Guenelon *bek. Verräter* C 1076
(*V.* Ganellon).
Guenievre, *V.* Gan-, Gen(i)e-
vre *Gemahlin d. Artus* E 125.
149. 1015: 1524. 2380¹⁹ *V.*
K 1111. 3221. L 6176; *s.*
Yguerne.
Guerehes, *V.* Guerr-, Guerrees,
Kerees, Gerees, Gara(f)es,
Garies, Ga(i)eres, Gaheres,
-harez, Guid'Eschés (?) *Bru-
der des Gauvain* G 8141:
Guergesins li dus de Haut Bois
Artusr. E 1961.
Gui *Veit, Versteckname d. fg.*
W 1010 (*V.* Di)f. 1021. 1980.
2265.

Guillaume *König Wilhelm v.
England* W 30: 37. 421.
2073: 2082. 2107. 2153.
Guigomar, besser *Guing-* (*s.
Zimmer ZffS* 13, 1) *Herr
der Insel Avalon, Bruder des
Graislemier* E 1954; *s. Rom.*
46, 44.
Guinable *Graf* K 215.
Guincel *Artusr.* E 2226:
Guincestre *Winchester* C 291:
302. W 3180 (*V.* Huinc-,
Winc-).
Guinesores *Windsor* C 431:
1237: 2350.
Guingalet, le E *†3957. 3967:
4087:, Gring-, le G *6209 (*V.*
Ging-): 7136. 7429 *V.* Roß des
Gauvain (*kymr.* ceincaled
schön, hart, ML³); *s. Zimmer
ZffS* 10, 24 *u.* 13, 18.
Guinganbresil, *N. auch* -i(l)s,
V. -brestil, -breisil, Guym-
gambresil, Guingue(n)-,
Guinge-, Guigam-, -ill, -ilz,
-brestis, Gui(ge)nbrasil,
Gingambresil, Ginguem-
bresis, Gingenbrasil, Gin-
gin-, Giganbrasil *Ritter* G
*4749. 4755. 4797. *6034.
6071. 6105. 6136. 6201.
Guingomar *s.* Guig-.
[Guiromelant], *N.* -z G *8627.
8653 *V.* 9040 *V. u.* li Gu. G
8627 *V.* 8653—9. 8713. 9040.
9124, *V.* Giromelans, Ger-,
Grinomalanz, Gri(n)omel-,
Grimolans, Guimelans, Gui-
romelenz *Herr von Orque-
lenes.*
Guivret, *N.* -ez, le Petit *Ritter*
E 3870. 3890. 4942. 4953.
4999. 5009. 5018. 5027. 5063.
5084. 5093. 5107. 5127. 5141
—6. 5162—4. 5191—5. 5212.
5227. 5261. 5283. 5312. 5365.
5448. 6164. 6348. 6354. 6412.
6431. 6463: 6503. 6511. 6818.

Halape *Aleppo* W 2293:
Hantone *Southampton* C†273: 287. 300.
[Hardi] *in* li Lęz ~z *Artusr.* E 1697; *s. Rom.* 43, 100.
Harpin de la Montaingne *Riese* L 3857.
Helainne *s.* El-.
Herbauz, Herman *s.* Bertran².
Honolan *Grafschaft* E 1746:

I- *s.* Y-.
Ignaures *Ritter* K *5808; *s. auch* K *S.* 475.
Inde *Indien* E 6800: G 1604:
Irlande *Irland* E 2176. K 5630. 5729. 5952—5. 6996.
Irois *Ire* E 3868: 6646:
Iseut, *N.* -z *Iseldis* (*Isolde*), *Geliebte d. Tristan* E 424. 2076. 4946. C 5. 3147. 3151. 5261: 5312.
Isle¹ *s.* Sanson.
Isle² as Pucęles *Edinburg* L 5257:
Isle³ de Voirre *Glasinsel* E †1947:; *s.* K *S.* LXXIII *u. S.* 491; *s. Rom.* 46, 44.
Isles⁴ de Mer *Reich des Königs Rion, in dem die Eltern des Perceval wohnten* G *419. 425. 852; *Reich des Clamadeu* G 2005. (*V.* l'Islè) 2776; an totes les Isles de Mer G 4091.

Jaque, saint *h. Jakob* K 1488.
Jehan¹, C †5383 Johan *Johann, Sklave des Cligés, Bildhauer* C 5383—6711 (*s.* 1. *Aufl.*)
Jehan² Batiste, saint *Johannes der Täufer* L †669:; *o.* Batiste L †2574. 2750.
Jehan³, saint G 7277 *V.*
Jhesus G 2966 *V.* 4074 *V.*, Jesucrist, *N.* -iz G 581. 1983 *V.* 3452 *V.* 6255. 6260.

Joannet *s.* Yonet.
Johan, saint K 6071; *s.* Jehan.
Joie de la Cọrt *ein Abenteuer* (*s.* E² *S.* XXf.) E 5465. 5511—4. 5604. 6123(!); *bloß* Joie E 5473. 5596. 5629. 5634. 5659. 5707—10. 5772. 5825. 6031. 6147. 6186—8. 6214.
Juïf *s.* Gïu.
Juliien *in* ostel saint ~ *glückl. Herberge* G *1538 *V.*

Kaerïet *s.* Gaherïet.
Kahedin(s) *N.*, *V.* Kaedins, Kaad-, Cahad-, Kehed-, Quaad-, Kaherd-, Kehad-, Keend- *Artusr.* G *4725.
Karadués Briébraz *Karadoc Kurzarm, Artusr.* E 1719; *s.* K *S.* CXIII.
Kerrin *König v.* Riẹl E 1985:
Ke(u)¹ (*s. Wtb.*¹ *S.* 211*) [kē], *V.* Queu, Que, Kai, Kei, Quei, *N.* ~s, *V.* Quelz, Keis *etc. Seneschall des Artus* **E** 317. 1091. 1134. 1526. 3960. 3973. 3985. 4017. 4075. **K** 43—5. 84. 99. 113f. 148. 156. 160—4:—6. 173. 189. 193. 240. 261. 3948. 4540. 4668. 4770. 4735. 4801: 4833 —8. 4841—5. 4853—9. 4864. 4870—4—9. 4909. 4943. 4975. 4988. 5203. 5235. 5253. 5271. 5289. 5315. 5330. 6199. **L** 69. 86. 93. 113. 125. 133. 591. 613. 633. 684. 895. 1348. *2178. 2207—9. 2215. 2228. 2236. 2245. 2256. 2280. 3710. 3923. **G** 1008. 1033. 1048. 1200. 1240—8. 1261. 1276. 1283. 2318. 2696. 2793. 2822. 2860. 2872—8 (*Vok*). 3963. 3973 *V.*—4. 4036 *V.* 4060. 4074—8. 4114. 4274. 4280— 4. 4304. 4317. 4370. 4404. 4468. 4517. 4532. 4573; *s.*

K S. 473 zu 166. S. Rom. 43, 101.
Ke(u)² d'Estraus Ritter E 1725: K 5830:
Kinkerloi s. Quinqueroi.

Labigodes Artusr. E 1741.
Lac¹ König, Vater des Erec E 19. 651. 667. 1263. 1693: 1899. 2316. 2686. 3882. 6038.
Lac² in Lancelot del ~ (See) K 3676. 5164.
Lai de Joie Freudeniai (wohl erfundener Titel) E 6188.
Lalut Stadt, in der Erec den Sperber erkämpft E 6249. 6251. 6320:
Lancelọt (bei Gottfried: 3. ipf. -ọt), N. -oz, gen. del Lac (s. d.), Artusr. E 1694. C 4765—4787—9. 4798. K 3676—[7131] (s. 1. Aufl.). L 4744.
Landuc s. d. fg.
Laudine de Landuc Witwe Esclados' des Roten, heiratet Yvain L *2151:
Laudunet Herzog, Vater der Laudine L 2153.
Laurante Laurentum, Stadt in Latium E 5345. 5891:
Lavine Lavinia, Tochter d. Königs Latinus E 5891. G 9059:
Leigni in Godefroi (s. d.) de ~, wohl Lagny bei Meaux (Seine-et-Marne), berühmte Handelsstadt des Mittelalters [K *7124]; s. K S. XIIIff., Wtb.¹ S. 72*.
Leonel s. Loöys.
Letron de Prepelesant Artusr. E 1743.
[Liconal], N. -aus Vater der Enide E 6896.
Licorides griech. Ritter C 1282.
Liege, le Lüttich E *5393:; s. K S. 491.

Limọges Stadt E 2628: K 5824. G *3076:
Limọrs Burg d. Grafen Oringle E 4719: 4740. 4949. 4966. 5067. 5070. 5321: 6495.
Lit de la Mervoille, le das Zauberbett G 7805. 8259. 8671. 9007 (s. *7692. *7708).
Liz s. Meliant.
Loenel s. Yvain³.
Lọgres Königr. in England K *1313. 1942. 2067. 2093. 2302. 2421. 2970. 3533: G *6169 (V. Logre, Londres):, Heimat der Orguelleuse G *8639 (V. No(r)gres); s. K S. 474 zu 3534.
Loherainne Lothringen E 5392 V.
[Loholt], N. -lz, V. Loho(u)s Sohn des Artus E 1732; s. Rom. 43, 100.
Loire Fluß Loire G *1316.
Lonbardie Italien E 5345. 5362 V. G 5947.
Londres London C 1055. 1064. 1211. 1222. 4600. 4612. W 3180. 3336—9. K 1870:V. 5837:; s. Logres.
Loöys Artusr. K *1878; eher Leonés (A. -nel) s. Mod.Phil. 27, 462f.
Lore Edelfrau G *9227.
Lọt, N. Loz König, Vater des Gauvain, Agrevain, Gaheriét u. Guerehẹs E 1737. L 6267: G *8135 (V. Loht, Loht): 8751.
Lovel, N. -iaus Zwillingssohn d. Wilh. v. England W 1350 —3303 (s. 1. Aufl.).
Lucan Mundschenk d. Artus E 1529.
Luiserne Stadt G 4902V.
Lunẹte Zofe der Laudine L 2414—5: 4389. 4576. 4637. 4966. 4980. 5008V. 6557. 6622. 6659. 6665. 6743. 6809.
Lyon Stadt K 5831.

Mabonagrain *Riese, Neffe d. Evrain* E 6132. 6333. 6347: 6354.
Maci, saint G 7294:*V*.
Macrobe *Macrobius, lat. Schriftsteller* (5. *Jh. n. Chr.*) E 6738: 6741.
Maheloas *Artusr., Herr der Glasinsel* E *1946; *s.* K *S.* XXXVIII *u. Rom.* 46, 44.
Mainne, le *frz. Provinz* E 6650.
Marc *König v. Cornwall, Oheim d. Tristan* C 5. 2790:
Marguerite *h. Margareta* W 459*V*.
Marie *h. Maria* C 4102*V*. W 496: L 2487. G 3570b*V*. 6276 *V*.; *s.* Dame.
Maries, les trois *die drei Marien* K *3374:
Marin *Zwillingssohn d. Wilh. v. England* W 1355—3321 (*s.* 1. *Aufl.*).
Marroc *Marokko* C 6333.
Martin *h. Martin* K 1488. 2018 *V*. G *7294.
[Mauduit], *N.* -uiz li Sages *Artusr.* E 1699:; *s. Rom.* 43, 96.
Mautirec *s.* Coguillant.
Mece *Stadt* (: Grece) G 3164*V*.
Medea *bek. Zauberin* C 3031.
Meleagant, *N.* -nz *Sohn d. Königs Bademagu v. Gorre* K 641—[7103] (*s.* l. *Aufl.*). L 4742; *s.* K *S.* XXXVIII.
Meliadoc *Artusr.* E 2132:
Meliant, *N.* -nz de Liz, *V*. -ïent, -eanz del Liz, G 4997 *V*. des liz *Artusr.* E 1698: G *4825: 4834—9: 4997. 5003: 5022. 5108. 5394. 5409. 5504. 5531—3.
Melide *s.* m-.
Meliz *N. Artusr.* E 2132.
Menagormon *N. Artusr.* E 1937:
Merlin *bek. Zauberer* E 6693.

Mesme, saint *h. Maximus* G 4486:*V*.
Micenes *Stadt Mycenae* C 1283.
Monpeslier *Montpellier (Hérault)* K 3501:
Mont Dolereus[1] *s.* Yder[3].
Mont Dolereus[2], *V*. ~ Perilleus *Ziel eines Abenteuers* G *4724.
Montaingne, cil de la Haute (*Graf?* vgl. E 1933), *Vasall des Artus* E 1939.
Montescleire, *V*. -saire *Berg* G *4706:; *s.* *4718.
Montrevel *Burg* E 1339: 1881.
[Morcades] la reïne, *Gemahlin Königs Lot, Mutter d. Gauvain u. d. Clarissant* G *7538.
Morel *Rappe des Cligés* C 4663 —7.
Morgue, *A.* -gain *Fee, Schwester des Artus* E 1957. 2380[10] *V*. 4220—2. L *2953; *s.* K *S.* CXIX.
Morhot *Morhold, Gegner des Tristan* E 1248:
Mulce *Murcia* E 6735:*V*.

Nabunal *N. u. A.* (*nur* 1975 *V*. Nabunaux) *griech. Ritter* C 1283 (de Micenes). 1964: 1975. 1984. 2003.
Nain, li *die Zwerge* (*Pygmäen*) E 1993ff.
Nantes an Bretaingne E 6553, *Bischofsstadt* E 6865, *Stadt* (*Loire-Inf.*) E 6562. 6584. 6654:; *s.* Carnant.
Narcissus (*Ovid Met.* III 339) C 2767.
Natevité, *N.* -ez *Weihnachten* E 6519. 6551—9. 6583. K 6256. G 8249.
Nature *Natura* E 413. C 829. 907. 2734. 2780—3. 4358. 6460. L 383. 798. 1493—9. G 385. (*1806). *7905.
Neriolis *griech. Ritter* C 1289: 2096:

Nerïus *eb.* C 1289. 2077.
Nicolais, sainz *Vok. h. Nicolaus* W 2333.
Nicọle[1], saint *ders.* W 2192:
Nicọle[2] *Lincoln* W *3181:
Noauz, dame de *Schutzherrin eines Turniers* K 5389: 5525. 6089:
Noé *Noah* K 4070.
Noẹ̈l *Weihnachten* E 6698: 3536.
Nogres *s.* Logres.
Noradin *Sultan Nureddin Mahmud* (1146—1173) L *596.
Normandie C 5067. 6703, -endie G 5947 *V.*
Normant *Normanne* E 6646.
Noroison, dame de *Edelfrau* L 3287:
Nut *Vater des Yder* E *1046. 1213: 6819:; *s.* Do, *s. Richey Mod. Langu. Rev.* 26 (1931), 329.

Ogres (*A.*) les *Völkerschaft* K 643 *V.*; *s.* K *3534 (*u. S.* 474).
Ondes *V. zu* Donbes (*s. d.*).
Orcanie *Land nahe Galvoie* G *8889 (*V.* -cha-, -qua-, -que-); Cité d'~ *Hofstadt d. Artus* G 9101. 9163. 9191.
Orguelleus[1] *s.* Chastel.
Orguelleus[2] de la Lande *Artusr.* E 2175:, (*noch*) *kein solcher* G *3817. 3832. 3911. 3931. 4045.
Orguelleus[3] de la Roche à (*V.* en) l'Estroite Voie, *V.* del Passage à l'E. *V. Ritter, der die Porz de Galvoie bewacht* G *8646f.
Orguelleuse de Logres *Geliebte d. vor.* G 8638.
Oringle *Graf v. Limors* E 4719: 5072. 6495:
Orquelenes, *V.* Orgueneles, Orcanele(n)s, Orquantansis, Orqanquenesce, Orquenes(i)eles, Orqueseles, [Sia]orque(n) — *s. Ausg. S.* VIII
— [Si]orcanie *Stadt des Guiromelant* G 8626.
[Ospinẹl], *N.* -iaus *Held eines verlorenen altfr. Heldengedichts* E *5779.
Ossenefọrt *Oxford* C 4591: 4633. 4826:
Osteriche *Oesterreich* L 1042:
Oteviien *Oktavian* (*aus d. gleichnam. Roman ob s.es Reichtums bekannt*) C 3612.
Outrain *s.* Yvain[1].
Outre-Gales, *V.* Estre-G. *Königr.* E *1874: 3883:; *s. gr.* E *S.* 341.
Ovide *Ovid* C 2:

Pandragon *Pendragon, Vater des Artus* E 1811; *vollst.* Uterp-, *V.* Uth-, Urp-, P- L 663. G 445. 8740.
Panpelune *Pamplona* K 1871:
Pantecoste *Pfingsfest, an dem Artus Hof zu halten pflegte* E 1928. K 3536. L *6: G *2785:, la P. G 9103, à P. G 8888.
Paradis *himml. Paradies* G 6458, Pareïs C 1563, saint ~ G 2966 *V.*
Paris *Sohn d. Priamus* C 5301.
Parmenidẹs *griech. Ritter* C 1287. 2083.
Pasque *Ostern* E 27; à la ~ G 6512.
Paternostre *in* la sainte ~ *Gott Vater* L 3655:
Pavie *Pavia* C 5200. 6644. G *6662:
Peitiers *Poitiers* K 3521:
Peitọ *Poitou* E 6650.
Penevric *Burg* E 5187; *V.* -eu(u)ris, -euril, -uris, -cairic, Peuris, Pointurie (Point' *st.* Pen?).

Perceval (*nördl.* Pierche-), *N.* -aus li Galois *Perceval der Waliser, Artusr., Neffe d. Gralkönigs u. d. Einsiedlers, Vetter des Reichen Fischers* E 1526. C 4828. 4831. 4847. 4851. G 1351*V*. 1452*V*. 1573 *V*. 1780*V*. 2198*V*. 2224*V*. 2441*V*. 2615*V*. 3243*V*. 3461 *V*. *3575. 3582f. 3612—9. 3687. 3691. 3740—9. 3779. 3785. 3797. 3899. 3917. 3993. 4164: 4184. 4194. 4211. 4260 —6. 4299. 4307. 4328. 4443. 4467. 4483—7. 4496. 4561 —2—3. 4582. 4597. 4604. 4644—6. 4727. 6216f. 6302. 6315. 6333. 6348. 6354. 6389. 6435. 6480. 6509. 6513f.

Pēre (*s. Wtb.*[1] *S.* 211*), saint *Apostel* Peter C †*21. 6098: W 535 (*V.* Piere). 1719: K 1776. 3468: [6610*V*.]. L †*335. G *2195: *4249.

Perse *Persien* L 6544:

Pescheor, G 3520 *N*. Peschierre *in* le (Riche) Roi ∼ *u.* le Riche ∼ *der Reiche Fischer, Sohn d. Gralkönigs, Vetter d. Perceval* G 3495. 4652. 6372. 6417; *s.* G *3047. *3085.

Pesme Avanture, Chastel de *Burg* L 5109.

Phelipes, *V*. Felip(p)es de Flandres *Philipp v. Elsaß, Graf v. Flandern, geb.* 1143, *folgt s.em Vater nach* 1168, *zieht nach d. hl. Land* 1190, *wo er stirbt* 1191; *Gönner des Kristian* G 13. 53.

Piciez *s.* Brun.

Piere *s.* Pēre.

Pilades *Ritter* K 5825:

Pinabel *griech. Ritter* C 1288:

Piramus *Pyramus, Liebhaber der Thisbe* K *3821:

Pise *Pisa* G 8985:*V*.

Pleisance *Piacenza* C 5200:

Pol, *N*. Pos, saint *Apostel Paul* C 5324:—7. W 2659: [K 6610]. G 49 (*V*. Pols, Polz).

Pomelegloi, Dame de *Schutzherrin eines Turniers* K 5388: 5646.

Pont[1] de l'Espee *Schwertbrücke* K 677:

Pont[2] Evage *Unterwasserbrücke* K 660:

Porz[1] d'Espaingne, les *Pyrenäenpässe* C †6704.

Porz[2] de Galvoie, les *Zugang zum Lande Galvoie* (*s. d.*).

Posterne *s.* Graislemier.

Prepelesant *s.* Letron.

Provance *Provence* W 1985.

Provins *Stadt* (*Seine-et-Marne*) W 1987.

Pucele[1], la Sore *Nichte d. Fischerkönigs* G 3145.

Pucele[2] as Manches Petites G 4989, as P. M. G 5437 *jüngere Tochter des Tiebaut in Tintaguel.*

Pui, le *wohl Le Puy-en-Velay* W 2038.

Quathenasse *Caithness* (*NO Schottlands*; *s. gr.* W *S.* CLXXXI) W 1346 (*V*. Catenaise). 1903 (*V*. Catanaise): 2945 (*V*.-nasse): 3015: 3085: 3135. *3274 (*V*. -nasse, Canasse): 3312.

Quenedic, fiz au roi *Sohn Königs* ∼, *Artusr.* E 1722:

Quentin, saint *h. Quintinus* G 7294*V*.

Quiqueculce *Quintus Curtius, röm. Schriftsteller* E 6736*V*.

Quinqueroi, *V*. -enroi, -ennoi, -erei, -eroie, -eurrai, Quingueroi, Quinteroi, Guingueroi, Kinkerloi, -kenroi *Wald, in dem der Rote Ritter haust* G *951: 4127:

Quintareus, le vaslet de *Artusr.* E 1723: (*s.* G *951).

[**Raindurant**], *N.* -nz, fiz la Vielle (*der Alten*) de Tergalọ *Artusr.* E 2182:
Remi, saint *h. Remigius* G 4134*V.*
Reneborc *Regensburg* C 2666. 3396.
Richier, saint *h. Richerius* C 3284:*V.* G *1899: 5125*V.*
Rïel *s.* Kerrin.
Rion *König d. Inseln, v. Artus besiegt* G *851.
Roadan, *V.* Rotelan, Rodol-, Roal- *Ruddlan in Nordwales*? (*F. Lot*), *Burg* E 1335: 1882:
Robais, *V.* Ro(h)ais, Roal *Hofstadt d. Artus* E 5282. 6414.
Robendic *s.* Caveron.
Roberdic *s.* Governail.
Roche[1] de (*V.* del) Chanpguin, *V.* C(h)anguin, camp Guin, Sanguin, *Burg in Galvoie, Wohnsitz der Mutter des Artus* G *8817.
Roche[2] *s.* Orguelleus[3].
Rodain *Diener der Söhne des Wilh. v. England* W 1646 (*V.* Rodoein): 1681. 1768. 1780. 1806. 1822. 1882. 1896.
Rodolan *s.* Roadan.
Rogier li Cointes (*Text* li c.) *Freund des Kristian v. Tr., viell.* ~ *v. Lisaïs* W 3365; *s. gr.* E *S.* XIII, *kl.* W *S.* XXIV.
Rollanz W 1067:, Rolanz L 3226 *bek. Held.*
Romains, les *die Römer* C 41.
Rome *Rom* E 6677. C 33. 3612. 5391. W 535*V.* 535ᵃ*V.* 1226: L 335. 2064. G 1672; l'anpire de ~ L 6080. G 12. 2689. 2779.
Roncevaus *Roncesvalles* L 3237.

Rọsne [s *stumm*] *die Rhone* K 5831:
Rotelan *s.* Roadan.

Sagremọr, G 4230*V.* Saigremort, le Desreé (*der Zügellose*) *Artusr.* E 1733. 2231 —8: 2250. C 4660. 4690:—3. L 54. (*57). G *4220f.(!). 4230—7: 4265. 4277.
Sainne, *V.* Seine *Seine* L 5981.
Salemon *Salomo* E 2267. C 906: 5876: G 4792 (*V.* -lom-).
Salenique *Saloniki* C 1285:
Salerne *Salerno* C 5818.
Sanson[1], Isle saint *Insel, auf der Tristan den Morhold besiegte* E 1249.
Sanson[2] *bibl. Samson* E *†2268: C †3554.
Sarrazin *Sarazene* K 2147.
Sathenas, *V.* Satanas *Satan* G 7456:
Sauveọr, G 1363ᵇ*V. N.* -ẹre *Erlöser* L 4171. G 172. 994 *V.*(-aor). 3496.
Seignor *für Gott* G 593, nostre ~ G 569. 994*V.* 6485, li Sire des rois G 9152.
Selvẹstre, saint *h. Sylvester* [K 6544]:
Semiramis *Ritter* K 5816:
Seone *Saône* L 5981:*V.*
Sesne, *V.* Seis- *Sachse* C 2946. 3402. 3431. 3459. 3528. 3530 —9. 3551—7. 3561:3605.3712. 3766. 3782. 3806. 4186.4199.
Seissoingne *Sachsenland* C 2675. 2859: 3394: 3692. 4194. 4200.
Servain *s.* Yvain[1].
Sessoignois *Sachse* C 3402*V.*
Sọredamọrs *Schwester des Gauvain, Geliebte des Alexander, Mutter des Cligés* C 445: 564. 963(!). 979: 1159. 1376.1382. 1561. 1571—6. 2115. 2238. 2266. 2275. 2375. 2437. 2621; *s.* G *8269.

Sorham *Shoreham, Hafen in Sussex* C 2440.
Sorlinc *Hafen in Schottland (s. gr.* W *S.* CLXXXI, *kl.* W *S.* XXXIV) W 1050 (*V.* Sollin, Surclin). 3149. 3165 (*V.* Solin). 3176. 3273.
[Sozhantone] *s.* Hantone.
Sulie *Syrien* C 6069.

Table Reonde *Tafelrunde des Artus* E 83. 1689. G *8125.
Tabriol *s.* Cadoc.
Tamise *Themse* C 1257: 1261. 1484. 1491. W 2218.
Tantalis *Mutter Königs Alexander, Großm. d. Cligés* C 60. 61:
Tantalus *König d. griech. Sage* W 907 (*V.* Tamalus):
Tarse *Tarsos* L 4077:
Taulas[1] *Artusr.* E 1729:
Taulas[2] de la Deserte *Ritter* K *5834.
Tenebroc *Stadt* E *2131:—7.
Tergalo *s.* Raindurant.
Tessaile *Thessalien, Heimat d. Zauberei* E 2408: C 3006. K 978.
Therfes *stets N. Steuermann* W 2057 (*V.* Ielfes). 2290. 2324. 2378 (*V.* Tresses). 3285 (*V.* Tiesses).
Thessala *zauberkundige Amme der Fenice* C 3002—5. 3011. 3085. 3095. 3248. 3251. 3264. 3270—7. 5366. 5404—7. 5771. 5927. 6035. 6064. 6296. 6317. 6331. 6524. 6633. 6660—8.
Thoas le Meschin (*Jüngling*) *Ritter* K *5842.
Tiebaut[1] l'Esclavon *erster Gatte der Orable, späteren Gattin des Wilh. v. Orange* E *5778:
Tiebaut[2] *s.* Bertran[2].
Tiebaut[3], *V.* Th-, Ti(e)balt, *N.* -auz de Tintaguel *Pflegevater des Meliant de Liz* G *4835. 4840—2. 4886. 4891. 4931. 4950. 4983. 4991.
Tintaguel, *V.* -gueil, -rguel, -juel, -jo(e)l, -goil, -gel, Tingaguel, Francagel *heute* Tintagel *o.* Trevena, *Dorf an der Nordküste v. Cornwall m. geringen Trümmern einer Burg Bei Kristian:* Daviz de ~ *Artusr.* E *1959:; *Hoflager des Artus* E 6518. 6528:; *Burg des* Tiebaut de ~ G *4835: 4884.
Tïois *Niederdeutscher* C 2704: 2965. 3471. 3525. 3614: 3634.
Tolete *Toledo* C 4747.
Tolose *Toulouse* K 5828:
Torz (*nur N.*) *Sohn des Königs Arés, Artusr.* E 1528. 1728.
Torin *griech. Ritter* C 1288. 2079.
Tournebut *in* jusqu'à ~ G 3052*V.*
Trace *Thrazien* C 6434:
Trae, *N.* -ez, d'Anet *Ritter* G *4828. 4831 (*s. reiche V. L.*).
Trebuchet, *V.* -bucet, -buchel, Trabuche(t), Trib-, boet *ein Schmied* G *3679.
Treverain *Grafschaft* E 1941.
Trinité, la sainte *h. Dreifaltigkeit* G *6640; la ~ *Dreifaltigkeitsfest* (1. *Sonntag n. Ostern*) G 8249*V.*
Tristan[1], *N.* -nz *Tristan der nie lachte, Artusr.* E 1713.
Tristan[2] *Held des bek. Romans* E 1248. C 2790. 3147: 5260. 5313. II 29 (*N.* ~s, *V.* Tristranz).
Troie *Troja* E 5339: C 5300:
Troies *Troyes* (*Aube*) E 9: W 1987:
Tudele *Tudela* C 6333:
Turs, les *die Heiden* (*als Gegner Rolands*) L 3236.

Ugierne s. Ygerne.
Uriien *König, Vater d. Yvain*[4]
 u. nach G 8148 *des Yvain*[1]
 E 1706: L 1018: 1818: 2122.
 3631. G *8149.
Uterpandragon s. Pandragon.

Val Perilleus (*l.* El *st.* Et) *Sitz der Fee Morgain* E 2380[11] *V.*
Valdone, *V.* -(d)onne, -bone, Vaugonne, Vaucoigne, Escandone, les Destroiz de *Engpaß v.* ~ G *298:
Vandredi Aoré *Karfreitag* G 6266.
Venece, *V.* -i(s)ce, -is(s)e, -iece *Venedig* G 3164:
Virge *in* la ~ G 6276, la ~ne G 8300*V.*, la ~ *Dame* G 6283, la ~ *Marie* E 2380a *V.*

Wincestre s. Guincestre.

Yder[1] *König im Gefolge des Artus* E *313. K 5822:; *s.* Richey, *Mod. Langu. Rev.* 26 (1931), 329.
Yder[2] *Ritter, Sohn des Nut* E 1046. 1079. 1081. 1171—5. 1183. 1213. 6819; *s. ib.*
Yder[3] del Mont Dolereus *Artusr.* E 1724.
Ygerne, *V.* Igu-, Iv-, Igr-, Ugi-, Ygue, Guenievre, Guaien-, Genoivre *ältere Königin v. Roche del Chanpguin, Mutter d. Artus, Großm. d. Gauvain* G (*7528). 8742.
Yonet, *V.* -nn-, Ionet, Yvon(n)et, Joannet, *N.* -ez, *V.* Ionnés, Ivonez, Yonnauz *Knappe des Artus* G *915. 920. *1067. (*1069). 1130. 1145:—8—9*V.* 1154. 1176. 1190—2. 1209. 1217. 1245. 2884*V.* 5664. 5692.
Ysorē *Sarazenenheld* K *1364:
Yvain[1] l'Aoutre *Y. der Bastard, Sohn d. Königs Uriien, Halbbruder d. Yvain*[4] E *8157—9 (*V.* Vavains, Cadoains, Angrevains, Outrains, Servains); *s. Rom.* 43, 100.
Yvain[2] de Cavaliot *Artusr.* E 1709.
Yvain[3] de Loenel *Artusr.* E *1707; *s.* K *S.* 491.
Yvain[4] *Sohn des Uriien, Halbbruder des Yvain*[1], *Artusr., Löwenr.* E *1706. 2230. L 56—6812 (*s.* 1. *Aufl.*). G *8152.
Yvain[5] *wohl* = Yvain[4] K 1878. G 2884.
Yvonet s. Yonet.